Michael Grüning

Performance-Measurement-Systeme

AF814134

GABLER EDITION WISSENSCHAFT

Michael Grüning

Performance-Measurement-Systeme

Messung und Steuerung von Unternehmensleistung

Mit einem Geleitwort von Prof. Dr. Thomas Günther

Springer Fachmedien Wiesbaden GmbH

Die Deutsche Bibliothek – CIP-Einheitsaufnahme
Ein Titeldatensatz für diese Publikation ist bei
Der Deutschen Bibliothek erhältlich

Dissertation Technische Universität Dresden, 2001

1. Auflage September 2002

Alle Rechte vorbehalten
© Springer Fachmedien Wiesbaden 2002
Ursprünglich erschienen bei Deutscher Universitäts-Verlag GmbH, Wiesbaden 2002

Lektorat: Brigitte Siegel / Jutta Hinrichsen

www.duv.de

Das Werk einschließlich aller seiner Teile ist urheberrechtlich geschützt. Jede Verwertung außerhalb der engen Grenzen des Urheberrechtsgesetzes ist ohne Zustimmung des Verlags unzulässig und strafbar. Das gilt insbesondere für Vervielfältigungen, Übersetzungen, Mikroverfilmungen und die Einspeicherung und Verarbeitung in elektronischen Systemen.

Die Wiedergabe von Gebrauchsnamen, Handelsnamen, Warenbezeichnungen usw. in diesem Werk berechtigt auch ohne besondere Kennzeichnung nicht zu der Annahme, dass solche Namen im Sinne der Warenzeichen- und Markenschutz-Gesetzgebung als frei zu betrachten wären und daher von jedermann benutzt werden dürften.

Umschlaggestaltung: Regine Zimmer, Dipl.-Designerin, Frankfurt/Main

Gedruckt auf säurefreiem und chlorfrei gebleichtem Papier

ISBN 978-3-8244-7682-4 ISBN 978-3-663-08089-3 (eBook)
DOI 10.1007/978-3-663-08089-3

Geleitwort

Erheblicher Wandel im Unternehmensumfeld und gravierende Veränderungen in den Unternehmen führen dazu, daß auf dem traditionellen Rechnungswesen fußende Systeme des Berichtswesens an Bedeutung verlieren und neben klassischen finanziellen Zielgrößen (Liquidität und Erfolg) zunehmend nichtmonetäre und qualitative Größen eine Rolle spielen. Zudem zeigte sich bereits in den 80er Jahren, daß eine erhebliche Lücke zwischen der Gewinnung und dem Entwurf von Unternehmensstrategien einerseits und ihrer Umsetzung andererseits besteht. Die seit der zweiten Hälfte der 90er Jahre verstärkt geführte Diskussion mündete in der Entwicklung und praktischen Verbreitung weiterentwickelter Systeme zur Unternehmenssteuerung, die unter dem Schlagwort des Performance Measurement zusammengefaßt werden können.

Das Buch von Michael Grüning gibt einen systematischen, strukturierten Überblick über eine Vielzahl von diskutierten Ansätzen zum Performance Measurement anhand eines einheitlichen Kriterienkatalogs. Auf diese Weise wird die Auswahl von, für bestimmte Unternehmen geeigneten, Performance Measurement-Konzepten wirksam unterstützt.

Daneben entwickelt der Verfasser Gestaltungsparameter für Performance Measurement-Systeme, die unternehmens- und branchenübergreifend eingesetzt werden können. Mit Hilfe von 37 Thesen läßt sich so die inhaltliche Konsistenz eines Performance Measurement-Systems bewerten.

Von unschätzbarem Wert sind die in einer umfassenden empirischen Studie gewonnenen Erkenntnisse über den gegenwärtigen Stand des Performance Measurement, auftretende Umsetzungsprobleme und Entwicklungstendenzen. Neben der empirischen Bewertung der Thesen zur Ausgestaltung von Performance Measurement-Systemen, wird die Gesamtheit der Charakteristika von Performance Measurement-Systemen in Form eines kausalanalytischen Modells untersucht.

Der Verfasser verbindet zugleich konzeptionelle wissenschaftliche Analysen mit empirischen Untersuchungen und praxisbezogenen Gestaltungsempfehlungen. Das Buch ist damit in seiner Gesamtheit und Geschlossenheit ein wichtiger Beitrag, die wissenschaftliche Aufarbeitung und praktische Umsetzung der ganzheitlichen, strategischen Unternehmenssteuerung in Form des Performance Measurement voranzubringen.

Prof. Dr. Thomas Günther

Vorwort

Die Messung und Lenkung von Unternehmensleistungen hat sich unter der Fahne des Performance Measurement in den letzten Jahren zu einer zentralen und intensiv diskutierten Fragestellung der Betriebswirtschaftslehre entwickelt. Dabei setzt die Unternehmenspraxis erhebliche Ressourcen ein, um Performance Measurement-Systeme aufzubauen.

Hier setzt dieses Buch an, das sowohl versucht, die praktische Anwendung von Performance Measurement-Systemen zu befördern als auch zur wissenschaftlichen Diskussion beizutragen.

Es ist eine schöne Tradition, im Vorwort einer Dissertationsschrift zumindest einem Teil der vielen, an der Entstehung der Arbeit mittel- oder unmittelbar Beteiligten, für Ihre Unterstützung und ihre Mitwirkung zu danken.

Besonders herzlich danken möchte ich Herrn Prof. Dr. Thomas Günther – für die intensive und konstruktive Diskussion während der Entstehung der Arbeit, für die Übernahme des Erstgutachtens und nicht zuletzt für das in turbulenter Zeit entgegengebrachte Vertrauen. Auch den anderen Mitgliedern der Promotionskommission, Herrn Prof. Dr. Bernhard Schipp (Vorsitz), Herrn Prof. Dr. Michael Schefczyk (Zweitgutachten), Herrn Prof. Dr. Jürgen Weber (externes Gutachten) und Herrn Prof. Dr. Wolfgang Uhr (Nebenfachprüfer) sei für ihre Bereitschaft, an einem zeitaufwendigen Promotionsverfahren mitzuwirken, herzlich gedankt. Herrn Prof. Dr. Thomas M. Fischer danke ich dafür, mein Interesse an der Thematik des Performance Measurement geweckt zu haben.

Herzlicher Dank gebührt auch Herrn Dr. Pätzold für die Schaffung und Erhaltung wichtiger physischer Voraussetzungen, die ein Dissertationsprojekt erst ermöglichen und der Graduiertenförderung des Freistaates Sachsen sowie der Arthur-Andersen-Stiftung im Stifterverband für die Deutsche Wissenschaft für ihre finanzielle Unterstützung.

Den Kolleginnen und Kollegen am Lehrstuhl für Betriebliches Rechnungswesen/Controlling der TU Dresden danke ich für ihre Diskussionsbereitschaft und konstruktiven Hinweise.

Daneben möchte ich auch den vielen, in den Entstehungsprozeß der Arbeit involvierten, Bibliotheksmitarbeitern für ihre freundliche Unterstützung bei der Erfüllung auch ausgefallener Wünsche danken. Für die kritischen Anmerkungen und die Korrektur der Druckfahnen danke ich Astrid Schroeder, Elisabeth Schmidt und Steffen Guhlemann sehr herzlich.

Letztlich – und die Reihenfolge soll dabei gewiß keine Wertung ausdrücken – möchte ich insbesondere meinen Eltern ganz besonders danken – für ihr Verständnis und ihre Hilfe, die diese Arbeit erst ermöglicht haben.

Michael Grüning

Inhaltsverzeichnis

Abbildungsverzeichnis

Tabellenverzeichnis

Abkürzungsverzeichnis

AGFI	Adjusted Goodness-of-Fit Index (kausalanalytische Größe)
bzw.	beziehungsweise
ca.	circa
CIMA	Chartered Institute of Management Accountants
D	Deutschland
d. h.	das heißt
EFQM	European Foundation for Quality Management
EOQ	European Organization for Quality
EVA	Economic Value Added
GLS	Generalized-Least-Squares (kausalanalytisches Verfahren)
HGB	Handelsgesetzbuch
i. e. S.	im engeren Sinn
IT	Informationstechnologie
i. w. S.	im weiteren Sinn
IAS	International Accounting Standard
IMA	Institute of Management Accountants
KMO	Kaiser-Meyer-Olkin (faktorenanalytische Größe)
LISREL	Linear Structural Relations (kausalanalytisches Verfahren)
MBA	Master of Business Administration (akademischer Grad)
MDS	Multidimensionale Skalierung (statistisches Verfahren)
ML	Maximum-Likelihood (kausalanalytisches Verfahren)
Nr.	Nummer
o. Jg.	ohne Jahrgang
o. V.	ohne Verfasser
RoI	Return on Investment
RMSEA	Root Mean Squared Error of Approximation (kausalanalytische Größe)
SGB	Sozialgesetzbuch
sog.	sogenannt
u. a.	und andere; unter anderem
u. ä.	und ähnlich
UK	Großbritannien (United Kingdom)
ULS	Unweighted-Least-Squares (kausalanalytisches Verfahren)
USA	Vereinigte Staaten von Amerika (United States of America)
usw.	und so weiter
vgl.	vergleiche
z. B.	zum Beispiel

Symbolverzeichnis

β	Entlohnungsniveau
$c(X)$	Kostenfunktion des Agent
$E(\cdot)$	Erwartungswert
$g(z)$	Einkommen des Principal aus Kundenzufriedenheit
$f(z)$	Motivation des Agent aus Kundenzufriedenheit
m_{x_i}	Kosten zur Messung der Intensität von Dimensionen i
N	Stichprobenumfang
$\Re^+$	Menge der nichtnegativen reellen Zahlen
$\sigma_{x_i}^{\ 2}$	Varianz der Meßwerte für Dimension i
s.t.	subject to (Nebenbedingung)
$u_K(\cdot)$	Nutzenfunktion des Kunden
$u_A(\cdot)$	Nutzenfunktion des Agent
$u_P(\cdot)$	Nutzenfunktion des Principal
x_i	Arbeitseinsatz in der Dimension i
x	Niveau des Gesamtarbeitseinsatzes
$\hat{x}$	Niveau des Basisarbeitseinsatzes
$\breve{x}$	Niveau des kostenminimalen Arbeitseinsatzes
$\overline{x}$	Niveau der natürlichen Grenze des Arbeitseinsatzes
X	Arbeitseinsatzkombination
$\dddot{X}$	Menge der kundenzufriedenheitsoptimalen Arbeitseinsatzkombinationen (Best-Mix Path)
$\hat{X}$	Menge der Basisarbeitseinsatzkombinationen
$\breve{X}$	Menge der kostenminimalen Arbeitseinsatzkombinationen
$\overline{X}$	Menge der natürlichen Grenze des Arbeitseinsatzes
$\tilde{X}$	vom Principal geforderte Arbeitseinsatzkombination
$\dddot{\hat{X}}$	kundenzufriedenheitsoptimale Basisarbeitseinsatzkombination
$\dddot{\overline{X}}$	natürlich begrenzte kundenzufriedenheitsoptimale Arbeitseinsatzkombination
$\tilde{x}_i$	Höhe des vom Principal für Dimension i vorgegebenen Arbeitseinsatzes
$\boldsymbol{x}_i$	Zufallsvariable: Meßwerte für Dimension i
$z(X)$	Zufriedenheitsfunktion des Kunden

1 Einführung

„Eine Übersicht des Geleisteten und Erlebten macht erst, daß man seines Tuns gewahr und froh werde, sie führt zur Gewissenhaftigkeit."

FRIEDRICH VON MÜLLER[1]

Das vorliegende Buch geht unterschiedlichen Facetten der Frage „Was macht ein gutes Performance Measurement-System aus?" nach und möchte auf diese Weise einen Beitrag leisten, die Umsetzung von Performance Measurement in der Unternehmenspraxis zu erleichtern. Dazu werden einleitend verschiedene in Praxis und Theorie genutzte bzw. empfohlene Ansätze zum Performance Measurement evaluiert und ihre Stärken und Schwachstellen offengelegt. Dies ist bei der grundsätzlichen Ausgestaltung eines Performance Measurement-Systems eine wichtige Entscheidungshilfe. Der Schwerpunkt liegt aber auf der Unterstützung bei der weiteren Detaillierung des Performance Measurement-Systems eines Unternehmens. Dazu werden die Bestimmungsgründe für gutes Performance Measurement aufgezeigt und ein umfangreiches Schema zur Bewertung der Güte eines konkreten Performance Measurement-Systems zur Verfügung gestellt, das die Erfahrungen von 181 deutschen Unternehmen berücksichtigt.

Ist Performance Measurement heute überhaupt von Relevanz? – Bereits in der Antike sind Versuche, aus menschlicher Arbeit resultierende Leistung zu erfassen, nachweisbar.[2] Mit der Entwicklung der doppelten Buchführung Mitte des letzten Jahrtausends[3] waren erste Schritte zur Unternehmensleistungsmessung getan. Als Geburtsstunde des systematischen Performance Measurement, das aus heutiger Sicht in seiner aktuellen Entwicklungsstufe als fortschrittlichstes Konzept zur Messung von Unternehmensleistung angesehen werden kann, gilt das Scientific Management Anfang des 20. Jahrhunderts.[4]

Nachdem in dieser Tradition bis Ende der 80er, Anfang der 90er Jahre des letzten Jahrhunderts die Unternehmenslenkung stark auf operative Produktivität ausgerichtet war,[5] dominiert im Zuge gestiegener Wettbewerbs- und Informationsanforderungen zunehmend eine ganzheitliche strategische Sicht. Aktuell stellt die Entwicklung eines integrierten Performance Measurement-Systems eine der wichtigsten Herausforderungen für das Management Accounting dar.[6] Damit stehen Unternehmen heute in Reaktion auf das neue Wettbewerbsgeschehen vor der Aufgabe, Performance Measurement-Systeme hoher Güte zu implementieren.

---

1 Leicht gekürzt nach BEUTLER, E. (Hrsg.) (1966), S. 484f.
2 Vgl. SCHNEIDER, D. (1987), S. 93ff.
3 Vgl. PENNDORF, B. (1933), S. 1ff.
4 Vgl. STREIB, G. D./POISTER, T. H. (1999), S. 107.
5 Vgl. z. B. MCNAIR, C. J./MOSCONI, W./NORRIS, T. (1988), S. 3; CRAWFORD, K. M. (1988), S. 31; KAPLAN, R. S. (1983), S. 686ff.; BONSACK, R. A. (1989), S. 50ff.
6 In einer empirischen Studie aus England bejahten dies ca. 95 % der befragten Führungskräfte. Vgl. EVANS, H. u. a. (1996), S. 21.

Was wird auf den folgenden Seiten geboten? – In Kapitel 2 wird zunächst ein Überblick darüber gegeben, was unter einem Performance Measurement-System zu verstehen ist und was es beinhaltet. Im darauffolgenden dritten Kapitel werden verschiedene Ansätze, die in der wissenschaftlichen Diskussion als zum Performance Measurement geeignet vorgeschlagen oder in der Unternehmenspraxis dazu genutzt werden, einander gegenübergestellt und ihre Stärken und Schwächen analysiert. Das Spektrum der betrachteten Konzepte reicht dabei von der Balanced Scorecard über klassische Kennzahlensysteme bis zum EFQM-Modell.

Im vierten Kapitel befindet sich eine Übersicht über ausgewählte Untersuchungen, die sich von empirischer Seite dem Konzept des Performance Measurement-Systems nähern.

Die Kapitel 5 bis 7 beschäftigen sich umfangreich mit jeweils einem der drei Elemente eines Performance Measurement-Systems, anhand derer seine Gesamtgüte bewertet werden kann. Dies sind die *Qualität der Meßkonstruktion* des Performance Measurement-Systems, seine *Verankerung im Unternehmen* – also inwieweit es „gelebt" wird – sowie schließlich die Intensität seiner *Weiterentwicklung*. In diesen drei Kapiteln werden Thesen zu vielfältigen Aspekten des Performance Measurement sachlogisch abgeleitet, deren Wahrheitsgehalt auf Basis einer selbst durchgeführten empirischen Untersuchung geprüft wird.

Dieser empirischen Analyse widmet sich Kapitel 8, wobei neben dem Test der Thesen der vorangegangenen Kapitel ein Gütemaß für Performance Measurement-Systeme generiert wird, mit dessen Hilfe das Performance Measurement-System eines jeden Unternehmens evaluiert werden kann.

Um die konzeptionelle Analyse von Performance Measurement-Systemen anschaulicher gestalten zu können, werden in den nachfolgenden Kapiteln deskriptive Ergebnisse der empirischen Untersuchung, auf die detailliert erst im Kapitel 8 eingegangen wird, bereits illustrativ verwendet.

Kapitel 9 schließlich obliegt eine zusammenfassende Rückschau auf die Arbeit. Für sehr eilige Leser ist das Management Summary in Abschnitt 9.4 bestimmt.

2 Konzeptionelle Grundlagen

„Wodurch ist er groß, als ... daß er darin eine lebendige Basis hatte, worauf er schreiten konnte."

JOHANN PETER ECKERMANN[7]

Bevor eine inhaltliche Auseinandersetzung mit Performance Measurement-Systemen beginnen kann, muß zunächst dieser nicht zum Allgemeingut gehörende Begriff konkretisiert werden. Im Anschluß wird eine modellhafte Vorstellung von einem Performance Measurement-System vorgestellt, die das Verständnis der in den folgenden Kapiteln diskutierten Details vereinfachen soll. Schließlich wird abschließend kurz der Frage nachgegangen, ob Performance Measurement ein für die Unternehmenspraxis relevantes Thema ist.

2.1 Begriffsklärung

Performance Measurement – schon die wörtliche Übersetzung „Leistungsmessung" bzw. „Effizienzmessung" läßt vermuten, daß unter dieser Bezeichnung eine Vielzahl von Phänomenen und Sachverhalten subsumiert werden kann. So wird beispielsweise bei der Betrachtung der zeitlichen Entwicklung des Marktwertes von Wertpapieren und Investmentfonds[8] sowie im umweltökonomischen Bereich[9] mit dem Begriff Performance Measurement hantiert. Auch in nicht direkt den Wirtschaftswissenschaften zuzuordnenden Disziplinen, wie z. B. der Arbeitsmedizin[10] und der Informatik,[11] wird der Begriff des Performance Measurement verwendet. Alle diese Bedeutungen werden hier aber nicht betrachtet. Auch die im Rahmen psychologischer Arbeiten häufig erfaßte individuelle Leistung einzelner Personen[12] und die gesamtwirtschaftlich aggregierte Betrachtung im volkswirtschaftlichen Schrifttum[13] ist nicht Gegenstand dieser Arbeit. Ein Performance Measurement-System im Verständnis dieses Buches ist somit auf die Leistung einer gesamten organisationalen Einheit (meist Unternehmen, aber auch Behörden u. ä.) ausgerichtet.[14] Im folgenden werden verschiedene Aspekte eines Performance Measurement-Systems aus begrifflicher Perspektive untersucht.

---

[7] ECKERMANN, J. P. (1948), S. 631.

[8] Vgl. z. B. GOODMAN, E. A. (1989), S. 35f.; DUFFY, M. N. (1999), S. 22ff.; REICHLING, P. (1996), S. 286ff.; STEPHENS, A./PROFFITT, D. (1991), S. 23ff.; DANIEL, K. u. a. (1997), S. 1035ff.

[9] Vgl. EPSTEIN, M. J. (1996).

[10] Vgl. z. B. zu Untersuchungen zum Einfluß von Umweltbedingungen auf die individuelle Arbeitsleistung die Beiträge in DAVIS, P. R. (Hrsg.) (1970).

[11] Vgl. z. B. zur Evaluierung der Leistungsfähigkeit verteilter Computersysteme STEDMAN, C. (1995), S. 72.

[12] Vgl. z. B. die Beiträge in LANDY, F./ZEDECK, S./CLEVELAND, J. (Hrsg.) (1983).

[13] Vgl. z. B. die Beiträge in MOSS, M. (Hrsg.) (1973).

[14] Im wissenschaftlichen Schrifttum wird gelegentlich der Begriff „Organisation" verwendet, um anzudeuten, daß die gewonnenen Erkenntnisse nicht nur auf Unternehmen als Spezialform der Organisation anzuwenden sind. Einerseits ist nicht gesichert, daß Untersuchungsergebnisse für Unternehmen auf andere Organisationsformen, wie Behörden und gemeinnützige Einrichtungen, übertragen werden können, und andererseits wird vermutet, daß es die Lesbarkeit von Textpassagen negativ beeinflussen kann, wenn der Organisations-Begriff verwendet wird. Deshalb wird im folgenden nur von Unternehmensperformance gesprochen.

2.1.1 Performance

Bis zum heutigen Tag wird der Begriff der Unternehmensperformance oder -leistung sehr vielfältig und oft auffallend vage verwendet,[15] „aber was mit Leistung eigentlich gemeint sein soll, das bleibt oft genug unklar."[16] Zunächst soll deshalb untersucht werden, was Performance ausmacht.

Im Rahmen der externen Unternehmensrechnung wird die Performance eines Unternehmens üblicherweise am Jahresüberschuß oder anderen periodisierten Gewinngrößen festgemacht,[17] während die interne Unternehmensrechnung unter dem Stichwort Erfolg auf die Maximierung der Differenz von Leistungen und Kosten abzielt.[18] Bei der Betrachtung von Performance Measurement-Systemen greift dieses Verständnis aber wesentlich zu kurz.

In der Erfolgsforschung werden verschiedene Ansätze zur inhaltlichen Ausgestaltung des Erfolgsbegriffs verfolgt, wie z. B.

- Zielansatz,
- Systemansatz,
- interessenpluralistischer Ansatz und
- Kontingenzansatz.

Der Zielansatz, dem eine übergeordnete Bedeutung für die betriebswirtschaftliche Erfolgsforschung zukommt,[19] sieht Erfolg als den Grad der Erreichung der Unternehmensziele. Im Systemansatz wird auf die langfristige Überlebensfähigkeit eines Unternehmens als System Bezug genommen, indem bewertet wird, wie stabil das System ist und wie erfolgreich es mit seinem Umfeld interagiert. Der interessenpluralistische Ansatz erfaßt, wie die Ansprüche von internen und externen Stakeholdern erfüllt werden können. Beim Kontingenzansatz schließlich hängt es von der konkreten Situation ab, was Unternehmenserfolg ist.[20]

Da der Kontingenzansatz wenig greifbar erscheint und der Systemansatz Erfolg zu einem „abstrakten, mehrdimensionalen Konstrukt"[21] entwickelt, das ebenfalls nicht sonderlich handhabbar ist, wird im folgenden eine Synthese des Ziel- und interessenpluralistischen Ansatzes vorgeschlagen, indem das Zielportefeuille erweitert wird. Dies entspricht dann im wesentlichen dem Management Audit, das GRABATIN als anwendungsorientiertes Mittel zur Ausgestaltung des Erfolgsbegriffs sieht.[22]

---

15 Vgl. ROGERS, E. W./WRIGHT, P. M. (1998), S. 314f. Vgl. für einen Überblick über unterschiedliche Verwendungen des Begriffs BECKER, F. G. (1998), S. 43ff.

16 BESTE, T. (1944), S. 4. Diese Aussage hat im Verlauf des letzten halben Jahrhunderts nichts an Aktualität eingebüßt.

17 Vgl. COENENBERG, A. G. (1997), S. 307ff.; WHITING, E. (1986), S. 81ff.

18 Vgl. COENENBERG, A. G. (1999), S. 28.

19 Vgl. FRITZ, W. (1992), S. 220.

20 Vgl. detailliert HOFFMANN, F. (1980), S. 72ff.; ähnlich STAEHLE, W. H. (1999), S. 444ff. und SCHOLZ, C. (1987), S. 15ff.

21 STAEHLE, W. H. (1999), S. 445.

22 Vgl. GRABATIN, G. (1981), S. 34ff.

Performance wird hier als die Fähigkeit eines Unternehmens verstanden, Ziele zu erreichen, also Erwartungen zu erfüllen,[23] und ist somit, wie Abb. 1 zeigt, sowohl von Ergebnissen i. w. S.[24] abhängig; wird aber ebenso durch die entsprechende Zielstellung beeinflußt.[25]

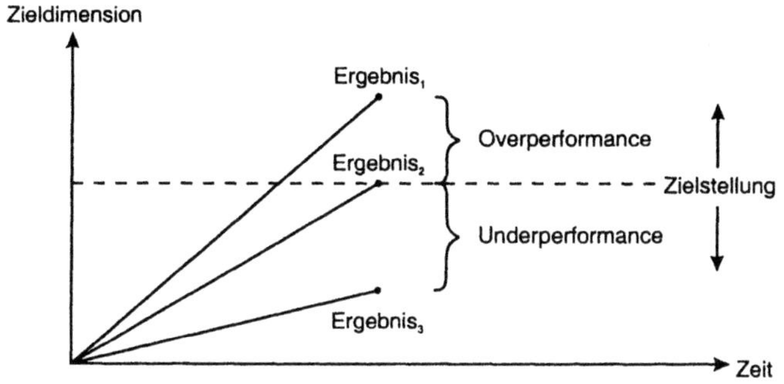

Abb. 1: Performance als Zielerreichung

Die zu erreichenden Ziele als Beschreibung eines erwünschten Zustands, der als Ergebnis von Entscheidungen eintreten soll,[26] lassen sich dabei in drei Typen unterteilen (vgl. Abb. 2). Durch Generierung von Erfolgspotentialen wird nachhaltige Existenzsicherung betrieben, damit Herausforderungen des Unternehmensumfelds bewältigt werden können. Aus der Realisierung der Erfolgspotentiale erwächst Periodenerfolg, der wiederum Vorsteuerfunktion für Liquidität hat.

Gleichzeitig ist Liquidität als kurzfristige Existenzsicherung Voraussetzung für Erfolg und dieser finanzielle Grundlage für die Schaffung von Erfolgspotential.[27] Der integrative Ansatz der dreiteiligen Zielsystematik deckt damit das Spannungsfeld zwischen langfristig orientierten strategischen Zielstellungen und kurzfristigen operativen Zielen umfassend ab.

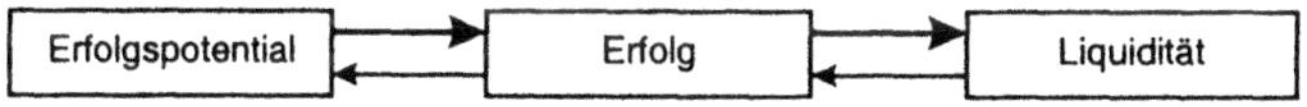

Abb. 2: Zielsystematik[28]

In Arbeiten zur empirischen Zielforschung wurde untersucht, welche Ziele von Unternehmen verfolgt werden.[29] Dabei zeigte sich, daß mehrere Ziele parallel verfolgt werden und eine abschließende Zielliste nicht aufgestellt werden kann.[30]

---

[23] Vgl. MILGROM, P./ROBERTS, J. (1992), S. 22.

[24] Die Formulierung i. w. S. soll verdeutlichen, daß nicht nur periodisierte Gewinngrößen gemeint sind.

[25] Ähnlich BENTLEY, der die „Lücke" zwischen Zielstellung (Expectation) und Ergebnis (Outcome) als *Performance Gap* beschreibt. Vgl. BENTLEY, T. J. (1996), S. 3ff.

[26] Vgl. BEA, F. X. (1992), S. 316.

[27] Vgl. z. B. BAUM, H.-G./COENENBERG, A. G./GÜNTHER, T. (1999), S. 6f. GÄLWEILER unterscheidet darüber hinaus neue und bestehende Erfolgspotentiale. Vgl. GÄLWEILER, A. (1990), S. 28.

[28] Vgl. auch BAUM, H.-G./COENENBERG, A. G./GÜNTHER, T. (1999), S. 6.

Das Zielsystem eines Unternehmens ist daher durch Mehrdimensionalität gekennzeichnet, wobei konkurrierende, komplementäre und indifferente Interdependenzrelationen zwischen einzelnen Zielen unterschieden werden können.[31] Teilweise sind die Interdependenzen zwischen zwei Zielen aber nicht global konstant, sondern die Beziehung hängt vom Zielerreichungsgrad ab.[32]

Konkurrierende Zielbeziehungen [33] treten zwischen zwei Zielen *A* und *B* auf, wenn eine Steigerung des Zielerreichungsgrades von *A* zu einer Verminderung des Zielerreichungsgrades von *B* führt et vice versa. Um konkurrierende Ziele in ein Zielsystem integrieren zu können, müssen diese in geeigneter Weise gewichtet werden.[34] Bei Zielkonkurrenz führt dies zur Festlegung von höhergewichteten Haupt- und geringer gewichteten Nebenzielen.[35]

Eine Zielbeziehung ist *komplementär* bzw. harmonisch, wenn eine Erhöhung des Zielerreichungsgrades von *C* simultan eine Steigerung des Zielerreichungsgrades von *D* nach sich zieht. Dabei kann sowohl eine symmetrische Beziehung mit wechselseitiger Abhängigkeit als auch eine asymmetrische Beziehung vorliegen. Bei Asymmetrie wirkt sich ein höherer Zielerreichungsgrad von *C* positiv auf *D* aus; ein höherer Grad der Zielerreichung bei *D* beeinflußt aber nicht notwendigerweise den Zielerreichungsgrad von *C*. Bei symmetrisch komplementären Zielen genügt es, eines der Ziele in das Zielsystem aufzunehmen. Asymmetrisch komplementäre Ziele stehen in einer Zweck-Mittel-Relation,[36] die in Form einer Zielhierarchie dargestellt werden kann.[37] Die wenig operationalen Oberziele werden dabei durch komplementäre Unterziele konkretisiert.[38] Aufgrund der Asymmetrie ist das oben betrachtete Ziel *D* ein Oberziel, während *C* ein Unterziel zu *D* ist.

Wenn die Realisierung eines Zieles *E* keinerlei Einfluß auf den Zielerreichungsgrad von *F* hat, sind beide Ziele *indifferent*. Da sich Maßnahmen zur Erreichung indifferenter Ziele wechselseitig nicht beeinflussen, ist dies der am unproblematischsten zu behandelnde Fall.[39]

---

29 Vgl. HEINEN, E. (1976), S. 37ff.; KAPLAN, A. D. H./DIRLAM, J. B./LANZILLOTTI, R. F. (1958), S. 3ff.; HAUSCHILDT, J. (1973), S. 709ff.; CZERANOWSKY, G./STRUTZ, H. (1970), S. 121ff.; KIRSCH, W. u. a. (1975), S. 13ff.

30 Vgl. GÜNTHER, T. (1991), S. 15.

31 Vgl. HEINEN, E. (1991), S. 14ff.; HEINEN, E. (1976), S. 94ff.; BIDLINGMAIER, J. (1968), S. 44ff.; MAG, W. (1976), S. 50f.; konzeptionell GÄFGEN, G. (1963), S. 119ff. ANSOFF postuliert eine Mehrdimensionalität mit langfristigen, flexiblen und nicht-ökonmischen Zielen. Vgl. ANSOFF, H. I. (1966), S. 69ff.

32 Vgl. für ein Beispiel mit Komplementarität, Indifferenz und Konkurrenz zwischen Umsatz und Gewinn in Abhängigkeit von der Höhe des Umsatzes HEINEN, E. (1991), S. 15.

33 In der Literatur verwendete Synonyme: konfliktär, antinomisch, alternativ. Vgl. BAMBERG, G./COENENBERG, A. G. (1996), S. 46. Andererseits bezeichnet WÖHE nur Ziele, deren Erreichung sich vollständig ausschließt, als antinomisch. Vgl. WÖHE, G. (1990), S. 126.

34 Vgl. für Methoden z. B. BAMBERG, G./COENENBERG, A. G. (1996), S. 48ff.; DINKELBACH, W. (1982), S. 153ff.

35 Vgl. HEINEN, E. (1991), S. 16.

36 Vgl. BAMBERG, G./COENENBERG, A. G. (1996), S. 48; THOMMEN, J.-P. (1991), S. 100; WELGE, M. K./AL-LAHAM, A. (1999), S. 116f. HEINEN, E. (1976), S. 102ff.; STAEHLE, W. H. (1969), S. 107ff.

37 Das Return on Investment-Schema ist ein Beispiel für eine solche Zielhierarchie.

38 Vgl. REICHMANN, T. (1995), S. 39f.

39 Vgl. BAMBERG, G./COENENBERG A. G. (1996), S. 47.

Als Zwischenfazit kann somit festgehalten werden, daß die Performance eines Unternehmens mehrdimensionaler Natur ist, durch Interdependenzen gekennzeichnet ist sowie strategische und operative Aspekte integriert.

2.1.2 Steuerung und Regelung

Das hier verfolgte Verständnis von Performance Measurement sieht sich in *systemtheoretischer Tradition*. In Übereinstimmung mit der allgemeinen Fokussierung der systemtheoretischen Forschung auf dynamische Systeme,[40] gilt diesem Forschungszweig auch für Performance Measurement-Systeme besonderes Augenmerk. Auf die für Performance Measurement-Systeme nicht relevante Theorie statischer Systeme und den informationstheoretischen Zweig der Theorie dynamischer Systeme wird hier nicht näher eingegangen.[41] Abb. 3 gibt einen Überblick über Forschungszweige der Systemtheorie.

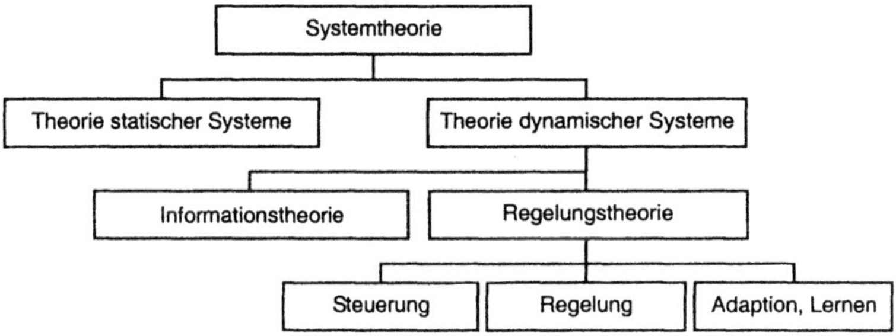

Abb. 3: Systematik der Systemtheorie[42]

Die Theorie dynamischer Systeme, die auch als Kybernetik bezeichnet wird,[43] betrachtet offene, komplexe, dynamische Systeme als Menge von Elementen zwischen denen Wechselbeziehungen bestehen (= System),[44] die von einem Zustand in einen anderen wechseln können (= dynamisch), wobei die Wechselwirkungen zwischen den Elementen vielseitig und im Zeitablauf veränderlich sind (= komplex), und die mit der Systemumwelt in Beziehung stehen (= offen).[45]

Im Rahmen der kybernetischen Betrachtungen werden mit Regelung und Steuerung zwei Ansätze der Lenkung unterschieden. Mit *Regelungsprozessen* wird versucht, eine bestimmte Ausprägung der zu regelnden Größe zu erreichen. Dabei werden auf Basis eines Feedback über den aktuellen Zielerreichungsgrad Lösungsmöglichkeiten gesucht und Maßnahmen er-

---

[40] Vgl. MARR, R./SCHUH, S. (1984), S. 984; ULRICH, H. (1984), S. 99.

[41] Statische Systeme sind für wirtschaftswissenschaftliche Fragestellungen nicht relevant, die Informationstheorie befaßt sich mit der Informationsübertragung innerhalb des Systems und über die Systemgrenzen hinaus. Vgl. dazu detaillierter BAETGE, J. (1977), S. 510ff.

[42] Leicht modifiziert nach BAETGE, J. (1977), S. 511.

[43] Vgl. HORVÁTH, P. (1971), S. 27.

[44] Vgl. VON BERTALANFFY, L. (1972), S. 18

[45] Vgl. MÜLLER, A. (1996), S. 31.

griffen. Mit der auf Feedback basierenden Regelung sollen also Störungen *nach* ihrem Eintritt kompensiert werden.[46]

Mit *Steuerungsprozessen* soll ebenfalls eine bestimmte Ausprägung der entsprechenden Größe erreicht werden. Im Gegensatz zur Regelung erfolgt dies aber auf Basis eines Feedforward, um mögliche Störungen im Anpassungsprozeß zu antizipieren und frühzeitig alternative Lösungswege zur Zielerreichung einzuschlagen. Gleichzeitig wird im Rahmen des Steuerungsprozesses geprüft, ob das Ziel und dessen Niveau vor dem Hintergrund der veränderten Umfeldbedingungen sinnvoll und realistisch ist. Mit Steuerungsprozessen auf Basis von Feedforward-Rückkopplung wird Störungsabwehr *vor* Eintritt von Störungen betrieben.[47]

Für eine optimale Lenkung erscheint eine *Kombination* der (Vor-)Steuerung zur frühzeitigen Antizipation von neuen Herausforderungen und der Regelung zur Kompensation auftretender Abweichungen sinnvoll.[48] Unterstützung kann die Lenkung dabei durch Elemente der *Adaption* und des Lernens erfahren,[49] so daß in vergleichbaren Umfeldsituationen und Systemzuständen auf bereits erworbene Erfahrungen zurückgegriffen werden kann.

Die Umsetzung von Regelung und Steuerung kann durch einen Prozeß mit den Phasen Planung, Realisation und Kontrolle erfolgen (vgl. Abb. 4),[50] so daß ein Performance Measurement-System als Konkretisierung des *kybernetischen Controllingprozesses*[51] angesehen werden kann.

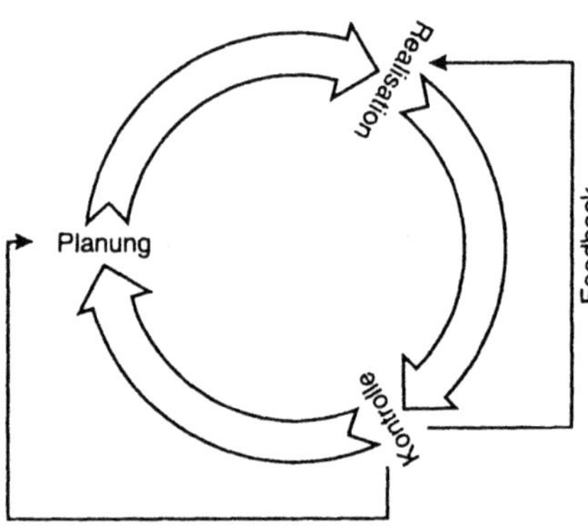

Abb. 4: Kybernetischer Controllingprozeß

[46] Vgl. MERCHANT, K. A. (1982), S. 50; BRAMSEMANN, R. (1993), S. 43.
[47] Vgl. MANN, R. (1989), S. 24; MÜLLER, A. (1996), S. 45; BRAMSEMANN, R. (1993), S. 43f.
[48] Vgl. KERSSENS-VAN DRONGELEN, I. C./BILDERBEEK, J. (1999), S. 36.
[49] Vgl. BAETGE, J. (1977), S. 520.
[50] Vgl. GÜNTHER, T. (1991), S. 51ff. ähnlich auch HACKER, M. E./BROTHERTON, P. A. (1998), S. 22, die vier Phasen unterscheiden.
[51] Vgl. zum vielfältigen Verständnis des Controlling-Begriffs z. B. NIEDERMAYR, R. (1994), S. 8ff.; STOFFEL, K. (1995), S. 7ff.; REICHMANN, T. (1997), S. 5ff.

Im Zuge der Kontrollphase erfolgt eine Messung des realisierten Zielerreichungsgrades (= Informationserfassung). Gleichzeitig wird ausgehend von der Kontrolle sowohl ein Feedback als auch ein Feedforward ausgelöst.

Das Feedback richtet sich an die Realisationsphase und übermittelt eine Rückkopplung, ob das geplante Ziel erreicht wurde, so daß bei der Realisation zukünftig gegebenenfalls geeignetere Maßnahmen eingeleitet werden können. Auf Basis des Feedforward werden während der Planungsphase die durchzuführenden Maßnahmen und geplanten Zielstellungen der erwarteten Umfeldentwicklung angepaßt.

Ein Performance Measurement-System setzt den kybernetischen Controllingprozeß für das mehrdimensionale Zielsystem auf allen Stufen, von der strategischen bis zur operativen Ebene, um (vgl. Abb. 5).

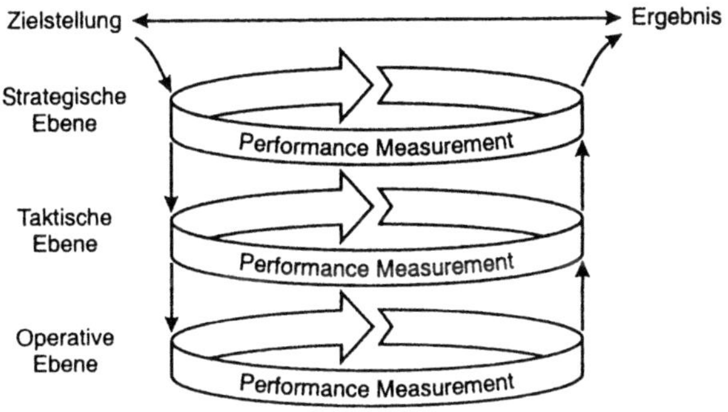

Abb. 5: Ebenenmodell eines Performance Measurement-Systems[52]

Das hier verfolgte Verständnis von Performance Measurement sieht sich damit in der Tradition des *Management Control*, also des Prozesses, „by which managers influence other members of the organization to implement the organization's strategies."[53] Im Schrifttum wird die Frage, ob ein Performance Measurement-System eine reine Informationserfassungs- oder darüber hinaus Elemente einer Lenkungsfunktion beinhalten soll, kontrovers diskutiert. Vertreter der ersten Ansicht, die Performance Measurement als „acquisition and analysis of information about the actual attainment of company objectives and plans"[54] betrachten, beschränken Performance Measurement auf das Sammeln von Informationen, deren Verwertung im Rahmen von Entscheidungsprozessen nicht thematisiert wird. Die dabei häufig vorgenommene begriffliche Trennung von Performance Measurement und Performance Management[55] erscheint

---

52 Vgl. BREDRUP, H. (1995a), S. 174. Teilweise wird in der Literatur davon ausgegangen, daß die taktische und die operative Ebene identisch sind. Vgl. HAHN, D. (1975), S. 101; KREIKEBAUM, H. (1997), S. 211. Die Dreiteilung in operative, taktische und strategische Ebene unterstützen z. B. BIRCHER, B. (1976), S. 61; DUNST, K. H. (1983), S. 13; HAMMER, R. M. (1992), S. 60.

53 ANTHONY, R. N./GOVINDARAJAN, V. (1998), S. 6.

54 KERSSENS-VAN DRONGELEN, I. C./BILDERBEEK, J. (1999), S. 36.

55 Vgl. BREDRUP, H. (1995b), S. 77ff.; KLINGEBIEL, N. (1998), S. 4f.; KLINGEBIEL, N. (1999), S. 13ff.; SCHULER, R. S./FULKERSON, J. R./DOWLING, P. J. (1991), S. 365ff.; GREENE, A. H./FLENTOW, P. (1990), S. 52.

etwas künstlich. Üblicherweise wird daher Performance Measurement als ein Lenkungsansatz angesehen,[56] so daß im Sinne des Management Control diesem Verständnis auch hier gefolgt werden soll.

Teilweise wird die Ansicht vertreten, daß Performance Measurement-Systeme den *Diagnostic Control Systems* zuzuordnen sind,[57] also bei der Rückkopplung ausschließlich Regelungsprozesse eine Rolle spielen. Andere Autoren[58] sehen Performance Measurement-Systeme in der Tradition eines *Interactive Control Systems*,[59] das sich auf Steuerungsprozesse stützt. Letztendlich sollte ein Performance Measurement-System aber sowohl Feedforward- als auch Feedback-Elemente beinhalten. Dabei wird sicherlich der Gedanke der Feedback-Steuerung das Feedforward-Konzept dominieren,[60] denn „die Neigung, die konzeptionelle Gesamtsicht von Zeit zu Zeit kritisch zu überprüfen, ist üblicherweise gering".[61]

2.1.3 Resümee

GLEICH sieht ein Performance Measurement-System als ein Planungs- und Steuerungskonzept, das monetäre Kennzahlen beinhaltet, die auf allen erfolgs- und leistungsrelevanten Unternehmensebenen mit den Einflußgrößen der langfristigen finanziellen Leistungsfähigkeit des Unternehmens komplementiert sind, so daß die Maßgrößen bzw. Kennzahlen einander ergänzen, auf die strategische Zielstellung des Unternehmens ausgerichtet sind, die Ansprüche der Stakeholder integrieren und auf kontinuierliche Verbesserung und Flexibilität ausgerichtet sind.[62]

Wenngleich sich diese Definition mit den in den vorangegangenen Abschnitten untersuchten Aspekten fast vollständig deckt, scheint die Unterscheidung von monetären und nicht-monetären Indikatoren keinen großen Erklärungsbeitrag zur Charakterisierung von Performance Measurement-Systemen aufzuweisen. Vielmehr ist davon auszugehen, daß im Rahmen eines Performance Measurement-Systems jede Art von Indikatoren per se geeignet ist, das mehrdimensionale Zielsystem zu erfassen. Dementsprechend sollen keine Forderungen hinsichtlich der verwendeten Indikatoren in die Definition aufgenommen werden. Damit kann nun eine Abgrenzung des Begriffs des Performance Measurement-Systems vorgenommen werden.

Ein Performance Measurement-System ist ein System zur Messung und Lenkung der mehrdimensionalen, durch wechselseitige Interdependenzen gekennzeichneten, strategische und operative Aspekte integrierenden Unternehmensperformance auf Basis eines kybernetischen Prozesses mit Elementen organisationalen Lernens.

---

[56] Vgl. z. B. MORRISSEY, E./HUDSON, G. (1997), S. 48ff.; GLEICH, R. (1997c), S. 114f.

[57] Vgl. am Beispiel der Balanced Scorecard SIMONS, R. (1995), S. 68f. Vgl. zu Diagnostic und Interactive Control Systems SIMONS, R./DÁVILA, A./KAPLAN, R. S. (2000), S. 208ff.

[58] Vgl. am Beispiel der Balanced Scorecard KAPLAN, R. S./NORTON, D. P. (1996b), S. 25; KAPLAN, R. S./NORTON, D. P. (1997a), S. 24.

[59] Vgl. SIMONS, R./DÁVILA, A./KAPLAN, R. S. (2000), S. 214ff.

[60] Vgl. „auf Basis individueller empirischer Erfahrung" WEBER, J./SCHÄFFER, U. (2000a), S. 10f.

[61] KIRSCH, W./ESSER, W.-M./GABELE, E. (1979), S. 324.

[62] Vgl. GLEICH, R. (1997c), S. 114f.

2.2 Modellhafte Vorstellung

Diese allgemeine Definition muß vor dem Hintergrund aktueller Umfeldanforderungen konkretisiert werden, so daß auf Basis eines Metamodells in der Praxis existierende Performance Measurement-Systeme abgebildet werden können. Dazu soll zunächst ein Überblick über die zur Bewertung von Performance Measurement-Systemen relevanten Themenkomplexe geschaffen werden, die im weiteren Verlauf der Arbeit genauer erläutert werden. Mit der Vorschau soll die Verständlichkeit der Detaildiskussion der folgenden Kapitel erhöht werden.

2.2.1 Betrachtungsgegenstand

Der Betrachtungsgegenstand eines Performance Measurement-Systems sollte das mehrdimensionale Unternehmenszielsystem einschließlich seiner Interdependenzen abdecken. Gleichzeitig ist die Verbindung der operativen und strategischen Ebene sicherzustellen. Die begriffliche Fixierung des Terminus Performance Measurement-System aus Abschnitt 2.1 ist dahingehend zu präzisieren. Dabei geht es insbesondere darum, diejenigen im Unternehmen und dessen Umfeld angesiedelten Elemente zu erfassen, die für die langfristige Entwicklung des Unternehmens wichtig sind. Der Betrachtungsgegenstand bestimmt damit den Umfang der Informationen, die in einem Performance Measurement-System potentiell zu verarbeiten sind.

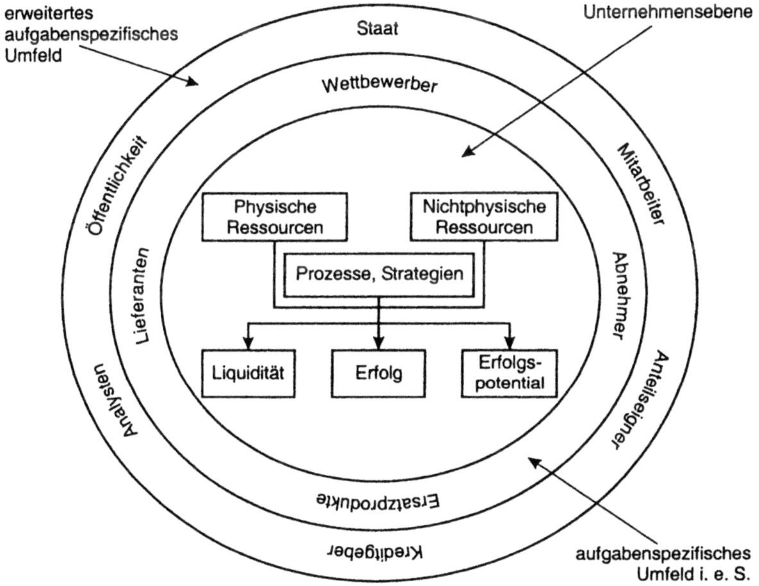

Abb. 6: Betrachtungsgegenstand eines Performance Measurement-Systems[63]

[63] In Anlehnung an BAUM, H.-G./COENENBERG, A. G./GÜNTHER, T. (1999), S. 57.

Detailliert beschäftigt sich der Abschnitt 5.1 mit der Differenzierung und Systematisierung des Betrachtungsgegenstandes. In Abb. 6 ist im Vorgriff auf die Ergebnisse der Analyse der potentiell relevante Betrachtungsgegenstand überblicksartig dargestellt. Die Vorschau beinhaltet dabei die Gesamtheit der potentiell wichtigen Informationen, die aber in Abhängigkeit der konkreten Situation eines Unternehmens und seiner strategischen Ausrichtung nicht notwendigerweise vollständig von einem konkreten Performance Measurement-System abgedeckt werden müssen.

2.2.2 Elemente eines Performance Measurement-Systems

Ein Performance Measurement-System beinhaltet wesentlich mehr als nur die reine Erfassung und Verarbeitung von Informationen über den Betrachtungsgegenstand. So spielt es für den erfolgreichen Einsatz eines Performance Measurement-Konzepts beispielsweise eine entscheidende Rolle, ob es im Unternehmen gelebt oder nur als kontrollierendes System aufgefaßt wird; ob es häufig genug an veränderte Herausforderungen angepaßt wird, oder dies zu selten geschieht.

In der Tradition des situativen Ansatzes ist dabei davon auszugehen, daß die Kriterien für erfolgreiches Performance Measurement unternehmensspezifisch sind, also nicht das, was gut für Unternehmen A ist, auch gut für Unternehmen B ist. Deshalb sollen hier Kriterien entwickelt werden, die – umgangssprachlich formuliert – erfassen, wie gut (oder schlecht) ein Performance Measurement-System zu den Anforderungen eines konkreten Unternehmens paßt.

Auf ähnliche Weise geht OTLEY vor, der anhand von fünf Fragekomplexen verschiedene Performance Measurement-Systeme auf ihre Eignung für konkrete Unternehmen untersucht:[64]

1. Wie gut wird die Zielerreichung der für den künftigen Unternehmenserfolg wichtigen Ziele abgebildet?
2. Wie wird die Leistung der Prozesse zur erfolgreichen Implementierung der Strategien und Pläne gemessen?
3. Wie werden die Performanceziele für die beiden vorausgegangenen Kriterien bestimmt, die für ein erfolgreiches Wirtschaften erreicht werden müssen?
4. Inwieweit ist die Zielerreichung Grundlage für die Entlohnung von Mitarbeitern?
5. Welche Informationsflüsse sind notwendig, um organisationales Lernen zu ermöglichen?

Dieser Kriterienkatalog schneidet zwar mit den Themenkomplexen

- Qualität der Meßkonstruktion (1. bis 3.),
- Verankerung im Unternehmen (4.) und
- Weiterentwicklung (5.)

die für die Bewertung von Performance Measurement-Systeme wesentlichen Elemente an, erfaßt sie aber nicht vollständig. So ist beispielsweise für die Verankerung eines Performance

[64] Vgl. OTLEY, D. (1999), S. 365f.

Measurement-Systems in einem Unternehmen auch die Beteiligung der Mitarbeiter an dessen Entwicklung ebenso wie der Umfang der involvierten Leistungsebenen von Bedeutung.

Zur umfassenden Bewertung von Performance Measurement-Systemen ist es deshalb erforderlich, allen drei Elementen detailliert nachzugehen. Dabei soll hier zunächst nur ein kurzer Überblick gegeben werden, da im weiteren Verlauf der Arbeit jedem der drei Elemente ein eigenes Kapitel gewidmet ist. Der Umfang des Kapitels zur Qualität der Meßkonstruktion ist dabei wesentlich größer als der der anderen beiden. Die Ursachen dafür liegen in der besonderen Bedeutung der Qualität der Meßkonstruktion. Ohne sie ist eine starke Verankerung und tatkräftige Weiterentwicklung/Verbesserung des Systems undenkbar. Auch in ihrer Gewichtung im Schrifttum spiegelt sich die Dominanz der Aspekte der Meßkonstruktion wider.

Die Gesamtheit der Kriterien, die erfassen, ob und wie das Performance Measurement-System eines konkreten Unternehmens alle wichtigen Informationen aus dem Unternehmen und dessen Umfeld berücksichtigt, werden im Themenkomplex Qualität der Meßkonstruktion zusammengefaßt, dem sich Kapitel 5 widmet.

Die Verankerung im Unternehmen thematisiert, ob das Performance Measurement-System eine gefestigte Position im Unternehmen hat und intensiv genutzt wird. Auf die entsprechenden Kriterien wird in Kapitel 6 differenziert eingegangen.

Schließlich erfaßt das als Weiterentwicklung bezeichnete Element, inwieweit das Performance Measurement-System an sich verändernde Herausforderungen angepaßt und permanent verbessert wird. Im Detail wird dies in Kapitel 7 untersucht.

2.2.3 Prozeß des Performance Measurement

Um die in den folgenden Kapiteln diskutierten Einzelheiten besser in das Gesamtbild eines Performance Measurement-Systems einordnen zu können, soll im folgenden ein Überblick über den Prozeß des Performance Measurement gegeben werden. Die Realisierung in konkreten Unternehmen kann dabei von dem geschaffenen Idealbild mehr oder weniger stark abweichen.

In Anlehnung an CATES,[65] der sich mit Performance Measurement-Systemen im Bereich von Kreditinstituten auseinandersetzt, kann der Performance Measurement-Prozeß in vier *Phasen* unterteilt werden:

- Diagnosis,
- Projection,
- Valuation,
- Application.

Die Diagnosis-Phase umfaßt dabei alle Analyseschritte bei der Beurteilung des Unternehmens und seines Umfeldes, die letztlich in einem System von leicht meßbaren Indikatoren (= Kenn-

[65] Vgl. CATES, D. C. (1997), S. 56.

zahlen) münden. Mit der Projection-Phase wird die zukünftige Performanceentwicklung eingeschätzt, indem realistische Zielvorgaben für die Indikatoren festgelegt werden. Bei der Valuation-Phase wird die realisierte Performance gemessen und die Meßwerte werden den Zielvorgaben gegenübergestellt. Auf diese Weise wird die realisierte Performance einer Bewertung unterzogen. Die Application-Phase schließlich macht die Performancebewertungen für die Performancelenkung zugänglich, indem sowohl Maßnahmen zur Regelung (= Feedback) als auch zur Steuerung (= Feedforward) der Performance ergriffen werden.[66]

Letztlich erscheint dieses Phasenschema insbesondere in der Abgrenzung der Projection- und Valuation-Phase problematisch, so daß auf den Vorschlag von STIVERS u. a., die[67]

- Identification of important factors,
- Measurement of these factors,
- Use of the factors in developing and monitoring strategic plans

unterscheiden, Bezug genommen werden soll. Auf Basis dieser Systematik, die auf die Meßbarmachung, die Messung und die Nutzung der Meßergebnisse ausgerichtet ist, werden hier die folgenden drei Phasen des Performance Measurement-Prozesses unterschieden:

- Ableitung von Meßobjekten,
- Messen im weiteren Sinn,
- Nutzung der Meßergebnisse,

die in den folgenden Abschnitten genauer zu untersuchen sind. Das Schema von BROWN, die ausgehend von der Unternehmensstrategie bis zur Adaption einen 13-stufigen Performance Measurement-Prozeß vorschlägt,[68] soll hier nicht verwendet werden, da die Gliederung sehr unausgewogen wirkt. Fünf Stufen beziehen sich auf die Meßobjektentwicklung, sieben auf das Messen im weiteren Sinn und nur eine auf die Nutzung der Meßergebnisse. Einen Überblick über die Abfolge der Teilprozesse und die Strukturierung des Performance Measurement-Prozesses gibt Abb. 7.

2.2.3.1 Ableitung von Meßobjekten

Diejenigen realen Sachverhalte, die für die Gestaltung der Unternehmensperformance (also die Erreichung der Unternehmensziele) von Bedeutung sind, sollten als Meßobjekte[69] im Performance Measurement-System des entsprechenden Unternehmens thematisiert werden. Im folgenden soll überblicksartig dargestellt werden, wie diese zu betrachtenden Meßobjekte bestimmt werden können.

Ausgehend vom Selbstverständnis des Unternehmens, das in der Literatur auch als *Mission* bezeichnet wird,[70] ist ein Leitbild als Vorstellung vom Unternehmenszweck (= *Vision*) zu entwickeln. Das Selbstverständnis eines Unternehmens könnte z. B. das Streben nach nachhalti-

---

66 Diese vierstufige Phaseneinteilung ist in Abb. 7 auf S. 15 informatorisch enthalten.
67 Vgl. STIVERS, B. P. u. a. (1998), S. 48.
68 Vgl. BROWN, K. K. (1995), S. 65.
69 Vgl. zum Meßobjekt-Begriff Abschnitt 5.1 ab S. 97.
70 Vgl. z. B. TURNEY, P. B. B. (1992), S. 23.

gem Wirtschaften in Einklang mit der natürlichen Umwelt und in Harmonie mit dem sozialen Umfeld beinhalten und ist notgedrungen nur sehr unscharf umrissen. Das Leitbild bzw. die Vision ist demgegenüber stärker konkretisiert und könnte z. B. postulieren, innerhalb der nächsten fünf Jahre zum Anbieter mit den zufriedensten Kunden und ökologischsten Produkten zu werden. Problematisch ist, daß in den meisten Unternehmen die jeweilige Unternehmensvision zwar der Unternehmensleitung geläufig ist, auf operativer Ebene aber praktisch unbekannt ist.[71] Auf die Frage, wie Unternehmen eine Mission und Vision generieren, soll im Rahmen dieser Arbeit nicht detailliert eingegangen werden.[72]

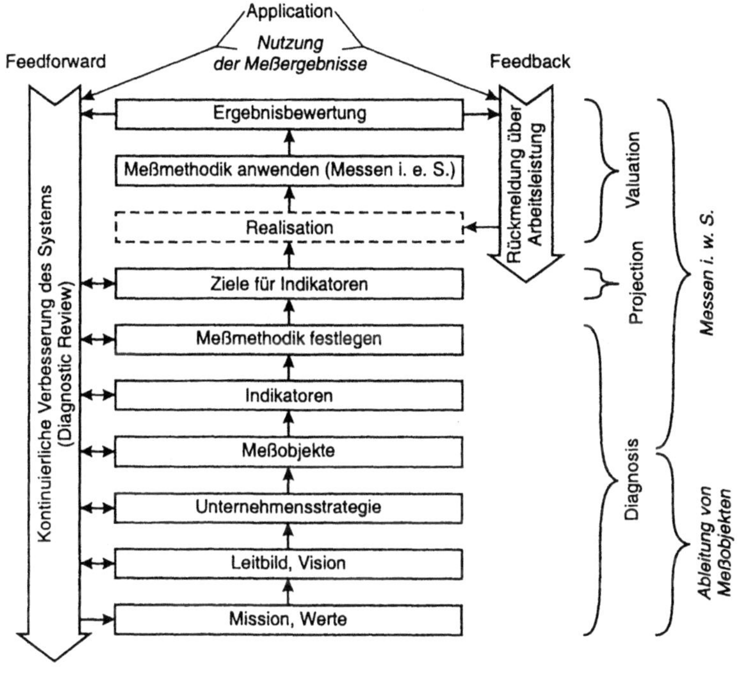

Abb. 7: Performance Measurement-Prozeß (schematisch)

Auf Basis der Vision ist eine geeignete *Unternehmensstrategie* zu entwickeln, die unter Berücksichtigung der vermuteten Umfeldbedingungen eine Realisierung der Vision erwarten läßt. Dabei kann sowohl eine marktorientierte Herangehensweise, die sich an der Wahrnehmung potentieller Absatzchancen orientiert, als auch ein ressourcenorientiertes Vorgehen, das die Kernkompetenzen des Unternehmens gezielt weiterentwickelt, verfolgt werden. Während in der Literatur strukturierte Strategiefindungsprozesse dominieren,[73] postulieren andere Autoren ein weniger formalisiertes Vorgehen, bei dem neben den bewußt geplanten auch „aufge-

[71] Vgl. die empirischen Daten bei BIRCHARD, B. (1996c), S. 27f.
[72] Vgl. dazu z. B. HUNGENBERG, H. (2000), S. 22ff.; COLLINS, J. C./PORRAS, J. I. (1996), S. 65ff.

tauchte“ Strategien als Elemente der letztlich realisierten Strategie aufgefaßt werden.[74] Mit der Unternehmensstrategie und ihren Implikationen für Performance Measurement-Systeme beschäftigt sich Abschnitt 5.2.

Die in das Performance Measurement-System zu integrierenden *Meßobjekte* sind schließlich diejenigen realen Sachverhalte, die für die Realisierung der aus der Strategie resultierenden Unternehmensziele von Bedeutung sind. Die relevanten Meßobjekte können dabei sowohl unternehmensinterner Natur sein als auch Elemente des Unternehmensumfelds betreffen. In Abschnitt 5.1 wird detailliert auf Fragen im Zusammenhang mit Meßobjekten eingegangen.

2.2.3.2 Messen im weiteren Sinn

In der zweiten der drei Phasen des Performance Measurement-Prozesses werden die relevanten Meßobjekte durch Indikatoren, die auch als Meßgrößen oder Kennzahlen bezeichnet werden, quantifiziert. Ferner schließt die Phase des Messens im weiteren Sinn die Generierung von Zielen, die für einzelne Indikatoren erreicht werden sollen, ebenso ein, wie die auf den Indikatorzielen beruhende Bewertung, wie erfolgreich im Unternehmen gearbeitet wurde.

Als *Meßprozeß* wird aus physikalisch-naturwissenschaftlicher Perspektive der Vergleich einer zu messenden Größe mit einer Größe gleicher Art, deren Betrag als Einheit festgelegt ist, bezeichnet. Im Meßprozeß wird somit festgestellt, wievielmal die entsprechende Einheit in der zu messenden Größe enthalten ist. Wesentliche Bestandteile des Meßprozesses sind ein Meßobjekt, eine Meßeinheit, eine Meßvorschrift und das Meßergebnis.[75]

In Übertragung dieser naturwissenschaftlichen Herangehensweise auf wirtschaftswissenschaftliche Belange im Rahmen eines Performance Measurement-Systems werden fünf Komponenten eines Meßprozesses unterschieden:
- Meßobjekte,
- als Meßeinheit fungierende Indikatoren,
- Meßmethodik,
- quantitatives Meßergebnis,
- bewertetes Meßergebnis.

Da Meßobjekte einer Messung meist nicht zugänglich sind, werden *Indikatoren* genutzt, um Meßergebnisse über den Sachverhalt gewinnen zu können. Mit Fragen im Zusammenhang mit diesen Stellvertretergrößen beschäftigt sich Abschnitt 5.4 ausführlich.

Die von HENDRICKS vorgestellte und in Abb. 8 visualisierte mehrstufige Ableitung von Indikatoren aus der Mission eines Unternehmens ist damit abgeschlossen. Zur Vervollständigung des Meßprozesses sind aber noch einige weitere Elemente zu ergänzen.

---

[73] Vgl. z. B. GOMEZ, P. (1993), S. 107ff. und PÜMPIN, C. (1992), S. 119ff.; AAKER, D. A. (1995), S. 321ff.
[74] Vgl. z. B. MINTZBERG, H. (1994), S. 23ff.; MINTZBERG, H. (1991a), S. 15; MINTZBERG, H. (1987), S. 68 und QUINN, J. B. (1980), S. 13ff.
[75] Vgl. GÖBEL, R. (1986), S. 20, S. 43.

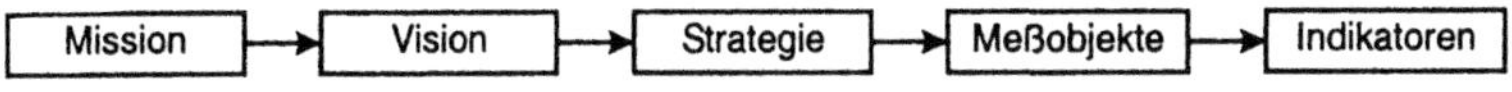

Abb. 8: Ableitung von Indikatoren aus der Mission[76]

Nachdem für die relevanten Meßobjekte geeignete Indikatoren bestimmt sind, muß festgelegt werden, woher die notwendigen Daten beschafft werden können, in welchen zeitlichen Abständen die Messungen wiederholt werden sollen und wer die Messungen durchführen soll. Die Antwort auf die Gesamtheit dieser Fragen wird als *Meßmethodik* bezeichnet und beschreibt die konkrete Durchführung einer Messung.

Für jeden Indikator sind Soll-Ausprägungen als *Ziele* zu formulieren, die innerhalb einer bestimmten Zeit erreicht werden sollen. Die Einschätzung sollte dabei einerseits realistisch, also bei entsprechender Anstrengung zu erreichen sein. Andererseits sind Ziele auch so anspruchsvoll zu formulieren, daß sie eine motivierende Wirkung entfalten können. Ziele bilden die Grundlage für eine spätere Bewertung der quantitativen Meßergebnisse.

Die hier vertretene mehrstufige Systematik ist damit kompatibel zu der Vorstellung von LOCKAMY, der mit

- Performance Criteria (= Meßobjekt),
- Performance Measure (= Indikator) und
- Performance Standard (= Indikatorziel)

drei Bestandteile eines Performance Measurement-Systems unterscheidet.[77]

Der in Abb. 7 als *Realisation* bezeichnete Teilprozeß stellt die Schnittstelle eines Performance Measurement-Systems zu den Geschäftsprozessen eines Unternehmens dar, mit denen versucht wird, die für einzelne Indikatoren gesteckten Ziele zu erreichen. Insofern ist die Realisation nicht als originärer Bestandteil eines Performance Measurement-Systems anzusehen.

Beim *Messen i. e. S.* wird der realisierte Ausprägungsgrad der Indikatoren erfaßt. Dieses quantitative Meßergebnis ist per se wertfrei, eine Aussage, ob das Resultat „gut" oder „schlecht" ist, kann also nicht getroffen werden. Teilweise wird eine Messung i. e. S. auch als Messung im konkreten Sinn und eine Messung im weiteren Sinn als eine Messung im abstrakten Sinn bezeichnet.[78]

Erst durch die Gegenüberstellung von Indikatorziel und quantitativem Meßergebnis ist eine *Bewertung des Meßergebnisses* möglich. Das bewertete Meßergebnis ist Ausgangspunkt für die Nutzung der Meßergebnisse als dritter Phase des Performance Measurement-Prozesses.

---

[76] Modifiziert nach HENDRICKS, J. A. (1994), S. 28. Im Original werden teilweise andere Begriffe verwendet. Ähnlich BUTLER, A./LETZA, S. R./NEALE, B. (1997), S. 247 und BOOTH, R. (1997), S. 29 (in Pyramidenform).

[77] Vgl. LOCKAMY, A. (1994), S. 17; LOCKAMY, A./COX, J. F. (1994), S. 18.

[78] Vgl. FERTIG, H. (1977), S. 88ff.

2.2.3.3 Nutzung der Meßergebnisse

Die Nutzungsphase der Meßergebnisse beinhaltet sowohl eine Regelungs- als auch eine Steuerungskomponente. Die Regelung auf Basis des bewerteten Meßergebnisses ist ein *Feedback*, das zu unmittelbaren Veränderungen in den Geschäftsprozessen führt. Auf diese Weise soll eine Verbesserung der Unternehmensperformance erreicht werden, die sich im nächsten Durchlauf der Meßvorschrift in einem besseren bewerteten Meßergebnis niederschlägt.

Damit wird im Rahmen eines Performance Measurement-Systems der aus klassischer naturwissenschaftlicher Sicht erhobene Anspruch einer neutralen Messung, die das Meßobjekt nicht beeinflußt, bewußt aufgegeben.[79] Durch die enge Verflechtung von Messung und Rückkopplung können sowohl gewünschte als auch unerwünschte Konsequenzen entstehen.[80] Einerseits verbessert sich die Unternehmensperformance durch Feedback, weil Mitarbeiter zielgerichteter arbeiten. Andererseits kann sich die Unternehmensperformance auch verschlechtern, weil der Indikator und nicht das zugrunde liegende Meßobjekt optimiert wird. Das in vielen Unternehmen bekannte Jahresendfieber ist ein Beispiel solcher unerwünschter Konsequenzen der Messung. Abschnitt 6.2 beschäftigt sich detailliert mit diesen Fragen.

Werden bei der Bewertung der quantitativen Meßergebnisse Abweichungen von den geplanten Indikatorzielen festgestellt, muß dies nicht zwangsläufig an unzureichender Arbeitsleistung liegen. Den Zielwerten liegen diverse Annahmen über die zukünftige Entwicklung zugrunde. Erweisen sich diese Annahmen im nachhinein als fehlerhaft, kann es unmöglich werden, die Indikatorziele noch zu erreichen. Durch *Feedforward* kann den Ursachen für Abweichungen frühzeitig entgegengewirkt werden. In Abhängigkeit des Ausmaßes der Einflußgrößenänderungen kann es erforderlich sein, nur die Indikatorziele anzupassen, andere Meßobjekte zu integrieren bzw. sogar die Unternehmensstrategie zu verändern. Diese Adaption des Performance Measurement-Systems wird auch sehr treffend als Diagnostic Review[81] bezeichnet und ist wesentlicher Bestandteil eines Performance Measurement-Systems.

Der Prozeß des Performance Measurement ist damit kompatibel zur Vorstellung von KERSSENS-VAN-DRONGELEN, BILDERBEEK und COOK, die Meßgrößen, zugeordnete Standardwerte, Meßtechnik, Meßhäufigkeit und -zeitpunkt sowie Berichterstattung der Meßergebnisse unterscheiden.[82]

---

[79] Vgl. BOUCKAERT, G. (1993), S. 38. Im übrigen kann auch in der Quantenmechanik als nicht-klassischem naturwissenschaftlichem Teilgebiet dieser Anspruch nicht immer erfüllt werden, wie die HEISENBERGsche Unschärferelation postuliert. Vgl. HEISENBERG, W. (1955), S. 28ff.; HEISENBERG, W. (1958), S. 9ff.

[80] Vgl. TARR, J. D. (1996), S. 81f.; TARR, J. D. (1995), S. 62f.

[81] Vgl. SANTORI, P. R./ANDERSON, A. D. (1987), S. 147; VOKURKA, R./FLIEDNER, G. (1995), S. 39.

[82] Vgl. KERSSENS-VAN DRONGELEN, I. C./BILDERBEEK, J. (1999), S. 38; KERSSENS-VAN DRONGELEN, I. C./ COOK, A. (1997), S. 353ff.

2.3 Verbreitung von Performance Measurement

Nachdem der Abriß über die Modellvorstellung von einem Performance Measurement-System vollendet ist, soll zum Abschluß des Kapitels noch ein Überblick über die Bedeutung von Performance Measurement für die Unternehmenspraxis gegeben werden.

Eine empirische Untersuchung von 1997 ergab, daß 36 % aller deutschen Unternehmen keinerlei Systeme zum Performance Measurement einsetzen.[83] Drei Jahre später zeigte sich in der eigenen Studie, daß dieser Anteil nicht wesentlich geringer geworden ist (32 %, vgl. Abb. 9). Insgesamt hat sich knapp die Hälfte der Unternehmen (32 % + 15 % = 47 %) noch nicht mit Performance Measurement beschäftigt oder untersucht gerade eines oder mehrere Systeme auf Umsetzbarkeit im Unternehmen. Die reichliche Hälfte (36 % + 17 % = 53 %) hat demgegenüber bereits mehr oder weniger Implementierungserfahrung, wobei diese Unternehmen überwiegend (36 v. H. von insgesamt 53 v. H.) bereits Performance Measurement-Systeme einsetzen. In etwa jedem sechsten Unternehmen ist momentan die Implementierung eines Performance Measurement-Systems im Gange.

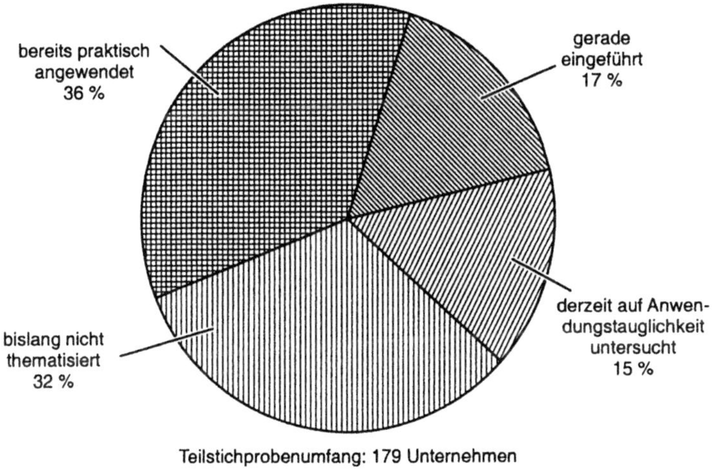

Abb. 9: Status des Einsatzes von Performance Measurement-Systemen

Die Gründe, warum bisher kein Performance Measurement-System angewendet wird, sind vielschichtig, wie Abb. 10 zeigt. Zum einen wird von etwa jedem dritten der kein Performance Measurement-System nutzenden Unternehmen eingeschätzt, daß die vorhandenen Controllinginstrumente ausreichend sind und somit Performance Measurement-Systeme nicht erforderlich sind. Ebenfalls jedes dritte Unternehmen schreckt vor zu großem Ressourceneinsatz für Performance Measurement-Systeme zurück, wobei sich die Bedenken hinsichtlich des

---

[83] Vgl. HORVÁTH, P. u. a. (1999), S. 308.

Implementierungs-[84] und laufenden Aufwandes die Waage halten. Sechs Unternehmen konnten noch keinen geeigneten Ansatz zum Performance Measurement finden. Die verbleibenden Unternehmen gaben sonstige Gründe an, wobei überwiegend anderen Projekten momentan eine höhere Priorität zugemessen wird.

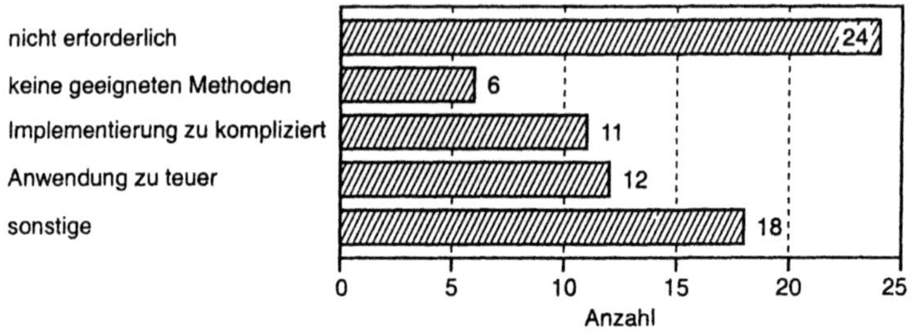

Teilstichprobenumfang: 58 Unternehmen

Abb. 10: Gründe für Nichtanwendung von Performance Measurement

Empirische Erhebungen zur Verbreitung bestimmter Konzepte leiden häufig darunter, daß sich von den angesprochenen Untersuchungsobjekten diejenigen, die diese Konzepte nicht kennen oder nutzen, überdurchschnittlich häufig nicht an der Studie beteiligen. Für die eigene empirische Untersuchung kann eine solche Verzerrung praktisch ausgeschlossen werden, da sich für die relevanten Merkmale keine Hinweise für einen sog. Nonresponse Error fanden.[85] Für die anderen hier zitierten empirischen Untersuchungen, kann dahingehend keine Aussage gemacht werden.

---

[84] Der durchschnittliche Aufwand zur Einführung einer Balanced Scorecard wird auf ca. 400.000 US-$ geschätzt. Vgl. YOUNG, D. (1998), S. 30f.

[85] Vgl. zum Begriff und zur Untersuchung des Nonresponse Error Abschnitt 8.3.3.3 ab S. 233.

3 Ansätze zum Performance Measurement

„Zur Methode wird nur der getrieben, dem die Empirie lästig wird."

JOHANN WOLFGANG GOETHE[86]

In der Literatur findet sich eine Fülle von Vorschlägen, wie die Performance eines Unternehmens erfaßt und der Lenkung zugänglich gemacht werden kann. Einige der wichtigsten Ansätze werden im folgenden einander gegenübergestellt. Der Vergleich soll dabei erleichtert werden, indem die Konzepte anhand eines festen Kriterienkataloges, der wichtige Eigenschaften von Performance Measurement-Systemen erfaßt, genauer untersucht werden.

Die im vorangegangenen Kapitel entwickelten Merkmale zur Charakterisierung eines Performance Measurement-Systems (Qualität der Meßkonstruktion, Weiterentwicklung und Verankerung im Unternehmen) sind für die Untersuchung von realisierten Performance Measurement-Systemen konkreter Unternehmen bestimmt. So kann beispielsweise die Verankerung eines Performance Measurement-Systems nur für ein konkretes Performance Measurement-System bestimmt werden. Da es sich bei den hier betrachteten Ansätze um Rahmenmodelle zum Performance Measurement handelt, die noch an unternehmensspezifische Erfordernisse anzupassen sind, müssen andere Kriterien verwendet werden.

Auf Basis einer Analyse von im Schrifttum genannten Anforderungen an Performance Measurement-Systeme werden die folgenden Vergleichskriterien verwendet:

1. *Ausgewogenheit*

   Das Unternehmensgeschehen sollte von einem Performance Measurement-System ganzheitlich abgebildet werden. Hierzu ist eine ausgewogene Berücksichtigung mitunter divergierender Elemente, Interessen und Ansprüche erforderlich.[87]

2. *Verknüpfung der Indikatoren*

   Die Verknüpfung der Indikatoren untereinander ist ebenso ein wesentliches Charakterisierungsmerkmal. Welcher Art diese Verbindung von operativer Ebene und Unternehmensstrategie sein soll, ist hingegen strittig. Einige Autoren plädieren für eine Kausalverknüpfung der einzelnen Indikatoren,[88] andere sind hinsichtlich der Art der Verknüpfung offener und sehen auch argumentative, lockere Zusammenhänge als geeignet an.[89]

3. *Steuerungs- und Regelungskomponente*

   Im Zuge des Lenkungsprozesses im Rahmen eines Performance Measurement-Systems sollten die erreichten den erwarteten Ergebnissen gegenübergestellt und bei Diskrepanzen Maßnahmen zur Performanceverbesserung abgeleitet werden (Regelung).[90] Gleichzeitig

---

86 GOETHE, J. W. (1962), S. 652.
87 Vgl. MISKIN, A. (1995), S. 22; STAINER, A./HEAP, J. (1996), S. 11.
88 Vgl. z. B. DRYSDALE, L. (1996), S. 57; ECKEL, L./FISHER, K./RUSSELL, G. (1992), S. 20.
89 Vgl. ECCLES, R. G./PYBURN, P. J. (1992), S. 43.
90 Vgl. z. B. GRADY, M. W. (1991), S. 50.

wird die Forderung erhoben, Störungen der Ergebniserreichung zu antizipieren und frühzeitig alternative Lösungswege einzuschlagen. Bei dieser Steuerung sollten die Elemente des Performance Measurement-Systems selbst und auch die als Fundament dienende Unternehmensstrategie von Zeit zu Zeit einer Revision unterzogen werden.[91]

4. *Mehrstufige Gliederung*
   Ein Performance Measurement-System kann auf unterschiedlichen Ebenen eines Unternehmens angesiedelt sein. Ein häufig verwendeter Ansatz geht auf RUMMLER und BRACHE[92] zurück und betrachtet Organisation, Prozesse und Mitarbeiter als drei mögliche Ebenen der Leistungserstellung.
5. *Stakeholdergruppen*
   Wie umfassend ein Performance Measurement-Konzept ist, richtet sich ebenso wie die inhaltliche Ausgestaltung nach den Interessen der für relevant erachteten Stakeholdergruppen als denjenigen Anspruchsgruppen, ohne deren Unterstützung ein Unternehmen nicht lebensfähig ist.[93]
6. *Praxisrelevanz*
   Neben den konzeptionellen Eigenschaften ist die Verbreitung und Akzeptanz eines Performance Measurement-Ansatzes in der Praxis in SCHMALENBACHscher Tradition ein wesentliches Charakterisierungsmerkmal.

In den folgenden Abschnitten soll eine Auswahl an Konzepten zum Performance Measurement betrachtet werden, die einerseits in der Literatur ausreichend dokumentiert sind[94] und andererseits nicht rein unternehmensspezifische Entwicklungen[95] darstellen. Der Analyse der in der wissenschaftlichen Literatur zum Performance Measurement im Mittelpunkt stehenden Modelle (Balanced Scorecard, Performance Pyramid und Quantum Performance) wird dabei wesentlich mehr Raum zugestanden als der Betrachtung der im Schrifttum seltener diskutierten.[96]

---

91 Vgl. z. B. VAN DE VLIET, A. (1997), S. 80; TARR, J. D. (1996), S. 83.

92 Vgl. RUMMLER, G. A./BRACHE, A. P. (1995), S. 15ff.

93 Vgl. FREEMAN, R. E. (1984), S. 33.

94 Die Auswahl ist notgedrungen subjektiv und ohne Anspruch auf Vollständigkeit. Vgl. für weitere Ansätze z. B. ERNST, R./ROSS, D. N. (1993), S. 4ff.; FITZGERALD, L. u. a. (1994), S. 1ff.; BRIGNALL, T. J. u. a. (1991), S. 34ff.; CARROL, A. B. (1979), S. 497ff.; BULL, R. (1993), S. 28ff.; NYHAN, R. C./MARLOWE, H. A. (1995), S. 337ff.; NANNI, A. J./DIXON, J. R./VOLLMANN, T. E. (1992), S. 9ff.; BITITCI, U. S./TURNER, T./ BEGEMANN, C. (2000), S. 695ff.; MEDORI, D./STEEPLE, D. (2000), S. 520ff.; SUWIGNJO, P./BITITCI, U. S./ CARRIE, A. S. (2000), S. 231ff.; DE HAAS, M./KLEINGELD, A. (1999), S. 233ff.; DE TONI, A./NASSIMBENI, G./TONCHIA, S. (1997), S. 180ff.; HORNUNG, K./MAYER, J. H. (1999), S. 389ff.; BITITCI, U. S. (1995), S. 139ff.; PROVOST, L./LEDDICK, S. (1993), S. 477ff.; LEE, H./KWAK, W./HAN, I. (1995), S. 343ff.; JAGDEV, H./BRADLEY, P./MOLLOY, O. (1997), S. 357ff.; AZZONE, G./BERTELÈ, U./RANGONE, A. (1995), S. 57ff.; GREGORY, M. J. (1993), S. 287ff.; GHALAYINI, A. M./NOBLE, J. S./CROWE, T. J. (1997), S. 207ff.; KIM, G./PARK, C. S./YOON, K. P. (1997), S. 25ff.; SON, Y. K. (1990), S. 39ff.

95 Vgl. z. B. SELLENHEIM, M. R. (1991), S. 50ff.; HENDRICKS, J. A./DEFREITAS, D. G./WALKER, D. K. (1996), S. 18ff.; NEWTON, P. (1997), S. 34ff.; LINK, A. (1998), S. 185ff.; FITZGERALD, L./MOON, P. (1996), S. 17ff.; DAVEY, J./SHEPHERD, D. (1992), S. 40ff.; DAS, L. (1994), S. 24ff.; SCHREUDER, H. (1995), S. 69ff.; HRIBAR, P./LINDSAY, R. M./LOUSTEL, A. R. (1997), S. 36ff.; HENEMAN, R. L./THOMAS, A. L. (1997), S. 33ff.; MEADOWS, B. u. a. (1994), S. 17ff.

96 Die Abschnitte 3.1 und 3.2 entsprechen teilweise GÜNTHER, T./GRÜNING, M. (2001), S. 283ff.

Aus didaktischen Gründen können die sechs Kriterien bei der Analyse der Performance Measurement-Konzepte nicht immer in der hier angegebenen Reihenfolge abgearbeitet werden. So ist bei der Untersuchung der Performance Pyramid die mehrstufige Gliederung auch für andere Kriterien von zentraler Bedeutung und muß daher frühzeitig diskutiert werden. Andererseits erscheint es bei der Balanced Scorecard wenig zweckmäßig, die mehrstufige Gliederung an den Anfang zu stellen.

3.1 Balanced Scorecard

Die Ursprünge der Balanced Scorecard liegen in der Beobachtung kontinuierlicher Verbesserungsprozesse bei Analog Devices, einem US-amerikanischen Halbleiterproduzenten.[97] Mit der von SCHNEIDERMAN entwickelten[98] und in Abb. 11 dargestellten *Corporate Scorecard* wurden Kenngrößen aus den Bereichen Financial, Quality Improvement Process und Manufacturing erstmals quartalsweise für das Geschäftsjahr 1990 erfaßt.

FY1990 Corporate Scorecard

	End FY89	Q1 90		Q2 90		Q3 90		Q4 90		FY 90	
FINANCIAL	Act	BHMK	ACT	BHMK	ACT	BHMK	ACT	BHMK	ACT	BHMK	ACT
Revenue											
Revenue Growth											
Profit											
ROA											
QIP											
On Time Delivery (to FCD)											
% CRDs Not Matched											
Excess Leadtime											
Labor Turnover											
MANUFACTURING METRICS: IC PRODUCTS											
Outgoing PPM											
Process PPM											
Cycle Time											
Yield											
MANUFACTURING METRICS: ASSEMBLED PRODUCTS											
Outgoing PPM											
Process PPM											
Cycle Time											
Yield											
NEW PRODUCTS	Actual	FY87 Plan	Actual	FY87 Plan	Actual	FY87 Plan	Actual	FY87 Plan	Plan	FY87 Plan	Actual
Bookings Pre-86 Prod											
Bookings Post-85 Prod											
Total Bookings											
	FY89 Plan	FY87 Plan	FY90 Plan			FY87 Plan	FY90 Plan			FY87 Plan	FY90 Plan
1992 Ratio (FY90Plan/FY87Plan)											
Forecast 3rd Year CAGR											

Abb. 11: Corporate Scorecard bei Analog Devices[99]

Das Modell von SCHNEIDERMAN wurde in einem einjährigen Forschungsprojekt der Unternehmensberatung Nolan, Norton & Company[100] und der Harvard Business School, an dem

---

[97] Vgl. KAPLAN, R. S. (1995), S. 68; KAPLAN, R. S. (1994b), S. 256f. Die kontinuierlichen Verbesserungsprozesse wurden mit Hilfe des Half-Life Modells untersucht. Vgl. STATA. R. (1989), S. 68ff.; SCHNEIDERMAN, A. M. (1988), S. 51ff.

[98] Vgl. KURTZMAN, J. (1997), S. 130; SCHNEIDERMAN, A. M. (1999), S. 7; SCHNEIDERMAN, A. M. (1998), S. 16ff.

[99] Vgl. KAPLAN, R. S. (1990a), S. 21.

[100] Nolan, Norton & Company gehört seit geraumer Zeit zur Unternehmensberatung KPMG. In diesem Sinne lassen sich auch die Angaben einiger Autoren über Ko-Autorenschaft (vgl. TEBBUTT, D. (1995), S. 79;

sich zwölf Unternehmen[101] beteiligten, zur Balanced Scorecard[102] weiterentwickelt, die inzwischen zum wohl bekanntesten Ansatz im Rahmen des Performance Measurement avancierte.

Mit einer Balanced Scorecard wird – wie der Namensbestandteil „Balanced" schon vermuten läßt – versucht, eine ausgewogene Betrachtung von verschiedenen Einflußfaktoren, Meßgrößen, Zielen und Stakeholderinteressen zu erreichen. Der griffige „Scorecard"-Begriff rührt von der im Sport verwendeten Tafel zur Anzeige des Punktestandes her.

Ein wesentliches Merkmal des Balanced Scorecard-Ansatzes ist der Anspruch, das Unternehmensleitbild und die Unternehmensstrategie in Meßgrößen überzuleiten, die den Rahmen für ein strategisches Measurement- und Management-System formen und die relevanten Komponenten eines Unternehmens abbilden. Die hierzu erforderliche Mehrdimensionalität der verwendeten Meßgrößen wird durch deren Zuordnung zu den *vier Perspektiven* der Balanced Scorecard geordnet. Diese leiten sich aus jeweils einer der folgenden Fragestellungen ab:
- How do customers see us?
- What must we excel at?
- Can we continue to improve and create value?
- How do we look to our shareholders?

und werden als Customer Perspective, Internal Business Perspective, Learning and Growth Perspective und Financial Perspective bezeichnet.[103] Um die Übersichtlichkeit und Handhabbarkeit des Konzepts zu gewährleisten, wird die Anzahl der in jeder Perspektive verwendeten Meßgrößen auf ca. sechs[104] limitiert.

MAISEL publizierte im Sommer 1992 – und damit praktisch zeitgleich mit dem KAPLAN/NORTON-Modell – ein Konzept unter dem Namen Balanced Scorecard, dessen Kern eine vierdimensionale Sicht auf das Unternehmen ist.[105] Er entwickelte ein System mit vier Perspektiven, die mit Financial Measures, Customer Measures, Business Process Measures und Human Resource Measures bezeichnet werden. Im Vergleich ist der Schwerpunkt der Betrachtung damit marginal in Richtung der Mitarbeiter verschoben. Die Human Resource Measures thematisieren Ausbildung, Motivation, kulturelle Werte des Unternehmens, Kernkompetenzen

---

HAZELL, M./MORROW, M. (1992), S. 44; BITTLESTONE, R. (1994), S. 45; HOFFECKER, J./GOLDENBERG, C. (1994), S. 6f.) bzw. finanzieller Unterstützung (vgl. VAN DE VLIET, A. (1997), S. 78) von KPMG interpretieren.

101 Vgl. BECKHAM, J. D. (1996), S. 76. Für eine Aufzählung vgl. KAPLAN, R. S./NORTON, D. P. (1996b), S. XI (Fn. 1) bzw. KAPLAN, R. S./NORTON, D. P. (1997a), S. XI (Fn. 1).

102 In der englischsprachigen Literatur tauchen gelegentlich andere Bezeichnungen, wie *Corporate Scorecard* (KURTZMAN, J. (1997), S. 128) oder *Balanced Business Scorecard* (o. V. (1997a), S. 28 und EVANS, H./ASHWORTH, G. (1996), S. 16) auf. Die in verschiedenen deutschsprachigen Veröffentlichungen (z. B. GLEICH, R. (1997a), S. 432; GLEICH, R. (1997c), S. 116; KAUFMANN, L. (1997), S. 421; GLEICH, R./HAINDL, M. (1996), S. 265; KAPLAN, R. S./NORTON, D. P. (1992b), S. 37) verwendete Übersetzung *ausgewogener Berichtsbogen* erscheint nicht besonders treffend und hat sich nicht durchgesetzt.

103 Vgl. KAPLAN, R. S./NORTON, D. P. (1997b), S. 9. In frühen Veröffentlichungen enthält die Balanced Scorecard statt einer Learning and Growth Perspective eine Innovation and Learning Perspective. Vgl. z. B. KAPLAN, R. S./NORTON, D. P. (1992a), S. 72; KAPLAN, R. S./NORTON, D. P. (1993), S. 136.

104 Vgl. KAPLAN, R. S./NORTON, D. P. (1996c), S. 68.

105 Vgl. MAISEL, L. S. (1992), S. 47ff. Hierbei sind OLVE, N.-G./ROY, J./WETTER, M. (1999), S. 19f. der Ansicht, daß es sich um ein Alternativkonzept zur Balanced Scorecard von KAPLAN/NORTON handelt.

sowie Innovation. Dem Ansatz von MAISEL liegt damit ein umfassenderes Verständnis der Intangible Assets eines Unternehmens zugrunde. Letztlich hat sich das Konzept von MAISEL aber weder in der wissenschaftlichen Diskussion noch in der Unternehmenspraxis weiter verbreitet.

3.1.1 Ausgewogenheit in mehrerer Hinsicht

Durch den Gleichgewichtsgedanken, der sich durch viele Elemente des Ansatzes zieht, sind die einzelnen *Perspektiven* miteinander verbunden – sie ergeben in ihrem Zusammenwirken ein Gesamtbild des Unternehmens.[106] Die Art und Weise der Verzahnung hat sich im Zuge der Weiterentwicklung der Balanced Scorecard verändert. In älteren Veröffentlichungen[107] werden die drei nicht-finanziellen Perspektiven als untereinander in enger Beziehung stehend dargestellt, eine Verbindung zur Financial Perspective ist aber nur über die Customer und die Internal Business Perspective gegeben, während die Innovation and Learning Perspective nur mittelbaren Einfluß auf die Financial Perspective hat. Im Zuge der Weiterentwicklung des Konzepts wurde eine direkte Verbindung aller Perspektiven über die Vision and Strategy eingeführt, die Innovation and Learning Perspective durch die Learning and Growth Perspective ersetzt und so die heute bekannte und in Abb. 12 dargestellte Balanced Scorecard vollendet. Teilweise werden in der Literatur auch Ansätze in Tabellenform postuliert,[108] die sich aber nicht durchgesetzt haben.

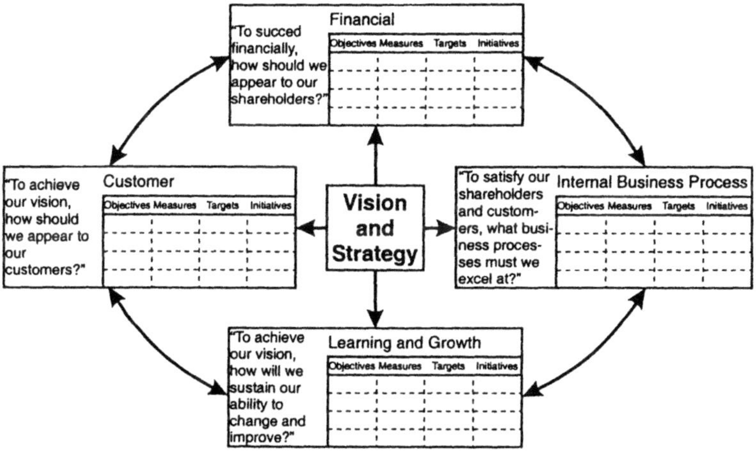

Abb. 12: Balanced Scorecard[109]

[106] Dieser Ansatz ist im übrigen nicht (wie häufig angenommen) sonderlich neu. Vgl. DRUCKER, P. F. (1974), S. 401.

[107] Vgl. z. B. KAPLAN, R. S./NORTON, D. P. (1992a), S. 72; KAPLAN, R. S./NORTON, D. P. (1992b), S. 39; KAPLAN, R. S./NORTON, D. P. (1993), S. 136.

[108] Vgl. WILLYERD, K. A. (1997), S. 56f.

[109] Vgl. KAPLAN, R. S./NORTON, D. P. (1996d), S. 76.

Die in den vier Perspektiven einer Balanced Scorecard zusammengeführten Indikatoren lassen sich zwei Typen von Stakeholdern zuordnen. Die Interessen der extern orientierten Anspruchsgruppen (Anteilseigner und Kunden) werden in der Financial und Customer Perspective thematisiert, die der intern orientierten Stakeholder in der Internal Business und Learning and Growth Perspective. In einer Balanced Scorecard sollen, dem Ausgewogenheitsgedanken folgend, die Interessen einzelner Stakeholdergruppen nicht auf Kosten anderer bevorzugt betrachtet werden, so daß *interne und externe Indikatoren* in einem ausgewogenen Verhältnis stehen müssen.[110]

Bei der Konzeption einer Balanced Scorecard müssen sich Unternehmen nicht auf objektive, leicht zu quantifizierende Indikatoren beschränken. Vielmehr sollen bewußt auch subjektive Meßgrößen, die im wesentlichen vom individuellen Urteil des Beobachtenden abhängen, einfließen. Auf diese Weise wird letztendlich bei der Abbildung des Unternehmens ein ausgeglichenes Verhältnis von *objektiven und subjektiven Indikatoren* angestrebt.[111]

Neben Ergebnisgrößen ist eine Balanced Scorecard notwendigerweise auch auf die diesen Ergebnissen ursächlich vorgelagerten Treibergrößen ausgerichtet. Im Gegensatz zu den oft generischen Indikatoren der Ergebnisgrößen können durch die Operationalisierung der Treiber Teile der Unternehmensstrategie erfaßt werden, so daß diese Indikatoren größtenteils unternehmensspezifisch sind.[112] Damit kann anhand der Treibergrößen die Wertentstehung im Unternehmen transparent gemacht werden, während die Ergebnisgrößen einer permanenten Erfolgskontrolle dienen. In einer Balanced Scorecard sollten Indikatoren von *Ergebnis- und Treibergrößen* in einem ausgewogenen Verhältnis vorhanden sein.[113]

3.1.2 Verknüpfung der Indikatoren

Die für den Erfolg und die Überlebensfähigkeit eines Unternehmens letztendlich entscheidende Financial Perspective wird über *Ursache-Wirkungs-Ketten* (vgl. Abb. 13) mit den anderen Perspektiven verbunden.[114] Während die Elemente der Financial Perspective nur mittelbar beeinflußt werden können, sind die den drei anderen Perspektiven zuzurechnenden Bereiche unmittelbar steuerbar.[115] Eine Ursache-Wirkungs-Kette soll die Treibergrößen für den finanziellen Erfolg eines Unternehmens beinhalten und so die Entstehung des finanziellen Erfolgs offenlegen.[116] Damit einhergehend wird der Anspruch postuliert, daß die Strategie eines Unternehmens in Form von Ursache-Wirkungs-Ketten in einer Balanced Scorecard abgebildet wer-

---

110 Vgl. KAPLAN, R. S./NORTON, D. P. (1996a), S. 4.

111 Vgl. KAPLAN, R. S./NORTON, D. P. (1996b), S. 10 bzw. KAPLAN, R. S./NORTON, D. P. (1997a), S. 10.

112 Vgl. KAPLAN, R. S./NORTON, D. P. (1996b), S. 149f. bzw. KAPLAN, R. S./NORTON, D. P. (1997a), S. 144; NORTON, D. P./CONTRADA, M. G./LOFRUMENTO, T. (1997), S. 7.

113 Vgl. KAPLAN, R. S./NORTON, D. P. (1997e), S. 6; KAPLAN, R. S./NORTON, D. P. (1997c), S. 6.

114 Vgl. GERBERICH, C. W. (1999), S. 14; MOORAJ, S./OYON, D./HOSTETTLER, D. (1999), S. 483. In neueren Publikationen wird die graphische Darstellung der Ursache-Wirkungs-Ketten einer Balanced Scorecard auch als „Strategy Map" bezeichnet. Vgl. KAPLAN, R. S./NORTON, D. P. (2000), S. 167ff.

115 Vgl. SCHONBERGER, R. J. (1996), S. 16.

116 Vgl. KAPLAN, R. S./NORTON, D. P. (1996e), S. 21.

den kann.[117] Mit Ursache-Wirkungs-Ketten soll sichergestellt werden, daß die ausgewählten Indikatoren nicht isoliert nebeneinander stehen, sondern Verbesserungen der Indikatorausprägungen die Situation des Unternehmens als Ganzes verbessern, die Indikatoren also strategiekonform sind.

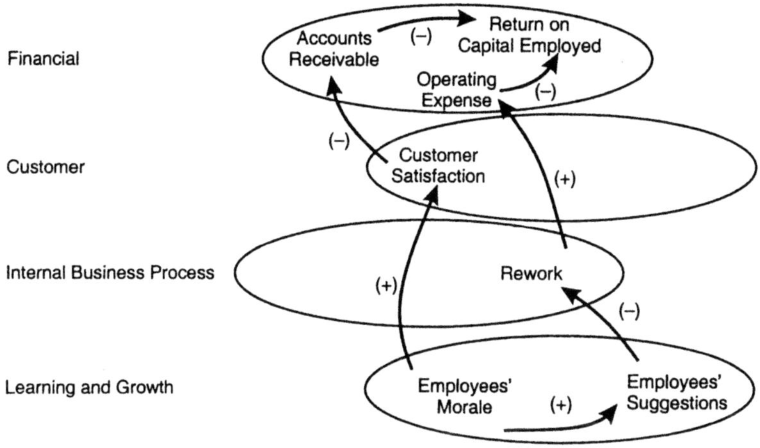

Abb. 13: Ursache-Wirkungs-Ketten zwischen Meßgrößen[118]

Die Ambition, die vier Perspektiven über Ursache-Wirkungs-Ketten der Indikatoren miteinander zu verbinden und dadurch eine Abbildung der Unternehmensstrategie zu erreichen, eröffnet auf den ersten Blick die faszinierende Möglichkeit, die Wirkungen von Steuerungseingriffen exakt vorhersagen zu können. Aus der konkreten Realisierung dieses Postulat ergeben sich eine Reihe von Implikationen, wobei insbesondere die *Auslegbarkeit* und *Unvollständigkeit* der Ursache-Wirkungs-Ketten sehr negativ zu bewerten sind. Auf die damit zusammenhängenden Probleme und mögliche Alternativen zu Ursache-Wirkungs-Ketten wird in Abschnitt 5.3 detailliert eingegangen. Insgesamt ist der Charakterisierung von GLEICH uneingeschränkt zu folgen, der den Wahrheitsgehalt der von KAPLAN und NORTON postulierten Ursache-Wirkungs-Ketten „mehr als fraglich"[119] nennt.

KLINGEBIEL[120] ist darüber hinaus der Ansicht, daß die Shareholder durch die Struktur der Ursache-Wirkungs-Ketten gegenüber anderen Stakeholder bevorzugt würden. Da letztlich der finanzielle Erfolg das Ergebnis der Unternehmenstätigkeit widerspiegelt und gleichzeitig über

---

[117] KAPLAN und NORTON sind der Auffassung, daß eine Strategie ein Katalog von Hypothesen über Ursache und Wirkung ist, die sich in Form von Wenn-Dann-Aussagen miteinander verbinden lassen. Vgl. KAPLAN, R. S./ NORTON, D. P. (1996b), S. 149; KAPLAN, R. S./NORTON, D. P. (1997a), S. 143f. und KAPLAN, R. S./NORTON, D. P. (1996d), S. 84.

[118] Vgl. KAPLAN, R. S./NORTON, D. P. (1996d), S. 83; inhaltliche Fehler berichtigt.

[119] GLEICH, R. (1997a), S. 435. Ähnlich kritisch äußern sich WEBER und SCHÄFFER. Vgl. WEBER, J./SCHÄFFER, U. (1998b), S. 350.

[120] Vgl. KLINGEBIEL, N. (1998), S. 8.

die weitere Existenz eines Unternehmens entscheidet, erscheint es dennoch angemessen, die Financial Perspective als Resultierende der anderen Perspektiven zu betrachten.

3.1.3 Steuerungs- und Regelungskomponente

Mit der weiteren Entwicklung der Balanced Scorecard konkretisierte sich auch die Art und Weise, wie die kurzfristigen, operativen Maßnahmen in Einklang mit der Unternehmensstrategie zu gestalten sind. Dieser *Strategic Management Process* genannte Ansatz beinhaltet vier Teilprozesse[121] und ist in Abb. 14 zusammengefaßt.

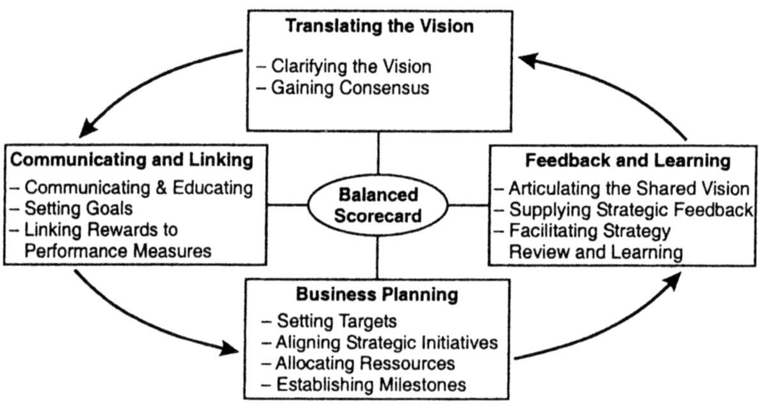

Abb. 14: Strategic Management Process[122]

Im ersten Teilprozeß, *Translating the Vision*, wird die Unternehmensstrategie vom oberen Management durch die Definition klarer Zielgrößen in eine objektiv faßbare Form gebracht. Diese Konkretisierung wird im *Communicating and linking*-Teilprozeß in die Stufen der Unternehmenshierarchie getragen. Im Ergebnis sollen die Teilziele und das Anreizsystem auf allen Stufen der Unternehmenshierarchie kompatibel zur Unternehmensstrategie sein. Im Gegensatz zu vielen anderen Kennzahlen- und Steuerungssystemen[123] ist es dem Balanced Scorecard-Ansatz fremd, durch hierarchische Strukturen die Zielkompatibilität sicherzustellen. Vielmehr stellt die Balanced Scorecard vor dem Hintergrund des schon häufiger bemühten Ausgleichgedankens ein Kommunikations-, Informations- und Lernsystem[124] dar, so daß die Kompatibilität der Ziele untereinander und mit der Unternehmensstrategie auf den verschiedenen Hierarchiestufen in einem kontinuierlichen Abstimmungsprozeß im Gegenstromprinzip erreicht wird. *Business planning* als dritter der Teilprozesse umfaßt operative Maß-

[121] Vgl. KAPLAN, R. S./NORTON, D. P. (1996d), S. 75ff.
[122] Vgl. KAPLAN, R. S./NORTON, D. P. (1996d), S. 77.
[123] Z. B. Performance Pyramid (Abschnitt 3.2 ab S. 35) und Return on Investment-Schema (Abschnitt 3.7 ab S. 56).
[124] Vgl. KAPLAN, R. S./NORTON, D. P. (1997a), S. 24 bzw. KAPLAN, R. S./NORTON, D. P. (1996b), S. 25.

nahmen, durch die auf jeder Hierarchiestufe sichergestellt werden soll, daß die Teilziele erreicht werden. Dieser Teilprozeß beinhaltet die Vorgabe von in bestimmten Zeiträumen zu erreichenden Ergebnissen (sog. Meilensteine), die Koordination der verschiedenen Verbesserungsmaßnahmen zur Erreichung der Meilensteine und die Allokation der dazu erforderlichen Ressourcen. Im vierten Teilprozeß *Feedback and Learning* werden im Regelungskreis die Zielerreichung evaluiert und Maßnahmen zur Verbesserung der Performance eingeleitet sowie im Zuge der Steuerung die Unternehmensstrategie bzw. die verwendeten Indikatoren an neue Herausforderungen angepaßt.[125]

3.1.4 Stakeholdergruppen

Die *Auswahl der vier Perspektiven* steht häufig in der Kritik. Einige Autoren[126] sehen einen grundsätzlichen Mangel, da wichtige Aspekte überhaupt nicht berücksichtigt werden. So werden die Ansprüche von Lieferanten und Mitarbeitern, des Staates und gesellschaftlicher Gruppierungen (z. B. Gewerkschaften) nicht explizit einbezogen. Andere sind der Ansicht, daß die von KAPLAN und NORTON gewählten Perspektiven lediglich die Umfeldsituation von Industrieunternehmen berücksichtigen.[127] WILLIS schlägt vor, mit Environment und Human Well-Being zwei weitere Perspektiven einzubinden.[128] Für die Öl- und Gasindustrie empfiehlt VAN DE VLIET eine Environment und eine Regulatory Requirements Perspective als Ergänzungen.[129] FRIEDAG und SCHMIDT postulieren eine Erweiterung um eine Lieferanten-, Kreditgeber-, öffentliche, Kommunikations-, Organisations- und Einführungsperspektive auf insgesamt bis zu zehn Perspektiven.[130] PARTRIDGE und PERREN[131] verweisen auf Unternehmen, die eine Mitarbeiterperspektive in ihre Balanced Scorecard aufgenommen haben. Bei der Implementierung der Balanced Scorecard bei Xerox wurde eine Leadership Perspective für Mitarbeiterführung integriert.[132] KAPLAN und NORTON führen in diesem Zusammenhang ihre Erfahrung ins Feld, wonach sich die vier Perspektiven in vielen Firmen und Branchen bewährt haben.[133] Dabei wird die Notwendigkeit, von den vier Standardperspektiven abzuweichen als sehr unwahrscheinlich angesehen. Die Argumentation, daß neben den Interessen von Shareholdern und Kunden, die mit einer „eigenen“ Perspektive vertreten sind, die Belange anderer Stakeholder im Regelfall mit den vorhandenen Perspektiven abgedeckt würden,[134] kann nicht

---

[125] Vgl. zum strategischen Lernsystem der Balanced Scorecard KAPLAN, R. S./NORTON, D. P. (1996e), S. 18ff.; ARGYRIS, C. (1991), S. 99ff. und ARGYRIS, C./SCHÖN, D. A. (1996), S. 20ff.; ARGYRIS, C. (1994), S. 78f.

[126] Vgl. ATKINSON, A. A./WATERHOUSE, J. H./WELLS, R. B. (1997), S. 26; FRIEDAG, H. R./SCHMIDT, W. (1999), S. 197f.; WELGE, M. K./AL-LAHAM, A. (1999), S. 560f.; BONTIS, N. u. a. (1999), S. 397.

[127] Vgl. KLINGEBIEL, N. (1999), S. 59.

[128] Vgl. WILLIS, A. (1994), S. 19f.

[129] Vgl. VAN DE VLIET, A. (1997), S. 78.

[130] Vgl. FRIEDAG, H. R./SCHMIDT, W. (1999), S. 197ff. Während einige Perspektiven (Lieferanten-, Kreditgeber-, öffentliche Perspektive) aus der Unternehmensstrategie abgeleitet werden können, erscheint die strategische Bedeutung (und damit die Perspektive an sich) bei der Kommunikations-, Organisations- oder gar Umsetzungsperspektive fraglich.

[131] Vgl. PARTRIDGE, M./PERREN, L. (1997), S. 50f.

[132] Vgl. VAN DE VLIET, A. (1997), S. 78.

[133] Vgl. KAPLAN, R. S./NORTON, D. P. (1997a), S. 34 bzw. KAPLAN, R. S./NORTON, D. P. (1996b), S. 33.

[134] Vgl. KAPLAN, R. S./NORTON, D. P. (1997a), S. 34f. bzw. KAPLAN, R. S./NORTON, D. P. (1996b), S. 33.

besonders überzeugen. Ob auf diese Weise alle relevanten Stakeholdergruppen erfaßt werden können, erscheint sehr zweifelhaft.

Ein elementarer Mangel der Balanced Scorecard ist die unzureichende Außenorientierung.[135] Da die Strategien und Handlungen der Wettbewerber nahezu vollständig vernachlässigt werden, wird in der Literatur gefordert, die Balanced Scorecard um eine Competitor Perspective zu ergänzen.[136]

Im Zusammenhang mit der diskutierten Integration der Interessen verschiedener Stakeholder wird deutlich, daß sich die Balanced Scorecard nicht unbedingt für Unternehmen jedweder strategischer Ausrichtung eignet. Gründet sich der Wettbewerbsvorteil auf einer kundenorientierten, innovations- oder qualitätsbezogenen Strategie, kann die Balanced Scorecard als primär geeignet eingeschätzt werden. Liegt der Schwerpunkt der Unternehmenstätigkeit demgegenüber auf Kostenreduktion und kurzfristiger Prozeßoptimierung, ist die Balanced Scorecard vermutlich kein angemessenes Instrument.[137]

3.1.5 Mehrstufige Gliederung

Teilweise wird die Idee postuliert, die Indikatoren einer Perspektive mittels Benchmarking in Score-Werte zu überführen und durch gewichtete Score-Addition zu einem Corporate Score zu *aggregieren*.[138] Dadurch ist es möglich, für eine Balanced Scorecard eine Spitzenkennzahl in der Tradition hierarchischer Kennzahlensysteme zu ermitteln. Dieses Vorgehen erscheint allerdings sowohl in methodischer als auch prinzipieller Hinsicht sehr zweifelhaft. Die Gewichtungsfaktoren zur Aggregation von Indikatoren sind vermutlich überhaupt nicht zu ermitteln, so daß in Entsprechung der Laplace-Regel[139] auf eine ungewichtete Addition ausgewichen werden müßte. Ob so die sehr unterschiedlichen Indikatoren der verschiedenen Perspektiven zusammengeführt werden können, ist bestenfalls als unsicher zu bezeichnen. Aus prinzipieller Sicht ist die implizite Annahme, daß die Zielerreichungsgrade einzelner Ziele substituierbar sind, konträr zum Konzept der Balanced Scorecard. Mit der Balanced Scorecard soll gerade verhindert werden, daß Schwächen in einigen Bereichen (z. B. Prozeßorganisation) durch Stärken in anderen Bereichen (z. B. beim finanziellen Erfolg) kompensiert werden. Vielmehr wird zur nachhaltigen Sicherung des Unternehmenserfolgs eine ausgewogene Unternehmensentwicklung in allen Perspektiven angestrebt. Somit kann die Verwendung einer Spitzenkennzahl als Aggregation einer Balanced Scorecard nicht empfohlen werden.

Mit einer Balanced Scorecard können *Unternehmensteilbereiche* in zwei Richtungen *verkettet* werden. Zum einen wird versucht, auf einer Hierarchiestufe die verschiedenen Perspektiven

---

[135] Vgl. MACSTRAVIC, S. (1999), S. 65.
[136] Vgl. NEELY, A./GREGORY, M./PLATTS, K. (1995), S. 97.
[137] NORTON bezeichnet die Balanced Scorecard in diesem Zusammenhang als „inappropriate“. Vgl. BIRCHARD, B. (1996b), S. 36.
[138] Vgl. CATES, D. C. (1997), S. 54; ABERNATHY, W. (1997), S. 58.
[139] Vgl. z. B. SALIGER, E. (1998), S. 86f.; SIEBEN, G./SCHILDBACH, T. (1990), S. 54f.; BAMBERG, G./COENENBERG, A. G. (1996), S. 110; GÄFGEN, G. (1963), S. 389.

eines Unternehmens über Ursache-Wirkungs-Ketten miteinander zu verknüpfen, zum anderen werden die Hierarchiestufen des Unternehmens von der strategisch ausgerichteten obersten Ebene bis zur unteren, operativen Ebene durch den Strategic Management Process miteinander verbunden. Um die Implementierung der Unternehmensstrategie weiter zu fördern und zur Erleichterung der Abstimmungsprozesse im Unternehmen setzen einige Unternehmen die Balanced Scorecard auch auf mehreren Hierarchiestufen ein[140] (siehe Abb. 15). Teilweise werden sogar Balanced Scorecards für einzelne Personen der operativen Ebene propagiert.[141]

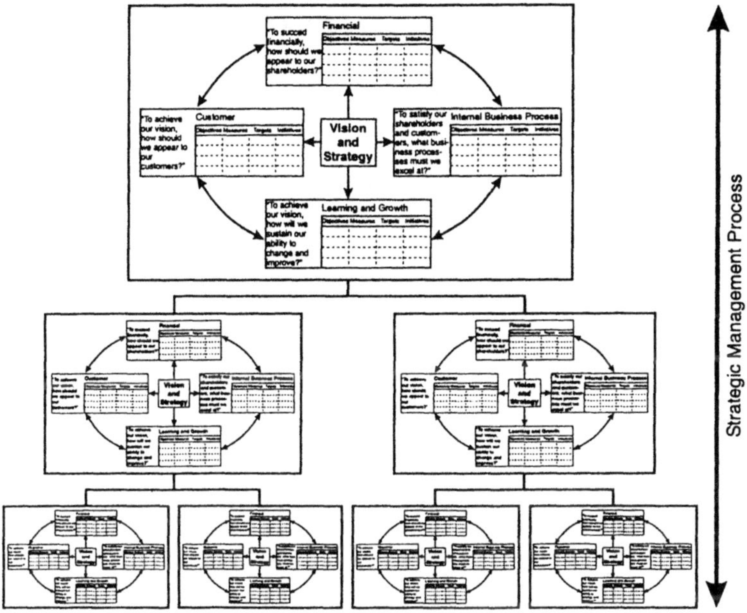

Abb. 15: Doppelte Verkettung mittels Balanced Scorecard

3.1.6 Praxisrelevanz

Die Balanced Scorecard ist in der Unternehmenspraxis der mit Abstand bekannteste Ansatz im Rahmen des Performance Measurement. Nach ihrer Verbreitung im angloamerikanischen Sprachraum faßte in den letzten Jahren die Balanced Scorecard auch zunehmend in größeren deutschen Unternehmen, wie z. B. den Fischerwerken, Carl Zeiß Jena, Philips, der Deutschen Bahn, ABB und Lufthansa Fuß.[142] Erste Versuche des Einsatzes einer Balanced Scorecard sind in kleinen Unternehmen, im akademischen Bereich, der Psychiatrie, der öffentlichen

[140] Vgl. BIRCHARD, B. (1996a), S. 30f.

[141] Vgl. CHOW, C. W./HADDAD, K. M./WILLIAMSON, J. E. (1997), S. 26.

[142] Vgl. FINK, C. A./GRUNDLER, C. (1998), S. 226ff.; SCHINDERA, F./HÖHNER, M.-A. (2000), S. 37ff.; DUSCH, M./MÖLLER, M. (1997), S. 116ff.; GULDIN, A. (1997), S. 289ff.; KLINGEBIEL, N. (1999), S. 114ff.; TÖPFER, A. (1999), S. 20f.; AHN, H./DICKMEIS, P. (2000), S. 17ff.; KLINGENBERG, C. (2000), S. 67ff.; GROOTHUIS, U. (1999), S. 236f.

Verwaltung und anderen non-Profit-Organisationen ebenso zu verzeichnen wie in intern orientierten Unternehmensabteilungen, sog. Internet-Start-ups und beim Militär.[143] Einige Unternehmen nutzen die Balanced Scorecard auch als Instrument zur Ressourcenverteilung im Rahmen von Investitionsentscheidungen.[144] Mittlerweile wird im Schrifttum versucht, andere betriebswirtschaftliche Konzepte mit der Balanced Scorecard zu verschmelzen, wobei es den Anschein hat, daß dabei nur der inzwischen recht bekannte Name der Balanced Scorecard ausgenutzt werden soll.[145]

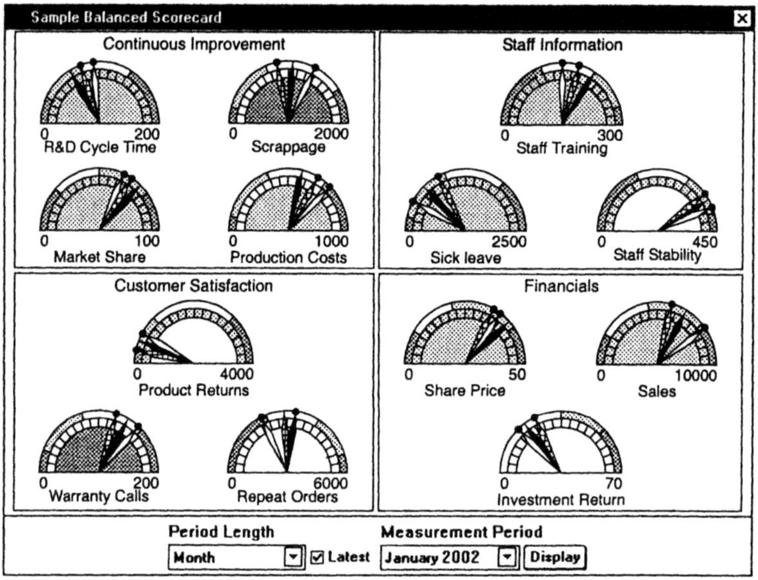

Abb. 16: Umsetzungsbeispiel einer Balanced Scorecard[146]

[143] Vgl. z. B. für ein Unternehmen mit 45 Mitarbeitern JACKSON, N. (1998), S. 22 und für eine Arztpraxis BÖRKIRCHER, H. (2001), S. 63; zur Anwendung in Abteilungen von Krankenhäusern RIMAR, S./GARSTKA, S. J. (1997); WACHTEL, T. L./HARTFORD, C. E./HUGHES, J. A. (1999), S. 431ff.; HEBERER, M. (1998), S. 1305ff. und CHOW, C. W. u. a. (1998), S. 263ff.; zur Psychatrie SANTIAGO, J. M. (1999), S. 1571ff. und zur prinzipiellen Eignung der Balanced Scorecard für die öffentliche Verwaltung TONGE, R. (1996), S. 50f.; WISE, R. I. (1997), S. 47ff.; SHANE, B. (1997), S. 1ff.; TONGE, R./CALLAGHAN, C. (1997), S. 18f. und ersten Implementierungen SYFERT, P. (1998), S. 32; für non-Profit-Organisationen BERENS, W./KARLOWITSCH, M./MERTENS, M. (2000), S. 23ff.; für den Controllingbereich WEBER, J./SCHÄFFER, U. (2000d), S. 53ff. und GLEICH, R. (1997d), S. 343ff.; für den Personalbereich KUNZ, G. (2000), S. 61ff.; für den IT-Bereich MARTINSONS, M./DAVISON, R./TSE, D. (1999), S. 71ff.; zu Internet-Start-ups HOFFMANN, O. (2000), S. 25ff.; für die Streitkräfte KAH, A./LÜSSOW, H./MÜLLER, M. (2000), S. 43ff. und HEPWORTH, P. (1998), S. 561. Dementsprechend zeigt sich ein großer Bedarf an einführender Literatur, dem ein differenziertes deutschsprachiges Angebot gegenübersteht. Vgl. die Sammelrezension von KRYSTEK, U./SLOSAREK, T. (2000), S. 117ff.

[144] Vgl. MCWILLIAMS, B. (1996), S. 20.

[145] So publizieren WURL und MAYER die Portfoliodarstellung von durch gewichtete Scoreaddition generierten Erfolgsfaktoren als „Erfolgsfaktoren-basierte Balanced Scorecard". Vgl. WURL, H.-J./MAYER, J. H. (2000), S. 1ff.

[146] Vgl. ERGOMETRICS (2001). Die Darstellung der erreichten Performancewerte erfolgt als Kombination von Zeigeinstrumenten und Ampelfarben. Neben den aktuellen sind auch die zwei vorhergehenden Performancewerte sowie absolute Höchst- und Tiefstwerte ablesbar. Zusätzlich wird der Trend visualisiert.

Die weitere Verbreitung des Konzepts könnte durch die von einigen Softwarehäusern angebotenen Produkte zur informationstechnischen Unterstützung der Implementierung einer Balanced Scorecard[147] (vgl. beispielhaft Abb. 16) weiter gefördert werden.

Obgleich die Berichte über Erfolge durch die Einführung einer Balanced Scorecard in Unternehmen mit teilweise beeindruckenden finanziellen Ergebnissen ausgesprochen zahlreich sind,[148] konnte der *Nachweis der Wirksamkeit* der Balanced Scorecard als Managementinstrument bisher noch nicht in überzeugender Weise erbracht werden. Die 78 Unternehmen einer australischen Studie von 1997 schätzten ein, daß der Nutzen aus dem Einsatz einer Balanced Scorecard im Vergleich zu anderen Methoden des Management Accounting nur durchschnittlich ist.[149] Ähnliche Ergebnisse zeigte eine von Towers Perrin 1996 durchgeführte empirische Untersuchung. Das Verständnis der Mitarbeiter über das Performance Measurement war zwar bei 37 % der Unternehmen, die eine Balanced Scorecard nutzten, besser als bei anderen Ansätzen zum Performance Measurement. Gleichzeitig war das Verständnis bei 18 % der Unternehmen geringer ausgeprägt.[150] ITTNER, LARCKER und MEYER[151] fanden bei ihrer Untersuchung im Privatkundenbereich eines US-amerikanischen Kreditinstitutes keinen Hinweis, daß die Balanced Scorecard bei Filialleitern das Verständnis der Unternehmensstrategie, deren Erreichung und deren Verhältnis zu den Individualzielen eines Filialleiters fördert. Andererseits führte in einem Experiment mit 78 MBA-Studenten die Präsentation von Informationen in Form einer Balanced Scorecard im Vergleich zu einer einfachen Auflistung zu einer anderen Bewertung des Sachverhalts.[152] Die Benchmarking-Studie von NORTON und KAPPLER zeigte auf der Basis von 15 Unternehmen, daß in der subjektiven Selbsteinschätzung frühestens nach dem ersten Nutzungsjahr einer Balanced Scorecard positive Effekte durch das Konzept wahrgenommen werden, wobei die Verbesserungen teilweise nur einige Indikatoren betrafen.[153]

Schon länger bekannt ist der bei der mehrjährigen umfangreichen Untersuchung des Einflusses der Arbeitsbedingungen im weiteren Sinn (z. B. Beleuchtung, Temperatur, Feuchtigkeit, Nachtruhe, Ernährung, Ruhepausen) auf die Arbeitsleistung von Fabrikarbeiterinnen zufällig entdeckte „*Hawthorne-Effekt*", mit dem letztlich als verhaltensbeeinflussende Variable die Aufmerksamkeit des Untersuchers identifiziert wurde.[154] Sollten die eingangs erwähnten anekdotischen Erfolge auf diesen Effekt zurückzuführen sein, so dürfte auch der Balanced Scorecard das Schicksal einer weiteren Welle der aufstrebenden und wieder in der Bedeu-

---

[147] Vgl. die Aufzählung bei SHARMAN, P./KAVAN, C. B. (1999), S. 14; CREELMAN, J. (1998), S. 258; XENAKIS, J. J. (1998), S. 22.
[148] Vgl. z. B. o. V. (1997a), S. 30; SCHWARTZ, S. (1997), S. 52; CONSTANTINIDES, K./SHANK, J. K. (1994), S. 35.
[149] Vgl. CHENHALL, R. H./LANGFIELD-SMITH, K. (1998), S. 5.
[150] Vgl. ITTNER, C. D./LARCKER, D. F. (1998a), S. 223.
[151] Vgl. ITTNER, C. D./LARCKER, D. F./MEYER, M. W. (1997), insbesondere S. 36.
[152] Vgl. LIPE, M. G./SALTERIO, S. (1998), S. 11ff.
[153] Vgl. NORTON, D. P./KAPPLER, F. (2000), S. 15f.
[154] Vgl. ROETHLISBERGER, F. J. (1954), S. 15ff.

tungslosigkeit versinkenden Managementansätze[155] vorbestimmt sein. Dieser Einwand kann aber zumindest aus heutiger Sicht gegen alle Performance Measurement-Ansätze vorgebracht werden, so daß die Antwort auf die Frage nach der Nachhaltigkeit des Performance Measurement noch aussteht.[156]

3.1.7 Fazit

Der von KAPLAN und NORTON vorgestellte Ansatz der Balanced Scorecard ist ein Rahmenkonzept, das für seine Umsetzung der Adaption an die Anforderungen und Verhältnisse eines konkreten Unternehmens bedarf. Darin gründet sich zum einen die erhebliche Flexibilität des Konzepts, zum anderen aber auch der Mangel, daß die Hilfestellungen zur Auswahl der einzelnen Perspektiven sowie der Meß- und Steuerungsgrößen unscharf und allgemein bleiben. Ebensowenig werden konkrete Aussagen zur Implementierung einer Balanced Scorecard im Unternehmen gemacht, bei der man sich z. B. mit Fragestellungen wie: „Auf welchen Stufen der Unternehmenshierarchie ist eine Balanced Scorecard sinnvoll?“, „Wie kann der Strategic Management Process organisiert werden?“, „Welche Verbesserungsmaßnahmen sind im Rahmen des Business planning als Teil des Strategic Management Process einzusetzen?“ auseinandersetzen muß. An der Beseitigung dieses auch als Implementierungslücke bezeichneten Mankos wird derzeit gearbeitet.[157]

Mit der Erweiterung der konventionellen finanziellen Sichtweise auf ein Unternehmen um die drei nicht-finanziellen Perspektiven gelingt es, die für die künftige Entwicklung eines Unternehmens wichtigen Intangible Assets in das Meß- und Steuerungssystem zu integrieren. Die drei nicht-finanziellen Perspektiven werden so als Bestimmungsgrößen im Sinne einer Vorsteuerfunktion der vierten, Financial Perspective, angesehen. Das Ziel der Entwicklung, die traditionell rein finanziell orientierte Unternehmenssteuerung zu durchbrechen und durch ganzheitlichere Elemente zu ersetzen, ist damit erreicht. Ob dabei, wie gelegentlich postuliert,[158] ein Mission-driven Unternehmen geschaffen werden kann, bleibt abzuwarten. Die vereinzelt geäußerte Kritik, daß die Balanced Scorecard hinsichtlich ihrer Eignung zum Performance Measurement nicht über die traditionellen Management Accounting-Ansätze hinausreicht,[159] muß daher als unzutreffend eingestuft werden.

---

[155] Vgl. KIESER, A. (1996), S. 22f. und PASCALE, R. T. (1990), S. 20. Vgl. auch WEBER, J. (2000), S. 6f. Detailliert diskutiert KIESER die „Managementmode“ Balanced Scorecard. Vgl. KIESER, A. (2000), S. 123f. In einer empirischen Studie auf Basis von 24 deutschen Anwendern der Balanced Scorecard sind immerhin knapp 21 % der Unternehmen der Ansicht, daß die Balanced Scorecard zumindest teilweise eine Managementmode ist. Vgl. ZIMMERMANN, G./JÖHNK, T. (2000), S. 602.

[156] GLEICH versucht diese Lücke zu schließen, allerdings sind die methodischen Probleme des Erfolgsnachweises nicht überzeugend gelöst. Vgl. Abschnitt 4.1 ab S. 67 und die Diskussion in Abschnitt 8.6.7.3 ab S. 322.

[157] Vgl. z. B. zu einem fünfstufigen Modell HORVÁTH & PARTNER (Hrsg.) (2000), S. 55ff.

[158] Vgl. z. B. SKYRME, D. J./AMIDON, D. M. (1998), S. 22; LEVINE, H. Z. (1996), S. 73; MCWILLIAMS, B. (1996), S. 18.

[159] Vgl. HARRISON-WOLFF, A. (1997), S. 5.

3.2 Performance Pyramid

Die Performance Pyramid hat – obwohl in ihrer Konzeption vollkommen unterschiedlich – *gemeinsame Wurzeln* mit dem zuvor betrachteten Ansatz der Balanced Scorecard. Auch in die Arbeit von LYNCH und CROSS flossen die Untersuchungen von SCHNEIDERMAN zur kontinuierlichen Verbesserung bei Analog Devices ein.[160] Vermutlich haben Anmerkungen von KAPLAN die Ausgestaltung der Performance Pyramid beeinflußt.[161] Gleichzeitig dürften Ideen von LYNCH und CROSS Einfluß auf die Entwicklung der Balanced Scorecard genommen haben. Dennoch kann die seit spätestens 1988[162] in der Literatur nachweisbare Performance Pyramid nicht als Vorstufe oder Vorgänger der Balanced Scorecard angesehen werden. Die Performance Pyramid wurde unter der Bezeichnung Strategic Measurement Analysis & Reporting Technique (SMART)[163] in den Wang Laboratories konzipiert, als sich im Zuge der Einführung eines Just-in-Time-Projektes[164] die Notwendigkeit zur Veränderung des bisherigen Performance Measurement-Konzepts offenbarte.

3.2.1 Stakeholdergruppen

Die Performance Pyramid berücksichtigt namentlich die Interessen von Kunden und Anteilseignern. Den Mitarbeitern als dritter Anspruchsgruppe wird zwar ein Platz im Konzept gewährt, sie müssen sich aber mit einer Neukombination der Indikatoren von Kunden und Anteilseignern zufriedengeben, ohne explizit eigene Interessen integriert zu sehen. Alle anderen Stakeholder werden ausgeschlossen.[165] Neben der engen Beschränkung der integrierten Stakeholdergruppen sieht das Konzept primär auch keine Erweiterung um weitere Stakeholder vor, wie dies bei der Balanced Scorecard zumindest ansatzweise eingeräumt wird. Insofern ist der Gedanke der ganzheitlichen Erfassung des Unternehmensgeschehens bei der Performance Pyramid geringer ausgeprägt.

KLINGEBIEL[166] vertritt die Ansicht, daß durch Erweiterung der Performance Pyramid neben den Interessen von Kunden und Anteilseignern auch die anderer Stakeholdergruppen (z. B. Mitarbeiter und Öffentlichkeit) integriert werden können. Dies erscheint insofern schwierig, als beim Übergang vom zwei- zum drei- oder vierdimensionalen Betrachtungsraum die Pyra-

---

160 Vgl. LYNCH, R. L./CROSS, K. F. (1995a), S. XV. Der hier als Performance Pyramid bezeichnete Ansatz ist nicht identisch mit dem zur Erklärung der Lernleistungen von Individuen im Bereich der beruflichen Weiterbildung verwendeten gleichnamigen Konzept. Vgl. dazu WEDMAN, J./GRAHAM, S. W. (1998), S. 8ff. Die auffallend allgemein gehaltenen Ausführungen von MURDOCH (vgl. MURDOCH, A. (1997), S. 52) beschreiben ein sehr ähnliches Konzept hierarchischer Zielbildung, ohne jedoch auf die Arbeiten von LYNCH und CROSS Bezug zu nehmen.

161 Vgl. LYNCH, R. L./CROSS, K. F. (1995a), S. XIV.

162 Vgl. CROSS, K. F./LYNCH, R. L. (1988), S. 25ff. KLINGEBIEL (KLINGEBIEL, N. (1999), S. 61) datiert die Performance Pyramid auf 1991, bezieht sich dabei aber offensichtlich auf die Publizierung in Buchform und vernachlässigt einige Zeitschriftenaufsätze.

163 Vgl. DIXON, J. R./NANNI, A. J./VOLLMANN, T. E. (1990), S. 52ff.

164 Vgl. zum Experimental Process Improvement Challenge (EPIC) Just-in-Time System CROSS, K. F. (1988), S. 52ff.

165 Vgl. LYNCH, R. L./CROSS, K. F. (1995a), S. 64ff.

166 Vgl. KLINGEBIEL, N. (1999), S. 62.

midenform als graphische Veranschaulichung nicht beibehalten werden kann und damit ein wesentliches Verständniselement des Konzepts von LYNCH und CROSS aufgegeben werden muß. Gerade durch die Visualisierung wird der durch eine Vielzahl von Abhängigkeiten und Zusammenhängen (z. B. die noch näher diskutierten Building Blocks of Success und Performance Loops) charakterisierte Ansatz aber leicht nachvollziehbar und kommunizierbar. Bei einer Erweiterung der Performance Pyramid um zusätzliche Stakeholder müßte daher eine ähnlich griffige Darstellungsform gefunden werden, die zudem den Grundgedanken der hierarchischen Ordnung beinhaltet. Beim Übergang vom zwei- zum dreidimensionalen Betrachtungsraum durch Integration eines weiteren Stakeholders mag dies evtl. noch möglich sein,[167] spätestens beim Versuch der Überführung in die vierte Dimension wird der Konflikt aber offenbar.

3.2.2 Mehrstufige Gliederung

Konstituierendes Merkmal der Performance Pyramid ist der Gedanke einer *hierarchischen Gliederung* der Ziele eines Unternehmens sowie der zugehörigen Meßobjekte und Indikatoren. Die Strukturierung in *Business Units, Core Business Process* und *Departments, Groups, and Work Teams*[168] sowie *Individuals*[169] ist kompatibel mit dem Konzept der Ebenen der Leistungserbringung nach RUMMLER und BRACHE[170], wobei die beiden Stufen Departments, Groups, and Work Teams und Individuals beide dem *Job/Performer Level* bei RUMMLER/ BRACHE zuzuordnen sind.

Jeder der Hierarchiestufen wird mindestens ein Meß- und Zielgrößentyp zugewiesen und jeder dieser Typen wird mindestens einer der beiden Stakeholdergruppen Kunden (Customer) und Anteilseigner (Owner) zugeordnet. Die Corporate Vision repräsentiert als unternehmensweite Handlungsmaxime die oberste Hierarchiestufe. Für die einzelnen Business Units werden Ziel- und Meßgrößen aus den Bereichen *Market* und *Financial* verwendet. Auf der Stufe der Core Business Processes kommen Meß- und Zielgrößen zur *Customer Satisfaction, Flexibility* und *Productivity* und auf der Stufe für Departments, Groups, and Work Teams Größen zu *Quality, Delivery, Cycle Time* und *Waste* zum Einsatz (vgl. Abb. 17).

Bei der stakeholderorientierten Typisierung werden *External Effectiveness* und *Internal Efficiency* unterschieden, wobei erstere den Kunden und letztere den Anteilseignern zuzuordnen ist. Während Financial, Productivity, Cycle Time und Waste zum Interessenbereich der Anteilseigner (Internal Efficiency) gehören, stehen Market, Customer Satisfaction, Quality und

167 Die heute übliche zweidimensionale Informationsrepräsentation erweist sich aber als Problem. Es gibt keine Abbildung einer dreidimensionalen Pyramide auf eine Ebene, bei der gleichzeitig alle Seitenflächen der Pyramide sichtbar sind und für das menschliche Auge der räumliche Eindruck einer Pyramide erhalten bleibt.

168 In älteren Veröffentlichungen noch als *Departments & Work Centers* bezeichnet. Vgl. CROSS, K. F./LYNCH, R. L. (1989), S. 23; MCNAIR, C. J./LYNCH, R. L./CROSS, K. F. (1990), S. 30f.

169 Der individuellen Komponente wurde erst mit der zweiten Auflage des Buches von LYNCH und CROSS verstärktes Interesse zuteil. Vgl. LYNCH, R. L./CROSS, K. F. (1995a), S. IX.

170 Vgl. RUMMLER, G. A./BRACHE, A. P. (1995), S. 15ff. Auf diesen Beitrag wird von LYNCH und CROSS aber nicht Bezug genommen.

Delivery für die Kundenperspektive (External Effectiveness). Die Meß- und Zielgrößen der Bereiche Corporate Vision und Flexibility sind für beide Stakeholdergruppen von Interesse.

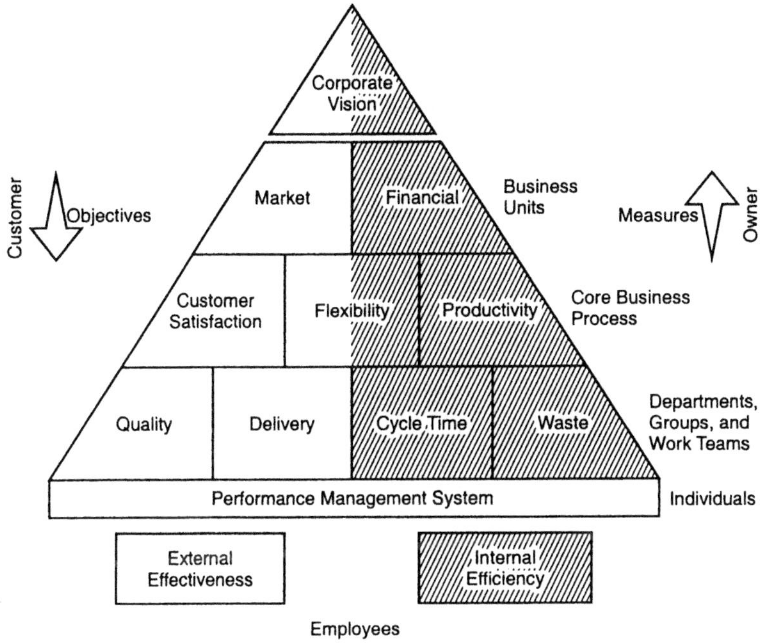

Abb. 17: Performance Pyramid[171]

Diese Struktur wird von LYNCH und CROSS – wie in Abb. 17 dargestellt – in Pyramidenform veranschaulicht, was auch den Namen des Konzepts erklärt.

3.2.3 Verknüpfung der Indikatoren

Entsprechend der hierarchischen Grundkonzeption leiten sich die Zielstellungen einer Hierarchiestufe aus den Zielen der jeweils übergeordneten Stufe ab. Alle Ziele folgen damit direkt oder indirekt aus der Corporate Vision. Auf diese Weise soll die Kompatibilität der Unternehmensstrategie und der operativen Ebene sichergestellt werden. Im Gegensatz zur Top-Down Zielgenerierung können die Indikatoren in Bottom-Up Richtung aggregiert werden. Die Implementierung der Beziehungen innerhalb einer Performance Pyramid begrenzt den Blickwinkel aber nicht auf die jeweils vor- und nachgelagerte Hierarchiestufe. Vielmehr ist es eine zwingende Voraussetzung für die kontinuierliche Verbindung von operativen Maßnahmen

[171] Modifiziert nach LYNCH, R. L./CROSS, K. F. (1995a), S. 65 und S. 67; LYNCH, R. L./CROSS, K. F. (1995b), S. E3-10. Eine ähnliche Struktur findet sich auch bei MCNAIR, C. J./MOSCONI, W./NORRIS, T. (1989), S. 145.

und strategischen Zielen, die Corporate Vision ebenso wie die Unternehmensstrategie den Mitarbeitern auf allen Hierarchiestufen zu kommunizieren.[172]

Bei der Zielableitung sollte auf kausale Beziehungen zwischen den Zielen auf unterschiedlichen hierarchischen Ebenen geachtet werden. Die Darstellung der Zielableitung einerseits und der Indikatoraggregation andererseits zeigt in Form sog. *Building Blocks of Success* auf, wie die Ziele und Meßgrößen einander bedingen und beeinflussen. Einige Building Blocks of Success sind in Abb. 18 exemplarisch aufgeführt. Im obersten wird auf Business Unit-Ebene der Marktanteil als marktorientierter Indikator verwendet. Dieser wird durch die Kundenzufriedenheit, die anhand des Wertes eines Kundenzufriedenheits-Indexes auf Core Business Process-Ebene gemessen wird, positiv beeinflußt. Die Kundenzufriedenheit wiederum steht mit dem Anteil der spezifikationsgerechten Produkte, die als Indikator für die Qualität auf Departments, Groups, and Work Teams-Ebene fungieren, in einem kausalen Zusammenhang.

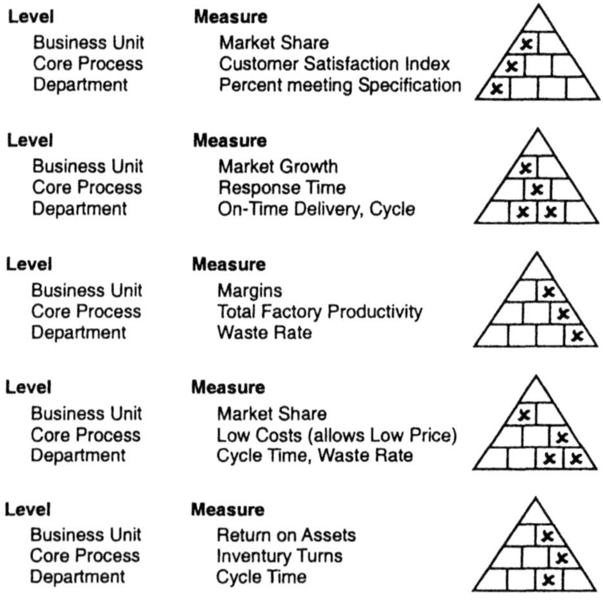

Abb. 18: Building Blocks of Success[173]

Hinsichtlich der postulierten kausalen Beziehung zwischen den Meß- und Zielgrößen auf unterschiedlichen hierarchischen Ebenen ist ebensolche Skepsis wie bei den Ursache-Wirkungs-Ketten der Balanced Scorecard angebracht. Im direkten Vergleich ist das Korsett der Building Blocks of Success stärker ausgeprägt und damit die Abbildung von Kausalzusammenhängen größeren Zwängen unterworfen als bei der Balanced Scorecard.

172 Vgl. LYNCH, R. L./CROSS. K. F. (1995a), S. 89.
173 Vgl. LYNCH, R. L./CROSS, K. F. (1995a), S. 88.

3.2.4 Steuerungs- und Regelungskomponente

Detailliert gehen CROSS und LYNCH auf die Art und Weise ein, wie die Performance Pyramid an sich verändernde Umfeldbedingungen angepaßt werden kann.[174] Dazu werden innerhalb einer bzw. über mehrere Hierarchiestufen insgesamt vier Regelkreise (sog. *Performance Loops*) implementiert, die jeweils die Anpassung und Bewertung einiger Parameter der Performance Pyramid zum Gegenstand haben (vgl. Abb. 19).

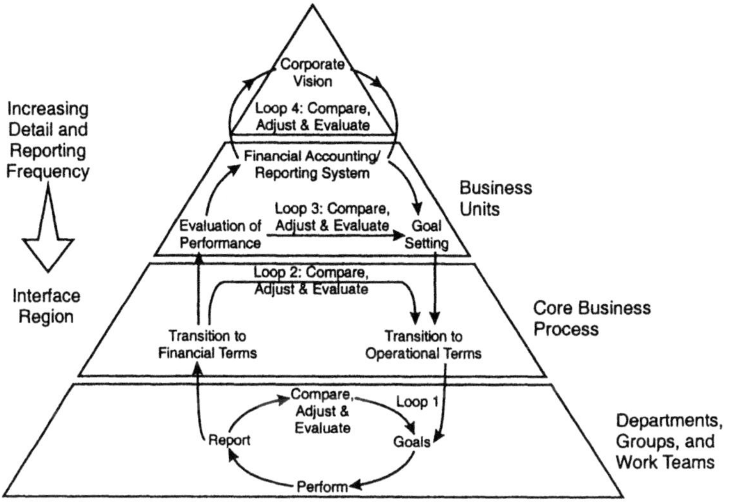

Abb. 19: Performance Loops[175]

Loop 1 wird innerhalb der untersten Ebene ausschließlich von nicht-finanziellen Stell- und Regelgrößen der Meß- und Zielgrößentypen Quality, Delivery, Cycle Time und Waste gebildet. Ein solcher Regelkreis wäre beispielsweise die Regelung der Durchlaufzeit mit dem Ziel der Minimierung selbiger.

Ein weiterer, als Loop 2 bezeichneter Regelkreis, verknüpft die Departments, Groups, and Work Teams mit der Core Business Process-Hierarchieebene, indem die nicht-finanziellen Meßgrößen der untersten Stufe mit Größen des Rechnungswesens in Verbindung gebracht werden. In Fortsetzung des Beispiels zu Loop 1 würde die Verringerung der Durchlaufzeit eine entsprechende Anpassung der Vorräte nach sich ziehen, die dem Typ Productivity auf der Core Business Process-Ebene zuzuordnen sind. Der Kreis von Loop 2 schließt sich, indem die neue Vorratshöhe als Grundlage für die operative Steuerung in Loop 1 verwendet wird.

---

[174] Vgl. MCNAIR, C. J./LYNCH, R. L./CROSS, K. F. (1990), S. 31f. und LYNCH, R. L./CROSS, K. F. (1995a), S. 175ff.

[175] Vgl. MCNAIR, C. J./LYNCH, R. L./CROSS, K. F. (1990), S. 31 oder LYNCH, R. L./CROSS, K. F. (1995a), S. 176.

Die Verbindung zur strategischen Ebene wird über Loop 3 hergestellt, der eine Bewertung der Strategiekonformität der auf den unteren Hierarchieebenen angesiedelten Maßnahmen und Ergebnisse zum Inhalt hat. Durch Vereinbarung von Zielen für die Core Business Process- und Departments, Groups, and Work Teams-Ebenen werden die Ergebnisse der Bewertung der Strategiekompatibilität auf die unteren hierarchischen Ebenen der Performance Pyramid transferiert. In Loop 3 könnte beispielsweise festgestellt werden, daß die durch Loop 2 eingestellte neue Vorratshöhe zwar zu kurzfristigen Verbesserungen der Financial Meß- und Zielgrößen (geringere Kapitalbindung), aber zu schlechteren Ergebnissen hinsichtlich des dem Market-Typ zugehörigen Marktanteils führt. Der strategischen Inkompatibilität könnte durch die Zielvorgabe *Verbesserung der Lieferfähigkeit* für die unteren beiden hierarchischen Ebenen der Performance Pyramid entgegengewirkt werden.

Der einzige nicht mit der Departments, Groups, and Work Teams-Stufe interagierende Performance Loop ist Loop 4, der einen Abgleich der Implementierung der Unternehmensstrategie mit der Corporate Vision thematisiert.

Mit zunehmender Involviertheit höherer hierarchischer Ebenen der Performance Pyramid nimmt die *Häufigkeit*, mit der ein Regelkreis durchlaufen wird, ab. Während für Loop 1 ein täglicher Durchlauf sinnvoll sein kann, wird Loop 2 in der Regel monatlich oder quartalsweise absolviert. Für Loop 3 und 4 kann in Abhängigkeit der Branchendynamik ein quartalsweiser, jährlicher oder zeitlich unregelmäßiger (bedarfsweiser) Durchlauf in Erwägung gezogen werden. Neben den unterschiedlichen temporären Eigenschaften unterscheiden sich die Performance Loops auch hinsichtlich des Aggregationsgrades und der *Detailliertheit* der verarbeiteten Informationen. Je höhere hierarchische Ebenen dabei tangiert werden, desto aggregiertere und wenig detaillierte Steuerungsgrößen kommen zum Einsatz.

Der Mechanismus zur Anpassung der Meß- und Steuergrößen und damit zur Performanceverbesserung in Form von miteinander verwobenen Regelkreisen ist eine innovative Weiterentwicklung des in traditionellen Planungskonzepten bewährten Gegenstromverfahrens. Zum einen kann auf diese Weise den differenzierten Anforderungen an Planungszyklen auf unterschiedlichen Hierarchieebenen des Unternehmens Rechnung getragen werden, zum anderen bleibt aber stets die Verbindung der Teilabstimmungsprozesse mit der Unternehmensstrategie gewahrt. Im Vergleich mit dem *Strategic Management Process* der Balanced Scorecard ist das Lern- und Verbesserungskonzept der Performance Pyramid wesentlich strukturierter und detaillierter und stellt damit konkretere Unterstützung bei der Implementierung eines Performance Measurement-Systems im Unternehmen bereit. Erheblich eingeschränkt sind demgegenüber die Ansätze zur Evaluierung und Modifizierung der Unternehmensstrategie im Rahmen der Performance Loops. Damit fehlt der Performance Pyramid ein für Performance Measurement-Systeme wesentlicher Teil der Feedforward-Komponente.

3.2.5 Ausgewogenheit

Dem Modell ist ein intrahierarchischer Ausgleichsgedanke inhärent. Auf der Business Unit-Stufe sollen dabei die Market und Financial Meß- bzw. Zielgrößen ausbalanciert werden. Innerhalb der Hierarchiestufe Core Business Process soll ebenfalls ein teilweiser Ausgleich zwischen Customer Satisfaction, Flexibility und Productivity herrschen, wobei ein Meß- und Zielgrößentyp die anderen durchaus dominieren kann.[176] Auf der Departments, Groups and Work Teams-Stufe stehen die Meß- und Zielgrößen lediglich in einer losen Verbindung. Damit verringert sich der Ausgleichsgedanke in der Performance Pyramid von der Business Units- über die Core Business Process- bis zur Departments, Groups and Work Teams-Stufe mit abnehmender (nachgelagerter) Hierarchiestufe.

Der Anspruch der Performance Pyramid, verschiedene Aspekte des Unternehmenssystems ausgewogen zu berücksichtigen, bleibt weit hinter dem der Balanced Scorecard zurück. Mit der Beschränkung auf einen intrahierarchischen Ausgleich zwischen unterschiedlichen Meß- und Zielgrößentypen, der zudem mit zunehmender Entfernung der Hierarchiestufe von der Corporate Vision abnimmt, erschöpft sich diese Ambition. So werden weder auf allen Ebenen der Performance Pyramid die Stakeholderinteressen ausgewogen berücksichtigt, noch findet ein interhierarchischer Ausgleich der Meß- und Zielgrößen statt.

Die Meßgrößen der Performance Pyramid verstehen sich zwar nicht nur als Werkzeug zur Bewertung vergangener Prozesse und Resultate, sondern sollen auch als Mittel zur Beurteilung der zukünftigen Entwicklung betrachtet werden. Daraus kann jedoch nicht abgeleitet werden, daß vor- und nachlaufende Meß- und Zielgrößen bei der Darstellung eines Unternehmens in der Performance Pyramid in ausgewogener Form berücksichtigt werden.

3.2.6 Praxisrelevanz

Die zwei von LYNCH und CROSS vorgestellten Beispiele für Unternehmen, die die Performance Pyramid einsetzen,[177] können nicht darüber hinwegtäuschen, daß sich die Performance Pyramid letztlich im Wettbewerb mit der Balanced Scorecard nicht in der Praxis durchsetzen konnte. Zum einen dürfte dies auf die starre Struktur der Performance Pyramid zurückzuführen sein, die keine Elemente einer Strategieevaluierung enthält. Zum anderen haben sicher auch der schon mit der Verbreitung der Prozeßkostenrechnung verknüpfte Name von KAPLAN[178] und die Publizierung von Balanced Scorecard-Beiträgen in renommierten wirtschaftswissenschaftlichen Zeitschriften ihren Beitrag geleistet.

---

[176] Vgl. LYNCH, R. L./CROSS, K. F. (1995a), S. 75. In diesem Zusammenhang wird das Bild eines dreibeinigen Hockers benutzt, der ja bekanntlich auch dann nicht kippelt, wenn seine Beine unterschiedlich lang sind.

[177] Vgl. LYNCH, R. L./CROSS, K. F. (1995a), S. 229ff.; BALLANTINE, BRIGNALL und MODELL charakterisieren die Performance Pyramid als einen „among the most widely discussed" Performance Measurement-Ansatz, bleiben einen Beleg für diese Aussage aber schuldig. Vgl. BALLANTINE, J./BRIGNALL, S./MODELL, S. (1998), S. 72f.

[178] Vgl. z. B. COOPER, R./KAPLAN, R. S. (1988), S. 96ff. Vgl. auch TONGE, R. C. (1996), S. 18.

Aufgrund der nur marginalen Relevanz der Performance Pyramid für die Unternehmenspraxis sind die anekdotischen Erfolgsgeschichten der Performance Pyramid rar.

3.2.7 Fazit

Die Performance Pyramid ist ein hierarchisch orientierter Ansatz zum Performance Measurement. Angesichts eines dynamischen Wettbewerbsumfelds überzeugt die enge Beschränkung der berücksichtigten Stakeholdergruppen kaum. Damit einhergehend ist nicht das gesamte Spektrum der für die künftige Unternehmensentwicklung bedeutenden Intangible Assets erfaßbar. Bei gleichzeitig mangelhafter Erweiterungsmöglichkeit um zusätzliche Anspruchsgruppen kann nur ein Teil der für den langfristigen Unternehmenserfolg wichtigen Aspekte abgedeckt werden. Die Integration der strategischen und operativen Ebene durch die Performance Loops kann sich als detaillierte Hilfestellung bei der Implementierung des Ansatzes erweisen. Das Konzept zur Steuerung und Regelung stellt damit einen interessanten und innovativen Beitrag zur Weiterentwicklung des Controlling dar.

3.3 Quantum Performance Measurement

Während die *Balanced Scorecard* und die *Performance Pyramid* in ihrer Entstehung nicht unmittelbar dem Umfeld einer Unternehmensberatung zuzuordnen sind, stammt der im folgenden betrachtete Ansatz des Quantum Performance Measurement aus dem Hause Arthur Andersen & Co.

Kern des in den späten 80er und frühen 90er Jahren des letzten Jahrhunderts entwickelten Modells ist die sog. *Quantum Performance* – der Grad der Zielerreichung, bei dem *Value* und *Service* für alle Stakeholder optimiert werden. HRONEC versucht, diese nebulös erscheinende Abgrenzung durch die Charakterisierung der Elemente des Unternehmenserfolgs zu konkretisieren. Während das Verhältnis der beiden Dimensionen *Cost* und *Quality* die Value-Relation aus Stakeholdersicht darstellt, konstituiert die Kombination von *Quality* und *Time* die Service-Relation.

Zur Verdeutlichung dieser Relationen seien zwei Beispiele angeführt. Ein Kunde bemißt den Wert eines gerade gekauften Buches (Value) sowohl anhand der Qualität dieses Buches (Quality), die wohl im wesentlichen durch den Inhalt und die Aufmachung bestimmt wird, als auch unter Berücksichtigung des geforderten Preises (Cost). Demgegenüber wird der Kunde den Service beim Bucherwerb einerseits anhand der Verkaufsberatung und Art der Abwicklung von Formalitäten wie Bezahlung und Verpackung (Quality) bewerten. Andererseits geht auch die Zeitdauer (Time), die der Buchkauf in Anspruch nimmt, in seine Servicebewertung ein. Dabei sind sowohl Wartezeit an der Kasse im ortsgebundenen Buchhandel als auch Geschwindigkeit des Zugangs und Lieferzeiten beim Internet-Buchhandel von Relevanz.

Mit der Quantum Performance als Optimum von Value und Service wird letztendlich eine simultane Optimierung in den Dimensionen Cost, Quality und Time angestrebt.[179] Die Determinanten der Quantum Performance und deren Beziehungen sind in Abb. 20 zusammenfassend dargestellt. Die von HRONEC gewählte graphische Darstellungsform des Konzepts weckt Assoziationen an eine aufgehende Sonne und kann so den Ursprung des Konzeptes in einer Unternehmensberatung nicht verhehlen.

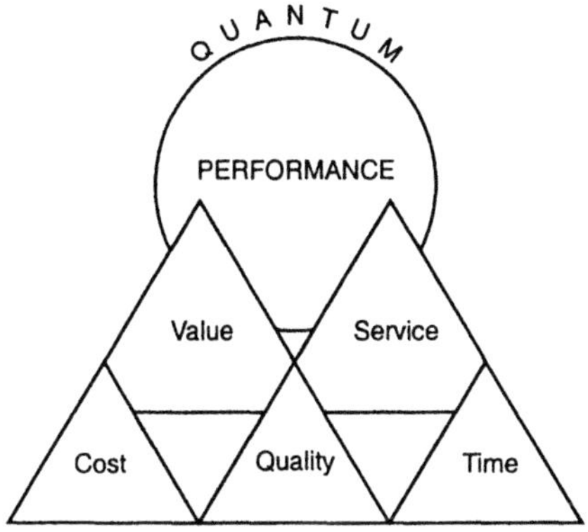

Abb. 20: Quantum Performance[180]

3.3.1 Stakeholder

Während in der Performance Pyramid explizit nur auf Kunden und Anteilseigner als relevante Interessengruppen eingegangen wird und bei der Balanced Scorecard nur in Ausnahmefällen eine Ergänzung ihrer vier Perspektiven vorgesehen ist, ist dem Quantum Performance Measurement eine weitgefaßte Betrachtung von Interessengruppen mit den Elementen Kunden, Mitarbeiter, Anteilseigner, Gesetzgeber, Umweltschützer, Lieferanten u. a.[181] inhärent.

3.3.2 Mehrstufige Gliederung

Zur systematischen Erfassung des Unternehmensgeschehens wird auf das Konzept der Ebenen der Leistungserbringung eines Unternehmens nach RUMMLER/BRACHE[182] aufgebaut. Jede der drei Ebenen *People*, *Process* und *Organization* wird mit den drei Dimensionen Cost, Quality und Time verbunden. Die sich so ergebende 3x3-Matrix wird als *Quantum Performance Measurement Matrix* bezeichnet. Mit ihr wird das Ziel der simultanen Optimierung der drei Dimensionen Cost, Quality und Time durch die detailliertere Aufspaltung für einzelne

---

[179] Vgl. HRONEC, S. M. (1993), S. 18ff. bzw. HRONEC, S. M. (1996), S. 12ff.
[180] Vgl. HRONEC, S. M. (1993), S. 19 bzw. HRONEC, S. M. (1996), S. 14.
[181] Vgl. HRONEC, S. M. (1993), S. 21 bzw. HRONEC, S. M. (1996), S. 15.
[182] Vgl. RUMMLER, G. A./BRACHE, A. P. (1995), S. 15ff.

Ebenen des Unternehmensgeschehens operationaler und damit leichter steuerbar.[183] In Abb. 21 ist eine Quantum Performance Measurement Matrix mit einigen exemplarischen Meßobjekten dargestellt.

	Quantum Performance		
	Value	Value / Service	Service
	Cost	Quality	Time
Organization	Finanziell Operational Strategisch	Einfühlungsvermögen Produktivität Zuverlässigkeit Glaubwürdigkeit Kompetenz	Geschwindigkeit Flexibilität Reaktionsfähigkeit Beweglichkeit
Process	Input Aktivitäten	Übereinstimmung Produktivität	Geschwindigkeit Flexibilität
People	Vergütung Entwicklung Motivation	Zuverlässigkeit Glaubwürdigkeit Kompetenz	Reaktionsfähigkeit Beweglichkeit

Abb. 21: Quantum Performance Measurement Matrix[184]

Die Indikatoren, mit denen in der Neun-Felder-Matrix das Unternehmensgeschehen erfaßt wird, werden als *Vital signs*[185] bezeichnet und stellen – wie schon die Wortwahl suggeriert – die für den Erfolg des Unternehmens kritischen Größen dar. Man unterscheidet dabei zwei Gruppen. *Process Performance Measures* dienen der Steuerung und Kontrolle der Unternehmensabläufe und werden sowohl motivational als auch informational zur Prozeßüberwachung genutzt. Mit *Output Performance Measures,* die zur Beobachtung und Beeinflussung des Ressourceneinsatzes eingesetzt werden, können die Ergebnisse eines Prozesses erfaßt werden.[186] Keine der beiden Gruppen von Vital signs ist auf bestimmte Dimensionen beschränkt, so daß sie jeweils zur Steuerung jedes der drei strategischen Wettbewerbsfaktoren Kosten, Zeit und Qualität herangezogen werden können.

3.3.3 Ausgewogenheit

Zum einen wird mit dem Quantum Performance Measurement eine Einheit der im Unternehmen ablaufenden Prozesse und der Unternehmensstrategie angestrebt, zum anderen sollen die in den Feldern der Quantum Performance Measurement Matrix enthaltenen Indikatoren die

[183] Vgl. HRONEC, S. M. (1993), S. 29ff. bzw. HRONEC, S. M. (1996), S. 21ff.
[184] Vgl. HRONEC, S. M. (1993), S. 31 bzw. HRONEC, S. M. (1996), S. 22.
[185] Vgl. HRONEC, S. M. (1993), S. 5 bzw. HRONEC, S. M. (1996), S. 4.
[186] Vgl. HRONEC, S. M. (1993), S. 15f. bzw. HRONEC, S. M. (1996), S. 11.

Value- und Service-Komponente ausgewogen wiedergeben. Dazu sollen die Kosten-, Zeit- und Qualitätsdimension gleichberechtigt bedient werden.[187] Das Quantum Performance Measurement-Konzept erreicht damit ein ähnliches Niveau hinsichtlich einer ausgeglichenen Sichtweise auf das Unternehmen wie die Performance Pyramid, bleibt aber hinter der Balanced Scorecard, die zusätzlich eine ausgewogene Betrachtung z. B. interner und externer sowie finanzieller und nicht-finanzieller Indikatoren postuliert, zurück.

3.3.4 Steuerungs- und Regelungskomponente

Das Konzept von HRONEC umfaßt auch Methoden zur Bestimmung und Implementierung der Meßgrößen für die neun Felder der Matrix. Dieses in Abb. 22 dargestellte Quantum Performance Measurement Model[188] beinhaltet die vier Elemente *Driver*, *Enabler*, *Process* und *Continuous Improvement*, deren Zusammenspiel eine systematische Ableitung der Meßgrößen ermöglichen soll.

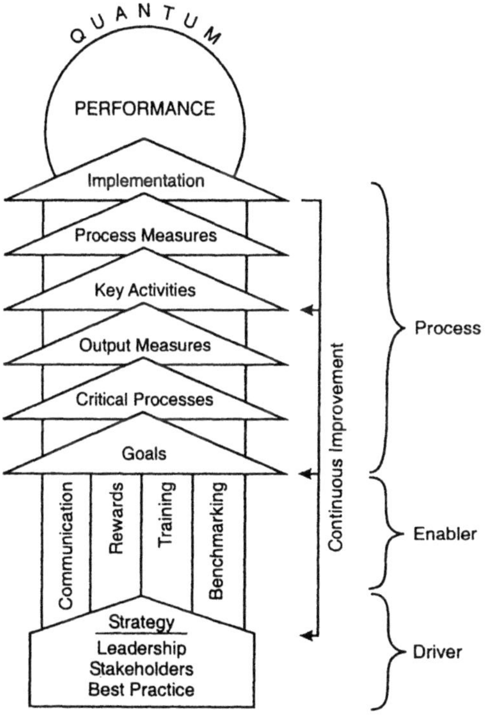

Abb. 22: Quantum Performance Measurement Model[189]

[187] Vgl. DOLAN, P./SCHREIBER, K. I. (1997b), S. 79; HRONEC, S. M. (1996), S. 21.
[188] Vgl. detailliert HRONEC, S. M. (1993), S. 23ff. bzw. HRONEC, S. M. (1996), S. 16ff.
[189] Modifiziert nach HRONEC, S. M. (1993), S. 25 bzw. HRONEC, S. M. (1996), S. 18; HARTUNG, W./STRATMANN, J. (1997), S. 64.

In der *Driver*-Ebene werden unter dem Begriff *Strategy* drei den Unternehmenserfolg determinierende Größen zusammengefaßt. Mit Hilfe der als *Leadership* bezeichneten Unternehmensführung kann die Entwicklungsrichtung und Implementierung des Performance Measurement-Systems beeinflußt werden. HRONEC schlägt vor, zur Fortschrittsmessung des Entwicklungsprozesses das von Arthur Andersen & Co. entwickelte *ABO Continuum* zu verwenden, das anhand der drei aufeinander aufbauenden Stufen *Awareness*, *Buy-In* und *Ownership* beschreibt, wie das Management in Veränderungsprozesse involviert ist. Die *Stakeholder* greifen mit ihren Wünschen und Erwartungen an das Unternehmen zwar nicht direkt in den Prozeß der Strategieentwicklung ein, bestimmen aber indirekt den wesentlichen Fokus. Mit den *Best practices* wird der Driver-Ebene eine wettbewerbliche Komponente hinzugefügt, aus der sich u. a. die Mindeststandards für die Unternehmensstrategie ergeben.[190]

Auf Ebene der *Enabler* wird die Entwicklung, Implementierung und Nutzung der Meßgrößen durch *Communication*, *Training*, *Rewards* und *Benchmarking* unterstützt. Während Communication und Training zu einem frühen Zeitpunkt im Entwicklungs-, Implementierungs- und Nutzungsprozeß zum Tragen kommen und die Prozeßintensität beeinflussen, werden Rewards und das Benchmarking erst später wirksam und beeinflussen die Prozeßdauer. Communication verfolgt das Ziel, Widerstände gegen das Performance Measurement durch Abbau von Informationsdefiziten und Diskussionen zu verringern. Durch Training, das prozeßbegleitend anzulegen ist, werden Wissen über und Fertigkeiten im Umgang mit den Veränderungsprozessen vermittelt. Mit Rewards, die sowohl monetäre als auch nicht-monetäre Komponenten enthalten, sollen die individuellen und die Unternehmensziele einander angenähert werden. Benchmarking schließlich eröffnet dem Unternehmen zum einen Alternativlösungen durch die Erweiterung des Lösungsraumes für optimales Unternehmensgeschehen. Daneben fördert der Vergleich mit externen Standards die eigenen Bemühungen zur Zielerreichung. HRONEC ist der Auffassung, daß der Anteil der Enabler an der erfolgreichen Entwicklung und Einführung des Performance Measurement-Systems mit über 80 Prozent sehr hoch liegt.[191]

Mit der *Prozeßkomponente* im Quantum Performance Measurement Model werden ähnlich dem Wasserfallmodell[192] die Meßgrößen für das Performance Measurement-System entwickelt. Dazu sind im ersten Schritt aus der *Strategy* die *Goals* als unternehmensweite Ziele abzuleiten, anhand derer wiederum die *Critical Processes* identifiziert werden können. Darauf aufbauend können *Output Performance Measures* für die kritischen Prozesse ermittelt werden. Schließlich sind *Key Activities* als Arbeitsschritte im Rahmen der Critical Processes sowie zugehörige *Process Performance Measures* zu Steuerung und Kontrolle der Key Activities zu definieren. Die verwendeten Goals verstehen sich als Standarddefinition vor dem Hintergrund der Operationalisierung der Unternehmensstrategie und können sowohl auf externem Vergleich (Benchmarking) als auch auf normativen Grundlagen (z. B. Zielkostenrechnung)

---

[190] Vgl. HRONEC, S. M. (1993), S. 46ff. bzw. HRONEC, S. M. (1996), S. 34ff.
[191] Vgl. HRONEC, S. M. (1993), S. 75ff. bzw. HRONEC, S. M. (1996), S. 54ff.
[192] Vgl. z. B. KURBEL, K. (1992), S. 83f.

basieren. Die Goals beschreiben damit die strategische Position, die das Unternehmen langfristig erreichen will. Mit der Identifizierung von Critical Processes wird die Aufmerksamkeit und der Arbeitsschwerpunkt auf existentielle Bereiche des Unternehmens gelenkt. Diese Bereiche sind bevorzugt in das Performance Measurement-System zu integrieren, um durch ihre Regelung die formulierten Goals zu erreichen, also die Strategy umzusetzen. Die Output Performance Measures der Critical Processes ermöglichen die Steuerung der verwendeten Ressourcen vor dem Hintergrund der erreichten Ergebnisse. Sie müssen die drei Dimensionen Cost, Quality und Time simultan abdecken. Mit den Output Performance Measures soll eine Kontrolle ermöglicht werden, inwieweit die Critical Processes zur Erreichung der Goals beitragen. Diejenigen Teilprozesse eines Critical Process, die für die Vollständigkeit dieses Prozesses wichtig sind, werden als Key Activities bezeichnet. Die Effektivität der Key Activities wird über Process Performance Measures gesteuert. Diese sowohl finanziellen als auch nichtfinanziellen Meßgrößen verfolgen neben der Dokumentation und Kontrolle der Aktivitäten das Ziel, Probleme zu antizipieren bzw. deren Auftreten zu verhindern sowie durch Mitarbeitermotivation die kontinuierliche Verbesserung der Key Activities zu fördern.[193] Die Phase *Implementation* ist als sechsstufiger Prozeß eng mit der Komponente *Continuous Improvement* verbunden und schließt die Ableitung der Meßgrößen aus der Unternehmensstrategie ab.

Das Element *Continuous Improvement* rundet das Quantum Performance Measurement Model ab. Dabei wird nicht nur eine permanente Verbesserung des Erreichungsgrades der Goals angestrebt, sondern auch eine Revision der Key Activities, der Process Performance Measures zur Steuerung der Key Activities, der Output Performance Measures, der Goals und der zugrunde liegenden Strategy sowie erforderlichenfalls deren Adaption ermöglicht.[194] Damit beinhaltet das Quantum Performance Measurement-Konzept also ebenso wie die Balanced Scorecard Feedback-Elemente zur Performanceverbesserung als auch Feedforward-Komponenten zur Adaption des Konzepts. Ob mit Hilfe der kontinuierlichen Verbesserung letztendlich der selbstgestellte Anspruch an das Quantum Performance Measurement Model erfüllt werden kann, „daß alle Mitarbeiter im Unternehmen die Strategie verstehen und wissen, wie ihre Arbeit und ihre Leistungen mit der Gesamtstrategie verbunden sind",[195] kann angesichts des nicht sehr anschaulichen Gesamtkonzepts nicht als gesichert angesehen werden. Doch dazu im folgenden mehr.

Das Quantum Performance Measurement Model als Schema zur Ableitung der Meßgrößen aus der Unternehmensstrategie ist insgesamt wenig eingängig. Ein Grund mag in der unscharfen Abgrenzung von Begriffen zu suchen sein. So ist der *Process* ein Bestandteil des *Quantum Performance Measurement Model*. Zum anderen werden aber *Critical Processes* bei der Meßgrößenableitung als Betrachtungsobjekt im Rahmen des *Process* angesehen. Zu guter Letzt beziehen sich die *Process Performance Measures* nicht etwa auf die *Critical Processes*,

---

193 Vgl. HRONEC, S. M. (1993), S. 92ff. bzw. HRONEC, S. M. (1996), S. 68ff.
194 Vgl. HRONEC, S. M. (1993), S. 196ff. bzw. HRONEC, S. M. (1996), S. 156ff.
195 HRONEC, S. M. (1996), S. 3.

sondern auf *Key Activities*, die wiederum Bestandteil der *Critical Processes* sind. Die Verwendung verkürzter Bezeichnungen[196] verursacht weitere Irritationen. Im Vergleich mit dem in der Praxis bewährten Strategic Management Process der Balanced Scorecard thematisiert das Quantum Performance Measurement Model die Ableitung und Aktualisierung der Meßgrößen auf ungewöhnlich komplizierte Weise. Ob sich auf diesem Weg, wie von einigen Autoren postuliert,[197] die Unternehmensstrategie durch Implementierung der Meßgrößen in das Unternehmen tragen läßt, erscheint fraglich. Zusammenfassend kann der Charakterisierung des Quantum Performance Measurement Model durch GLEICH mit den Worten „aufwendig und wenig durchschaubar"[198] uneingeschränkt gefolgt werden.

3.3.5 Verknüpfung der Indikatoren

Im Gegensatz zu den beiden vorher untersuchten Performance Measurement-Systemen wird im Quantum Performance Measurement-Konzept keine enge Beziehung zwischen den einzelnen Meßgrößen postuliert. Zum einen können damit zwar die Probleme mit vermuteten Ursache-Wirkungs-Zusammenhängen vermieden werden,[199] andererseits besteht aber die Gefahr nur nebeneinanderstehender und nicht miteinander verbundener Meßgrößen.

3.3.6 Praxisrelevanz

Da das Quantum Performance Measurement-Konzept in einer weltweit agierenden Unternehmensberatung entwickelt wurde, dürfte man eine starke Verbreitung des Ansatzes in der Unternehmenspraxis erwarten – doch dem ist nicht so. Empirische Untersuchungen[200] zeigen, daß das Quantum Performance Measurement-Konzept in Unternehmen nicht benutzt wird. Bei der eigenen Untersuchung konnte ebenfalls keine praktische Anwendung des Konzepts gefunden werden. Gleichzeitig ist der Ansatz nur 6,1 % der Unternehmen überhaupt bekannt.

3.3.7 Fazit

Das Quantum Performance Measurement thematisiert mit Kosten, Zeit und Qualität alle drei strategischen Wettbewerbsdimensionen und schließt dabei sämtliche Leistungsebenen ein. Positiv ist außerdem die Offenheit des Konzepts zu bewerten, durch die sämtliche für die langfristige Unternehmensentwicklung wichtigen Informationen verarbeitet werden können. Problematisch ist die sehr komplizierte Struktur des Steuerungsmodells, auf die auch zu großen Teilen die verschwindend geringe Praxisrelevanz zurückzuführen sein dürfte, so daß Arthur Andersen & Co. wieder von dem Konzept abzurücken scheint.[201]

---

196 Z. B. oft „Process" statt „Critical Process". Vgl. HRONEC, S. M. (1993), S. 186ff.; HRONEC, S. M. (1996), S. 148ff.

197 Vgl. BRINKER, B. J. (1994), S. 58f.

198 GLEICH, R. (1997b), S. 365

199 Auf diese Probleme wird in Abschnitt 5.3 ab S. 126 detailliert eingegangen.

200 Vgl. HORVÁTH, P. u. a. (1999), S. 308.

201 Vgl. KLINGEBIEL, N. (1999), S. 71. Möglicherweise wendet sich Arthur Andersen & Co. der Balanced Scorecard zu. Vgl. BIEL, A. (1998), S. 257ff.

3.4 Tableau de Bord

Mit dem von französischen Unternehmen bereits seit mehr als 50 Jahren genutzten Tableau de Bord soll ein mehrdimensionales Unternehmenszielsystem abgebildet und der Steuerung erschlossen werden. Einführend ist zur Diskussion des Ansatzes anzumerken, daß die stark praxisgetriebene Entwicklung nicht zu einem vereinheitlichten Rahmenkonzept führte, sondern diverse, mehr oder weniger kongruente Ausgestaltungen parallel existieren.[202] Erst im nachhinein wurde versucht, die Praxisansätze konzeptionell aufzuarbeiten.[203]

Aus der geringen Bedeutung von Kapitalmärkten und der starken Verbreitung von Ingenieuren in Führungsfunktionen französischer Unternehmen resultiert traditionell eine starke Fokussierung des Interesses des Managements auf Informationen über nicht-monetäre Erfolgsfaktoren.[204]

Ein verbreiteter Archetyp des Tableau de Bord integriert sowohl die operative und strategische Ebene als auch Informationen über die Umfeldentwicklung, wie Abb. 23 zeigt. Insofern kann der teilweise vertretenen Interpretation,[205] daß das Tableau de Bord ein Kennzahlensystem mit dem Return on Investment als Spitzenkennzahl ist, das rein monetäre Informationen aus dem Unternehmen zusammenfaßt, nicht gefolgt werden.

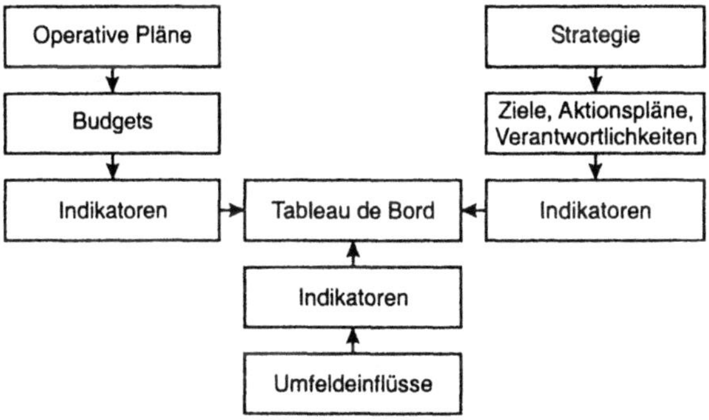

Abb. 23: Ableitung von Indikatoren im Tableau de Bord[206]

Die *operativen Indikatoren* orientieren sich an den für operative Maßnahmen festgelegten Jahresbudgets und verbinden auf diese Weise das Tableau de Bord mit dem Kostenrechnungssystem des Unternehmens. Die die Unternehmenstätigkeit nachhaltig beeinflussenden Umfeldfaktoren, wie allgemeine Marktentwicklung und Konkurrenten, werden in Form von *Umfeldindikatoren* eines Tableau de Bord berücksichtigt. Durch einen mehrstufigen Prozeß zur Ableitung von Indikatoren aus der Unternehmensstrategie wird die *strategische Orientierung*

[202] Vgl. HOFFMANN, O. (1999), S. 39f. und S. 46.
[203] Vgl. LEBAS, M. (1994), S. 481.
[204] Vgl. HOFFMANN, O. (1999), S. 39f.
[205] Vgl. SIEGWART, H. (1998), S. 36; SCHOTT, G. (1991), S. 293f.
[206] Vgl. HOFFMANN, O. (1999), S. 42, der sich auf nicht zu beschaffende Schulungsunterlagen bezieht.

eines Tableau de Bord sichergestellt. Dieser als OVAR (Objectifs, Variables d' Action, Responsable) bezeichnete Prozeß besteht aus fünf Schritten:[207]

- Herleitung der strategischen Ziele,
- Bestimmung der kritischen Erfolgsfaktoren und Erstellung von Aktionsplänen,
- Festlegung der Verantwortlichkeiten für die Umsetzung der Aktionspläne,
- Identifikation von Indikatoren zur Fortschrittsmessung bei den Aktionsplänen,
- softwaregestützte Abbildung der Indikatoren in graphischer Form.

Insgesamt soll ein Tableau de Bord möglichst alle Einflußgrößen des finanziellen Unternehmensergebnisses abdecken, andererseits aber auch zukunftsgerichtete Informationen beinhalten.[208] Das Konzept des Tableau de Bord stellt sich somit der Fokussierung auf nur eine Dimension des Unternehmensgeschehens entgegen.

Den unterschiedlichen Anforderungen, die aus einem kurz-, mittel- oder langfristigen Entscheidungshorizont resultieren, wird dadurch Rechnung getragen, daß ein Entscheidungsträger mehrere Tableaux de Bord verwendet.[209] Das Tableau de Bord bürdet somit die Integration von kurz- und langfristigen Zielen dem Entscheidungsträger auf, ohne eine Hilfestellung bei der Lösung des Optimierungsproblems zu leisten. Diese künstliche Aufspaltung betrieblicher Entscheidungen kann sich als äußerst problematisch erweisen, begünstigt sie doch unter anderem die kurzfristige Zieloptimierung zu Lasten langfristiger Ziele.

Das Konzept des Tableau de Bord beschränkt sich auf die reine Bereitstellung entscheidungsrelevanter Informationen,[210] wobei graphische Repräsentationsformen dominieren (vgl. Abb. 24).[211] Aus dieser engen Fokussierung resultieren vielfältige Einschränkungen des Ansatzes, auf die im folgenden näher eingegangen wird. Die in einem Tableau de Bord zusammengefaßten Informationen sollen einerseits bei den Anwendern das Verständnis über *Ursache-Wirkungs-Zusammenhänge* zwischen ihren Handlungen und den resultierenden Ergebnissen besser verständlich machen,[212] andererseits stellt ein Tableau de Bord über die relevanten Informationen hinaus keine Unterstützung zur Aufdeckung von Wirkungszusammenhängen im Unternehmen bereit.[213] Damit ist der Anwender gefordert, die Indikatoren selbst in impliziter Weise zu verknüpfen.

Mit der ausschließlichen Fixierung auf die Informationsbereitstellungsfunktion geht einher, daß das Konzept des Tableau de Bord auch keine Unterstützung bei der Ableitung von Maßnahmen zur Erhöhung des Zielerreichungsgrades oder deren Durchführung leistet. Die Orga-

---

207 Vgl. HOFFMANN, O. (1999), S. 43, der sich wiederum auf verschiedene, nicht zu beschaffende Schulungsunterlagen bezieht.

208 Vgl. MÉVELLEC, P. (1995), S. 20.

209 Vgl. HOFFMANN, O. (1999), S. 41.

210 Vgl. LEBAS, M. (1994), S. 471.

211 Vgl. ROBERTS, A. (1995), S. 46; INNES, J. (1996), S. 92. Damit ist das Tableau de Bord dem Konzept des Management Cockpits sehr ähnlich. Vgl. dazu GEORGES, P. M. (2000), S. 131ff.

212 Vgl. EPSTEIN, M. J./MANZONI, J.-F. (1997a), S. 29.

213 Teilweise wird allerdings auch die gegenteilige Auffassung vertreten. Vgl. O. V. (1995a), S. 18.

nisation des Feedback zur Performanceverbesserung bleibt damit ebenfalls dem Anwender überlassen.

L'agencement des indivateurs en page synthèse

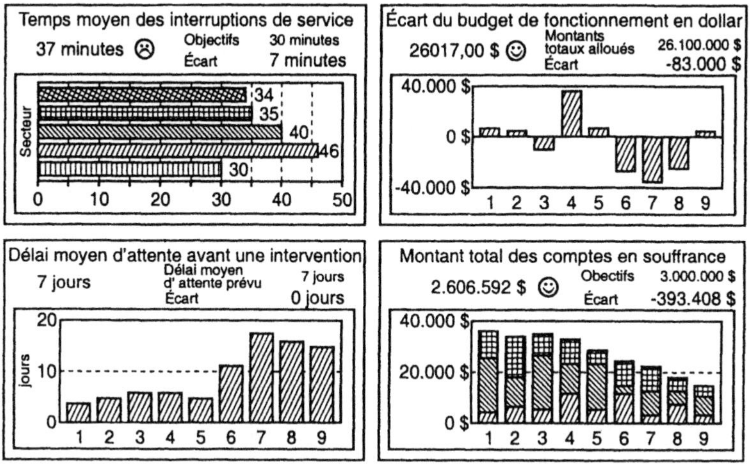

Abb. 24: Umsetzungsbeispiel eines Tableau de Bord[214]

Es gibt kein allgemeingültiges Konzept, das für *das* Tableau de Bord steht. Damit gewinnt der Ansatz einerseits eine erhebliche Flexibilität. Andererseits wird aber nicht auf eine formalisierte Weiterentwicklung eines Tableau de Bord eingegangen, so daß jeder Anwender selbst entscheiden muß, ob und wie die Feedforward-Komponente realisiert werden soll.

Insgesamt ist damit zu konstatieren, daß das Tableau de Bord auf Selbstregelung und Selbststeuerung ausgerichtet ist,[215] da sowohl auf die Feedback- als auch die Feedforward-Komponente nicht näher eingegangen wird.

In der Literatur wird gefordert, auch Informationen nachgelagerter hierarchischer Stufen des Unternehmensgeschehens in ein Tableau de Bord einzuschließen, sofern sie die Performance der übergeordneten *Hierarchiestufe* maßgeblich beeinflussen.[216] Dabei können idealerweise die Tableaux de Bord einer funktionalen Einheit zum Tableau de Bord der übergeordneten Organisationseinheit aggregiert werden.[217] Gleichzeitig sollten im Zuge einer steigenden Prozeßorientierung auch Querverbindungen zu benachbarten Bereichen bestehen,[218] so daß die einzelnen Leistungsebenen vielfältig miteinander vernetzt werden können.

214 Vgl. VOYER, P. (1999), S. 316.
215 Vgl. INNES, J. (1996), S. 91.
216 Vgl. HOFFMANN, O. (1999), S. 44.
217 Vgl. EPSTEIN, M. J./MANZONI, J.-F. (1997a), S. 30; EPSTEIN, M. J./MANZONI, J.-F. (1998), S. 192; EPSTEIN, M. J./MANZONI, J.-F. (1997b), S. 4.
218 Vgl. o. V. (1993a), S. 9.

Das Tableau de Bord zielt darauf ab, dem Anwender alle für ihn entscheidungsrelevanten Informationen zur Verfügung zu stellen. Insofern steht einer umfassenden Berücksichtigung der Interessen verschiedener *Stakeholdergruppen* nichts im Wege, zumal kein starrer Rahmen für die inhaltliche Ausgestaltung besteht, wie dies z. B. bei der Performance Pyramid der Fall ist.

Während in Frankreich und Teilen Kanadas das Tableau de Bord weite *Verbreitung* gefunden hat,[219] ist davon auszugehen, daß das Konzept in Deutschland und anderen nicht frankophonen Ländern bedeutungslos ist und allenfalls in wenigen Niederlassungen bzw. Töchtern französischer Unternehmen Fuß fassen konnte.

Fazit: Das Tableau de Bord ist ein sehr offenes Konzept zum Performance Measurement, mit dem vielfältige Performancedimensionen integriert werden können. Der Ansatz beschränkt sich auf eine Zusammenfassung wichtiger Informationen über das Unternehmen, so daß es an Unterstützung für Regelungs- und Steuerungsprozesse mangelt.

3.5 Data Envelopment Analysis

Die Data Envelopment Analysis unterscheidet sich stark von den anderen hier betrachteten Ansätzen zum Performance Measurement, da es sich dabei um ein statistisches Schätzverfahren auf Basis einer Stichprobe handelt.

Unter Verwendung der Daten einer großen Anzahl von Unternehmen, die sich z. B. an einem Benchmarking-Projekt[220] oder einer wissenschaftlichen Studie beteiligen, können aus den verfügbaren Kombinationen von Input- und Output-Faktoren die der Effizienz am nächsten kommenden Kombinationen[221] ermittelt werden. Die (häufig lineare) Verbindung dieser als relativ effizient[222] bezeichneten Input/Output-Kombinationen ergibt eine obere Einhüllende aller Vergleichskombinationen, von der sich auch der Name der Methode ableitet.[223] Alle Input/Output-Kombinationen auf dieser Einhüllenden sind ein auf dem Best Practice basierender Vergleichsmaßstab, der zur Performancebewertung genutzt werden kann. Die auf Arbeiten von CHARNES, COOPER und RHODES[224] in den späten 70er Jahren zurückgehende Data Envelopment Analysis erfordert dabei im allgemeinen keine Annahmen über eine Gewichtung mehrerer Input- oder Outputfaktoren, so daß sich auch mehrdimensionale Input/Output-Kombinationen günstig verarbeiten lassen.[225] Abb. 25 veranschaulicht die Ermittlung des Vergleichsmaßstabes am Beispiel einer Stichprobe von eindimensionalen Input/Output-Kombinationen. Jeder der Punkte repräsentiert dabei ein Unternehmen bzw. einen Unternehmensteil.[226]

---

219 Vgl. z. B. die Auflistung bei o. V. (2001b).

220 Vgl. zur Vorgehensweise LEIBFRIED, K. H. J./MCNAIR, C. J. (1993), S. 52ff.

221 Landläufig würde man diese Kombinationen als die effizientesten bezeichnen. Da es aber immer nur genau eine effiziente Kombination geben kann, die möglicherweise in der Stichprobe nicht enthalten ist, wird hier diese Umschreibung vorgenommen. Vgl. zum Effizienzbegriff z. B. HOFFMANN, F. (1980), S. 71f.

222 Vgl. die Definition bei SCHEFCZYK, M. (1994), S. 156.

223 Envelopment <engl.>: Einhüllen.

224 Vgl. z. B. CHARNES, A./COOPER, W. W./RHODES, E. (1978), S. 429ff.

225 Vgl. TSANG, A. H. C./JARDINE, A. K. S./KOLODNY, H. (1999), S. 710.

226 Vgl. detailliert z. B. SCHEFCZYK, M./GERPOTT, T. J. (1995), S. 337ff.; SCHEFCZYK, M. (1996), S. 168ff.

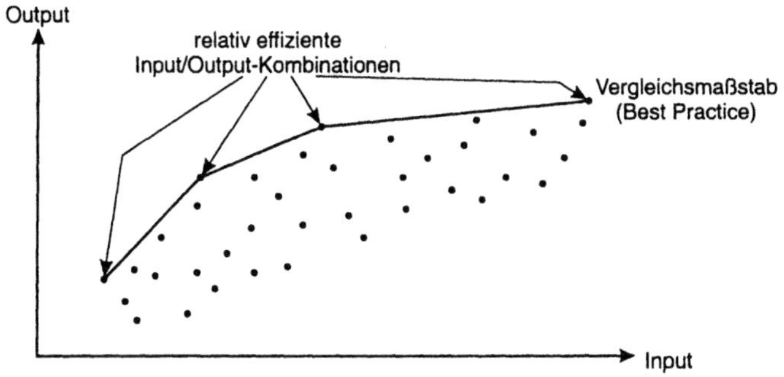

Abb. 25: Data Envelopment Analysis (schematisch)[227]

Bei der Durchführung einer Data Envelopment Analysis werden die Output-Größen als von den Input-Größen abhängig betrachtet. Diesem Zusammenhang ist als Abbildung von Produktionsprozessen zwar per se eine *Ursache-Wirkungs-Beziehung* zu unterstellen, allerdings wird sie von der Data Envelopment Analysis als statistischer Methode nicht thematisiert. Daher ist davon auszugehen, daß die Verknüpfung der Indikatoren weder gefordert noch gefördert wird.

Als reines Methodenwerkzeug kann die Data Envelopment Analysis *keine Feedback- und Feedforward-Komponenten* beinhalten. Damit bleibt es dem Anwender überlassen, eine Regelung zur Verbesserung der Unternehmensperformance zu implementieren. Gegebenenfalls vorhandene Ineffizienzen können dabei durch den Vergleich des eigenen Unternehmens mit mehreren Benchmarking-Partnern aufgedeckt werden. Die Data Envelopment Analysis offenbart jedoch keine Anhaltspunkte zu deren Beseitigung. Es ist mit Einschränkungen möglich, in das Konzept Feedforward-Elemente zu integrieren, indem der Analyse veränderte Input-/ Output-Kombinationen zugrundegelegt werden. Dabei könnte es sich allerdings als problematisch erweisen, daß die neuen Kombinationen von *allen* Unternehmen, die am Benchmarking-Projekt beteiligt sind, übereinstimmend verwendet werden müssen.

Die Data Envelopment Analysis ist als statistische Methode und Benchmarking-Instrument nicht auf bestimmte *Leistungsebenen* fixiert. Der relativ effiziente Vergleichsmaßstab kann also sowohl auf Basis organisationaler und individueller als auch von Prozeßleistungsdaten ermittelt werden. Auch hinsichtlich der Einbindung der Interessen unterschiedlicher *Stakeholdergruppen* bestehen primär keine Restriktionen. Ob Elemente *ausgewogen* oder nur sehr einseitig betrachtet werden, hängt wiederum von der konkreten Ausgestaltung ab.

Im Schrifttum wird vielfältig über den *Einsatz* der Data Envelopment Analysis zur Performancemessung berichtet.[228] Da die Methodik ausschließlich für die Analyse der Daten einer Vielzahl von Objekten geeignet ist, sind die Anwendungen eher wissenschaftlicher denn prak-

[227] Vgl. SCHEFCZYK, M. (1994), S. 155; SCHEFCZYK, M./GERPOTT, T. J. (1995), S. 336; HOWARD, L. W./MILLER, J. L. (1993), S. 884. Ähnlich CUBBIN, J. (1992), S. 95.

[228] Vgl. die Aufzählungen bei SCHEFCZYK, M. (1996), S. 177; NYHAN, R. C./MARLOWE, H. A. (1995), S. 335f.; SIEMS, T. F. (1992), S. 29; THOMAS, R. R. (1994), S. 84ff.

tischer Natur. So bewerteten CHATTOPADHYAY und HEFFLEY[229] die Performance von Privatkliniken mit Hilfe der Data Envelopment Analysis, während SCHEFCZYK sie auf Gießereien anwendete.[230] JURAS und BROOKS[231] nutzten die Methode zur Einschätzung der Performance von einzelnen Stationen eines Krankenhauses, SCHMIDT und GLEICH zum prozeßorientierten Performance Measurement[232] sowie BELTON und CROWE für die Performanceanalyse von Bankfilialen.[233]

Die Data Envelopment Analysis ist ein methodisches Werkzeug zum Benchmarking von Performancedaten. In das hochgradig offene Konzept können nahezu beliebige Performancedimensionen integriert werden. Als statistische Schätzmethode hält der Ansatz keine Unterstützung von Steuerungs- und Regelungsprozessen bereit.

3.6 European Foundation for Quality Management-Modell

Anfang der 90er Jahre des letzten Jahrhunderts wurde in Zusammenarbeit der European Foundation for Quality Management (EFQM), der Europäischen Kommission und der European Organization for Quality (EOQ) ein Modell zur Bewertung der Unternehmensperformance entwickelt.[234] Das EFQM-Modell ist damit die europäische Variante der inzwischen weltweit verbreiteten Quality Awards.[235] Bei diesem Wettbewerb unter Unternehmen um einen Qualitätspreis werden die Teilnehmer anhand von vorgegebenen Kriterien, die verschiedene Bereiche der Unternehmensperformance abdecken sollen, bewertet. Abb. 26 gibt einen Überblick über die beim EFQM-Modell betrachteten Aspekte einschließlich ihrer Gewichtung, wobei die Performance für jedes der Kriterien anhand von Checklisten separat bestimmt wird.

Die Unterteilung der neun Kriterien in Enabler und Results suggeriert ebenso wie die graphische Darstellung des Konzepts *Ursache-Wirkungs-Beziehungen* zwischen den Kriterien. Genauer betrachtet, dürften die neun Kriterien aber allenfalls argumentativ miteinander verbunden sein. Da es sich beim veröffentlichten EFQM-Modell nur um Checklisten handelt, auf deren Basis die Leistungen in den neun Kriterien ermittelt werden, sind genauere Aussagen leider nicht möglich. Letztlich erscheint es fraglich, ob mit dem EFQM-Modell die Strategie eines Unternehmens auf die operative Ebene transferiert werden kann.[236]

Das EFQM-Modell dient ausschließlich der strukturierten Erfassung verschiedener Dimensionen der Unternehmensperformance. Somit obliegt es dem Anwender, *Feedback-Prozesse* zu implementieren, um die Unternehmensleistungen zu steigern. Da dem Modell ein Award-

---

229 Vgl. CHATTOPADHYAY, S./HEFFLEY, D. (1994), S. 171ff.
230 Vgl. SCHEFCZYK, M. (1994), S. 210ff.; SCHEFCZYK, M./GERPOTT, T. J. (1996), S. 211ff.; SCHEFCZYK, M./GERPOTT, T. J. (1998), S. 321ff.
231 Vgl. JURAS, P. E./BROOKS, C. A. (1993), S. 25ff.
232 Vgl. SCHMIDT, H.-J./GLEICH, R. (2000), S. 305ff.
233 Vgl. BELTON, V./CROWE, D. (1996), S. 51ff.
234 Vgl. NEELY, A. D. (1998), S. 135f. Die EFQM entstand 1988 als Zusammenschluß von 14 führenden westeuropäischen Unternehmen. Vgl. BÜHNER, R. (1996), S. 25f.
235 Ein anderer bekannter Qualitätspreis ist z. B. der Malcolm Baldrige National Quality Award. Vgl. dazu GARVIN, D. A. (1991), S. 80ff.

Gedanke zugrunde liegt, ist eine Veränderung der Meßobjekte oder Indikatoren durch Unternehmen nicht möglich. Insofern schließt das Konzept explizit *Feedforward-Elemente* aus.[237] Ob die von Zeit zu Zeit an der konkreten Ausgestaltung der Kriterien durch die EFQM vorgenommenen Modifikationen auch zukünftig regelmäßig erfolgen, bleibt abzuwarten.[238]

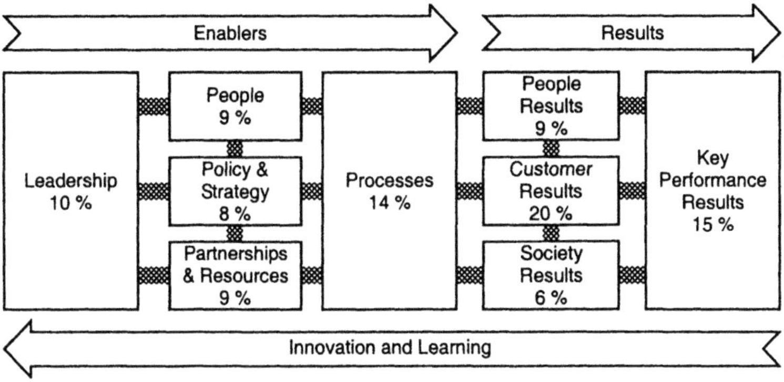

Abb. 26: EFQM-Modell[239]

Der Ansatz der EFQM zielt ausschließlich auf die Bewertung der Performance eines ganzen Unternehmens ab. Die im Rahmen des Process-Kriteriums erhobenen Informationen beziehen sich daher nicht auf Effizienz von Prozessen, sondern auf die organisatorische Einbindung von Prozessen durch die Unternehmensleitung.

Das EFQM-Modell versteht sich als sog. Generic Management Modell, das alle relevanten Elemente eines Unternehmens abbilden kann.[240] Der Schwerpunkt der Betrachtung liegt dabei auf Shareholdern, Mitarbeitern und Kunden, während andere *Stakeholdergruppen* unter dem Kriterium Society Results zusammengefaßt werden und ihnen damit eine geringere Bedeutung beigemessen wird.

Beim EFQM-Modell werden die für jedes der neun Kriterien erfaßten Informationen anhand fester Gewichtungsfaktoren bewertet. Angesichts der einzelnen Gewichte ist dabei von einer *ausgewogenen Berücksichtigung* der verschiedenen Stakeholderinteressen und Umfeldeinflüsse auszugehen. Außerdem tragen die erzielten Leistungen für Enabler und Results zu gleichen Teilen zur Gesamtbewertung bei, so daß sich Ursachenforschung und Ergebnisinterpretation die Waage halten.

Das EFQM-Modell ist ein in Europa sehr bekannter Quality Award. Empirische Untersuchungen, die seine *Verbreitung* quantifizieren, liegen allerdings nicht vor. In der eigenen empi-

236 Vgl. McCunn, P. (1998), S. 36.
237 Vgl. Geanuracos, J./Meiklejohn, I. (1993), S. 71.
238 Letztmalig wurde das EFQM-Modell Anfang des Jahres 2000 modifiziert.
239 Vgl. EFQM (2000), S. 15. Die Gewichtung der einzelnen Kriterien ergibt sich durch die Zuordnung der 1.000 im Wettbewerb um den Qualitätspreis maximal erreichbaren Punkte. Vgl. Frei, H. (1998), S. 376.
240 Vgl. Blankenburg, D. A. (1999), S. 37.

rischen Erhebung fand sich nur ein Unternehmen, daß das EFQM-Modell zum Performance Measurement einsetzt.

Das EFQM-Konzept ist ein vollkommen geschlossenes Konzept, das mehrere Performancedimensionen integriert. Da sich der Ansatz auf die Informationssammlung beschränkt, fehlt ihm eine Steuerungs- und Regelungskomponente.

3.7 Return on Investment-Schema

Das nachfolgend betrachtete Return on Investment-Schema ist, als nur eine Dimension der Unternehmensperformance betrachtender Ansatz, nur eingeschränkt als Performance Measurement-System anzusehen. Aus historischen Gründen wird es, wie andere Kennzahlensystem (z. B. das ZVEI- und das RL-Schema)[241] auch, in der Unternehmenspraxis nach wie vor zur Performancemessung und -lenkung eingesetzt, so daß zumindest auf einen Überblick nicht verzichtet werden soll.

Nicht zuletzt aufgrund seines Alters gilt das Return on Investment-Schema als eines der bekanntesten eindimensionalen Performance Measurement-Konzepte. Schon 1919 wurde dieses Rechensystem zur hierarchischen Aufspaltung des Return on Investment von der Firma Du Pont zur Unternehmenssteuerung genutzt[242] und wird – zumindest bis vor kurzem – als empfehlenswert eingestuft.[243]

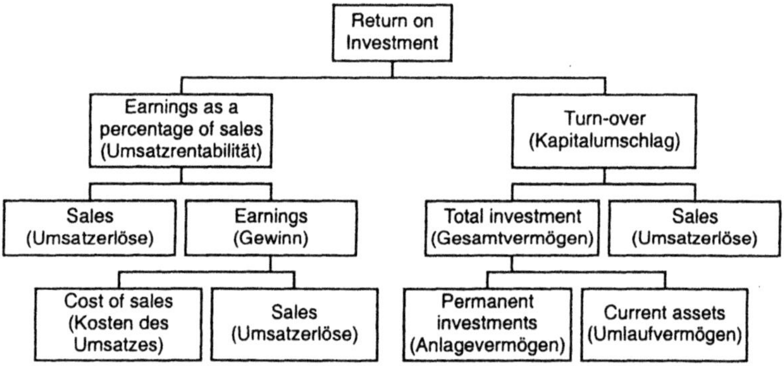

Abb. 27: Return on Investment-Schema[244]

Das System basiert – wie der Name schon vermuten läßt – auf dem Return on Investment als zentraler finanzieller Zielsetzung, der in die zwei Bestandteile Umsatzrentabilität und Kapital-

---

[241] Vgl. SIEGWART, H. (1998), S. 37ff.; HORVÁTH, P. (1998a), S. 548ff.; REICHMANN, T. (1995), S. 30ff.; REICHMANN, T./LACHNIT, L. (1976), S. 711ff.; MEYER, C. (1994b), S. 123ff.

[242] Vgl. WEBER, J./SCHÄFFER, U. (1998a), S. 8; GROLL, K.-H. (2000), S. 45. JOHNSON beschäftigt sich detailliert mit der historischen Entwicklung des Rechnungswesens bei Du Pont. Vgl. JOHNSON, H. T. (1975), S. 184ff.

[243] Vgl. SHARMAN, P. (1992), S. 17; MICHALISIN, M. D./SMITH, R. D./KLINE, D. M. (1997), S. 379f.

[244] Vgl. DINTER, H.-J. (1999), S. 260; JOHNSON, H. T./KAPLAN, R. S. (1991), S. 85; DETHLEFS, L. (1997), S. 41; WEBER, J. (1991), S. 211; MEYER, C. (1994b), S. 118; BOTTA, V. (1996), S. 411; SOLOMONS, D. (1965), S. 153.

umschlag aufgespalten wird, die wiederum sukzessive in einem rechenbaren Verfahren weiter gegliedert werden (vgl. für eine wenig detaillierte Aufspaltung Abb. 27). Ziel der Aufgliederung ist es, den Return on Investment als Maß für den Unternehmenserfolg auf seine Einflußfaktoren zurückzuführen.[245] Dabei wird aufgedeckt, welche Änderungen der Zielgröße Return on Investment durch eine Veränderung der Einflußfaktoren ausgelöst werden.[246]

Die Zielgröße des Return on Investment wird in der Literatur stark kritisiert.[247] Dabei wird insbesondere auf mögliche Innovationshemmungen (Nichtaktivierbarkeit von Forschungsaufwendungen) und die Tendenz zu kurzfristiger Gewinnoptimierung hingewiesen. Empirische Studien zeigten, daß zwischen dem Return on Investment und der als objektiv angesehenen Bewertung von Unternehmen am Kapitalmarkt nur ein geringer Zusammenhang besteht.[248]

Die *Indikatoren* stehen im Return on Investment-Schema in einem sehr engen, rechenbaren *Zusammenhang*, so daß nur exakt quantifizierbare Größen eingesetzt werden können. Im internen und externen Rechnungswesen ist es bisher noch nicht ausreichend gelungen (und wird wohl auch niemals gelingen), neben monetär orientierten Indikatoren weitere Größen, wie z. B. Informationen über Kunden und Märkte, vollständig zu integrieren. Damit können im Return on Investment-Schema *ausschließlich Shareholderinteressen* berücksichtigt werden. Gleichzeitig erfaßt der Return on Investment aber nicht alle für Shareholder interessanten Informationen, wie die oben angesprochene geringe Korrelation mit dem Marktwert des Unternehmens zeigt. Für eine ausgewogene Lenkung der Unternehmensperformance in einem mehrdimensionalen Zielsystem ist das Return on Investment-Schema damit kaum geeignet.[249]

Als reines Kennzahlenschema beinhaltet das Return on Investment-Schema keine konkreten Vorstellungen zur Ausführung der *Performanceregelung*. Das Konzept ist aber kompatibel zu vielfältigen Controllinginstrumenten, so daß die Regelung beispielsweise durch Budgetierung oder Anreizsysteme realisiert werden kann.

Da die Zusammenhänge zwischen den Indikatoren im Return on Investment-Schema vorgegeben sind und eine Veränderung aufgrund der notwendigen Verknüpfung durch Rechenoperationen äußerst problematisch ist, erscheint eine Anpassung des Konzepts an veränderte Umfeldbedingungen und Unternehmensstrategien praktisch ausgeschlossen. Aufgrund dieser starren Struktur wird es im Laufe der Zeit mit zunehmenden Umfeldveränderungen aus der Unternehmenspraxis wahrscheinlich vollständig zurückgedrängt werden.

---

245 Vgl. HORVÁTH, P. (1998a), S. 553; WEBER, J./SCHÄFFER, U. (1998a), S. 8; DINTER, H.-J. (1999), S. 259.

246 Vgl. für eine detaillierte Diskussion des Return on Investment-Schemas und Anwendungsempfehlungen BOTTA, V. (1997), S. 16ff. und VOLLMUTH, H. J. (1998), S. 12ff.

247 Vgl. z. B. HORVÁTH, P. (1998a), S. 553; LÜDER, K. (1981), S. 401ff.; MCCRORY, F. V./GERSTBERGER, P. G. (1992), S. 35; RAPPAPORT, A. (1983), S. 31; WALTER, I. S. (1992), S. 6f.

248 Vgl. JACOBSON, R. (1987), S. 470ff. Andererseits fanden sich in einer deutsche Studie für DAX-100 Unternehmen langfristig starke Zusammenhänge, während für DAX-30 Unternehmen Return on Investment und Kapitalmarktrenditen unabhängig waren. Vgl. GÜNTHER, T./LANDROCK, B./MUCHE, T. (2000b), S. 132.

249 Vgl. LACHNIT, L. (1976), S. 222f.

Es besteht keine konzeptionelle Beschränkung des Return on Investment-Schemas auf bestimmte *hierarchische Ebenen* im Unternehmen. So kann das Konzept sowohl auf Unternehmens- als auch auf Abteilungsebene genutzt werden.[250] Problematisch ist allerdings gegebenenfalls die Abgrenzung der betrachteten Größen. Insbesondere erscheint die Erfassung der Umsatzerlöse und Kosten des Umsatzes bei Einheiten ohne Marktzugang, die ausschließlich auf Basis von Verrechnungspreisen agieren, problematisch. Für Prozesse und einzelne Mitarbeiter ist das Return on Investment-Schema sehr ungeeignet, da die notwendige Zuordnung des Gesamtvermögens zu Prozessen und Individuen utopisch erscheint.

Das Return on Investment-Schema zählt zu den weltweit *sehr verbreiteten Ansätzen* zur Performancelenkung. Auch heute, mehr als 80 Jahre nach seiner Entwicklung, ist es noch in vielen Unternehmen im Einsatz. In der eigenen empirischen Untersuchung belief sich der Anteil der Unternehmen, die ein Return on Investment-Schema nutzen oder implementieren, auf 21,0 %. Aufgrund seiner Inflexibilität ist zukünftig aber von einer geringeren Bedeutung auszugehen. Das Return on Investment-Schema ist wegen des standardisierten, rechenbaren Aufbaus für Vergleiche unterschiedlicher Unternehmen prädestiniert, wobei Jahresabschlußinformationen als Ausgangsdaten verwendet werden.[251]

Das Return on Investment-Schema ist nach wie vor ein für die Unternehmenspraxis sehr bedeutendes Kennzahlensystem. Aufgrund seines überschaubaren Aufbaus ist es leicht verständlich, so daß ihm ein hoher pädagogischer Wert bei der Aufdeckung von Abhängigkeiten zwischen den betrachteten Größen zuzuschreiben ist.[252] Für die ganzheitliche Erfassung und Lenkung der Unternehmensperformance ist das Schema wegen seiner ausschließlichen Orientierung auf monetäre Größen aber weniger geeignet.

3.8 Unternehmenswertorientierte Konzepte

Unternehmenswertorientierte Ansätze zum Performance Measurement sind auf den Wert aus Sicht der Unternehmenseigner ausgerichtet und werden daher auch unter dem Schlagwort Shareholder Value diskutiert. Dieser Shareholder Value kann durch

- betriebliche Entscheidungen,
- Investitionsentscheidungen und
- Finanzierungsentscheidungen

beeinflußt werden.[253] Performance Measurement-Systeme konzentrieren sich dabei überwiegend auf betriebliche Entscheidungen, so daß die anderen beiden hier nicht näher betrachtet werden sollen.

---

[250] Vgl. PERRIDON, L./STEINER, M. (1999), S. 557.
[251] Vgl. HAUSCHILDT, J. (1970), S. 28ff.
[252] Vgl. SIEGWART, H. (1998), S. 31.
[253] Vgl. RAPPAPORT, A. (1999), S. 68f. Der dort verwendete Begriff Operating-Entscheidungen schließt auch strategische Entscheidungen ein und wird zur Vermeidung von Konfusionen hier durch betriebliche Entscheidungen ersetzt.

Da der Shareholder Value als Markt-, Liquidations- bzw. Substanzwert sowie Zukunftserfolgswert[254] kaum Ansätze zur Unternehmenslenkung bietet, bedient man sich bei der Umsetzung in einem Unternehmen häufig leichter operationalisierbarer Konzepte, die mit dem Shareholder Value kompatibel sind. So baut der Economic Value Added (EVA) als Residualergebnis[255] auf dem Geschäftsergebnis und den Kapitalkosten (jeweils nach Steuern) auf, so daß die erforderlichen Daten im Rahmen der externen Unternehmensrechnung leicht verfügbar sind.[256]

Da die unternehmenswertorientierten Konzepte auf die rechnerische Ermittlung des Shareholder Value abstellen, muß zwischen allen Einflußgrößen ein quantifizierbarer *Zusammenhang* bestehen. Damit ergeben sich ähnliche *Einschränkungen* wie bei der Ermittlung des Return on Investment, da die Verknüpfung des internen und externen Rechnungswesens mit anderen Größen, die Informationen über Kunden- oder Märkte enthalten, bislang nicht zufriedenstellend gelungen ist. Zur Lenkung eines mehrdimensionalen Zielsystems sind die Shareholder Value-Ansätze damit nur eingeschränkt geeignet. So zeigt eine empirische Untersuchung auf Basis von 88 US-amerikanischen Unternehmen, daß die Konzentration auf den EVA bei der Unternehmenslenkung zu einer Vernachlässigung von Informationen über Qualität und Kunden führt.[257] Darüber kann auch nicht die teilweise geäußerte Ansicht hinwegtäuschen, daß durch die primäre Ausrichtung auf Shareholderinteressen die Interessen anderer *Stakeholder* indirekt automatisch gewahrt werden.[258]

Wie schon das Return on Investment-Schema beinhalten auch die unternehmenswertorientierten Konzepte keine Komponenten zur *Performanceregelung*, sind aber kompatibel zu vielfältigen Controllinginstrumenten. Analogien zeigen sich auch hinsichtlich der *Steuerungseignung*. Aufgrund der rechenbaren Zusammenhänge zwischen Indikatoren sind Modifikationen auch an wertorientierten Konzepten problematisch, so daß eine Anpassung an veränderte Unternehmensstrategien oder Umfeldbedingungen wenig Erfolgsaussichten verspricht. Wegen der eindimensionalen Ausrichtung auf Shareholderinteressen sind wertorientierte Konzepte als Grundlage für Anreizsysteme hingegen gut geeignet,[259] da die Aggregation mitunter divergierender Zieldimensionen entfallen kann.

---

[254] Vgl. für die Ermittlung des Shareholder Value GÜNTHER, T. (1997), S. 76ff.

[255] Der Überschuß des Periodenergebnisses („Gewinn") über die Kapitalkosten wird als Übergewinn bzw. Residualergebnis bezeichnet. Vgl. PELLENS, B./CRASSELT, N./TOMASZEWSKI, C. (1998), S. 899; O'HANLON, J./PEASNELL, K. (1998), S. 424. Vgl. für die Ermittlung des EVA z. B. STEWART, G. B. (1991), S. 118ff.

[256] Vgl. zur formalen Identität des EVA- mit dem Shareholder Value-Konzept GÜNTHER, T. (1997), S. 236. Die Identität besteht allerdings nur dann, wenn keine Erwartungsänderungen über Unternehmensleistung oder Marktumfeld auftreten. Vgl. HOSTETTLER, S. (1997), S. 32. Andererseits besteht in der Realität keine vollständige Korrelation zwischen dem durch den Markt bewerteten Shareholder Value und dem EVA. Vgl. GRANT, J. L. (1996), S. 44; CHEN, S./DODD, J. L. (1997), S. 318ff. Vgl. für andere wertorientierte Performancemaße z. B. GÜNTHER, T./LANDROCK, B./MUCHE, T. (2000a), S. 70ff.

[257] Vgl. DODD, J. L./JOHNS, J. (1999), S. 13ff.

[258] Vgl. HOSTETTLER, S. (1997), S. 26f. Vgl. auch BUSSE VON COLBE, W. (1997), S. 271f.

[259] Vgl. HAHN, D./HINTZE, M. (1998), S. 75f.; GÜNTHER, T. (1999), S. 366; STEPHENS, K. R./BARTUNEK, R. R. (1997), S. 40.

Wertorientierte Konzepte sind sowohl auf Unternehmensebene als auch für nicht selbständige Geschäftsbereiche anwendbar.[260] Die Verwendung auf Prozeß- oder individueller Leistungsebene erscheint demgegenüber problematisch, da die notwendige Abgrenzung der den Unternehmenswert beeinflussenden Größen kaum gelingen dürfte. Wie schon beim Return on Investment-Schema ist dabei insbesondere die Zuordnung des Gesamtvermögens zu einzelnen Prozessen oder Individuen unrealistisch. Damit decken die unternehmenswertorientierten Konzepte ein ähnliches Spektrum der *Leistungsebenen* ab, wie das Return on Investment-Schema.

Im Zuge der insbesondere in den 90er Jahren des vergangenen Jahrhunderts in Deutschland verstärkt propagierten *Umsetzung* des Shareholder Value-Gedankens in Unternehmen erfreuten sich auch wertorientierte Lenkungskonzepte steigender Beliebtheit.[261] Erstaunlich muten vor diesem Hintergrund die Ergebnisse von WATERHOUSE an.[262] Die untersuchten 114 kanadischen Führungskräfte waren mit dem Informationsgehalt von wertorientierten Indikatoren nur teilweise zufrieden, während andere finanzorientierte Kennzahlen wesentlich besser eingeschätzt wurden.

Die unternehmenswertorientierten Ansätze sind aus konzeptioneller Sicht wesentlich besser auf die Shareholderinteressen ausgerichtet als das Return on Investment-Schema. Hinsichtlich ihrer Eignung als Performance Measurement-System sind sie aber ähnlich wie das Return on Investment-Schema zu bewerten. Es mangelt an einer ganzheitlichen Erfassung des Unternehmensgeschehens und geeigneten Steuerungs- und Regelungsmöglichkeiten.

3.9 Verbreitung der Konzepte zum Performance Measurement

Nachdem ausgewählte Ansätze zum Performance Measurement auf konzeptioneller Ebene diskutiert wurden, wird im folgenden auf einige Gesichtspunkte hinsichtlich ihrer Verbreitung in der Unternehmenspraxis eingegangen.

In einer empirischen Untersuchung in Deutschland aus dem Jahr 1997 zeigte sich, daß die *Balanced Scorecard* noch wenig verbreitet ist (8,9 % der Unternehmen), aber 20 % künftig ihren Einsatz planen.[263] Bereits ein Jahr später setzten in den USA 22 % aller Unternehmen eine Balanced Scorecard ein,[264] während es in Deutschland 17,4 % waren.[265] In der eigenen Untersuchung beläuft sich der Anteil der Unternehmen, die eine Balanced Scorecard einsetzen oder gerade implementieren, auf 32,6 %. Vergleichbare Ergebnisse fand MALMI, bei des-

[260] Vgl. DINTER, H.-J. (1999), S. 282.
[261] Vgl. z. B. die Beispiele deutscher Großunternehmen bei EHRBAR, A. (1998), S. 25ff.
[262] Vgl. WATERHOUSE, J. H. (1999), S. 42.
[263] Vgl. HORVÁTH, P. u. a. (1999), S. 308.
[264] Vgl. FRIGO, M. L./KRUMWIEDE, K. R. (1999a), S. 1.
[265] Vgl. FLEISCHHAUER, D. (1998), S. 10.

sen Untersuchung von 324 finnischen Unternehmen im Jahr 2000 31 % eine Balanced Scorecard einsetzten.[266]

Eine Untersuchung aus dem Jahr 1998 beschreibt, daß 4,9 % der befragten deutschen Unternehmen eine *Performance Pyramid* nutzten.[267] In der im Jahr 2000 durchgeführten eigenen Untersuchung betrug der Anteil der Unternehmen, die eine Performance Pyramid einsetzen oder sich gerade in der Implementierungsphase befanden, 2,2 %. Insgesamt ist also von einer nur marginalen Bedeutung dieses Ansatzes in der Unternehmenspraxis auszugehen.

Unter den antwortenden Unternehmen der eigenen Studie ist die Balanced Scorecard damit heute der bekannteste und am häufigsten umgesetzte Ansatz (vgl. Abb. 28). Darüber hinaus ist mit einer weiter zunehmenden Bedeutung der Balanced Scorecard zu rechnen, da noch mehr Unternehmen, als momentan ohnehin schon die Balanced Scorecard nutzen, sich in der Implementierungsphase befinden oder konzeptionelle Untersuchungen zu ihrer Anwendung durchführen. Andere mehrdimensionale Konzepte, wie die Performance Pyramid oder das Quantum Performance Measurement, sind in der Praxis bedeutungslos und wenig bekannt.[268]

Demgegenüber setzt jedes Dritte Unternehmen mit dem Return on Investment- oder ZVEI-Schema *klassische Kennzahlensysteme* ein. Aufgrund des vermuteten großen Bekanntheitsgrades wurde die Verbreitung beider klassischen Kennzahlensysteme in der empirischen Erhebung erfaßt, gleichwohl beide keine Steuerungs- und Regelungskomponente aufweisen und es ihnen damit an einem wesentlichen Element eines Performance Measurement-Systems mangelt. Die konzeptionelle Diskussion in Abschnitt 3.7 geht daher nur exemplarisch auf das Return on Investment-Schema ein. Eine steigende Bedeutung solcher klassischen Kennzahlensysteme ist nicht zu erwarten, da kaum noch Implementierungen oder konzeptionelle Untersuchungen in Vorbereitung sind.

Zukünftig werden sich demgegenüber *wertorientierte Steuerungssysteme* größerer Verbreitung erfreuen, da zu den 19 % der Unternehmen, die solche Systeme bereits heute nutzen, noch einmal ebenso viele hinzukommen, die sich auf konzeptioneller Ebene damit auseinandersetzen oder bereits in die Implementierungsphase eingetreten sind.

In den vergangenen Jahren waren noch mehrheitlich *eigene Ansätze zum Performance Measurement* in Anwendung.[269] Heute zieht die Bedeutung der angewendeten selbstentwickelten Konzepte in etwa mit der Balanced Scorecard gleich und es ist zu erwarten, daß selbst entwickelte Ansätze zukünftig weniger präferiert werden. Zu den 38 Unternehmen, in denen sich Balanced Scorecards in der Anwendung befinden, kommen noch etwa 1,5mal soviele, die potentiell zu Anwendern werden können. Für selbst entwickelte Konzepte ist dieser Faktor auf Basis von 37 Umsetzungen nur 0,3.

---

266 Vgl. MALMI, T. (2000), S. 9.
267 Vgl. FLEISCHHAUER, D. (1998), S. 10.
268 Vgl. gleichartig FLEISCHHAUER, D. (1998), S. 10.
269 Vgl. HORVÁTH, P. u. a. (1999), S. 308.

Die verbleibenden, in den Abschnitten 3.4 bis 3.6 diskutierten Performance Measurement-Ansätze wurden in der empirischen Erhebung nicht separat erhoben, weil von einer nur geringen praktischen Bedeutung auszugehen ist. Die Auswertung der offen formulierten Option der Befragung („*sonstige*") bestätigte dies, wobei lediglich das EFQM-Modell von einem Unternehmen eingesetzt wird. Die übrigen „sonstigen" Nennungen entfallen einerseits auf vom Mutterunternehmen vorgegebene Konzernentwicklungen und andererseits auf Ansätze einzelner Beratungsunternehmen.

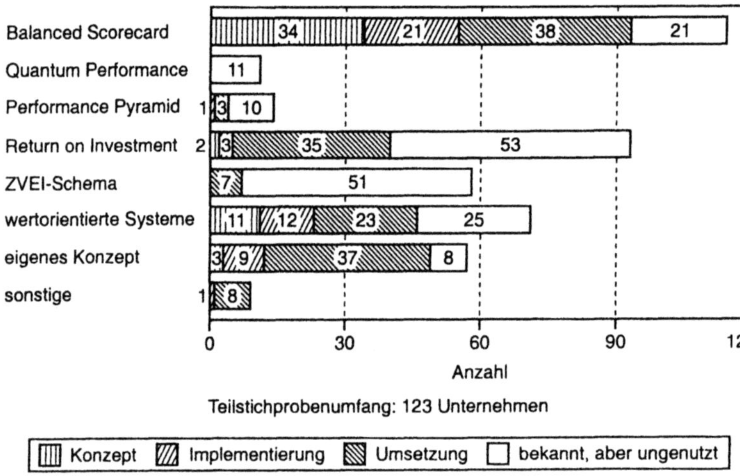

Abb. 28: Bekanntheitsgrad und Anwendungsstatus von Performance Measurement-Konzepten

3.10 Zusammenfassung

Die Diskussion ausgewählter Ansätze zum Performance Measurement in den Abschnitten 3.1 bis 3.8 zeigte, daß eine Vielzahl von Konzepten mit sehr heterogenen Eigenschaften verfügbar ist.

Das weit gefächerte Spektrum der Modelle reicht von einfach zu handhabenden Konzepten bis zu komplexen Systemen. Erstere werden dabei von den in der Unternehmenspraxis schon seit langem verbreiteten klassischen Kennzahlensystemen repräsentiert, die sowohl viele Aspekte der mehrdimensionalen Unternehmensperformance nicht erfassen können als auch die Lenkung von Performance nicht explizit thematisieren. In ihrer strengen Auslegung genügen damit diese Ansätze nicht der in Abschnitt 2.1 formulierten Definition eines Performance Measurement-Systems. Da diese Konzepte aber mit vielfältigen Controllinginstrumenten kompatibel sind, erweisen sie sich in der Unternehmenspraxis letztendlich doch als zur Performancelenkung geeignet.

Demgegenüber bieten die komplexen Systeme als Entwicklungen der letzten Jahre (mehr oder weniger geeignete) Hilfen zur Performancesteuerung und -regelung und zeichnen sich gleichzeitig durch ihre starke Fokussierung auf die mehrdimensionale Komponente der Unternehmensperformance aus.

Von den komplexen Systemen gilt die Balanced Scorecard dabei als vieldiskutierter, ausgereifter Ansatz, mit dem die ggf. divergierenden Interessen vielfältiger Stakeholdergruppen integriert werden können. Die Ansatzpunkte zur Steuerung und Regelung der Unternehmensperformance sind bei der Balanced Scorecard insgesamt aber wenig konkret.

Die Performance Pyramid als weiteres der neueren komplexen Systeme stellt dagegen hinsichtlich der Erfassung der mehrdimensionalen Unternehmensperformance nur auf ausgewählte Stakeholdergruppen ab. Andererseits ist die Lenkung der Unternehmensperformance mit mehreren Regelkreisen, die die operative und strategische Ebene miteinander verbinden, innovativ und gut strukturiert, so daß der Performance Pyramid in dieser Hinsicht konzeptionelle Vorteile gegenüber der Balanced Scorecard zu bescheinigen sind.

Die Konzeption des Quantum Performance Measurement versucht als von einem Beratungsunternehmen wesentlich bestimmter Ansatz zum Performance Measurement, quasi in Konkurrenz zur Balanced Scorecard, vielschichtige Stakeholderinteressen zu berücksichtigen, und bietet dabei in Form eines standardisierten Prozesses eine Hilfestellung zur Ableitung der Indikatoren sowie zur Steuerung und Regelung der Unternehmensperformance. Gleichzeitig ist das Quantum Performance Measurement einerseits aufgrund begrifflicher Konfusionen und andererseits wegen der starken Unübersichtlichkeit obigen Prozesses wenig eingängig.

Die Einsatzmöglichkeiten des EFQM-Modells sind ambivalent zu bewerten. Zum einen erscheint das Konzept für den mehrdimensionalen Performancevergleich mit anderen Unternehmen aufgrund seiner standardisierten Betrachtungsperspektiven sehr zweckmäßig, zum anderen ist die Komponente zur Steuerung und Regelung der Unternehmensperformance nicht ausgebildet. Analog fehlen Ansätze zur Performancelenkung auch im Tableau de Bord, einem langfristig gewachsenen Konzept zur Informationsvermittlung, das in Deutschland aber nahezu keine Beachtung findet. Beide Ansätze können damit als eine Weiterentwicklung klassischer Kennzahlensysteme aufgefaßt werden, die versuchen, die Mehrdimensionalität der Unternehmensperformance zu erfassen.

Wertorientierte Ansätze und das Return on Investment-Schema zeichnen sich demgegenüber durch ihre starke einseitige Orientierung auf Shareholder als einer einzelnen Stakeholdergruppe aus, wobei wesentliche Vorteile in der Rechenbarkeit der Zusammenhänge, auf denen diese Performance Measurement-Konzepte fußen, liegen. Elemente zur Performancelenkung sind demgegenüber nicht originärer Bestandteil dieser Ansätze.

Die Data Envelopment Analysis schließlich nimmt sich der Quantifizierung mehrerer Dimensionen der Unternehmensperformance an, erscheint aber aufgrund der fehlenden Steuerungs-

und Regelungskomponente sowie der notwendigen empirischen Daten eher für Benchmarking- und wissenschaftliche Studien geeignet.

Welcher Ansatz bei der Auswahl eines Ansatzes zum Performance Measurement für ein konkretes Unternehmen präferiert werden sollte, hängt von den jeweiligen unternehmensindividuellen Anforderungen ab. Situativ bedingt könnte dabei beispielsweise eine Lösung mit positiven Charakteristika im Bereich der Regelung und Steuerung der Unternehmensperformance, wie die Performance Pyramid, in Frage kommen – oder mit der Balanced Scorecard die Wahl auf einen Ansatz fallen, der in der Unternehmenspraxis stark akzeptiert wird und für den umfassende externe Unterstützung verfügbar ist. Zur Erleichterung der Selektion sind die wichtigsten Eigenschaften der Konzepte in Tab. 1 und Tab. 2 in Kurzform zusammengefaßt.

	Ausgewogenheit	Verknüpfung der Indikatoren	Mehrstufige Gliederung
Balanced Scorecard	umfangreicher Ausgewogenheitsanspruch hinsichtlich Sicht auf Unternehmensgeschehen (Perspektiven) und Indikatoren (Ergebnis-/Treibergrößen, intern/extern, objektiv/subjektiv)	unterstellter Kausalzusammenhang zwischen allen Indikatoren	Scorecard auf allen Unternehmensebenen möglich
Performance Pyramid	nur intrahierarchisch und mit abnehmender Stufe der Unternehmenshierarchie abnehmend	Indikatoren durch Kausalketten verbunden (Building Blocks of Success)	Ebenen der Leistungserstellung nach RUMMLER/BRACHE
Quantum Performance Measurement	ausgewogen hinsichtlich der Dimension der Indikatoren (Kosten, Qualität, Zeit bzw. Value und Service)	lose Verknüpfung	wie Performance Pyramid
Tableau de Bord	nicht thematisiert	Kausalzusammenhang, aber nicht konkretisiert	Verbindung mehrerer Leistungsebenen möglich
Data Envelopment Analysis	nicht thematisiert	nicht thematisiert	nicht thematisiert
EFQM	ausgewogen hinsichtlich der betrachteten Leistungsdimensionen und Ursachen/Wirkungen	vermutlich argumentativ	nur Unternehmensebene
RoI-Schema	beinhaltet nur monetäre Informationen	rechenbarer Zusammenhang	nur relativ hoch aggregierte Ebenen sinnvoll
wertorientierte Ansätze	beinhaltet nur monetäre Informationen	rechenbarer Zusammenhang	nur relativ hoch aggregierte Ebenen sinnvoll

Tab. 1: Gegenüberstellung von Performance Measurement-Konzepten (I)

	Steuerungs- und Regelungskomponente	Stakeholder-gruppen	Praxisrelevanz	Bewertung
Balanced Scorecard	sowohl Regelung (Feedback) zur Performanceverbesserung als auch Steuerung (Feedforward) zur Adaption des Modells im Strategic Management Process; recht allgemeine Ausführungen	Anteilseigner, Kunden; Mitarbeiter und Lieferanten teilweise; Erweiterung unter Umständen möglich	das in Unternehmen am meisten genutzte Modell; vielfältige Implementierungsunterstützung	ausgereifter, verbreiteter Ansatz mit viel externer Unterstützung
Performance Pyramid	Regelung (Feedback) zur Performanceverbesserung mit Performance Loops detailliert und gut strukturiert; keine Strategieevaluierung im Rahmen der Steuerung (Feedforward)	Kunden und Anteilseigner, teilweise Mitarbeiter	gering	eher akademisches Modell mit wenig Praxisrelevanz
Quantum Performance Measurement	Regelung (Feedback) zur Performanceverbesserung und Steuerung (Feedforward) vergleichbar mit Balanced Scorecard, angestrengt wirkendes Quantum Performance Measurement Model	alle relevanten Stakeholder-gruppen	gering	kompliziertes Modell mit wenig Praxisrelevanz
Tableau de Bord	nicht vorgesehen, aber zu Controllinginstrumenten kompatibel	offen für alle relevanten Stakeholder-gruppen	in frankophonen Ländern weit verbreitet; in Deutschland nicht	offenes, aber unkonkretes Konzept; in Deutschland ohne Bedeutung
Data Envelopment Analysis	nicht vorgesehen, aber zu Controllinginstrumenten kompatibel	offen für alle relevanten Stakeholder-gruppen	praktisch nur wissenschaftliche Studien	statistische Methode mit rein wissenschaftlicher Bedeutung
EFQM	nicht vorgesehen, aber zu Controllinginstrumenten kompatibel	Schwerpunkt auf Shareholdern, Kunden, Mitarbeitern	bekannter Quality Award, Verbreitung nicht einzuschätzen	starrer, mehrdimensionaler Ansatz; starke externe Sicht auf Unternehmen
Return on Investment-Schema	nicht vorgesehen, aber zu Controllinginstrumenten kompatibel	Shareholder, aber nicht vollständig	aus historischen Gründen noch weit verbreitet	leicht verständlicher Ansatz, der nicht alle Performancedimensionen abdeckt
wertorientierte Ansätze	nicht vorgesehen, aber zu Controllinginstrumenten kompatibel	Shareholder	insbesondere in Großunternehmen verbreitet	praxisrelevanter, stark finanzorientierter Ansatz

Tab. 2: Gegenüberstellung von Performance Measurement-Konzepten (II)

4 Vorhandene empirische Untersuchungen

„Die Wissenschaft braucht Zusammenarbeit, in der sich das Wissen des einen durch die Entdeckungen des anderen bereichert."

JOSÉ ORTEGA Y GASSET[270]

Im folgenden soll ein Überblick über bereits geleistete Arbeiten bei der empirischen Evaluierung von Performance Measurement-Systemen gegeben werden. Dabei werden nur Studien berücksichtigt, die in den 90er Jahren des vergangenen Jahrhunderts oder bereits im neuen Jahrtausend durchgeführt wurden und für die eine aussagekräftige Dokumentation verfügbar ist.[271] Einerseits beschäftigen sich viele Untersuchungen nur mit Teilaspekten eines Performance Measurement-Systems, andererseits sind Erhebungen mit geringen Stichproben und sehr eingeschränkter Thematik zur Verbreitung bestimmter Konzepte insbesondere im US-amerikanischen Raum sehr beliebt, so daß eine vollständige Abdeckung unmöglich ist. Hier wird daher nur auf eine Auswahl von Studien eingegangen, wobei diese naturgemäß subjektiv und unvollständig ist. Diese Subjektivität fließt auch in die Betrachtungsreihenfolge ein, die sich weder an geographischen Bezügen noch an temporalen Aspekten orientiert. Ersteren wird keine und letzteren bei dem betrachteten Spektrum von wenigen Jahren keine hinreichende Erklärungskraft für das Phänomen Performance Measurement beigemessen. Letztlich erfolgt die Reihung damit auf Basis persönlicher Präferenzen. Die Ergebnisse hier nicht diskutierter Untersuchungen werden teilweise an geeigneter Stelle zur Illustration der konzeptionellen Aufarbeitung von Performance Measurement-Systemen in anderen Kapiteln eingesetzt.

4.1 Stuttgarter Studie

Im Rahmen der „Stuttgarter Studie" wurde der Anwendungsstand von Controllingsystemen für bewegliche Strukturen, Performance Measurement, Target Costing und Prozeßkostenmanagement analysiert.[272] Bemerkenswert ist die ungewöhnliche Durchführung der Datenerhebung. Von Juni 1997 bis März 1998 wurden vergleichbar einer Vollerhebung branchenübergreifend in 2490 großen deutschen Unternehmen Ansprechpartner auf den oberen Managementebenen um ihre Unterstützung gebeten. Bei Interesse konnten dann per Fax Fragebögen zu einzelnen Teilprojekten angefordert werden. Von den 268 Unternehmen, denen entsprechende Fragebögen zugesandt wurden, interessierten sich 125 für das Teilprojekt zum Performance Measurement, woraus schließlich 84 auswertbare Antworten für diese Teilerhebung resultierten.[273] Das letztlich realisierte Auswahlverfahren ist damit willkürlich.[274]

---

270 Vgl. ORTEGA Y GASSET, J. (1950), S. 245.

271 Die ausschließliche Publikation in Working-Papern wird dabei nicht als ausreichend erachtet.

272 Vgl. HORVÁTH, P. u. a. (1999), S. 290f.

273 Vgl. GLEICH, R. (1999), S. 266f. Für die freundliche Überlassung eines Vorabexemplars seiner Habilitationsschrift danke ich Herrn Dr. GLEICH sehr herzlich. Inzwischen ist die Arbeit im Vahlen-Verlag erschienen.

274 Vgl. zu Auswahlverfahren Abschnitt 8.2.1 ab S. 218.

Die Studie zum Performance Measurement geht zwei Basishypothesen nach (vgl. Abb. 29):

1. Die Ausgestaltung von Performance Measurement-Systemen einschließlich ihrer Subsysteme wird durch unternehmensinterne und -externe Kontextvariablen beeinflußt, so daß sich Performance Measurement-Systeme in wesentlichen Strukturmerkmalen voneinander unterscheiden.
2. Zwischen der Ausgestaltung von Performance Measurement-Systemen einschließlich ihrer Subsysteme und dem Unternehmenserfolg besteht ein Zusammenhang.[275]

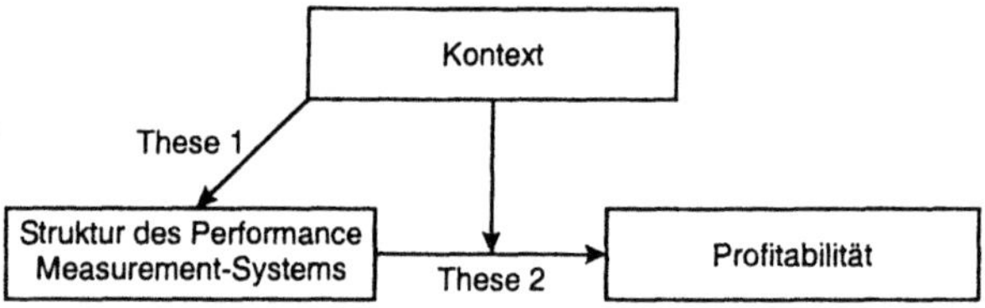

Abb. 29: Grundlegende Thesen der Stuttgarter Studie[276]

Als *Kontextvariablen* wurden dazu u. a. Unternehmensgröße, Branche, Konzernzugehörigkeit, Rechtsform, Marktstellung, Umsatzwachstum, Ausgestaltung des Controllingsystems sowie Kundenstrukturdynamik und Wettbewerbsintensität betrachtet. Der *Unternehmenserfolg* wurde anhand einer Selbsteinschätzung als Vergleich zur durchschnittlichen Branchenrentabilität operationalisiert.[277]

Die Ausgestaltung von Performance Measurement-Systemen wird anhand von *Strukturmerkmalen* festgemacht, die jeweils einem der fünf Subsysteme eines Performance Measurement-Systems zugeordnet werden:

- Strategisches Planungsfeld,
- Operative Planung und Steuerung,
- Kennzahlenaufbau und -pflege,
- Leistungsvorgaben und -messungen,
- Systemumfeld.

Angesichts der Vielzahl der erfaßten Merkmale kann hier zu jedem der Subsysteme nur auf eine Auswahl eingegangen werden.

4.1.1 Strategisches Planungsfeld

Im Zusammenhang mit dem strategischen Planungsfeld wurden Daten zur Bedeutung von strategischer Planung und Zielen sowie zur Strategiefestlegung auf verschiedenen Leistungsebenen der Unternehmen erfaßt. Auf diese Aspekte soll hier ebensowenig detailliert eingegangen werden wie auf die Bedeutung von Stakeholdergruppen. Die Studie zeigte, daß Kennzahlen mit finanziellem Bezug aus den Bereichen des externen (98,8 % aller Unternehmen) und

[275] Vgl. GLEICH, R. (1999), S. 191.
[276] Vgl. ähnlich GLEICH, R. (1999), S. 379.

internen Rechnungswesens (96,4 %) bei der strategischen Planung weit verbreitet sind, wohingegen aktienbezogene Indikatoren seltener genutzt werden (42,9 %). Auch für die nicht-finanziell orientierten Kennzahlen zeigten sich erhebliche Unterschiede, wie Tab. 3 zusammenfaßt, wobei insbesondere markt- und mitarbeiterbezogene Bereiche betrachtet werden.

Bereich	relative Häufigkeit
Markt	97,6 %
Mitarbeiter	86,9 %
Wachstum/Fortschritt	75,0 %
Produktivität	82,1 %
Sonstige	44,0 %

Teilstichprobenumfang: 84 Unternehmen

Tab. 3: Nutzung nicht-finanziell orientierter Kennzahlen in der strategischen Planung (Stuttgarter Studie)[278]

Darüber hinaus wurden umfangreiche Analysen zum Einsatz konkreter Kennzahlen auf unterschiedlichen Leistungsebenen durchgeführt. Auf Konzern- und Unternehmensebene dominiert dabei der Gewinn vor und nach Steuern (70,2 % bzw. 85,7 % aller Unternehmen). Auf Geschäftsfeldebene werden Kostenabweichungen als Differenz von Plan- und Istgrößen (72,6 %), auf Produktebene Deckungsbeiträge (58,3 %) und auf regionaler Ebene Umsatzerlöse (40,5 %) als finanziell orientierte Kennzahlen am häufigsten eingesetzt. Hinsichtlich der nicht-finanziell ausgerichteten Kennzahlen dominiert der Markt(segment)anteil auf Konzernebene (33,3 %), Geschäftsfeldebene (66,7 %), Produktebene (47,6 %) und regionaler Ebene (34,5 %), während auf Unternehmensebene und Funktionsbereichsebene die Krankheitsquote (69,0 % bzw. 32,1 %) am häufigsten genutzt wird.[279]

4.1.2 Operative Planung und Steuerung

Auf Unternehmensebene führen 90 % der Unternehmen eine operative Planung und Steuerung durch, während dies auf Geschäftsfeldebene 84 % und auf Kostenstellenebene 81 % tun. Auf den anderen Leistungsebenen ist der Anteil noch geringer. Die Bedeutung finanzieller Ziele ist auf nachgelagerten Leistungsebenen wesentlich geringer als auf höher aggregierten Leistungsebenen, während sich für nicht-finanzielle Leistungsziele ein entgegengesetzter Trend abzeichnet. Gleichzeitig bleibt die Bedeutung nicht-finanzieller Ziele meist hinter der von finanziellen zurück (vgl. Abb. 30).[280]

---

[277] Vgl. GLEICH, R. (1999), S. 274ff.
[278] Vgl. GLEICH, R. (1999), S. 298 und HORVÁTH, P./GLEICH, R. (1998a), S. 185f.
[279] Vgl. GLEICH, R. (1999), S. 300ff.
[280] Vgl. GLEICH, R. (1999), S. 319ff.

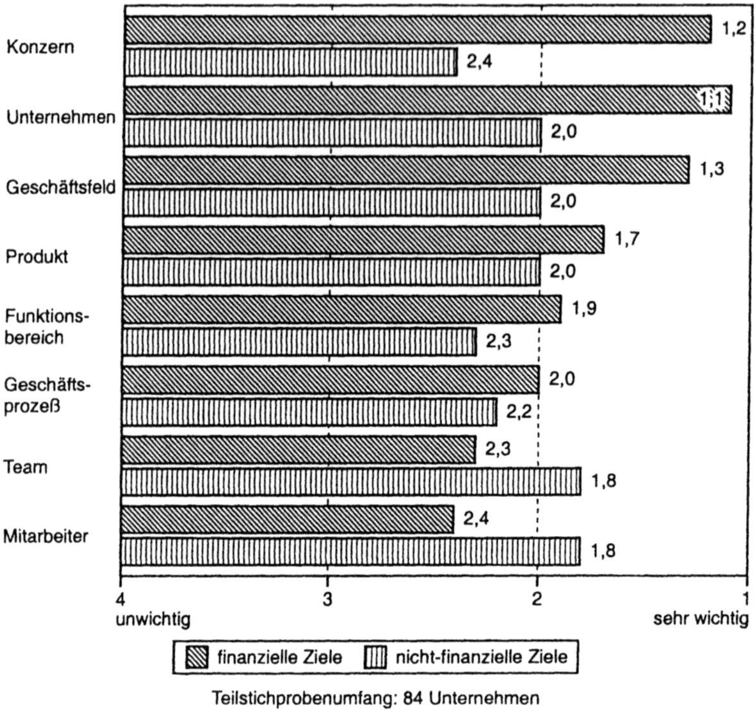

Abb. 30: Bedeutung von Zielen bei der operativen Planung auf ausgewählten Leistungsebenen (Stuttgarter Studie)[281]

Der Schwerpunkt des Einsatzes finanziell orientierter Kennzahlen liegt bei der operativen Planung und Steuerung des externen und internen Rechnungswesens auf Unternehmensebene (83 % und 81 % der Unternehmen), wohingegen aktienbezogene Kennzahlen am häufigsten auf Konzernebene (37 %) eingesetzt werden. Als nicht-finanziell ausgerichtete Kennzahlen werden marktbezogene und Produktivitätskennzahlen am häufigsten auf Geschäftsfeldebene (67 % bzw. 54 % aller Unternehmen) sowie mitarbeiterbezogene Kennzahlen und solche zu Wachstum/Fortschritt bevorzugt auf Unternehmensebene (60 % bzw. 54 %) eingesetzt.[282]

4.1.3 Kennzahlenaufbau und -pflege

Die an der Studie teilnehmenden Unternehmen wählen die im Performance Measurement-System genutzten Kennzahlen zu 29 % im Top-Down- und zu 24 % im Bottom-Up-Verfahren aus, während 35 % ein kooperatives Procedere bevorzugen. Die Modifikation der einzelnen

[281] Daten aus GLEICH, R. (1999), S. 322.
[282] Vgl. GLEICH, R. (1999), S. 326ff.

Kennzahlen und der zugehörigen Zielvorgaben erfolgt im wesentlichen in Kongruenz zum jährlichen Planungszyklus, wie Abb. 31 zeigt.[283]

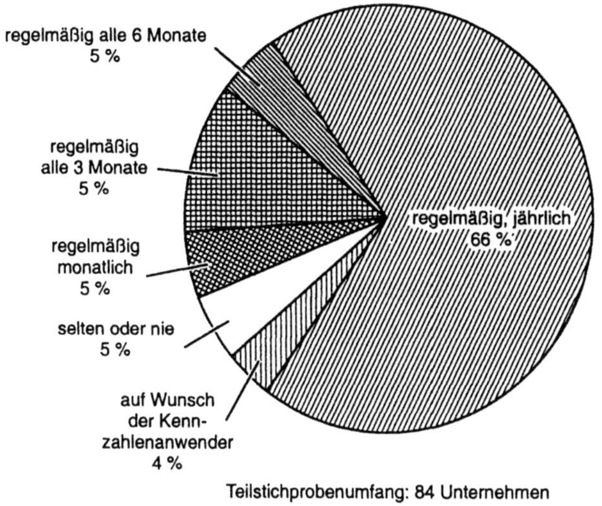

Abb. 31: Anpassung von Kennzahlen und Zielvorgaben (Stuttgarter Studie)[284]

4.1.4 Leistungsvorgaben und -messung

Die Analyse zeigt, daß nicht-finanzielle Indikatoren für die nachgelagerten Leistungsebenen eine bedeutende Rolle bei der Bemessung von Leistungsanreizen spielen. Demgegenüber werden auf den oberen Leistungsebenen verstärkt finanzielle Indikatoren als Anreizbemessungsgrundlage eingesetzt.[285]

Abb. 32 verdeutlicht, wie häufig auf einzelnen Leistungsebenen Messungen der Performance vorgenommen werden, wobei auf nachgelagerten Leistungsebenen (Geschäftsprozeß bis Mitarbeiter) Performancemessungen meist weniger verbreitet sind. Gleichzeitig wird der Meßzyklus (sofern überhaupt gemessen wird) für nachgelagerte Leistungsebenen nur selten regelmäßig durchlaufen.

Aus den Ergebnissen der Leistungsmessung ziehen die Unternehmen im wesentlichen drei Konsequenzen. Es werden Maßnahmen zur Verbesserung der Performance abgeleitet (61 %) und Teile der Entlohnung an der Zielerreichung festgemacht (61 %) sowie die erreichten Ergebnisse in Vorgesetztengesprächen diskutiert (42 %). Andere Maßnahmen, wie Schulungen und eine Modifikation der Planung, spielen nur eine untergeordnete Rolle.[286]

283 Vgl. GLEICH, R. (1999), S. 335ff.
284 Daten aus GLEICH, R. (1999), S. 338.
285 Vgl. GLEICH, R. (1999), S. 343ff.
286 Vgl. GLEICH, R. (1999), S. 348f.

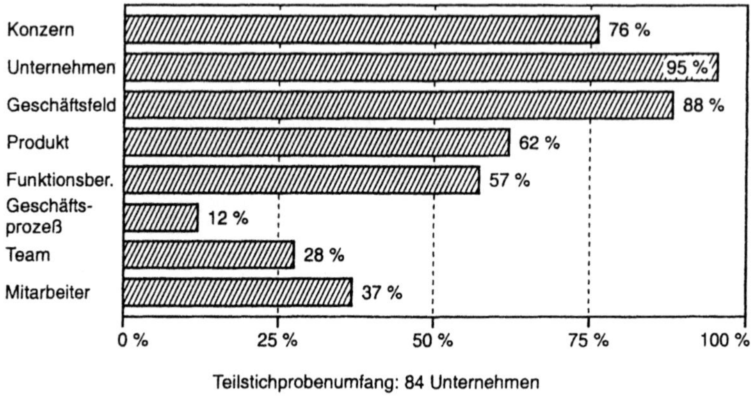

Abb. 32: Performancemessung auf ausgewählten Leistungsebenen (Stuttgarter Studie)[287]

4.1.5 Systemumfeld

In der Stuttgarter Studie zeigte sich, daß 23 % der Unternehmen keine Notwendigkeit zum Einsatz eines Performance Measurement-Systems sehen und weitere 20 % der Ansicht sind, noch erhebliche Vorarbeiten leisten zu müssen, bevor an eine Implementierung gedacht werden kann.

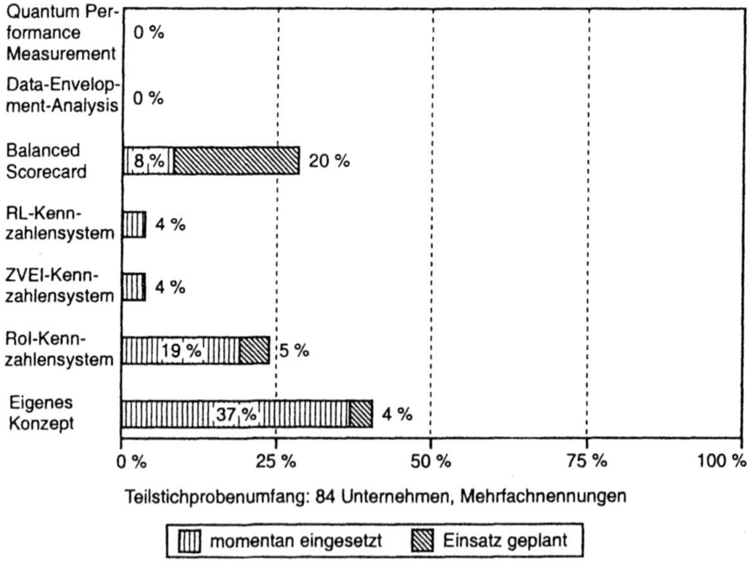

Abb. 33: Verbreitung von Performance Measurement-Ansätzen (Stuttgarter Studie)[288]

[287] Daten aus GLEICH, R. (1999), S. 347.

Neben dem traditionellen Return on Investment-Schema (RoI-Schema) und unternehmenseigenen Ansätzen wird der Balanced Scorecard in der Zukunft eine steigende Bedeutung attestiert (vgl. Abb. 33).

Zusätzlich wurde die Verbreitung sog. unterstützender Instrumente erhoben, von denen sich das Total Quality Management und Benchmarking-Ansätze als besonders gebräuchlich herausstellten.[289]

4.1.6 Thesenprüfung

Im Rahmen des inferenzstatistischen Teils der Arbeit wurden die Unternehmen zunächst anhand der vielfältigen Strukturmerkmale jeweils durch Clusteranalysen subsystemspezifisch zusammengefaßt, wobei für jedes der Subsysteme zwischen drei und fünf Typen generiert wurden. Anhand dieser insgesamt 19 Typen wurden die an der Studie teilnehmenden Unternehmen wiederum clusteranalytisch aggregiert, wobei vier Grundtypen eines Performance Measurement-Systems resultierten. Ferner wurden die Unternehmen clusteranalytisch anhand der Kontextvariablen zu fünf Kontexttypen zusammengefaßt.

Für die Prüfung der ersten der beiden eingangs genannten Thesen wurde nun jeweils untersucht, ob ein Zusammenhang zwischen *Kontextvariablen* und *Strukturtypen des Performance Measurement-Systems* besteht. Dabei zeigte sich zwischen der Kundenstrukturdynamik und dem Grundtyp des Performance Measurement-Systems ein einziger signifikanter Zusammenhang. Zwischen der Marktstellung und dem Grundtyp besteht mit einer Irrtumswahrscheinlichkeit von unter 10 % ebenfalls ein Zusammenhang. Alle anderen Korrelationen sind nicht signifikant. Angesichts der nicht repräsentativen Stichprobe sieht GLEICH aber alle Zusammenhänge, deren Korrelationskoeffizient größer als 0,3 ist, als voll bestätigt an, wohingegen bei Korrelationskoeffizienten zwischen 0,2 und 0,3 von schwacher Bestätigung gesprochen wird.[290] Anderenfalls wird die Hypothese verworfen. Auf dieser Basis wurde genau eine Hypothese voll bestätigt und 11 der 17 Zusammenhänge wurden schwach bestätigt, so daß festgestellt wurde, daß nur einige der vermuteten Kontextmerkmale die Ausgestaltung eines Performance Measurement-Systems beeinflussen.

Zusätzlich wurden Zusammenhänge zwischen Kontextvariablen und jeweils einem der fünf Subsysteme analysiert. Dabei wurden zwischen 10 und 15 der Zusammenhänge bestätigt, wobei maximal vier als voll bestätigt angesehen werden können.[291]

Die Untersuchung des Zusammenhangs zwischen dem *Typ eines Performance Measurement-Systems* und der *Unternehmensprofitabilität* ergab einen Korrelationskoeffizienten von 0,3. Dies wurde in Übereinstimmung mit der ersten These als voll bestätigter Zusammenhang interpretiert. Außerdem wurden die Zusammenhänge zwischen den Typen einzelner Subsyste

[288] Vgl. GLEICH, R. (1999), S. 359 und teilweise HORVÁTH, P./GLEICH, R. (1998b), S. 566.
[289] Vgl. GLEICH, R. (1999), S. 360f.
[290] Vgl. GLEICH, R. (1999), S. 377f.
[291] Vgl. GLEICH, R. (1999), S. 379ff.

me und der Unternehmensprofitabilität untersucht. Dabei wurden alle fünf Zusammenhänge bestätigt, wobei einer (Subsystem operatives Umfeld) als voll bestätigt angesehen wurde.

Problematisch ist die Korrelation der Ausprägung eines Performance Measurement-Systems zum Zeitpunkt *t* mit der Profitabilität zum selben Zeitpunkt, da auf diese Weise nicht die Erfolgswirkung eines Performance Measurement-Systems bestimmt werden kann. Detailliert wird auf dieses Problem im Rahmen der eigenen empirischen Untersuchung in Abschnitt 8.6.7.3 eingegangen.

Insgesamt überzeugt die Vorgehensweise zur Thesenprüfung sowohl zur Kontextabhängigkeit als auch zur Profitabilitätswirkung damit aus methodischer Sicht nicht vollständig. Dennoch kann davon ausgegangen werden, daß zumindest die Thesen zur Kontextabhängigkeit empirischen Gehalt haben.

4.1.7 Resümee

Die Stuttgarter Studie setzt sich mit wichtigen Elementen der Struktur eines Performance Measurement-Systems auseinander und gibt somit einen umfassenden Überblick über die Thematik. Die Ergebnisse weisen darauf hin, daß die Einführung von Performance Measurement-Systemen sich in einer höheren Unternehmensprofitabilität niederschlagen kann und die Ausgestaltung des Performance Measurement von vielfältigen Kontextmerkmalen abhängt.

Erfreulich ist insbesondere im Vergleich mit vielen der im weiteren Verlauf dieses Kapitels vorgestellten Untersuchungen, daß die Analyse nicht nur auf deskriptiver Ebene verharrt. Wenig konservativ erscheint aus methodischer Sicht allerdings die Interpretation der Zusammenhangsmaße, indem bei Korrelationskoeffizienten von über 0,3 bereits von einer vollen Bestätigung eines Zusammenhangs ausgegangen wird.

Im Rahmen der Datenerhebung kann die unorthodoxe Vorgehensweise der Mehrfachansprache angesichts der letztlich geringen Ausbeute auswertbarer Antworten (84 von 2490, also 3,4 %) momentan nicht als Modell für weitere empirische Arbeiten empfohlen werden.

4.2 Studie von NEELY u. a.

In einer empirischen Studie untersuchten NEELY u. a. auf Basis der Daten von 344 kleinen und mittleren Industrieunternehmen Großbritanniens die Strategiekonformität und den Designprozeß von Performance Measurement-Systemen. Die Merkmale wurden dabei im Jahr 1992 durch eine strukturierte schriftliche Befragung unter 858 Unternehmen, die anhand verschiedener Kriterien aus einer Unternehmensdatenbank extrahiert wurden, gewonnen.[292]

4.2.1 Strategiekonformität

Zunächst wurde für die Stichprobenunternehmen erfaßt, welche strategische Grundausrichtung sie hauptsächlich verfolgen, wobei die Bedeutung des Qualitäts- (41,2 %) und Preis- und

[292] Vgl. NEELY, A. u. a. (1994), S. 142ff.

Kostenwettbewerbs (37,2 %) wesentlich größer als die von Zeit- (13,0 %) und Flexibilitätswettbewerb (8,6 %) war.

Der strategischen Grundausrichtung wurden die bedeutendsten Indikatoren des Performance Measurement-Systems des jeweiligen Unternehmens gegenübergestellt, wobei insgesamt ein Katalog von acht Indikatoren verwendet wurde. Jeder der Indikatoren wurde dabei als kongruent zu einer der vier Wettbewerbsrichtungen betrachtet. So harmoniert beispielsweise der Indikator zur Qualität der eingehenden Teile mit dem Qualitätswettbewerb, aber nicht mit den anderen drei Wettbewerbsrichtungen.

Im Ergebnis zeigte sich, daß bei Unternehmen, die sich auf Qualitäts- oder Zeitwettbewerb konzentrieren, der bedeutendste Indikator signifikant häufiger kongruent ist, als dies bei einer zufälligen Auswahl zu erwarten wäre. Gleichzeitig werden aber von Unternehmen, für die der Preis- und Kostenwettbewerb von hoher Bedeutung ist, kongruente Indikatoren nicht signifikant gezielt eingesetzt. Für Unternehmen mit hoher Bedeutung des Flexibilitätswettbewerbs kann keine Aussage zur Signifikanz getroffen werden.

4.2.2 Entwicklungsprozeß

Anhand von 10 Kriterien wurde die Stichprobe in zwei Teile unterteilt, wobei eine Gruppe (32 %) die Unternehmen enthielt, die ihr Performance Measurement-System auf Basis eines formalen Designprozesses weiterentwickeln. Bei der mit 68 % größeren Gruppe war der Designprozeß demgegenüber informeller Natur. Parallel wurde anhand von 10 Kriterien erfaßt, wie einfach es Unternehmen fanden,

- zu entscheiden, was gemessen werden soll,
- zu entscheiden, wie gemessen werden soll,
- die erforderlichen Daten zu gewinnen und
- Widersprüche in der Meßkonstruktion zu beseitigen.[293]

Mit Ausnahme eines Industriezweiges (Primary Metals) vereinfachte ein formalisierter Designprozeß die Entwicklung von Performance Measurement-Systemen signifikant. Das Signifikanzkriterium wurde vergleichsweise großzügig ausgelegt, da Aussagen mit einer Irrtumswahrscheinlichkeit von unter 10 % noch als signifikant angesehen wurden.

4.2.3 Resümee

Die Studie von NEELY u. a. untersucht anhand einer vergleichsweise großen Stichprobe die Frage, ob strategiekonforme Indikatoren in Performance Measurement-Systemen eingesetzt werden und ob sich die Entwicklung eines Performance Measurement-Systems durch einen formalisierten Designprozeß vereinfachen läßt. In methodischer Hinsicht hebt sich die Untersuchung von vielen anderen hier betrachteten Studien positiv ab, da Aussagen inferenzstatistisch gewonnen werden.

---

[293] Vgl. NEELY, A. u. a. (1996), S. 426ff.

4.3 Studie des Institute of Management Accountants

Am US-amerikanischen Institute of Management Accountants (IMA) werden von dessen Cost Management Group regelmäßig strukturierte schriftliche Befragungen unter den Mitgliedern zu aktuellen Themen durchgeführt. In den Jahren 1998 und 1999 fanden Erhebungen zum Performance Measurement statt, an der sich 132 bzw. 181 Unternehmen beteiligten.[294] Die Stichproben sind nicht repräsentativ und umfassen Mitglieder der Cost Management Group des IMA und „other executives and managers attending workshops or MBA courses on performance measures."[295] Insgesamt kann damit wohl noch von einer bewußten Auswahl gesprochen werden, allerdings ist die Grenze zur Willkürlichkeit bereits tangiert.[296] Die branchenübergreifende Stichprobe deckt alle Regionen der USA ab, wobei ein Schwerpunkt im mittleren Westen liegt. Die in den vorliegenden Veröffentlichungen publizierten Auswertungen sind rein deskriptiver Natur. Im folgenden wird auf die drei inhaltlichen Aspekte, mit denen sich die Untersuchung beschäftigt, näher eingegangen.

4.3.1 Balanced Scorecard

Ein erster Schwerpunkt der Studien liegt auf der Balanced Scorecard, wobei insbesondere Merkmale zur Verbreitung des Ansatzes erfaßt wurden. In der Erhebung von 1998 nutzen 19 % der Unternehmen eine Balanced Scorecard und 16 % planten dies.[297] In der ein Jahr später stattfindenden Umfrage wurde eine Balanced Scorecard mit 22 % der Unternehmen etwas häufiger eingesetzt. Eine Implementierung beabsichtigten 18 %.[298]

Für die Erhebung von 1998 wurden detaillierte Daten zum *Stand der Implementierung* der Balanced Scorecard auf Basis von 132 Unternehmen veröffentlicht.[299] Für 1999 sind leider keine Daten verfügbar. Insgesamt war der Anteil der Unternehmen, die noch keine Balanced Scorecard in Erwägung gezogen haben, mit 47 % am größten. Als Nutzer sind 19 % zu charakterisieren, während sich 18 % gerade mit der Implementierung einer Balanced Scorecard beschäftigten. In Abb. 34 sind die relativen Häufigkeiten der einzelnen Implementierungsphasen zusammenfassend dargestellt.

Vielfältig werden die Studienergebnisse anhand des Kriteriums der Nutzung einer Balanced Scorecard diskriminiert. So sind Unternehmen, die eine Balanced Scorecard implementieren oder nutzen, im Durchschnitt größer, ihre Indikatoren weisen eine stärkere Verbindung zum Unternehmenswert auf und sind einfacher in der Unternehmenshierarchie zu kommunizie-

---

294 Vgl. FRIGO, M. L./KRUMWIEDE, K. R. (1998a), S. 1; FRIGO, M. L./KRUMWIEDE, K. R. (1999a), S. 4. Die Erhebungen anderer Jahre konnten nicht ausgewertet werden, da die Zeitschrift *Cost Management Update*, in der die Ergebnisse publiziert werden, im Leihverkehr der Bibliotheken nicht verfügbar ist. Für die freundliche Überlassung der Kopien danke ich dem Institute of Management Accountants.

295 FRIGO, M. L./KRUMWIEDE, K. R. (1998a), S. 3.

296 Vgl. zu Auswahlverfahren Abschnitt 8.2.1 ab S. 218.

297 Vgl. FRIGO, M. L./KRUMWIEDE, K. R. (1998a), S. 2.

298 Vgl. FRIGO, M. L./KRUMWIEDE, K. R. (1999a), S. 1.

299 Vgl. FRIGO, M. L./KRUMWIEDE, K. R. (1998b), S. 1 und FRIGO, M. L./KRUMWIEDE, K. R. (1999b), S. 43.

ren.[300] Außerdem bestätigen Unternehmen, die eine Balanced Scorecard einsetzen, eine stärkere Verbindung zwischen der Ausprägung operativer Indikatoren und dem finanziellen Unternehmenserfolg.[301]

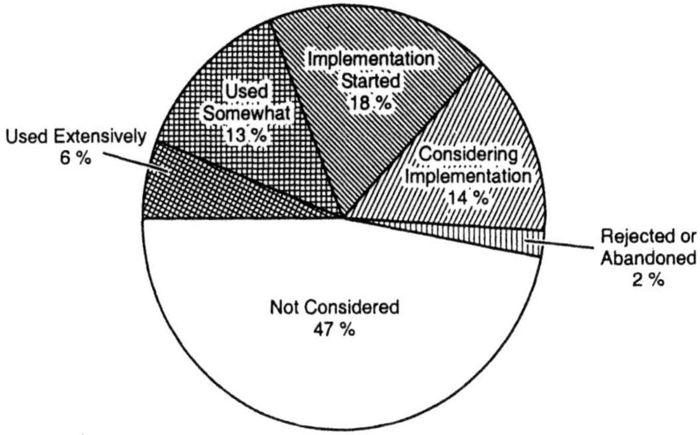

Teilstichprobenumfang: 132 Unternehmen

Abb. 34: Stand der Implementierung einer Balanced Scorecard (IMA-Studie)[302]

4.3.2 Zufriedenheit mit Performance Measurement-System

Des weiteren wurden Daten über die subjektive Zufriedenheit der befragten Unternehmen mit verschiedenen Aspekten eines Performance Measurement-Systems erfaßt. Zum einen betrifft dies *globale Merkmale*, wobei sich zeigte, daß die Unternehmen insgesamt nur wenig zufrieden mit ihrem Performance Measurement-System sind und das Performance Measurement-System besser auf die Unternehmensziele ausgerichtet werden muß. Die Zufriedenheit der Unternehmen, die eine Balanced Scorecard einsetzen, ist dabei höher als die der „Nicht-Nutzer".[303]

Sowohl in der Erhebung von 1998 als auch der im Jahr 1999 wurde die subjektive Zufriedenheit mit *Indikatoren* verschiedener Bereiche erfaßt.[304] Ein Vergleich der dokumentierten Ergebnisse beider Jahre offenbart allerdings so drastische Differenzen, daß möglicherweise entweder ein gravierender Meßfehler vorliegt oder die verfügbare Dokumentation fehlerhaft ist. Die Ergebnisse der Zufriedenheitseinschätzung sollen daher in Abb. 35 ohne weitere Kommentierung zusammengefaßt werden.

---

[300] Vgl. FRIGO, M. L./KRUMWIEDE, K. R. (1998a), S. 2.
[301] Vgl. FRIGO, M. L./KRUMWIEDE, K. R. (1999b), S. 45.
[302] Vgl. FRIGO, M. L./KRUMWIEDE, K. R. (1999b), S. 43.
[303] Vgl. FRIGO, M. L./KRUMWIEDE, K. R. (1998a), S. 1.
[304] Vgl. FRIGO, M. L./KRUMWIEDE, K. R. (1998a), S. 2; FRIGO, M. L./KRUMWIEDE, K. R. (1999a), S. 1.

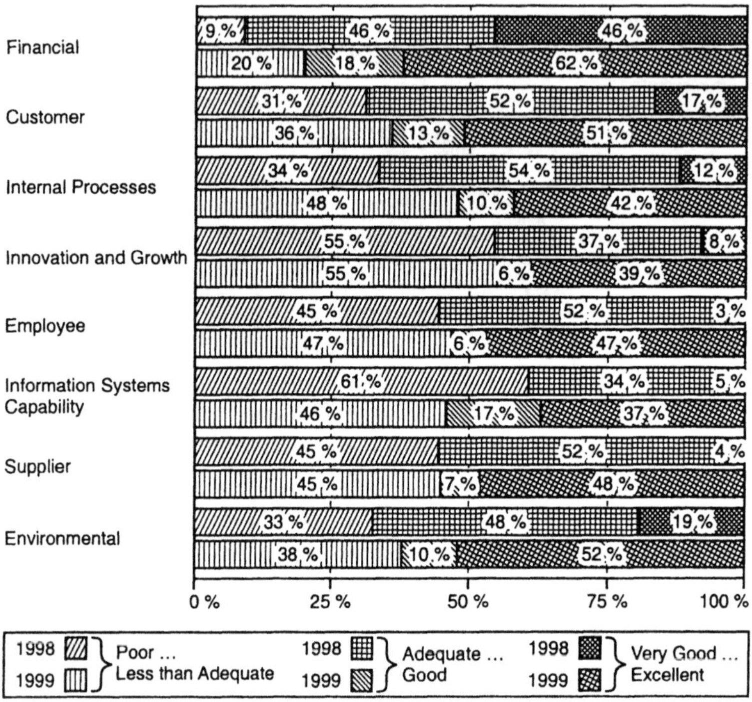

Abb. 35: Einschätzung der Qualität von Indikatoren (IMA-Studie)[305]

4.3.3 Indikatoren

Für die Erhebung im Jahr 1998 liegen Daten zur Verbreitung von Indikatoren vor. Dabei wurde sowohl auf finanzielle als auch nicht-finanzielle Indikatoren eingegangen. Die am häufigsten genutzten finanziellen Indikatoren sind Net Income (51 % aller Unternehmen), Revenue Growth (33 %), Budgeted vs. Actual Sales (32 %) und Return on Investment (28 %). Nicht-finanzielle Indikatoren werden von 60 % der Unternehmen genutzt. Die in zwei Veröffentlichungen enthaltenen Daten zur Popularität einzelner nicht-finanzieller Indikatoren widersprechen sich allerdings. Insofern wird hier auf die Wiedergabe von Prozentwerten verzichtet und lediglich das konforme Ranking genannt: 1. Cycle Time; 2. Output/Yield; 3. Product Quality/ Defects; 4. On-Time Delivery.[306]

4.3.4 Resümee

Die Studien des Institute of Management Accountants geben somit einen guten empirischen Überblick über ausgewählte Merkmale eines Performance Measurement-Systems, wobei auf

[305] Daten aus FRIGO, M. L./KRUMWIEDE, K. R. (1998a), S. 2 und FRIGO, M. L./KRUMWIEDE, K. R. (1999a), S. 1. Teilweise Rundungsdifferenzen.

[306] Vgl. FRIGO, M. L./KRUMWIEDE, K. R. (1998a), S. 1 und FRIGO, M. L./KRUMWIEDE, K. R. (1999b), S. 43.

die Balanced Scorecard detaillierter eingegangen wird. Die veröffentlichten Auswertungen widersprechen sich leider teilweise und verharren auf deskriptivem Niveau.

4.4 Studien von LINGLE/SCHIEMANN und PERLITZ

Die mit der Nennung von zwei Forschergruppen für empirische Untersuchungen ungewöhnliche Konstellation der Überschrift ist darauf zurückzuführen, daß eine von LINGLE und SCHIEMANN in den USA durchgeführte Datenerhebung von PERLITZ strukturell identisch in Deutschland kurze Zeit später wiederholt worden ist. Der Zielstellung dieses Kapitels folgend, einen Überblick über bereits geleistete empirische Arbeit zu geben, werden beide Studien hier separat betrachtet.

4.4.1 Studie von LINGLE/SCHIEMANN mit US-amerikanischer Stichprobe

Die Studie von LINGLE und SCHIEMANN basiert auf einer branchenübergreifenden Stichprobe von 203 US-amerikanischen Unternehmen, für die im Jahr 1996 Daten in einer strukturierten schriftlichen Befragung erhoben wurden. Welcher Art das eingesetzte Auswahlverfahren ist, kann der vorliegenden Dokumentation nicht entnommen werden. Schwerpunktmäßig beschäftigt sich die Studie mit Indikatoren, die anhand der Meßobjekttypen Financial Performance, Operating Efficiency, Customer Satisfaction, Employee Performance, Innovation/Change und Community/Environment systematisiert werden. Damit eröffnet die Studie sowohl eine interne als auch eine externe Sicht auf das Unternehmen. Zusätzlich wird der Zusammenhang zwischen dem finanziellen Unternehmenserfolg und der Intensität, mit der Performance Measurement-Systeme in Unternehmen eingesetzt werden, untersucht.

4.4.1.1 Indikatoren

Im Rahmen der Studie wurde für die sechs Meßobjekttypen erfaßt, wie wichtig Informationen darüber für die Unternehmenssteuerung sind. Dieser *Relevanz* wurde die Qualität der zur Operationalisierung der jeweiligen Meßobjekte eingesetzten *Indikatoren* gegenübergestellt, die an der recht unkonventionellen Fragestellung „Would you bet your job on the quality of information in each of the areas?“[307] festgemacht wurde. Die Ergebnisse zeigen eine erhebliche Diskrepanz zwischen Relevanz und Indikatorqualität, wie Abb. 36 zeigt.[308] Wenngleich in allen Bereichen die Indikatorqualität geringer als die Relevanz ist, erscheint das Mißverhältnis im Bereich der Kundenzufriedenheit und Mitarbeiterleistung besonders stark ausgeprägt. Problematisch ist dabei die Operationalisierung der Indikatorqualität, denn ob bei einem von jedem Unternehmen als bedeutend erachteten Teilbereich (also 100 % Relevanz) idealerweise wirklich jeder Unternehmensmitarbeiter seinen Arbeitsplatz auf die verfügbaren Informationen „verwettet“, erscheint zumindest fraglich. Damit sind die von LINGLE und

---

[307] LINGLE, J. H./SCHIEMANN, W. A. (1996), S. 57.

[308] Eine tabellarische Übersicht über die relativen Häufigkeiten der indikatorbezogenen Merkmale findet sich bei ITTNER, C. D./LARCKER, D. F. (1998a), S. 207.

SCHIEMANN gegenübergestellten Merkmale der Relevanz und Indikatorqualität nicht gleich skaliert,[309] so daß ihr Vergleich nicht sonderlich zielführend ist.

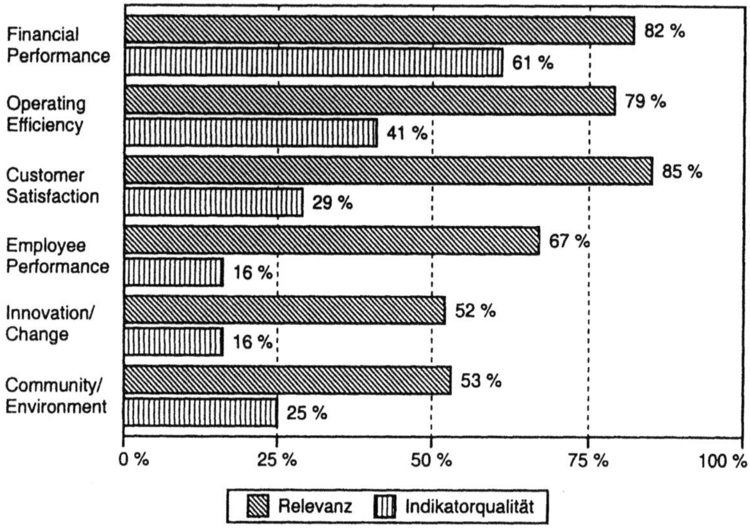

Abb. 36: Relevanz und Indikatorqualität (LINGLE/SCHIEMANN-Studie)[310]

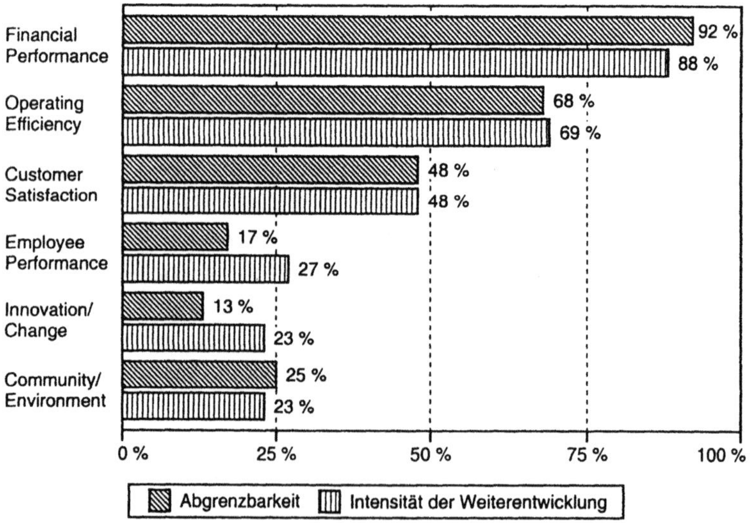

Abb. 37: Abgrenzbarkeit und Intensität der Weiterentwicklung von Indikatoren (LINGLE/SCHIEMANN-Studie)[311]

309 Die Indikatorqualität ist stets geringer als 100 %, während die Relevanz diesen Wert erreichen kann.
310 Vgl. ähnlich LINGLE, J. H./SCHIEMANN, W. A. (1996), S. 57.

Ein weiterer Untersuchungsschwerpunkt stellt verschiedene Aspekte der *Indikatorqualität* einander gegenüber. Dabei wurde auf die Abgrenzbarkeit („believe measures are clearly defined in each performance area") und die Intensität der Weiterentwicklung der Indikatorstruktur („report measures are updated and reviewed at least semiannually")[312] eingegangen. Nachdem die Indikatorqualität im ersten Studienschwerpunkt anhand des Wett-Kriteriums operationalisiert wurde, wirkt es befremdlich, daß nun gänzlich andere Merkmale ebenfalls für die Indikatorqualität stehen sollen. Abgrenzbarkeit und Intensität der Weiterentwicklung der Indikatoren zeigen für alle untersuchten Meßobjekte einen annähernden Gleichlauf (vgl. Abb. 37). Während im Bereich Financial Performance und Operating Efficiency die Indikatorqualität überdurchschnittlich ist, sind für die Bereiche Employee Performance, Innovation/Change sowie Community/Environment nur relativ schlechte Indikatoren verfügbar.

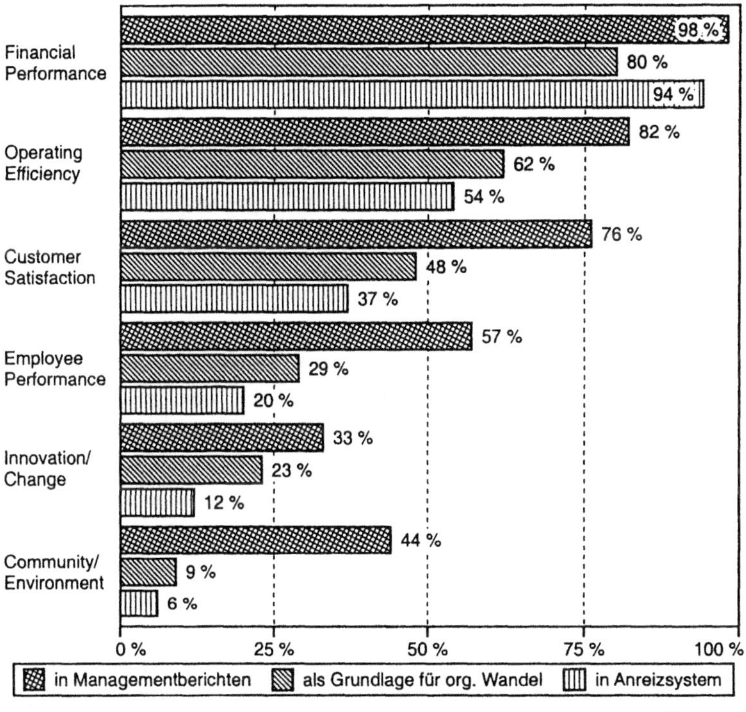

Abb. 38: Intensität der Nutzung von Indikatoren (LINGLE/SCHIEMANN-Studie)[313]

Zur Charakterisierung der Intensität, mit der *Indikatoren* in den sechs Performanceteilbereichen *genutzt* werden, wurden drei Merkmale eingesetzt. Diese sind die *Nutzung in Managementberichten* („Included in regular management reviews"), die *Nutzung als Grundlage*

[311] Vgl. ähnlich LINGLE, J. H./SCHIEMANN, W. A. (1996), S. 58.
[312] Vgl. LINGLE, J. H./SCHIEMANN, W. A. (1996), S. 58.

für organisationalen Wandel („Used to drive organizational change") und die *Nutzung als Grundlage eines Anreizsystems* („Linked to compensation").[314] Die in Abb. 38 zusammengefaßten Ergebnisse deuten auf eine Fokussierung der Performance Measurement-Systeme auf finanzielle und operative Bereiche, während Innovation und Wandel sowie das Unternehmensumfeld wesentlich weniger intensiv thematisiert werden.

4.4.1.2 Erfolg durch Performance Measurement?

LINGLE und SCHIEMANN gliedern ihre Stichprobe in zwei Teile, wobei der eine „measurement-managed" Unternehmen (58) und der andere die nicht „measurement-managed" (64) Unternehmen enthält. Ein „measurement-managed" Unternehmen ist durch strategiekompatible Auswahl der Reportingkennziffern und mindestens halbjährliche Überprüfung der Indikatoren für mindestens drei der sechs Meßobjekttypen gekennzeichnet.[315]

Auf deskriptiver Ebene fand sich ein größerer Unternehmenserfolg für „measurement-managed" Unternehmen. Der Unternehmenserfolg wurde dabei anhand eines Rankings hinsichtlich der drei Merkmale

- perceived as an industry leader over the past three years,
- reported to be financially ranked in the top third of their industry, and
- last major cultural or operational change judged to be very or moderately successful

operationalisiert,[316] wobei offen bleibt, ob das Ranking durch die Autoren, durch die anderen Unternehmen der Stichprobe oder durch Dritte erfolgte.

4.4.1.3 Resümee

Die Untersuchung von LINGLE und SCHIEMANN widmet sich detailliert der Meßkonstruktion eines Performance Measurement-Systems und versucht, Erfolgswirkungen des Performance Measurement zu eruieren. Aus methodischer Sicht wird die Aussagekraft der Studie – insbesondere im Teil, der sich der Frage nach der Erfolgswirkung des Performance Measurement widmet – dadurch getrübt, daß nur deskriptive Aussagen getroffen werden und keine Signifikanztests erfolgen. Gleichzeitig sind leider keine Informationen zum Umfang der jeweiligen Teilstichproben verfügbar.

4.4.2 Studie von PERLITZ mit deutscher Stichprobe

Im Jahr 1998 bildete PERLITZ die Erhebung von LINGLE und SCHIEMANN in Deutschland in einer empirische Studie mit 93 deutschen Unternehmen nach.[317] Diese Stichprobe resultiert aus dem Rücklauf von 860 angeschriebenen Unternehmen, so daß die Rücklaufquote knapp

---

313 Vgl. ähnlich LINGLE, J. H./SCHIEMANN, W. A. (1996), S. 59.

314 Vgl. LINGLE, J. H./SCHIEMANN, W. A. (1996), S. 59.

315 Vgl. LINGLE, J. H./SCHIEMANN, W. A. (1996), S. 58; SCHIEMANN, W. A./LINGLE, J. H. (2000), S. 12.

316 Vgl. LINGLE, J. H./SCHIEMANN, W. A. (1996), S. 60; SCHIEMANN, W. A. (1998), S. 47.

317 Vgl. PERLITZ, M. (1998) und PERLITZ, M. (1999), S. 6ff. Die erste der beiden Quellen ist ein Vortrag. Um mögliche Verständigungsfehler auszuschließen, wird hier nur auf Ergebnisse Bezug genommen, die in Form vortragsbegleitender Schaubilder verfügbar sind.

11 % betrug. Die Daten wurden in einer strukturierten schriftlichen Befragung einer branchenübergreifenden Stichprobe gewonnen. Zunächst werden die deskriptiven Ergebnisse der indikatorbezogenen Merkmale zusammengefaßt, wobei PERLITZ die von LINGLE und SCHIEMANN bekannte Meßobjekttypisierung konform verwendet.

Neben der Übertragung der US-amerikanischen Studie auf deutsche Verhältnisse erweitert PERLITZ die Untersuchung in zweifacher Hinsicht. Zum einen wird auch die Verbreitung von aus der Literatur bekannten Ansätzen zum Performance Measurement betrachtet und zum anderen erfolgt eine Globalbewertung von Performance Measurement-Systemen der Unternehmenspraxis. Nachdem die indikatorbezogenen Merkmale überblicksartig betrachtet werden, soll auf die beiden zusätzlichen Elemente näher eingegangen werden.

4.4.2.1 Indikatoren

Die deutsche Untersuchung ergab insgesamt erheblich geringere Diskrepanzen zwischen *Relevanz* und *Indikatorqualität* (vgl. Abb. 39). Wie schon in der US-amerikanischen Studie sind die Differenzen für die Bereiche Kundenzufriedenheit und Mitarbeiterbelange am größten.

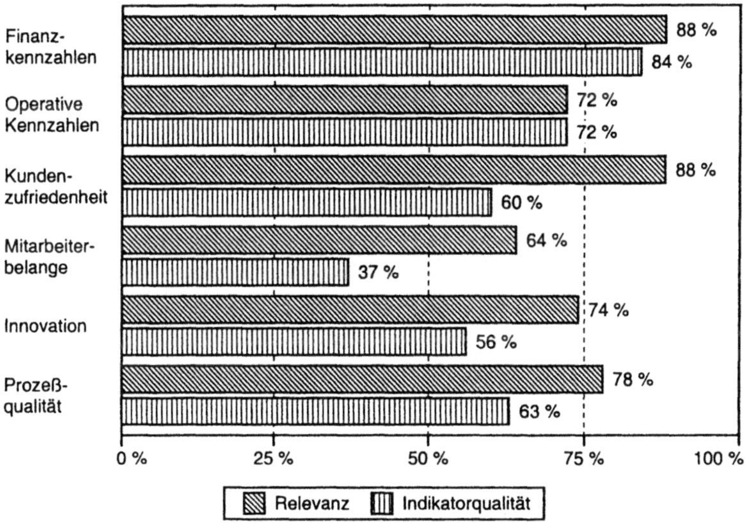

Abb. 39: Relevanz und Indikatorqualität (PERLITZ-Studie)[318]

Die *Indikatorqualität* wird durch die an der Studie teilnehmenden Unternehmen heterogen eingeschätzt. Die Merkmale zur Abgrenzbarkeit und Intensität der Weiterentwicklung verlaufen insbesondere für Finanzkennzahlen und operative Kennzahlen nicht synchron, wie Abb. 40 zeigt. Speziell die Intensität der Weiterentwicklung von Kennzahlen ist in Deutschland meist wesentlich geringer ausgeprägt als in den USA.

318 Zusammengestellt aus PERLITZ, M. (1998) und PERLITZ, M. (1999), S. 10.

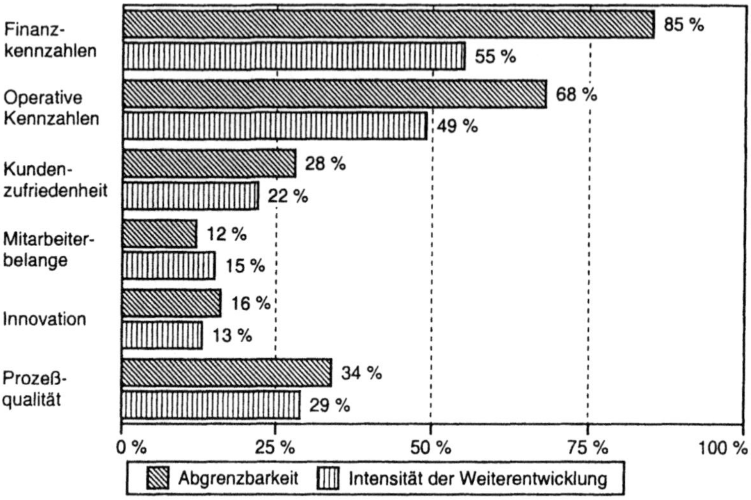

Abb. 40: Indikatorqualität (PERLITZ-Studie)[319]

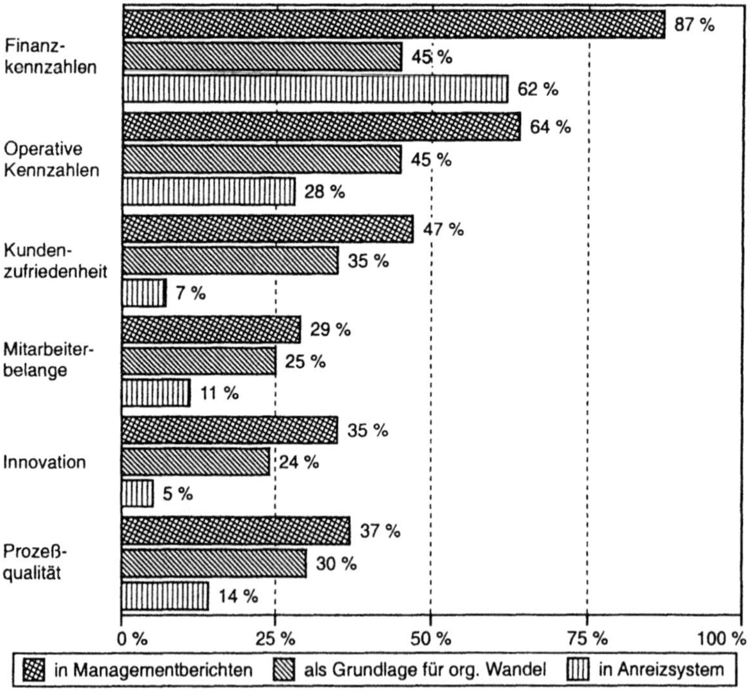

Abb. 41: Intensität der Nutzung von Indikatoren (PERLITZ-Studie)[320]

---

[319] Vgl. PERLITZ, M. (1998).

Im Vergleich mit den USA werden Indikatoren in Deutschland weniger intensiv genutzt. Insbesondere ist in Deutschland die Verbindung mit einem Anreizsystem geringer ausgeprägt, wie Abb. 41 zeigt.

4.4.2.2 Erfolg durch Performance Measurement?

Hinsichtlich der drei bei LINGLE und SCHIEMANN verwendeten Erfolgskriterien zeigten sich in der deutschen Studie keine deutlichen Unterschiede zwischen „measurement-managed" und nicht „measurement-managed" Unternehmen. Teilweise deuten die deskriptiven Differenzen sogar auf einen Erfolgsvorsprung der nicht „measurement-managed" Unternehmen hin. Zu ergänzen bleibt, daß die Trennung der beiden Teilstichproben im Unterschied zu LINGLE/SCHIEMANN bei PERLITZ nach anderen, der vorliegenden Dokumentation nicht zu entnehmenden Kriterien erfolgte.[321] Die Kritik hinsichtlich der Ermittlung des Unternehmenserfolgs aus Abschnitt 4.4.1.2 trifft auch für die deutsche Studie zu.

4.4.2.3 Verbreitung von Performance Measurement-Ansätzen

Das in Abb. 42 wiedergegebene Verbreitungsmuster von Ansätzen zum Performance Measurement zeigt, daß die Balanced Scorecard zwar das meistgenutzteste Stereotyp ist, aber die selbstentwickelten Ansätze die Unternehmenslandschaft dominieren. Nahezu jedes dritte der antwortenden Unternehmen setzt kein Performance Measurement-System ein.

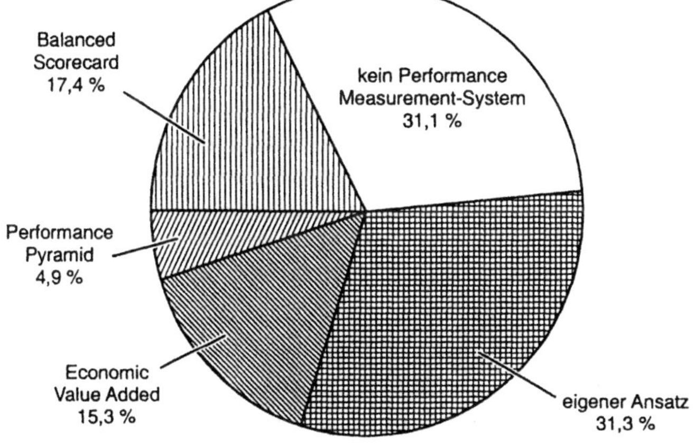

Abb. 42: Verbreitung von Performance Measurement-Ansätzen (PERLITZ-Studie)[322]

Diese Verbreitungshäufigkeiten sind allerdings stark verzerrt, da einige Unternehmen mehrfach (bis zu fünfmal) berücksichtigt wurden.[323] Der Aussagegehalt von auf dieser Basis ermittelten relativen Häufigkeiten ist daher ausgesprochen zweifelhaft.

---

320 Vgl. PERLITZ, M. (1999), S. 9f. und PERLITZ, M. (1998).
321 Vgl. PERLITZ, M. (1998).
322 Daten aus FLEISCHHAUER, D. (1998), S. 10.

4.4.2.4 „Mannheimer Unternehmerpreis" 1998

Im Rahmen eines Scoring-Modells wurden die an der Studie teilnehmenden Unternehmen anhand von Kriterien

- zur realisierten Verbesserung in Strategieumsetzung, Kommunikation und Steuerung durch Einführung von Performance Measurement und
- zum Nutzungsumfang von Performance Measurement

bewertet. Mangels hinreichender Dokumentation bleibt die Operationalisierung der Verbesserung im dunkeln. Angesichts der Kriterien, wie Einblick in das operative Geschäft und Verständnis über Wirkungszusammenhänge, kann nur vermutet werden, daß dabei subjektive Selbsteinschätzungen der Unternehmen zugrundegelegt wurden. Der Nutzungsumfang wurde ausschließlich anhand von indikatorbezogenen Merkmalen operationalisiert. Mit 87,5 % der möglichen Punkte ging der „Mannheimer Unternehmerpreis" 1998 an die IBM Deutschland GmbH.[324]

Vor dem Hintergrund der diskutierten Operationalisierungsschwächen erscheint das konstruierte globale Bewertungskriterium für Performance Measurement-Systeme angesichts geringer Reliabilität und Validität von nur eingeschränkter Aussagekraft.

4.4.2.5 Resümee

Die PERLITZ-Studie gewinnt Daten durch eine 1:1-Übernahme des Merkmalkatalogs einer US-amerikanischen Studie und ermöglicht so interkulturelle Vergleiche.[325] Das Design ist damit auch vor dem Hintergrund unnötiger Doppeluntersuchungen und begrenzter finanzieller Mittel sehr innovativ. Da damit gleichzeitig notgedrungen konzeptionelle Schwächen der Ursprungsstudie übernommen werden müssen, versucht PERLITZ, den Fokus starker Indikatororientierung zu erweitern. Leider kann die Reliabilität der Ergebnisse nicht eingeschätzt werden, da keine Angaben zum Umfang von Teilstichproben vorliegen. Schließlich ist wiederum zu vermerken, daß die verfügbaren Studienergebnisse das deskriptive Niveau nicht verlassen.

4.5 Studie von SPECKBACHER/BISCHOF

Ende des Jahres 1999 untersuchten SPECKBACHER und BISCHOF für die DAX-100-Unternehmen, welche Verbreitung der Balanced Scorecard-Ansatz in deutschen Unternehmen hat und welche Bedeutung ihm beigemessen wird. Die bemerkenswerte Rücklaufquote von 93 % ist darauf zurückzuführen, daß zum einen vor Versand der Fragebögen geeignete Ansprechpartner in den Unternehmen telefonisch identifiziert wurden und zum anderen, daß die Unternehmen während der Erhebungsphase telefonisch erinnert wurden, an der Studie teilzunehmen.[326]

---

[323] Vgl. FLEISCHHAUER, D. (1998), S. 10.
[324] Vgl. PERLITZ, M. (1998).
[325] Vgl. für eine andere Studie zur interkulturellen Ausgestaltung von Performance Measurement-Systemen mit eigenständiger Primärdatenerhebung COATES, J. B. u. a. (1992), S. 133ff.; COATS, J. u. a. (1991), S. 444ff.
[326] Vgl. SPECKBACHER, G./BISCHOF, J. (2000), S. 801f.

4.5.1 Verbreitung der Balanced Scorecard

Die Studienergebnisse zeigen, daß in 19 % der untersuchten Unternehmen eine Balanced Scorecard genutzt wird, während sich gleichzeitig 46 % noch nicht mit diesem Konzept auseinandergesetzt haben (vgl. Abb. 43). Problematisch erscheint die teilweise unscharfe Abgrenzung einiger der Merkmalsausprägungen.[327] SPECKBACHER und BISCHOF fanden erhebliche branchenspezifische Unterschiede in der Verbreitung der Balanced Scorecard. Insbesondere im Handel und bei Banken sowie Finanzdienstleistern war das Konzept wenig gebräuchlich.[328]

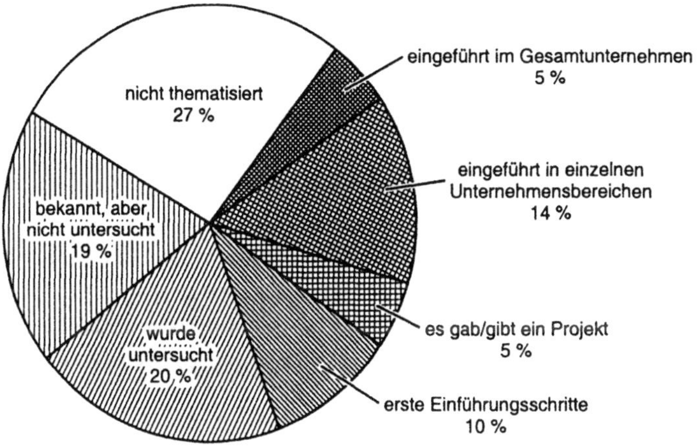

Abb. 43: Stand der Balanced Scorecard-Implementierung (SPECKBACHER/BISCHOF-Studie)[329]

4.5.2 Erwarteter Nutzen einer Balanced Scoreard-Einführung

Bei der Untersuchung der Erwartungen, die Unternehmen mit dem Einsatz einer Balanced Scorecard verbinden, rangierten folgende Zielstellungen im Ranking auf vorderen Plätzen:

- Verbindung der strategischen Ziele mit operativen Maßnahmen,
- langfristig verbesserte Unternehmensergebnisse,
- stärkere Berücksichtigung nicht-finanzieller (Treiber-)Größen,
- Unterstützung eines wertorientierten Steuerungssystems.

---

327 Es gibt zwei Ausprägungen, die Unternehmen enthalten, die sich überhaupt noch nicht mit einer Balanced Scorecard beschäftigt haben. Leider verbleibt der Unterschied beider Ausprägungen in der vorliegenden Dokumentation im dunkeln. Eine Interpretation, daß in 27 % der Unternehmen der Balanced Scorecard-Ansatz unbekannt ist und sie sich damit naturgemäß nicht damit auseinandersetzen konnten, ist zwar inhaltlich sinnvoll, erscheint aber angesichts des hohen Anteils von 27 % fraglich. Entweder ist diese Auslegung falsch oder der hohe Anteil maßgeblich auf die Auswahl ungeeigneter Ansprechpartner zurückzuführen.

328 Vgl. SPECKBACHER, G./BISCHOF, J. (2000), S. 802f.

329 Vgl. SPECKBACHER, G./BISCHOF. J. (2000), S. 803.

Von untergeordneter Bedeutung sind demgegenüber

- Förderung immaterieller Investitionen (z. B. Know-how, Kunden-/Lieferantenbeziehungen) und
- stärkere Berücksichtigung der Stakeholder.

Unternehmen, die gerade mit der Einführung einer Balanced Scorecard begannen, schätzten die beiden Ziele

- verbessertes Verständnis für Wirkungs-Zusammenhänge im Unternehmen und
- einheitliche Ausrichtung strategischer Initiativen

wesentlich wichtiger ein als Unternehmen, die bereits eine Balanced Scorecard einsetzen. Demgegenüber rangiert bei den Nutzern der Aufbau eines konsistenten Zielsystems in den Erwartungen weiter vorn. SPECKBACHER und BISCHOF vermuten, daß mit zunehmender Nutzungserfahrung eine Verlagerung des Fokus der Balanced Scorecard vom strategischen Management-System zum Kennzahlen- und Steuerungssystem stattfindet.[330]

4.5.3 Art der Nutzung einer Balanced Scorecard

In einem dritten Studienschwerpunkt wurde untersucht, in welcher Art und Weise eine Balanced Scorecard in Unternehmen genutzt wird. Dabei zeigte sich, daß eine Konzentration auf Ursache-Wirkungs-Ketten nur bei etwa 50 % der Implementierungen eine Rolle spielt. Die geringe Konzentration auf die Strategiekommunikation zur operativen Ebene (unter 25 %) steht in krassem Widerspruch zur Verwendung der Balanced Scorecard als Grundlage eines Anreizsystems (70 %).[331]

4.5.4 Resümee

Die Studie von SPECKBACHER und BISCHOF gibt einen detaillierten Einblick in die Anwendung der Balanced Scorecard in deutschen Unternehmen. Dabei konstatieren die Autoren, daß bei den untersuchten Unternehmen keine Ausrichtung der Balanced Scorecard als strategisches Managementsystem anzutreffen ist. In methodischer Hinsicht bedeutsam ist die sehr hohe Rücklaufquote, die wesentlich in der Vorauswahl der Ansprechpartner begründet ist. Leider fehlen in der vorliegenden Dokumentation der Studie wiederum inferenzstatistische Auswertungen.

4.6 Studie von FRANKE/GOTTA/BÖCKMANN

Die Untersuchung von FRANKE, GOTTE und BÖCKMANN[332] basiert auf den 186 Rückläufen einer branchenübergreifenden strukturierten schriftlichen Befragung von 800 Unternehmen. Die Studie verfolgt das Ziel, den Anwendungsstand nicht-finanzieller Kennzahlen im Berichtswesen bei mittelständischen Unternehmen zu eruieren. Neben Informationen zum Stellenwert des Controlling und Berichtswesens, auf die hier nicht eingegangen werden soll, wurde erfaßt,

---

330 SPECKBACHER, G./BISCHOF, J. (2000), S. 805ff.
331 SPECKBACHER, G./BISCHOF, J. (2000), S. 807f.
332 Vgl. FRANKE, R./GOTTA, A./BÖCKMANN, D. (2000), S. 577ff.

welche Aspekte des Unternehmensgeschehens mit nicht-finanziellen Indikatoren operationalisiert werden. Dabei wurde auch erhoben, welche Indikatoren dafür konkret zum Einsatz kommen. Es zeigte sich, daß nicht-finanzielle Indikatoren überwiegend zur Lieferanten- und Kundenzufriedenheitsmessung genutzt werden, während sie für die Operationalisierung von Innovationsfähigkeit und der Informations- und Produktionstechnologie von untergeordneter Bedeutung sind, wie Abb. 44 zeigt.

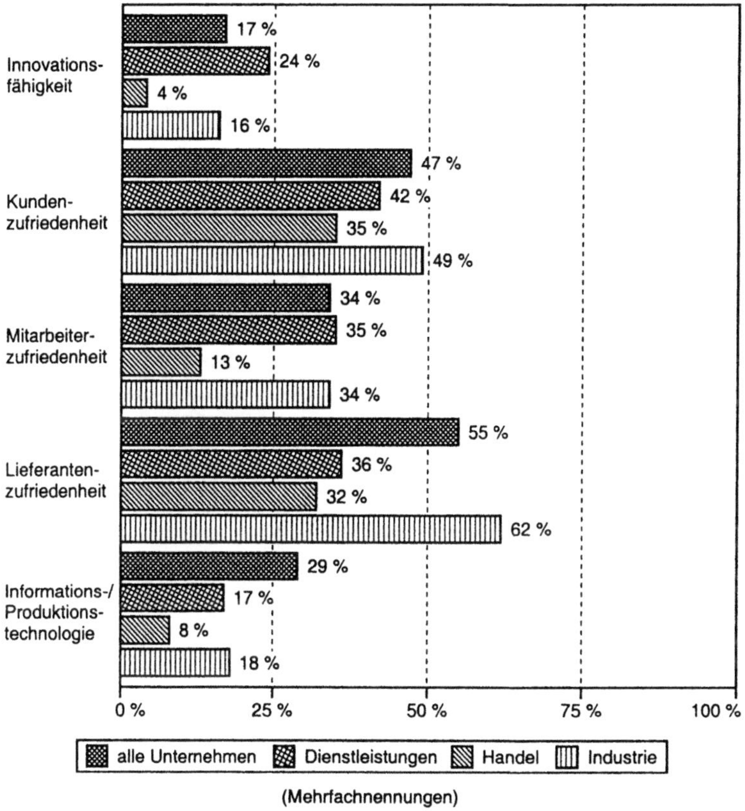

Abb. 44: Einsatzgebiete nicht-finanzieller Indikatoren (FRANKE/GOTTE/BÖCKMANN-Studie)[333]

Welche Indikatoren in den einzelnen Teilbereichen verwendetet wurden (z. B. gewonnene Awards oder Patente für die Innovationsfähigkeit), soll hier nicht weiter vertieft werden.[334]

Die Studie beschäftigt sich mit einem Teilaspekt des Performance Measurement und liefert ein Querschnittbild zur Nutzung nicht-finanzieller Indikatoren in mittelständischen Unternehmen in Deutschland. Problematisch ist das Postulat einer Repräsentativerhebung, da als Ab-

[333] Vgl. FRANKE, R./GOTTA, A./BÖCKMANN, D. (2000), S. 581.
[334] Vgl. dazu FRANKE, R./GOTTA, A./BÖCKMANN, D. (2000), S. 581ff.

bild der Grundgesamtheit Informationen aus verschiedenen Wirtschaftsdatenbanken verwendet wurden,[335] die im allgemeinen nicht lückenlose Unternehmensaufzählungen (insbesondere bei den hier untersuchten mittelständischen Unternehmen) enthalten. Nicht nachvollziehbar ist auch die Argumentation der Autoren, daß auf Basis einer Rücklaufquote von ca. 23 % „die Wahrscheinlichkeit, daß die ermittelten Werte den realen Verhältnissen entsprechen, bei über 90 %“[336] liegen soll.

4.7 Studie von Towers Perrin

Im Jahr 1996 erhob die Unternehmensberatung Towers Perrin für ca. 100 zumeist größere US-amerikanische Unternehmen in einer strukturierten schriftlichen Befragung Daten zu Verbreitung und Nutzung der Balanced Scorecard.[337] Weitere Informationen zur Stichprobenzusammensetzung stehen leider nicht zur Verfügung.

Mehr als 60 % der an der Umfrage teilnehmenden Unternehmen setzten eine Balanced Scorecard ein, wobei mehrheitlich (88 %) die Kombinationsmöglichkeit von finanziellen und nichtfinanziellen Indikatoren ausschlaggebendes Kriterium für den Einsatz war.[338]

Beim überwiegenden Teil der Unternehmen, die eine Balanced Scorecard einsetzten, lag deren Schwerpunkt auf finanziellen Ergebnissen, während die Gewichtung von Informationen über Kunden, Prozesse und Innovationen wesentlich geringer ausgeprägt ist (vgl. Abb. 45).

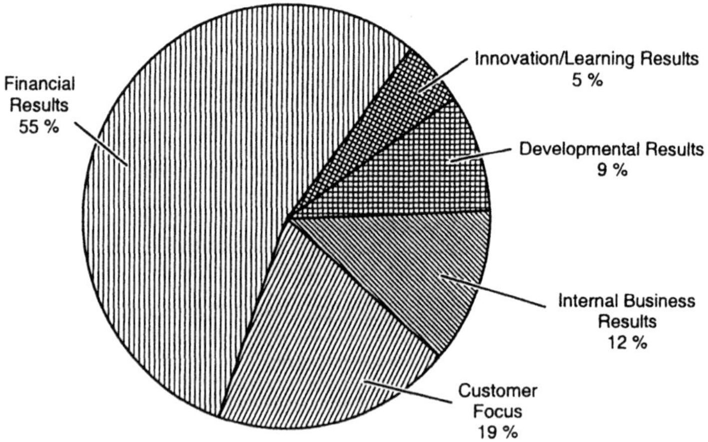

Stichprobenumfang: ca. 60 Unternehmen

Abb. 45: Mittlere Gewichtung von Perspektiven einer Balanced Scorecard (Towers Perrin-Studie)[339]

[335] Vgl. FRANKE, R./GOTTA, A./BÖCKMANN, D. (2000), S. 578.
[336] FRANKE, R./GOTTA, A./BÖCKMANN, D. (2000), S. 578.
[337] Vgl. TOWERS PERRIN (1996), S. 1ff. Für die freundliche Überlassung des Beitrags danke ich der deutschen Niederlassung von Towers Perrin sehr herzlich.
[338] Vgl. TOWERS PERRIN (1996), S. 1f.

57 % der Unternehmen, die eine Balanced Scorecard einsetzten, konzentrierten sich dabei auf die Unternehmensebene, während 65 % angaben, die Performance auf Geschäftsbereichsebene zu betrachten. In geringerem Umfang wurden zu 26 % Tochterunternehmen und andere Bereiche (z. B. Abteilungen, Arbeitsgruppen) in eine Balanced Scorecard einbezogen.[340]

Des weiteren wurden Merkmale zur Nutzung einer Balanced Scorecard als Grundlage für ein *Anreizsystem* erhoben. Nur 37 % der Unternehmen verknüpften die leistungsabhängige Entlohnung direkt mit der Zielerreichung von Indikatoren einer Balanced Scorecard, während bei 15 % der Unternehmen keinerlei Verbindung anzutreffen war. Bei den verbleibenden Unternehmen kann eine mittelstarke Nutzung der Indikatoren einer Balanced Scorecard als Anreizgrundlage unterstellt werden.[341]

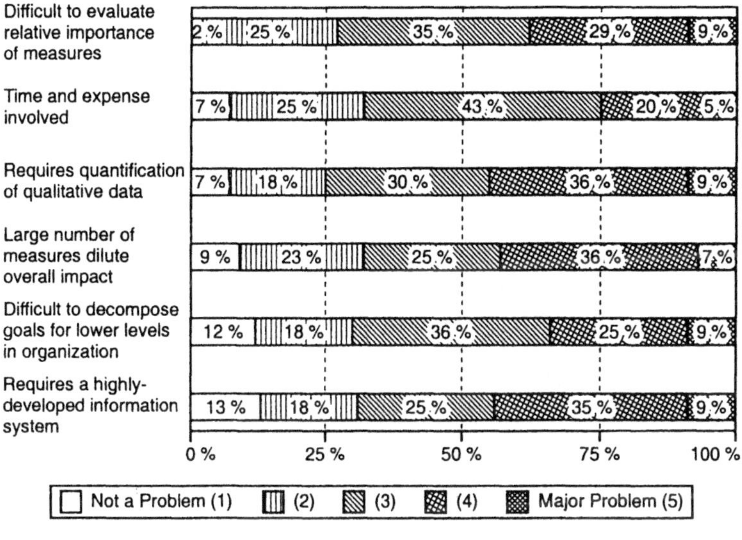

Teilstichprobenumfang: 57 Unternehmen

Abb. 46: Probleme bei der Balanced Scorecard-Einführung (Towers Perrin-Studie)[342]

Die Untersuchung der mit der *Einführung einer Balanced Scorecard* verbundenen Probleme offenbarte ein im Mittel verhältnismäßig hohes Problemniveau. In keinem der potentiellen

---

339 Vgl. TOWERS PERRIN (1996), S. 2; MCNERNEY, D. J. (1996), S. 6 und O. V. (1996), S. 17. Der Stichprobenumfang umfaßt die „reichlich" 60 % der „ca." 100 teilnehmenden Unternehmen, die eine Balanced Scorecard einsetzen. ITTNER, C. D./LARCKER, D. F. (1998a), S. 222 weisen für Financial Results ein geringfügig anderes Ergebnis aus, das aber vermutlich auf einem Übertragungsfehler basiert.

340 Vgl. TOWERS PERRIN (1996), S. 3. Mehrfachnennungen möglich. Abweichende Ergebnisse für Tochterunternehmen und andere Bereiche in einer Sekundärquelle (vgl. ITTNER, C. D./LARCKER, D. F. (1998a), S. 222).

341 Vgl. ITTNER, C. D./LARCKER, D. F. (1998a), S. 222. Die Verbindung zu einem Anreizsystem wurde anhand von fünf Merkmalen erfaßt, für die jeweils zwei Ausprägungen („trifft zu"/„trifft nicht zu") verwendet wurden.

342 Daten aus TOWERS PERRIN (1996), S. 3. Der Teilstichprobenumfang basiert auf den Angaben von ITTNER, C. D./LARCKER, D. F. (1998a), S. 222; ITTNER, C. D./LARCKER, D. F./MEYER, M. W. (1997), S. 50.

Problembereiche traten dabei große Abweichungen vom Mittelwert auf, so daß sich insgesamt ein annähernd ausgeglichenes Bild bietet (vgl. Abb. 46).

Mit der Einführung einer Balanced Scorecard ging im Mittel eine Steigerung des Verständnis der Mitarbeiter für die Indikatoren zur Performancemessung einher. Gleichzeitig stieg die mittlere subjektive *Zufriedenheit* mit dem Performance Measurement-System als Ganzes,[343] wie Abb. 47 zeigt.

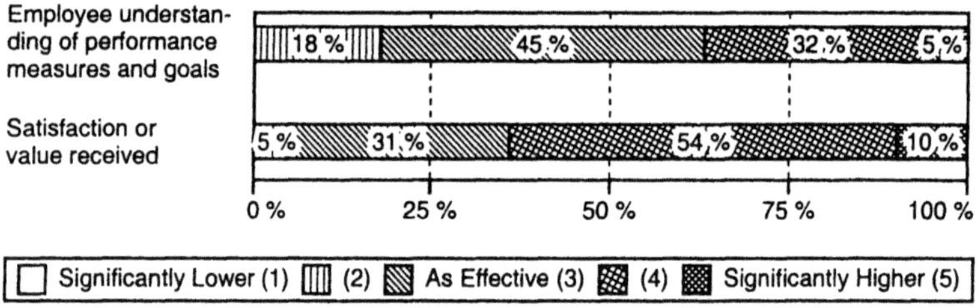

Teilstichprobenumfang: 40 bzw. 39 Unternehmen

Abb. 47: Wirkungen der Implementierung einer Balanced Scorecard (Towers Perrin-Studie)[344]

Die Studie von Towers Perrin vermittelt einen Überblick über verschiedene Aspekte der Anwendung der Balanced Scorecard in US-amerikanischen Unternehmen. Leider bleibt das Auswahlverfahren und damit die Zusammensetzung der Stichprobe offen. Wie bei vielen der bisher betrachteten Studien werden die Untersuchungsdaten ausschließlich deskriptiv analysiert.

4.8 Studie von CLARKE

Im Sommer 1995 führte CLARKE eine strukturierte schriftliche Befragung unter den ca. 500 umsatzstärksten irischen Industrieunternehmen zum Einsatz von Indikatoren im Rahmen eines Performance Measurement-Systems durch.

	Indikator	relative Häufigkeit
Customer Focus	On-Time Deliveries	66 %
	Number of Orders to be Filled	62 %
Internal Processes	Units/Volume Produced	90 %
	Labour Efficiency	79 %
Innovation and Learning	Number of New Products Introduced	49 %
	Number of New Clients Acquired During Period	42 %

Tab. 4: Häufigkeiten von Indikatoren (CLARKE-Studie)[345]

[343] Vgl. TOWERS PERRIN (1996), S. 4.
[344] Daten aus ITTNER, C. D./LARCKER, D. F. (1998a), S. 222.

Insgesamt standen 204 auswertbare Antworten zur Verfügung. Dabei zeigte sich, daß Indikatoren zur internen Prozeßsteuerung wesentlich häufiger von Unternehmen genutzt wurden als solche der Kundenperspektive einer Balanced Scorecard. Nochmals geringer ist die Bedeutung von Indikatoren zur Messung von Innovation und Lernen (vgl. Tab. 4).[346]

4.9 Studie von AnswerThink

Im Zuge eines Benchmarking-Programms der aus der Fusion der beiden Unternehmensberatungen Hackett Group und AnswerThink hervorgegangenen Hackett Benchmarking & Research part of AnswerThink werden jährlich Daten zu vielfältigen unternehmensbezogenen Themen erhoben.[347]

Seit 1988 haben insgesamt mehr als 1400 Unternehmen an den branchenübergreifenden, durch ein Softwaretool unterstützten strukturierten schriftlichen Befragungen teilgenommen. Da die Teilnahme der überwiegend großen Unternehmen eine vertragliche Bindung voraussetzt, erscheinen die Kriterien einer bewußten Auswahl nicht erfüllt, so daß ein willkürliches Auswahlverfahren genutzt wird.[348] Der Stichprobenumfang der 2000er Erhebung zur Planung und zum Performance Measurement kann der vorliegenden Dokumentation nicht entnommen werden.

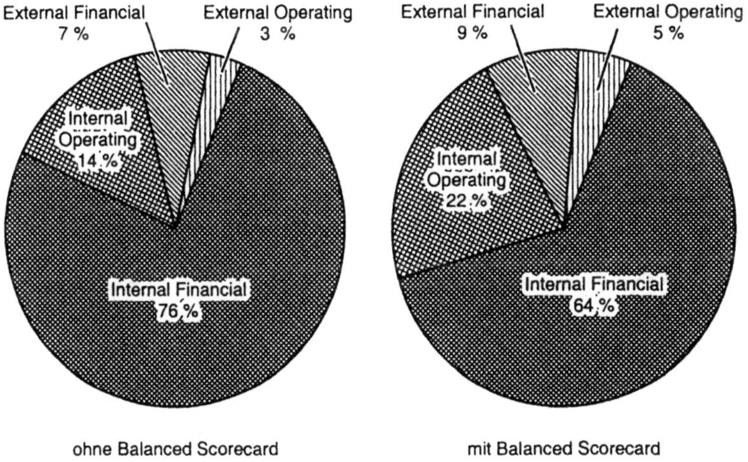

Abb. 48: Gewichtung von Meßobjekten (AnswerThink-Studie)[349]

[345] Vgl. CLARKE, P. J. (1997a), S. 26.
[346] Vgl. CLARKE, P. J. (1997a), S. 26; CLARKE, P. J. (1997b), S. 10ff.
[347] Vgl. ANSWERTHINK (2000). Für die freundliche Überlassung des Beitrags danke ich Herrn Dr. CAMPAGNA von AnswerThink Europe sehr herzlich.
[348] Vgl. zu Auswahlverfahren Abschnitt 8.2.1 ab S. 218.
[349] Daten geschätzt aus graphischer Darstellung bei ANSWERTHINK (2000), S. 14; AXSON, D. A. J. (1999), S. 8.

Ein erster Teil der Studie untersucht neben dem zeitlichen Verlauf des Planungs- und Reportingprozesses den dafür erforderlichen Ressourceneinsatz. Ferner werden der Detaillierungsgrad der Planung sowie die technologische Unterstützung des Reporting thematisiert.

Der vierte Schwerpunkt der Untersuchung beschäftigt sich mit der Balanced Scorecard. Dabei stellte sich heraus, daß sich der Fokus von der rein finanziellen Orientierung der Unternehmenssteuerung durch Einsatz einer Balanced Scorecard nur wenig verschiebt (vgl. Abb. 48). Die Studie zieht daraus den Schluß, daß der Einsatz einer solchen unausgewogenen, retrograd ausgerichteten Balanced Scorecard nur wenig nutzbringend ist und eher als Modeerscheinung einzuschätzen ist.[350]

Analog zeigt sich die Konzentration der Unternehmen auch in der Auswahl der zur Operationalisierung verwendeten *Indikatoren*. Mit 92 % der Unternehmen wird der Return on Net Assets besonders häufig genutzt, während Indikatoren zur Prozeß-, Innovations- und Produkt-/Servicebewertung weniger oft eingesetzt werden.

Meßobjekt	Indikator	relative Häufigkeit
Financial	Return on Net Assets	92 %
Product/Service	Market Position	61 %
People	Turnover	75 %
Process	Productivity	62 %
Innovation	R&D Investment/Revenue	58 %
Customer	Market Share	73 %

Tab. 5: Einsatzhäufigkeiten von Indikatoren (AnswerThink-Studie)[351]

Etwa 58 % der Unternehmen verbinden die variable Entlohnung mit der Zielerreichung strategischer Indikatoren, während bei 97 % das *Anreizsystem* mit der Zielerreichung auf finanziellem Gebiet verbunden ist.[352]

Die Studie von AnswerThink gibt einen deskriptiven Überblick über den weltweiten Einsatz der Balanced Scorecard und zeichnet sich dabei durch eine ungewöhnlich große Stichprobe und wiederholte Datenerhebung aus.

4.10 Zusammenfassung

Die zusammenfassende Rückschau zeigt, daß die betrachteten empirischen Studien in zwei Klassen eingeteilt werden können. Zum einen handelt es sich dabei um allein explorative

[350] Vgl. ANSWERTHINK (2000), S. 14.

[351] Vgl. ANSWERTHINK (2000), S. 16. Hier wurde für jedes Meßobjekt nur der am häufigsten eingesetzte Indikator aufgeführt.

[352] Vgl. ANSWERTHINK (2000), S. 20.

Studien, zum anderen um Untersuchungen, die nicht ausschließlich auf deskriptivem Niveau verharren.

Die Stuttgarter Studie als eine der zwei Untersuchungen, die sich positiv von den explorativen Studien abheben, stellt die inhaltlich umfangreichste im Schrifttum vorgefundene empirische Untersuchung zu Performance Measurement-Systemen dar. Dabei konzentriert sich diese Studie auf den strukturellen Aufbau eines Performance Measurement-Systems und betrachtet Aspekte zur Implementierung und Weiterentwicklung, für die in Abschnitt 2.2.2 auch eine wesentliche Erklärungskraft zur umfassenden Bewertung von Performance Measurement-Systemen postuliert wurde, weniger umfassend. Nicht so vorteilhaft erscheint mit 84 Teilnehmern die geringe Ausbeute der fast 2.500 angesprochenen Unternehmen. Die Ablehnung von Signifikanztests für nichtrepräsentative Stichproben ist formal korrekt, allerdings kann die alternativ genutzte Interpretation von Korrelations- bzw. Assoziationskoeffizienten nicht voll überzeugen.

Die britische Arbeit von NEELY u. a. geht als zweite nicht ausschließlich deskriptiv ausgewertete Untersuchung jeweils einer eng fokussierten Frage zur Qualität der Meßkonstruktion und zur Implementierung eines Performance Measurement-Systems nach. Dabei fällt aus methodischer Sicht die umfangreiche Stichprobe angenehm auf, während das in der Studie verwendete Signifikanzniveau von 10 % vergleichsweise hoch erscheint.

Aus der Vielzahl der deskriptiven Studien hebt sich das Arrangement der Untersuchungen von LINGLE/SCHIEMANN und PERLITZ heraus, die aufgrund ihres vergleichbaren Designs interkulturelle Schlußfolgerungen ermöglichen. Beide Studien thematisieren einzelne Aspekte der Qualität der Meßkonstruktion und versuchen daneben, der Frage nach den Erfolgswirkungen des Performance Measurement nachzugehen.

Unter den deskriptiven Untersuchungen ist auch die Studie von AnswerThink beachtenswert, in der schwerpunktmäßig die Balanced Scorecard betrachtet wird. Besonders hervorzuheben ist zum einen die umfangreiche Stichprobe der Unternehmen, für die Daten ausgewertet wurden, und zum anderen die jährliche Wiederholung der Datenerhebung.

Die verbleibenden empirischen Studien widmen sich auf deskriptivem Niveau sehr eng abgegrenzten Facetten von Performance Measurement-Systemen, wobei häufig auf die Balanced Scorecard und ihre Verbreitung Bezug genommen wird.

Keine der verfügbaren empirischen Untersuchungen bietet somit einen hinreichend vollständigen, umfassenden Überblick über die für die ganzheitliche Bewertung eines Performance Measurement-Systems wichtigen Aspekte der Qualität der Meßkonstruktion, der Verankerung des Systems im Unternehmen und dessen Weiterentwicklung.

Tab. 6 faßt die wichtigsten Eigenschaften der untersuchten Studien zusammen.

Studie	Jahr	Land	Forschungsdesign	Datenerhebungstechnik	Stichprobe Auswahlverfahren	Stichprobe Umfang	untersuchte Thematik
Stuttgarter Studie	1997 bis 1998	D	Ex-post-facto-Experiment: Querschnitt	strukturierte schriftliche Befragung	willkürlich	84	vielfältige Aspekte zum Performance Measurement
NEELY u. a.	1992	UK	Ex-post-facto-Experiment: Querschnitt	strukturierte schriftliche Befragung	bewußt	344	Entwicklungsprozeß, Strategiekonformität
Institute of Management Accountants	1998 und 1999	USA	Ex-post-facto-Experiment: Querschnitt	strukturierte schriftliche Befragung	bewußt	132 bzw. 181	Balanced Scorecard, Indikatoren, Zufriedenheit
LINGLE/ SCHIEMANN	1996	USA	Ex-post-facto-Experiment: Querschnitt	strukturierte schriftliche Befragung	?	203	Indikatoren, Erfolgswirkung
PERLITZ	1998	D	Ex-post-facto-Experiment: Querschnitt	strukturierte schriftliche Befragung	bewußt	93	Indikatoren, Erfolgswirkung
SPECKBACHER/ BISCHOF	1999	D	Ex-post-facto-Experiment: Querschnitt	strukturierte schriftliche Befragung	bewußt	93	Balanced Scorecard
FRANKE/ GOTTA/ BÖCKMANN	?	D	Ex-post-facto-Experiment: Querschnitt	strukturierte schriftliche Befragung	bewußt[353]	186	nicht-finanzielle vs. finanzielle Indikatoren
Towers Perrin	1996	USA	Ex-post-facto-Experiment: Querschnitt	strukturierte schriftliche Befragung	?	ca. 100	Balanced Scorecard
CLARKE	1995	Irland	Ex-post-facto-Experiment: Querschnitt	strukturierte schriftliche Befragung	bewußt	204	Indikatoren
AnswerThink	fortlaufend	?	Ex-post-facto-Experiment: Querschnitt	strukturierte schriftliche Befragung	willkürlich	bis zu 1.400	Balanced Scorecard

Legende: ? ... keine Informationen

Tab. 6: Überblick über ausgewählte Studien zum Performance Measurement

[353] Autoren postulieren Zufallsauswahl.

5 Qualität der Meßkonstruktion

In Abschnitt 2.2.2 wurden mit der Qualität der Meßkonstruktion, der Verankerung im Unternehmen und der Weiterentwicklung drei zur Charakterisierung von Performance Measurement-Systemen wesentliche Elemente abgegrenzt. Im ersten der drei Kapitel, die sich mit diesen Elementen auseinandersetzen, wird darauf eingegangen, welche Informationen in einem Performance Measurement-System verarbeitet werden und in welcher Form diese Informationen erhoben werden. Im Abschnitt 5.1 wird dabei der Frage nachgegangen, welche Sachverhalte und Gegebenheiten grundsätzlich für eine Betrachtung in einem Performance Measurement-System in Betracht kommen (= Meßobjekte). Da nicht alle potentiellen Meßobjekte für jedes Unternehmen von Interesse sind, wird anschließend analysiert, welche Meßobjekte aus der Menge aller denkbaren Meßobjekte für ein bestimmtes Unternehmen von Bedeutung sind. Diesen relevanten Meßobjekten ist schließlich die Intensität, mit der sie im Performance Measurement-System betrachtet werden, gegenüberzustellen. Die Untersuchung von Meßobjekten wird mit einer Analyse strategischer Aspekte (Abschnitt 5.2) und der zwischen Meßobjekten bestehenden Beziehungen (Abschnitt 5.3) abgeschlossen. Abschnitt 5.4 setzt sich damit auseinander, in welcher Form die Meßobjekte durch Indikatoren operationalisiert werden. Abschließend wird in Abschnitt 5.5 ein Modell entwickelt, das die Auswahl von Meßobjekten eines Performance Measurement-Systems durch die Eigenschaften ihrer Operationalisierung erklärt.

5.1 Meßobjekte

Meßobjekte sind reale Sachverhalte, die für die Erfassung der Unternehmensperformance potentiell von Interesse sein können. Die Menge der Meßobjekte ist damit identisch mit der Menge der Sachverhalte, die für alle denkbaren Unternehmensziele von Bedeutung sind. Dieser Abschnitt soll auf Basis einer Typisierung einen Überblick über verschiedene Arten von Meßobjekten geben.

An ein Performance Measurement-System werden hinsichtlich des Umfangs der bereitzustellenden Informationen hohe Anforderungen gestellt. Sieht man dabei ein Unternehmen als Teil miteinander interagierender Einheiten, so kann die Betrachtung nicht nur auf „das Innere" des Unternehmens beschränkt werden, sondern es muß auch „die Umgebung", die seine Wettbewerbsfähigkeit und seinen Erfolg wesentlich mitbestimmen kann, einbezogen werden.[354]

Das verwendete unscharfe Begriffspaar „Inneres" und „Umgebung" soll andeuten, daß die Bestimmung des Unternehmensinneren und seiner Umgebung nicht trivial ist.[355] In diesem

[354] Vgl. GRADY, M. W. (1991), S. 51; BROWN, M. G./SVENSON, R. A. (1988), S. 14.

[355] Die kürzlich im Rahmen einiger Neuregelungen des SGB diskutierte Scheinselbständigkeit ist ein Beispiel. Dabei ist die Frage zu beantworten, welcher Personenkreis zum „Inneren" eines Unternehmens gehört und welcher Kreis anderen organisationalen Einheiten („Umgebung") zuzuordnen ist.

Zusammenhang ist sowohl das Grenz- als auch das Relevanzproblem zu lösen.[356] Während das Grenzproblem die Separation des „Inneren" von der Unternehmensumgebung thematisiert, zielt das Relevanzproblem auf die Abgrenzung der „Umgebung" des Unternehmens von der unendlichen Menge potentieller externer Einflußgrößen.[357] Zur Konkretisierung der Abgrenzung schlägt MAUTHE[358] die Dekomposition als Aufgliederung eines Systems in analytisch handhabbare Subsysteme vor. Die nachfolgend durchgeführte Dekomposition führt dabei zu einer Abgrenzung, die mit den häufig rein intuitiv benutzten Konstrukten *Unternehmen* und *Unternehmensumfeld* gleichzusetzen ist. Diese Konstrukte wiederum haben im Rahmen der strategischen Analyse bei der Unternehmens-[359] und Umfeldanalyse[360] große Verbreitung gefunden. A priori kann insofern keine Definition der Begriffe Unternehmen und Unternehmensumfeld gegeben werden. Diese ergibt sich erst als Ergebnis der folgenden Dekomposition. Dennoch werden in den folgenden Abschnitten zur Erhöhung der Verständlichkeit der Ausführungen die Begriffe Unternehmen und Unternehmensumfeld im Sinne obiger anschaulicher Konstrukte schon verwendet.

5.1.1 Unternehmensinterne Meßobjekte

Die für die Unternehmensperformance potentiell bedeutenden Sachverhalte, die innerhalb eines Unternehmens angesiedelt sind, sollen anhand unternehmensinterner Meßobjekte der Steuerung erschlossen werden. Dabei sind zum einen die Komponenten eines Unternehmens, auf die die Zielsystemelemente ausgerichtet sind, zu erfassen. Zum anderen soll aber auch die Verbindung zwischen diesen Elementen transparent gemacht werden. Die Zielsystemelemente können dabei als Resultate aufgefaßt werden, die im Rahmen von Prozessen generiert werden. Auf dieser Basis erfolgt die weitere Differenzierung, die nachfolgend vertieft wird.

5.1.1.1 Ressourcen

Hinsichtlich der relevanten Dimensionen eines Unternehmens ist vor dem Hintergrund der zunehmenden Bedeutung intangibler Faktoren im Wettbewerb eine Beschränkung allein auf physische Vermögensgegenstände nicht mehr indiziert. Vielmehr ist eine wesentlich erweiterte Sichtweise auf die performancerelevanten Komponenten eines Unternehmens erforderlich.[361] Hier wird ein ressourcenorientierter Ansatz, der materielle, finanzielle und immaterielle Ressourcen unterscheidet, gewählt. Eine ebenfalls in Betracht gezogene systemorientierte Typisierung nach ULRICH,[362] bei der sich eine materielle, eine soziale, eine kommunikative und eine wertmäßige Dimension des Unternehmensgeschehens unterschieden lassen, wurde für die empirische Untersuchung als weniger geeignet eingeschätzt und verworfen.

---

[356] Vgl. AEBERHARD, K. (1996), S. 40ff.
[357] Vgl. detailliert KUBICEK, H./THOM, N. (1976), Sp. 3983ff.
[358] Vgl. MAUTHE, K. D. (1984), S. 153ff.
[359] Vgl. z. B. HAHN, D. (1989), Sp. 2074ff. und BAUM, H.-G./COENENBERG, A. G./GÜNTHER, T. (1999), S. 66ff.
[360] Vgl. z. B. KIENBAUM, G. (1989), Sp. 2033ff. und BAUM, H.-G./COENENBERG, A. G./GÜNTHER, T. (1999), S. 56ff.
[361] Dies postuliert bereits frühzeitig BOULDING, K. E. (1958), S. 18.
[362] Vgl. ULRICH, H. (1970), S. 225ff.

Traditionell wird betriebliche Tätigkeit als Kombination von Arbeitsleistung und technischer Apparatur zur Erstellung von Gütern und Dienstleistungen angesehen.[363] Dementsprechend standen in der Betriebswirtschaftslehre sog. Produktionsfaktoren, die in dispositive und Elementarfaktoren unterteilt werden, im Mittelpunkt des Interesses.[364] Gleichzeitig konzentrierte man sich in der Erfassung und Bewertung der Elemente des Zielsystems eines Unternehmens auf Vermögensgegenstände bzw. Vermögenswerte, die u. a. durch selbständige Veräußerbarkeit und Einzelbewertbarkeit gekennzeichnet sind.[365] Demgegenüber ist der Begriff Ressourcen weiter gefaßt. Ressourcen beinhalten z. B. auch Mitarbeiterfähigkeiten, die nicht vom Unternehmen veräußert werden können bzw. nicht einzeln bewertbar sind.

Das Verständnis von *Ressourcen*, die mit dem Aufkommen des ressourcenorientierten Ansatzes im strategischen Management Ende der 80er Jahre verstärkt in das Blickfeld rückten, ist in der wissenschaftlichen Literatur nicht einheitlich ausgebildet.[366] Eine Vielzahl von Begriffen, wie z. B. Fertigkeiten (Skills), materielles und immaterielles Vermögen (Assets),[367] Know-how, Kompetenzen (Competences) usw. werden häufig nur unscharf voneinander abgegrenzt und teilweise synonym verwendet. Grundlage des hier vertretenen Verständnisses ist eine weite Interpretation von Ressourcen, die eine Zerlegung in Sach-, Finanz- und Humankapital vorsieht.[368] Das Sachkapital umfaßt materielle ebenso wie immaterielle Assets, das Humankapital subsumiert sowohl organisationale Fähigkeiten und Abhängigkeiten als auch individuelles Know-how (im folgenden zusammenfassend als Skills bezeichnet). Im Finanzkapital werden schließlich alle unmittelbar monetären Assets zusammengefaßt. Abb. 49 faßt diese Systematisierung in graphischer Form zusammen.

Im Interesse der Kompatibilität mit den Termini der externen Unternehmensrechnung[369] soll auf dieser Grundlage eine alternative Ressourcentypisierung weiterverfolgt werden, die

- Materielle (Tangible) Ressourcen,
- Finanzielle (Financial) Ressourcen und
- Immaterielle (Intangible) Ressourcen

unterscheidet. Die ersten beiden Ressourcentypen sind wegen der hohen Vollkommenheit der zugehörigen Märkte leicht ineinander zu überführen, während Immaterielle Ressourcen aufgrund von Marktunvollkommenheiten schwer oder gar nicht handelbar sind.[370]

---

363 Vgl. GUTENBERG, E. (1958), S. 27.

364 Vgl. GUTENBERG, E. (1983), S. 3ff. Später wurde noch der Begriff Zusatzfaktor für Kosten, denen keine abgrenzbare Menge zugrunde liegt, hinzugefügt. Vgl. BUSSE VON COLBE, W./LAßMANN, G. (1988), S. 81ff.

365 Vgl. z. B. MÜLLER-DAHL, F. P. (1979), S. 80ff. und FREERICKS, W. (1976), S. 141ff.

366 Vgl. den Überblick bei ZAHN, E. (1995), S. 359.

367 Assets sind Verfügungsrechte eines Unternehmens, die aus vergangenen Transaktionen resultieren und aus denen ein Unternehmen sich zukünftigen wirtschaftlichen Nutzen erwartet. Vgl. IAS F53 und IAS F58.

368 Vgl. BAUM, H.-G./COENENBERG, A. G./GÜNTHER, T. (1999), S. 234. BARNEY und OSTERLOH/FROST unterscheiden hingegen Real-, Human- und organisationales Kapital (vgl. BARNEY, J. (1991), S. 101f.; OSTERLOH, M./FROST, J. (1996), S. 149). Das Realkapital kann dabei als Zusammenfassung des Sach- und Finanzkapitals angesehen werden. Das Humankapital nach BAUM, COENENBERG und GÜNTHER agglomeriert das Human- und organisationale Kapital nach BARNEY und OSTERLOH/FROST.

369 Vgl. COENENBERG, A. G. (1997), S. 105 und IAS 1.66 (revised 1997).

370 Die unterschiedliche Handelbarkeit wird in Abschnitt 5.4.5 von besonderer Bedeutung sein.

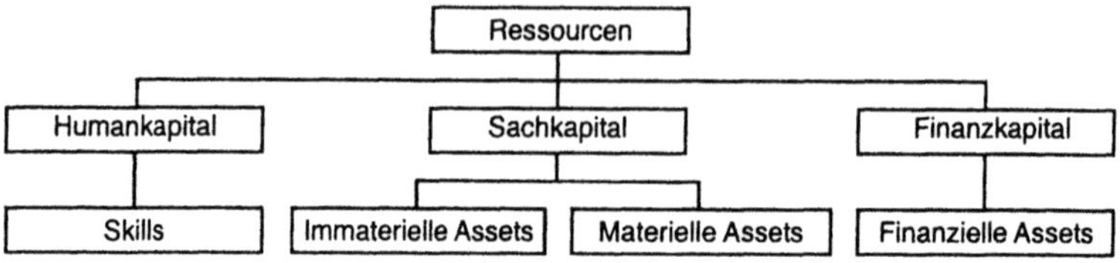

Abb. 49: Systematisierung von Ressourcen I

BOGAERT, MARTENS und VAN CAUWENBERGH unterscheiden Ressourcen hinsichtlich der Komponenten „Having“ und „Doing“,[371] wobei erstere physische Assets und Ressourcen und letztere nichtphysische Assets, Fähigkeiten, Fertigkeiten und Kompetenzen sind. Die Systematik *physischer* (tangibler) und *nichtphysischer* (intangibler) *Ressourcen* nutzen auch ITAMI/ROEHL und HALL.[372] Die von JOHNSON verwendeten Begriffe Financial und Intellectual Capital sind in diesem Zusammenhang weniger treffend, wenn nicht gar irreführend.[373]

Auf obiger Systematik baut HALL[374] auf, der intangible Ressourcen in Assets und Skills unterteilt, die weiter nach ihrer Mitarbeiterabhängigkeit typisierbar sind. Immaterielle Assets – als identifizierbare, nicht-monetäre Assets ohne physische Gegenständlichkeit, die unter der Kontrolle eines Unternehmens stehen[375] – sind Trademarks, Patents, Copyrights, Registered Designs, Contracts, Trade Secrets, Reputation and Networks. Employee Know-how and Culture und Distinctive Competencies of Suppliers/Distributors sind Beispiele für Intangible Skills.[376]

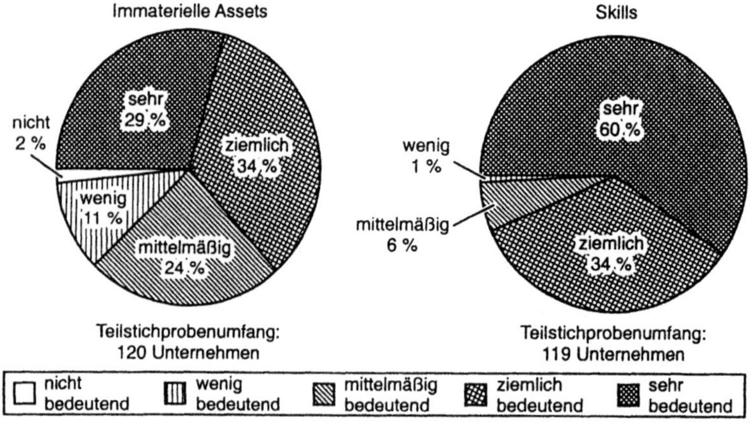

Abb. 50: Bedeutung Immaterieller Ressourcen für den langfristigen Unternehmenserfolg

---

371 Vgl. BOGAERT, I./MARTENS, R./VAN CAUWENBERGH, A. (1995), S. 61.

372 Vgl. HALL, R. (1992), S. 135ff.; HALL, R. (1993), S. 607ff. ITAMI/ROEHL verwenden das Begriffspaar „visible“ und „invisible“. Vgl. ITAMI, H./ROEHL, T. W. (1987), S. 12.

373 Vgl. JOHNSON, W. H. A. (1999), S. 564ff. Problematisch erweist sich dabei insbesondere die Vereinigung von Materiellen und Finanziellen Ressourcen unter dem Begriff Financial Capital.

374 Vgl. HALL, R. (1995), S. 151ff.

375 Vgl. IAS 38.

376 Vgl. für die Aufzählungen MICHALISIN, M. D./SMITH, R. D./KLINE, D. M. (1997), S. 365.

In der eigenen empirischen Untersuchung zeigte sich, daß die Bedeutung immaterieller Assets von den Unternehmen als geringer angesehen wird als die der Skills (vgl. Abb. 50). Dieses Resultat ist konsistent mit den Ergebnissen der Studie von STIVERS u. a., die für Skills eine höhere mittlere Bedeutung bei der Einschätzung von US-amerikanischen und kanadischen Firmen im Jahr 1995 fanden als für immaterielle Assets.[377]

Andererseits zeigt Abb. 51 ein Ranking wichtiger Immaterieller Ressourcen hinsichtlich ihrer Bedeutung für den Unternehmenserfolg auf Basis einer Befragung von 95 britischen Führungskräften im Jahr 1990. Dabei ist keine klare Präferenz für immaterielle Assets oder Skills zu erkennen.

Immaterielle Ressource	Rangnummer
Company Reputation	1
Product Reputation	2
Employee Know-how	3
Culture	4
Networks	5
Specialist Physical Resources	6
Data Bases	7
Supplier Know-how	8
Distributor Know-how	9
Public Knowledge	10
Contracts	11
Intellectual Property Rights	12
Trade Secrets	13

Abb. 51: Bedeutung Immaterieller Ressourcen für den Unternehmenserfolg[378]

Die aktuelle Entwicklung ist im Zuge der Veränderungen im Wettbewerbsgeschehen durch eine zunehmende Bedeutung Immaterieller Ressourcen gekennzeichnet.[379] Diese findet in einem steigenden Anteil des Wertes Immaterieller Ressourcen am Gesamtwert von Unternehmen ihren Niederschlag. Bei einigen Unternehmen vereinen Immaterielle Ressourcen, wie Abb. 52 zeigt, schon einen Großteil des gesamten Marktwertes.

Die *Materiellen und Finanziellen Ressourcen* wurden im Laufe der jahrhundertelangen historischen Entwicklung der Betriebswirtschaftslehre intensiv untersucht. Bereits vor mehr als fünfhundert Jahren wurden im Zuge der Herausbildung der doppelten Buchführung[380] die

[377] Eigene Berechnungen; Rohdaten von STIVERS, B. P. u. a. (1996), S. 2f.; STIVERS, B. P. u. a. (1997), S. 26ff.
[378] Vgl. HALL, R. (1992), S. 141.
[379] Vgl. WETZEL, D. (2001), S. 15.
[380] Als erste umfassende Darstellung der doppelten Buchführung gilt die 1494 erschienene erste Auflage von PACIOLI, L. (1523), Blatt 197ff. Da die Erstauflage nicht zugänglich war, muß hier auf die (orthographisch stringentere) Zweitauflage Bezug genommen werden. Deutsche Übersetzungen finden sich z. B. bei JÄGER, E. L. (1876) und PENNDORF, B. (1933). Praktische Anwendungen sind bereits im 14. Jahrhundert nachweisbar. Vgl. die Aufzählung bei PENNDORF, B. (1933), S. 1ff.

Materiellen und Finanziellen Ressourcen von Unternehmen in Form von Inventaren, Kalkulationsschemata und Rechnungsbüchern thematisiert.[381]

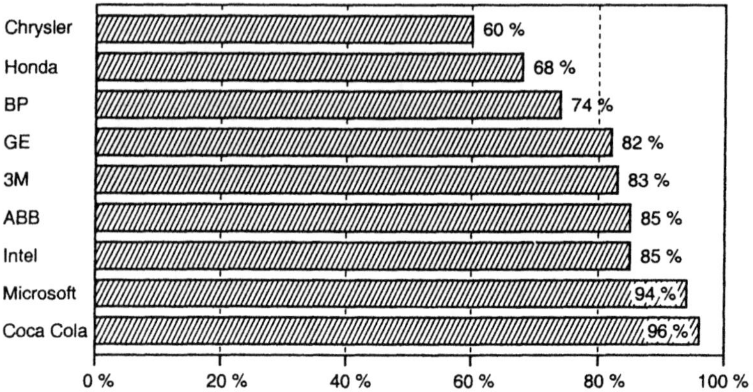

Abb. 52: Anteil Immaterieller Ressourcen am Marktwert ausgewählter Unternehmen[382]

Dementsprechend konzentrieren sich die Gepflogenheiten der externen Unternehmensrechnung, die in Deutschland in Form des Handelsgesetzbuches kodifiziert sind, und der internen Unternehmensrechnung auch auf diese beiden Dimensionen.[383] Die von einigen Autoren auch in jüngerer Vergangenheit noch geforderte Konzentration auf physische Ressourcen,[384] erscheint heute nicht mehr angebracht. Zu den Materiellen Ressourcen zählen die aktivischen Positionen des Sachanlagevermögens und der Vorräte mit den bekannten weiteren Gliederungsebenen.[385] Die Finanziellen Ressourcen setzen sich aus den Finanzanlagen und den Forderungen, Wertpapieren und liquiden Mitteln als verbleibenden Positionen des Umlaufvermögens sowie passivischen Positionen mit den jeweiligen detaillierteren Gliederungsstufen[386] zusammen.

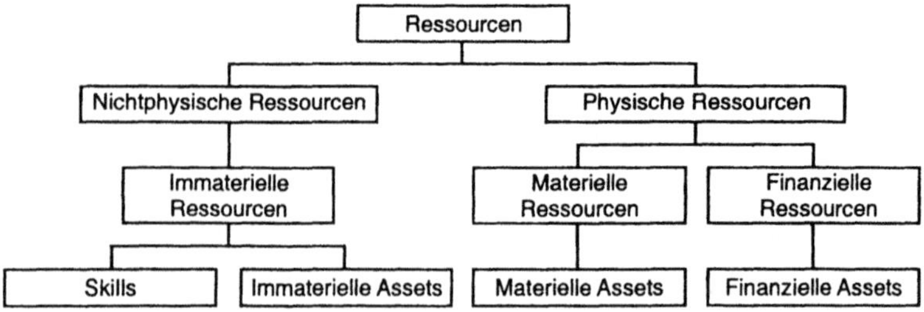

Abb. 53: Systematisierung von Ressourcen II

381 Vgl. SCHNEIDER, D. (1987), S. 96f.
382 Vgl. HOPE, J./FRASER, R. (1997), S. 20.
383 Vgl. SHANK, J. K./GOVINDARAJAN, V. (1995), S. 183.
384 Vgl. FRY, T. D. (1992), S. 34.
385 Vgl. § 266 (2) HGB.

Das damit vervollkommnete Verständnis von Ressourcen ist in Abb. 53 zusammenfassend dargestellt.[387]

In der häufig anzutreffenden, engeren Abgrenzung des ressourcenorientierten Ansatzes der strategischen Unternehmensführung werden nur Ressourcen betrachtet, auf denen ein nachhaltiger Wettbewerbsvorteil begründet werden kann.[388] Grundannahme ist dabei die Ressourcenheterogenität, d. h. die asymmetrische Ressourcenausstattung einzelner Wettbewerber. Strategische Ressourcen zeichnen sich einerseits durch ihre Fähigkeit zur Nutzenstiftung am Markt aus und sind andererseits unternehmensspezifisch und können von Wettbewerbern nur unzureichend imitiert bzw. substituiert werden.[389] Aufgrund der Handelbarkeit Materieller und Finanzieller Ressourcen und der eingeschränkten Handelbarkeit Immaterieller Ressourcen wird davon ausgegangen, daß strategische Ressourcen überwiegend immaterieller Natur sind.[390] Andererseits sind mitarbeiterabhängige Immaterielle Ressourcen durch ihre Flüchtigkeit gekennzeichnet und stellen damit eine ganz besondere Herausforderung für das Management dar. COFF beschreibt dies sehr treffend: „... the firms assets walk out the door each day, leaving some questions about whether they will return."[391] In dieser Arbeit soll nicht die enge (= Strategische Ressourcen), sondern die weite Fassung des Ressourcenbegriffs Grundlage der Analyse sein, um ein möglichst umfassendes Bild von Meßobjekten zu gewinnen.

5.1.1.2 Prozesse

Während sich die in Abschnitt 5.1.1.1 vorgenommene ressourcenorientierte Systematisierung auf die Charakterisierung von Erfolgspotential, Erfolg und Liquidität als Elemente des Zielsystems konzentrierte, soll im folgenden mit einer funktionalen Typisierung die Beziehung und wechselseitige Überführung dieser Elemente näher untersucht werden. Zur Beschreibung der Transformation haben sich Wertketten vielfältig bewährt, an denen sich die nachfolgend diskutierte weitere Charakterisierung der unternehmensinternen Meßobjekte orientiert.

PORTER[392] unterscheidet bei Prozessen primäre sowie unterstützende bzw. sekundäre Wertaktivitäten. Die primären Aktivitäten befassen sich mit der physischen Veränderung von Produkten und deren räumlichem und zeitlichem Transfer zwischen Lieferanten und Kunden sowie dem Kundendienst. Die sekundären Aktivitäten nehmen unterstützende Aufgaben zur Aufrechterhaltung der primären Aktivitäten sowohl auf Unternehmensebene als auch für einzelne primäre Aktivitäten wahr. Diese in Abb. 54 zusammengefaßt dargestellte *Wertkette* kann als Rahmen zur Gestaltung von Teilbereichen des Unternehmens in Konformität zur je-

---

386 Vgl. § 266 (2) und (3) HGB.

387 Im Rahmen der empirischen Untersuchung erscheint es zur Vermeidung einer Informationsüberfrachtung der Adressaten der strukturierten schriftlichen Befragung nicht sinnvoll, die Immateriellen Ressourcen hinsichtlich ihrer Mitarbeiterabhängigkeit weiter zu typisieren.

388 Vgl. AMIT, R./SCHOEMAKER, P. J. H. (1993), S. 37ff.; BARNEY, J. (1991), S. 99ff.

389 Vgl. BARNEY, J. (1991), S. 105ff. Vgl. zu einer umfassenden Diskussion dieser Eigenschaften RASCHE, C. (1994), S. 5ff.

390 Vgl. MICHALISIN, M. D./SMITH, R. D./KLINE, D. M. (1997), S. 363ff.

391 COFF, R. W. (1997), S. 375.

392 Vgl. PORTER, M. E. (1999a), S. 69ff.

weiligen Wettbewerbsstrategie verwendet werden. In der praktischen Entwicklung von Performance Measurement-Ansätzen lassen sich ebenfalls Impulse des Wertkettenkonzepts finden. So ist die *Internal Business Perspective* der *Balanced Scorecard* als weitgehend deckungsgleich mit Teilen der primären Wertaktivitäten anzusehen.

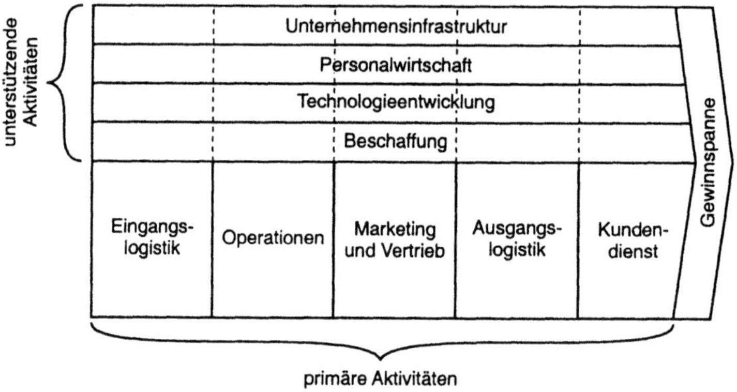

Abb. 54: Das Modell der Wertkette nach PORTER[393]

Das Modell der Wertkette[394] nach PORTER zählt seit seiner raschen Verbreitung in den 80er Jahren des letzten Jahrhunderts zu den Klassikern der Betriebswirtschaftslehre. In den vergangenen Jahren wurde das Konzept vervollkommnet und erweitert.

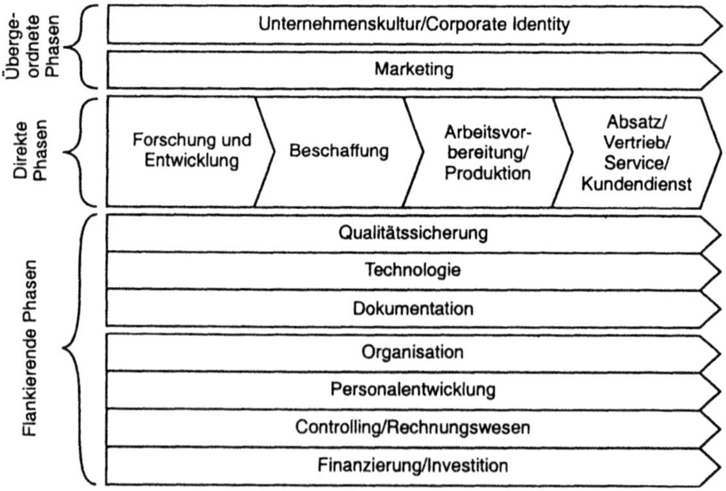

Abb. 55: Das erweiterte Modell der Wertkette nach TÖPFER[395]

393 Vgl. PORTER, M. E. (1999a), S. 66.

394 Einige Autoren verwenden auch die Bezeichnung Wertschöpfungskette. Vgl. z. B. HEINEN, E. (1991), S. 51.

Im allgemeinen basieren diese Erweiterungen auf einer detaillierteren Darstellung der primären und sekundären Aktivitäten. Beispielhaft seien Verbesserungen von TÖPFER (siehe Abb. 55) und GÜNTHER (siehe Abb. 56) genannt, die eine umfassendere Sicht auf das Unternehmen eröffnen und den Kreislaufgedanken des Wirtschaftens integrieren.

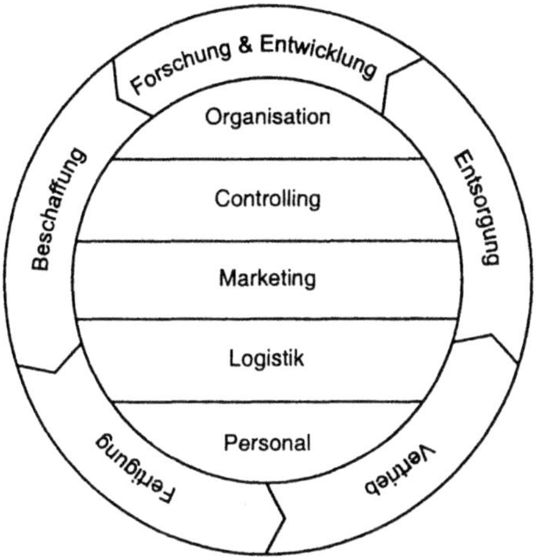

Abb. 56: Das erweiterte Modell der Wertkette nach GÜNTHER[396]

Neben diesen sich eng am Modell der Wertkette anlehnenden Konzepten werden in der Literatur verschiedene Ansätze zur Systematisierung von Prozessen und Funktionen vertreten. Insbesondere im Zuge der Business Process Reengineering-Welle in den 90er Jahren[397] ist eine Zunahme von Vorstößen in dieser Richtung zu verzeichnen, die sich allerdings aufgrund der teilweise sehr detaillierten Gliederung[398] als Basis einer empirischen Untersuchung von Performance Measurement-Systemen nicht eignen.

Durch einen besonders umsetzungsorientierten Fokus zeichnen sich die Arbeiten von WATSON[399] zum Process Benchmarking aus, die eng mit der erfolgreichen Neuorganisation der Xerox Corporation verbunden sind. Im Rahmen des Benchmarking werden acht *Principal Business Systems* zur Prozeßklassifizierung herangezogen: Control Business, Design Products, Market Products, Purchase Materials, Produce Products, Distribute Products, Service Products und Support Business.[400]

Das erste System *Control Business* umfaßt die Unternehmensplanung und -steuerung auf finanzieller Ebene in Übereinstimmung mit der strategischen Stoßrichtung. Mit dem als *Design*

395 Vgl. TÖPFER, A./MEHDORN, H. (1994), S. 28; ähnlich TÖPFER, A. (1996), S. 28.
396 Vgl. BAUM, H.-G./COENENBERG, A. G./GÜNTHER, T. (1999), S. 70 in Anlehnung an GÜNTHER, E. (1994), S. 90.
397 Vgl. z. B. HAMMER, M./CHAMPY, J. (1993) bzw. HAMMER, M./CHAMPY, J. (1994).
398 So unterscheiden z. B. GROVER u. a. 20 Prozeßtypen (vgl. GROVER, V. u. a. (1995), S. 125).
399 Vgl. z. B. WATSON, G. H. (1992) und WATSON, G. H. (1993), S. 13f.

Products bezeichneten System sollen die Kundenanforderungen und -erwartungen in Produkteigenschaften übertragen werden, also ein Produkt entwickelt werden, das diese Anforderungen erfüllt. Mit *Market Products* wird auf die Bedeutung des Marketing mit begleitenden Tätigkeiten wie Produktpreisgestaltung, Design, verkaufsfördernde Maßnahmen, Erklärung und Bewerbung des Produkts hingewiesen. Im System *Purchase Materials* werden alle zur Bereitstellung der für die Gütererstellung notwendigen Materialien zusammengefaßt. Die Erstellung der Güter, die bestimmten technischen Spezifikationen genügen müssen, wird im System *Produce Products* thematisiert. Auf die logistische Komponente des Transfers der fertiggestellten Güter zum Kunden wird im System *Distribute Products* eingegangen. Sämtliche Belange des Pre- und After-Sales-Service, wie die Installation technischer Produkte, Reparatur, Erweiterung oder Schulung werden unter *Service Products* zusammengefaßt. Abschließend vereinigt das *Support Business* System diverse unterstützende Funktionen, wie z. B. Zentrale Postbearbeitung, Computernetzwerke und eine Cafeteria.

Gemeinsames Merkmal der ex- oder implizit an Wertkettenmodelle angelehnten prozeßorientierten Sichten auf ein Unternehmen ist die Unterscheidung von direkt mit der Wertschöpfung in Verbindung stehenden Prozessen einerseits und Prozessen, die nur unterstützende Funktionen erfüllen, andererseits. Diese Typisierung soll für die empirische Arbeit unter Vermeidung der detaillierten aber divergierenden Ansätze zur Systematisierung weiterverfolgt werden.

5.1.2 Meßobjekte des Unternehmensumfeldes

Nach der Betrachtung der im „Inneren" eines Unternehmens angesiedelten, für die Unternehmensperformance potentiell bedeutenden Sachverhalte gilt das Augenmerk nun den in der „Umgebung" liegenden Sachverhalten. Bei der Analyse des Unternehmensumfeldes wird im Schrifttum häufig auf das Konzept der Stakeholdergruppen zurückgegriffen, das überblicksartig im folgenden Abschnitt dargestellt wird. Anschließend wird auf Unternehmensumfeldkonzepte eingegangen, die die Sicht des Stakeholdergruppen-Ansatzes erweitern.

5.1.2.1 Stakeholdergruppen

Stakeholder sind „any group or individual who can affect or is affected by the achievement of the organization's objectives".[401] Als Ursprung des Stakeholderbegriffs, der als Pendant zum Terminus *Shareholder* gilt,[402] werden Arbeiten des Stanford Research Institute aus dem Jahre 1963 angesehen.[403] Dieser ursprüngliche Stakeholdergruppen-Ansatz, der auf koalitionstheoretischen Betrachtungen fußt,[404] unterscheidet sechs Stakeholdergruppen: Anteilseigner, Mitarbeiter, Kunden, Lieferanten, Kreditgeber und Gesellschaft.[405]

---

[400] Vgl. WATSON, G. H. (1992), S. 18f.; WATSON, G. H. (1993), S. 13.
[401] Vgl. FREEMAN, R. E. (1984), S. 46.
[402] Vgl. EBERHARDT, S. (1998), S. 145.
[403] Vgl. FREEMAN, R. E. (1984), S. 49 (Anmerkung 1).
[404] Vgl. BISCHOFF, J. (1995), S. 169ff. und für einen historischen Überblick STAEHLE, W. H. (1992), S. 72ff.
[405] Vgl. FREEMAN, R. E. (1984), S. 31f.

Für ein besseres Verständnis der Beziehungen eines Unternehmens zu seinem Umfeld wurden Klassifikationen auf Basis *primärer und sekundärer Stakeholdergruppen* entwickelt.[406] Dabei werden die marktlich organisierten Stakeholder, wie Kunden, Lieferanten, Mitarbeiter und Anteilseigner/Kreditgeber als primäre Gruppen bezeichnet. Die Gruppen, die durch die Interaktion des Unternehmens mit den primären Stakeholdern tangiert werden und diese Wechselbeziehung zu beeinflussen suchen, wie Staat, Gesellschaft, (Massen-)Medien sowie besondere Interessengruppen (Verbände, Gewerkschaften), sind sekundäre Gruppen.[407] Diese Unterscheidung von primären und sekundären Stakeholdern impliziert aber nicht, daß die primären Stakeholdergruppen als wichtiger als die sekundären angesehen werden.

ACHLEITNER[408] unterscheidet darüber hinaus Bezugsgruppen, Interessengruppen, Anspruchsgruppen und Strategische Anspruchsgruppen, wobei die Intensität der Beziehung zum Unternehmen in der angegebenen Reihenfolge ansteigt. Die konkrete Zuordnung einzelner Stakeholdergruppen hängt dabei teilweise stark von den jeweiligen Unternehmensspezifika ab.[409]

Für eine erfolgreiche Arbeit eines Unternehmens in mittel- bis langfristiger Perspektive ist es unerläßlich, alle Stakeholder eines Unternehmens schneller und besser zufriedenzustellen als dies andere Unternehmen tun.[410] Der teilweise anzutreffenden ausschließlichen oder schwerpunktmäßigen Konzentration auf Shareholder als einer bestimmten Stakeholdergruppe[411] ist vor diesem Hintergrund mit Skepsis zu begegnen.[412] Zumindest kann eine exklusive Orientierung am Shareholder Value das steuerungsrelevante Signalspektrum nicht komplett abdecken.

5.1.2.2 Unternehmensumfeldkonzepte

Neben den im letzten Abschnitt betrachteten Stakeholdergruppen beinhaltet das Umfeld eines Unternehmens auch weitere Aspekte, die in Wechselwirkung mit dem Unternehmen stehen und für eine vollständige Erfassung der Umfeldeinflüsse in die Analyse zu integrieren sind.

In diesem Zusammenhang werden ein aufgabenspezifisches Umfeld i. w. S. und ein globales Umfeld unterschieden, wobei sich ersteres durch einen direkten und letzteres durch einen indirekten Bezug zur Unternehmenstätigkeit auszeichnet.[413] Das *globale Umfeld*[414] umfaßt die nicht unternehmens- oder branchenspezifischen Faktoren als ökonomische, rechtlich-politische, sozio-kulturelle, technologische und ökologische Aspekte.[415]

---

406 Vgl. WADDOCK, S. A./GRAVES, S. B. (1997), S. 252.

407 Vgl. POST, J. E./LAWRENCE, A. T./WEBER, J. (1999), S. 9ff. Ähnlich SHARMAN, P. (1994), S. 18, der primäre als überlebenswichtige und sekundäre als nicht überlebenswichtige bezeichnet. Dementsprechend werden Staat und Gesellschaft auch als primäre Stakeholdergruppen angesehen.

408 Vgl. ACHLEITNER, P. M. (1985), S. 76.

409 Vgl. für die Informationsbedürfnisse einzelner Stakeholdergruppen SCHULZ, T. M. (1995), S. 50ff. und zur Analyse von konkreten Stakeholderbeziehungen JOHNSON, G./SCHOLES, K. (1993), S. 171ff.

410 Vgl. SHARMAN, P. (1992), S. 18; HINTERHUBER, H. H. (1995), S. 823.

411 Vgl. DRUKARCZYK, J. (1993), S. 19; MORRISSEY, E./HUDSON, G. (1997), S. 49; SCHÜLER, A. (1998), S. 1.

412 Vgl. RASTER, M. (1995), S. 15.

413 Vgl. WELGE, M. K./AL-LAHAM, A. (1992), S. 84.

414 Synonyme u. a.: „Remote Environment“ (vgl. PEARCE, J. A./ROBINSON, R. B. (1988), S. 99ff.); „Makro-Umfeld“ (vgl. GÜNTHER, E. (1994), S. 24ff.)

415 Vgl. CORSTEN, H./GÖTZELMANN, F. (1989), S. 351f.

Für die Analyse des aufgabenspezifischen Umfeldes i. w. S.[416] wird hier ein *aufgabenspezifisches Umfeld i. e. S.*[417] und ein *erweitertes aufgabenspezifisches Umfeld* unterschieden. Die Dekomposition des erstgenannten soll dabei anhand des PORTERschen Branchenstrukturmodells[418] erfolgen, wobei, wie in Abb. 57 dargestellt, fünf Wettbewerbskräfte unterschieden werden können.

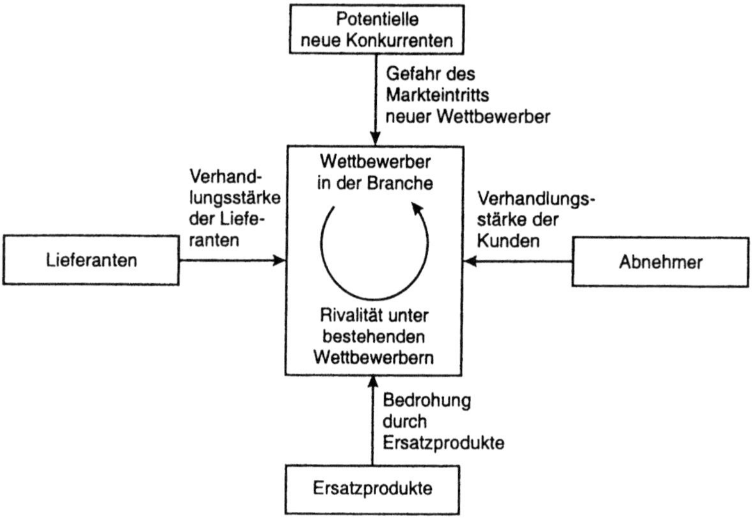

Abb. 57: Wettbewerbskräfte nach PORTER[419]

Aus Vereinfachungsgründen sollen im folgenden potentielle Konkurrenten und bereits am Markt agierende Wettbewerber gemeinsam als Wettbewerber betrachtet werden, so daß das aufgabenspezifische Umfeld i. e. S. vier Elemente umfaßt: Wettbewerber, Kunden, Lieferanten und Ersatzprodukte.

Die übrigen im Rahmen der Stakeholderanalyse diskutierten Interessengruppen am Unternehmensgeschehen werden dem *erweiterten aufgabenspezifischen Umfeld* zugeordnet, das damit im wesentlichen Anteilseigner, Kreditgeber, den Staat, die Öffentlichkeit und Mitarbeiter umfaßt. Vor dem Hintergrund der zunehmenden Kapitalmarktorientierung auch deutscher Unternehmen mit dem einhergehenden Ausbau der Investor Relations[420] sollte in Erwägung gezogen werden, professionelle externe Begutachter und Bewerter eines Unternehmens und seiner

---

416 Synonyme u. a.: „Competitive-" oder „Task-Environment" (vgl. PEARCE, J. A./ROBINSON, R. B. (1988), S. 99) und „Wettbewerbsumfeld" (vgl. WELGE, M. K./Al-LAHAM, A. (1992), S. 83). Die wettbewerblich orientierten Begriffe erscheinen vor dem Hintergrund der folgenden weiteren Detaillierung weniger geeignet.

417 PORTER prägte den Begriff „Wettbewerbsfeld" (vgl. PORTER, M. E. (1999a), S. 56ff.) für das aufgabenspezifische Umfeld i. e. S. Ähnlich mit „Competitive Arena" HUSSEY, D. (1999), S. 61ff.

418 Vgl. PORTER, M. E. (1999b), S. 33ff. Für andere Ansätze vgl. die Übersichten bei KREILKAMP, E. (1987), S. 71 und AEBERHARD, K. (1996), S. 49.

419 Vgl. PORTER, M. E. (1999b), S. 34.

420 Vgl. GÜNTHER, T./OTTERBEIN, S. (1996), S. 389ff.; GÜNTHER, T. (1998), S. 85ff.

Entwicklung (sog. Analysten) innerhalb des erweiterten aufgabenspezifischen Umfelds losgelöst von der Öffentlichkeit separat zu betrachten.

Diese dreigeteilte Sicht des Unternehmensumfeldes mit seinen Elementen globales, erweitertes aufgabenspezifisches und aufgabenspezifisches Umfeld i. e. S. faßt Abb. 58 zusammen.

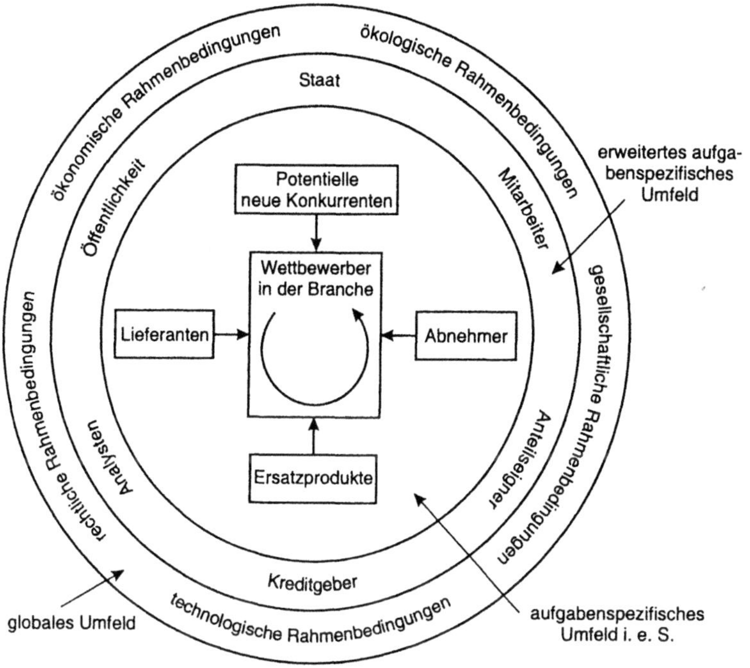

Abb. 58: Dreistufiges Unternehmensumfeldkonzept[421]

Teilweise wird für die Untersuchung des Unternehmensumfeldes ein fünfstufiges Analyseschema verwendet, bei dem globales Umfeld, Wettbewerbsstruktur, Wettbewerbsdynamik, Strategische Gruppen und Konkurrenz unterschieden werden.[422] Dieses Konzept unterscheidet sich lediglich in der Abgrenzung der einzelnen Analyseeinheiten und ist damit strukturell mit dem hier verwendeten identisch.

5.1.3 „Klassische" und „moderne" Meßobjekte

Auf Basis der Analysen der Abschnitte 5.1.1 und 5.1.2 können fünf Grundtypen von Meßobjekten unterschieden werden, die sich auch in der empirischen Untersuchung wiederfinden, wo sie sich schon im Pretest als geeignete und für die Zielgruppe der Befragung verständliche Abstufung erwiesen.

[421] Vgl. sehr ähnlich BAUM, H.-G./COENENBERG, A. G./GÜNTHER, T. (1999), S. 57.
[422] Vgl. WELGE, M. K./AL-LAHAM, A. (1999), S. 185.

- *Materielle Ressourcen* (z. B. Maschinen, Gebäude, Vorräte),
- *Finanzielle Ressourcen* (z. B. liquide Mittel, Finanzanlagen, Aktien, Forderungen, Verbindlichkeiten),

} „klassische" Meßobjekte

- *Immaterielle Ressourcen* (z. B. Patente, Marken, Reputation, Mitarbeiter-Know-How),
- *Prozesse* (z. B. Produktions-, Logistikprozesse),
- *Unternehmensumfeld* (z. B. Wettbewerber, Kunden, Öffentlichkeit).

} „moderne" Meßobjekte

Während die ersten beiden in den klassischen Unternehmensrechenwerken schon längere Zeit thematisiert werden und traditionell im Mittelpunkt der Erfassung und Steuerung der Unternehmensperformance stehen, liegen für die drei letzten weniger umfangreiche Erfahrungen vor. Ihnen wird erst in der jüngeren Vergangenheit eine verstärkte Aufmerksamkeit zuteil. Daher werden Finanzielle und Materielle Ressourcen als „klassische" Meßobjekte bezeichnet und Immaterielle Ressourcen, Prozesse und das Unternehmensumfeld als „moderne".[423]

5.1.4 Relevante Meßobjekte

In Abschnitt 5.1 wurde die Gesamtheit aller Meßobjekte abgegrenzt, die aber nicht vom Performance Measurement-System jedes Unternehmens abgedeckt werden muß. Da ein Performance Measurement-System nur die für die konkrete Unternehmenssituation wichtigen (= relevanten) Meßobjekte beinhalten sollte,[424] werden nachfolgend Kriterien entwickelt, anhand derer diese relevanten Meßobjekte bestimmt werden können.

Der semantische Zugang beschreibt „Relevanz" als Erheblichkeit, Wichtigkeit und Bedeutsamkeit – die Bedeutsamkeit von Meßobjekten kann aber nicht unabhängig von einem konkreten Unternehmen bestimmt werden. So können Materielle Ressourcen für ein Unternehmen der verarbeitenden Industrie einen sehr großen Stellenwert einnehmen, während sie für ein anderes Unternehmen aus dem Dienstleistungssektor nur von untergeordneter Bedeutung sind. Für das weitere Vorgehen ist die Erkenntnis, daß die Relevanz von Meßobjekten unternehmensspezifisch ist, entscheidend.

5.1.4.1 Das Konzept der kritischen Erfolgsfaktoren

Erfolgsfaktoren sind die Ursachen für die Entstehung von Unternehmenserfolg[425] – oder in der in dieser Arbeit verwendeten Terminologie: Ursachen für die realisierte Zielerreichung, also Performance. Ob eine positive (zielführende) oder negative (nicht zielführende) Entwicklungsrichtung eingeschlagen wird, hängt dabei von der Ausgestaltung der Erfolgsfaktoren ab. Als kritische Erfolgsfaktoren[426] werden diejenigen Erfolgsfaktoren bezeichnet, deren Einfluß

[423] Die Begriffe *klassisch* und *modern* werden hier als zeitbezogenes Pendant (herkömmlich vs. neuzeitlich) verwendet und sollen keinerlei Wertung im Sinne von „modern = gut" (oder schlecht) implizieren.

[424] Vgl. KEEGAN, D. P./PESCI, S. W. (1994), S. 66; VITALE, M./MAVRINAC, S. C./HAUSER, M. (1994a), S. 15; SLATER, K. (1991), S. 33; ARRINGTON, B./GAUTAM, K./MCCABE; W. J. (1995), S. 106.

[425] Der Begriff des Unternehmenserfolgs ist dabei sehr weit zu interpretieren. Insbesondere ist er nicht identisch mit der engen Auslegung der Polysemie in der externen Unternehmensrechnung.

[426] Synonym: Strategische Erfolgsfaktoren.

auf die Unternehmensperformance vergleichsweise groß ist.[427] Häufig werden, von der umgangssprachlich positiv belegten Semantik des Begriffs ausgehend („Erfolg"), nur die Ursachen einer *positiven* Entwicklung als Erfolgsfaktor bezeichnet.[428]

Entsprechend ihrer Gestaltbarkeit werden mit umfeldbezogenen (externen) und unternehmensbezogenen (internen) zwei Typen kritischer Erfolgsfaktoren unterschieden.[429] Erstere sind vom Unternehmen meist nicht gestaltbar, während letztere beeinflußt werden können.

Im Schrifttum wird häufig postuliert, daß die Meßobjekte eines Performance Measurement-Systems aus den *kritischen Erfolgsfaktoren* des jeweiligen Unternehmens abzuleiten sind. Die Forderungen unterscheiden sich dabei in der Art der Zuordnung von Meßobjekten und kritischen Erfolgsfaktoren. Einige Autoren fordern, daß jedes Meßobjekt einem kritischen Erfolgsfaktor zugeordnet sein muß,[430] so daß einige kritische Erfolgsfaktoren unter Umständen keine Entsprechung im Performance Measurement-System finden. Andere Autoren erwecken den Anschein, daß jeder kritische Erfolgsfaktor mit einem Meßobjekt interagieren soll,[431] also nicht unbedingt alle Meßobjekte eines Performance Measurement-Systems kritische Erfolgsfaktoren abbilden müssen. Wieder andere bleiben bei der Spezifizierung vage.[432]

Insgesamt scheint die Differenzierung hinsichtlich der Art der Abbildung aber auf unscharfen sprachlichen und stilistischen Formulierungen zu beruhen. Dementsprechend wird von einer Korrespondenz von Meßobjekten und kritischen Erfolgsfaktoren ausgegangen, so daß sowohl jedes Meßobjekt als auch jeder kritische Erfolgsfaktor ein Pendant hat.

Aufgrund des sehr differenzierten Geschäfts verschiedener Unternehmen und der situativ wechselnden Bedeutung kritischer Erfolgsfaktoren ist eine Aufzählung kritischer Erfolgsfaktoren mit Allgemeingültigkeitsanspruch unrealistisch.[433] Bei der *Ermittlung der kritischen Erfolgsfaktoren* eines konkreten Unternehmens haben sich folgende Methoden bewährt:[434]

- Erfahrungswissen,[435]
- strategische Grundsätze (z. B. 7-S-Modell),[436]

[427] Vgl. SCHEFCZYK, M. (1994), S. 25; KRÜGER, W./SCHWARZ, G. (1997), S. 75; HOFFMANN, F. (1986), S. 831ff. Demgegenüber subsumieren HAHN, D./GRÄB, U. (1989), S. 211 *alle* Einflußgrößen des Unternehmenserfolgs unter kritischen Erfolgsfaktoren.

[428] Vgl. z. B. ROCKART, J. F. (1979), S. 85; FELL, M. (1994), S. 16; FITZPATRICK, E. W. (1993), S. 34f.

[429] Vgl. LANGE, B. (1982), S. 29f.; KRÜGER, W. (1988), S. 30f.

[430] Vgl. z. B. BEISCHEL, M. E./SMITH, K. R. (1991), S. 26; VITALE, M./MAVRINAC, S. C./HAUSER, M. (1994a), S. 13; HENDRICKS, J. A. (1994), S. 27; MCMANN, P./NANNI, A. J. (1994), S. 56; TAYLOR, L./CONVEY, S. (1993), S. 23; HENDRICKS, J. A./DEFREITAS, D. G./WALKER, D. K. (1996), S. 18ff.; TATIKONDA, L. U./TATIKONDA, R. J. (1998), S. 50ff.

[431] Vgl. z. B. SELLENHEIM, M. R. (1991), S. 53; o. V. (1997d), S. 39; GRADY, M. W. (1991), S. 50; CAMPBELL, A. (1997), S. 40ff.; EVANS, H. u. a. (1996), S. 25; BIRCHARD, B. (1996a), S. 30; MCDONELL, E. D./RUBIN, M. J. (1991), S. 46ff.; WILSON, G. (1999), S. 21f.; DRTINA, R. (1999), S. 48.

[432] Vgl. z. B. OTLEY, D. (1997), S. 44; NEWING, R. (1994), S. 53; BINNERSLEY, M. (1996), S. 34; ECCLES, P. (1993), S. 53; FIKSEL, J. (1995), S. 28; SMITH, M. (1998), S. 34f.; BOOTH, R. (1998), S. 27.

[433] Vgl. FISCHER, T. M. (2000), S. 74f.; FISCHER, T. M. (1993), S. 19.

[434] Vgl. COENENBERG, A. G./BAUM, H.-G. (1987), S. 49.

[435] Vgl. für einen Überblick über drei wichtige Studien FISCHER, T. M. (1993), S. 26ff.

[436] Vgl. PETERS, T. J./WATERMAN, R. H. (1993), S. 32ff.

- analytisch-deskriptive Modelle (z. B. Erfahrungskurven-,[437] Produktlebenszyklus-[438] und Industriekurvenkonzept),[439]
- empirische Untersuchungen mit statistischen Auswertungen (z. B. PIMS-Studie,[440] FRITZsche Metaanalyse).[441]

Die Extraktion kritischer Erfolgsfaktoren eines Unternehmens ist wegen des erforderlichen umfangreichen Wissens über Unternehmensinterna und Umfeld ein aufwendiger Prozeß. Für die empirische Analyse auf Basis einer Vielzahl von Unternehmen kann deshalb nicht extern für jedes der Unternehmen der Katalog kritischer Erfolgsfaktoren bestimmt werden.

5.1.4.2 Empirischer Befund

Um ermitteln zu können, inwieweit einzelne Meßobjekte für das Performance Measurement-System relevant sind, soll deshalb auf die subjektive Einschätzung durch den Ansprechpartner im jeweiligen Unternehmen zurückgegriffen werden. Die Relevanz wird dabei als identisch mit der Bedeutung für den langfristigen Unternehmenserfolg angesehen. Von großem Vorteil erweist sich bei dieser Vorgehensweise, daß Fachwissen über die Branche sowie Unternehmensinterna genutzt werden können, ohne einen direkten Zugang zu diesen Größen zu haben. Da gleichzeitig die Gefahr einer systematischen Verzerrung durch die subjektive Bewertung gering ist, wie die Untersuchungen zum Datenerhebungsfehler zeigen,[442] erscheint die gewählte als eine zweckmäßige Operationalisierung der Relevanz von Meßobjekten.[443]

Die mittlere Relevanz der *Meßobjekte* für den langfristigen Unternehmenserfolg (vgl. Abb. 59) weist teilweise erhebliche Unterschiede auf. Lieferanten, Substitutionsprodukte und das sonstige Unternehmensumfeld erwiesen sich in der eigenen empirischen Untersuchung von unterdurchschnittlicher Bedeutung, während Finanzielle Ressourcen, Fähigkeiten und direkt wertschöpfende Prozesse im Mittel eine besonders große Bedeutung für den langfristigen Erfolg der untersuchten Unternehmen haben.

Diese Meßobjekte sollen nun mit den im Abschnitt 5.1.3 beschriebenen fünf *Meßobjektgrundtypen* harmonisiert werden. Dazu sind die immateriellen Vermögensgegenstände und Fähigkeiten zu Immateriellen Ressourcen zusammenzufassen. Parallel werden die direkt wertschöpfenden und die unterstützenden Prozesse im Grundtyp Prozesse gebündelt und Wettbewerber, Kunden, Lieferanten, Ersatzprodukte und das sonstige Unternehmensumfeld zum Unternehmensumfeld fusioniert.

---

437 Vgl. HENDERSON, B. D. (1984), S. 19ff.
438 Vgl. BAUM, H.-G./COENENBERG, A. G./GÜNTHER, T. (1999), S. 85ff.
439 Vgl. DYCKE, A./SCHULTE, C. (1991), S. 380ff. Einen Überblick über weitere analytisch-deskriptive Methoden gibt BOUNCKEN, R. B. (2000), S. 871ff.
440 Vgl. BUZZELL, R. D./GALE, B. T. (1987); BUZZELL, R. D./GALE, B. T. (1989).
441 Vgl. FRITZ, W. (1990), S. 91ff. Eine umfassende Übersicht über empirische Studien zur quantitativen, empirischen Bestimmung von Erfolgsfaktoren findet sich bei SCHEFCZYK, M. (1994), S. 63ff.
442 Der Datenerhebungsfehler wird in Abschnitt 8.3.3.3 ab S. 233 untersucht.
443 Eine ähnliche Vorgehensweise wird im Performance Measurement Questionnaire genutzt. Vgl. DIXON, J. R./NANNI, A. J./VOLLMANN, T. E. (1990), S. 66ff.; NEELY, A. D. (1998), S. 43ff. und Abschnitt 5.1.6 ab S. 115.

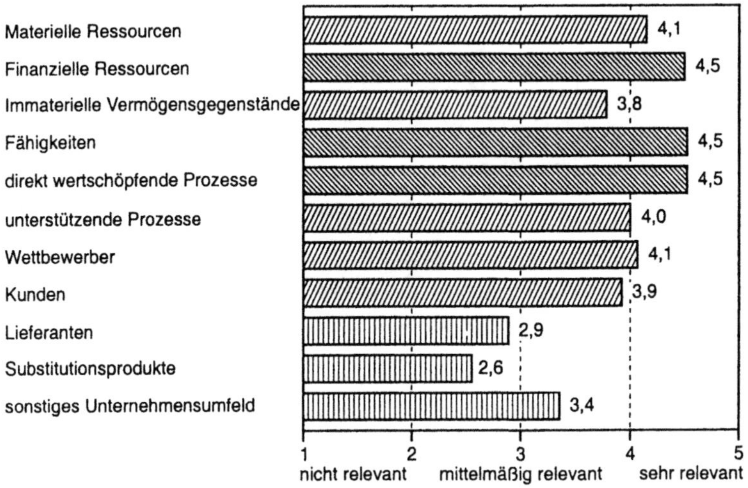

Teilstichprobenumfang: 114 bis 122 Unternehmen

Abb. 59: Mittlere Relevanz von Meßobjekten

Mit einer Ausnahme weisen alle der in Abb. 60 gezeigten Meßobjekttypen eine hohe mittlere Relevanz auf. Das Unternehmensumfeld scheint für das Geschäft der untersuchten Unternehmen im Mittel wesentlich weniger bedeutsam zu sein als andere Meßobjekte.

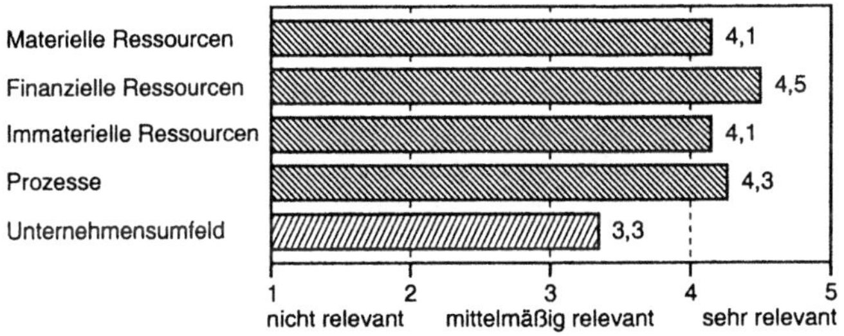

Teilstichprobenumfang: 110 bis 122 Unternehmen

Abb. 60: Mittlere Relevanz von Meßobjekttypen[444]

5.1.5 Betrachtungsintensität von Meßobjekten

Im letzten Abschnitt wurde die Relevanz von Meßobjekten für eine langfristig erfolgreiche Unternehmensentwicklung untersucht, also welche Meßobjekte ein Performance Measurement-System berücksichtigen sollte. Demgegenüber wird nun analysiert, welche Meßobjekte Unternehmen tatsächlich in ihren Performance Measurement-Systemen thematisieren.

---

[444] Ermittelt durch ungewichtete Scoreaddition der Intensitäten der jeweiligen Meßobjekte. Die Rechtfertigung für dieses Vorgehen liegt in der Unkenntnis der Gewichtungsfaktoren. Vgl. z. B. SALIGER, E. (1998), S. 86f.; SIEBEN, G./SCHILDBACH, T. (1990), S. 54f.; BAMBERG, G./COENENBERG, A. G. (1996), S. 110.

Hinsichtlich der mittleren Intensität der Betrachtung einzelner Meßobjekte in Performance Measurement-Systemen sind erhebliche Unterschiede zu konstatieren, wie Abb. 61 zeigt. Eine dominante Rolle spielen dabei Materielle und Finanzielle Ressourcen, über die aus Kostenrechnungs- und Bilanzbuchhaltungssystemen leicht Informationen zu gewinnen sind, ebenso wie direkt wertschöpfende Prozesse.

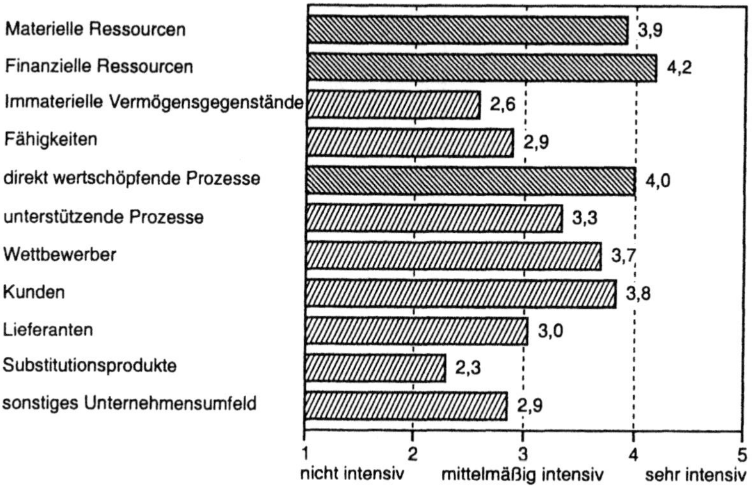

Teilstichprobenumfang: 108 bis 116 Unternehmen

Abb. 61: Mittlere Betrachtungsintensität von Meßobjekten

Auf Ebene der fünf *Meßobjektgrundtypen* zeigt sich deskriptiv, daß die „klassischen“ Meßobjekte Materielle und Finanzielle Ressourcen im Mittel wesentlich intensiver im Performance Measurement-System betrachtet werden als „moderne“.

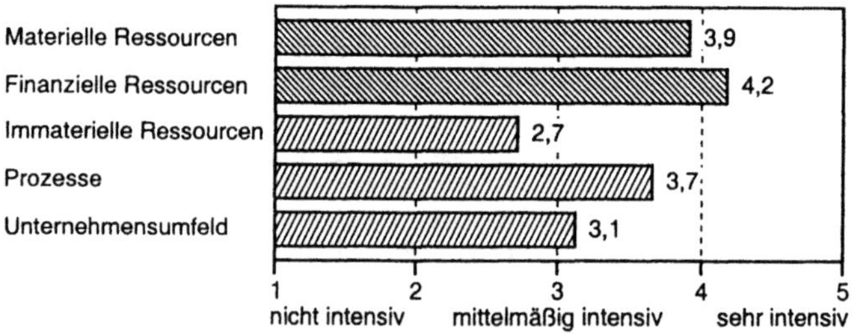

Teilstichprobenumfang: 105 bis 116 Unternehmen

Abb. 62: Mittlere Betrachtungsintensität von Meßobjekttypen[445]

[445] Aggregation äquivalent zu Abb. 60.

Nach wie vor ist im Performance Measurement somit ein starker Einfluß von Informationen aus der Kostenrechnung und dem Jahresabschluß festzustellen. Da auch andere Bereiche („moderne“ Meßobjekte) abgebildet werden, erscheint es im Zusammenhang von Performance Measurement aber nicht zutreffend, von einer „Fixation on Financial Results“[446] auszugehen.

5.1.6 Fokussierungslücke

Erste Aussagen zur Güte der Meßkonstruktion können getroffen werden, indem für Meßobjekte die Wechselbeziehung zwischen Relevanz und Betrachtungsintensität untersucht wird. Dabei besteht idealerweise nicht nur ein positiver Zusammenhang zwischen Relevanz und Betrachtungsintensität von Meßobjekten, sondern beide sind deckungsgleich. Nur dann werden Meßobjekte in genau der Intensität im Performance Measurement-System berücksichtigt, die ihnen aufgrund ihrer Relevanz für den langfristigen Unternehmenserfolg zukommt. Wenn Relevanz und Betrachtungsintensität eines Meßobjekts nicht korrespondieren, besteht für dieses Meßobjekt eine Fokussierungslücke. Die Fokussierungslücke ist positiv, wenn die Relevanz die Betrachtungsintensität übersteigt, wichtige Meßobjekte also im Performance Measurement-System vernachlässigt werden. Eine negative Fokussierungslücke erscheint wenig rational, da dann Ressourcen für die Erfassung von für das Unternehmen unnützen Meßobjekten eingesetzt werden.

Ein ähnliches Konzept verfolgen DIXON, NANNI und VOLLMANN unter der Bezeichnung *Performance Measurement Questionnaire*.[447] Durch Befragung mehrerer Personen im Management eines Unternehmens wird für verschiedene *Performance Factors* erfaßt, wie bedeutend sie sind und wie stark sich das Unternehmen auf deren Messung konzentriert (*Company's Emphasis on Measurement*).

Importance of Performance Factor (None → Great)							Performance Factor	Company's Emphasis on Measurement (None → Great)						
1	2	3	4	5	6	7		1	2	3	4	5	6	7
		x					Inventory Turnover			x				
		x					Conformance to Specifications		x					
					x		Cost of Quality				x			
							...							

Abb. 63: Performance Measurement Questionnaire[448]

---

[446] ANTHONY, R. N./GOVINDARAJAN, V. (1998), S. 469.

[447] Vgl. DIXON, J. R./NANNI, A. J./VOLLMANN, T. E. (1990), S. 66ff.; NEELY, A. D. (1998), S. 43ff.

[448] In Anlehnung an MCMANN, P./NANNI, A. J. (1994), S. 57; DIXON, J. R./NANNI, A. J./VOLLMANN, T. E. (1990), S. 175f.

Aus konzeptioneller Sicht erscheint die Operationalisierung aufgrund der Unschärfe der verwendeten Begriffe und wegen der großen Zahl von *Performance Factors* (39) etwas problematisch. In didaktischer Hinsicht ist der Ansatz wesentlich positiver zu beurteilen. Im Performance Measurement Questionnaire wird die Bedeutung eines Performance Factor seiner Betrachtungsintensität direkt gegenübergestellt (vgl. Abb. 63), so daß die Fokussierungslücke unmittelbar abzulesen ist. Im Zuge der Datenerhebung können den Befragten damit simultan Ansatzpunkte für Verbesserungsmaßnahmen aufgezeigt werden. Insofern ist der Performance Measurement Questionnaire gut geeignet, organisationales Lernen in Gang zu setzen.

Angesichts des anhaltend großen Interesses, das auch die Unternehmenspraxis der Diskussion über Performance Measurement-Systeme entgegenbringt, dürfte das Idealziel einer verschwindenden *Fokussierungslücke* in der Unternehmenspraxis noch nicht erreicht worden sein, so daß davon auszugehen ist, daß folgende These den „State of the Art" wiedergibt.

These 1: Für alle Meßobjekte besteht eine positive Fokussierungslücke.[449]

Da die Relevanz und Betrachtungsintensität jeweils mit identisch zu interpretierenden Skalenendwerten intervallskaliert sind,[450] kann die Fokussierungslücke eines Meßobjekts leicht als Differenz von Relevanz und Betrachtungsintensität operationalisiert werden.

Bei der deskriptiven Analyse zeigen sich für alle Meßobjekttypen positive Fokussierungslücken (vgl. Abb. 64). Während diese für Materielle und Finanzielle Ressourcen sowie das Unternehmensumfeld vergleichsweise gering sind, bleibt die Betrachtungsintensität von Prozessen und insbesondere Immateriellen Ressourcen erheblich hinter deren Relevanz zurück. Die Größe der Fokussierungslücke scheint damit meßobjektspezifisch zu sein. In Abschnitt 5.5 wird ein formales Modell zur Erklärung der Größe der Fokussierungslücke entwickelt; dazu sind jedoch noch erhebliche Vorarbeiten notwendig.

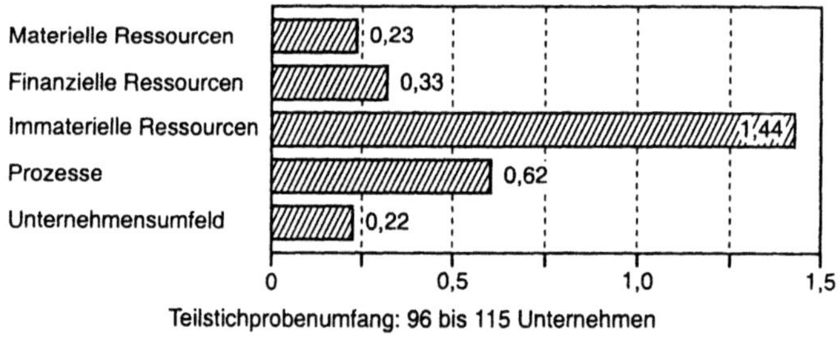

Abb. 64: Fokussierungslücken von Meßobjekttypen

Auch STIVERS u. a.[451] fanden bei ihrer Untersuchung von 253 nordamerikanischen Unternehmen erhebliche Abweichungen zwischen der wahrgenommenen Relevanz und der Betrach-

[449] Wie in Kapitel 1 angekündigt, erfolgt die empirische Überprüfung der in den Kapiteln 5 bis 7 aufgestellten Thesen in Kapitel 8.

tung von „modernen" Meßobjekten in Performance Measurement-Systemen. Dazu wurde die Anzahl der Unternehmen, die ein Meßobjekt als sehr bedeutsam ansehen, der Anzahl der Unternehmen, die dieses Meßobjekt in ihrem Performance Measurement-System betrachten, gegenübergestellt. Problematisch ist dabei, daß einerseits nur Extremausprägungen der Relevanzskala in die Analyse eingehen und andererseits nicht die Fokussierungslücke einzelner Unternehmen aggregiert wird, sondern eine „Gesamtrelevanz" und eine „Gesamtbetrachtung" einander gegenübergestellt werden. Zur Beschreibung der unternehmensspezifischen Fokussierungslücke erscheint dieses Vorgehen weniger geeignet.

Auf Basis ihrer Untersuchung von 89 europäischen Unternehmen stellten SINCLAIR und ZAIRI ein Ranking von Meßobjekte mit großer und geringer Fokussierungslücke auf.[452] Auf diese Studie soll hier nicht detailliert eingegangen werden, da einerseits offen bleibt, wie die Fokussierungslücke operationalisiert wurde und andererseits auf Basis eines Rankings keine Aussagen über absolute Unterschiede der Fokussierungslücke zwischen Meßobjekten möglich sind.

Die Studie von DEMPSEY u. a.[453] beleuchtet aus Sicht externer Analysten ein der Fokussierungslücke ähnliches Phänomen, indem sie die Prognoseeignung von Informationen über Meßobjekte und deren Verfügbarkeit für Unternehmensexterne einander gegenüberstellt. Dabei zeigt sich, daß diese als *Information Gap* bezeichnete Abweichung für „moderne" Meßobjekte wesentlich größer ist als für „klassische" Meßobjekte und teilweise von Unternehmen verstärkt Informationen angeboten werden, die für Prognosezwecke ungeeignet sind.

5.2 Strategische Komponente

Nachdem mit dem „Inneren" und „Äußeren" eines Unternehmens wesentliche Determinanten des Unternehmenserfolgs thematisiert wurden, soll im folgenden *Strategie* als das Zusammenspiel beider, also die Zuweisung von Aktionen zu realisierten Zuständen des Unternehmens-Umfeld-Systems, untersucht werden.[454]

Dabei wird im Schrifttum häufig davon gesprochen, daß ein Performance Measurement-System „strategiekonform" sein sollte,[455] wobei diese Beiträge eine Definition dieses Begriffes schuldig bleiben. Daher ist zunächst zu klären, was ein strategiekonformes Performance Measurement-System ausmacht.

---

450 Vgl. zur Skalierung der Merkmale Abschnitt 8.4.1 ab S. 244.

451 Vgl. STIVERS, B. P. u. a. (1998), S. 46f.; STIVERS, B. P./JOYCE, T. (1999), S. 35ff. Ähnliche Resultate finden sich auch bei O. V. (1991), S. 40.

452 Vgl. SINCLAIR, D./ZAIRI, M. (1995), S. 42ff.

453 Vgl. DEMPSEY, S. J. u. a. (1997), S. 61ff.

454 Vgl. zur Genese des Strategiebegriffs im allgemeinen GALWEILER, A. (1990), S. 55ff. und zu diesem Strategieverständnis im besonderen BAMBERG, G./COENENBERG, A. G. (1996), S. 128ff.

455 Vgl. z. B. DRYSDALE, L. (1996), S. 57; EPSTEIN, M. J./MANZONI, J.-F. (1997a), S. 28; KAPLAN, R. S. (1994a), S. 16; ATKINSON, A. A./WATERHOUSE, J. H./WELLS, R. B. (1997), S. 34; GRADY, M. W. (1991), S. 49; KEEGAN, D. P./EILER, R. G. (1994), S. 31; DOLAN, P./SCHREIBER, K. I. (1997b), S. 79; WISNER, J. D./ FAWCETT, S. E. (1991), S. 5f.; PAGELL, M. u. a. (1996), S. 29; SKINNER, W. (1969), S. 136.

5.2.1 Strategiekonformität

Ein Unternehmen sieht sich permanent unterschiedlichsten Entscheidungssituationen gegenübergestellt, wobei jede Situation durch verschiedene Handlungsoptionen gekennzeichnet ist, von denen nur eine realisiert werden kann. Nachdem im Abschnitt 2.1.1 der Performance-Begriff auf das Erreichen von Zielen zurückgeführt wurde, kann die Unternehmensstrategie damit als Entscheidungshilfe aufgefaßt werden, aus der Vielzahl der Handlungsoptionen diejenige(n) auszuwählen, deren Realisierung zum Erreichen der Ziele führt. Aufgrund des langfristigen Charakters von strategischen Zielen ist dabei davon auszugehen, daß zeitlich aufeinanderfolgend mehrere Handlungsoptionen ausgeübt werden müssen, um die Ziele zu erreichen. Die Gesamtheit und Sequenz der realisierten Handlungsoptionen wird als Weg bezeichnet.

Ein Performance Measurement-System könnte als strategiekonform angesehen werden, wenn es bei einer anstehenden Entscheidungssituation diejenige Handlungsoption „empfiehlt" (also als konformer zur Unternehmensstrategie bewertet), mit der letztendlich die strategischen Ziele verwirklicht werden können. Ohne Beschränkung der Allgemeinheit wird im folgenden von einem binären Entscheidungsbaum ausgegangen, so daß bei jeder Entscheidungssituation genau zwei Handlungsoptionen, also Handlungsalternativen, bestehen. Gleichzeitig soll die strategische Zielstellung in einer bestimmten Kombination der zwei strategischen Variablen S_1 (z. B. monetärer Unternehmenserfolg) und S_2 (z. B. Kundenzufriedenheit) bestehen.

Die momentane Situation des Unternehmens ist durch eine Kombination B („Beginn") der strategischen Variablen S_1 und S_2 gekennzeichnet, während Z („Ziel") die zu erreichende Kombination von S_1 und S_2 darstellt. Die zwei strategischen Handlungsalternativen A_1 und A_2, die im Punkt B existieren, führen zu den Wegpunkten W_1 bzw. W_2. In jedem Wegpunkt des Entscheidungsbaumes gibt es wiederum genau zwei Alternativen, die zu zwei weiteren Wegpunkten führen. Gleichzeitig sei unterstellt, daß die Realisierung jeder Alternative den gleichen Zeitaufwand erfordert. Gesucht wird nun der Weg, auf dem am schnellsten, also mit möglichst wenigen Wegpunkten, das strategische Ziel Z erreicht wird.

In jedem Wegpunkt W liegen Informationen über alle Wegpunkte vor W und die beiden Wegpunkte, die mit den in W existierenden Alternativen erreicht werden können, vor. Es stehen aber keine Informationen über spätere Wegpunkte und Alternativen nach W zur Verfügung. Diese Unsicherheit über zukünftige Alternativen (mithin den gesamten Entscheidungsraum) dürfte eine realitätsnahe Abbildung strategischer Entscheidungssituationen sein.

Die strategischen Alternativen, die in B existieren, sind hinsichtlich ihrer Strategiekonformität zu untersuchen. Da Unsicherheit über Wegpunkte nach W_1 und W_2 besteht, kann als einziges Kriterium zur Bewertung von A_1 und A_2 der Abstand von W_1 und W_2 zu Z herangezogen werden. Wie die Kreissegmente in Abb. 65 veranschaulichen, ist W_1 näher an Z als W_2 und daher erscheint A_1 aufgrund des Abstandskriteriums strategiekonformer als A_2.

Angesichts der bestehenden Unsicherheit über den Entscheidungsraum kann daraus aber nicht geschlossen werden, daß W_1 zu einem Weg gehört, der schneller zu Z führt als W_2. Eine der Alternativen, die sich in W_2 auftut, führt zu W_{21} und erreicht damit Z. Da mit Realisation des Wegpunktes W_1 keine Informationen über die Lage von W_{21} verfügbar sind, kann aufgrund der herrschenden Unsicherheit nicht entschieden werden, ob der mit A_1 eingeschlagene Weg derjenige ist, der möglichst schnell zum strategischen Ziel Z führt.

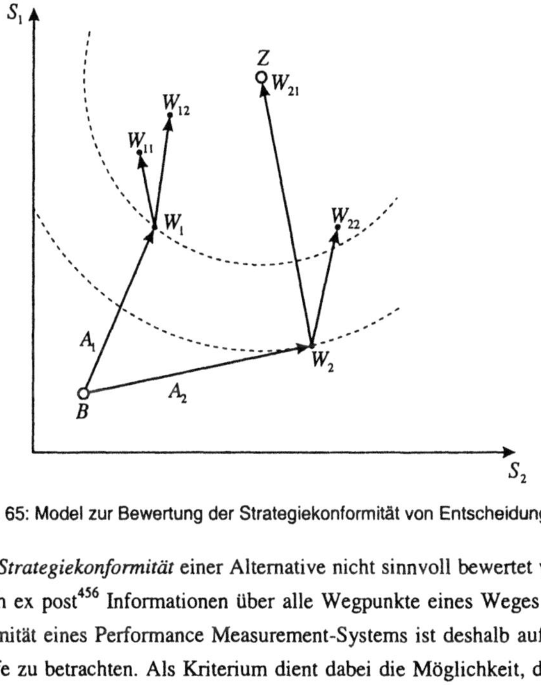

Abb. 65: Model zur Bewertung der Strategiekonformität von Entscheidungen

Somit kann die *Strategiekonformität* einer Alternative nicht sinnvoll bewertet werden, da weder ex ante noch ex post[456] Informationen über alle Wegpunkte eines Weges vorliegen. Die Strategiekonformität eines Performance Measurement-Systems ist deshalb auf einer höheren Abstraktionsstufe zu betrachten. Als Kriterium dient dabei die Möglichkeit, den Abstand jedes realisierten Wegpunktes vom strategischen Ziel zu bestimmen, also die Erfassung der strategischen Dimensionen S_1 und S_2. Ein Performance Measurement-System wird somit als strategiekonform angesehen, wenn es alle Zieldimensionen einer Strategie abbilden kann.[457]

Im Schrifttum finden sich einige amüsante Beispiele, die nicht strategiekonforme Performance Measurement-Systeme illustrieren. Das Management eines Telekommunikationsunternehmens, das sich das Ziel stellte, stets mindestens 90 % aller öffentlichen Telefonzellen funktionsfähig zu erhalten, sah sich sehr innovativen Mitarbeitern gegenüber – sie entfernten kurzerhand die Telefonzellen in Stadtteilen, in denen häufig Vandalismusschäden zu verzeichnen waren. Ein Fuhrunternehmen wollte die Verspätungen seiner Busse reduzieren, in-

[456] Es kann immer nur der realisierte Pfad, nicht aber der gesamte Baum rückblickend betrachtet werden.
[457] Eine vergleichbare Vorstellung findet sich bei LOCKAMY, A. (1993), S. 1: „Effective performance-measurement systems must contain performance criteria, measures, and standards for each strategic objective."

dem an die Fahrer Prämien bei pünktlichem Erreichen der Endhaltestelle gezahlt wurden. Leider hielten die Busfahrer daraufhin nicht mehr an jeder Haltestelle und ließen Fahrgäste einfach stehen.[458] Die Ursache dieser Probleme ist in der mangelhaften Strategiekonformität der Performance Measurement-Systeme zu suchen, da nur einige Dimensionen der zu erreichenden Ziele erfaßt sind, während andere (teilweise implizite) vernachlässigt werden. MCCHESNEY drückt dies so aus: „If there is an easier way to get the measurement look good, someone will find it."[459] Um die Performance Measurement-Systeme strategiekonform zu gestalten, also alle Dimensionen der Unternehmensstrategie zu erfassen, müßte die Telefongesellschaft im Beispiel auch die Anzahl der Telefonzellen in die Zielvorgabe aufnehmen, während das Busunternehmen Passagierzahlen integrieren sollte.

Wie oben konstatiert, müssen, um entscheiden zu können, ob das Performance Measurement-System eines Unternehmens strategiekonform ist, sämtliche Zieldimensionen einer Strategie erfaßt werden. Im folgenden soll deshalb eine geeignete Systematisierung der Unternehmensstrategien gefunden werden, auf deren Basis sowohl die Relevanz als auch die Betrachtungsintensität der strategischen Zieldimensionen erfaßt werden kann.

5.2.2 Systematisierung von Unternehmensstrategien

Das strategische Management kennt eine Vielzahl von Systematisierungsansätzen für Strategiearten, wobei den folgenden Systematisierungskriterien eine besondere Bedeutung beigemessen wird:[460]

1. Entwicklungsrichtung (Wachstums-, Stabilisierungs-, Schrumpfungsstrategie),
2. Produkt-Markt-Kombinationen (Marktdurchdringungs-, Markt- und Produktentwicklungsstrategie u. a.),
3. Organisatorischer Bereich (Unternehmens-, Geschäftsbereichs-, Funktionsbereichsstrategie),
4. Wettbewerbsvorteile (Kostenführerschafts-, Differenzierungs-, Spezialisierungsstrategie),
5. Funktionen (Beschaffungs-, Produktions-, Absatzstrategie u. a.),
6. Regionen (lokale, nationale, internationale, globale Strategie) und
7. Grad der Eigenständigkeit (Kooperations-, Akquisitionsstrategie u. a.).

Augenscheinlich würde eine Diskussion sämtlicher Kriterien den Rahmen dieser Arbeit sprengen, so daß auf Basis des strategischen Planungsprozesses ein anderer Zugang zur Strategiesystematisierung gewählt wird.

---

[458] Vgl. BINNERSLEY, M. (1996), S. 32.

[459] MCCHESNEY, H. (1996), S. 89.

[460] Vgl. BEA, F. X./HAAS, J. (1997), S. 156. In Klammern sind einige aus der Systematisierung anhand des jeweiligen Kriteriums resultierende Strategietypen aufgeführt. Darüber hinaus werden vereinzelt auch Systematisierungen durch Faktorenanalyse aus empirischen Daten generiert. Vgl. z. B. MILLER, D./FRIESEN, P. H. (1978), S. 921ff. Einen Überblick über Modelle zur Strategiefindung geben z. B. FEURER, R./CHAHARBAGHI, K. (1995), S. 11ff.

Der strategische Planungsprozeß, dessen Ergebnis die Unternehmensstrategie ist, ist dreistufig und setzt sich aus der Abgrenzung eines Leitbildes (Vision), der Produkt-Markt-Strategie und der Ressourcenstrategie zusammen.[461] In den 90er Jahren des letzten Jahrhunderts setzte sich die Auffassung durch, daß die Produkt-Markt-Strategie (*marktorientierter Ansatz* bzw. Market Based View) und die Ressourcenstrategie (*ressourcenorientierter Ansatz* bzw. Resource Based View) als interagierend zu betrachten sind.[462] Parallel wurde das Dominanzpostulat des marktorientierten Ansatzes, der die Literatur in den 80er Jahren des 20. Jahrhunderts prägte,[463] gegenüber dem ressourcenorientierten Ansatz beseitigt. Damit einhergehend veränderte sich der strategische Fokus von defensiver Anpassung der Strategie an Wettbewerbskräfte (marktorientierter Ansatz) hin zu einer offensiven Beeinflussung dieser Wettbewerbskräfte (ressourcenorientierter Ansatz).[464]

Bei der Betrachtung der strategischen Komponente eines Performance Measurement-Systems wird hier davon ausgegangen, daß die Unternehmensvision bzw. das Unternehmensleitbild als „realistisches Idealbild" des Unternehmens[465] bereits vorliegt.[466] Auf die beiden verbleibenden Elemente des strategischen Planungsprozesses soll aufgrund ihrer Bedeutung für Performance Measurement-Systeme näher eingegangen werden.

5.2.2.1 Marktorientierter Systematisierungsansatz

Aufgrund der Vielzahl der Konzepte zur Analyse von Produkt-Markt-Strategien[467] sollen hier nur die generischen Wettbewerbsstrategien nach PORTER als bedeutendstes Konzept[468] aufgegriffen werden, so daß

- Kostenführerschaftsstrategie,
- Differenzierungsstrategie und
- Spezialisierungsstrategie (Nischenstrategie)

betrachtet werden. Aufgrund ihres großen Bekanntheitsgrades wird für eine detaillierte Diskussion der drei Strategietypen auf die Literatur verwiesen.[469]

Bei den generischen Wettbewerbsstrategien erweist sich zum einen die schwierige Operationalisierung dieser Strategietypen und andererseits die Vermischung mehrerer generischer Wettbewerbsstrategien im Zuge des sich verschärfenden Wettbewerbs als problematisch.

Bei empirischen Analysen im Zusammenhang mit Wettbewerbsstrategien werden häufig nicht alle Wettbewerbsstrategietypen betrachtet, sondern meist nur auf die Kostenführerschaftsstra-

---

[461] Vgl. COENENBERG, A. G./BAUM, H.-G. (1987), S. 32ff.
[462] Vgl. BAUM, H.-G./COENENBERG, A. G./GÜNTHER, T. (1999), S. 234f.
[463] Vgl. z. B. PORTER, M. E. (1999b); ANSOFF, H. I. (1988), S. 82ff.; MINTZBERG, H. (1991b), S. 70ff. und den Überblick über strategische Konzepte bei ESCHENBACH, R./KUNESCH, H. (1996).
[464] Vgl. PRAHALAD, C. K./HAMEL, G. (1990), S. 86; KRÜGER, W./HOMP, C. (1997), S. 63; ZAHN, E. (1995), S. 361.
[465] Vgl. ULRICH, H. (1970), S. 91.
[466] Vgl. zur Visionsgenerierung z. B. HUNGENBERG, H. (2000), S. 22ff.
[467] Vgl. den Überblick bei BAUM, H.-G./COENENBERG, A. G./GÜNTHER, T. (1999), S. 179ff.
[468] Vgl. KUMAR, K./SUBRAMANIAN, R./YAUGER, C. (1997), S. 47.
[469] Vgl. PORTER, M. E. (1999b), S. 70ff. sowie PORTER, M. E. (1999a), S. 97ff. und S. 168ff.

tegie und die Differenzierungsstrategie abgestellt. Die Intensität dieser beiden Strategietypen wird dabei anhand einer mehrdimensionalen Skala mit verschiedenen Kriterien erfaßt.[470] Diese mehrdimensionale Skalierung der Kriterien erfüllt zwar die Anforderungen, die an LIKERT-Skalen[471] zu stellen sind, bleibt aber dennoch subjektiv und ohne Vollständigkeitsgarantie. Im Rahmen homogener Branchen mit sehr ähnlichen Wettbewerbsbedingungen ist auf diese Weise sicherlich ein getreues Abbild der Intensität von Wettbewerbsstrategien möglich. Bei einer branchenübergreifenden Studie können aber nicht mehr alle Wettbewerbsbedingungen vollständig erfaßt werden, so daß derartige Skalen für branchenübergreifende Untersuchungen weniger geeignet erscheinen.[472]

Während in der Vergangenheit Unternehmen, die sich *langfristig* auf *einen* Wettbewerbsvorteil konzentrierten,[473] besonders erfolgreich waren, sind heute viele Branchen durch einen sog. Hyperwettbewerb als stark verschärften Wettbewerb mit schnell erodierenden Wettbewerbsvorteilen gekennzeichnet. Um dennoch einen nachhaltigen Vorsprung gegenüber Wettbewerbern erreichen zu können, kombinieren zahlreiche Unternehmen die strategischen Handlungsmuster mehrerer Strategietypen. Bei der *Outpacing-Strategie*[474] als Kombination von Kostenführerschafts- und Differenzierungsstrategie folgen Phasen einer Kostenführerschaftsstrategie bei demselben Unternehmen auf Differenzierungsphasen (oder umgekehrt), um einen langfristigen Vorteil durch Produkte mit hohem Kundennutzen und geringen Produktkosten zu erreichen. Hinsichtlich ihrer Systematisierung, also ihrer Zuordnung zu genau einem Wettbewerbsstrategietyp, sind die unterschiedlichen Kombinationen vor dem Hintergrund der empirischen Untersuchung problematisch zu handhaben.

Daher soll hier nicht auf Wettbewerbsstrategien als Weg, sondern auf ihr Ergebnis als Ausprägung der zur nachhaltigen Sicherung der Wettbewerbsfähigkeit wichtigen strategischen Größen abgestellt werden. Während Unternehmen, die im Hyperwettbewerb erfolgreich sind, oft simultan Kosten, Zeit und Qualität[475] optimieren, konzentrieren sich Unternehmen, die einer generischen Wettbewerbsstrategie folgen, auf eine dieser strategischen Stoßrichtungen. Zwischen den strategischen Dimensionen können dabei sowohl konkurrierende als auch komplementäre Beziehungen bestehen. Das Konzept des „magischen Dreiecks" mit seiner Visualisierung (vgl. Abb. 66) veranschaulicht die Wechselbeziehungen zwischen den drei strategischen Dimensionen.[476]

---

470 Vgl. z. B. die Studien von NARVER, J. C./SLATER, S. F. (1990), S. 25; KUMAR, K./SUBRAMANIAN, R./YAUGER, C. (1997), S. 52; DESS, G. G./DAVIS, P. S. (1984), S. 467ff.

471 Vgl. SCHNELL, R./HILL, P. B./ESSER, E. (1999), S. 181ff.

472 Eine clusteranalytische Systematisierung von Strategietypen auf Basis einer mehrdimensionalen Skala zeigte erhebliche Unterschiede in Anzahl und Art der gewonnenen Cluster zwischen Konsum- und Investitionsgüterindustrie. Vgl. GALBRAITH, C./SCHENDEL, D. (1983), S. 164ff.

473 Vgl. HALL, W. K. (1980), S. 75ff. für eine Untersuchung auf Basis von 64 Unternehmen.

474 Vgl. GILBERT, X./STREBEL, P. (1987), S. 28ff.

475 Vgl. zur inhaltlichen Ausgestaltung der drei strategischen Größen z. B. STEINBACH, R. F. (1997), S. 70ff.

476 Im Zusammenhang mit Performance Measurement-Systemen wird im Schrifttum auch von Performance-Dimensionen gesprochen. Vgl. HORVÁTH, P./GLEICH, R./VOGGENREITER, D. (1996), S. 191.

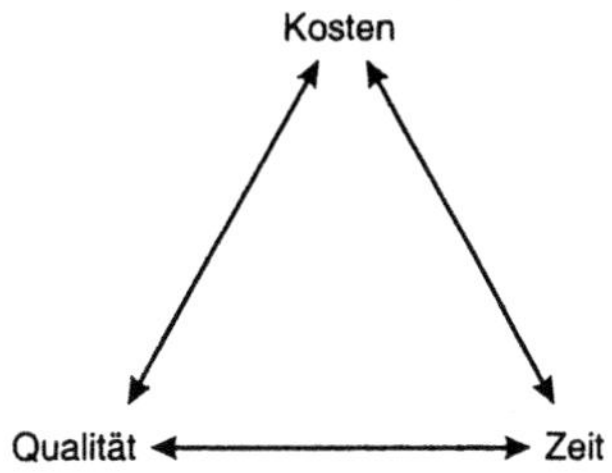

Abb. 66: „Magisches Dreieck" strategischer Dimensionen[477]

Auf dieser Basis können strategische Ergebnisgrößen extrahiert werden, die jeweils eine der drei strategischen Dimensionen repräsentieren, so daß

- Kosten- sowie Erlös- und Ertragsgrößen,
- Interne und externe Qualitätsgrößen sowie
- Zeit- und Flexibilitätsgrößen

zu unterscheiden sind.

Auch zur empirischen Erhebung strategischer Stoßrichtungen werden teilweise ähnliche Kriterienkataloge wie zur Operationalisierung generischer Wettbewerbsstrategien eingesetzt.[478] Aufgrund der Gefahr hoher Branchenspezifik werden diese wiederum verworfen. Da das Konzept der strategischen Ergebnisgrößen aufgrund seiner Überschaubarkeit einer unmittelbaren Operationalisierung zugänglich ist, erscheint diese als beste Lösung.

5.2.2.2 Ressourcenorientierter Systematisierungsansatz

Wettbewerbsvorteile erodieren mit der Zeit aufgrund der Konkurrenzsituation am Markt. Um einen nachhaltigen Wettbewerbsvorteil zu erreichen, müssen bevorzugt unternehmensspezifische, nicht leicht zu kopierende Ressourcen zum Aufbau neuer Wettbewerbsvorteile eingesetzt werden. Die Betrachtungen zur ressourcenorientierten Strategie setzen daher an der ungleichen Ausstattung von Unternehmen mit Ressourcen an.[479]

Da Ressourcen für Wettbewerber wesentlich schwieriger zu erkennen sind als die drei strategischen Dimensionen, wird ein Wettbewerbsvorteil, der auf unternehmensspezifischen, schwer kopierbaren Ressourcen basiert, nachhaltiger sein.[480] Durch geeignete Steuerung und Mehrung der in einem Unternehmen verfügbaren Ressourcen, können Wettbewerbsvorteile sogar proaktiv aufgebaut werden.

---

[477] Vgl. BERGER, R./HIRSCHBACH, O. (1993), S. 138. Ähnlich auch BRUNNER, J./SPRICH, O. (1998), S. 33.

[478] Vgl. NEELY, A. u. a. (1994), S. 144ff.

[479] Vgl. MICHALISIN, M. D./SMITH, R. D./KLINE, D. M. (1997), S. 362; Vgl. zur historischen Entwicklung des ressourcenorientierten Ansatzes JÜRGENS, V. (1998), S. 17f.

[480] Vgl. BAUM, H.-G./COENENBERG, A. G./GÜNTHER, T. (1999), S. 235.

Hinsichtlich der Schützbarkeit von Ressourcen vor einer Kopie durch Wettbewerber, die in der Erosionsgeschwindigkeit der Ressourcen ihren Niederschlag findet, werden mit Slow Cycle, Standard Cycle und Fast Cycle drei Typen von Ressourcen unterschieden.[481]

Slow Cycle-Ressourcen können vom Wettbewerb besonders gut abgeschirmt werden und erodieren damit tendenziell langsam. Dazu gehören unter anderem patentierte Technologien, starke Markennamen und Fähigkeiten, die auf einzigartigem Humankapital basieren ebenso wie Exklusivlizenzen der öffentlichen Hand.[482]

Demgegenüber können Fast Cycle-Ressourcen nicht oder nur in sehr geringem Umfang vor dem Zugriff durch Wettbewerber geschützt werden und erodieren damit besonders schnell. Solche schnellebigen Ressourcen sind in Form von nicht schützbaren Technologien und Verfahren häufig in der sehr technologisch ausgerichteten sog. New Economy anzutreffen.

Die meisten Ressourcen sind den Standard Cycle-Ressourcen zuzuordnen. Hierunter fallen Fähigkeiten und Anlagen zur standardisierten Massenfertigung, wie sie heute häufig bei der sog. Old Economy, wie der Automobil- und Konsumgüterindustrie, anzutreffen sind. Diese Ressourcen sind durchschnittlich schützbar und erodieren folglich durchschnittlich schnell.

Für viele Ressourcen dürfte diese Typisierung aufgrund ihrer sehr unscharfen Abgrenzung erhebliche Zuordnungsprobleme mit sich bringen. Auf die im Rahmen dieser Arbeit deshalb verwendete Ressourcentypisierung mit Materiellen, Finanziellen und Immateriellen Ressourcen wurde bereits in Abschnitt 5.1.1.1 detailliert eingegangen.

5.2.3 Empirischer Befund

Im folgenden werden die in der empirischen Erhebung ermittelten Werte der Relevanz und Betrachtungsintensität strategischer Ergebnisgrößen zur Kosten-, Qualitäts- und Zeit-/Flexibilitätsdimension zusammengestellt.

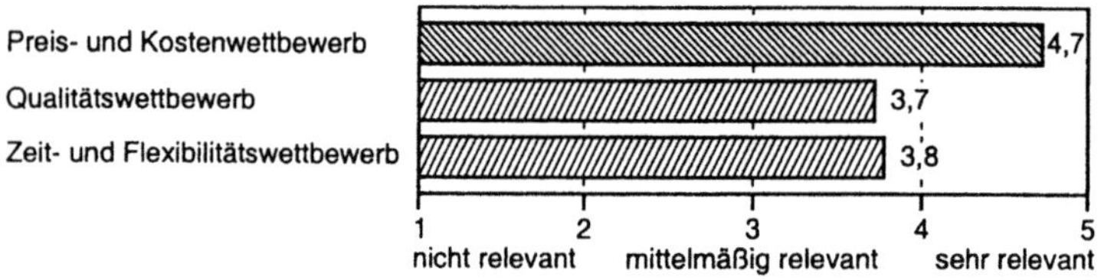

Teilstichprobenumfang: 114 bis 115 Unternehmen

Abb. 67: Mittlere Relevanz von Wettbewerbsherausforderungen

Die drei strategischen Dimensionen unterscheiden sich hinsichtlich ihrer *Relevanz*, wie in Abb. 67 dargestellt, bei den untersuchten Unternehmen erheblich. Dabei ist zu beobachten,

---

481 Vgl. GROSSMAN, W./HOSKISSON, R. E. (1998), S. 48f.; WILLIAMS, J. R. (1992), S. 33.

482 Vgl. z. B. zur jüngsten Verlängerung der Exklusivlizenz für Briefpost der Deutschen Post AG o. V. (2001a), S. 13.

daß der Preis- und Kostenwettbewerb, dem mit Kostenführerschaftsstrategien wirksam begegnet werden kann, den Qualitäts- sowie Zeit- und Flexibilitätswettbewerb, auf den häufig mit Differenzierungs- oder Spezialisierungsstrategien reagiert wird, hinsichtlich der Bedeutung im Wettbewerbsgeschehen in den Schatten stellt.

In den Performance Measurement-Systemen der untersuchten Unternehmen dominieren die für Kostenführerschaftsstrategien wichtigen Informationen über Kosten, Erlöse und Erträge. Die Zeit- und Flexibilitätsgrößen sowie die internen und externen Qualitätsgrößen, die zur Steuerung von Differenzierungs- und Spezialisierungsstrategien von Interesse sind, werden, wie Abb. 68 zeigt, wesentlich weniger intensiv betrachtet.

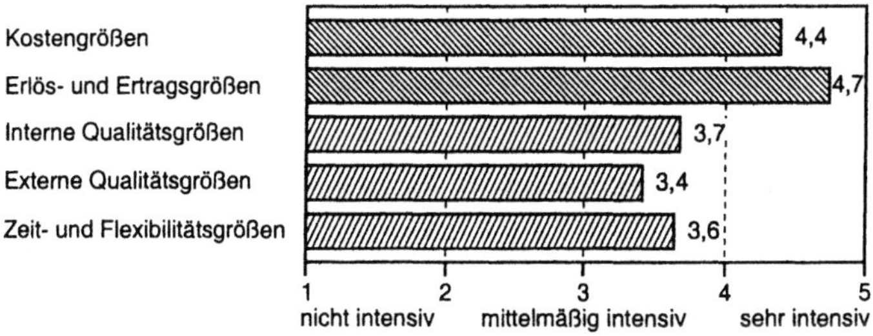

Teilstichprobenumfang: 117 bis 119 Unternehmen

Abb. 68: Mittlere Betrachtungsintensität strategischer Größen

Die Gegenüberstellung der Relevanz von Wettbewerbsherausforderungen und der Intensität, mit der die entsprechenden strategischen Ergebnisgrößen betrachtet werden (vgl. Abb. 69), läßt erkennen, daß die wichtigen strategischen Ergebnisgrößen eine entsprechend große Rolle im Performance Measurement-System spielen. Gleichzeitig werden analog die weniger relevanten strategischen Ergebnisgrößen weniger intensiv betrachtet.

Unternehmen können somit die Ergebnisse der Realisierung der Unternehmensstrategie gut operationalisieren. Demgegenüber erweist sich die Erfassung der Bestimmungsgründe des langfristigen Unternehmenserfolgs (also der Umsetzung der Strategie), die sich in den relevanten Meßobjekten widerspiegeln, als problematisch, d. h. es existiert eine Fokussierungslücke.[483]

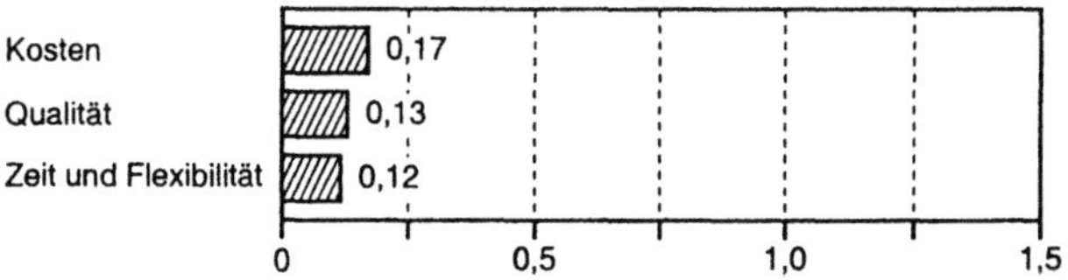

Teilstichprobenumfang: 111 bis 112 Unternehmen

Abb. 69: Abweichung von Relevanz und Betrachtungsintensität strategischer Dimensionen

Im Schrifttum wird sporadisch ein Zusammenhang zwischen der hauptsächlichen Wettbewerbsdimension und den in einem Performance Measurement-System betrachteten Meßobjekten diskutiert. Dabei wird postuliert, daß bei Kostenführerschaftsstrategien die „klassischen" Meßobjekte der Materiellen und Finanziellen Ressourcen im Performance Measurement-System eine herausragende Rolle spielen sollten,[484] während sie für Differenzierungsstrategien von geringerer Bedeutung sind.[485]

Aus konzeptioneller Sicht ist ein fördernder Einfluß von Kostenführerschaftsstrategien auf die Betrachtungsintensität „klassischer" Meßobjekte nicht zu begründen. So dürften einerseits bei der Minimierung von Kosten Informationen über Prozesse als „modernem" Meßobjekt eine große Rolle spielen.[486] Andererseits ist die Liquidität als Finanzielle Ressource für die Umsetzung einer Kostenführerschaftsstrategie nicht mehr oder weniger relevant als für andere Strategien auch. Dementsprechend zeigten empirische Untersuchungen dieser Zusammenhänge auch keine konsistenten Ergebnisse.[487]

Die Relevanz von Meßobjekten resultiert aus der unternehmensspezifischen Umsetzung der Unternehmensstrategie, so daß nicht davon auszugehen ist, daß Unternehmen auf bestimmte Wettbewerbsherausforderungen identisch reagieren. Damit können auch bei gegebenen Wettbewerbsherausforderungen verschiedene Meßobjekte für den langfristigen Unternehmenserfolg relevant sein.

Insgesamt kann damit keine sachlogisch fundierte These über Zusammenhänge zwischen strategischen Ergebnisdimensionen und der Relevanz sowie Betrachtung von Meßobjekten in Performance Measurement-Systemen aufgestellt werden. Deskriptiv zeigen sich Korrelationen zwischen der Relevanz von Meßobjekten des Unternehmensumfeldes und allen strategischen Wettbewerbsherausforderungen. Außerdem sind für Unternehmen, die starkem Qualitätswettbewerb ausgesetzt sind, Immaterielle Ressourcen und Prozesse von großer Bedeutung.

5.3 Das Kausalitätspostulat

Häufig wird gefordert, daß ein Performance Measurement-System die relevanten Meßobjekte nicht einfach nur abbilden, sondern auch eine sehr enge Beziehung in Form von Ursache-Wirkungs-Ketten zwischen ihnen herstellen soll.[488] Andererseits hatten die Führungskräfte von

---

483 Vgl. auch Abb. 64 auf S. 116.

484 Vgl. GROSSMAN, W./HOSKISSON, R. E. (1998), S. 48.

485 Vgl. ABERNETHY, M. A./LILLIS, A. M. (1995), S. 242f.

486 In einer empirischen Untersuchung von 858 mittelständischen Unternehmen Großbritanniens dominierten Prozeßgrößen bei Kostenführerschaftsstrategie sogar über alle anderen Meßobjekte. Vgl. NEELY, A. u. a. (1994), S. 143ff.

487 Vgl. die Aufzählung von Studien bei ARELLANO, J. (2000), S. 2. Aufgrund der Ergebnisse einer Studie von HOMBURG, WEBER, AUST und FRANK (vgl. HOMBURG, C. u. a. (2000), S. 307ff.), in der kein Einfluß der Unternehmensstrategie auf die Ausgestaltung von Kostenrechnungssystemen gefunden werden konnte, erscheint damit die strategiebasierte Entwicklung von Systemen zur Erfassung und Lenkung der Unternehmensperformance insgesamt fraglich.

488 Vgl. DRYSDALE, L. (1996), S. 57; FISHER, J. (1992), S. 37f.; ECCLES, R. G./PYBURN, P. J. (1992), S. 42ff.; ANTHONY, R. N./GOVINDARAJAN, V. (1998), S. 461f.; ECKEL, L./FISHER, K./RUSSELL, G. (1992), S. 20;

75 % der 27 Unternehmen einer US-amerikanischen Studie[489] ebenso wie 64 % der Controller einer anderen Studie[490] Schwierigkeiten, eine Kausalverbindung zwischen Meßobjekten herzustellen. Auf verschiedene Aspekte des Kausalitätspostulats soll deshalb im folgenden näher eingegangen werden, wobei zunächst eine Abgrenzung des Kausalitätsbegriffs hilfreich erscheint.

Die Beziehung zweier Meßobjekte ist dann als kausal anzusehen, wenn

- die Indikatoren der Meßobjekte miteinander korreliert sind,
- die Meßobjekte in einer zeitlichen Reihenfolge stehen (die Ursache muß vor der Wirkung auftreten),
- die Meßobjekte ein isoliertes System darstellen, so daß keine weiteren Größen einen Einfluß auf die Meßobjekte haben und
- bei der Erfassung der Meßobjekte keine systematischen Fehler auftreten.[491]

5.3.1 Probleme

Der formulierte Anspruch sieht das Unternehmen als deterministisches System, dessen Parameter ausnahmslos bekannt und fest miteinander korreliert sind. Zudem dürfen die Wechselwirkungen zwischen den Indikatoren ausschließlich einseitiger Natur sein.[492]

In der praktischen Anwendung wird demgegenüber die vollständige Isolation des Systems nicht möglich sein, so daß grundsätzlich auch eine stochastische Komponente im System der Ursache-Wirkungs-Beziehungen existiert, deren Umfang aber durch geeignete Wahl des Aggregationsniveaus beeinflußt werden kann. So wird eine Betrachtung der Wirkung der Mitarbeitermotivation auf den Ausstoß fehlerfreier Erzeugnisse einer Produktionsanlage auf Basis von Minuten erhebliche zufallsbedingte Schwankungen mit sich bringen, die sich durch Wahl einer zeitlich höher aggregierten Größe (z. B. Tages- oder Wochenproduktion) verringern lassen. Auch der Ausschluß echter Wechselwirkungen, die Rückkopplungen beinhalten, ist wenig realitätsnah.

Ausgehend von diesen Überlegungen wird auf zwei wesentliche Probleme von Ursache-Wirkungs-Ketten in der Unternehmenspraxis eingegangen – ihre *Auslegbarkeit* und *Unvollständigkeit*. Anhand der folgenden Hypothesenreihe, die in der Literatur als Beispiel einer Ursache-Wirkungs-Kette verwendet wird, sollen beide zunächst verdeutlicht werden.

> „Wenn die Produktkenntnis der Mitarbeiter gefördert wird, dann sind sie mit der gesamten Produktpalette, die sie verkaufen können, besser vertraut. Wenn die Mitarbeiter mehr über die Produkte wissen, dann wird sich ihre Verkaufseffektivität verbessern.

LINGLE, J. H./SCHIEMANN, W. A. (1994), S. 58; KAPLAN, R. S./NORTON, D. P. (1996c), S. 65f.; LYNCH, T. D./DAY, S. E. (1996), S. 416.

489 Vgl. ITTNER, C. D./LARCKER, D. F. (1998a), S. 218f.

490 Vgl. HRISAK, D. (1996), S. 48.

491 Vgl. HUMMELL, H. J./ZIEGLER, R. (1976), S. E31ff.; ZIMMERMANN, E. (1972), S. 41.

492 Da es nur eine Wirkungsrichtung gibt, kann genau genommen gar nicht von einer Wechselwirkung die Rede sein.

Wenn ihre Verkaufseffektivität besser wird, dann werden sich die durchschnittlichen Gewinnspannen für die Produkte erhöhen."[493]

Ebensogut kann argumentiert werden, daß bessere Produktkenntnisse dazu führen, daß dem Kunden das Produkt besser erklärt werden kann, dadurch aber ein Verkaufsgespräch mehr Zeit in Anspruch nimmt. Der Kunde ist dann möglicherweise zufriedener mit dem Produkt, aber insgesamt ist der Absatz geringer. Wenn das nicht durch steigende Preise, die die Beratung honorieren, kompensiert werden kann, sinkt der Umsatz und damit (bei Konstanz fixer Kosten) die durchschnittliche Gewinnspanne. Die *Auslegbarkeit* der Ursache-Wirkungs-Ketten ist damit direkt auf eine mangelnde statistische Fundierung der Aussagen zurückzuführen.

Unklar bleibt auch, wieso aus einer besseren Verkaufseffektivität zwangsläufig höhere durchschnittliche Gewinnspannen folgen. Eine wichtige Determinante der Gewinnspanne ist der Absatzpreis, der wesentlich vom Wettbewerbsgeschehen und damit extern bestimmt wird und in die Hypothesenkette nicht eingeht. Die *Unvollständigkeit* resultiert somit aus einem nicht vollständig isolierbaren System.

5.3.2 Lösungsmöglichkeiten

Im folgenden werden Möglichkeiten untersucht, der Auslegbarkeit und Unvollständigkeit der Ursache-Wirkungs-Beziehungen entgegenzuwirken.

Die Auslegbarkeit der Ursache-Wirkungs-Hypothesen könnte dadurch beseitigt werden, daß ein wichtiges Kriterium für Kausalität – die Korrelation der Indikatoren der Meßobjekte – gesichert wird.[494] Einige Autoren versuchen, diesen Weg einzuschlagen, müssen aber auf halbem Wege stehen bleiben. So sollen den Ursache-Wirkungs-Ketten der Balanced Scorecard teilweise empirisch ermittelte Korrelationen zwischen Indikatoren zugrunde liegen,[495] die die Zusammenhänge zwischen den jeweiligen Meßobjekten quantifizieren. Die knapp und unpräzise gehaltene Darstellung und der lange, sehr ungenau angegebene Untersuchungszeitraum[496] deutet möglicherweise darauf hin, daß die Ergebnisse noch nicht die erforderliche statistische Sicherheit erreicht haben. Mit den existierenden gut dokumentierten empirischen Untersuchungen zur Korrelation von Meßobjekten können dagegen bisher nicht sämtliche Elemente einer umfassenden Ursache-Wirkungs-Beziehung abgedeckt werden, und die Ergebnisse sind teilweise widersprüchlich.[497] Da die Wirkungsbeziehungen zeitlich und räumlich nicht stabil

---

493 KAPLAN, R. S./NORTON, D. P. (1997a), S. 144; ähnlich KAPLAN, R. S./NORTON, D. P. (1997d), S. 326.

494 Vgl. WALL, F. (2001), S. 68.

495 Vgl. KAPLAN, R. S. (1994a), S. 19; KAPLAN, R. S./NORTON, D. P. (1996d), S. 84; KAPLAN, R. S./NORTON, D. P. (1996b), S. 254f. bzw. KAPLAN, R. S./NORTON, D. P. (1997a), S. 246. Allerdings erreichen die veröffentlichten Ergebnisse nicht metrisches Niveau sondern verbleiben auf ordinaler Ebene: „mehr von A führt zu mehr (weniger) von B" statt „1 % mehr von A führt zu 3 % mehr von B". Eine Studie von Ernst & Young ermittelt Korrelationen zwischen den Erwartungen der Anteilseigner über diverse Meßgrößen (z. B. Management-Qualität, Stärke der Marktposition) und dem Aktienkurs, ohne die Mehrzahl der Koeffizienten zu veröffentlichen (vgl. LOW, J./SIESFELD, T. (1998), S. 27f.).

496 „months or years" KAPLAN, R. S./NORTON, D. P. (1996d), S. 84.

497 Vgl. z. B. zur Korrelation von Customer Satisfaction und dem RoI ANDERSON, E. W./FORNELL, C./LEHMANN, D. R. (1994), S. 53ff. bzw. einem dem RoI äquivalenten Maß: DRESNER, M./XU, K. (1995),

sind[498] und das System schlecht zu isolieren ist, hat eine umfangreiche empirische Untersuchung der teilweise unternehmensspezifischen Zusammenhänge einen zweifelhaften Nutzen und ist damit nicht in Sicht.

Der Unvollständigkeit kann dadurch entgegengewirkt werden, daß man sich auf den Standpunkt zurückzieht, daß eine höhere Verkaufseffektivität *tendenziell* zu höheren durchschnittlichen Gewinnspannen führt. Indem andere Einflußgrößen per Definition als irrelevant betrachtet werden, wird zwar der Mangel an Vollständigkeit geheilt,[499] aber gleichzeitig der wissenschaftliche Bereich im POPPERschen Sinne verlassen.[500] Alternativ kann die Aussage dahingehend interpretiert werden, daß eine höhere Verkaufseffektivität *ceteris paribus* zu einer höheren durchschnittlichen Gewinnspanne führt. Beide Interpretationsalternativen führen zu partiellen Ursache-Wirkungs-Ketten, die wesentliche Teile des Kausalzusammenhangs bewußt nicht berücksichtigen und damit nur eine geringe Aussagekraft haben.

Teilweise wird in der Literatur der Weg der Einschränkung des Aussagegehaltes tatsächlich verfolgt. Durch die in Abb. 70 dargestellte pyramidenförmige Balanced Scorecard, deren Komponenten von der Basis in Richtung Spitze in einem Wirkungszusammenhang stehen, der aber nicht näher bezeichnet wird,[501] sollen die Perspektiven der Balanced Scorecard mit ihren Indikatoren „intuitiv" miteinander verknüpft werden. Dieser Form einer Balanced Scorecard ist in ihrer Prägnanz ein nicht unerheblicher didaktischer Wert zuzuschreiben. Eine echte Alternative zur Lösung des Unvollständigkeitsproblems stellt sie aber aus den oben dargelegten Gründen nicht dar.

S. 23ff. und zum Zusammenhang zwischen Qualitätsgrößen und dem Unternehmenswert AAKER, D. A./ JACOBSON, R. (1994), S. 191ff. Einen Überblick über verschiedene Versuche im Zusammenhang mit Human Resources geben BECKER, B./GERHART, B. (1996), S. 779ff., mit dem Schwerpunkt Qualität HURLEY, R. F./ LAITAMÄKI, J. M. (1995), S. 59ff. und für kundenorientierte Größen HESKETT, J. L. u. a. (1994), S. 164ff. Einen Ansatz zur Verbindung des Nutzungsgrades von Informationstechnologie, individuellem Engagement einzelner Mitarbeiter und der Unternehmensperformance zeigt GOODHUE, D. L. (1995), S. 1827ff. auf. SCHEFCZYK und GERPOTT finden einen positiven Zusammenhang zwischen operativen und finanziellen Ergebnissen in der Luftfahrtindustrie. Vgl. SCHEFCZYK, M./GERPOTT, T. J. (1994), S. 949ff.; SCHEFCZYK, M. (1995), S. 320ff. BEHN und RILEY weisen in der gleichen Branche nach, daß auf Basis verschiedener operativer Indikatoren eine gute Vorraussage von finanziellen Quartalsergebnissen möglich ist. Vgl. BEHN, B. K./ RILEY, R. A. (1999), S. 29ff. Andererseits fanden ITTNER und LARCKER nur einen eingeschränkten Einfluß der Kundenzufriedenheit auf die finanzielle Performance. Vgl. ITTNER, C. D./LARCKER, D. F. (1998b), S. 5ff. Teilweise ergeben sich sogar widersprüchliche Aussagen, da in Abhängigkeit der Operationalisierung der Meßobjekte positive, indifferente und negative Zusammenhänge in ein und derselben Studie ermittelt wurden. Vgl. ITTNER, C. D./LARCKER, D. F. (1998a), S. 220.

498 Vgl. CHMIELEWICZ, K. (1994), S. 83ff.

499 Das System der Beziehungen enthält nun zwar immer noch nicht mehr Elemente, ist aber aufgrund der sehr restriktiv gezogenen Systemgrenzen quasi per Definition vollständig. Die engen Systemgrenzen verhindern gleichzeitig einen Transfer auf reale Gegebenheiten.

500 Vgl. POPPER, K. R. (1989), S. 47ff. Die Aussage „Wenn A, dann tendenziell B." ist nicht falsifizierbar. Treten A und auch B ein, ist die Aussage nicht widerlegt. Tritt A ein und B nicht, so ist die Aussage auch nicht widerlegt, weil andere Einflüsse die Wirkung von A auf B kompensieren könnten. Vgl. auch Abschnitt 8.5.1 ab S. 253.

501 „tend to support one another from one hierarchical step to the next" CLINTON, B. D./HSU, K.-C. (1997), S. 19.

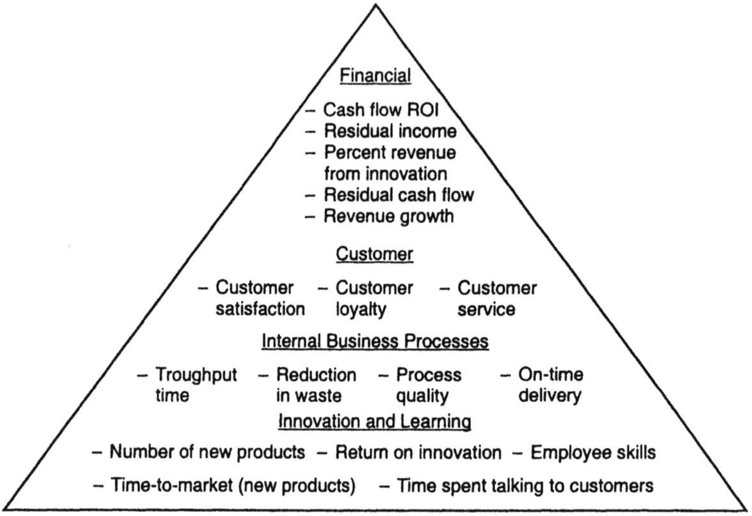

Abb. 70: „The Balanced Scorecard Hierarchy"[502]

Eine vielversprechende Möglichkeit, der Auslegbarkeit und Unvollständigkeit der Ursache-Wirkungs-Ketten grundlegend und simultan entgegenzuwirken, ist die *Methode des vernetzten, ganzheitlichen Denkens*.[503] Dieses Verfahren bietet sich insbesondere für die Lösung komplexer Problemstellungen an. Im Gegensatz zu einfachen und komplizierten Problemen, die in sich wenig dynamisch sind,[504] zeichnen sich komplexe Problemstellungen durch eine hohe Eigendynamik aus. Strategische Unternehmensentscheidungen weisen eine Vielzahl an Einflußgrößen und Interaktionen auf, die sich im Zeitablauf auch schnell verändern können. Sie sind daher komplexe Systeme.

Nachfolgend wird ein kurzer Überblick über die Vorgehensweise bei der ganzheitlichen und vernetzten Problemlösung gegeben. Zuerst werden die Zielgrößen und Einflußfaktoren auf die Unternehmensstrategie bestimmt und deren Beziehung in Form eines Netzwerkes abgebildet.[505] In einem nächsten Schritt werden die Beziehungen des Netzwerkes hinsichtlich der Art des Einflusses, dessen Intensität und Zeitverlaufs analysiert.[506] Im Ergebnis der Untersuchung können, wie in Abb. 71 dargestellt, *aktive*, *passive*, *kritische* und *träge Elemente* anhand der Intensitätseigenschaften *Beeinflußbarkeit durch andere Elemente* und des *Einflusses auf andere Elemente* unterschieden werden.

---

502 Vgl. CLINTON, B. D./HSU, K.-C. (1997), S. 19.

503 Vgl. PROBST, G. J. B./GOMEZ, P. (1993a), S. 3ff. und ULRICH, H./PROBST, G. J. B. (1995).

504 Einfache Probleme weisen nur wenige, komplizierte Probleme viele Einflußgrößen und Beziehungen auf. Da die Wechselwirkung zwischen den Elementen des Systems im wesentlichen im Zeitablauf unveränderlich ist, haftet beiden Problemtypen jedoch nur eine geringe Eigendynamik an.

505 Vgl. zur methodischen Vorgehensweise ULRICH, H./PROBST, G. J. B. (1995), S. 115ff.

506 Vgl. zur Methodik ULRICH, H./PROBST, G. J. B. (1995), S. 136ff.

Beeinflußbarkeit \ Einflußnahme	geringer Einfluß	starker Einfluß
starke Beeinflussung	passive Elemente	kritische Elemente
geringe Beeinflussung	träge Elemente	aktive Elemente

Abb. 71: Intensitätseigenschaften von Elementen eines Netzwerkes[507]

Für eine Steuerung sind besonders aktive Elemente prädestiniert, weil sie einerseits große Wirkungen auf andere Elemente ausüben, andererseits aber nicht mit starken, unerwünschten Rückkopplungseffekten zu rechnen ist.

Der dritte Schritt der Analyse beschäftigt sich mit den möglichen zukünftigen Entwicklungen des komplexen Systems.[508] Man unterscheidet hierzu *Einflußfaktoren*, die der Steuerung nicht zugänglich sind – also externe Einflüsse auf das System darstellen – und *Handlungsfaktoren*, die grundsätzlich durch Lenkungsmaßnahmen beeinflußt werden können. Mittels einer Szenarioanalyse[509] kann anhand eines wahrscheinlichen und zweier konträrer Extremszenarien auf Basis der aktiven Einflußgrößen die zukünftige Entwicklung des Systems abgeschätzt werden. Im vierten Schritt werden die Handlungsfaktoren hinsichtlich ihrer Lenkbarkeit auf der relevanten Hierarchiestufe typisiert.[510] Dabei stellt sich im allgemeinen heraus, daß nicht alle Handlungsfaktoren auch durch Personen der untersuchten Hierarchiestufe lenkbar sind. Ein Handlungsfaktor kann auf Abteilungsebene nicht lenkbar sein, auf Unternehmensebene aber sehr wohl. Die „Erkenntnis, daß zahlreiche Elemente und Beziehungen von *uns* als Problemlöser gar nicht beeinflußt werden können, so daß sie auf unserer Ebene keine Ansatzpunkte für Eingriffe in die Situation darstellen, ist ein sehr wichtiger Schritt in Richtung auf die Planung von ***realisierbaren*** Strategien und Maßnahmen und einer Beschränkung auf das *uns* mögliche.“[511] Zur Vervollständigung der ganzheitlichen, vernetzten Analyse sind schließlich noch die Indikatoren zu bestimmen, mit denen sich die Veränderungen der Gesamtsituation gut abbilden lassen.

Im Ergebnis der Untersuchung können detaillierte Aussagen zur Verknüpfung und Steuerbarkeit von Meßobjekten gemacht werden. Im Gegensatz zu den Ursache-Wirkungs-Ketten beinhaltet das Netzwerk nicht nur einzelne Beziehungen zwischen Meßobjekten, sondern bildet die kausale Beziehung vollständig ab. In Abb. 72 sind neben den Indikatoren und lenkbaren sowie nicht lenkbaren Meßobjekten die für komplexe Systeme typischen kreislaufförmigen Zusammenhänge, die als Regelkreise Rückkopplungen im System abbilden, zu erkennen.[512]

---

507 Vgl. ULRICH, H./PROBST, G. J. B. (1995), S. 145.
508 Vgl. zur Methodik ULRICH, H./PROBST, G. J. B. (1995), S. 160ff.
509 Vgl. GESCHKA, H./HAMMER, R. (1997), S. 464ff. und KREILKAMP, E. (1987), S. 285ff.
510 Vgl. zur Methodik ULRICH, H./PROBST, G. J. B. (1995), S. 176ff.
511 ULRICH, H./PROBST, G. J. B. (1995), S. 185.
512 Auf die Darstellung der zeitlichen Beziehungen wurde verzichtet.

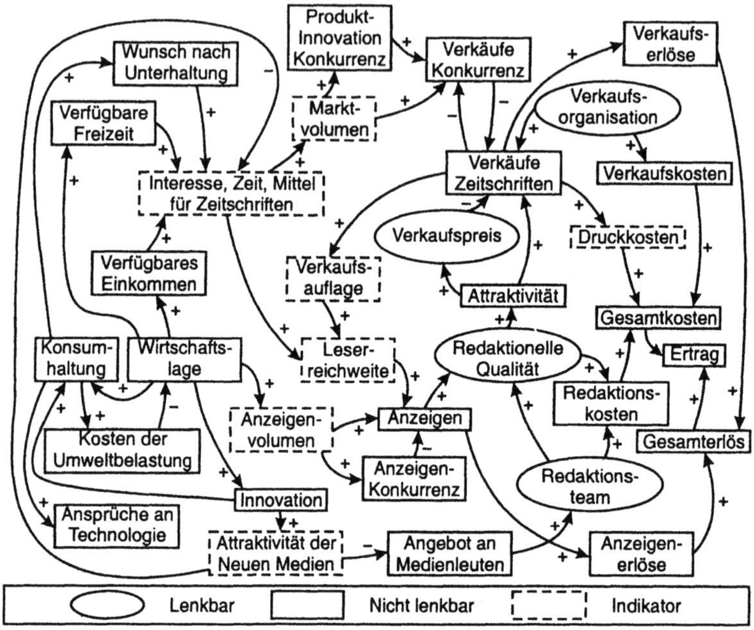

Abb. 72: Beispiel einer ganzheitlichen, vernetzten Analyse von Wirkungszusammenhängen[513]

Gegenüber den Ursache-Wirkungs-Ketten werden damit nicht einzelne Meßobjekte in eine monodirektionale Verbindung gebracht – vielmehr wird der Kausalzusammenhang über alle Zwischenschritte verfolgt und auf diese Weise den Wechselwirkungen und Rückkopplungen der Elemente des Entscheidungsraumes Rechnung getragen. Außerdem offenbart die Methode des vernetzten Denkens durch Identifikation der lenkbaren Meßobjekte Ansatzpunkte für Steuerungseingriffe.

Teilweise werden auch Ursache-Wirkungs-Ketten in sehr detaillierter Form zur Strategieabbildung angewendet. Die Visualisierung dieser Zusammenhänge, wie in Abb. 73, die stark an ganzheitliche, vernetzte Zusammenhänge erinnert (vgl. Abb. 72), kann nicht darüber hinwegtäuschen, daß die diskutierten Nachteile der Ursache-Wirkungs-Ketten nicht beseitigt sind. Nach wie vor existiert eine einzige, deterministische Wirkungsrichtung (in Abb. 73 von der Organizational Learning Perspective über die Internal Process Perspective und die Consumer & Customer Perspective zur Financial Perspective, also ausschließlich von unten nach oben), bei der keine Wechselwirkungen und Rückkopplungen zwischen Objekten vorgesehen sind.

NØRREKLIT[514] geht bei ihrer Analyse der Ursache-Wirkungs-Ketten von einem dem hier verwendeten ähnlichen, aber nicht identischen Kausalitätsbegriff aus und kritisiert am Beispiel

[513] Leicht modifiziert nach PROBST, G. J. B./GOMEZ, P. (1993b), S. 36.

einer Balanced Scorecard das Kausalitätspostulat im Zusammenhang mit Performance Measurement-Systemen.

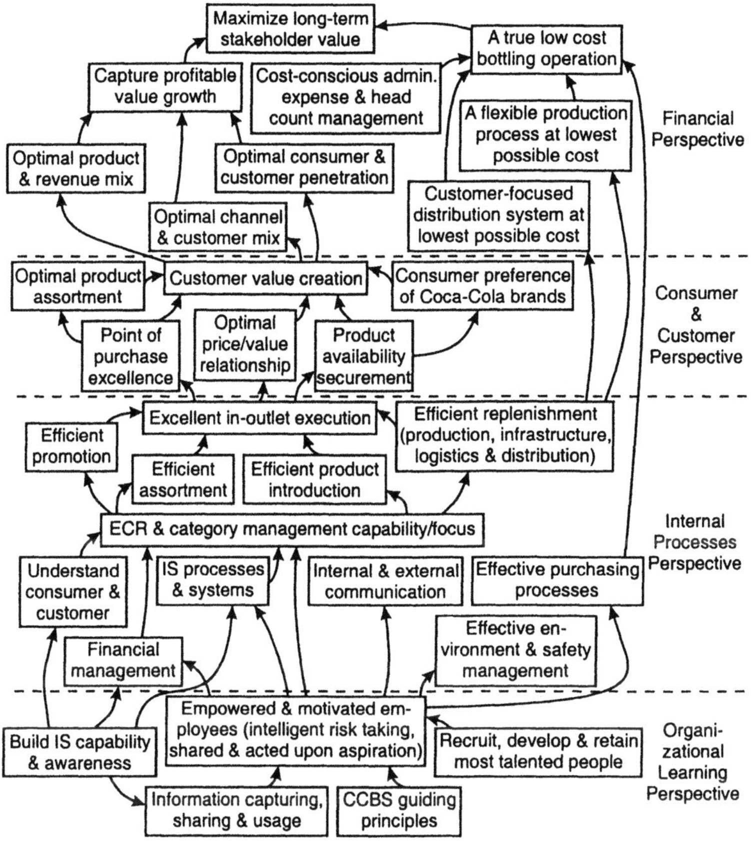

Abb. 73: Beispiel einer detaillierten Ursache-Wirkungs-Kette[515]

Ursachen sollen ihrer Wirkung zeitlich vorgelagert sein. NØRREKLIT folgert, daß zu unterschiedlichen Zeiten gemessene Meßobjekte in *einer* Balanced Scorecard zusammengefaßt werden müssen. Diese Vorstellung kann nicht unterstützt werden, da mit der Betrachtung von Ursachen für zeitlich nachgelagerte Wirkungen das Ziel verfolgt wird, diese Wirkungen vor ihrem Eintreten zu antizipieren. Würden die Ursachen erst mit einer künstlichen zeitlichen Verzögerung betrachtet, um sie ihren erst später eingetretenen Wirkungen gegenüberstellen zu können, verlieren sie ihre prognostische Kraft. Darüber hinaus postuliert NØRREKLIT, daß die Aussagen einer Ursache-Wirkungs-Beziehung aufgrund ihrer Struktur nicht empirisch zu prü-

---

[514] Vgl. NØRREKLIT, H. (2000), S. 70ff.
[515] Vgl. OLVE, N.-G./ROY, J./WETTER, M. (1999), S. 110.

fen sind[516] und begibt sich damit in Widerspruch zu den, auch in diesem Abschnitt zitierten, empirischen Studien. Andererseits plädiert sie in Übereinstimmung zu den hier getroffenen Aussagen für eine vernetzte Beziehungsstruktur zwischen Meßobjekten.

Die abschließende Folgerung, daß die häufig geforderten Kausalzusammenhänge der Meßobjekte eines Performance Measurement-Systems keine solchen sind, sondern Mittel-Zweck-Beziehungen (= finale, teleologische Beziehungen) darstellen, erscheint sophistisch. Der einzige Unterschied zwischen Ursachen und Mitteln liegt in der Gestaltbarkeit von Mitteln gegenüber möglicherweise unbeeinflußbaren Ursachen.[517] Insgesamt sind die Ausführungen von NØRREKLIT zu Kausalketten damit zu großen Teilen wenig nachvollziehbar.

5.4 Indikatoren als Operationalisierung der Meßobjekte

In Abschnitt 5.1.6 wurde festgestellt, daß viele Meßobjekte nicht, ihrer Relevanz für den langfristigen Unternehmenserfolg entsprechend, in einem Performance Measurement-System berücksichtigt werden. Nachfolgend sollen die Ursachen für diese Fokussierungslücke aufgedeckt werden, wobei davon ausgegangen wird, daß sie in der Art der Operationalisierung der Meßobjekte durch Indikatoren liegen.

Daher soll, nachdem in den bisherigen Abschnitten des Kapitels 5 Meßobjekte betrachtet wurden, nun die eigentliche Messung als Operationalisierung von Meßobjekten im Mittelpunkt stehen. Die Operationalisierung erfolgt dabei mit Indikatoren, so daß in den folgenden Abschnitten ausgewählte Eigenschaften von Indikatoren näher betrachtet werden. Zunächst muß allerdings der Indikator-Begriff abgegrenzt werden.

Aufgrund des einer Sozialwissenschaft eigenen Charakters ist eine direkte Messung am Meßobjekt, bei der das Meßergebnis unmittelbar an einer Skala abgelesen werden kann, nicht möglich. Vielmehr wird auf indirekte Meßmethoden, die sich eines Indikators als Substitut für das Meßobjekt bedienen, zurückgegriffen – erst Indikatoren erschließen also die Meßobjekte einer Messung. Damit kann folgender Definition des Indikator-Begriffs gefolgt werden: „Indikatoren sind unmittelbar meßbare Sachverhalte, welche das Vorliegen der gemeinten, aber nicht direkt erfaßbaren Phänomene … anzeigen."[518] Das folgende Beispiel verdeutlicht das für die Messung der Kundenzufriedenheit.

Die Kundenzufriedenheit sei ein relevantes Meßobjekt und soll daher im Performance Measurement-System integriert werden. Sie ist aber einer direkten Messung nicht zugänglich. Als Indikator für die Kundenzufriedenheit kann ein Customer Satisfaction Index genutzt werden, der im Rahmen von Kundenbefragungen heute von vielen Unternehmen regelmäßig er-

516 NØRREKLIT vermutet, daß die Aussagen L-determiniert sind. Vgl. zu einigen wissenschaftswissenschaftlichen Grundlagen in diesem Zusammenhang Abschnitt 8.5.1 ab S. 253.

517 Vgl. CHMIELEWICZ, K. (1994), S. 12.

518 KROEBER-RIEL, W. (1992), S. 28.

mittelt wird.[519] Häufig wird der Customer Satisfaction Index als Indikator aber verkürzend mit der Kundenzufriedenheit als Meßobjekt gleichgesetzt.

Auch in der einschlägigen, sich mit Performance Measurement beschäftigenden, wissenschaftlichen Literatur wird oft nicht oder nicht sauber zwischen Meßobjekt und Meßgröße/Indikator für ein Meßobjekt unterschieden.[520]

Die folgenden Abschnitte beschäftigen sich mit einzelnen Aspekten der Operationalisierung von Meßobjekten. Die teilweise in der Literatur anzutreffenden Auflistungen von bis zu 20 Indikatoreigenschaften[521] sind dabei nicht sonderlich nützlich, da zu viele Redundanzen enthalten sind.

5.4.1 Gütekriterien für Indikatoren

Messungen sind im allgemeinen fehlerbehaftet. Ausgehend von dem Verständnis des Messens, das in Abschnitt 2.2.3.2 dargelegt wurde, können Indikatoren daher durch Gütekriterien, die sich auf den Meßfehler beziehen, charakterisiert werden, wobei häufig die Validität und die Reliabilität unterschieden werden.[522] Teilweise werden zusätzlich Objektivität sowie Repräsentativität und Generalisierbarkeit differenziert.[523] Da das Schrifttum mehrheitlich ausschließlich die Validität und Reliabilität betrachtet, wird hier ebenso verfahren. Andere Autoren[524] fordern, daß Meßgrößen auch der formalen Eigenschaft Utility (das Nutzbare messen) genügen müssen. Aufgrund der hier getroffenen strikten Trennung von Meßobjekt und Meßgröße ist diese Anforderung aber an Meßobjekte und nicht an Meßgrößen zu stellen und wird durch die Relevanz von Meßobjekten (vgl. Abschnitt 5.1.4) erfaßt.

5.4.1.1 Validität

Wie gut die Operationalisierung eines Meßobjektes und damit die Abbildungstreue eines Indikators ist, wird durch die, auch als Gültigkeit bezeichnete, Validität dieses Indikators ausgedrückt. Die Validität gibt an, ob das, was durch das Meßobjekt beobachtet werden soll, durch den Indikator auch tatsächlich gemessen wird. Sie ist damit ein Maß für den Abstand zwischen der beabsichtigten Zielstellung des gesamten Meßprozesses und dessen Ergebnis. In Äquivalenz zu ökonomischen Sachverhalten kann die Validität eines Indikators mit der Effektivität der Operationalisierung des Meßobjektes verglichen werden. Umgangssprachlich ist

---

519 Vgl. für Methoden zur Messung der Kundenzufriedenheit z. B. ZUBA, R. (1998), S. 45ff. und zur Umsetzung DICKEY, J. D. (1998), S. 9ff.

520 So stellt KLINGEBIEL, N. (1999) schon auf der ersten Seite seines Buches fest, daß „in der anglo-amerikanischen Literatur ... nur wenig präzise zwischen ‚Performance Indicator' und ‚Measure' differenziert wird", um im zweiten Halbsatz zu bemerken, die Begriffe Leistungsgröße, -kennzahl und -indikator selbst weiterhin synonym zu verwenden.

521 Vgl. BOUCKAERT, G. (1993), S. 31f.

522 Vgl. SCHNELL, R./HILL, P. B./ESSER, E. (1999), S. 144ff.; LITWIN, M. S. (1995), S. 5ff.; SIESFELD, G. A. (1998), S. 16; WHOLEY, J. S./HATRY, H. P. (1992), S. 608; BHARGAVA, M./DUBELAAR, C./RAMASWAMI, S. (1994), S. 235ff.

523 Vgl. z. B. LAMNEK, S. (1995a), S. 178ff.

524 Vgl. SIEGER, J. M. (1992), S. 48.

die Validität eines Indikators also die numerische Antwort auf die Frage „Wird das gemessen, was gemessen werden soll?"

TENNER[525] stellt diese Problematik am Beispiel der Performance von Forschungs- und Entwicklungsprozessen dar. Die Messung auf Basis von Outputgrößen, wie z. B. der Anzahl der Forschungspapiere, Veröffentlichungen oder Patente, ist nicht besonders gut geeignet, den Forschungs- und Entwicklungsprozeß zu beurteilen. Als zweckmäßigere Meßgrößen werden sog. Outcomegrößen angesehen, wie z. B. der Gewinnanteil, der auf neue Produkte zurückzuführen ist. In TENNERS Terminologie weisen also Outcomegrößen eine größere Validität auf als Outputgrößen.

Im Rahmen empirischer Forschung werden teilweise detailliertere Systematisierungen der Validität betrachtet, die für die weitere Arbeit hier aber nicht von Relevanz sind.[526]

Auch der Begriff *Precision* wird in der Literatur zur Charakterisierung von Indikatoren verwendet.[527] Dieser wird teilweise synonym zur hier betrachteten Validität genutzt, teilweise beschreibt er auch die formale Genauigkeit im Sinne von Nachkommastellen.[528]

Die Validität als Abbildungstreue der Meßobjektoperationalisierung durch Indikatoren läßt sich auch durch die *Sensitivität und Spezifität* der Indikatoren erfassen. Diese Herangehensweise wird insbesondere im medizinischen Bereich häufig verwendet.[529] Eine Veränderung des Meßobjektes sollte unmittelbar zu einer Veränderung des zugeordneten Indikators führen. Ein Indikator ist dabei um so sensitiver, je kleinere Veränderungen des Meßobjekts sich bereits in einer Veränderung des Indikators niederschlagen. Ein Indikator als Operationalisierung eines Meßobjektes wird häufig nicht ausschließlich durch Veränderungen des entsprechenden Meßobjektes beeinflußt. Je weniger Fremdeinwirkungen der Indikator ausgesetzt ist, desto größer ist seine Spezifität hinsichtlich des Meßobjektes. Oder anders ausgedrückt: Die Spezifität eines Indikators ist um so größer, je sicherer eine Veränderung des Indikatorwertes auf eine Veränderung des zugehörigen Meßobjekts zurückzuführen ist.

Legt man das Werturteil zugrunde, daß eine größere Validität von Unternehmen vorgezogen wird,[530] so ist mit fortschreitender betriebswirtschaftlicher Erkenntnis ein Trend zu valideren Indikatoren zu unterstellen. Die Validität der Indikatoren von Meßobjekten, für die umfangreiche betriebswirtschaftliche Erfahrungen vorhanden sind, dürfte somit größer sein als die Validität anderer Meßobjekte mit weniger großem betriebswirtschaftlichem Erfahrungsschatz.

---

525 Vgl. TENNER, A. R. (1991), S. 30f.

526 Vgl. zur Unterscheidung von Inhalts-, Kriteriums- und Konstruktvalidität SCHNELL, R./HILL, P. B./ESSER, E. (1999), S. 149; HILDEBRANDT, L. (1998), S. 89ff.; LITWIN, M. S. (1995), S. 35ff. Teilweise wird in diesem Zusammenhang zusätzlich auch die sog. *Face-Validity* betrachtet, wobei schon die sehr unscharfe Charakterisierung „*Apparent Relationship*" (SHEPHERD, C. D./HELMS, M. M. (1995), S. 17) verdeutlicht, warum die Face-Validity häufig nicht als Validitätstyp betrachtet wird.

527 Vgl. SIEGER, J. M. (1992), S. 48.

528 Vgl. TARR, J. D. (1996), S. 80.

529 Vgl. z. B. PÄTZOLD, K. (1967), S. 14ff.

530 Über dieses Werturteil dürfte Konsens bestehen, weil andere Möglichkeiten (Indifferenz oder umgekehrter Zusammenhang) sinnlos erscheinen.

Wie in Abschnitt 5.1.3 ausgeführt, sind die „klassischen" Meßobjekte in der Betriebswirtschaftslehre Gegenstand langer und intensiver Auseinandersetzung. Folglich dürften aufgrund des größeren Erfahrungspotentials – wie in folgender These ausgedrückt – diese Meßobjekte mit wesentlich valideren Indikatoren operationalisiert werden als die „modernen".

These 2: Die zur Messung der „klassischen" Meßobjekte eingesetzten Indikatoren sind im Mittel valider als die zur Operationalisierung von „modernen" Meßobjekten genutzten.

Deskriptiv zeigen sich bei den untersuchten Unternehmen wesentliche Unterschiede in der Validität der Indikatoren, wie Abb. 74 zeigt. Die Indikatoren der „klassischen" Meßobjekte werden dabei als wesentlich valider eingeschätzt als die der „modernen" Meßobjekte.

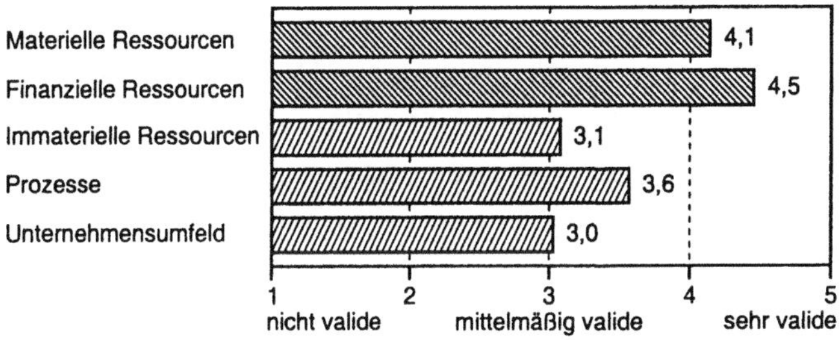

Teilstichprobenumfang: 115 bis 119 Unternehmen

Abb. 74: Mittlere Validität von Indikatoren

5.4.1.2 Reliabilität

Mit der 1904 von SPEARMAN entwickelten Konzeption der Reliabilität[531] wird erfaßt, wie weit ein Meßergebnis eines Indikators vom „wahren Wert", den der Indikator zum Zeitpunkt der Messung aufweist, entfernt ist. In der klassischen Testtheorie wird die Reliabilität als Quotient der Varianz der wahren Werte und der Varianz der Meßwerte definiert.[532] Der „wahre Wert" eines Indikators ist dabei nicht mit dem „wahren Wert" des entsprechenden Meßobjekts zu verwechseln.

Die Reliabilität bzw. Verläßlichkeit wird gängigerweise anhand des Test-/Re-Test-Ansatzes oder der Paralleltestmethode bestimmt, wobei die Methoden auf der Annahme basieren, daß Meßergebnisse eines verläßlichen Indikators jeweils hochkorreliert sind.[533]

Die Reliabilität im Rahmen des *Test-/Re-Test-Ansatzes* wird als Korrelation der Meßwerte zweier Messungen bestimmt, wobei sichergestellt sein muß, daß sich der wahre Indikatorwert

[531] Vgl. SHEPHERD, C. D./HELMS, M. M. (1995), S. 16.

[532] Vgl. SCHNELL, R./HILL, P. B./ESSER, E. (1999), S. 145. Äquivalent: Quadrat der Korrelation zwischen beobachteten und wahren Werten.

zwischenzeitlich nicht verändert. Die Reliabilität ist dabei um so größer, je besser die zwei Meßwerte übereinstimmen. Genau wie beim Test-/Re-Test-Ansatz werden bei der Paralleltestmethode zwei Meßwerte gewonnen und die Reliabilität als Korrelation beider definiert. Der Unterschied liegt in der Verwendung verschiedener Meßmethoden (zum möglichst gleichen Zeitpunkt) bei der Paralleltestmethode, wohingegen beim Test-/Re-Test-Ansatz eine Meßmethode zu verschiedenen Zeitpunkten genutzt wird.

Teilweise wird auch der Begriff *Accuracy* als Charakteristikum für Indikatoren in der Literatur gebraucht.[534] Dieser ist, sieht man von seiner häufig intuitiven Benutzung ab, deckungsgleich mit dem hier verwendeten Begriff der Reliabilität.

Wie schon im vorangegangenen Abschnitt 5.4.1.1 ist auf Basis eines äquivalenten konsensfähigen Werturteils zu erwarten, daß mit steigender betriebswirtschaftlicher Erkenntnis die Reliabilität der verwendeten Indikatoren steigt. Vor dem Hintergrund der langen und intensiven betriebswirtschaftlichen Erfahrungen mit „klassischen" Meßobjekten sind für deren Operationalisierung Indikatoren größerer Reliabilität zu erwarten als für „moderne" Meßobjekte.

These 3: Die zur Messung der „klassischen" Meßobjekte eingesetzten Indikatoren sind im Mittel von größerer Reliabilität als die zur Operationalisierung der „modernen" Meßobjekte genutzten.

Äquivalent zur Untersuchung der Validität offenbarten sich in der empirischen Erhebung wesentliche Unterschiede in der Einschätzung der Reliabilität von Indikatoren (vgl. Abb. 75). Während die Reliabilität der Indikatoren „klassischer" Meßobjekte als vergleichsweise hoch eingeschätzt wird, werden die Indikatoren „moderner" Meßobjekte hinsichtlich der Reliabilität als schlechter eingestuft.

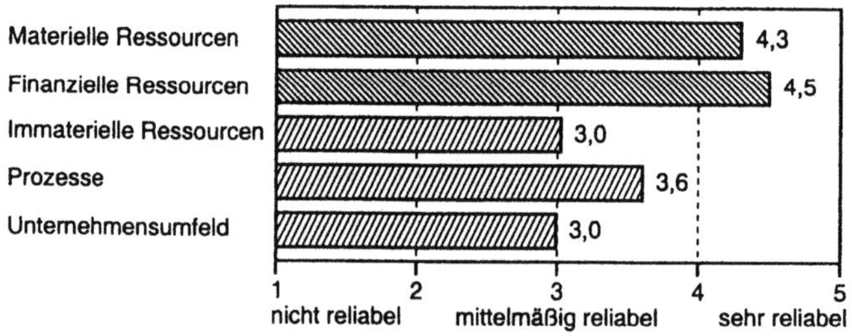

Teilstichprobenumfang: 115 bis 119 Unternehmen

Abb. 75: Mittlere Reliabilität von Indikatoren

533 Vgl. für weitere Methoden, wie z. B. den Ansatz der Internen Konsistenz (der nur für mehrere Indikatoren eines Meßobjektes nutzbar ist) und die Split-Half-Methode, LAMNEK, S. (1995a), S. 174; SCHNELL, R./HILL, P. B./ESSER, E. (1999), S. 146f.; LITWIN, M. S. (1995), S. 21ff.

534 Vgl. z. B. SIEGER, J. M. (1992), S. 48; TARR, J. D. (1996), S. 80; TARR, J. D. (1995), S. 61; BALL, C./DUNN, P. (1997), S. 20. Andere beziehen sich bei der Bezeichnung direkt auf die Wiederholung der Messung mit gleichem Ergebnis. Vgl. BROWN, M./LAVERICK, S. (1994), S. 89.

5.4.1.3 Verhältnis von Validität und Reliabilität

Insbesondere im naturwissenschaftlich-technischen Bereich wird die Abweichung zwischen einem tatsächlichen und einem gemessenen Wert in einen zufälligen und einen systematischen Fehler aufgespalten.[535] Dieses Konzept ist mit dem hier verwendeten inhaltlich vollständig identisch. Der zufällige Fehler entspricht dabei der Reliabilität, während das Konstrukt des systematischen Fehlers mit der Validität korrespondiert.[536]

Während die Reliabilität als Streuung der Meßgrößen ein Maß für den zufälligen Fehler darstellt, wird der systematische Fehler einer Messung durch die Validität abgebildet. Dabei gilt der Zusammenhang „$\text{Validität} \leq \sqrt{\text{Reliabilität}}$ ",[537] d. h. ein Indikator kann nicht valide sein, wenn seine Reliabilität gering ist. Mit anderen Worten: ein Indikator kann nicht das messen, was er soll, wenn die Meßwerte bei wiederholter Messung starker Streuung unterliegen.

Der oben dargelegte mathematische Zusammenhang zwischen Validität und Reliabilität setzt eine Messung beider Konstrukte auf Basis von Varianzen voraus. Da die Validität und Reliabilität der Indikatoren im Rahmen der empirischen Erhebung nicht in dieser Form erfaßt werden können, wird für den Zusammenhang zwischen Validität und Reliabilität ein vereinfachter Zusammenhang postuliert.

These 4: Die Validität und die Reliabilität sind Güteeigenschaften von Indikatoren, die eng miteinander in Verbindung stehen.

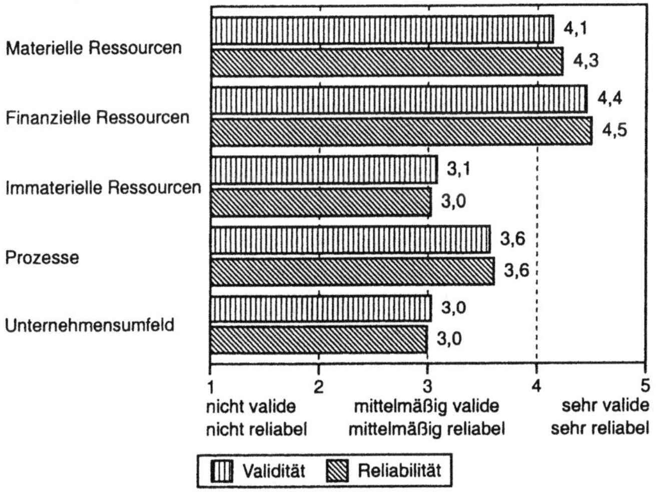

Teilstichprobenumfang: 115 bis 119 Unternehmen

Abb. 76: Mittlere Validität und Reliabilität von Indikatoren

535 Vgl. GÖBEL, R. (1986), S. 48f.
536 Vgl. HOMBURG, C./HILDEBRANDT, L. (1998), S. 25.
537 Vgl. SCHNELL, R./HILL, P. B./ESSER, E. (1999), S. 148.

Bei den untersuchten Unternehmen konnte, wie in Abb. 76 dargestellt, deskriptiv eine gute Übereinstimmung der Validität und Reliabilität der Indikatoren festgestellt werden, so daß beide eine gute Repräsentation der Indikatorgüte darstellen.

Die begriffliche Trennung von Validität und Reliabilität ist insbesondere in praxisnäheren Publikationen nicht immer gewährleistet. So werden sowohl Reliabilität[538] und Accuracy[539] als auch Validität[540] als alleiniges Gütekriterium („is the information right")[541] und damit als Oberbegriff für Indikatorgüte verwendet.

5.4.2 Ökonomische Ermittelbarkeit

In der Literatur ist umstritten, in welchem Umfang die, häufig als diametral angesehenen, Eigenschaften der ökonomischen Ermittelbarkeit von Indikatorwerten einerseits („das leicht Ermittelbare messen") und deren Relevanz („das Wichtige messen")[542] andererseits eine Rolle bei der Entscheidung spielen, welche Indikatoren in einem Performance Measurement-System eingesetzt werden sollen.

Teilweise wird auf konzeptioneller Ebene gefordert, in die Auswahlentscheidung die ökonomische Ermittelbarkeit der Indikatormeßwerte einfließen zu lassen.[543] Dabei wird konstatiert, daß in der Praxis häufig nur solche Indikatoren eingesetzt werden, deren Meßwerte leicht zu ermitteln sind, so daß die Relevanz der zugrunde liegenden Meßobjekte nur eine untergeordnete Rolle bei der Auswahlentscheidung der Indikatoren spielt.[544] Bei einer empirischen Untersuchung kleiner und mittlerer Firmen in Großbritannien aus dem Jahr 1992 zeigte sich, daß für die Manager der Unternehmen die ökonomische Ermittelbarkeit bei der Auswahl von Indikatoren von besonders großem Interesse ist.[545]

Andere Vertreter stellen im Rahmen der Auswahlentscheidung ausschließlich auf die Relevanz ab[546] und bringen dafür konzeptionelle Gründe vor. Die langfristige Entwicklung eines Unternehmens mit Hilfe eines Performance Measurement-Systems zu steuern, erfordert Zugriff auf alle Informationen, die dafür von Bedeutung sind. Bei diesem Konzept, das entscheidungsrelevante Informationen in den Mittelpunkt stellt, kommt es somit nur zweitrangig darauf an, inwieweit die Informationen mit geringen Meßkosten ermittelt werden können. Insgesamt erscheint diese Konzeption wesentlich überzeugender.

---

538 Vgl. o. V. (1997c), S. 61; STAINER, A./HEAP, J. (1996), S. 10.
539 Vgl. COTT, C. I./KARR, J. (1996), S. 68; MCKINNON, S. M./BRUNS, W. J. (1992), S. 197 und S. 200.
540 Vgl. BOUCKAERT, G. (1993), S. 31f.
541 o. V. (1997c), S. 61.
542 Aufgrund der vorgenommenen strikten Trennung von Meßobjekten und Indikatoren wird die Relevanz hier als eine Meßobjekteigenschaft angesehen. Vgl. zur Relevanz Abschnitt 5.1.4 ab S. 110.
543 Vgl. SHEPHERD, C. D./HELMS, M. M. (1995), S. 16; GIUNIPERO, L. C./BREWER, D. J. (1993), S. 37; CHANG, R. Y./DE YOUNG, P. (1996), S. 10; MCKENZIE, F. C./SHILLING, M. D. (1998), S. 62; SYPSOMOS, M. G. (1997), S. PC.01.2; DE CONSTANTIN, J. (1998), S. 52; FORSON, A. (1997), S. 23; TALLEY, W. K. (1994), S. 341.
544 Vgl. PARTRIDGE, M./PERREN, L. (1997), S. 50.
545 Vgl. NEELY, A./GREGORY, M./PLATTS, K. (1995), S. 84.
546 Vgl. z. B. OTLEY, D. (1997), S. 44.

Wie schon im Zusammenhang mit der Güte von Indikatoren diskutiert, ist zu erwarten, daß sich die Meßkosten für Indikatorwerte verringern, je umfangreichere betriebswirtschaftliche Erfahrungen mit den zugrunde liegenden Meßobjekten vorliegen. Folglich sollten für „klassische" Meßobjekte, für die, wie schon erläutert, umfangreiche betriebswirtschaftliche Erfahrungen vorliegen, Indikatoren zur Verfügung stehen, die ökonomischer zu ermitteln sind, als das für „moderne" Meßobjekte der Fall ist.

These 5: Zur Operationalisierung „klassischer" Meßobjekte stehen Indikatoren zur Verfügung, die ökonomischer ermittelbar sind als die Indikatoren „moderner" Meßobjekte.

Bei den untersuchten Unternehmen offenbarten sich deskriptiv starke Unterschiede hinsichtlich der Meßkosten zwischen „klassischen" und „modernen" Meßobjekten. Die ökonomische Ermittelbarkeit der Indikatorwerte wird für „klassische" Meßobjekte als wesentlich besser beurteilt als für „moderne" Meßobjekte (vgl. Abb. 77).

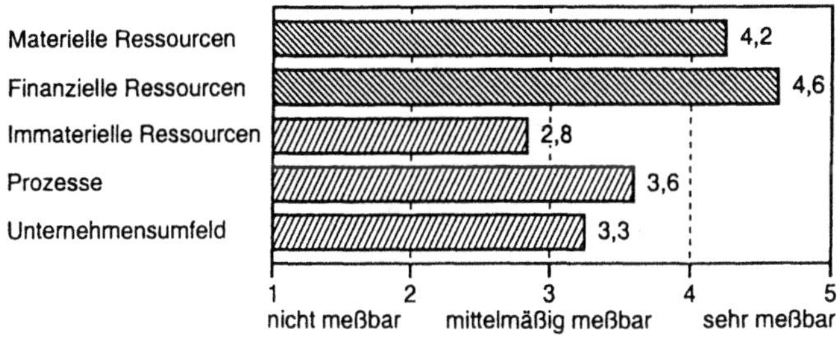

Teilstichprobenumfang: 101 bis 119 Unternehmen

Abb. 77: Mittlere ökonomische Ermittelbarkeit von Indikatorwerten

Da sich die umfangreiche betriebswirtschaftliche Erfahrung mit „klassischen" Meßobjekten ebenso wie die geringere Erfahrung mit „modernen" Meßobjekten simultan sowohl in der ökonomischen Ermittelbarkeit als auch in der Güte der entsprechenden Indikatoren niederschlägt, ist ein positiver Zusammenhang zwischen ökonomischer Ermittelbarkeit der Indikatormeßwerte und der Indikatorgüte zu erwarten. Der Zusammenhang zwischen Meßkosten und Validität als einer Güteeigenschaft kann somit in folgender These festgehalten werden.

These 6: Indikatoren sind um so valider, je ökonomischer ermittelbar sie sind.

Die Beziehung von Meßkosten und Reliabilität als der anderen Güteeigenschaft von Indikatoren spiegelt sich in nachfolgender These wider.

These 7: Die Reliabilität von Indikatoren ist um so größer, je ökonomischer ermittelbar sie sind.

5.4.3 „Weichheit" der Indikatoren

Ein scharf abgegrenztes Verständnis, was unter der Weichheit von Indikatoren zu verstehen ist, existiert nicht. Häufig wird in diesem Zusammenhang von harten und weichen,[547] quantitativen und qualitativen[548] sowie objektiven und subjektiven[549] Indikatoren gesprochen. Letzteres Begriffspaar erscheint weniger umgangssprachlich beeinflußt, so daß in der eigenen Abgrenzung darauf zurückgegriffen wird.

TARR[550] postuliert, daß weiche Indikatoren nur als Verhältnisgrößen („this year is ‚better' than last year") operationalisiert werden können, wohingegen harte Indikatoren quantifizierbar sind und macht die Differenzierung damit am Ergebnis der Operationalisierung fest. Diese Auffassung führt zu einer Verschmelzung der Objektivität (bzw. Subjektivität) eines Indikators und seiner Skalierung. Objektive Indikatoren wären dabei metrisch skaliert und subjektive ordinal skaliert. Von einer Person ermittelte Schätzwerte für Indikatorausprägungen würden als objektiv betrachtet, sofern sie metrisch skaliert sind, wobei die resultierende Scheingenauigkeit vernachlässigt wird. Damit erscheint diese Vorgehensweise letztlich weniger geeignet, die Weichheit von Indikatoren zu erfassen.

Hier soll die Abgrenzung subjektiver und objektiver Indikatoren anhand der Ermittlung der Indikatorausprägungen erfolgen. Während objektive Indikatoren durch eine personenunabhängige Quantifizierung gekennzeichnet sind, ist das Meßergebnis subjektiver Indikatoren von der die Messung durchführenden Person abhängig. Um die Lücke zwischen der ideal objektiven (jedermann erhält das gleiche Quantifizierungsergebnis) und der ideal subjektiven Ermittlung (jedermann erhält ein anderes Quantifizierungsergebnis) zu schließen, sollen Abstufungen zwischen beiden Extremen eingeführt werden. Ein Indikator kann dann durch seine Lage innerhalb des Kontinuums charakterisiert werden.

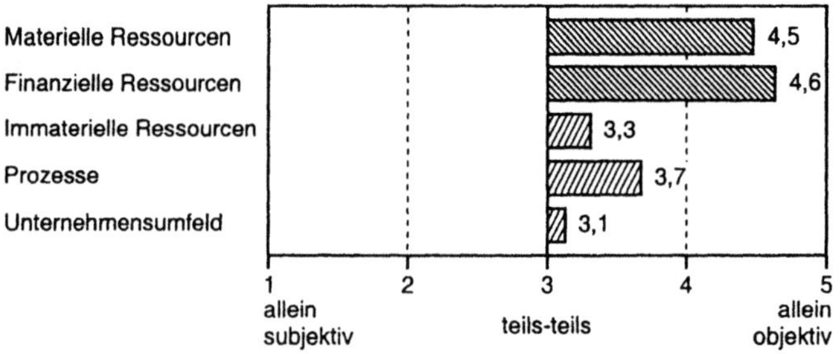

Teilstichprobenumfang: 112 bis 119 Unternehmen

Abb. 78: Mittlerer Grad der Subjektivität bzw. Objektivität von Indikatoren

---

[547] Vgl. z. B. MALTZ, A. B./ELLRAM, L. M. (1997), S. 52

[548] Vgl. z. B. BAILEY, J. A. (1996), S. 46.

[549] Vgl. z. B. GLOBERSON, S. (1985), S. 640; BOMMER, W. H. u. a. (1995), S. 587ff.

[550] Vgl. TARR, J. D. (1996), S. 81.

In der empirischen Erhebung wird dazu eine Skala mit den zwei Extremen „allein subjektiv" und „allein objektiv" sowie den drei Zwischenstufen „mehrheitlich subjektiv", „teils-teils", „mehrheitlich objektiv" verwendet. Bei den untersuchten Unternehmen ist, wie Abb. 78 zeigt, eine grundsätzliche Präferenz objektiver Indikatoren festzustellen. Gleichzeitig ist die Objektivität der Indikatoren „klassischer" Meßobjekte nach Einschätzung der Unternehmen stärker ausgeprägt als bei „modernen" Meßobjekten.

Messungen anhand von objektiven Indikatoren sind für Vergleiche sowohl zwischen einzelnen Erhebungszeitpunkten (Zeitvergleich) als auch zwischen verschiedenen Untersuchungsobjekten (Benchmarking) und mit Zielvorgaben (Soll-Ist-Vergleich) besser geeignet als subjektive Indikatoren. Aufgrund der personenunabhängigen Ausprägungsermittlung bei objektiven Indikatoren sind die erhaltenen Meßwerte nicht strittig. Somit sind objektive Indikatoren im Gegensatz zu subjektiven Indikatoren, über deren Meßwerte ohne weiteres diskutiert werden kann, leichter zu kommunizieren und letztlich auch leichter in Steuerungssignale umzusetzen.[551] In einer Untersuchung von 22 nordamerikanischen Unternehmen fanden DESS und ROBINSON[552] eine hohe Korrelation der objektiven Unternehmensperformance (Gesamtkapitalrendite und Umsatzwachstum) und deren subjektiver Einschätzung durch die Unternehmensleitung. Die Interpretation beider Autoren schließt eine Substituierbarkeit objektiver und subjektiver Indikatoren aber explizit aus. Die Korrelation der objektiven und subjektiven Abbildung der Unternehmensleistung zeigt, daß die Unternehmensleitung gut über „ihr" Unternehmen informiert ist, spricht aber nicht für oder gegen den Einsatz subjektiver oder objektiver Indikatoren. Letztlich kommen DESS und ROSS zu dem Schluß „Where accurate objective measures of performance (particularly economic) are available, their use is strongly supported and encouraged."[553]

Dementsprechend ist zu erwarten, daß – wie in nachfolgender These ausgedrückt – das Bestreben von Unternehmen dahin geht, möglichst objektive Indikatoren einzusetzen.[554]

These 8: Objektive Indikatoren werden subjektiven Indikatoren bei der Nutzung in Performance Measurement-Systemen vorgezogen.

Unter Berücksichtigung dieser Argumentation ist zu vermuten, daß sich die Privilegierung objektiver Indikatoren mit steigender betriebswirtschaftlicher Erfahrung erhöht, da die Objektivität von Indikatoren Entwicklungsziel ist. Somit ist davon auszugehen, daß sich der umfangreiche Erfahrungsschatz mit „klassischen" Meßobjekten in einem höheren Ausprägungsgrad der Objektivität für Indikatoren „klassischer" Meßobjekte und einer geringeren Ausprägung für „moderne" Meßobjekte manifestiert.

---

[551] Vgl. zur Umsetzbarkeit von subjektiven Indikatoren in „Action Terms" STIVERS, B. P. u. a. (1998), S. 48.
[552] Vgl. DESS, G. G./ROBINSON, R. B. (1984), S. 265ff.
[553] DESS, G. G./ROBINSON, R. B. (1984), S. 270.
[554] Vgl. GLOBERSON, S. (1985), S. 640; MANZELLA, J. C. (1999), S. 35.

Zu beachten ist, daß – wie in These 7 formuliert – zwar mehrheitlich objektive Indikatoren eingesetzt werden, die Indikatoren für „klassische" Meßobjekte aber vermutlich noch objektiver sind.[555]

These 9: Zur Messung der „klassischen" Meßobjekte werden objektivere Indikatoren eingesetzt als zur Operationalisierung von „modernen" Meßobjekten.

Die betriebswirtschaftliche Erfahrung mit „klassischen" Meßobjekten schlägt sich nicht nur in einer Objektivierung der Indikatoren, sondern – wie in den vorangegangenen Abschnitten postuliert – in größerer Indikatorgüte und ökonomischer ermittelbaren Indikatoren nieder. Diese, durch betriebswirtschaftliche Erfahrung getriebenen, Zusammenhänge werden nachfolgend in Thesenform konkretisiert.

Ein Charakteristikum zur Erfassung der Güte von Indikatoren ist, die mit steigender betriebswirtschaftlicher Erfahrung verbesserte, Validität der Indikatoren.

These 10: Je objektiver ein Indikator ist, desto valider ist er.

Die Reliabilität als verbleibende Eigenschaft zur Charakterisierung der Indikatorgüte steigt ebenfalls im Zuge betriebswirtschaftlicher Erfahrung, so daß postuliert wird:

These 11: Je objektiver ein Indikator ist, desto größer ist seine Reliabilität.

Auch die ökonomische Ermittelbarkeit von Indikatoren kann mit steigender betriebswirtschaftlicher Erfahrung verbessert werden, was sich in nachstehender These niederschlägt.

These 12: Je ökonomischer Indikatoren zu ermitteln sind, desto objektiver sind sie.

5.4.4 Zeithorizont von Indikatoren

Für die Erfassung der Unternehmensperformance wird in der Literatur gefordert, daß die Informationen zeitnah zu Verfügung stehen[556] und nicht nur auf die historische Entwicklung abstellen oder rückwärts gerichtet sind.[557] Diese Ansprüche thematisieren den Zeithorizont von Indikatoren, der nun näher untersucht werden soll.

Zunächst soll der Begriff des *Zeithorizonts* eines Indikator von dem des *Kausalzusammenhangs* von Meßobjekten abgegrenzt werden. An dieser Stelle ist dabei nochmals auf die strikte Unterscheidung von Meßobjekten und Indikatoren Bezug zu nehmen. Während Meßobjekte gegebenenfalls in einer wechselseitigen Wirkungsbeziehung stehen, so daß der Zustand eines Meßobjekts den Zustand eines anderen Meßobjekts beeinflußt, besteht eine solche Verbindung zwischen Indikatoren grundsätzlich nicht. Indikatoren entfalten keine Wirkungen auf

---

[555] An dieser Stelle sei an die Abgrenzung objektiver und subjektiver Indikatoren in Kontinuumform erinnert.

[556] Vgl. McKinnon, S. M./Bruns, W. J. (1992), S. 197ff.; Chang, R. Y./De Young, P. (1996), S. 10; Sypsomos, M. G. (1997), S. PC.01.2; McKinnon, S. M./Bruns, W. J. (1993), S. 35; Davis, T. R. V. (1996), S. 18; Hatry, H./Gerhart, C./Marshall, M. (1994), S. 16; Noci, G. (1995), S. 80; Arvai, E. S. (1985), S. 54; McNair, C. J./Mosconi, W. (1987), S. 29.

andere Indikatoren, allenfalls interagieren die, den unterschiedlichen Indikatoren zugrunde liegenden, Meßobjekte miteinander. Abb. 79 veranschaulicht dies mit einem Meßobjekt M_1, das eine kausale Wirkung auf Meßobjekt M_2 ausübt. Man bezeichnet in diesem Fall M_1 auch als Treibergröße und M_2 als Ergebnisgröße.[558] Beide Meßobjekte werden durch jeweils einen Indikator (I_1, I_2) operationalisiert. Sowohl I_1 als auch I_2 können dabei den momentanen Zustand des jeweiligen Meßobjekts oder seine Beschaffenheit in der jüngeren bzw. weiter entfernten Vergangenheit oder Zukunft beschreiben. Diese Konstellation veranschaulicht Abb. 79. Ob ein Indikator vor- oder nachlaufend ist als auch wie stark diese zeitliche Komponente ausgeprägt ist, ist dabei unabhängig davon, ob das operationalisierte Meßobjekt eine Treiber- oder Ergebnisgröße ist.

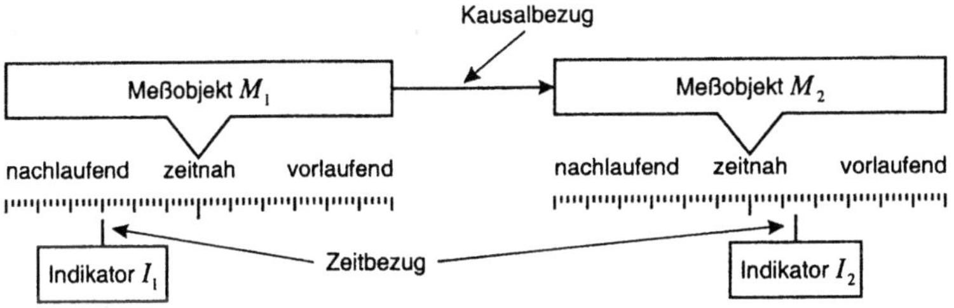

Abb. 79: Kausalität von Meßobjekten und Zeitbezug von Indikatoren

Diese Unterscheidung wird teilweise in der Literatur nicht getroffen. So werden partiell nachlaufende Indikatoren und Ergebnisse sowie vorlaufende Indikatoren und Leistungstreiber als ein und dasselbe angesehen.[559] Diese Identität muß aber auf Basis der obigen Überlegungen abgelehnt werden. Ebenso ist damit die Ansicht von DENK zurückzuweisen, der postuliert, daß sich durch Indikatoren Kausalitäten als Beziehung von Treiber- und Ergebnisgrößen entdecken lassen.[560]

In diesem Abschnitt wird ausschließlich die zeitliche Dimension der *Indikatoren* behandelt. Dem Zusammenspiel von *Meßobjekten* durch Kausalverbindungen als nicht indikatorbezogenem Charakteristikum wurde bereits in Abschnitt 5.3 nachgegangen.

Die Unterscheidung von *zeitnahen, vorlaufenden und nachlaufenden Indikatoren* darf dabei schon als klassisch gelten. Während erstere den Zustand eines Meßobjektes zu einem, dem Erhebungszeitpunkt (annähernd) entsprechenden, Zeitpunkt wiedergeben, sind die anderen durch eine (mehr oder minder große) Zeitlücke zwischen diesen beiden Zeitpunkten gekenn-

557 Vgl. ASHTON, C. (1997), S. 4; BOOTH, R. (1997), S. 28; SMITH, M. (1990), S. 24f.
558 Vgl. MOON, P./FITZGERALD, L. (1996), S. 443f. (*Result* und *Driver*) bzw. BALLANTINE, J./BRIGNALL, S./ MODELL, S. (1998), S. 75f. (*Result* und *Determinant*) bzw. STENZEL, C./STENZEL, J. (1998), S. 29 (*Outcome* und *Driver*).
559 Vgl. HORVÁTH, P./KAUFMANN, L. (1998), S. 41f.; MASKELL, B. H./GOODERHAM, G. (1998), S. 37; MICHEL, U. (1997), S. 280; TÖPFER, A. (2000), S. 21; CORRIGAN, J. (1998), S. 31; FRIEDAG, H. R. (1998), S. 293; ROLPH, P. (1999), S. 54.
560 Vgl. DENK, R. (1995), S. 204.

zeichnet. Liegt der Erhebungszeitpunkt nach dem Zeitpunkt, auf den sich der Indikator bezieht, bezeichnet man den Indikator als nachlaufend bzw. Spätindikator. Demgegenüber werden Indikatoren, die den (wahrscheinlichen) zukünftigen Zustand eines Meßobjekts erfassen, als vorlaufend bzw. Frühindikator bezeichnet.[561]

Neben dieser Orientierung der Zeitlücke ist ihr Umfang ein weiteres wesentliches Charakteristikum. Daher ist als *Fristigkeit des Zeithorizonts* zusätzlich zu betrachten, wie groß gegebenenfalls die Zeitlücke zwischen Erhebungszeitpunkt und dem Zeitpunkt, dessen Zustand abgebildet wird, ist.

Eine explorative Studie deckte in der Verwendung kurz- und langfristiger Indikatoren im interkulturellen Kontext erhebliche Unterschiede auf.[562] Während bei deutschen Unternehmen kein Schwerpunkt auf kurz- oder langfristigen Indikatoren gefunden wurde, konzentrieren sich britische und US-amerikanische Firmen auf kurzfristige Indikatoren. Diese Ergebnisse spiegeln sich auch in der englischsprachigen Literatur wider, wo häufig die schwerpunktmäßig kurzfristige Orientierung der Indikatoren kritisiert wird.[563]

Ziel der Konzeption von Indikatoren ist es, über den Zustand von Meßobjekten und damit über Entwicklungen im Unternehmen möglichst frühzeitig Informationen zu erlangen.[564] Indes ist es schwierig, die Zukunft vorwegzunehmen, denn Prognosen sind oft mit Unsicherheit behaftet,[565] so daß die Konstruktion zeitlich vorlaufender Indikatoren nicht trivial ist.

Bereits in den 50er Jahren wurde dieses Problem von BOULDING[566] betrachtet, der feststellte, daß „all knowledge is about the past, but all actions are about the future. Therein lies the dilemma: How can a measure of activity be about anything other than past activity? ... If future performance is more important, then how can it be measured until it is past?“[567]

Daher erscheint es unwahrscheinlich, daß zeitlich stark vorlaufende Indikatoren in großem Umfang bei Unternehmen zum Einsatz kommen, so daß zu erwarten ist, daß bestenfalls eine annähernd zeitnahe Abbildung von Meßobjekten möglich ist.

Damit einhergehend, trägt die betriebswirtschaftliche Erfahrung zur Lösung des Prognoseproblems bei und spielt damit für die Konstruktion und den Einsatz vorlaufender Indikatoren eine förderliche Rolle. Dementsprechend ist davon auszugehen, daß für „klassische“ Meßobjekte, für die bereits umfangreiche betriebswirtschaftliche Erfahrungen vorliegen, vorlaufendere Indikatoren eingesetzt werden, als dies für „moderne“ Meßobjekte der Fall ist.

---

[561] Vgl. zum Begriffspaar Früh- und Spätindikator auch KRAHE, A. (1999), S. 117.
[562] Vgl. COATES, J./DAVIS, T./STACEY, R. (1995), S. 125ff.; WERNER, B. M./SOUDER, W. E. (1997), S. 29ff.
[563] Vgl. BOOTH, R. (1996), S. 48; HENDRICKS, J. A. (1994), S. 27; CRAWFORD, K. M./COX, J. F. (1990), S. 2026.
[564] Vgl. MISKIN, A. (1995), S. 22; BROWN, K. K. (1995), S. 65.
[565] Vgl. zu Prognosen und strategischer Frühaufklärung z. B. KREILKAMP, E. (1987), S. 245ff.; LIEBL, F. (1996), S. 3ff.
[566] Vgl. BOULDING, K. E. (1958).
[567] ERNST, R./ROSS, D. N. (1993), S. 5.

An dieser Stelle sei nochmals auf die Unterscheidung von Meßobjekten und Indikatoren hingewiesen. Teilweise werden „modernen" Meßobjekten (deren Indikatoren als nachlaufend angesehen werden) vorsteuernde Eigenschaften mit Wirkungen auf „klassische" Meßobjekte zugeschrieben.[568] Diese Kausalbeziehung der Meßobjekte hat aber keinen Einfluß auf den Zeithorizont der Indikatoren, die zur Operationalisierung dieser Meßobjekte eingesetzt werden.

Die obigen Ausführungen können in zwei Grundannahmen zusammengefaßt werden:

1. Der Zeithorizont von Indikatoren wird durch die betriebswirtschaftliche Erfahrung mit den zugrunde liegenden Meßobjekten positiv beeinflußt.
2. Da Prognosen mit Unsicherheit behaftet sind, werden überwiegend keine vorlaufenden Indikatoren eingesetzt.

In einem ersten Resümee mündet dies in folgender These:

These 13: Zur Messung „klassischer" Meßobjekte werden zeitnahe Indikatoren verwendet, während zur Operationalisierung von „modernen" Meßobjekten nachlaufende Indikatoren zum Einsatz kommen.

Der in der empirischen Erhebung vorgefundene Zeithorizont von Indikatoren für unterschiedliche Meßobjekttypen ist deskriptiv in Abb. 80 dargestellt.

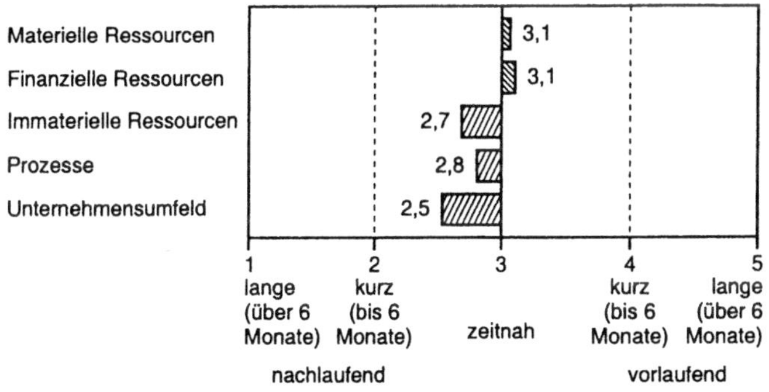

Teilstichprobenumfang: 104 bis 115 Unternehmen

Abb. 80: Mittlere Zeitnähe von Indikatoren

Stehen die, mit einem Indikator ermittelten, Informationen über den Zustand eines Meßobjekts nur mit erheblicher zeitlicher Verzögerung zur Verfügung, ist davon auszugehen, daß der Indikator eine geringe Validität aufweist. So ist beispielsweise die Prozeßdurchlaufzeit (= Indikator), die eine Operationalisierung der Prozeßeffizienz (= Meßobjekt) sein soll, aber nur mit 6-wöchiger Verspätung zur Verfügung steht, wenig geeignet, die Effizienz des momentanen Prozeßzustandes abzubilden. Veraltete Informationen sind daher für die Zielstellung der Validität („das Richtige messen") kontraproduktiv. Auch der Zeithorizont und die

[568] Vgl. Ittner, C. D./Larcker, D. F. (1998a), S. 218.

Validität von Indikatoren werden als durch die betriebswirtschaftliche Erfahrung beeinflußt angesehen, so daß zwischen beiden Indikatoreigenschaften ein Zusammenhang zu vermuten ist.

These 14: Je nachlaufender die eingesetzten Indikatoren sind, desto geringer ist ihre Validität.

Eine ähnliche Beziehung besteht zwischen dem Zeithorizont eines Indikators und dessen Reliabilität. Beide Indikatoreigenschaften werden durch die betriebswirtschaftliche Erfahrung in der Handhabung und Operationalisierung der zugrunde liegenden Meßobjekte beeinflußt. Dementsprechend werden stark nachlaufende Indikatoren als wenig entwickelt angesehen und zeichnen sich daher durch eine geringe Reliabilität aus.

These 15: Je nachlaufender die eingesetzten Indikatoren sind, desto geringer ist ihre Reliabilität.

Für Meßobjekte, für die geringere betriebswirtschaftliche Erfahrungen vorliegen, müssen nachlaufendere Indikatoren verwendet werden. Gleichzeitig wurde in Abschnitt 5.4.2 postuliert, daß für diese Meßobjekte nur weniger ökonomisch ermittelbare Indikatoren zur Verfügung stehen. Da die betriebswirtschaftliche Erfahrung sich damit sowohl auf den Zeithorizont als auch die ökonomische Ermittelbarkeit der Indikatoren auswirkt, ist ein Zusammenhang zwischen beiden zu vermuten.

These 16: Je nachlaufender Indikatoren sind, desto schlechter ist ihre ökonomische Ermittelbarkeit.

Eine äquivalente Argumentation mit betriebswirtschaftlicher Erfahrung als gemeinsamer Einflußgröße auf den Zeithorizont und den Grad der Subjektivität bzw. Objektivität führt zu folgender These:

These 17: Je nachlaufender ein Indikator ist, desto weniger objektiv ist er.

5.4.5 Finanzielle und nicht-finanzielle Indikatoren

Einerseits ist die Diskussion um eine angemessene Abgrenzung der Begriffe finanziell und nicht-finanziell im Rahmen der Charakterisierung von Indikatoren noch im Gange,[569] andererseits werden diese Begriffe immer wieder in sehr ähnlicher Weise verwendet. Es herrscht zwar im wesentlichen Einvernehmen darüber, was finanzielle und nicht-finanzielle Indikatoren ausmacht, andererseits ist dieser Konsens unscharf und nicht klar umrissen. Kurz gesagt, werden die Begriffe finanziell und nicht-finanziell eher intuitiv benutzt.

Häufig wird die Ausprägung nicht-finanzieller oder finanzieller Eigenschaften eines Indikators anhand des Meßobjekts, auf das er sich bezieht, festgemacht.[570] Man betrachtet nicht-fi-

---

[569] Vgl. ARELLANO, J. (2000), S. 4.

[570] Vgl. z. B. SCHIFF, A. D./HOFFMANN, L. R. (1996), S. 134ff.; BHIMANI, A. (1993), S. 20f.

nanzielle Indikatoren dabei als in der Tradition operativer Meßgrößen, die Prozeßeffizienzen abbilden,[571] stehend. Sie beziehen sich direkt auf Meßobjekte, die kundenorientierte, Qualitäts- oder Flexibilitätsgrößen thematisieren,[572] und liefern Hinweise für die langfristige Unternehmensentwicklung. Die Ausgestaltung des Begriffs finanzieller Indikatoren zielt im Rahmen dieses Verständnisses demgegenüber auf jahresabschlußnahe Indikatoren.[573]

Letztlich stellen die genannten Kriterien aber nicht auf die Definition der beiden fraglichen Begriffe ab, sondern beschreiben *Korrelationen* oder vermutete kausale Zusammenhänge, wie beispielsweise „Für die Messung von kundenbezogenen Meßobjekten werden nicht-finanzielle Indikatoren eingesetzt." HORNGREN, FOSTER und DATAR[574] verweisen darauf, daß für die Operationalisierung dieser Meßobjekte (z. B. Kundenzufriedenheit und Qualität) sowohl finanzielle als auch nicht-finanzielle Indikatoren zum Einsatz kommen können. Somit ist für die weitere Arbeit eine indirekte Begriffsbestimmung mit Meßobjektbezug schon allein wegen ihrer Unschärfe nicht geeignet. Auch aufgrund der hier vollzogenen strikten Trennung von Meßobjekten und Indikatoren muß dieses Verständnis von Indikatoren zurückgewiesen werden.

Nachfolgend wird deshalb eine eingängige Definition formuliert, die sich unmittelbar semantisch aus beiden Begriffen ableiten läßt. Finanzielle Indikatoren sind dabei solche, die ein Meßobjekt in Geldgrößen (z. B. DM, € oder $) messen. Nicht-finanzielle Indikatoren sind dann naheliegenderweise alle anderen, bei denen monetären Größen keine Rolle spielen. Auf Basis dieser Begriffsabgrenzung sind die Begriffe finanziell und monetär synonym. Gleichzeitig ist an der Größeneinheit eines Indikators zu erkennen, ob er finanzieller oder nicht-finanzieller Natur ist. Diese Abgrenzung ist anschaulich und wird daher auch für die Operationalisierung im Rahmen der empirischen Untersuchung eingesetzt. Für die finanzielle Eigenschaft eines Indikators wird häufig der Begriff Accounting-Based synonym verwendet.[575]

Diese Identität legt die Vermutung nahe, daß für die Operationalisierung „klassischer" Meßobjekte, denen sich die intern und extern orientierten Rechenwerke des Unternehmens[576] widmen, überwiegend finanzielle Indikatoren verwendet werden.[577] Der finanzielle Schwerpunkt bei der Messung „klassischer" Meßobjekte ist dabei aber nicht historisch begründet, sondern auf besondere Eigenschaften „klassischer" Meßobjekte zurückzuführen. Während Finanzielle Ressourcen ohnehin monetären Charakter aufweisen, sind Materielle Ressourcen aufgrund ihrer guten marktlichen Transferierbarkeit leicht monetär bewertbar. Beide Ressourcentypen sind damit für eine finanzielle Messung prädestiniert. Der Vollständigkeit halber soll gesondert darauf hingewiesen werden, daß der postulierte finanzielle Schwerpunkt bei der Opera-

[571] Vgl. JOHNSON, H. T./KAPLAN, R. S. (1991), S. 259; KAPLAN, R. S. (1990b), S. 2f.
[572] Vgl. PERERA, S./HARRISON, G./POOLE, M. (1997), S. 563.
[573] Vgl. DIXON, J. R./NANNI, A. J./VOLLMANN, T. E. (1990), S. 117; MISKIN, A. (1995), S. 22.
[574] Vgl. HORNGREN, C. T./FOSTER, G./DATAR, S. M. (1994), S. 804f.
[575] Vgl. GROSSMAN, W./HOSKISSON, R. E. (1998), S. 44; KAHN, S. (1996), S. 53; LEMAK, D. J. u. a. (1996), S. 4ff.; GOLL, I./SAMBHARYA, R. B. (1995), S. 832; PROCTOR, M. D./CANADA, J. R. (1992), S. 52f.
[576] Vgl. grundlegend z. B. COENENBERG, A. G. (1999) und COENENBERG, A. G. (1997).

tionalisierung „klassischer" Meßobjekte keinen Ausschließlichkeitsanspruch erhebt. Auch für Materielle und Finanzielle Ressourcen können nicht-finanzielle Indikatoren zur Operationalisierung herangezogen werden.[578]

Gleichzeitig ist zu erwarten, daß für die schlecht marktlich transferierbaren und damit schlecht monetär bewertbaren Immateriellen Ressourcen verstärkt nicht-finanzielle Indikatoren zum Einsatz kommen. Prozesse und das Unternehmensumfeld als nicht ressourcenbezogene Meßobjekte sind grundsätzlich nicht handelbar. Eine monetäre Bewertung kann teilweise dennoch, beispielsweise über den Ressourcenverbrauch für Maßnahmen, die diese Meßobjekte beeinflussen, erfolgen.[579] Offensichtlich ist diese monetäre Bewertbarkeit aber wie schon bei den Immateriellen Ressourcen stark eingeschränkt, so daß zusammenfassend wie folgt formuliert werden kann.

These 18: Zur Messung „klassischer" Meßobjekte werden überwiegend finanzielle Indikatoren eingesetzt, während zur Operationalisierung „moderner" Meßobjekte vornehmlich nicht-finanzielle Indikatoren genutzt werden.

In deskriptiver Form zeigt sich dies auch bei den untersuchten Unternehmen, die für die Operationalisierung „klassischer" Meßobjekte überwiegend finanzielle Indikatoren verwenden, während für „moderne" Meßobjekte mehrheitlich nicht-finanzielle Indikatoren zum Einsatz kommen (vgl. Abb. 81).

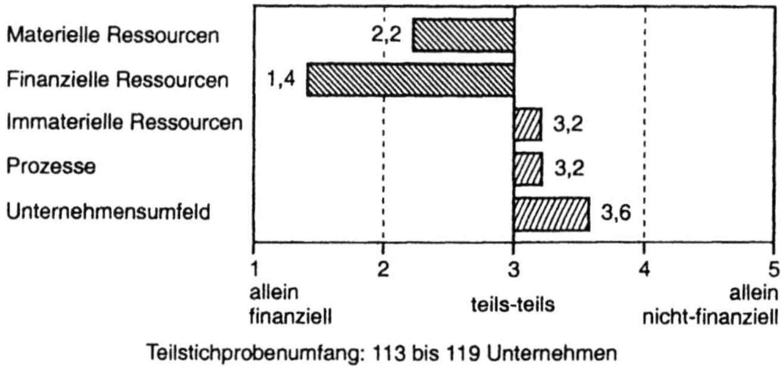

Abb. 81: Mittlerer Grad der finanziellen Ausrichtung von Indikatoren

Die Ergebnisse einer neuseeländischen Studie aus dem Jahr 1996 zeigen anschaulich einen Schwerpunkt auf finanziellen Indikatoren, da nur in 78 % der 48 untersuchten Unternehmen nicht-finanzielle Indikatoren genutzt werden, während in jedem der Unternehmen finanzielle Indikatoren im Einsatz waren.[580]

---

577 Vgl. PARTRIDGE, M./PERREN, L. (1997), S. 50.

578 In diesem Zusammenhang sei nur auf Bestandsreichweiten und durchschnittliche Zahlungsziele hingewiesen.

579 Z. B. Ressourcenverbrauch für Prozeßverbesserungen, Lobbyismus, Umweltschutzmaßnahmen oder Investor Relations aber auch die sog. Bestechung.

580 Vgl. FOWLER, C. (1996), S. 54. Einen wesentlich stärker ausgeprägten Schwerpunkt auf finanzielle Indikatoren sieht BHIMANI, A. (1994), S. 36.

Auf Basis des hier vertretenen Verständnisses sind nicht-finanzielle Indikatoren *keine* Weiterentwicklung und Verbesserung finanzieller Indikatoren. Finanzielle und nicht-finanzielle Indikatoren ergänzen einander, stellen aber keine Substitute dar.[581] Somit ist eine ausschließliche Konzentration auf einen der beiden Typen kontraproduktiv.[582] Teilweise wird sogar eine ausgewogene Berücksichtigung finanzieller und nicht-finanzieller Indikatoren gefordert.[583] Damit wird, im Gegensatz zu den, in den Abschnitten 5.4.1 bis 5.4.4 betrachteten, Eigenschaften von Indikatoren, keine erfahrungsgetriebene Tendenz zu nicht-finanziellen (oder finanziellen) Indikatoren postuliert.

Folgerichtig wird auch kein Zusammenhang zwischen den, sich mit fortschreitender betriebswirtschaftlicher Erfahrung verändernden, Indikatoreigenschaften und der finanziellen Ausrichtung vermutet. Damit wird für die Validität als Güteeigenschaft von Indikatoren formuliert:

These 19: Die Validität eines Indikators ist unabhängig von seiner finanziellen Ausrichtung.

Für die Reliabilität als zweiter Indikatorgüteeigenschaft wird äquivalent vermutet:

These 20: Die Reliabilität eines Indikators ist unabhängig von seiner finanziellen Ausrichtung.

Für die Objektivität eines Indikatoren als weiterer durch die betriebswirtschaftliche Erfahrung getriebenen Indikatorcharakteristik wird ebenfalls Unabhängigkeit von der finanziellen Ausrichtung des Indikators postuliert.

These 21: Die Objektivität/Subjektivität eines Indikators ist unabhängig von seiner finanziellen Ausrichtung.

Schließlich wird unterstellt, daß kein Zusammenhang zwischen der finanziellen Tendenz und der vierten durch betriebswirtschaftliche Erfahrung beeinflußten Indikatoreigenschaft besteht.

These 22: Die ökonomische Ermittelbarkeit eines Indikators ist unabhängig von seiner finanziellen Ausrichtung.

Einige Autoren sind der Ansicht, daß nicht-finanzielle Indikatoren zeitlich vorlaufender als finanzielle sind.[584] Diese Auffassung wird nicht geteilt. Wie vorstehend dargelegt, ist nicht von einer durch betriebswirtschaftliche Erfahrung getriebenen Tendenz zu finanziellen oder nicht-finanziellen Indikatoren auszugehen. Gleichzeitig wird hinsichtlich des Zeithorizonts von Indikatoren die auf betriebswirtschaftlicher Erfahrung beruhende Entwicklung in Richtung vor-

---

[581] Vgl. EPSTEIN, M. J./MANZONI, J.-F. (1997a), S. 31. HEMMER leitet aus einem Modell auf Basis des Principal-Agent-Ansatzes ab, unter welchen Bedingungen welche nicht-finanziellen Indikatoren verwendet werden sollten. Vgl. HEMMER, T. (1996), S. 87ff.

[582] Vgl. z. B. BOOTH, R. (1997), S. 28; VITALE, M./MAVRINAC, S. C./HAUSER, M. (1994a), S. 12; MISKIN, A. (1995), S. 22; PAGELL, M. u. a. (1996), S. 29; SELLENHEIM, M. R. (1991), S. 53.

[583] Vgl. z. B. GRADY, M. W. (1991), S. 51; KEEGAN, D. P./EILER, R. G. (1994), S. 31; HENDRICKS, J. A./DEFREITAS, D. G./WALKER, D. K. (1996), S. 18; NIXON, B. (1998), S. 346.

[584] Vgl. WITTMANN, E. (1999), S. 174; MEYER, M. W. (1998), S. XV.

laufenderer Indikatoren vorangetrieben. Konsequenterweise wird kein Zusammenhang zwischen der finanziellen Ausrichtung von Indikatoren und deren Zeithorizont postuliert.

These 23: Der Zeithorizont eines Indikators ist unabhängig von seiner finanziellen Ausrichtung.

Im Schrifttum wird die Ansicht geäußert, daß auch die Aggregationsstufe eines Meßobjektes, also die Stufe der Unternehmenshierarchie, auf der ein Meßobjekt angesiedelt ist, die finanzielle Ausrichtung von Indikatoren beeinflussen kann. Bei höher aggregierten Meßobjekten werden dabei verstärkt finanzielle Indikatoren verwendet, während auf operativer Ebene eine Tendenz zu nicht-finanziellen Indikatoren zu verzeichnen ist.[585] Diese Tendenz ist ursächlich in der Dominanz finanzieller Indikatoren für die hoch aggregierten Finanziellen Ressourcen begründet, während operativere Meßobjekte (also im wesentlichen Prozesse) eher nicht-finanziell operationalisiert werden. Da diese Zusammenhänge im Kontext der finanziellen Ausrichtung „klassischer“ und „moderner“ Meßobjekte untersucht wurden, ist es nicht erforderlich, den in der Literatur postulierten Einfluß der Unternehmenshierarchie separat zu betrachten.

5.4.6 Anzahl der Indikatoren

Die Indikatoren eines Performance Measurement-Systems sind – und das scheint auf den ersten Blick das simpelste Kriterium – auch durch ihre Anzahl charakterisierbar.

Psychologische Forschungen zeigten, daß die menschliche Fähigkeit zur parallelen Informationsverarbeitung beschränkt ist. Im Durchschnitt können nur sieben simultan aufgenommene Informationen verarbeitet werden, wobei dieser Wert in Abhängigkeit der Art der Informationen zwischen fünf und neun schwankt.[586]

Eine US-amerikanische Studie belegt kompatible Erfahrungen, indem bei Nutzung variabler Entlohnungssysteme die Arbeitsleistung von operativen Mitarbeitern von der Anzahl der Indikatoren in der Bemessungsgrundlage abhängt. Eine optimale Arbeitsleistung wurde bei drei bis fünf Indikatoren erreicht.[587] Auch bei der Untersuchung des Entscheidungsprozesses im Rechnungswesen zeigte sich, daß eine Informationsüberladung der Entscheidungsträger zu schlechteren Bewertungen von Sachverhalten führte.[588]

Die Spannweite der Untersuchungsergebnisse könnte darauf zurückzuführen sein, daß die Fähigkeit zur Informationsverarbeitung individuell ausgeprägt ist, wobei Personen mit größeren einschlägigen Erfahrungen eine größere Verarbeitungskapazität besitzen.[589] Ferner zeigen

585 Vgl. z. B. MARTIN, R. (1997), S. 435f.; KLINGEBIEL, N. (1997), S. 659; LYNCH, R. L./CROSS, K. F. (1995a), S. 87ff.; EUSKE, K. J./LEBAS, M. J./MCNAIR, C. J. (1993), S. 287f.

586 Vgl. MILLER, G. A. (1956), S. 81ff.

587 Vgl. ITTNER, C. D./LARCKER, D. F. (1998a), S. 226.

588 Vgl. CHEWNING, E. G./HARRELL, A. M. (1990), S. 527ff.; ISELIN, E. R. (1988), S. 147ff.; ISELIN, E. R. (1993), S. 249ff. Für einen Überblick über Studien zum Information Overload im Rechnungswesen vgl. SCHICK, A. G./GORDON, L. A./HAKA, S. (1990), S. 199ff.

589 Vgl. BADDELEY, A. (1994), S. 354f. MACGREGOR, J. N. (1987), S. 107f. CHASE, W. G./SIMON, H. A. (1973), S. 218ff.

Studien, daß die Informationsverarbeitung durch die Präsentation der Informationen beeinflußt wird.[590]

Andererseits finden sich in der Literatur eine Vielzahl von Falldarstellungen und Empfehlungen hinsichtlich der Anzahl der, in einem Performance Measurement-System zu betrachtenden, Indikatoren.[591] Die Vorschläge reichen dabei von fünf oder sechs zu verwendenden Indikatoren[592] bis hin zu 40 bis 60.[593] Teilweise wird sogar postuliert, daß die Anzahl der Indikatoren eines Performance Measurement-Systems irrelevant für seine Nutzbarkeit ist.[594] Andere Autoren wiederum plädieren dafür, die Anzahl der Indikatoren eines Performance Measurement-Systems möglichst gering zu halten.[595]

Insgesamt erscheint somit die Anzahl der verwendeten Indikatoren kein sonderlich brauchbares Charakteristikum zur Beschreibung von Performance Measurement-Systemen zu sein. Auch im Rahmen des Pretest der empirischen Befragung offenbarten sich erhebliche Schwierigkeiten bei der Erfassung der Indikatoranzahl für einzelne Meßobjektgrundtypen. Die Gesprächspartner in den Unternehmen berichteten, daß sie verläßliche Informationen – falls überhaupt – nur unter großen Anstrengungen erheben können.

5.5 Agencytheoretisch basierte Auswahl von Meßobjekten

„I am never content until I have constructed a mechanical model of what I am studying. If I succeed in making one, I understand; otherwise I do not."

WILLIAM THOMSON[596]

Am Beginn dieses Kapitels wurden – ausgehend von der Gesamtheit aller potentiellen Meßobjekte (5.1.1 bis 5.1.3) – die für den langfristigen Unternehmenserfolg relevanten Meßobjekte identifiziert (5.1.4). In der Realität ist zu beobachten, daß nicht alle relevanten Meßobjekte auch in das Performance Measurement-System eines Unternehmens integriert sind, also eine Fokussierungslücke besteht (Abschnitt 5.1.6). Nun sollen auf der Abgrenzung der rele-

---

590 Vgl. für einen Vergleich von tabellarischer Repräsentation und Informationsvermittlung in Form einer Balanced Scorecard LIPE, M. G./SALTERIO, S. (1998), S. 11ff.

591 Vgl. z. B. MARTIN, R. (1997), S. 443; DUCLAUX, D. (1995), S. 72; GOODERHAM, G. (1998), S. 6; BROWN, K. K. (1995), S. 65; LINGLE, J. H./SCHIEMANN, W. A. (1994), S. 58; STRENGER, E. W. (1997), S. 28; VITALE, M./MAVRINAC, S. C./HAUSER, M. (1994b), S. 17; CALDWELL, B./MCGEE, M. K. (1997), S. 102; LEVINE, H. Z. (1996), S. 73; MCWILLIAMS, B. (1996), S. 16; HORVÁTH, P./KAUFMANN, L. (1998), S. 46; MEYER, C. (1994a), S. 96; GAISER, B./KAUFMANN, L. (1997), S. 3.

592 Vgl. HERDMAN, D. (1993), S. 8.

593 Vgl. KEEGAN, D. P./EILER, R. G. (1994), S. 31.

594 Vgl. KAPLAN, R. S./NORTON, D. P. (1996c), S. 68. Als Voraussetzung sehen beide Autoren, daß das Performance Measurement-System (hier: Balanced Scorecard) eine einheitliche Unternehmensstrategie abbildet.

595 Vgl. NICHOLS, K. L. (1997), S. 413; MCCHESNEY, H. (1996), S. 88; GRIFEL, S. S. (1993), S. 406; HENDRICKS, J. A. (1994), S. 27; HENDRICKS, J. A./DEFREITAS, D. G./WALKER, D. K. (1996), S. 24.

596 Englischer Physiker (1824-1907); nach seiner Erhebung in den Adelsstand als Lord KELVIN bekannt. Zitat aus THOMSON, W. (1884), S. 270f. (zitiert nach ŠTOFF, V. A. (1969), S. 56) bzw. GREEN, G. (1871), S. 270 (zitiert nach JAMMER, M. (1965), S. 170).

vanten Meßobjekte aufbauend, modelltheoretische[597] Kriterien bestimmt werden, die Grundlage der Auswahlentscheidung der, in einem Performance Measurement-System betrachteten, Meßobjekte sind. Ziel der Analyse ist es, Entscheidungsregeln zu finden, aufgrund derer ein Unternehmen festlegen kann, welche Meßobjekte im Performance Measurement-System betrachtet werden sollen und welche nicht.

Die Untersuchung folgt der Tradition der Principal-Agent Modelle, die zunächst in den Kontext wirtschaftswissenschaftlicher Theorien eingeordnet werden. Danach werden mit den Ansätzen von HOLMSTOM/MILGROM und AUSTIN zwei Multitask Principal-Agent-Modelle diskutiert, um schließlich, darauf aufbauend, das endgültige, zur Erklärung der Meßobjektauswahl verwendete, Modell zu entwickeln.

5.5.1 Grundlagen der Principal-Agent-Theorie

In den Rahmen des, als *Neue Institutionenökonomik*[598] bezeichneten, Forschungsgebietes kann die Principal-Agent-Theorie[599] als ein Areal neben der Property-Rights-[600] und der Transaktionskostentheorie[601] eingeordnet werden.[602] Das Forschungsprogramm der Neuen Institutionenökonomik insgesamt umfaßt die ökonomische Analyse des institutionellen Umfelds und des institutionellen Arrangements der Wirtschaft[603] und analysiert die Wirkungen von Institutionen auf das Verhalten der, mit Institutionen konfrontierten, Akteure.[604] Damit wird der Begriff der Institution in diesem Zusammenhang weit gefaßt. Neben der Unternehmung und ihren organisatorischen Regelungen werden soziale und rechtliche Normen, Märkte und Währungssysteme eingeschlossen. Institutionen dienen somit letztlich der Festlegung von Handlungsrechten und -pflichten von Gesellschaftsmitgliedern.[605]

Erste Arbeiten zur Principal-Agent-Theorie beschäftigten sich Anfang der 70er Jahre des 20. Jahrhunderts mit der Analyse von Versicherungsverträgen.[606] Eine erste klare Darstellung, in der auch erstmals der Begriff Principal-Agent-Problem auftaucht, lieferte ROSS.[607]

Der Principal-Agent-Ansatz in seiner heute gebräuchlichen Form untersucht Sachverhalte, die gemeinhin durch mindestens einen Auftraggeber (Principal) und mindestens einen Vertreter

---

597 Vgl. zum Modellbegriff ZSCHOCKE, D. (1995), S. 215ff.

598 Die Bezeichnung *New Institutional Economics* geht auf WILLIAMSON zurück. Vgl. WILLIAMSON, O. E. (1975), S. 1.

599 Als Synonym wird häufig auch der Begriff Agencytheorie verwendet. Vgl. z. B. DECKER, R. O. A. (1994), S. 5ff.; BREID, V. (1995), S. 821ff.; ELSCHEN, R. (1991), S. 1002ff.

600 Vgl. z. B. ALCHIAN, A. A. (1965), S. 816ff.; FURUBOTN, E. G./PEJOVICH, S. (1972), S. 1137ff. und TIETZEL, M. (1981), S. 207ff.

601 Vgl. z. B. COASE, R. H. (1937), S. 386ff.; WILLIAMSON, O. E. (1996) und RICHTER, R./FURUBOTN, E. G. (1999), S. 47ff.

602 Vgl. PICOT, A./DIETL, H./FRANCK, E. (1997), S. 54 und RICHTER, R./FURUBOTN E. G. (1999), S. 44.

603 Vgl. RICHTER, R./FURUBOTN, E. G. (1999), S. 43.

604 Vgl. ERLEI, M./LESCHKE, M./SAUERLAND, D. (1999), S. VII.

605 Vgl. DIETL, H. (1995), S. 570.

606 Vgl. SPENCE, M./ZECKHAUSER, R. (1971), S. 380ff.

607 Vgl. ROSS, S. A. (1973), S. 134ff. Einen (wenn auch etwas älteren) Überblick über die Anwendung der Principal-Agent-Theorie im Management Accounting gibt BAIMAN, S. (1990), S. 342ff. Eine Übersicht über die Antriebskräfte der Entwicklung der Agencytheorie bietet OCHSNER, R. C. (1994), S. 83f.

(Agent) gekennzeichnet sind. Der Agent kann dabei innerhalb eines definierten Entscheidungsraumes eigenverantwortlich Handlungsoptionen wählen. Charakteristisch für Principal-Agent-Beziehungen ist, daß die Handlungen des Agent nicht nur sein eigenes Nutzenniveau, sondern auch das des Principal beeinflussen.[608] Die Aufteilung des aus der Beziehung resultierenden Nutzens obliegt dem Principal. Im Unterschied zu neoklassischen Theorien sind Transaktionskosten wesentlicher Bestandteil des Principal-Agent-Ansatzes. Die beteiligten Parteien können Informationen nicht mehr kostenlos erlangen. Das neoklassische Postulat der vollständigen Information wird daher durch eine Informationsasymmetrie zwischen Principal und Agent ersetzt.

Die Informationsasymmetrie kann auf unterschiedlichen Ursachen beruhen. Sie kann entstehen, weil[609]

- der Principal die Tätigkeit des Agent nicht unmittelbar beobachten kann oder
- der Agent Beobachtungen machen kann, die dem Principal versagt sind.

Im ersten Fall spricht man von *Hidden Action* oder verstecktem Handeln, im zweiten von *Hidden Information* oder versteckter Information.[610] In den Modellen, die in den folgenden Abschnitten näher untersucht werden, steht die Komponente der *Hidden Action* im Rahmen asymmetrischer Information im Vordergrund.

Der Principal-Agent-Ansatz läßt sich zusammenfassend wie folgt charakterisieren: Zwei Entscheidungsträger (Principal und Agent), deren Präferenzen im Zeitablauf stabil sind, streben bei gegebenen Rahmenbedingungen, eindeutig definierten Verfügungsrechten und einer asymmetrischen Informationsverteilung jeweils nach einer Maximierung ihres Nutzens.[611]

Innerhalb der Principal-Agent-Theorie werden zwei Entwicklungsrichtungen unterschieden, die gewöhnlich als *normative* und *positive* Theorie bezeichnet werden.[612] Der positive Forschungszweig thematisiert Erklärungsansätze für reale institutionalisierte Organisationsformen und zeichnet sich durch eine schwerpunktmäßig deskriptive Herangehensweise unter Vermeidung mathematisch formalisierter Modelle aus. Es wird davon ausgegangen, daß die Vertragsgestaltungen, die in der Realität beobachtet werden können, den potentiellen Zielkonflikt zwischen Principal und Agent auflösen.[613]

---

608 Vgl. SCHMIDT, U./THEILEN, B. (1995), S. 483.

609 Hier wird nur auf Informationsasymmetrien Bezug genommen, die im *Verlauf* einer Principal-Agent-Beziehung auftreten. Weitere Informationsasymmetrien können daneben aus *Hidden Characteristics* und *Hidden Intention* resultieren (vgl. BREID, V. (1995), S. 824f.).

610 Das englische Begriffspaar wurde von ARROW geprägt (vgl. ARROW, K. J. (1985), S. 38ff.). Teilweise werden beide als Unterformen des *Moral Hazard* betrachtet (vgl. RICHTER, R./FURUBOTN, E. G. (1999), S. 163), teilweise wird das Begriffspaar *Moral Hazard* und *Adverse Selection* als Substitut verwendet (vgl. DECKER, R. O. A. (1994), S. 18). Vgl. SCHWEIZER, U. (1999) für eine umfassende Darstellung von *Hidden Action* (S. 123ff.) und *Hidden Information* (S. 33ff. und S. 87ff.). Vgl. zu *Hidden Action* auch KARMANN, A. (1992), S. 558ff.

611 Vgl. KLEINE, A. (1996), S. 28.

612 Teilweise wird insbesondere in der englischsprachigen Literatur das Begriffspaar *Principal Agent Literature* und *Positive Agent Literature* verwendet. Vgl. WENGER, E./TERBERGER, E. (1988), S. 506.

613 Vgl. WENGER, E./TERBERGER, E. (1988), S. 507; ELSCHEN, R. (1991), S. 1006.

Demgegenüber ist der normative Zweig der Principal-Agent-Theorie eine formalisierte Theorie, die aus gesetzten Annahmen Empfehlungen für die Gestaltung des Vertragsverhältnisses zwischen Principal und Agent deduziert.[614] Schon für die Lösung kleiner Probleme muß dabei ein erheblicher mathematischer Aufwand betrieben werden.[615] Die in den folgenden Abschnitten betrachteten Modelle, einschließlich des zu entwickelnden, sind der normativen Strömung zuzuordnen.

Im Schrifttum wird ferner eine *ökonomische* und eine *finanzielle* Richtung der Principal-Agent-Theorie unterschieden. Die finanzielle Principal-Agent-Theorie beschäftigt sich mit der Beziehung von Kapitalgeber (Principal) und Unternehmensleitung (Agent) und den, aus der Vertragsgestaltung resultierenden, Anreizwirkungen und Risikoallokationen. Die ökonomische Richtung untersucht die Optimalität von Vertragsgestaltungen zwischen Unternehmensleitung (Principal) und nachgeordnetem Mitarbeiter (Agent, z. B. Bereichsleiter), wobei mit optimal eine Kongruenz des Verhaltens des Agent mit den Wünschen des Principal gemeint ist.[616]

Während über die Subsumtion der ökonomischen Richtung zum normativen Zweig Konsens herrscht, ist die Zuordnung der finanziellen Richtung strittig. Einige Autoren sehen die finanzielle Principal-Agent-Theorie als positiven Ansatz,[617] andere plädieren für eine normative Einordnung.[618] Für die folgende Arbeit sind diese Differenzen aber ohne Bedeutung, da die vorgestellten Modelle ausschließlich der ökonomischen Principal-Agent-Theorie zuzuordnen sind. In Abb. 82 ist der Zusammenhang zwischen normativer, positiver, ökonomischer und finanzieller Principal-Agent-Theorie graphisch zusammengefaßt.

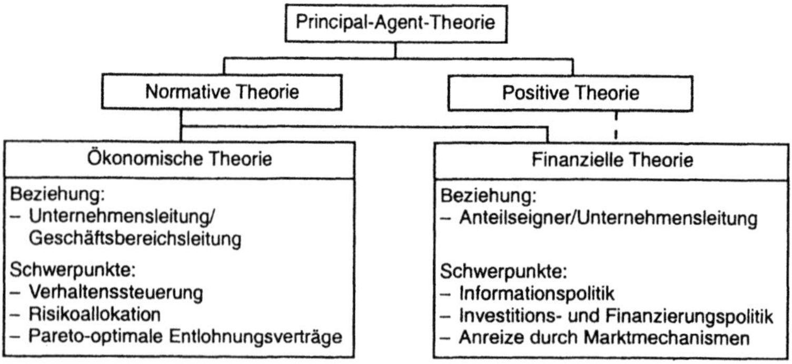

Abb. 82: Systematisierung der Principal-Agent-Theorie[619]

---

[614] Vgl. ELSCHEN, R. (1991), S. 1006.
[615] Vgl. WENGER, E./TERBERGER, E. (1988), S. 506.
[616] Vgl. zur Unterscheidung von ökonomischer und finanzieller Theorie BREID, V. (1995), S. 823.
[617] Vgl. z. B. JENSEN, M. C. (1983), S. 334; EISENHARDT, K. M. (1989), S. 59ff.
[618] Vgl. z. B. BARNEA, A./HAUGEN, R. A./SENBET, L. W. (1985), S. 26ff.; BREID, V. (1995), S. 822.
[619] Vgl. BREID, V. (1995), S. 822; inhaltliche Veränderungen.

Die Principal-Agent-Theorie wurde im Zuge der Fortentwicklung sowohl in ihrer Tiefe als auch ihrer Breite erweitert.[620] Durch die Betrachtung mehrerer Agents[621] können neben Unterstellungsverhältnissen auch horizontale Beziehungen in Organisationen abgebildet werden. Die Kombination vertikaler und horizontaler Beziehungen erlaubt es, auch komplexe Organisationsformen zu untersuchen. Daneben existieren – wenn auch wesentlich seltener anzutreffen – Modelle, in denen mehr als ein Principal betrachtet wird.[622] Mit der Entwicklung dynamischer Modelle,[623] bei denen der Agent anhand des, über mehrere Perioden kumulierten, Ergebnisses beurteilt wird und der Arbeitseinsatz des Agent einer Periode auch von den, in den Vorperioden erzielten, Ergebnissen abhängt, können z. B. Phänomene untersucht werden, in denen sich der Agent „auf seinem Erfolg ausruht".

5.5.2 Grundlagen der Multitask Principal-Agent-Theorie

Eine der bedeutendsten Erweiterungen der Agencytheorie stellt die Multitask Principal-Agent-Theorie dar.[624] Die „klassischen" Ansätze der Principal-Agent-Theorie gehen davon aus, daß genau ein Agent genau eine Aufgabe, die ihm genau ein Principal übertragen hat, ausführt. Die Erweiterung zum Multitask-Ansatz wird vollzogen, indem mehrere, in ihrer Zielsetzung durchaus divergierende Aufgaben betrachtet werden. Dabei ist es unerheblich, ob es sich tatsächlich um verschiedene Tätigkeiten handelt oder eine Tätigkeit aus Sicht des Agent eine mehrdimensionale Aufgabe ist.[625] Im Fall verschiedener Tätigkeiten kann der Principal diese auch mehreren Agents zuweisen; setzt sich eine Tätigkeit aus mehreren Aufgaben zusammen, geht das natürlich nicht. Die Existenz eines einzigen Principal als dritte der eingangs genannten Einschränkungen des „klassischen" Ansatzes bleibt bestehen. Als Begründer der Multitask Principal-Agent-Theorie gelten HOLMSTROM und MILGROM.[626]

Im Rahmen der nachfolgenden Untersuchungen soll ein Modell entwickelt werden, anhand dessen sich Aussagen über die in einem Performance Measurement-System betrachteten Meßobjekte treffen lassen. Dazu wird zunächst untersucht, inwieweit die Modelle von HOLMSTROM/MILGROM (Abschnitt 5.5.3) und AUSTIN (Abschnitt 5.5.4) geeignet sind, die Auswahlentscheidung von Meßobjekten im Rahmen eines Performance Measurement-Systems zu erklären. Anschließend wird auf dieser Grundlage ein eigenes Modell entwickelt (Abschnitt 5.5.5), das einen geeigneten Erklärungsansatz liefert, welche Meßobjekte in einem realen Performance Measurement-System betrachtet werden und welche nicht.

---

620 Einen umfassenden Überblick über verschiedene Richtungen gibt KAH, A. (1994), S. 3ff. und S. 38f.

621 Vgl. z. B. DEMSKI, J. S./SAPPINGTON, D. (1984), S. 152ff. und MOOKHERJEE, D. (1984), S. 433ff.; ROUSEK, O. (1995), S. 33ff.; HEMMER, T. (1998), S. 321ff.

622 Vgl. z. B. MYERSON, R. B. (1982), S. 67ff. und BERNHEIM, B. D./WHINSTON, M. D. (1986), S. 923ff.

623 Vgl. z. B. LAUX, H. (1991), S. 477ff. und HARRIS, M./HOLMSTROM, B. (1982), S. 315ff.

624 Vgl. ERLEI, M./LESCHKE, M./SAUERLAND, D. (1999), S. 127.

625 Vgl. HOLMSTROM, B./MILGROM, P. (1991), S. 25. Ein Arbeiter eines Maschinenbauunternehmens soll z. B. mit Hilfe einer Maschine sowohl eine möglichst große Anzahl von Teilen fertigen als auch für die Wartung und Pflege dieser Maschine sorgen. Die beiden Dimensionen seiner Tätigkeit können dabei offensichtlich nicht gleichzeitig ausgeführt werden – zwischen beiden Tätigkeiten besteht kurzfristig Zielkonkurrenz.

626 Vgl. HOLMSTROM, B./MILGROM, P. (1991), S. 24ff.

Sowohl in den Modellen von HOLMSTROM/MILGROM und AUSTIN als auch dem selbstentwikkelten fungiert ein Manager, der ein Unternehmen leitet und an Unternehmenserfolg interessiert ist, als Principal.[627] Der Principal versucht, mit Hilfe eines Performance Measurement-Systems Steuerungsreize zu setzen, um den Arbeitseinsatz eines Mitarbeiters (Agent) zielkonform zu beeinflussen.

Abweichend von der Darstellung des Multitask Principal-Agent-Ansatzes nach HOLMSTROM/MILGROM wird hier in Anlehnung an AUSTIN[628] neben dem Manager als Principal und dem Mitarbeiter als Agent zusätzlich ein Kunde als bewertende Instanz eingeführt. Dieser Kunde bezieht vom Unternehmen ein Produkt,[629] wobei die Zufriedenheit des Kunden mit diesem Produkt durch verschiedene Produkteigenschaften, die wiederum durch den Arbeitseinsatz des Agent beeinflußt werden, bestimmt wird. Als äquivalente Modellierung zur Aggregation der Arbeitseinsätze des Agent für verschiedene Dimensionen wird gelegentlich auch auf Produktionsfunktionen zurückgegriffen.[630]

Nachfolgend wird stets ein zweidimensionales Problem betrachtet, da sich dieses in anschaulicher Form graphisch darstellen läßt. Betrachtet werden hierzu beispielhaft die beiden Leistungsdimensionen Produktinnovation sowie Kundendienst/Service, die den Wert des Produktes konstituieren. Beide Dimensionen sind hinsichtlich der Kundenzufriedenheit beschränkt substituierbar, so daß Schwächen in einer Dimension durch Stärken der anderen ausgeglichen werden können, gleichzeitig aber keine Dimension völlig entfallen kann. Die Kundenzufriedenheit wird in einer Funktion abgebildet, die eine reflexive, transitive und vollständige, stetige, konvexe und monotone Präferenzordnung[631] repräsentiert. Sei x_1 die Intensität der einen Dimension (Innovation) und x_2 die Intensität der anderen (Service), so ordnet der Kunde jeder Kombination $X = (x_1, x_2)$ eine Zufriedenheit $z(X)$ zu.

Der *Principal* möchte, daß diejenige Intensitätskombination der Leistungsdimensionen realisiert wird, die den Unternehmenserfolg optimiert. Da der Principal sein Einkommen unmittelbar aus Kundenzufriedenheit zieht – der Kunde zahlt für das Produkt[632] – und der Principal die Präferenzen des Kunden beobachten kann, ist er in der Lage, die aus seiner Sicht optimale Kombination zu bestimmen. In der Vorschau auf die folgenden Abschnitte sei an dieser Stelle angemerkt, daß sich die nachfolgend untersuchten Modelle u. a. darin unterscheiden, inwieweit der *Agent* bei seinen Entscheidungen die Präferenzordnung des Kunden berücksichtigt.

---

[627] Der Einfachheit halber wird unterstellt, daß das Interesse aus erfolgsabhängiger Entlohnung resultiert. Denkbar wären auch andere Aspekte von der Wahrung von Karrierechancen und Reputation über intrinsische Motivation bis zu Philanthropie gegenüber dem Unternehmenseigner.

[628] Vgl. AUSTIN, R. D. (1996), S. 44ff.

[629] Der Begriff „Produkt" wird hier in sehr weiter Abgrenzung benutzt, schließt also auch Dienstleistungen ein.

[630] Vgl. ERLEI, M./LESCHKE, M./SAUERLAND, D. (1999), S. 127f.

[631] Vgl. zu diesen Eigenschaften einer Präferenzordnung z. B. BLUM, U. (2000), S. 108f.

[632] Der Principal schöpft gleichsam einen Teil der Kundenzufriedenheit in monetärer Form ab. Die Zahlungsbereitschaft des Kunden sei dabei um so größer, je zufriedener er ist.

Der *Agent* beeinflußt durch seine Arbeit als einziger die Intensität der beiden Dimensionen $X = (x_1, x_2)$ und damit letztlich die Kundenzufriedenheit. Er kann dabei seinen Arbeitseinsatz in beliebiger Weise auf die Dimensionen verteilen. Die Zufriedenheit des Kunden resultiert somit ausschließlich aus der Gesamthöhe und der Verteilung des Arbeitseinsatzes durch den Agent. Der Agent sei persönlich hinsichtlich der Dimensionen indifferent. Er arbeitet also weder an einer der Dimensionen besonders gern, noch strebt er nach abwechslungsreicher Arbeit, bei der er ausschließliche (oder nahezu ausschließliche) Tätigkeit für eine Dimension meidet. Die Angebotsfunktion eines bestimmten Gesamtarbeitseinsatzes x ist daher linear. Im weiteren Verlauf sei unterstellt, daß $x = x_1 + x_2$.

Die „beste" Verteilung $(\ddot{x}_1, \ddot{x}_2)$ der Arbeit auf die beiden Dimensionen ist aus Kundensicht die, die bei gegebenem Gesamtarbeitseinsatz die Kundenzufriedenheit $z(X = (x_1, x_2))$ maximiert. Formal kann das mit x als einem bestimmten Gesamtniveau des Arbeitseinsatzes so ausgedrückt werden:

$$(\ddot{x}_1, \ddot{x}_2): \max_{x_1, x_2} z(x_1, x_2) \text{ s.t. } x_1 + x_2 = x.$$

Die graphische Veranschaulichung dieser Situation für einen Gesamtarbeitseinsatz x, bei der die Zufriedenheitsfunktion des Kunden durch Indifferenzkurven abgebildet wird, in in Abb. 83 dargestellt.

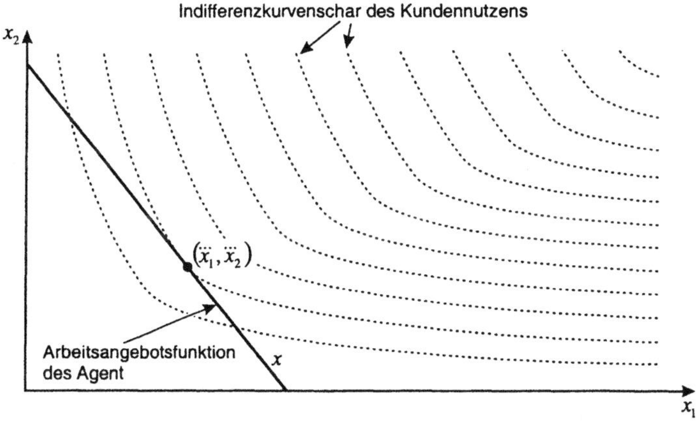

Abb. 83: Präferenzfunktion des Kunden und kundenzufriedenheitsoptimale Aufteilung des Gesamtarbeitseinsatzes[633]

Ermittelt man für alle Arbeitseinsatzniveaus x die kundenzufriedenheitsoptimale Verteilung des Arbeitseinsatzes, so erhält man den *Best-Mix Path*:

$$\ddot{X} = (x_1, x_2): \forall_{x} \max_{x_1, x_2} z(x_1, x_2) \text{ s.t. } x_1 + x_2 = x.$$

[633] Vgl. ähnlich AUSTIN, R. D. (1996), S. 49.

In der graphischen Darstellung ergibt sich der Best-Mix Path als Verbindung der kundenzufriedenheitsoptimalen Aufteilungen aller Gesamtarbeitseinsätze wie in Abb. 84.

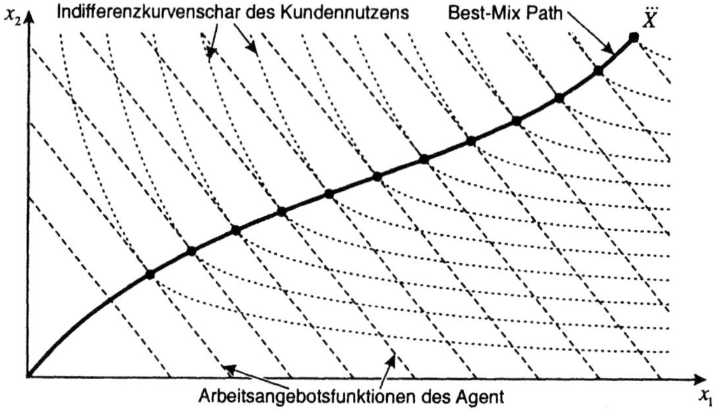

Abb. 84: Best-Mix Path[634]

Wie in Principal-Agent-Modellen üblicherweise angenommen, ist der Agent arbeitsscheu, wobei diese Arbeitsscheu durch Motivation des Agent[635] überwunden werden kann. Die Arbeitsscheu des Agent ist aber nicht absolut. Vielmehr wird der Agent, wenn der Principal mit ihm ein Vertragsverhältnis eingeht, einen Basisarbeitseinsatz leisten. Damit der Agent das Vertragsverhältnis eingeht, muß der Principal eine Grundentlohnung zahlen; diese sei in ihrer Höhe fest.

Im Beispiel ist der Mitarbeiter bei entsprechender fixer Grundentlohung bereit, acht Stunden täglich in den Geschäftsräumen des Unternehmens anwesend zu sein und – sei es, um sich nicht zu langweilen, sei es, weil dem Mitarbeiter die Arbeit Spaß macht – einen Basisarbeitseinsatz zu leisten, den er in noch zu bestimmender Weise auf Produktinnovation und Kundendienst/Service aufteilt.

Die relative Arbeitsscheu des Agent wird formal durch eine Kostenfunktion $c(X) \geq 0$ modelliert, die die Abneigung des Agent gegenüber der Arbeit ausdrückt. Die Kostenfunktion sei stetig und stetig differenzierbar. Die Kosten sind bei einem Gesamtarbeitseinsatz $\breve{x}$ Null:

$$c(X = (x_1, x_2)) = 0 : x_1 + x_2 = \breve{x},$$

gleichzeitig hat die Kostenfunktion bei diesem Gesamtarbeitseinsatz $\breve{x}$ ihr einziges lokales und globales Minimum. Damit ist $c(X)$ durch die nachfolgend aufgeführten Eigenschaften charakterisiert.

---

[634] Vgl. ähnlich AUSTIN, R. D. (1996), S. 50.

[635] Meist wird von monetärer Motivation durch Zufluß von Geld ausgegangen. In einigen der nachfolgenden Modelle kann der Agent aber auch anderweitig motiviert werden.

$$\underset{x_1+x_2<\breve{x}}{\forall}\left(\underset{i}{\forall}\left(\frac{\delta c(X=(x_1,x_2))}{\delta x_i}<0\right)\right)$$

$$\underset{x_1+x_2=\breve{x}}{\forall}\left(\underset{i}{\forall}\left(\frac{\delta c(X=(x_1,x_2))}{\delta x_i}=0\right)\right)$$

$$\underset{x_1+x_2>\breve{x}}{\forall}\left(\underset{i}{\forall}\left(\frac{\delta c(X=(x_1,x_2))}{\delta x_i}>0\right)\right)$$

Die Kostenfunktion ist in ihrem gesamten Verlauf konvex:

$$\underset{X}{\forall}\left(\underset{i}{\forall}\left(\frac{\delta^2 c(X=(x_1,x_2))}{\delta x_i^{\,2}}>0\right)\right).$$

Bei Abwesenheit weiterer Motivation, wenn also neben der Kostenfunktion $c(X)$ keine weiteren Elemente die Motivation des Agent beeinflussen, wird der Agent daher einen Basisarbeitseinsatz $\hat{x}=\breve{x}$ erbringen.

Da der Agent, wie schon erläutert, hinsichtlich der Dimensionen indifferent ist, hängt die Höhe der Kosten nicht von der Ausprägung einzelner Dimensionen, sondern vom Gesamtarbeitseinsatz ab:

$$\underset{x_1+x_2=x}{\forall} c(x_1+x_2)=c(x).$$

Die Arbeitsangebotsfunktion in Abb. 84 repräsentiert damit gleichzeitig ein Isokostenniveau.

In Abb. 85 und Abb. 86 ist eine exemplarische Kostenfunktion des Agent graphisch dargestellt. Während Abb. 85 die Kostenfunktion in Abhängigkeit des („unverteilten") Gesamtarbeitseinsatzes des Agent beinhaltet, werden in Abb. 86 die zwei Dimensionen (im Beispiel Produktinnovation und Kundendienst/Service) separat betrachtet. Der kostenminimale Arbeitseinsatz ist $\breve{x}=4$ und wird z. B. mit $X=(0;4)$ oder $X=(1;3)$ erreicht. Für alle Kombinationen mit $x=11$, wie z. B. $X=(4;7)$ oder $X=(5;6)$, ist $c(X)=49$.

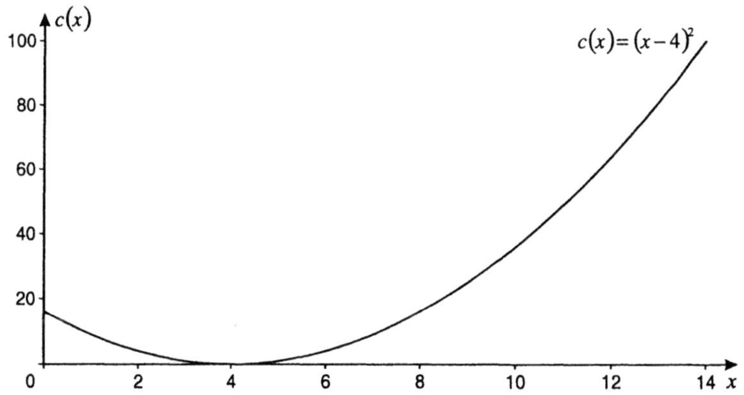

Abb. 85: Kostenfunktion des Agent in Abhängigkeit vom Gesamtarbeitseinsatz (Beispiel)

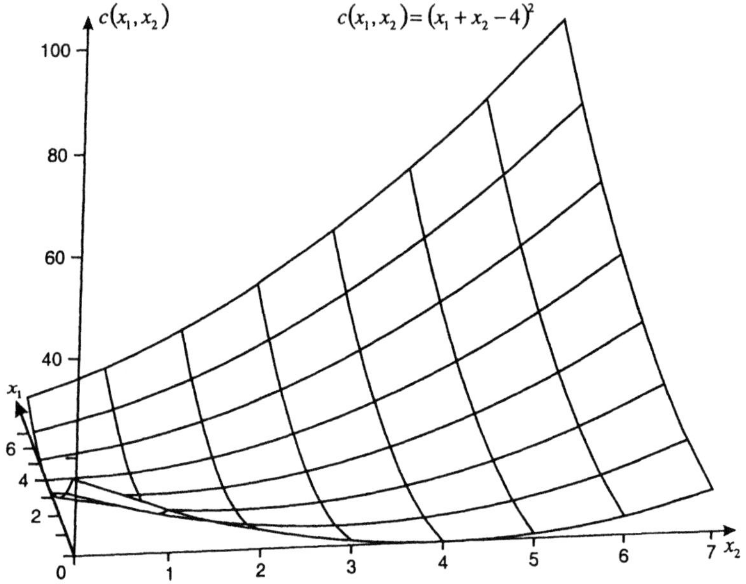

Abb. 86: Kostenfunktion des Agent in Abhängigkeit separater Arbeitseinsätze (Beispiel)

Der Arbeitseinsatz des Agent kann ausgehend vom Basisarbeitseinsatz weiter erhöht werden. Allerdings ist das aufgrund der Arbeitsscheu des Agent nur möglich, wenn der Principal die Entlohnung leistungsbezogen an das Erreichen eines definierten Intensitätsniveaus einer bestimmten Dimension knüpft. Der Manager, der einen größeren Arbeitseinsatz für Produktinnovationen wünscht, würde also eine Entlohnung dann und nur dann zahlen, wenn die von ihm gewünschte Intensität von Produktinnovationen erreicht wird. Zu beachten ist, daß die Entlohnung keine Prämie darstellt, die zusätzlich zur festen Grundentlohnung gezahlt wird. Vielmehr wird ausgehend von der festen Grundentlohnung ein Teil weiterhin als feste Entlohnung gezahlt und ein Teil an das gewünschte Intensitätsniveau geknüpft, so daß sich der Gesamtwert der Entlohnung im Vergleich zur festen Grundentlohnung nicht erhöht. Damit ist die absolute Höhe der Entlohnung keine entscheidungsrelevante Größe.

Schließlich kann der Gesamtarbeitseinsatz des Agent nicht beliebig gesteigert werden, sondern ist bei einem Maximalniveau $\bar{x}$ nach oben beschränkt, so daß gilt:

$$\bar{X} = (x_1, x_2) : x_1 + x_2 = \bar{x} .$$

Der Principal kann mit leistungsbezogener Entlohnung nur das Niveau derjenigen Dimensionen beeinflussen, deren Intensität er auch beobachten kann. Versucht der Principal Entlohnungsanreize für von ihm nicht beobachtbare Dimensionen zu setzen, so kann er nicht entscheiden, welchen Arbeitseinsatz der Agent geleistet hat. Da der Agent das erkennen kann und arbeitsscheu ist, wird er keinen zusätzlichen Arbeitseinsatz für diese Dimensionen erbringen. Der Manager des Beispielunternehmens wird daher nicht in der Lage sein, den Mitarbeiter zu veranlassen, mehr Arbeitsleistung im Bereich Kundendienst/Service zu erbringen, weil er die Intensität der Leistungserbringung in diesem Bereich nicht messen kann. Dieser Zusammenhang wird mit den Wendungen „What gets measured gets done.“[636] oder „You get what you measure.“[637] vielfach in der Praktikerliteratur thematisiert.

Nach den grundlegenden Ausführungen, die für alle im folgenden untersuchten Modelle relevant sind, werden zunächst zwei aus der Literatur bekannte Modelle untersucht. Die Arbeit von AUSTIN kann dabei als Erweiterung des Modells von HOLMSTROM/MILGROM aufgefaßt werden, wobei die wesentlichen Unterschiede aus der Motivation des Agent resultieren.

5.5.3 Modell von Holmstrom/Milgrom

Im, Anfang der 90er Jahre des letzten Jahrhunderts von HOLMSTROM und MILGROM entwikkelten, Modell zur Multitask Principal-Agent Analysis[638] kann der Agent die Kundenzufriedenheit nicht wahrnehmen.[639]

Das Kalkül des Agent umfaßt somit nur seine Kostenfunktion, nach deren Minimum er strebt:

$$X = (x_1, x_2) : \min_{x_1, x_2} c(x_1, x_2).$$

Wenn der Principal dem Agent eine feste Grundentlohnung zahlt, der Agent also in der Wahl seines Arbeitseinsatzes frei ist, realisiert der Agent das Minimum seiner Kostenfunktion und die Höhe des Basisarbeitseinsatzes beträgt $\hat{x} = \breve{x}$, da gilt

$$\hat{X} = (x_1, x_2) : c(x_1, x_2) = 0 \text{ oder } \hat{X} = (x_1, x_2) : x_1 + x_2 = \breve{x}.$$

Der Agent ist aufgrund der Eigenschaften seiner Kostenfunktion hinsichtlich der Aufteilung des Basisarbeitseinsatzes indifferent und mithin frei, eine beliebige Aufteilung des Gesamtarbeitseinsatzes $\hat{x}$ zu realisieren. Zur Veranschaulichung sei nochmals auf Abb. 83 Bezug genommen. Wenn x das Niveau $\hat{x}$ repräsentiert, könnte der Agent also eine beliebige Kombination auf der Arbeitsangebotsfunktion wählen. HOLMSTROM und MILGROM postulieren in ihrem Modell aber weiter, daß der Principal dem Agent Anweisungen zur Kombination des Basisarbeitseinsatzes geben kann.[640] Der Principal wird dabei die Kombination $\dddot{\hat{X}}$ auf dem Best-Mix Path wählen, da sie sein Einkommen optimiert:

$$\dddot{\hat{X}} = (x_1, x_2) : (x_1, x_2) \in \dddot{X} \cap (x_1, x_2) \in \hat{X}.$$

---

636 Vgl. z. B. O. V. (1997b), S. 3; MITCHELL, A. (1995), S. 76; MOORE, G. P./HAGENDORF, G. D. (1994), S. QM.2.1.

637 Vgl. SINGLETON-GREEN, B. (1993), S. 52; MILLER, J. A. (1992), S. 34; BROWN, K. K. (1995), S. 65; HOFRICHTER, D. A. (1999), S. 23; KNIGHT, D. J. (1999), S. 23; BROWN, M. G. (1990), S. 11; NANNI, A. J./DIXON, J. R./VOLLMANN, T. E. (1990), S. 33.

638 Vgl. HOLMSTROM, B./MILGROM, P. (1991), S. 24ff. Eine Weiterentwicklung einiger Aspekte findet sich bei HOLMSTROM, B./MILGROM, P. (1994), S. 972ff.

639 HOLMSTROM und MILGROM führen deshalb den Kunden in ihre Modellbeschreibung gar nicht erst ein, sondern betrachten unmittelbar den Einkommenszufluß beim Principal. Da der Principal sein Einkommen aus der Abschöpfung von Kundenzufriedenheit ziehen soll, sind beide Darstellungen aber äquivalent. Die hier verwendete Darstellungsweise soll Vergleiche zwischen den betrachteten Modellen erleichtern.

640 Vgl. HOLMSTROM, B./MILGROM, P. (1991), S. 34.

Möchte der Principal ein größeres Einkommen realisieren als bei $\hat{\dddot{X}}$, muß der Agent einen größeren Gesamtarbeitseinsatz erbringen. Bei dem arbeitsscheuen Agent kann das nur durch *variable Entlohnung* erreicht werden.[641] Wie kombiniert aber der Agent seine Arbeitsleistung, wenn er aufgrund leistungsbezogener Entlohnung bereit ist, einen größeren Gesamtarbeitseinsatz als den Basisarbeitseinsatz zu leisten? Hierbei sind zwei Fälle zu unterscheiden:

- Der Principal kann die Intensität aller relevanten Leistungsdimensionen beobachten.
- Der Principal kann die Intensitäten einiger relevanter Leistungsdimensionen nicht beobachten.

Im ersten Fall hat der Principal die Möglichkeit, jede beliebige Kombination der Arbeitsleistung des Agent zu erreichen.[642] Der Principal wird deshalb die Arbeitsleistung entlang des Best-Mix Path, der sowohl aus Kunden- als auch Principalsicht optimal ist, steuern. Er wird eine Entlohnung dann und nur dann zahlen, wenn der Agent eine bestimmte Arbeitseinsatzkombination $\tilde{X} \in \ddot{X}$ realisiert. Auf diese Weise kann auch das globale Nutzenoptimum am Schnittpunkt des Best-Mix Path und der natürlichen Arbeitseinsatzgrenze erreicht werden: $\overline{\dddot{X}} = (x_1, x_2) : (x_1, x_2) \in \ddot{X} \cap (x_1, x_2) \in \overline{X}$.

In Abb. 87 ist diese Situation graphisch veranschaulicht.

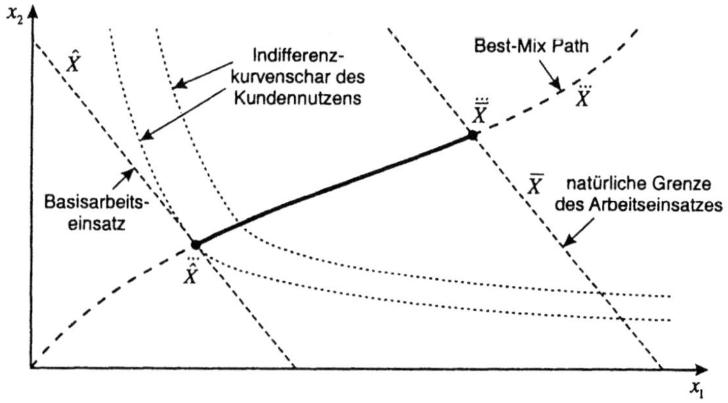

Abb. 87: Arbeitseinsatzkombinationen bei vollständig beobachtbaren Leistungsdimensionen (HOLMSTROM/MILGROM und AUSTIN)

Kann der Principal nicht mehr die Intensität aller Leistungsdimensionen beobachten, ist nicht mehr jede Arbeitsleistungskombination erreichbar, weil der Principal den Agent nicht für zusätzliche Arbeitsleistung in allen Dimensionen entlohnen kann. Bei der hier durchgeführten zweidimensionalen Betrachtung sei x_1 die beobachtbare und x_2 die durch den Principal nicht

641 An dieser Stelle sei nochmals darauf hingewiesen, daß sich die Gesamthöhe der Entlohnung dabei nicht verändert. Vgl. S. 162.

642 Solange die Gesamtarbeitsleistung unterhalb der natürlichen Arbeitseinsatzgrenze $\bar{x}$ liegt.

beobachtbare Dimension. Wenn der Principal eine Entlohnung beim Erreichen eines bestimmten Niveaus von $\tilde{x}_1$ aussetzt, wird der Agent dieses Niveau realisieren und die Wahl seines Arbeitseinsatzes nur in der Dimension x_2 optimieren:

$$X = (\tilde{x}_1, x_2) : \min_{x_2} c(\tilde{x}_1, x_2).$$

Die Lösung des Optimierungsproblems des Agent hängt vom Niveau $\tilde{x}_1$ ab, das der Principal festlegt. Ist $\tilde{x}_1 \leq \hat{x}$ kann der Agent das globale Minimum seiner Kostenfunktion $c(X)$ erreichen und wird einen Arbeitseinsatz von $X = (\tilde{x}_1, x_2) : \tilde{x}_1 + x_2 = \hat{x}$ erbringen. Diese Aufteilung des Basisarbeitseinsatzes $\hat{x}$ führt aber zu einer geringeren Kundenzufriedenheit als die kundenzufriedenheitsoptimierende Basisarbeitseinsatzkombination $\dddot{\hat{X}}$.

Überschreitet $\tilde{x}_1$ die Grenze des Basisarbeitseinsatzes, kann das globale Kostenminimum $c(X) = 0$ nicht mehr erreicht werden und der Agent wird $X = (\tilde{x}_1, 0)$ realisieren. Der Gesamtarbeitseinsatz ist in diesem Fall zwar größer als der Basisarbeitseinsatz, die Kundenzufriedenheit ist aber Null.[643]

Graphisch kann die Entscheidungssituation, wenn nur die Intensität einiger Leistungsdimensionen vom Principal beobachtet werden kann, wie in Abb. 88 veranschaulicht werden.

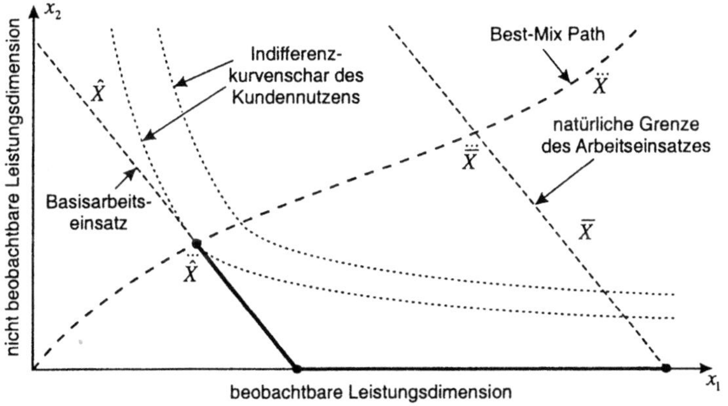

Abb. 88: Arbeitseinsatzkombinationen bei nicht vollständig beobachtbaren Leistungsdimensionen (HOLMSTROM/MILGROM)

Wenn der Principal also die Intensität von mindestens einer Dimension nicht beobachten kann, stellt er sich im Vergleich zur festen Grundentlohnung bei leistungsbezogener Entlohnung immer schlechter. Das Modell von HOLMSTROM/MILGROM impliziert damit, auf die Messung von Leistung und leistungsabhängige Entlohnung zu verzichten, wenn die Leistung nicht in allen relevanten Dimensionen meßbar ist.

643 Die Dimensionen sind annahmengemäß nur beschränkt substituierbar.

Darüber hinaus beinhaltet das Modell von HOLMSTROM und MILGROM in seiner Originalfassung eine *stochastische Komponente.*[644] Der Arbeitseinsatz des Agent führt nicht zu einem determinierten Arbeitsergebnis. Das Arbeitsergebnis wird vielmehr auch durch nicht vom Agent zu vertretende Faktoren beeinflußt. Der Principal ist dabei risikoneutral, während der Agent sich durch Risikoaversion auszeichnet. Der Agent muß daher vom Principal zusätzlich mit einer Risikoprämie entlohnt werden. Eine Analyse der stochastischen Komponente mit ihrem Einfluß auf die Entlohnungshöhe ist hier nicht indiziert, weil die Entlohnung als in ihrer Höhe konstant angesehen wird[645] und damit dieser Aspekt für ein Modell zur Erklärung der Auswahl von Meßobjekten für ein Performance Measurement-System irrelevant ist.

5.5.4 Modell von AUSTIN

In Erweiterung des Modells von HOLMSTROM/MILGROM führt AUSTIN neben der relativen Arbeitsscheu eine zusätzliche *interne Motivation* des Agent in sein Modell ein.[646] Der Agent kann die Kundenpräferenzen wahrnehmen und ist bestrebt, mit seiner Arbeit die Wünsche des Kunden zu befriedigen – er möchte also einen Sinn in seiner Arbeit sehen. Der Basisarbeitseinsatz $\hat{x}$, den der Agent auch ohne leistungsbezogene Entlohnung zeigt, wird vom Agent somit kundenzufriedenheitsmaximierend eingesetzt. Der auf dem Best-Mix Path liegende Punkt $\dddot{\hat{X}}$ in Abb. 87 und Abb. 89 beschreibt diesen Zustand:

$$\dddot{\hat{X}} = (x_1, x_2) : (x_1, x_2) \in \ddot{X} \cap (x_1, x_2) \in \hat{X} .$$

Wenn der Arbeitseinsatz des Agent aufgrund leistungsbezogener Entlohnung über dem Basisarbeitseinsatz liegt, können hinsichtlich der Kombination der Dimensionen wieder zwei Fälle unterschieden werden:

- Der Principal kann die Intensität aller relevanten Leistungsdimensionen beobachten.
- Der Principal kann die Intensitäten einiger relevanter Leistungsdimensionen nicht beobachten.

Im ersten Fall hat der Principal wie schon bei HOLMSTROM/MILGROM die Möglichkeit, die Arbeitsleistungskombination des Agent entlang des Best-Mix Path zu steuern. Das globale Optimum liegt bei der optimalen Aufteilung des maximal möglichen Gesamtarbeitseinsatzes

$$\dddot{\overline{X}} = (x_1, x_2) : (x_1, x_2) \in \ddot{X} \cap (x_1, x_2) \in \overline{X} .$$

Sind die Intensitäten einiger Dimensionen nicht zu beobachten, kann der Principal wie bei HOLMSTROM/MILGROM nicht jede Arbeitsleistungskombination erreichen. Mit x_1 wird wieder die beobachtbare und mit x_2 die nicht zu beobachtende Dimension bezeichnet. Wenn der Principal eine Entlohnung beim Erreichen eines bestimmten Niveaus von $\tilde{x}_1$ aussetzt, wird der Agent einen entsprechend größeren Arbeitseinsatz für diese Dimension zeigen. Dazu kann

---

[644] Vgl. HOLMSTROM, B./MILGROM, P. (1991), S. 29f.
[645] Vgl. S. 162.
[646] Vgl. AUSTIN, R. D. (1996), S. 52ff.

ein *rein arbeitsscheuer Agent*, ausgehend von der optimalen Verteilung des Basisarbeitseinsatzes, seinen Einsatz für x_1 erhöhen und gleichzeitig den für x_2 senken. Der Gesamtarbeitseinsatz könnte so (wenn $\tilde{x}_1 \leq \hat{x}$) auf dem Basisniveau $\hat{x}$ bleiben. Ist die vom Principal gewünschte (und entlohnte) Intensität $\tilde{x}_1$ größer als der Basisarbeitseinsatz $\hat{x}$, wird der Agent ausschließlich Arbeitseinsatz für x_1 zeigen. Dieser ausschließlich arbeitsscheue Agent wurde schon im Modell von HOLMSTROM/MILGROM betrachtet. Ein *rein kundenzufriedenheitsoptimierender Agent* würde demgegenüber, von der optimalen Verteilung des Basisarbeitseinsatzes ausgehend, sowohl den Arbeitseinsatz für x_1 als auch x_2 steigern, bis mit dem vorgegebenen Niveau von $\tilde{x}_1$ der Best-Mix Path $\ddot{X}$ erreicht ist. Aufgrund des Trade-offs zwischen Arbeitsscheu und Kundennutzenoptimierung des bei AUSTIN betrachteten Agent wird ein Punkt gewählt, der weder auf dem Best-Mix Path noch der Basisarbeitseinsatzverteilung liegt.

Setzt der Principal eine Entlohnung bei Erreichen eines Intensitätsniveaus $\tilde{x}_1$ aus, wird der Agent dieses Niveau realisieren und seinen Arbeitseinsatz nur in Dimension x_2 optimieren. Ausgehend vom optimal aufgeteilten Basisarbeitseinsatz $\dddot{\hat{X}}$ wird der Agent x_2 so wählen, daß die zusätzlichen Kosten aufgrund des höheren Arbeitseinsatzes betragsmäßig der zusätzlichen Motivation durch höhere Kundenzufriedenheit entsprechen.[647] Ist der vom Principal geforderte Einsatz $\tilde{x}_1$ zu groß, kann der Agent zusätzliche Kosten aus dem Einsatz von x_2 nicht mehr durch zusätzliche Kundenzufriedenheit kompensieren.[648] Der Agent wird dann nur noch Arbeitseinsatz für x_1 zeigen und die Zufriedenheit des Kunden ist Null.

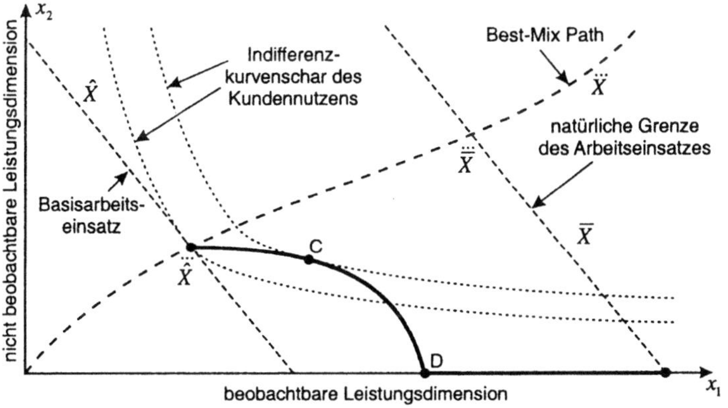

Abb. 89: Arbeitseinsatzkombinationen bei nicht vollständig beobachtbaren Leistungsdimensionen (AUSTIN)

[647] Vgl. AUSTIN, R. D. (1996), S. 62f.

[648] Die Kostenfunktion ist konvex, während die Nutzenfunktion des Kunden konkav (also die Präferenzordnung des Kunden konvex) ist. Es existieren somit notwendigerweise Arbeitseinsätze, bei denen für den *Agent* die Grenzkosten den Grenznutzen aus Kundennutzen übersteigen.

In Abb. 89 ist das der Fall, wenn der geforderte Einsatz für x_1 den Punkt D nach rechts überschreitet. Im Gegensatz zum Modell von HOLMSTROM/MILGROM kann der Principal durch geeignete Wahl des geforderten Arbeitseinsatzes für x_1 die Kundenzufriedenheit und damit sein eigenes Einkommen über das Niveau bei optimaler Aufteilung des Basisarbeitseinsatzes erhöhen. In Abb. 89 ist die bei nicht vollständig beobachtbaren Dimensionen maximal realisierbare Kundenzufriedenheit im Punkt C erreicht. Dieser Punkt beschreibt damit gleichzeitig das erreichbare Optimum aus Kunden-, Agent- und Principalsicht.

Wenn der Agent neben seiner monetären Motivation auch intern motiviert ist, also Kundenzufriedenheit als Wert ansieht, kann der Principal seine Situation im Vergleich zur festen Grundentlohnung durch leistungsbezogene Entlohnung verbessern, auch wenn nicht alle Leistungsdimensionen zu beobachten sind. Im Unterschied zu HOLMSTROM/MILGROM impliziert das Modell von AUSTIN also, auf eine Messung von Leistung und leistungsabhängige Entlohnung nicht zu verzichten, auch wenn nicht alle relevanten Leistungsdimensionen zu beobachten sind. Bei der Ausgestaltung des Lenkungssystems ist in diesem Fall aber darauf zu achten, daß die Zielvorgaben nicht zu groß, die meßbaren Dimensionen also geeignet gewichtet sind.

5.5.5 Modellverbesserungen

Während das Modell von HOLMSTROM/MILGROM einer formalen Darstellung wie oben gezeigt zugänglich ist, ist das beim Modell von AUSTIN aufgrund einiger Inkonsistenzen nicht vollständig der Fall. Im folgenden werden deshalb zunächst Schwächen des Modells von AUSTIN beseitigt und anschließend eine Reihe von Erweiterungen vorgenommen. Dabei wird auf eine lückenlose formale Darstellung des Modells Wert gelegt.

Für die weitere Betrachtung werden, um eine formale Darstellung des Modells zu ermöglichen, einige *Funktionen* konkretisiert, die im folgenden kurz erläutert werden.[649]

Die Kundenzufriedenheit sei beispielhaft durch $z(X=(x_1,x_2))=x_1 \cdot x_2$ gegeben. Der Best-Mix Path $\ddot{X}=(x_1,x_2): \underset{x}{\forall} \max\limits_{x_1,x_2} z(x_1,x_2)$ s.t. $x_1+x_2=x$ wird damit, wie mit Hilfe einer Lagrange-Funktion leicht zu ermitteln ist, durch $x_1=x_2$ beschrieben.

Zur Abbildung von interner Motivation des Agent wird eine Funktion $f(z)$ eingeführt. Sie sei eine lineare Funktion in $\Re^+$, die angibt, wie der Agent durch Kundenzufriedenheit motiviert wird. Es gilt: $f(z)=a \cdot z$. Wenn der Agent wie bei HOLMSTROM/MILGROM überhaupt nicht zusätzlich intern motiviert ist, so ist $f(z)=0$. In der weiteren Betrachtung wird beispielhaft mit $a=0{,}5$ gearbeitet. Ferner sei im Beispiel die Kostenfunktion des Agent $c(X=(x_1,x_2))=(x_1+x_2-4)^2$ [650] und die natürliche Arbeitsleistungsgrenze $\bar{x}=10$.

---

[649] Abweichend von der Empfehlung von THOMSON (vgl. THOMSON, W. (1999), S. 170) werden bei der Darstellung von Funktionen zur Erhöhung der Verständlichkeit deren Parameter mit angegeben.

[650] Diese Kostenfunktion liegt auch den Abb. 85 und Abb. 86 zugrunde.

Der Principal schöpft Kundenzufriedenheit in Form eigenen Einkommens ab und $g(z)$ sei eine lineare Funktion in $\Re^+$, die angibt, in welcher Höhe dies geschieht. Für $g(z) = b \cdot z$ gilt $0 < b < 1$. Nachfolgend wird beispielhaft $g(z) = 0{,}8 \cdot z$ verwendet.

Die Höhe der Entlohnung, die entweder als feste Grundentlohnung oder als Kombination dieser und einer leistungsbezogenen Entlohnung gezahlt wird, betrage β. Es wird sich zeigen, daß alle Entscheidungen des Principal und des Agent unabhängig vom Niveau von β sind.

Die Erweiterung der Motivation des Agent um interne Komponenten im Modell von AUSTIN ist nicht konsistent. Der Agent berücksichtigt bei AUSTIN die Kundenzufriedenheit bei der Optimierung im Fall nicht vollständig beobachtbarer Dimensionen – die interne Motivation spielte aber bei der Höhe des Basisarbeitseinsatzes keine Rolle. Besser geeignet erscheint eine permanente Anwendung des Kalküls des Agent

(1) $$X : \max_X f(z(X = (x_1, x_2))) - c(X = (x_1, x_2)) + \beta \text{ s.t. } x_1 + x_2 \leq \bar{x}$$

auch für die Bestimmung des Basisarbeitseinsatzes bei leistungsunabhängigen Zahlungen des Principal. Damit ist die Arbeitsangebotskurve des Agent, die bisher, wie z. B. in Abb. 83, als Gerade angesehen wurde, nicht mehr linear. Der Agent stellt sich bei extremen Kombinationen seines Arbeitseinsatzes, wie z. B. $X = (0; x)$ schlechter als bei gleichmäßiger Aufteilung $X = (½ \cdot x; ½ \cdot x)$, da der Kunde mit extremen Kombinationen unzufriedener ist.

Die notwendige Bedingung für einen optimalen Basisarbeitseinsatz nach (1) ist:[651]

(2) $$\underset{i=1,2}{\forall} \frac{\partial(f(z(X = (x_1, x_2)) - c(X = (x_1, x_2))) + \beta)}{\partial x_i} = 0.$$

Unter Nutzung der funktionalen Annahmen kann konkretisiert werden:

$$\underset{i=1,2}{\forall} \frac{\partial((0{,}5 \cdot x_1 \cdot x_2 - (x_1 + x_2 - 4)^2) + \beta)}{\partial x_i} = 0, \text{ also}$$

(2a) $$\frac{\partial((0{,}5 \cdot x_1 \cdot x_2 - (x_1 + x_2 - 4)^2) + \beta)}{\partial x_1} = 0{,}5 \cdot x_2 - 2 \cdot (x_1 + x_2 - 4) = 0 \text{ und}$$

(2b) $$\frac{\partial((0{,}5 \cdot x_1 \cdot x_2 - (x_1 + x_2 - 4)^2) + \beta)}{\partial x_2} = 0{,}5 \cdot x_1 - 2 \cdot (x_1 + x_2 - 4) = 0.$$

Durch Gleichsetzen von (2a) und (2b) erhält man $x_1 = x_2$. Ein Einsetzen der Identität in (2a) oder (2b) ergibt $\dddot{\hat{x}}_1 = \dddot{\hat{x}}_2 = \frac{16}{7} \approx 2{,}2857$. Da $\breve{x} = x_1 + x_2 = 4$ das Kostenminimum darstellt, ist der Basisarbeitseinsatz $\hat{x} = \dddot{\hat{x}}_1 + \dddot{\hat{x}}_2$ größer als der kostenminimale Arbeitseinsatz des Agent.

[651] Auf die Untersuchung der hinreichenden Bedingung, anhand derer entschieden werden kann, ob ein lokales Minimum oder Maximum vorliegt, wird hier verzichtet. Aufgrund der an die Kosten- und Nutzenfunktionen gestellten Anforderungen, können nur Maxima auftreten. Vgl. zu hinreichenden Bedingungen bei der Optimierung einer Funktion mehrerer Variablen z. B. PAPAGEORGIOU, M. (1996), S. 31ff. und BRONSTEIN, I. N. u. a. (1999), S. 394ff.

5.5.5.1 Meßkosten

Bei den Modellen von HOLMSTROM/MILGROM und AUSTIN spielen die Kosten der Messung, die der Principal aufwenden muß, wenn er eine Dimension leistungsbezogen entlohnen und damit beobachten möchte, keine direkte Rolle. AUSTIN postuliert zwar, daß eine nicht zu beobachtende Dimension durch große Meßkosten gekennzeichnet ist,[652] baut Meßkosten aber nicht explizit in sein Modell ein.

Für die weitere Betrachtung sollen einmalige Kosten für die Messung der Intensität einer Dimension anfallen; für x_1 (bzw. x_2) in Höhe von m_{x_1} (bzw. m_{x_2}).

Das Kalkül des Principal lautet in seiner allgemeinen Form damit

(3) $$\max_X g(z(X)) - m_{x_1} - m_{x_2} - \beta .$$

Grundsätzlich hat der Principal die Möglichkeit, die Intensität jeder Dimension zu beobachten.[653] Nur wenn er dieses Privileg nutzt und die Dimension x_1 (bzw. x_2) beobachtet, fallen die entsprechenden Kosten m_{x_1} (bzw. m_{x_2}) an und gehen in sein Kalkül ein.

Zuerst soll die Entscheidungssituation des Principal untersucht werden, wenn er *alle Dimensionen beobachtet* und leistungsbezogen entlohnt. Er wird dies tun und die Basisentlohnung aufgeben, wenn er dabei sein Einkommen erhöht, also wenn gilt:

(4) $$g\left(z\left(\tilde{X}\right)\right) - m_{x_1} - m_{x_2} - \beta > g\left(z\left(\dddot{X}\right)\right) - \beta .$$

Zur eigenen Einkommensmaximierung wird der Principal dabei Arbeitseinsätze vom Agent fordern, die auf dem Best-Mix Path $\ddot{X} = (x_1, x_2): \max_{x_1, x_2} z(x_1, x_2) \text{ s.t. } x_1 + x_2 = x$ liegen.

Unter Nutzung der funktionalen Annahmen wird der Best-Mix Path, den der Principal nicht verläßt, durch $x_1 = x_2$ beschrieben. Der optimal verteilte Basisarbeitseinsatz ist $\dddot{X} = \left(\frac{16}{7}; \frac{16}{7}\right)$, so daß sich nach (4) der Principal durch leistungsbezogene Entlohnung verbessert, wenn gilt:

$$0{,}8 \cdot \tilde{x}_1 \cdot \tilde{x}_2 - m_{x_1} - m_{x_2} - \beta > 0{,}8 \cdot \left(\frac{16}{7}\right) \cdot \left(\frac{16}{7}\right) - \beta$$

$$\tilde{x}_i^{\,2} - \frac{10}{8} \cdot \left(m_{x_1} + m_{x_2}\right) > \left(\frac{256}{49}\right)$$

(5) $$\tilde{x}_i > \sqrt{\left(\frac{256}{49}\right) + \frac{5}{4} \cdot \left(m_{x_1} + m_{x_2}\right)} .$$

Sind die Meßkosten für beide Dimensionen Null, so verbessert sich der Principal mit jedem $\tilde{X} = (\tilde{x}_1, \tilde{x}_2)$ über dem Basisarbeitseinsatz $\hat{x}$.[654] Da sich das Einkommen des Principal mit

[652] Vgl. AUSTIN, R. D. (1996), S. 66f.

[653] Im Unterschied zum Modell von AUSTIN ist die Messung einer Dimension also nicht prinzipiell unmöglich.

steigendem Arbeitseinsatz erhöht, wird die natürliche Grenze des Arbeitseinsatzes erreicht, und der Principal fordert $\tilde{X} = (5;5)$ vom Agent.

Sind die Meßkosten so groß, daß sich die leistungsbezogene Entlohnung in allen Dimensionen für den Principal erst jenseits der natürlichen Arbeitseinsatzgrenze lohnt, also wenn

$$\tilde{x}_1 + \tilde{x}_2 > \bar{x}$$

$$2 \cdot \sqrt{\left(\frac{256}{49}\right) + \frac{5}{4} \cdot \left(m_{x_1} + m_{x_2}\right)} > \bar{x},$$

wird der Principal auf leistungsbezogene Entlohnung beider Dimensionen verzichten.

Für große Meßkosten (auch nur in einer Dimension) wächst die rechte Seite von (5) über alle Grenzen und überschreitet dabei notwendigerweise die natürliche Grenze des Arbeitseinsatzes. Sind also die Intensitäten in mindestens einer Leistungsdimension nicht meßbar – abgebildet durch große Meßkosten – so wird der Principal nicht in allen Dimensionen leistungsbezogen entlohnen.

Verzichtet der Principal aufgrund hoher Meßkosten in einer Dimension auf die leistungsbezogene Entlohnung aller Dimensionen, kann er sich unter Umständen durch Beobachtung und *leistungsbezogene Entlohnung nur einer Dimension* verbessern, auch wenn der Best-Mix Path verlassen wird. Wie schon bisher praktiziert, sei ohne Beschränkung der Allgemeinheit x_1 die Dimension, in der der Principal leistungsbezogen entlohnt und x_2 die Dimension ohne leistungsbezogene Entlohnung. Der Principal setzt eine Entlohnung beim Erreichen eines bestimmten Niveaus von x_1 aus, so daß – wie schon beim Modell von AUSTIN – der Agent nur hinsichtlich seines Arbeitseinsatzes für x_2 disponieren kann. Dabei findet (1) als Kalkül des Agent Anwendung, wobei das Niveau von x_1 gegeben ist, so daß gilt:

(6) $$X : \max_{x_2} f\left(z\left(X = (x_1, x_2)\right)\right) - c\left(X = (x_1, x_2)\right) + \beta \text{ s.t. } x_1 + x_2 \le \bar{x}.$$

Die notwendige Bedingung für den optimale Arbeitseinsatz nach (6) ist[655]

(7) $$\frac{\partial f\left(z\left(X = (x_1, x_2)\right)\right)}{\partial x_2} - \frac{\partial c\left(X = (x_1, x_2)\right)}{\partial x_2} = 0.$$

Unter Nutzung der funktionalen Annahmen kann weiter konkretisiert werden:

$$\frac{\partial 0{,}5 \cdot x_1 \cdot x_2}{\partial x_2} - \frac{\partial (x_1 + x_2 - 4)^2}{\partial x_2} = 0$$

$$0{,}5 \cdot x_1 - 2 \cdot (x_1 + x_2 - 4) = 0$$

(7a) $$x_2 = 4 - 0{,}75 \cdot x_1.$$

---

654 $\sqrt{\left(\frac{256}{49}\right)} = \frac{16}{7} = \hat{x}.$

655 Auf die Untersuchung der hinreichenden Bedingung kann wiederum verzichtet werden. Vgl. Fußnote 651 auf S. 169.

Die Gültigkeit von (7a) ist nach unten durch den optimal verteilten Basisarbeitseinsatz $\ddot{\tilde{x}}_1 = \frac{16}{7}$ und nach oben aufgrund der Nichtnegativitätsannahmen für x_i beschränkt, so daß $\frac{16}{7} \le \tilde{x}_1 \le \frac{16}{3}$. Für kleinere $\tilde{x}_1$ ist (7a) nicht sinnvoll definiert, für $\tilde{x}_1 > \frac{16}{3}$ gilt, wie schon Abb. 89 veranschaulichte, $x_2 = 0$.

Wenn der Principal ein bestimmtes Niveau von x_1 durch leistungsbezogene Entlohnung erreichen möchte, muß er die Dimension x_1 messen. Dabei entstehen ihm Meßkosten von m_{x_1}. Nun soll untersucht werden, unter welchen Bedingungen sich der Principal dabei gegenüber dem Verzicht auf leistungsbezogene Entlohnung verbessert. Das entsprechende Kriterium ist:

(8) $$g\left(z\left(\tilde{X}\right)\right) - m_{x_1} - \beta > g\left(z\left(\ddot{\tilde{X}}\right)\right) - \beta .$$

Unter Nutzung der funktionalen Annahmen ist folgende Konkretisierung möglich:

$$0{,}8 \cdot \tilde{x}_1 \cdot (4 - 0{,}75 \cdot \tilde{x}_1) - m_{x_1} - \beta > 0{,}8 \cdot \frac{16}{7} \cdot \frac{16}{7} - \beta$$

$$4 \cdot \tilde{x}_1 - 0{,}75 \cdot \tilde{x}_1^{\,2} > \frac{256}{49} + \frac{5}{4} \cdot m_{x_1}$$

$$\tilde{x}_1^{\,2} - \frac{16}{3} \cdot \tilde{x}_1 < -\frac{4}{3} \cdot \left(\frac{256}{49} + \frac{5}{4} \cdot m_{x_1}\right)$$

(8a) $$\left(\tilde{x}_1 - \frac{8}{3}\right)^2 < \frac{64}{441} - \frac{5}{3} \cdot m_{x_1} .$$

Als Lösungen von (8a) können die folgenden Ausdrücke formuliert werden

1. $\tilde{x}_1 < \frac{8}{3} + \sqrt{\frac{64}{441} - \frac{5}{3} \cdot m_{x_1}}$

2. $\tilde{x}_1 > \frac{8}{3} - \sqrt{\frac{64}{441} - \frac{5}{3} \cdot m_{x_1}}$,

so daß gilt

(8b) $$\frac{8}{3} - \sqrt{\frac{64}{441} - \frac{5}{3} \cdot m_{x_1}} < \tilde{x}_1 < \frac{8}{3} + \sqrt{\frac{64}{441} - \frac{5}{3} \cdot m_{x_1}} .$$

Formal ist zu prüfen, ob der Gültigkeitsbereich von (7a) den gesamten Lösungsraum von (8b) abdeckt, was hier der Fall ist.

Als Sonderfall können Meßkosten $m_{x_1} = 0$ gelten, da der Bereich gültiger $\tilde{x}_1$ dabei mit $\frac{16}{7} < \tilde{x}_1 < \frac{64}{21}$ besonders groß ist und sich der Principal schon mit $\tilde{x}_1$, die unmittelbar über dem optimal verteilten Basisarbeitseinsatz liegen, verbessert. Die Ungleichungen (8b) zeigen auch, daß sich der Principal für nicht verschwindende Meßkosten m_{x_1} durch die Wahl von $\tilde{x}_1$, die zu nahe am optimal verteilten Basisarbeitseinsatz liegen, verschlechtern kann. Wenn (8b) eine leere Lösungsmenge beschreibt, also für Meßkosten $m_{x_1} > \frac{64}{735}$, kann sich der Principal durch Messung und leistungsbezogene Entlohnung des x_1-Niveaus gegenüber dem optimal verteilten Basisarbeitseinsatz generell nicht verbessern.[656] Der Principal erreicht im Fall $m_{x_1} = \frac{64}{735}$ bei leistungsbezogener Entlohnung maximal das Einkommensniveau des Basisarbeitseinsatzes.

Der Principal kann jeden Arbeitseinsatz $\tilde{x}_1$ innerhalb des durch (8b) beschriebenen Intervalls vom Agent fordern und steigert dabei seinen Nutzen gegenüber dem Basisarbeitseinsatz. Einkommensmaximal ist dabei eine Maximierung der linken Seite von (8) unter der Nebenbedingung (6). Damit kann das folgende Kriterium für ein optimales $\tilde{x}_1$ formuliert werden:

$$\max_{\tilde{x}_1} g\left(z\left(\tilde{X}\right)\right) - m_{x_1} - \beta \text{ s.t. } \tilde{x}_2 = 4 - 0{,}75 \cdot \tilde{x}_1$$

$$\max_{\tilde{x}_1} 0{,}8 \cdot \tilde{x}_1 \cdot \left(4 - 0{,}75 \cdot \tilde{x}_1\right) - m_{x_1} - \beta .$$

Die notwendige Bedingung ist[657]

$$0{,}8 \cdot \left(4 - 0{,}75 \cdot \tilde{x}_1\right) - 0{,}8 \cdot \tilde{x}_1 \cdot 0{,}75 = 0$$

$$4 - \frac{3}{4} \cdot \tilde{x}_1 - \frac{3}{4} \cdot \tilde{x}_1 = 0$$

$$\tilde{x}_1 = \frac{8}{3} .$$

Das optimale $\tilde{x}_1$ ist unabhängig von der Höhe der Meßkosten und liegt genau in der Mitte des Intervalls von (8b). Nach (7a) wird der Agent dabei $x_2 = 2$ realisieren.

Die graphische Darstellung in Abb. 90 soll einige exemplarische Entscheidungssituationen illustrieren. Die natürliche Arbeitsleistungsgrenze $\bar{x} = 10$ wird durch $\overline{X}$ repräsentiert. Alle Minimalkostenkombinationen liegen auf $\breve{X}$. Der Basisarbeitseinsatz wird durch $\dddot{\hat{X}}$ beschrieben. Ist der Meßkostenvektor $\left(m_{x_1}; m_{x_2}\right) = (0;5)$, so kann sich der Principal verbessern, wenn er beide Dimensionen beobachtet und leistungsbezogen entlohnt. Für die Arbeitsleistungen zwischen D und $\dddot{\bar{X}}$ des Best-Mix Path $\dddot{X}$ verbessert sich der Principal gegenüber dem Basisarbeitseinsatz, weil sein Einkommen größer ist. Das Optimum ist aus Sicht des Principal in $\dddot{\bar{X}}$ mit $\left(x_1, x_2\right) = (5;5)$ erreicht. Bei einem Meßkostenvektor $\left(m_{x_1}; m_{x_2}\right) = (0;100)$ kann sich der Principal auf dem Best-Mix Path nicht verbessern, bevor die natürliche Arbeitsleistungsgrenze überschritten wird – die Meßkosten in Dimension x_2 sind zu hoch. Deshalb wird der

656 Formale Ermittlung: Die Wurzelausdrücke in (8b) sind negativ.

657 Vgl. zur hinreichenden Bedingung Fn. 655 auf S. 171.

Principal nur eine Dimension (wegen der geringeren Meßkosten selbstverständlich x_1) beobachten und entlohnen. Alle erreichbaren Arbeitsleistungskombinationen liegen auf $\hat{X}$.[658] Für Arbeitsleistungskombinationen zwischen $\overset{\dots}{\hat{X}}$ und C kann sich der Principal gegenüber dem Basisarbeitseinsatz verbessern. Sein größtes Einkommen erreicht er dabei für $(x_1, x_2) = \left(\frac{8}{3};2\right)$ bei B.

Ausgehend von Meßkosten von $(m_{x_1};m_{x_2}) = (0;5)$ rückt mit steigendem m_{x_1} oder m_{x_2} D näher an $\overset{\dots}{\bar{X}}$ heran und der Principal kann sich erst bei höheren Arbeitseinsätzen verbessern. Ist die Summe der Meßkosten größer als ca. 15,8 liegt D hinter $\overset{\dots}{\bar{\bar{X}}}$ und der Principal kann sich durch Messung und Entlohnung aller Dimensionen nicht mehr verbessern.

Für den Fall der Messung und Entlohnung einer Dimension verringert sich mit steigenden Meßkosten m_{x_1} die Größe des Intervalls, in dem sich der Principal verbessern kann. Das Optimum B verschiebt sich dabei in seiner Lage nicht.

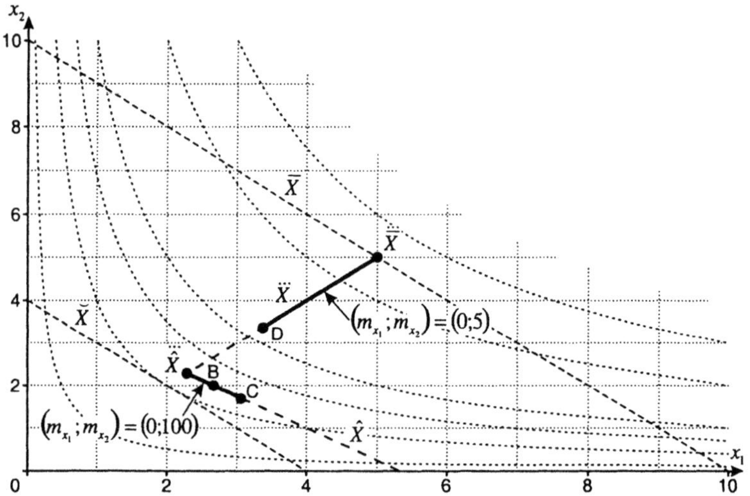

Abb. 90: Zusammenfassung des deterministischen Modells zur Meßobjektauswahl

5.5.5.2 Stochastische Komponente

Bisher wurden die durch den Principal für x_1 und x_2 ermittelten Werte als sicher angesehen. Nachfolgend soll nun Meßungenauigkeit in das Modell integriert werden, indem die Meß-

---

[658] Es können zwar noch Kombinationen auf der x_1-Achse jenseits des Schnittpunkts von $\hat{X}$ mit der x_1-Achse erreicht werden, diese Arbeitsleistungen wird der Principal aber nicht realisieren, weil der Kundennutzen dort Null und so der Nutzen des Principal stets negativ ist.

werte für beide Leistungsdimensionen als Zufallsvariablen $\boldsymbol{x}_1$ und $\boldsymbol{x}_2$ betrachtet werden.[659] Dabei seien $\boldsymbol{x}_1$ bzw. $\boldsymbol{x}_2$ jeweils normalverteilt mit dem Mittelwert x_1 bzw. x_2 sowie der Varianz $\sigma_{x_1}{}^2$ bzw. $\sigma_{x_2}{}^2$ und unabhängig.

Diese stochastische Komponente ist grundlegend verschieden von der im Modell von HOLMSTROM/MILGROM.[660] Während bei HOLMSTROM/MILGROM das Arbeitsergebnis eine Zufallsvariable ist, wird hier der vom Principal ermittelte Wert einer Meßgröße für einzelne Leistungsdimensionen als zufälliges Ereignis betrachtet. Auch hinsichtlich der Risikoneigung von Principal und Agent unterscheiden sich beide Ansätze, wie noch detailliert ausgeführt wird.

Der Kunde sei ebenso wie der Agent risikoneutral. Die Nutzenfunktion des Kunden sei gegeben durch $u_K(y) = y$, die des Agent durch $u_A(y) = y$. Beide Funktionen weisen ein Arrow-Pratt-Maß der absoluten Risikoaversion $r_K = r_A = 0$ auf. Der Principal sei risikoavers. Seine Nutzenfunktion sei gegeben durch eine Bernoulli-Nutzenfunktion mit $u_P(y) = 1 - e^{-y}$, wobei

$$r_P = -\frac{\frac{d^2u_P(y)}{dy^2}}{\frac{du_P(y)}{dy}} = 1.$$

Der Principal optimiert nun nicht mehr sein Einkommen, sondern den Nutzen, den er aus diesem Einkommen zieht. Das allgemeine *Kalkül des Principal* lautet damit:

$$\max_{x_1, x_2} u_p\left(g(z) - m_{x_1} - m_{x_2} - \beta\right).$$

Entscheidungsrelevant ist somit entsprechend des Bernoulli-Prinzips[661] nicht der Erwartungswert $E\left(g(z) - m_{x_1} - m_{x_2} - \beta\right)$, sondern $E\left(u_P\left(g(z) - m_{x_1} - m_{x_2} - \beta\right)\right)$ als Erwartungsnutzen, wobei z die Zufallsvariable für die Kundenzufriedenheit ist.

Dieses Erwartungsnutzenkriterium kann in ein äquivalentes μ-σ-Kriterium mit folgender μ-σ-Zielfunktion umgeformt werden:[662]

$$\text{(9)} \qquad v = E(y) - \frac{1}{2} \cdot \sigma_y{}^2 \text{ mit } y = g(z) - m_{x_1} - m_{x_2} - \beta.$$

Für den Erwartungswert $E(y)$ gilt:[663]

$$E(y) = E\left(g(z) - m_{x_1} - m_{x_2} - \beta\right)$$

$$E(y) = E\left(0{,}8 \cdot \boldsymbol{x}_1 \cdot \boldsymbol{x}_2 - m_{x_1} - m_{x_2} - \beta\right)$$

---

659 Nachfolgend repräsentieren fette Symbole Zufallsvariablen.

660 Vgl. S. 166.

661 Vgl. z. B. BAMBERG, G./COENENBERG, A. G. (1996), S. 70ff.; SORGER, G. (2000), S. 29ff.; HANF, C.-H. (1991), S. 43ff.

662 Vgl. für einen Beweis SORGER, G. (2000), S. 33.

663 Vgl. für Rechenregeln RINNE, H. (1995), S. 229 und MOOD, A. M./GRAYBILL, F. A./BOES, D. C. (1974), S. 180.

$$E(y) = 0{,}8 \cdot E(x_1 \cdot x_2) - m_{x_1} - m_{x_2} - \beta$$
$$E(y) = 0{,}8 \cdot E(x_1) \cdot E(x_2) + 0{,}8 \cdot \text{cov}(x_1, x_2) - m_{x_1} - m_{x_2} - \beta$$

und wegen der Unabhängigkeit von x_1 und x_2:

$$E(y) = 0{,}8 \cdot E(x_1) \cdot E(x_2) - m_{x_1} - m_{x_2} - \beta$$
$$E(y) = 0{,}8 \cdot x_1 \cdot x_2 - m_{x_1} - m_{x_2} - \beta.$$

Die Varianz $\sigma_y^2 = \text{var}(y)$ kann wie folgt ermittelt werden:[664]

$$\text{var}(y) = \text{var}(g(z) - m_{x_1} - m_{x_2} - \beta)$$
$$\text{var}(y) = \text{var}(0{,}8 \cdot x_1 \cdot x_2 - m_{x_1} - m_{x_2} - \beta)$$
$$\text{var}(y) = 0{,}8^2 \cdot \text{var}(x_1 \cdot x_2)$$

und wegen der Unabhängigkeit von x_1 und x_2:

$$\text{var}(y) = 0{,}8^2 \cdot \left(E(x_2)^2 \cdot \text{var}(x_1) + E(x_1)^2 \cdot \text{var}(x_2) + \text{var}(x_1) \cdot \text{var}(x_2)\right)$$
$$\text{var}(y) = 0{,}8^2 \cdot \left(x_2^2 \cdot \sigma_{x_1}^{\ 2} + x_1^2 \cdot \sigma_{x_2}^{\ 2} + \sigma_{x_1}^{\ 2} \cdot \sigma_{x_2}^{\ 2}\right).$$

Die μ-σ-Zielfunktion als Entscheidungskalkül des Principal ist damit

(9a) $$v = 0{,}8 \cdot x_1 \cdot x_2 - m_{x_1} - m_{x_2} - \beta - 0{,}32 \cdot \left(x_2^2 \cdot \sigma_{x_1}^{\ 2} + x_1^2 \cdot \sigma_{x_2}^{\ 2} + \sigma_{x_1}^{\ 2} \cdot \sigma_{x_2}^{\ 2}\right).$$

Die Kalküle des Agent und Kunden bleiben unverändert, so daß die Ausführungen am Beginn des Abschnitts 5.5.5 bis einschließlich (2b) weiterhin gültig sind. Das allgemeine Kalkül (3) des Principal ist indes durch die Maximierung der μ-σ-Zielfunktion (9a) in X zu ersetzen.

Durch die Zufallsvariablen x_1 und x_2 wird die Varianz der Meßgrößen beschrieben. Der *Basisarbeitseinsatz* $\dddot{x}_1 = \dddot{x}_2 = \frac{16}{7} \approx 2{,}2857$, den der Agent leistet, wenn der Principal keine der Dimensionen mißt und leistungsbezogen entlohnt, ist demnach mit keiner Varianz behaftet. Dementsprechend ist das Absolutniveau der μ-σ-Zielfunktion beim Basisarbeitseinsatz

$$v = 0{,}8 \cdot \frac{16}{7} \cdot \frac{16}{7} - \beta.$$

Der Principal stellt sich durch Beobachtung und leistungsbezogene *Entlohnung aller Dimensionen* besser, wenn

(10) $$g(z(\tilde{X})) - m_{x_1} - m_{x_2} - \beta - 0{,}32 \cdot \left(x_2^2 \cdot \sigma_{x_1}^{\ 2} + x_1^2 \cdot \sigma_{x_2}^{\ 2} + \sigma_{x_1}^{\ 2} \cdot \sigma_{x_2}^{\ 2}\right) > g\left(z\left(\dddot{X}\right)\right) - \beta$$

als Abwandlung von (4) gilt. Die zu (5) äquivalente Lösung von (10) ist

(10a) $$\tilde{x}_i > \sqrt{\frac{\frac{1024}{245} + m_{x_1} + m_{x_2} + 0{,}32 \cdot \sigma_{x_1}^{\ 2} \cdot \sigma_{x_2}^{\ 2}}{0{,}8 - 0{,}32 \cdot \left(\sigma_{x_1}^{\ 2} + \sigma_{x_2}^{\ 2}\right)}}.$$

[664] Vgl. für Rechenregeln RINNE, H. (1995), S. 230 und MOOD, A. M./GRAYBILL, F. A./BOES, D. C. (1974), S. 180.

Wenn die Varianz der Meßwerte auch nur einer Dimension so groß ist, daß der Nenner des Wurzelausdrucks negativ wird, kann sich der Principal durch Beobachtung und leistungsbezogene Entlohnung aller Dimensionen nicht verbessern. Gleiches gilt, wenn die rechte Seite von (10a) die Hälfte der natürliche Grenze des Arbeitseinsatzes überschreitet,[665] also entweder die Meßkosten mindestens einer Dimension oder die Streuung der Meßwerte beider Dimensionen zu groß werden.

Das Kalkül des risikoneutralen Agent ändert sich durch die eingeführte stochastische Komponente nicht, so daß die Ausführungen zu (6) bis einschließlich (7a) weiter gelten. Die Bedingung für eine Verbesserung des Principal durch Messung und leistungsbezogene *Entlohnung einer Dimension* gegenüber dem Basisarbeitseinsatz lautet in Anlehnung an (8):

$$(11) \quad g\left(z\left(\tilde{X}\right)\right) - m_{x_1} - \beta - 0{,}32 \cdot x_2^{\,2} \cdot \sigma_{x_1}^{\,2} > g\left(z\left(\hat{\ddot{X}}\right)\right) - \beta .$$

Die Lösung von (11) als Äquivalent zu (8a) ist

$$(11a) \quad \left(x_1 - \frac{80 + 48 \cdot \sigma_{x_1}^{\,2}}{30 + 9 \cdot \sigma_{x_1}^{\,2}} \right)^2 < \frac{6.400 - m_{x_1} \cdot \left(73.500 + 22.050 \cdot \sigma_{x_1}^{\,2}\right) - 92.160 \cdot \sigma_{x_1}^{\,2}}{49 \cdot \left(30 + 9 \cdot \sigma_{x_1}^{\,2}\right)^2} .$$

Auf eine Umformung in einen zu (8b) äquivalenten Ausdruck wird angesichts des Umfangs von (11a) verzichtet. Die Umformung entspricht der leicht zu ermittelnden Lösung eines Problems der Form $(x-a)^2 < b$ in x.

Wird die rechte Seite von (11a) negativ, kann sich der Principal nicht dadurch verbessern, daß er mit der Messung und leistungsabhängigen Entlohnung von Dimension x_1 beginnt. Daß die Verbesserung scheitert, kann sowohl durch eine zu große Varianz von x_1 als auch durch zu hohe Meßkosten m_{x_1} verursacht werden, wobei sich beide Variablen gegenseitig verstärken: durch hohe Meßkosten sinkt die kritische Grenze der Varianz und eine hohe Varianz verringert das kritische Meßkostenniveau.

5.5.6 Ergebnisse und Ausblick

Nach der Modellbildung in den vorangegangenen Abschnitten, die auch in mathematische Gefilde führte, sollen im folgenden Schlußfolgerungen für die Auswahl von Meßobjekten eines Performance Measurement-Systems gezogen werden.

Ein wesentlicher Unterschied zwischen dem Modell von HOLMSTROM/MILGROM einerseits und dem Modell von AUSTIN und den Modellverbesserungen andererseits liegt in der internen Motivation des Agent. Diese diametralen Standpunkte thematisiert MCGREGOR in seinen Konstrukten „Theorie X"[666] und „Theorie Y".[667] Der Agent im Modell von HOLMSTROM und

---

[665] Der Gesamtarbeitseinsatz ist $2 \cdot \tilde{x}_i$.

[666] Vgl. MCGREGOR, D. (1960), S. 33ff.

[667] Vgl. MCGREGOR, D. (1960), S. 45ff.

MILGROM entspricht dabei dem Durchschnittsmenschen der Theorie X, der angeboren arbeitsscheu ist. Demgegenüber repräsentiert der Agent bei AUSTIN und den Modellverbesserungen den Durchschnittsmenschen der Theorie Y – der seine Arbeit in Abhängigkeit äußerer Bedingungen sowohl als Quelle für Zufriedenheit als auch als zu vermeidende Anstrengung sieht.

Mit Einführung der Funktion $f(z)$, die abbildet, wie der Agent eigenen Nutzen aus Kundennutzen zieht, können beide Ansichten in ein mathematisches Modell integriert werden. Eine für alle z verschwindende Funktion $f(z)$ beschreibt dabei einen Agent, der dem Durchschnittsmensch der Theorie X entspricht. Mit einer mehr oder weniger stark ansteigenden Funktion $f(z)$ kann dann ein Agent charakterisiert werden, der sich in seiner Arbeit mehr oder weniger stark selbst verwirklicht, und so das Zufriedenheitselement der Theorie Y integriert werden.

Die einzelnen Modelle unterscheiden sich dramatisch in ihren Implikationen. Einerseits postulieren HOLMSTROM und MILGROM, daß ein Performance Measurement-System dann und nur dann für das Management (als Principal) sinnvoll und nützlich sein kann, wenn alle kritischen Dimensionen mit Indikatoren meßbar sind. Demgegenüber kann ein Performance Measurement-System im Modell von AUSTIN für das Management auch dann noch von Nutzen sein, wenn nur einige der relevanten Leistungsdimensionen meßbar sind. Letzteres Verständnis liegt auch dem im Zuge der Verbesserung beider Ansätze entwickelten Modell zugrunde. Nachfolgend werden die aus dem verbesserten Modell ableitbaren Anforderungen an ein für das Management nützliches Performance Measurement-System konkretisiert.

Übereinstimmend ist in allen untersuchten Modellvarianten die natürliche Arbeitseinsatzgrenze auf dem Best-Mix Path die *First-Best Lösung*. Sie kann dann und nur dann erreicht werden, wenn sämtliche relevanten Leistungsdimensionen in ihrer Intensität beobachtet werden, die Meßkosten für die relevanten Dimensionen nicht zu groß sind und die Meßwerte der Indikatoren keine große Streuung aufweisen. Für die Auswahl von Meßobjekten eines Performance Measurement-Systems läßt sich auf dieser Basis eine normative Aussage formulieren:[668]

1. Sofern alle relevanten Dimensionen des Leistungsgeschehens eines Unternehmens einer Messung bei vertretbarem Aufwand zugänglich sind und für alle relevanten Dimensionen hochwertige Indikatoren zur Verfügung stehen, sollten auch alle als Meßobjekte im Performance Measurement-System betrachtet werden.

Interessanter und gleichzeitig von größerer praktischer Relevanz ist die Frage nach dem *Second-Best*. Diese ist relevant, wenn die First-Best Lösung nicht erreicht werden kann, weil die Meßkosten mindestens einer Leistungsdimension zu groß sind oder die Meßwerte einer oder

[668] In Übereinstimmung mit den Ausführungen von DEMSKI, J. S./SAPPINGTON, D. E. M. (1999), S. 21ff. wird hier nicht versucht, den Funktionalzusammenhang der Principal-Agent-Beziehung im Rahmen einer empirischen Untersuchung quantitativ zu erfassen. Vielmehr werden grundlegende Implikationen des Modells in Thesenform als Grundlage der empirischen Arbeit verwendet.

mehrerer Dimensionen zu stark streuen. Präsumiert man einen Agent, der – was in der heutigen Zeit vermutlich eine realistische Annahme darstellt[669] – dem Durchschnittsmenschen der Theorie Y entspricht, kann der Principal unter Umständen ein Second-Best realisieren, das für ihn zwar schlechter als die First-Best Lösung, aber besser als der optimal verteilte Basisarbeitseinsatz ist. Ob es sich für den Principal letztendlich lohnt, das Second-Best zu realisieren, hängt von der Meßkosten- und Streuungskonstellation ab. Sind die Meßkosten mindestens einer relevanten Dimension bei gleichzeitig geringer Streuung dieser Dimension klein, so verbessert sich der Principal durch Messung der Intensität dieser Dimension. Die korrespondierende normative Forderung lautet deshalb:

2. Wenn mindestens eine relevante Dimension des Leistungsgeschehens mit vertretbarem Aufwand und hochwertigen Indikatoren meßbar ist, sollte diese Dimension als Meßobjekt im Performance Measurement-System betrachtet werden.

Nachfolgend werden zwei wichtige Implikationen der normativen Forderungen thematisiert.

In der Literatur wird die Auswahl der geeigneten Meßobjekte intensiv diskutiert. Das Spektrum bewegt sich dabei von „you measure the most important things"[670] bis „the measures are easy to obtain".[671] Das hier entwickelte Modell legt nahe, daß die beiden Postulate

- Messung der für den langfristigen Unternehmenserfolg wichtigen Objekte und
- Messung der Objekte, für die leicht zu ermittelnde Indikatoren verfügbar sind,

nicht so diametral sind, wie es auf den ersten Blick scheint, sondern als simultan anzuwendende Kriterien einer Meßobjektauswahl zugrunde liegen sollten.[672]

Vielfach wird in der Literatur gefordert, daß die Meßobjekte eines Performance Measurement-Systems eine ausgewogene Darstellung des Unternehmens gewährleisten sollen und kein Aspekt gegenüber anderen übergewichtet werden darf.[673] Dieses Postulat ist kompatibel mit der ersten hier getroffenen normativen Aussage. Die zweite normative Aussage steht dieser Forderung nach einem „Balanced View"[674] zumindest teilweise entgegen. Die Auffassung AXSON,[675] daß es unrealistisch ist, eine Ausgewogenheit zwischen Meßgrößen verschiedener Dimensionen herzustellen,[676] sondern vielmehr auf die unternehmensindividuelle Anpassung des Performance Measurement-Systems im Sinne eines „Biased, not Balanced" geachtet werden sollte, wird durch die zweite normative Aussage untermauert.

---

669 Vgl. z. B. die Ausführungen von SCHNEIDER (SCHNEIDER, D. (1987), S. 205) in der ihm eigenen spitzzüngigen Art („... Verballhornungen, wie die ‚Theorie X' ...").

670 THOR, C. G. (1994), S. 8.

671 MORGAN, M. W. (1998), S. 11.

672 Andere Ansicht (ausschließlich Postulat 1 berücksichtigen): KIEFER, A. W./NOVACK, R. A. (1999), S. 26. Ähnlich auch FELTHAM, G. A./XIE, J. (1994), S. 431ff.

673 Vgl. z. B. VITALE, M./MAVRINAC, S. C./HAUSER, M. (1994a), S. 13; ASHTON, C. (1997), S. 3; LEWIS, C./MCFADYEN, K. (1993), S. 15; MISKIN, A. (1995), S. 22; KAPLAN, R. S./ATKINSON, A. A. (1998), S. 375; CAMPI, J. P. (1997), S. 506; STAINER, A./HEAP, J. (1996), S. 11; BROWN, K. K. (1995), S. 65; GRADY, M. W. (1991), S. 52; BROWN, M. G. (1994), S. 6ff.

674 MCNERNEY, D. J. (1996), S. 5.

675 Vgl. AXSON, D. A. J. (1999), S. 8f.

676 AXSON benutzt in diesem Zusammenhang den Begriff „Management Communism". Vgl. AXSON, D. A. J. (1999), S. 8.

Zum Abschluß der Modelldiskussion wird noch auf Einschränkungen der Aussagefähigkeit und weiteren Forschungsbedarf eingegangen. Hinsichtlich der *Kritik* an Principal-Agent-Modellen im allgemeinen wird hier auf die Diskussion bei BAIMAN[677] zurückgegriffen, der die folgenden drei Punkte betrachtet:

- den Realitätsbezug der Principal-Agent-Ansätzen zugrunde liegenden Annahmen,
- die Einfachheit der analysierten Modelle,
- die Kompliziertheit der Ergebnisse der Analysen.

Eine Vielzahl der im Zuge der Entwicklung des Modells getroffenen funktionalen Annahmen sind willkürlich. Teilweise vereinfachen die Annahmen, wie z. B. eine konkrete Kundenzufriedenheitsfunktion $z(X)$ und Motivationsfunktion $f(z)$, lediglich die formale Handhabbarkeit. Teilweise wird aufgrund von Annahmen, wie z. B. zum Risikoverhalten von Principal, Agent und Kunden, aber auch die Qualität der Lösung in erheblichem Umfang beeinflußt. Eine weitere, wenig realitätsnahe Annahme ist die Irrelevanz der Gesamthöhe der Entlohnung. Wie im folgenden gezeigt, ist sie für den hier verfolgten Analysezweck aber irrelevant.

Auch nach Verbesserung und Erweiterung des Modells sind Konstellationen denkbar, in denen der Agent Arbeitseinsatz zeigt, obwohl sein Gesamtnutzen negativ und damit geringer als bei der Alternative $X = (0;0)$ ist. Zur Beseitigung dieses Mangels müßten die *Kosten der Leistungsausweitung* in das Modell integriert werden.[678] Der Principal würde dann unter Umständen auch bei vollständig beobachtbaren Dimensionen (also geringen Meßkosten) nicht mehr die natürliche Grenze der Arbeitsleistung anstreben. Da die Integration der Kosten der Leistungsausweitung nur die Höhe des Gesamtarbeitseinsatzes beeinflußt, nicht aber für die Aussagekraft des Modells bei der Analyse von Meßobjekten eines Performance Measurement-Systems relevant ist, wurden die Entlohnungskosten als konstant angesetzt.

Das hier betrachtete Principal-Agent-Modell ist allenfalls ein sehr *vereinfachtes Abbild* der Realität. So werden Interaktionen mit dem Arbeitsmarkt sowie Güter- und Finanzmärkten und sozialwissenschaftliche Aspekte wie Vertrauen und Fairneß nicht berücksichtigt.[679]

Die Kritik BAIMANS[680] an der *Kompliziertheit der Ergebnisse* von Principal-Agent-Analysen bezieht sich auf die Form der Kontrakte zwischen Principal und Agent, die in der Realität nicht zu beobachten sei. Da bei den hier angestellten Betrachtungen nicht die Verträge, sondern die in einem Performance Measurement-System berücksichtigten Meßobjekte von Relevanz sind, und die darauf bezogenen zwei normativen Aussagen von einfacher und handhabbarer Struktur sind, scheint diese Kritik hier weniger gerechtfertigt.

Bei der *empirischen Validierung* des entwickelten Principal-Agent-Modells können sog. Summarization Errors auftreten, da wesentliche Dimensionen der Entlohnung, des Arbeitseinsat-

---

677 Vgl. BAIMAN, S. (1990), S. 344ff.

678 AUSTIN postuliert für sein Modell „cost of inducing the effort allocation are not a factor" (AUSTIN, R. D. (1996), S. 48).

679 Vgl. ähnlich BAIMAN, S. (1990), S. 344f.

zes und der Kundenzufriedenheit eventuell nicht erfaßbar sind.[681] Insofern soll nicht versucht werden, die, den Modellen zugrunde liegenden, Verhaltensannahmen empirisch zu validieren, sondern es werden lediglich die Ergebnisse der Modellanalyse empirisch untersucht.

Zusammenfassend wird aus der Modellbildung folgende lakonische Schlußfolgerung gezogen: *Alles Relevante, mit guten Indikatoren einfach Meßbare, sollte in einem Performance Measurement-System betrachtet werden.* Äquivalent läßt sich, von der modelltheoretischen Betrachtung ausgehend, der in Abb. 91 dargestellte Zusammenhang postulieren.

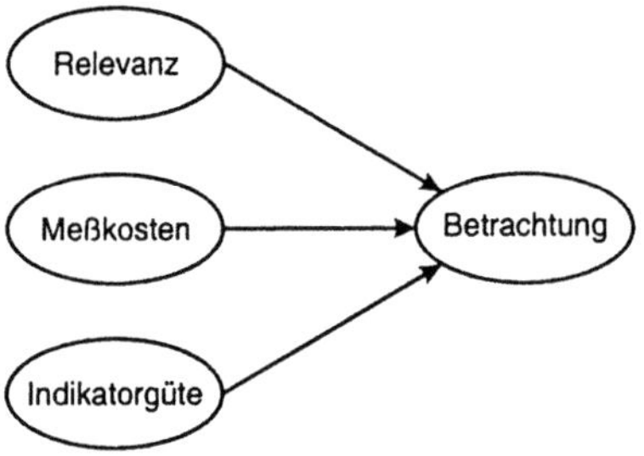

Abb. 91: Modelltheoretischer Zusammenhang zur Auswahl von Meßobjekten

Dieser unterstellte Zusammenhang kann verbal in folgender These ausgedrückt werden.

These 24: Zwischen der Intensität der Betrachtung eines Meßobjekts in einem Performance Measurement-System und dessen Relevanz für den langfristigen Unternehmenserfolg sowie der Güte der Operationalisierung besteht jeweils ein positiver Zusammenhang, während zwischen der Betrachtung und den Operationalisierungskosten ein negativer Zusammenhang besteht.

5.6 Zusammenfassung

Kapitel 5 beschäftigte sich zu Beginn mit internen und externen Meßobjekten, ihrer Relevanz für den langfristigen Unternehmenserfolg, sowie der Intensität, mit der sie in einem Performance Measurement-System betrachtet werden. Dabei wurde vermutet, daß die Betrachtungsintensität von Meßobjekten hinter der Relevanz für den langfristigen Unternehmenserfolg zurückbleibt, also eine Fokussierungslücke besteht. Eine modellgestützte Analyse führte zu dem Postulat, daß die Stärke der Fokussierungslücke durch die Operationalisierung der Meßobjekte durch Indikatoren erklärt werden kann, wofür Eigenschaften zur Güte von Indikatoren und ihrer ökonomischen Ermittelbarkeit herangezogen werden. Daneben wurden diverse weitere Charakteristika von Indikatoren untersucht, so daß im Verlauf des Kapitels insgesamt 24 Thesen aufgestellt wurden, die in Kapitel 8 auf ihren Wahrheitsgehalt untersucht werden.

---

[680] Vgl. BAIMAN, S. (1990), S. 344.
[681] Vgl. DEMSKI, J. S./SAPPINGTON, D. E. M. (1999), S. 21ff.; WIERSMA, E. (2000), S. 2 und S. 5f.

6 Verankerung im Unternehmen

„Verbunden werden auch die Schwachen mächtig."

FRIEDRICH SCHILLER[682]

Nachdem im vorangegangenen Kapitel die Qualität der Meßkonstruktion untersucht wurde, soll nun die Verankerung eines Performance Measurement-Systems im Unternehmen als zweites der drei, in Abschnitt 2.2.2 abgegrenzten, Elemente eines Performance Measurement-Systems betrachtet werden.

Dabei wird auf die in einem Performance Measurement-System involvierten Leistungsebenen (Abschnitt 6.1) ebenso eingegangen wie auf motivationale und informationale Aspekte der Informationsnutzung (6.2). In den sich anschließenden Abschnitten wird die Bedeutung der Beteiligung von Mitarbeitern an der Ausgestaltung eines Performance Measurement-Systems (6.3) und der Softwareunterstützung (6.4) untersucht. Abschließend beschäftigt sich Abschnitt 6.5 mit dem Prozeß der Implementierung eines Performance Measurement-Systems.

6.1 Involvierte Leistungsebenen

Die Bedeutung verschiedener Leistungsebenen für Performance Measurement-Systeme wird in der Literatur wiederholt unterstrichen, wobei teilweise nur eine wenig konkrete Betrachtung, wie z. B. „oben" und „unten", vorgenommen wird.[683] Für eine detailliertere Untersuchung der, in Performance Measurement-Systemen involvierten, Leistungsebenen werden als mehrstufige, leicht abgrenzbare Systematisierung häufig drei Analyseebenen unterschieden: Organizational Level, Process Level, Job/Performer Level.[684]

Die oberste Leistungsebene ist dabei der Organizational Level, auf dem die Unternehmensstrategie und funktionsübergreifende Angelegenheiten angesiedelt sind. Leistungen für Kunden sind Ergebnisse von Prozessen, die sich horizontal durch Funktionsbereiche ziehen und ebenso dem Process Level zugeordnet werden, wie die für die Leistungserstellung notwendige Infrastruktur in Form von Maschinen und Informationssystemen. Der Job/Performer Level schließlich umfaßt Mitarbeitergruppen und einzelne Mitarbeiter, die Teilprozesse innerhalb einzelner Funktionsbereiche ausführen.

---

682 Vgl. SCHILLER, F. (1951), S. 47 (1. Aufzug, 3. Szene).

683 Vgl. STAINER, A./HEAP, J. (1996), S. 11; GRADY, M. W. (1991), S. 50; MASKELL, B. H./GOODERHAM, G. (1998), S. 37; WISNER, J. D./FAWCETT, S. E. (1991), S. 5.

684 Vgl. RUMMLER, G. A./BRACHE, A. P. (1995), S. 15ff. und BRACHE, A. P./RUMMLER, G. A. (1997), S. 72; SWANSON, R. A. (1994), S. 48f.; SWANSON, R. A. (1995), S. 209f.; SHARMAN, P. (1995), S. 33ff. Ähnlich MOORE, G. P./HAGENDORF, G. D. (1994), S. QM.2.1f. und MCCHESNEY, H. (1996), S. 89; FRITSCH, M. (1995), S. 48ff.; JETTER, W. (2000), S. 21; GANAPATHY, B. K./GOH, C.-H. (1997), S. 140; ZAIRI, M./LETZA, S. (1994), S. 32.

Um die Strategiekonformität des Performance Measurement-Systems auf allen Leistungsebenen zu sichern, sollten die Meßobjekte des Job/Performer Levels als Konkretisierung des Process Levels verstanden werden, der wiederum den Organizational Level präzisiert.[685]

KLINGEBIEL[686] ist der Ansicht, daß auf unterschiedlichen Leistungsebenen unterschiedliche Indikatorgruppen eingesetzt werden. So werden auf dem Organizational Level schwerpunktmäßig finanzielle Indikatoren genutzt, während auf dem Job/Performer Level überwiegend nicht-finanzielle Indikatoren zum Einsatz kommen. Auf dem Process Level werden sowohl finanzielle als auch nicht-finanzielle Indikatoren angewendet. Diese Zuordnung kann nicht überzeugen, weil im dunkeln bleibt, warum einerseits auf dem Organizational Level kaum nicht-finanzielle Indikatoren, wie z. B. für Marktanteil oder Kundenzufriedenheit, eingesetzt werden und andererseits auf dem Job/Performer Level nur wenige finanzielle Indikatoren, wie z. B. bewerteter Materialeinsatz oder individuelle Wertschöpfung, anzutreffen sein sollen.

Für die empirische Untersuchung wurde in Anlehnung an das Konzept von RUMMLER und BRACHE eine Systematisierung mit drei in einem Performance Measurement-System interagierenden Leistungsebenen genutzt. Zum einen ist dies die Unternehmensleitung, zum anderen die Abteilungs- bzw. die funktionale Ebene und drittens die individuelle Stufe. Die im Schrifttum anzutreffenden detaillierteren Unterteilungen[687] sind für die empirische Untersuchung zu umfangreich und damit zu verwerfen. Auf Basis der in der Befragung verwendeten Graphik (vgl. Abb. 92) wurden den Begrenzungen der am Performance Measurement-System partizipierenden Leistungsebenen die in der Abbildung enthaltenen Zahlenwerte zugeordnet. Die Untersuchung der Leistungsebenen zeigt, daß die Unternehmensleitung praktisch immer involviert ist (mittlere obere Grenze ist 1,0), während die operative Ebene häufig ausgespart bleibt (mittlere untere Grenze ist 3,2). Die Gründe für die Aussparung der individuellen Ebene dürften dabei in der teilweise problematischen operativen Umsetzung von Erfolgsfaktoren zu suchen sein.

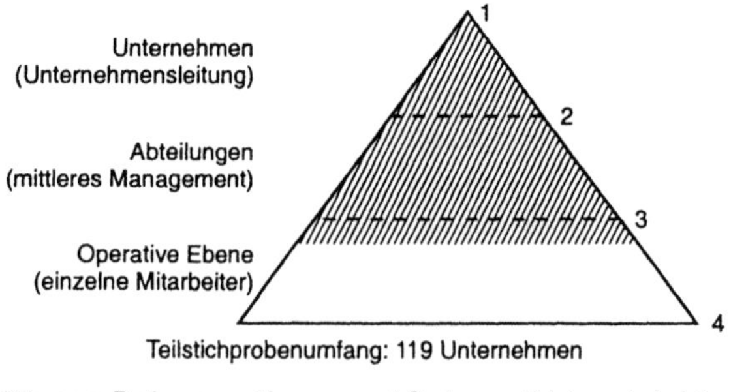

Abb. 92: Mittlere am Performance Measurement-System partizipierende Leistungsebenen

[685] Vgl. EPSTEIN, M. J./MANZONI, J.-F. (1997a), S. 28; GRADY, M. W. (1991), S. 49; MCCHESNEY, H. (1996), S. 89; HENDRICKS, J. A. (1994), S. 27f.

[686] Vgl. KLINGEBIEL, N. (1997), S. 659.

6.2 Informationsnutzung

„Informationen sind zweckorientiertes Wissen. Mit ihnen wird der Kenntnisstand eines Individuums verbessert.“[688] Mit ihrer Nutzung in einem Performance Measurement-System in Form von Indikatoren können zwei Intentionen verbunden werden.[689]

Zum einen besteht die Absicht, Handlungsträger (= Mitarbeiter) in ihren Handlungen zu beeinflussen. Dabei liegt das Bestreben natürlich darin, diejenigen Handlungen zu forcieren, die aus Unternehmenssicht günstig sind und diejenigen Handlungen zu hemmen, die aus Sicht des Unternehmens ungünstig sind. Die Handlungslenkung erfolgt dabei – wie die beiden Begriffe forcieren und hemmen bereits andeuten – durch Belohnung oder Bestrafung im Rahmen eines Anreizsystems. Diese *motivationale Komponente* thematisiert somit potentielle Lenkungswirkungen von Indikatoren und basiert zumindest implizit auf der Vorstellung arbeitsscheuer Menschen, wie dies „Theorie X“[690] beschreibt.

Demgegenüber unterstellt die *informationale Komponente* ein Menschenbild entsprechend „Theorie Y“,[691] in dem individuelle Ziele den Unternehmenszielen per se nicht im Wege stehen, und zielt auf den reinen Informationsgehalt der Indikatoren. Einerseits können mit geeigneten Controllingmethoden Ansatzpunkte für die kurz- und langfristige Verbesserung der Unternehmenseffizienz aufgezeigt und so das Verständnis für Zusammenhänge im Unternehmen gefördert werden. Andererseits deckt die informationale Komponente auch den Einsatz von Indikatoren zur operativen Prozeßsteuerung, z. B. bei der Maschinenbelegung und Ablaufplanung, ab.

In den beiden folgenden Abschnitten werden die motivationalen und informationalen Aspekte der Informationsnutzung im Rahmen eines Performance Measurement-Systems genauer betrachtet. Dem dritten Abschnitt obliegt es zu klären, in welchem Verhältnis beide Aspekte zueinander stehen.

6.2.1 Motivationale Aspekte

Häufig sind Individualziele von Mitarbeitern einerseits und Unternehmensziele andererseits nicht vollständig komplementär. Da Unternehmen nicht selbständig handeln, sondern ausschließlich durch Handlungen natürlicher Personen getragen werden, können Unternehmensziele nur erreicht werden, wenn das individuelle Zielsystem der Mitarbeiter durch geeignete Maßnahmen so beeinflußt wird, daß es möglichst komplementär zum Zielsystem des Unternehmens ist. Hierzu werden in Unternehmen schon seit langem Anreizsysteme ge-

---

687 Vgl. HENDRICKS, J. A. (1994), S. 28; COSTELLO, S. J. (1994), S. 4; KEEGAN, D. P./EILER, R. G./JONES, C. R. (1989), S. 46.

688 BERTHEL, J. (1992), Sp. 872.

689 Die Unterscheidung informationaler und motivationaler Komponenten geht zurück auf AUSTIN, R. D. (1996), S. 21ff.; HAMSON, N. (1997), S. 42.

690 Vgl. MCGREGOR, D. (1960), S. 33ff.

691 Vgl. MCGREGOR, D. (1960), S. 45ff.

nutzt,[692] die Mitarbeiter für zielkomplementäre Handlungen belohnen bzw. für konkurrierende bestrafen.[693] Die wissenschaftliche Grundlage für diese Vorgehensweise ist die Principal-Agent-Theorie.[694]

Bei der Implementierung eines Anreizsystems sind drei konstituierende Elemente zu konkretisieren:[695]

- die zu gewährende Belohnung,
- die Bemessungsgrundlage, die festschreibt, welches Verhalten belohnt wird und
- die Prämienfunktion, anhand derer die Höhe der Belohnung auf Basis des erreichten Standes der Bemessungsgrundlage ermittelt wird.

6.2.1.1 Belohnung

Bei der Festlegung der zu gewährenden Belohnung ist zunächst darauf einzugehen, wem die Belohnung zufließen soll. Zum einen kann sich eine Belohnung an einzelne Mitarbeiter richten, andererseits können aber auch Gruppen von Mitarbeitern als Empfänger auftreten.[696] Eine individuelle Belohnung stellt eine sehr wirksame Anreizform zur Verstärkung der Motivation dar,[697] indem die Verbindung von individueller Arbeitsleistung und Belohnung besonders transparent ist und der Wettbewerb zwischen Mitarbeitern gefördert wird. Mit der Gewährung gruppenbezogener Belohnungen verbindet sich die Hoffnung, eine zu einseitige Orientierung auf individuelle Vorteile zu vermeiden und Unternehmensinteressen sowie Kooperationswillen verstärkt in den Vordergrund zu rücken. Andererseits fördert eine gruppenbezogene Entlohnung Wohlverhalten und durchschnittliche Leistungen.[698] Während teilweise die individuelle Belohnung aus den dargestellten Gründen abgelehnt wird,[699] versuchen andere Autoren, beide Konzepte miteinander zu verbinden, indem die Arbeitsleistungen auf individueller, organisationaler und Unternehmensebene simultan in die Berechnung der Belohnung eingehen.[700] Alternativ erscheint auch die innovative Idee, Mitarbeiter selbst über die Größe der Zielgruppe der Belohnung entscheiden zu lassen,[701] vielversprechend. Beide Vorgehensweisen werden durch die Ergebnisse der empirischen Untersuchung von SCOTT und TIESSEN zum Zusammenhang von Leistungsmessung und Belohnung, an der sich 248 Unternehmen beteiligten, gestützt.[702] Dabei stieg der Anteil gruppenbezogener Belohnungen um so stärker, auf je mehr Meßobjekte die Meßkonstruktion des Performance Measurement-Systems ausgerich-

---

692 Der erste Einsatz eines gewinnabhängigen Anreizsystems wird auf das Jahr 1835 datiert. Vgl. THOMAS, B. W./OLSON, M. H. (1988), S. 74f.

693 Im folgenden wird davon ausgegangen, daß Anreize nur in Form von Belohnungen gesetzt werden.

694 Vgl. zur Principal-Agent-Theorie Abschnitt 5.5.1 ab S. 154.

695 Vgl. LAUX, H. (1992), Sp. 113f.; LAUX, H. (1990), S. 7.

696 Vgl. HACKETT, T. J./MCDERMOTT, D. G. (1999), S. 11; SCHIEMANN, W. A. (1999), S. 14.

697 Vgl. WEBER, J. (1994), S. 101.

698 Vgl. BLEICHER, K. (1992), S. 31; ZIGON, J. (1994), S. 48.

699 Vgl. GLASER, M. (1993), S. 383; PAGELL, M. u. a. (1996), S. 31; YOUNG, S. M. (1992), S. 691; HAMSON, N. (1997), S. 40; BARTOL, K. M./HAGMANN, L. L. (1992), S. 24.

700 Vgl. HAHN, D./WILLERS, H. G. (1997), S. 674ff. Für eine Kombination individueller und gruppenbezogener Belohnungen plädiert auch ASHTON, C. (1995), S. 15.

701 Vgl. ACKERMANN, K.-F. (1986), S. 28ff.

tet wurde und je partizipativer Unternehmen geführt wurden. Hinsichtlich der Verbreitung von individueller und Gruppenbelohnung liefern empirische Arbeiten kein einheitliches Bild. So spielte die gruppenbezogene Belohnung bei der Untersuchung von SCOTT und TIESSEN nur eine untergeordnete Rolle, während sich ihr Anteil bei einer anderen empirischen Untersuchung unter 61 US-amerikanischen Unternehmen auf 66 % der Unternehmen belief und 13 % individuelle sowie 21 % keine Belohnungen einsetzten.[703] Von den 500 Unternehmen der Studie von BASSI und VAN BUREN setzten ca. 25 % gruppenbezogene und etwa 50 % individuelle Belohnungen ein.[704]

Nachdem die Zielpersonen bzw. Zielgruppen der Belohnung feststehen, muß geklärt werden, in welcher Form ihnen eine Belohnung zufließen soll. Je nachdem, ob auf eine eher intrinsische oder extrinsische Motivation[705] Wert gelegt wird, kommen verschiedene Anreize in Betracht. Während bei intrinsischer Motivation praktisch ausschließlich immaterielle Belohnungen genutzt werden können, stehen bei extrinsischer Motivation sowohl materielle als auch immaterielle Belohnungen zur Verfügung.[706]

Immaterielle Belohnungen können im wesentlichen geboten werden durch:[707]

- Macht als Möglichkeit, Individuen im eigenen Sinn beeinflussen zu können,
- herausfordernde und als sinnvoll empfundene Aufgaben und Arbeitsinhalte,
- Handlungsautonomie und Vertrauen durch Gewährung individueller Freiräume bei der Arbeitsgestaltung,
- Aufstiegs- und Karrierechancen,
- persönliche Anerkennung durch öffentlich geäußerte Wertschätzung,
- Status durch Gewährung von sichtbaren Statussymbolen,
- Firmenimage, das sich auf das persönliche Image überträgt,
- Vorteile bei der internen Information und Kommunikation,
- Sicherheit durch materielle und ideelle Besitzstandswahrung.

Materielle Belohnungen können sowohl in monetärer Form (einmalige oder mehrmalige Geldzahlung) als auch in Form von Sachleistungen erfolgen.[708] Im Schrifttum wird häufig nur eine Auswahl möglicher Belohnungen betrachtet, wobei meist ausschließlich auf die monetäre Form eingegangen wird.[709]

---

702 Vgl. SCOTT, T. W./TIESSEN, P. (1999), S. 281.
703 Vgl. FITZ-ENZ, J. (1997), S. 3.
704 Anteile geschätzt aus graphischer Darstellung. Vgl. BASSI, L. J./VAN BUREN, M. E. (1998), S. 20.
705 Vgl. LAUX, H./LIERMANN, F. (1993), S. 510ff.; OSTERLOH, M./WÜBKER, S. (1999), S. 73ff. KING ist der Ansicht, daß diese Unterteilung mit der Theorie von HERZBERG (vgl. HERZBERG, F./MAUSNER, B./SNYDERMAN, B. B. (1993)) korrespondiert. Intrinsische Motivation wird durch Motivatoren, extrinsische durch Hygienefaktoren erreicht. Vgl. KING, N. (1981), S. 128.
706 GREENBERG und LIEBMAN unterscheiden detaillierter zwei Formen immaterieller Belohnung: Social (z. B. Anerkennung durch Vorgesetzte) und Activity (z. B. innere Befriedigung über Arbeitsergebnisse). Vgl. GREENBERG, J./LIEBMAN, M. (1990), S. 11.
707 Vgl. detailliert GUTHOF, P. (1995), S. 24ff.
708 Vgl. EZZAMEL, M. (1994), S. 114.
709 Vgl. ANTHONY, R. N./GOVINDARAJAN, V. (1998), S. 519ff.; LAUX, H. (1990), S. 7.

6.2.1.2 Bemessungsgrundlage

Die Größen, von denen die Höhe der Belohnung abhängt, werden als Bemessungsgrundlage bezeichnet. Die Wahl selbiger ist das Kernproblem bei der Ausgestaltung eines Anreizsystems. Dabei sind drei mitunter konträre Zielstellungen miteinander in Einklang zu bringen.[710]

Zum einen soll die Bemessungsgrundlage von Entscheidungen der Person bzw. der Personengruppe beeinflußt werden können, die die Belohnung erhält. Nur durch eine direkte Verbindung von Entscheidung, Realisation des Erfolgs und Belohnung kann ein Anreizsystem eine sinnvolle Wirkung entfalten. Auf diese Intention eines Anreizsystems wird in der Literatur am häufigsten eingegangen.[711] Während es weniger kritisch erscheint, auf einige Verknüpfungen zwischen beeinflußbaren Indikatoren und der Belohnung zu verzichten, ist der gegenteilige Fall nicht beeinflußbarer Bemessungsgrundlagen aus Motivationssicht sehr problematisch.

Der Entscheidungsbezug kann gesteigert werden, wenn nicht erst die Realisation des Erfolgs abgewartet wird, sondern möglichst zeitnah zur Entscheidung belohnt wird.[712] Daher ist zu vermuten, daß zeitnähere Indikatoren beim Einsatz als Anreizbemessungsgrundlage einen breiten Raum einnehmen.

These 25: Die intensiver für Leistungsanreize genutzten Indikatoren sind weniger nachlaufend.

Andererseits soll die Höhe der Bemessungsgrundlage nicht willkürlich manipuliert werden können. Eine Nachprüfbarkeit der Ausprägung der Bemessungsgrundlage erfordert, daß die verwendeten Indikatoren von hoher Güte sind, also sowohl eine hohe Validität als auch eine hohe Reliabilität aufweisen. Kongruent wird von Praktikern der Verzicht auf den Einsatz von Indikatoren „moderner" Meßobjekte als Bemessungsgrundlage mit der – zumindest so empfundenen – geringen Validität und Reliabilität begründet.[713] Dementsprechend ist davon auszugehen, daß die Indikatoren, die besonders intensiv in einem Anreizsystem eingesetzt werden, von hoher Güte sind, wie dies die beiden folgenden Thesen postulieren.

These 26: Die intensiver für Leistungsanreize genutzten Indikatoren sind valider.

These 27: Die intensiver für Leistungsanreize genutzten Indikatoren sind von höherer Reliabilität.

---

710 Vgl. KÜPPER, H.-U. (1997), S. 217f. und zu den ersten beiden Bedingungen auch LAUX, H. (1990), S. 8f.

711 Vgl. z. B. ZIGON, J. (1997), S. 42; WILLYERD, K. A. (1997), S. 56; TAYLOR, L./CONVEY, S. (1993), S. 23f.; KOFMAN, C. (1997), S. 42; STAINER, A./HEAP, J. (1996), S. 10; GATIAN, A. W./GILBERT, K. C. (1996), S. 72; MCMANN, P./NANNI, A. J. (1994), S. 56; WINSTANLEY, M. (1997), S. 42; HYER, R. M. (1993), S. 50ff. Gleichzeitig kann ein großer Anteil der Beschäftigten keinerlei Verbindung zwischen eigenen Entscheidungen und der gewährten Belohnung erkennen. Vgl. SHAW, D. G./SCHNEIER, C. E. (1995), S. 21: 80 %, wobei Grundgesamtheit und Stichprobenumfang nicht genannt werden.

712 Vgl. KAH, A. (1994), S. 85ff.; HAUSER, J./KATZ, G. (1998), S. 518; HACKETT, T. J./MCDERMOTT, D. G. (1999), S. 12; KERR, S. (1999), S. 66. Andererseits zeigen PFAFF und BÄRTL, daß die marktwertbasierte Entlohnung einer Entscheidung vor Realisierung des Marktwertes suboptimal sein kann. Vgl. PFAFF, D./BÄRTL, O. (1997), S. 81ff.

713 Vgl. EPSTEIN, M. J./MANZONI, J.-F. (1997a), S. 35.

Gleichzeitig ist die Forderung nach manipulationsfreien Bemessungsgrundlagen unsinnig, wenn die Indikatorausprägungen nicht intersubjektiv nachvollziehbar sind. Dementsprechend verlangt die Manipulationsfreiheit auch den bevorzugten Einsatz objektiver Indikatoren, wie dies in nachfolgender These formuliert wird.[714]

These 28: Die intensiver für Leistungsanreize genutzten Indikatoren sind objektiver.

Schließlich soll die Bemessungsgrundlage auch auf die Unternehmensziele ausgerichtet sein, also nur dann zu einer höheren Ausprägung führen, wenn die Unternehmensziele besser erfüllt werden. Der erforderliche Zielbezug der Bemessungsgrundlage kann durch den Einsatz von Indikatoren erreicht werden, die kritische Erfolgsfaktoren operationalisieren. Eine empirische Querschnittuntersuchung von ITTNER, LARCKER und RAJAN unter 317 US-amerikanischen Unternehmen stützt diese Vermutung und ergab, daß die Gewichtung von nichtmonetären Indikatoren in einem Anreizsystem mit der Innovations- oder Qualitätsorientierung der Unternehmensstrategie steigt.[715] Damit ist zu erwarten, daß bevorzugt Indikatoren als Bemessungsgrundlage eingesetzt werden, die für die langfristige Unternehmensentwicklung relevant sind.

These 29: Indikatoren relevanterer Meßobjekte werden intensiver für Leistungsanreize genutzt.

Schließlich erscheint es rational, ein Anreizsystem auf solchen Indikatoren aufzubauen, deren Indikatorwerte ökonomisch ermittelbar sind, wie dies die folgende These ausdrückt.

These 30: Indikatoren, die ökonomischer ermittelbar sind, werden intensiver für Leistungsanreize genutzt.

monetäre Bemessungsgrundlage	rel. Häufigkeit	nicht-monetäre Bemessungsgrundlage	rel. Häufigkeit
Earnings-per-Share	28,5 %	Other Miscellaneous	39,4 %
Net Income	27,2 %	Customer Satisfaction	36,8 %
Operating Income/Income before Tax	25,3 %	Strategic Objectives	28,0 %
Return on Equity	19,5 %	Product or Service Quality	21,0 %

Abb. 93: Häufigkeit der Nutzung von verbreiteten Bemessungsgrundlagen[716]

Als Bemessungsgrundlage kommen mit marktwert-, gewinn- und kapitalmarktorientierten Indikatoren[717] sowohl monetäre Größen als auch nicht-monetär orientierte Indikatoren zum Ein-

[714] Demgegenüber sind PRENDERGAST und TOPEL der Ansicht, daß subjektive Elemente zentraler Bestandteil des Anreizsystems in den meisten Unternehmen sind. Vgl. PRENDERGAST, C./TOPEL, R. (1993), S. 363.

[715] Vgl. ITTNER, C. D./LARCKER, D. F./RAJAN, M. V. (1997), S. 248.

[716] Vgl. ITTNER, C. D./LARCKER, D. F./RAJAN, M. V. (1997), S. 240.

satz. Die in der Studie von ITTNER, LARCKER und RAJAN eruierte relative Anzahl der Unternehmen, die bestimmte Bemessungsgrundlagen in einem Anreizsystem nutzen, zeigt Abb. 93.

Konzeptionell wird wiederholt eine Abkehr von rein monetären Bemessungsgrundlagen gefordert,[718] auf Basis empirischer Studien kann aber kein klarer Trend hin zu oder weg von nicht-monetären Bemessungsgrundlagen konstatiert werden. Während in einer Untersuchung aus dem Jahr 1989 noch 34 % aller untersuchten deutschen Unternehmen solche Größen als Grundlage für die Belohnungsbemessung einsetzten,[719] belief sich der Anteil in einer US-amerikanischen Studie aus dem Jahr 1995 nur auf knapp unter 25 %.[720] Andererseits betrug der Anteil der Unternehmen, die nicht-monetäre Bemessungsgrundlagen für Top-Manager nutzen, in einer kanadischen Studie aus dem Jahr 1999 etwa 75 %.[721] In einer Untersuchung aus demselben Jahr verwendeten ca. 60 % der Unternehmen Indikatoren mit strategischem Bezug als Anreizgrundlage, während 97 % monetär orientierte Indikatoren einsetzten.[722] Möglicherweise sind diese Divergenzen aber auch auf die Kulturkreisabhängigkeit der Ausgestaltung eines Anreizsystems zurückzuführen.[723]

Angesichts der dargestellten divergenten Ergebnisse soll hier keine These über den momentanen Stand des Einsatzes monetärer und nicht-monetärer Bemessungsgrundlagen aufgestellt werden. Deskriptiv zeigte sich in der eigenen empirischen Untersuchung, daß die Indikatoren „klassischer" Meßobjekte wesentlich stärker als Bemessungsgrundlage eingesetzt werden als die Indikatoren „moderner" Meßobjekte, wie Abb. 94 zeigt. Die Abstände zwischen den zwei „klassischen" und den drei „modernen" Meßobjekten sind jeweils hochsignifikant.

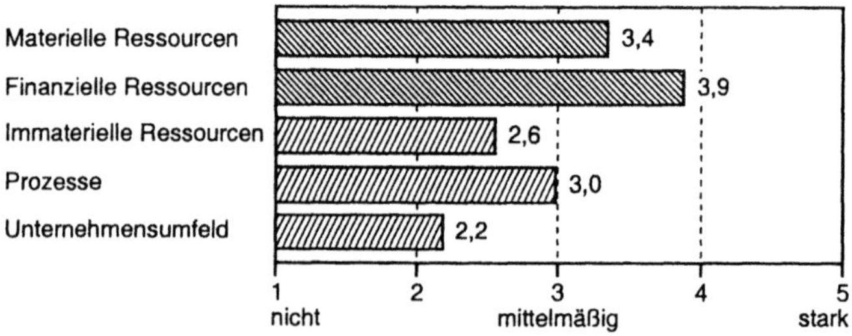

Teilstichprobenumfang: 108 bis 114 Unternehmen

Abb. 94: Mittlerer Einfluß auf die Belohnungshöhe

In der Praxis könnte es schwierig werden, die Bemessungsgrundlage entsprechend den Kriterien des Entscheidungsbezugs, der Manipulationsfreiheit und des Zielbezugs zu gestalten, so

717 Vgl. KÜPPER, H.-U. (1997), S. 218ff.
718 Vgl. WINES, L. (1996), S. 17ff.; GROSSMAN, W./HOSKISSON, R. E. (1998), S. 46f.; MCWILLIAMS, B. (1996), S. 19f.; ROBERTS, R. G. (1993), S. 35.
719 Vgl. GÜNTHER, T. (1991), S. 178.
720 Vgl. DRISCOLL, M./BARR, S. (1995), S. 37.
721 Vgl. WATERHOUSE, J. H. (1999), S. 42.
722 Vgl. AXSON, D. A. J. (1999), S. 9.
723 Vgl. COATES, J./DAVIS, T./STACEY, R. (1995), S. 128ff.

daß ein Anreizsystem die individuellen Präferenzen des Belohnten nicht vollständig in Einklang mit dem Zielsystem des Unternehmens bringen kann. Damit einhergehend verringert sich mit der Formalisierung der Belohnung in einem Anreizsystem die Flexibilität, auf Veränderungen im Unternehmenszielsystem eingehen zu können. Probleme erwachsen dann aus dem Verhalten der Belohnten, die – sei es absichtlich oder unabsichtlich – zwar die Ausprägung der Bemessungsgrundlage positiv beeinflussen, dabei aber die Unternehmensperformance nicht nachhaltig verbessern. Eine Bewertung verschiedener langfristig und strategisch-orientierter Anreizsysteme findet sich bei BECKER.[724]

6.2.1.3 Prämienfunktion

Die Prämienfunktion gibt vor, wie aus der realisierten Ausprägung der Bemessungsgrundlage die Höhe der Belohnung zu ermitteln ist. Dabei ist zu berücksichtigen, daß der zu belohnende Mitarbeiter durch die Belohnung motiviert wird, also zu höheren Arbeitsleistungen angehalten wird. Gleichzeitig resultiert aus der variablen Belohnung für den Mitarbeiter ein Risiko, das kompensiert werden muß.[725] Je stärker der Anstieg der Prämienfunktion ist, desto größer ist tendenziell die Motivation des Belohnten, in Konformität zu den Unternehmenszielen zu handeln. Andererseits steigt gleichzeitig die geforderte Risikoprämie, so daß die Ermittlung der optimalen Prämienfunktion in diesem Spannungsfeld stattfinden muß. Auf die vielfältigen Implikationen aus diesem Wechselspiel, die auch mit der Risikoeinstellung des Belohnten variieren, soll hier nicht detailliert eingegangen werden.[726]

Wenn das dem Anreizsystem zugrunde liegende Zielsystem mehrdimensional ist, ergeben sich Probleme bei der Aggregation der einzelnen Bemessungsgrundlagen in der Prämienfunktion. Insbesondere wird die Bestimmung der notwendigen Gewichte als problematisch angesehen.[727] Ein Ausweg könnte im Verzicht auf eine objektive Prämienfunktion liegen, indem die Belohnung auf Basis der subjektiven Leistungseinschätzung durch Vorgesetzte, andere Teammitglieder oder Untergebene bestimmt wird.[728] Modelltheoretische Untersuchungen ergaben, daß diese Vorgehensweise einer objektiven Prämienfunktion überlegen sein kann.[729]

6.2.1.4 Anforderungen an Anreizsysteme

Durch das Zusammenspiel der Belohnung, der Bemessungsgrundlage und der Prämienfunktion als konstituierende Elemente eines Anreizsystems soll sichergestellt werden, daß ein Anreizsystem „seinen Zweck erfüllt". Die Konkretisierung dieser Forderung beinhaltet, daß das Anreizsystem *transparent* sein soll, so daß der Belohnte nachvollziehen kann, welches Ver-

---

[724] Vgl. BECKER, F. G. (1990), S. 36ff.
[725] Vgl. KAH, A. (1994), S. 24.
[726] Vgl. dazu z. B. LAUX, H./SCHENK-MATHES, H. Y. (1992), S. 9ff.; BREUER, W. (1995), S. 17ff.; KAH, A. (1994), S. 25f.
[727] Vgl. ITTNER, C. D./LARCKER, D. F./MEYER, M. W. (1997), S. 6ff.; KAPLAN, R. S./NORTON, D. P. (1996d), S. 81f.
[728] Bei Kodak wurde ein solcher Ansatz getestet. Vgl. KAHN, S. (1996), S. 52f.
[729] Vgl. BAIMAN, S./RAJAN, M. V. (1995), S. 557ff. und BAKER, G./GIBBONS, R./MURPHY, K. M. (1994), S. 1125ff.

halten in welcher Form belohnt wird. Daneben steht die Forderung nach *Individualität*. Anreizsysteme müssen also der individuellen Motivationsstruktur eines jeden Belohnten Rechnung tragen. Schließlich ist auch das *Gerechtigkeitsempfinden* der, mit einem Anreizsystem in Berührung kommenden, Personen angemessen zu berücksichtigen. Dabei muß einerseits beachtet werden, daß der Belohnte die Belohnung angesichts der von ihm gezeigten Leistungen als angemessen empfindet. Andererseits dürfen die Belohnten die Belohnungen im interpersonellen Vergleich nicht als ungerecht ansehen.[730] In Abb. 95 sind die an Anreizsysteme gestellten Anforderungen schematisch zusammengefaßt, wobei bei der Implementierung eines Anreizsystems deren Interdependenzen nicht vernachlässigt werden dürfen.[731]

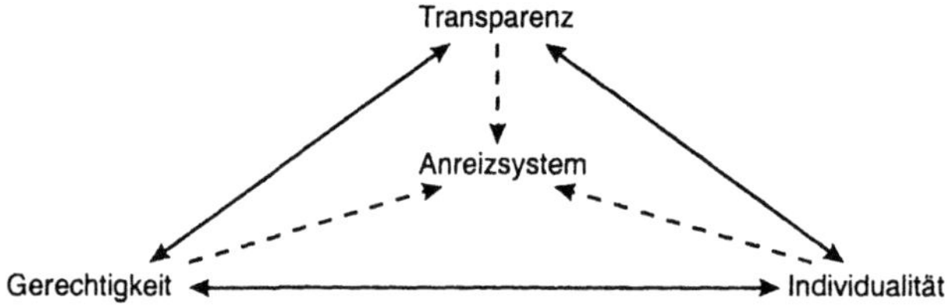

Abb. 95: Anforderungen an Anreizsysteme[732]

6.2.2 Informationale Aspekte

Die informationale Nutzung von Informationen im Rahmen eines Performance Measurement-Systems kann sowohl instrumenteller, konzeptioneller als auch symbolischer Natur sein.[733] Die instrumentelle Anwendung von Informationen mit ihrem direkten Entscheidungsbezug, wie z. B. bei der Maschinenbelegung und Ablaufplanung, ist der häufigste Fall. Fördern die Informationen das allgemeine Verständnis über das Unternehmen und seine Strategie, spricht man von einer konzeptionellen Nutzung. Bei einer symbolischen Nutzung schließlich dienen Informationen zur nachträglichen Rechtfertigung und Durchsetzung von Entscheidungen.

Die detaillierte Untersuchung informationaler Aspekte der Informationsnutzung kann in Anlehnung an die aus der Volkswirtschaft bekannte Vorgehensweise sowohl angebots- als auch nachfrageorientiert erfolgen. Bei einer angebotsorientierten Steuerung von Informationen besteht die latente Gefahr, Informationen zu kommunizieren, die zwar einfach zu erheben, für die Empfänger und Nutzer aber irrelevant sind. Häufig wird dieses Problem in der Literatur sehr illustrativ als Zahlenfriedhof bezeichnet.[734] Daher wird hier bei der Analyse informationaler Aspekte eine angebotsorientierte Vorgehensweise nicht weiter verfolgt.

---

730 Vgl. WEBER, J. (1999), S. 293ff.; WEBER, J. (1994), S. 101f.

731 Die Gewichtung der Anforderungen und damit die konkrete Realisierung eines Anreizsystems hängt von der Organisationskultur ab, so daß keine universell geeigneten Anreizsysteme verfügbar sind. Vgl. BENTO, R. F./ FERREIRA, L. D. (1992), S. 157ff. Einen Überblick über empirische Arbeiten, wie Anreizsysteme in Unternehmen ausgestaltet werden, gibt PRENDERGAST. Vgl. PRENDERGAST, C. (1999), S. 7ff.

732 Vgl. WEBER, J. (1999), S. 294; WEBER, J. (1994), S. 101.

733 Vgl. WEBER, J./SCHÄFFER, U. (2000a), S. 12f.

734 Vgl. WEBER, J./SCHÄFFER, U. (2000c), S. 6; WEBER, J./SCHÄFFER, U. (2000e), S. 149.

Die zu kommunizierenden Informationen werden bei der nachfrageorientierten Betrachtung naheliegenderweise durch den *Informationsbedarf* bestimmt, der alle zur Erfüllung von Aufgaben im Unternehmen benötigten Informationen umfaßt,[735]. Häufig wird dieses Kriterium mit der Forderung nach Nützlichkeit oder Nutzbarkeit nur verkürzt postuliert.[736]

Während der Informationsbedarf auf objektive Kriterien abstellt, ist das *Informationsbedürfnis* die subjektive Wahrnehmung einer Person, ihren eigenen Informationsbedarf betreffend.[737] Auf Basis des Informationsbedürfnisses wird *Informationsnachfrage* artikuliert, die nur erfüllt werden kann, wenn ihr ein entsprechendes *Informationsangebot* gegenübersteht. Dabei wird sowohl beim Informationsbedarf und dem Informationsbedürfnis als auch bei der Informationsnachfrage als artikuliertem Informationsbedürfnis implizit unterstellt, daß der Informationsempfänger mit den Informationen etwas anzufangen weiß, also über das erforderliche Wissen verfügt, sie zu interpretieren.[738]

Bei der Charakterisierung von Informationen ist sowohl ihrem Inhalt als auch der Informationsmenge Rechnung zu tragen,[739] deren Komponenten im folgenden untersucht werden.

6.2.2.1 Informationsinhalt

Der Inhalt einer Information kann anhand der sechs in Abb. 96 aufgeführten Kriterien typisiert werden.

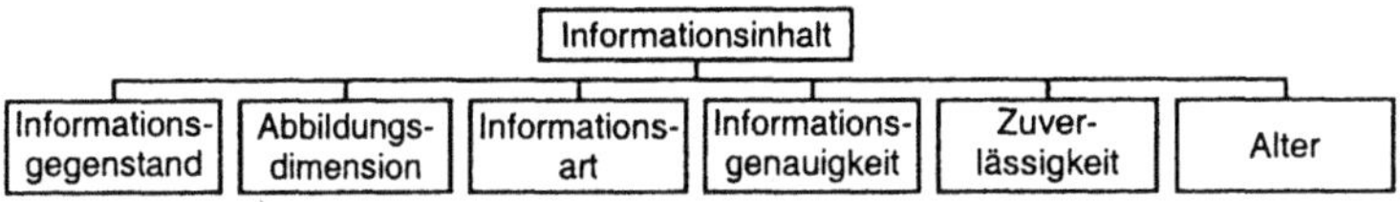

Abb. 96: Systematisierung des Informationsinhalts[740]

Auf viele Gesichtspunkte wurde bereits im Zusammenhang mit der Qualität der Meßkonstruktion eingegangen, so daß zur Redundanzvermeidung auf die entsprechenden Abschnitte verwiesen wird. Der Informationsgegenstand ist mit Meßobjekten deckungsgleich, die in Abschnitt 5.1 diskutiert wurden. Die Abbildungsdimension wurde im Zusammenhang finanzieller und nicht-finanzieller Indikatoren in Abschnitt 5.4.5 untersucht, während die Informationsgenauigkeit und -zuverlässigkeit in Abschnitt 5.4.1 thematisiert wurden. Das Alter der Informationen wurde in Abschnitt 5.4.4 unter dem Stichwort Zeithorizont besprochen.

735 Vgl. KÜPPER, H.-U. (1997), S. 134.

736 Vgl. DOLAN, P./SCHREIBER, K. I. (1997b), S. 79; MASKELL, B. H. (1991), S. 30ff.; SELLENHEIM, M. R. (1991), S. 50.

737 Vgl. HORVATH, P. (1998a), S. 348 und BERTHEL, J. (1992), Sp. 873.

738 Vgl. HEIMES, S. (1995), S. 72; SELLENHEIM, M. R. (1991), S. 50 und S. 53; RAMANATHAN, K. V./SCHAFFER, D. S. (1995), S. 81; MASKELL, B. H. (1989c), S. 48; CRAWFORD, K. M./COX, J. F. (1990), S. 2034; MORGAN, M. W. (1998), S. 11; ATKINSON, A. A./WATERHOUSE, J. H./WELLS, R. B. (1997), S. 34; PALMER, A. J. (1993), S. 31.

739 Vgl. KÜPPER, H.-U. (1997), S. 134ff.

740 In Anlehnung an KÜPPER, H.-U. (1997), S. 135.

Lediglich die Informationsart wurde bisher noch nicht diskutiert. Man unterscheidet faktische, explanatorische und prognostische Aussagen über reale Sachverhalte sowie konjunktive und normative Informationen. Schließlich sind noch die auf metasprachlicher Ebene angesiedelten logischen, explikativen und instrumentalen Informationen zu nennen.[741] Im Rahmen von Performance Measurement-Systemen sind nur Aussagen über reale Sachverhalte relevant. Faktische Informationen beziehen sich dabei auf den tatsächlichen Zustand eines Meßobjekts in der Vergangenheit, während prognostische Informationen auf Basis von Annahmen Aufschluß über den zukünftigen Zustand von Meßobjekten geben. Explanatorische Informationen schließlich liefern Erklärungen für Zustände von Meßobjekten. Insgesamt leistet die Systematisierung anhand der Informationsart für die Analyse von Performance Measurement-Systemen keinen weiterführenden Beitrag und soll deshalb hier auch nicht vertieft werden.

6.2.2.2 Informationsmenge

Zu den Merkmalen zur Kennzeichnung der Informationsmenge zählen – wie in Abb. 97 veranschaulicht – das Informationsvolumen, die Häufigkeit der Informationsübermittlung, der Verdichtungsgrad sowie die Präsentationsform der Informationen.

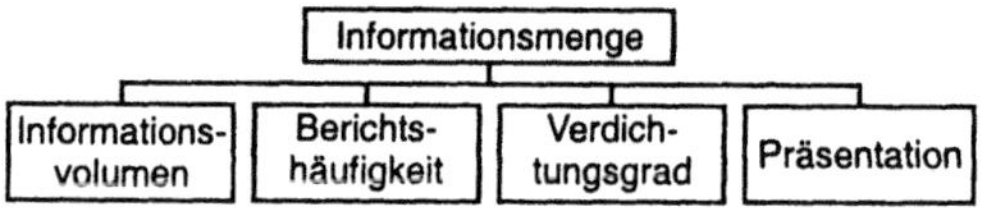

Abb. 97: Systematisierung der Informationsmenge[742]

Das *Informationsvolumen* wird bei der nachfrageorientierten Sichtweise durch die verschiedenen Spielarten des Informationsbedarfs erfaßt. Ob dabei auf den Informationsbedarf selbst oder das Informationsbedürfnis bzw. die Informationsnachfrage abgestellt wird, hängt von der mit der Analyse verfolgten Zielstellung ab. Das Informationsvolumen aus angebotsorientierter Perspektive entspricht dem Informationsangebot. Das gesamte, in einem Performance Measurement-System realisierte, Informationsvolumen ergibt sich als Vereinigung der Informationsvolumina aus angebots- und nachfrageorientierter Sichtweise. Im allgemeinen erhöhen sich mit steigendem Informationsvolumen die Kosten für die Informationsbeschaffung und -verarbeitung, so daß abgewogen werden muß, ob eine Ausweitung des Informationsvolumens wirtschaftlich vertretbar ist. Dieses Problem wurde bereits in Abschnitt 5.5 thematisiert, als der Einfluß der ökonomischen Ermittelbarkeit von Indikatoren auf die Auswahlentscheidung von im Performance Measurement-System betrachteten Meßobjekten untersucht wurde.

Eine empirische Untersuchung unter 114 kanadischen Führungskräften offenbarte große Unterschiede im Reporting zwischen monetär und nicht-monetär orientierten Meßobjekten. Während erstere von mindestens etwa 80 % der Unternehmen verwendet werden, nutzen

[741] Vgl. zu dieser Systematik detailliert KÜPPER, H.-U. (1997), S. 135f.
[742] In Anlehnung an KÜPPER, H.-U. (1997), S. 135.

grundsätzlich weniger als etwa 80 % der Unternehmen nicht-monetär orientierte Meßobjekte im Berichtswesen.[743]

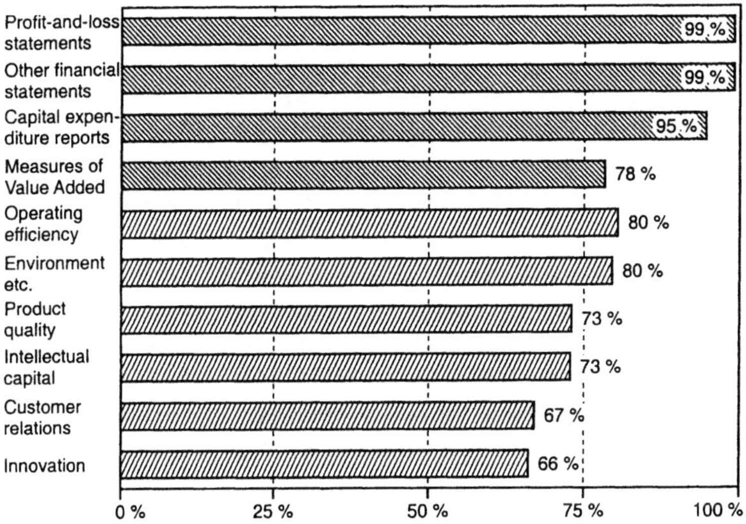

Abb. 98: Informationsvolumen des Berichtswesens auf Ebene der Unternehmensleitung[744]

Der *Verdichtungsgrad* kennzeichnet das Aggregationsniveau von Informationen. So können Informationen für einzelne Produkte zu Informationen über Produktgruppen oder Geschäftsbereiche verdichtet werden. Meist verringert sich durch diese Aggregation der Informationsgehalt, der der erhöhten Kompaktheit der Information gegenübergestellt werden muß, um einen optimalen Verdichtungsgrad zu erreichen. Häufig wird davon ausgegangen, daß der Verdichtungsgrad von Informationen sowohl mit der Stufe der Unternehmenshierarchie, auf der die Informationen verwendet werden, als auch mit der finanziellen Orientierung der Informationen ansteigt.[745]

Der *Aktualitätsgrad von Informationen* kann durch die Wiederholungshäufigkeit des Erhebungs- und Kommunikationszyklus beeinflußt werden. Dabei gilt, daß[746]

- eine höhere Berichtshäufigkeit in der Regel einen höheren Aufwand für die Datenerhebung und die Aktualität der Daten erfordert,
- aktuellere Informationen eine frühere Problemerkennung ermöglichen,
- in kürzeren Informationszyklen verfügbare Informationen wegen ihres Neuigkeitscharakters unter Umständen eine stärkere Beachtung finden, wobei demgegenüber bei längeren Informationszyklen mehr Zeit zum Studium der Informationen zur Verfügung steht.

743 Vgl. WATERHOUSE, J. H. (1999), S. 41f.
744 Daten aus WATERHOUSE, J. H. (1999), S. 41f.
745 Vgl. HORVÁTH, P. (1998a), S. 349.
746 Vgl. DILLER, H. (1975), S. 47f.

Die Frage nach der optimalen Berichtshäufigkeit wird in der Literatur uneinheitlich beantwortet. Einerseits wird postuliert, daß eine umfangreiche und zeitnahe Berichterstattung vorzuziehen ist.[747] Diese Aussage stützt eine empirische Studie von BANKER, POTTER und SCHROEDER auf Basis von 362 befragten Angestellten in 40 US-amerikanischen Unternehmen, die auf Ebene operativer Mitarbeiter einen positiven Zusammenhang zwischen der Bereitstellung von Informationen und der Arbeitsleistung der Mitarbeiter belegten.[748] Andererseits fanden ITTNER und LARCKER in ihrer empirischen Untersuchung von 249 Unternehmen Anzeichen dafür, daß eine zu häufige Berichterstattung – auch relevanter Informationen – zu einer Informationsüberfrachtung führt und die Unternehmensperformance negativ beeinflußt.[749]

Im Rahmen einer Fallstudienanalyse auf Basis von sechs Unternehmen zeigten sich für einzelne Indikatoren teilweise beträchtliche Unterschiede in der Berichtshäufigkeit. Die Spannweite reicht von Unternehmen mit täglicher Berichterstattung bis hin zu monatlicher.[750] Insofern wird in dieser Arbeit die Berichtshäufigkeit nicht auf Ebene einzelner Indikatoren betrachtet, sondern mit den fünf Meßobjektgrundtypen ein höher aggregiertes Niveau gewählt. Dabei offenbarten sich erhebliche Unterschiede hinsichtlich der Berichtshäufigkeit an die Unternehmensleitung, wobei „klassische" Meßobjekte häufiger in die Berichterstattung einbezogen werden und der Anteil der Ausnahmeberichterstattung („bei Bedarf") wesentlich geringer ist, als dies bei „modernen" Meßobjekten der Fall ist (vgl. Abb. 99).

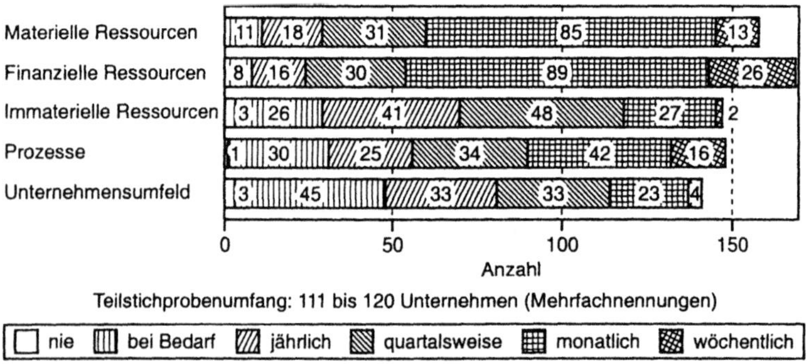

Abb. 99: Häufigkeit der Berichterstattung an die Unternehmensleitung

Demgegenüber traten in einer Studie aus Großbritannien, wo vom Chartered Institute of Management Accountants 77 Unternehmen zur Häufigkeit der Berichterstattung von Indikatoren an das Top-Management befragt wurden, wesentlich häufiger Fälle auf, in denen keine Be-

---

[747] Vgl. WISNER, J. D./FAWCETT, S. E. (1991), S. 5; SELLENHEIM, M. R. (1991), S. 50; SHERIDAN, T. (1996), S. 46; MARSHALL, C./PRUSAK, L./SHPILBERG, D. (1996), S. 86; WESTRA, D./SRIKANTH, M. L./KANE, M. (1996), S. 42; KAMENSKY, J. M. (1993), S. 401; MORGAN, M. W. (1998), S. 11; MASKELL, B. H. (1991), S. 35ff., wobei ein Reporting auf stündlicher Basis (HENDRICKS, J. A./DEFREITAS, D. G./WALKER, D. K. (1996), S. 24) etwas übertrieben erscheint.

[748] Vgl. BANKER, R. D./POTTER, G./SCHROEDER, R. G. (1993), S. 39ff.

[749] Vgl. ITTNER, C. D./LARCKER, D. F. (1997), S. 308.

[750] Vgl. CRAWFORD, K. M./COX, J. F. (1990), S. 2034.

richterstattung an die Unternehmensleitung erfolgte (vgl. Abb. 100). Gleichzeitig erwies sich der Anteil der Unternehmen, die eine wöchentliche Berichterstattung durchführen, für einige Meßobjekte ebenfalls als größer.

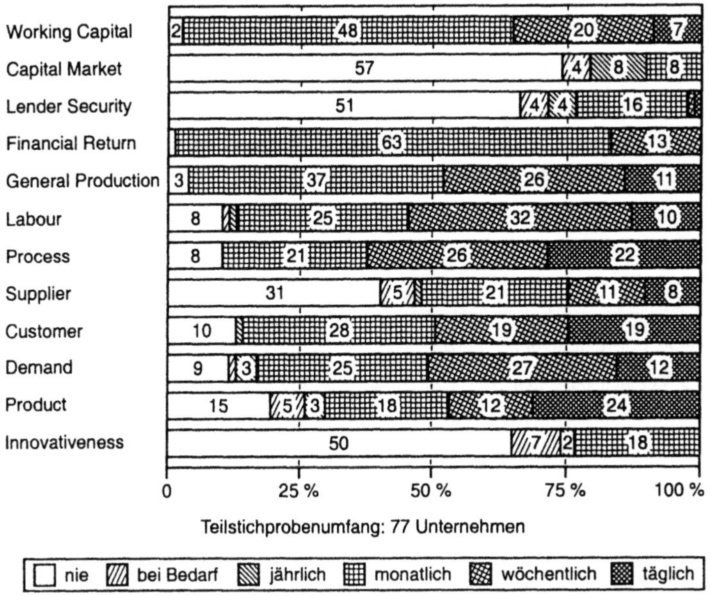

Abb. 100: Häufigkeit der Berichterstattung an die Unternehmensleitung (CIMA-Studie)[751]

Die Berichtshäufigkeit verschiedener Meßobjekte ist auch von der hierarchischen Stellung des Informationsempfängers abhängig. Allgemeingültig sollte sich die Berichtshäufigkeit am Handlungs- und Planungshorizont orientieren.[752] Auf den unteren Leistungsebenen werden schwerpunktmäßig operative Informationen benötigt. Deren Berichtszyklen sind somit wesentlich kürzer als die der strategischer ausgerichteten, oft monetär orientierten Indikatoren, die auf oberen Leistungsebenen verwendet werden.[753]

Aufgrund der langen Tradition des Reportings mit seiner Fokussierung auf die hier als „klassische" Meßobjekte bezeichneten Elemente des Jahresabschlusses und der Kostenrechnung ist zu vermuten, daß auch heute noch diese „klassischen" Meßobjekte den Schwerpunkt der Berichterstattung auf Unternehmensebene bilden, wie dies nachfolgend formuliert wird.

These 31: Die Berichtshäufigkeit der Indikatoren zur Messung „klassischer" Meßobjekte ist auf Unternehmensebene im Mittel größer als die der Indikatoren zur Operationalisierung „moderner" Meßobjekte.

[751] Daten aus CIMA (Hrsg.) (1995), S. 49. Nennungen von genau einem Unternehmen wurden in der Graphik nicht beschriftet.

[752] Vgl. STAINER, A./HEAP, J. (1996), S. 11.

Auch die Art und Weise der Bereitstellung von Informationen beeinflußt die wahrgenommene Informationsmenge. In zahlreichen empirischen Studien wurden verschiedene ***Präsentationsformen*** hinsichtlich ihrer Eignung, Informationen zu transportieren, miteinander verglichen. In Metastudien zu Gegenüberstellungen von tabellarischer und graphischer Darstellung erwies sich keine der zwei Präsentationsformen als besonders vorteilhaft – in einigen Studien waren Tabellen, in anderen Graphiken überlegen.[754]

Neben den allgemein ausgerichteten Studien wurden auch erste Untersuchungen im Zusammenhang mit Performance Measurement-Systemen durchgeführt. Einerseits konnten in einigen Arbeiten nur geringfügige Unterschiede in der Kennzahlenauswahl zwischen Unternehmen, die eine Balanced Scorecard einsetzen und den Vergleichsunternehmen gefunden werden.[755] Andererseits zeigt das Experiment von LIPE und SALTERIO,[756] daß Informationen, die in strukturierter Form präsentiert werden, von Menschen anders verarbeitet werden können als unstrukturierte. Am Experiment beteiligten sich 78 MBA-Studenten, die auf Basis ihnen vorliegender Informationen die Leistungen eines fiktiven Managers einschätzen sollten. Eine Hälfte der Versuchspersonen erhielt die in Umfang und Inhalt ansonsten identischen Daten in Form einer Balanced Scorecard, während der andere Teil die Daten unstrukturiert in Listenform mit alphabetischer oder zufälliger Reihenfolge bekam. Die Untersuchung zeigte, daß die in Form einer Balanced Scorecard präsentierten Daten als hochsignifikant logischer organisiert angesehen wurden als die unstrukturierten und zu einer signifikant unterschiedlichen Bewertung des fiktiven Managers führten. Bei welcher der Varianten dabei eine realitätsnähere Bewertung erreicht wurde, konnte in der Studie allerdings nicht geklärt werden.

Insgesamt deuten die empirischen Untersuchungen darauf hin, daß die Präsentationsform einen Einfluß auf die Performancebewertung hat und ihr somit im Rahmen eines Performance Measurement-Systems die entsprechende Aufmerksamkeit gewidmet werden muß. Andererseits liefern die durchgeführten Studien keine eindeutigen Hinweise, welche Präsentationsform zu einer valideren Bewertung führt. Insofern sind Empfehlungen, wie z. B. die schwerpunktmäßige Konzentration auf graphische Präsentationsformen[757] oder Kombinationen von graphischer und tabellarischer Darstellung,[758] mit besonderer Vorsicht zu handhaben.

6.2.2.3 Wechselwirkungen von Informationsmenge und Informationsinhalt

Im folgenden wird davon ausgegangen, daß zwischen der Informationsmenge einerseits und dem Informationsinhalt sowie anderen Merkmalen zur Charakterisierung von Performance Measurement-Systemen andererseits Interdependenzen existieren. Bei der Untersuchung wird insbesondere auf verschiedene Interaktionen der Berichtshäufigkeit abgestellt.

---

753 Vgl. HENDRICKS, J. A. (1994), S. 28; BEISCHEL, M. E./SMITH, K. R. (1991), S. 28.

754 Vgl. z. B. KAPLAN, S. E. (1988), S. 90ff.; BLOCHER, E./MOFFIE, R. P./ZMUD, R. W. (1986), S. 457ff.; MORIARITY, S. (1979), S. 205ff. und die Übersicht bei MEYER, J.-A. (1996), S. 114ff.

755 Vgl. ANSWERTHINK (2000), S. 14; AXSON, D. A. J. (1999), S. 8.

756 Vgl. LIPE, M. G./SALTERIO, S. (1998), S. 11ff.

757 Vgl. CRAWFORD, K. M./COX, J. F. (1990), S. 2034f.; o. V. (1993c), S. XI.

758 Vgl. BROWN, K. K. (1995), S. 65.

Die Zielstellung einer informationalen Nutzung von Informationen liegt darin, benötigte Informationen zur Verfügung zu stellen. Sie kann um so besser erfüllt werden, je höher die Genauigkeit und Zuverlässigkeit der kommunizierten Informationen ist. Daher sollten Indikatoren von höherer Güte intensiver für Reportingzwecke genutzt werden. Anderenfalls stünden nur Informationen geringer Validität und Reliabilität zur Verfügung, die letztlich kaum für Steuerungszwecke zu gebrauchen sind. Die folgenden beiden Thesen unterstellen deshalb einen positiven Zusammenhang zwischen der Berichtshäufigkeit und der Indikatorgüte.

These 32: Die Indikatoren, die häufiger berichtet werden, sind von höherer Validität.

These 33: Die Indikatoren, die häufiger berichtet werden, sind von höherer Reliabilität.

Die Informationsgenauigkeit wird ebenfalls durch den Grad der Objektivität und Subjektivität beeinflußt. Aufgrund der fehlenden individuenbezogenen subjektiven Komponente, die zufällige Streuungen in Informationen verursacht, sind objektive Informationen von höherer Genauigkeit. Daher ist davon auszugehen, daß objektivere Indikatoren den Informationsbedarf besser decken können:

These 34: Die häufiger berichteten Indikatoren sind objektiver.

Jedesmal, wenn Meßwerte kommuniziert werden, müssen sie zuvor ermittelt werden. Auch wenn dieser Satz auf den ersten Blick als Platitüde erscheint, beschreibt er – wenn auch vergleichsweise indirekt – auf den zweiten Blick einen Zusammenhang zwischen der Berichtshäufigkeit und der ökonomischen Ermittelbarkeit von Indikatoren. Da einer Berichterstattung notwendigerweise eine Messung vorausgeht, ist davon auszugehen, daß Indikatoren, die nur schlecht, umständlich und aufwendig zu messen sind, seltener kommuniziert werden. Häufig werden Indikatoren, deren Messung Kunden-, Lieferanten- oder Wettbewerberinformationen erfordert, die von außerhalb des Unternehmens bezogen werden müssen, aus wirtschaftlichen Gründen eine geringere Berichtshäufigkeit aufweisen als Indikatoren, für die ausschließlich unternehmensinterne Informationen benötigt werden.[759] Zusammenfassend ist somit ein positiver Zusammenhang zwischen der Berichtshäufigkeit und der ökonomischen Ermittelbarkeit zu erwarten, wie ihn die folgende These formuliert.

These 35: Die Berichtshäufigkeit von Indikatoren ist um so größer, je ökonomischer sie ermittelbar sind.

Bei der Betrachtung von Performance Measurement-Systemen ist der durch Indikatoren zu deckende Informationsbedarf deckungsgleich mit Informationen über Meßobjekte, die für die langfristige Unternehmensentwicklung von Bedeutung sind. Diese wurden in Abschnitt 5.1.4 als relevante Meßobjekte bezeichnet. Ziel der Steuerung von Informationsflüssen ist es, ein Informationsangebot zu erreichen, das die Informationsnachfrage befriedigt und gleichzeitig

---

[759] Vgl. Eccles, R. G./Pyburn, P. J. (1992), S. 44.

durch eine möglichst geringe Diskrepanz zwischen Informationsbedarf und Informationsnachfrage gekennzeichnet ist. Kurz gesagt, soll die im Rahmen eines Performance Measurement-Systems befriedigte Informationsnachfrage möglichst alle relevanten Meßobjekte (und nur diese) beinhalten, wie dies die nachfolgende These postuliert:

These 36: Die Berichtshäufigkeit von Indikatoren ist um so größer, je relevanter die zugrunde liegenden Meßobjekte für den langfristigen Unternehmenserfolg sind.

6.2.3 Wirksamkeit der Informationsnutzung

Im Schrifttum ist umstritten, ob motivationale oder informationale Aspekte der Informationsnutzung in einem Performance Measurement-System überzugewichten sind und welcher der beiden Aspekte dies gegebenenfalls sein soll.

Die Wirksamkeit von Anreizsystemen wird teilweise bezweifelt,[760] so daß kein allgemeiner Konsens herrscht, ob Individuen durch Anreizsysteme

1. zu höheren Arbeitsleistungen und
2. zu einem mit den Unternehmenszielen kompatiblerem Verhalten

veranlaßt werden können. Nachfolgend werden einige der Argumente für oder gegen die motivationale Nutzung von Informationen in Anreizsystemen gegenübergestellt.

Einerseits nutzten 70 % von 766 untersuchten (vermutlich US-amerikanischen) Industrieunternehmen Informationen aus dem Performance Measurement-System auch zu Belohnungszwecken.[761] Bei Unternehmen, die sich durch eine herausragende Performance auszeichneten, betrug dieser Anteil sogar 85 %. Außerdem offenbarte eine Metaanalyse von 39 Studien einen vergleichsweise starken Zusammenhang zwischen finanziellen Belohnungen und der individuellen Arbeitsleistung $(r = 0{,}34)$.[762]

Andererseits zeigte eine länderübergreifende Untersuchung auf Basis von 249 Unternehmen, daß sich formale Lenkungs- und Entlohnungssysteme negativ auf die Unternehmensperformance auswirken können.[763] Modelltheoretische Analysen liefern ähnliche Ergebnisse und deuten darauf hin, daß gegebenenfalls ein Verzicht auf Anreizsysteme sinnvoll sein könnte.[764] Daher ist davon auszugehen, daß Performance Measurement-Systeme nicht notwendigerweise mit Anreizsystemen zu verknüpfen sind. Allerdings erscheint – auch angesichts der häufig in der Literatur anzutreffenden, teilweise enthusiastischen Plädoyers für eine umfangreiche und intensive Verbindung des Performance Measurement-Systems mit einem Anreizsystem[765] – ein grundsätzlicher Verzicht auf die motivationale Informationsnutzung nicht indiziert.

---

[760] Vgl. Scholz, C. (1999), S. 784.
[761] Vgl. Wah, L. (1999), S. 18 und S. 21.
[762] Vgl. Gupta, N./Shaw, J. D. (1998), S. 28.
[763] Vgl. Ittner, C. D./Larcker, D. F. (1997), S. 297ff.
[764] Vgl. Wagenhofer, A. (1996), S. 155f.
[765] Vgl. Kelsey, R. M./Znameroski, S. G. (1997), S. 5ff.; Eichen, S. P./Swinford, D. N. (1997), S. 28ff.; Atkinson, A. (1998), S. 555; Pfaff, D./Kunz, A./Pfeiffer, T. (2000), S. 36; Ricciardi, P. (1996), S. 99; o. V. (1997d), S. 39.

In einer experimentellen Studie untersuchte DUMOND,[766] ob die Informationsmenge, die den Probanden zur Verfügung stand, einen Einfluß auf ihre Entscheidungen hat. Die Ergebnisse auf Basis von 240 Probanden zeigten, daß die Fähigkeit, die eigene Leistung realistisch einzuschätzen, mit dem kommunizierten Informationsumfang ansteigt und sich die Qualität der getroffenen Entscheidungen parallel erhöht.

Andererseits sei an die in Abschnitt 6.2.2.2 diskutierten Studien erinnert, die einen teilweise negativen Zusammenhang zwischen der Berichtshäufigkeit, also der Intensität der informationalen Nutzung, und der Unternehmensperformance fanden.

Einige Autoren sprechen sich für eine zurückhaltende motivationale Nutzung von Indikatoren aus.[767] Andere plädieren vollständig gegen motivationale Aspekte und setzen sich für eine ausschließlich informationale Nutzung von Indikatoren ein.[768] Ihre Kritik richtet sich dabei insbesondere gegen unvollkommene Bemessungsgrundlagen und Prämienfunktionen, aus denen letztlich eine suboptimale Performance folgt. Bei dieser Argumentation werden jedoch motivations- und damit leistungsfördernde Eigenschaften eines Anreizsystems vernachlässigt, denn, wie schon die modelltheoretischen Betrachtungen in Abschnitt 5.5 belegten, kann das durch – gegebenenfalls auch verzerrende – motivationale Maßnahmen erreichte Performanceniveau höher sein als dies bei Verzicht auf jegliches Anreizsystem der Fall ist.

Unter Würdigung aller Argumente erscheint die Vernachlässigung eines der beiden Aspekte der Informationsnutzung trotz der dargestellten Bedenken nicht angebracht. Insofern sollte ein Performance Measurement-System, wie dies auch in der Literatur häufig postuliert wird,[769] sowohl motivationale als auch informationale Aspekte der Informationsnutzung integrieren. Dementsprechend wird die folgende These formuliert, die die enge Wechselwirkung zwischen motivationaler und informationaler Informationsnutzung beschreibt:

These 37: Je häufiger Indikatoren für Meßobjekte berichtet werden, desto intensiver werden sie auch für Leistungsanreize genutzt.

6.3 Partizipative Entwicklung

Basis einer erfolgreichen Implementierung eines Performance Measurement-Systems ist es, Mitarbeiter für das System zu interessieren und ihre Kooperationsfreude zu wecken.[770] Wesentlich dafür ist es, ihre Anregungen, Vorschläge sowie Interessen zu berücksichtigen oder, falls das nicht möglich ist, zumindest eine umfassende Information über das Performance Measurement-System zu gewährleisten.

---

766 Vgl. DUMOND, E. J. (1991), S. 21ff.

767 Vgl. HALL, R. W. (1987), S. 171ff.; SCHONBERGER, R. J. (1988), S. 52f.

768 Vgl. TARR, J. D. (1996), S. 83; GLASER, M. (1993), S. 381f.; GLASER, M. (1991), S. 305ff.

769 Vgl. z. B. BALKCOM, J. E./ITTNER, C. D./LARCKER, D. F. (1997), S. 23; ECCLES, R. G. (1991a), S. 133ff.; ECCLES, R. G. (1991b), S. 16ff. PAGELL, M. u. a. (1996), S. 32; GRIFEL, S. S. (1993), S. 406; o. V. (1997d), S. 39; PAULSON, S. L. (1996), S. 32.

770 Vgl. RUCCI, A. J./KIRN, S. P./QUINN, R. T. (1998), S. 85ff.; JONES, C. R./HAMPTON, D. J. W. (1995), S. 25; MEYER, C. (1994a), S. 96; BRUHN, M. (1998), S. 160f.; THORNBURG, L. (1991), S. 37.

Bei den untersuchten Unternehmen stellt sich die Situation wie in Abb. 101 gezeigt dar. Während die Beteiligung der Mitarbeiter an der Konzeption des Performance Measurement-Systems nicht übermäßig ausgeprägt ist (Mittelwert zwischen „mittelmäßig“ und „ziemlich“), zeigt sich der Informationsfluß zwischen konzeptioneller und ausführender Ebene stärker ausgebildet (Mittelwert zwischen „ziemlich“ und „sehr“).

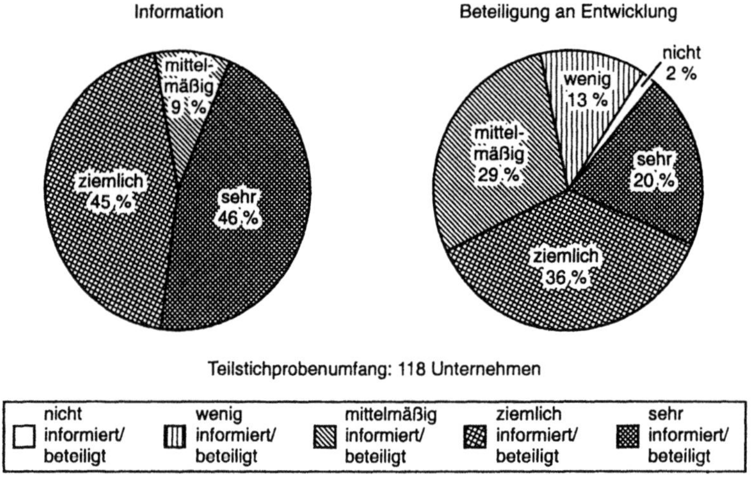

Abb. 101: Mitarbeiterinformation über Hintergründe des Performance Measurement und Einbindung der Mitarbeiter bei der Entwicklung

6.4 Softwareunterstützung

Die technische Umsetzung eines Performance Measurement-Systems in Unternehmen wird sehr unterschiedlich gehandhabt. Einerseits werden Performance Measurement-Systeme teilweise als vordringlich softwaretechnisches Problem angesehen.[771] Äquivalent fanden BOURNE u. a. in ihrer longitudinalen Studie, daß der Grad, mit dem ein Performance Measurement-System durch Softwarelösungen unterstützt wird, einen Einfluß auf die Verankerung des Performance Measurement-Systems in einem Unternehmen hat.[772] Andererseits wird berichtet, daß auch Unternehmen, die ihr Performance Measurement-System ohne umfangreiche Softwarelösungen betreiben, dieses vollständig implementiert haben.[773] Da Performance Measurement-Systeme auf den Datenbestand der inzwischen weit verbreiteten integrierten betriebswirtschaftlichen Software zurückgreifen müssen,[774] ist zukünftig von einer verstärkten softwaretechnischen Unterstützung von Performance Measurement-Systemen auszugehen.

---

[771] Vgl. HORVÁTH & PARTNER (Hrsg.) (2000), S. 325.

[772] Vgl. BOURNE, M. u. a. (2000), S. 763.

[773] Vgl. HORVÁTH & PARTNER (Hrsg.) (2000), S. 325.

[774] Vgl. SILK, S. (1998), S. 44; MISSROON, A. M. (1998), S. 44; HOJNACKI, T. S./CONGER, K./STRAGAPEDE, L. (1999), S. 30ff.

Insbesondere während der Pilotphase der Implementierung eines Performance Measurement-Systems erfreuen sich Lösungen auf Basis von Tabellenkalkulationsprogrammen großer Beliebtheit. Mit zunehmender Einbindung aller Unternehmensteile sind aufgrund der stark ansteigenden Komplexität spezialisierte Softwaretools aber unumgänglich.[775] Die Details der Auswahl eines geeigneten Datenbanktyps und eines passenden Frontends sollen hier nicht vertieft werden.[776]

Bei den untersuchten Unternehmen wird das Performance Measurement-System zwar verstärkt durch Softwarelösungen unterstützt, dennoch muß zur Unterhaltung und Nutzung des Performance Measurement-Systems noch erhebliche manuelle Arbeit aufgewendet werden, wie Abb. 102 zeigt. Etwa jedes dritte Unternehmen schätzt ein, daß die Prozesse zur Abwicklung seines Performance Measurement-Systems allenfalls mittelmäßig durch Softwarelösungen unterstützt werden.

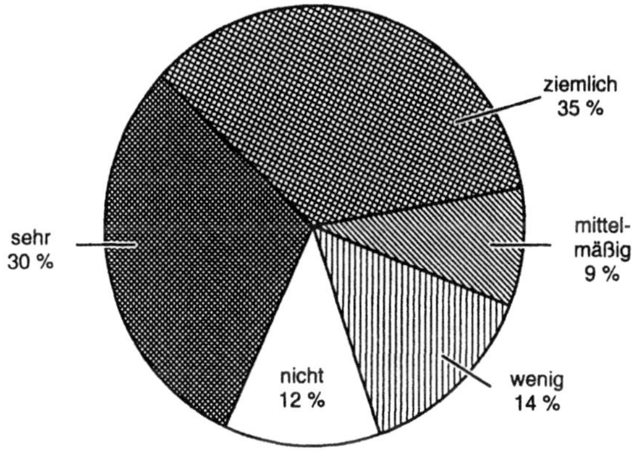

Teilstichprobenumfang: 116 Unternehmen

Abb. 102: Unterstützung des Performance Measurement-Systems durch Software

In der empirischen Erhebung zeigte sich, daß die am häufigsten verwendeten Softwareprodukte Eigenentwicklungen sind (36 Unternehmen), die oft auf Microsoft-Standardsoftware aufsetzen. Große Verbreitung hat bei 34 Unternehmen Software, die auf SAP-Systemen (meist R/3) aufbaut.[777] Nicht selten werden Auswertungen aus dem SAP-System mit Microsoft-Excel aufbereitet. Die 27 Unternehmen, die Microsoft-Produkte für ihr Performance Measurement-System einsetzen, bedienen sich vorwiegend Excel, gefolgt von Access. Sechs Unternehmen nutzen Software von Hyperion, weitere 18 Unternehmen setzen „sonstige"

775 Vgl. OEHLER, K. (2000), S. 77.

776 Vgl. dazu z. B. FUNKE, T./ROSEMANN, S. (2000), S. 87ff.; SHARMAN, P./KAVAN, C. B. (1999), S. 7ff. Für die Frontend-Auswahl auch BAUER, T. (2000), S. 71ff. Vgl. für grundlegende Anforderungen an Softwarelösungen im Zusammenhang mit Performance Measurement-Systemen HOPE, T./HOPE, J. (1995), S. 200ff.

777 Vgl. zum SAP SEM z. B. WEFERS, M. (2000), S. 123ff.; SINZIG, W. (2000), S. 147ff.

Softwareprodukte, wie z. B. Gentia, ALEA, Oracle, Lotus u. a., ein. Insgesamt machten 93 Unternehmen Angaben zu den genutzten Softwareprodukten.

6.5 Einführung eines Performance Measurement-Systems

Im Schrifttum finden sich eine Vielzahl von Anregungen, wie bei der erfolgreichen Einführung eines Performance Measurement-Systems vorzugehen ist.[778] Bei diesen Schrittfolgen wird häufig nur auf die Einführung der Balanced Scorecard als einem weit verbreiteten Ansatz Bezug genommen.

So sieht KAPLAN die Balanced Scorecard-Einführung als dreistufigen Prozeß mit den Phasen Design, Commitment und Use.[779] Das Schema der Unternehmensberatung HORVÁTH & PARTNER ist als Systematisierung wesentlich konkreter und unterscheidet fünf Teilphasen des Einführungsprozesses:[780]

1. Klärung strategischer Grundlagen,
2. Schaffung eines organisatorischen Rahmens für die Implementierung,
3. Balanced Scorecard entwickeln,
4. „Roll-Out" managen und
5. Sicherstellung des kontinuierlichen Einsatzes der Balanced Scorecard.

Im Zuge der *ersten Phase* soll ein einheitliches Verständnis der Unternehmensleitung über die zu verfolgende Unternehmensstrategie sichergestellt werden. Die Auswahl der Unternehmensteile, für die eine Balanced Scorecard entwickelt werden soll, bildet neben der Abgrenzung der Grobstruktur der zu entwickelnden Balanced Scorecard (Perspektiven) und einer geeigneten Projektorganisation den *organisationalen Rahmen der Implementierung*. Mit der Konkretisierung der strategischen Ziele, also der Auswahl von Meßobjekten, Indikatoren und Indikatorzielen beschäftigt sich die *dritte Phase*. Bei der Operationalisierung der Meßobjekte kann dabei meist auf bereits im Unternehmen verfügbare Informationen zurückgegriffen werden.[781] Mit *„Roll-Out"* wird im Argot der Unternehmensberatung die Ausdehnung der als Pilotprojekt in Teilen eines Unternehmens eingeführten Balanced Scorecard auf das Ge-

---

[778] Vgl. z. B. WISNER, J. D./FAWCETT, S. E. (1991), S. 9; ECKEL, L./FISHER, K./RUSSELL, G. (1992), S. 17; BROWN, K. K. (1995), S. 65; NORIEGA, J. (1997), S. 6; JONES, S. D. u. a. (1993), S. 273f.; OWEN, A. (1997), S. 13; MALBURG, C. (1997), S. 68; HORVÁTH, P./GAISER, B. (2000), S. 21ff.; MORRISSEY, E./HUDSON, G. (1997), S. 49; o. V. (1997d), S. 39; VITALE, M./MAVRINAC, S. C./HAUSER, M. (1994a), S. 13ff.; MASKELL, B. H. (1994), S. 42ff.; BLANKENBURG, D. A. (1999), S. 226ff.; HOCH, D. J./LANGENBACH, W./MEIER-REINHOLD, H. (2000), S. 57ff.; HORVÁTH, P. (1998b), S. 443f.; HORVÁTH, P./MICHEL, U. (1999), S. 32ff.; ROURKE, R. E. (1981), S. 3f.; BOURNE, M. u. a. (2000), S. 757ff.; LOCKAMY, A. (1998), S. 756ff.; BITITCI, U. S./CARRIE, A. S./MCDEVITT, L. (1997), S. 522ff.; FISHER, L. (1998), S. 48; SINK, D. S./SMITH, G. L. (1999), S. 43ff.; DANIELS, R. C./BURNS, N. D. (1997), S. 110ff.; WITTICH, M. (1999), S. 435; MASCHMEYER, V. (1998), S. 76f.; MATHEIS, M./SCHALCH, O. (1999), S. 38ff.; TUTTLE, T. C. (1991), S. 18; MASKELL, B. H. (1997), S. 35; HORSTMANN, W. (1999), S. 195f.; RAAUM, R. B. (1992), S. 21ff.

[779] Vgl. KAPLAN, R. S. (1994a), S. 16ff. Dieses Schema ist nicht mit dem ebenfalls von KAPLAN postulierten vierstufigen Modell zur Entwicklung von Performance Measurement-Systemen zu verwechseln, das auf die evolutorische Reifung von Performance Measurement-Systemen abstellt. Vgl. dazu KAPLAN, R. S./COOPER, R. (1998), S. 11ff.

[780] Vgl. HORVÁTH & PARTNER (Hrsg.) (2000), S. 56ff.; HORVÁTH, P. (2000), S. 125ff.

samtunternehmen bezeichnet.[782] Dabei müssen die Meßobjekte, Indikatoren und Ziele verschiedener Unternehmensteile aufeinander abgestimmt werden.[783] Nachdem die Balanced Scorecards für die gewünschten Unternehmensteile verfügbar sind, gilt es im Rahmen der *fünften Teilphase* sicherzustellen, daß sie auch kontinuierlich genutzt werden.

Da sich die anderen eingangs angesprochenen Heuristiken in der inhaltlichen Ausgestaltung nicht wesentlich vom Modell von HORVÁTH & PARTNER unterscheiden, sollen sie hier aufgrund des nur marginalen Informationszugewinns nicht detailliert betrachtet werden.

Um den Einführungsprozeß mit einem zufriedenstellenden Ergebnis – einem praktikablen und intensiv genutzten Performance Measurement-System – abschließen zu können, müssen verschiedene *Voraussetzungen* erfüllt sein.

Die Empfehlungen reichen dabei von der nicht sehr hilfreichen Anforderung an Performance Measurement-Systeme „easy to implement"[784] bis zu Aufzählungen von Erfolgsfaktoren.[785] WEBER und SCHÄFFER formulieren auf Basis ihrer Beratungserfahrung acht Erfolgsfaktoren der Implementierung einer Balanced Scorecard, deren Reihenfolge der Bedeutung für den Projekterfolg entspricht:[786]

1. Planung von Projektzielen und -umfang,
2. Projektunterstützung,
3. schneller erster Erfolg,
4. Unternehmenskultur und Veränderungsbereitschaft,
5. Projektteam,
6. Projektmanagement des Einführungsprojekts,
7. Kommunikation im Unternehmen und
8. externe Unterstützung.

Bereits mit der Festlegung der *Projektziele* werden die Grundlagen des Projekterfolgs gelegt. Sind die Erwartungen zu groß und sollen vielfältige andere Probleme des Unternehmens simultan gelöst werden („großer Wurf"), ist die Wahrscheinlichkeit des Scheiterns sehr hoch. Wie bei anderen Projekten auch, können auftretende Widerstände und Probleme nur bei ausreichender *Unterstützung* durch die Unternehmensleitung beseitigt werden. Aus motivationstheoretischen Gesichtspunkten sollten baldmöglichst *erste Erfolge* des Einführungsprojekts sichtbar werden. Dazu erweist es sich als günstig, mit einer Pilotimplementierung des Perfor-

[781] In Unternehmen werden bereits 50 % bis 80 % der für die Ausgestaltung einer Balanced Scorecard benötigten Informationen im Berichtswesen erfaßt. Vgl. BRANCATO, C. K. (1997), S. 55.

[782] Vgl. für ein Beispiel bei einem Energieversorgungsunternehmen WUNDER, T./BAUR, M. (2000), S. 550ff.

[783] Den Abstimmungsprozeß untersuchen LOCKAMY und COX in sechs Fallstudien. Vgl. LOCKAMY, A./COX, J. F. (1995), S. 221ff.

[784] WISNER, J. D./FAWCETT, S. E. (1991), S. 5. Ähnlich („simple to implement") MCMANN, P./NANNI, A. J. (1994), S. 56.

[785] Vgl. z. B. BODMER, C./VÖLKER, R. (2000), S. 479ff.; DRTINA, R. (1999), S. 49f.; WITTICH, M. (1999), S. 434f.; HORSTMANN, W. (1999), S. 196ff.; GRIFEL, S. S. (1994), S. 19f.; BLENKINSOP, S. A./BURNS, N. (1992), S. 21f.; ROEST, P. (1997), S. 163ff.; KRUZNER, D./TROLLINGER, R. (1996), S. 72.

[786] Vgl. WEBER, J./SCHÄFFER, U. (2000b), S. 3; WEBER, J./SCHÄFFER, U. (2000c), S. 71.

mance Measurement-Systems zu beginnen und erst nach erfolgreicher Einführung das System auf das gesamte Unternehmen auszudehnen. Die mit der Einführung eines neuen Performance Measurement-Systems einhergehenden organisationalen Veränderungen sind nur bei einer auf Offenheit, Flexibilität und Innovationsbereitschaft ausgerichteten *Unternehmenskultur* zu beherrschen. Andererseits ist die Kultur eines Unternehmens keine feste Größe, sondern kann durch geeignete Maßnahmen beeinflußt werden. Auch die Zusammensetzung des *Projektteams* wirkt sich auf den Erfolg der Implementierung aus. Dabei empfehlen WEBER und SCHÄFFER nicht zu große, funktionsübergreifende Teams. Ein strenges Projektmanagement ist, wie bei nahezu jedem Projekt, auch für die Einführung eines Performance Measurement-Systems ein Erfolgsfaktor. Durch eine offene *Kommunikation* im Unternehmen können Widerstände gegen die Implementierung abgebaut und organisationales Lernen gefördert werden. Schließlich erwies sich auch externe Unterstützung bei der Einführung aufgrund ihrer Objektivität und des angebotenen Methodenwissens als vorteilhaft.[787]

In der empirischen Erhebung wurde in einer offenen Frage erfaßt, welche Voraussetzungen die Ansprechpartner der Studie bei der Umsetzung eines Performance Measurement-Systems als erfolgskritisch ansehen (vgl. Abb. 103). Insgesamt machten 108 Unternehmen hierzu Angaben. Mit der Beteiligung der Mitarbeiter an der Konzeption des Performance Measurement-Systems sowie der Kommunikation innerhalb des Unternehmens (77 Nennungen) erwies sich einer der acht Erfolgsfaktoren des Einführungsprozesses nach WEBER und SCHÄFFER als bedeutendste Umsetzungsvoraussetzung. Auf Rang zwei wird die Art und Ausführung der Meßkonstruktion gesehen (64 Unternehmen), wobei vorwiegend die Güte der Indikatoren (insbesondere Validität) und deren Zeitnähe als bedeutend angesehen werden. Zur Einführung eines unternehmensweiten Performance Measurement-Systems ist die Unterstützung der Unternehmensleitung (und damit ein weiterer der heuristischen Erfolgsfaktoren der Einführung) von entscheidender Bedeutung. In den untersuchten Unternehmen erachten diese Unterstützung 50 Ansprechpartner als erfolgskritisch. Mit deutlichem Abstand zu den „Top 3" folgen die Softwareunterstützung des Performance Measurement-Systems und die Anbindung an ein Anreizsystem zur individuellen Entlohnung von Zielerreichungen auf den Plätzen vier und fünf. Die Anpassung des Performance Measurement-Systems an veränderte Herausforderungen und damit dessen Flexibilität erachten 15 der Ansprechpartner als erfolgskritisch. Im Projektmanagement des Einführungsprozesses als einem weiteren der obigen Erfolgsfaktoren sehen 12 Unternehmen eine wichtige Umsetzungsvoraussetzung. Als bedeutend wird ferner die Verfügbarkeit von notwendigen Ressourcen und die wirtschaftliche Abwicklung des Performance Measurement-Systems betrachtet. Die Unternehmenskultur und -vision eines Unternehmens, die ebenfalls einen der Erfolgsfaktoren des Einführungsprozesses darstellt, ist mit vier Nennungen von untergeordneter Bedeutung.

---

[787] Vgl. zu diesen Erfolgsfaktoren detailliert WEBER, J./SCHÄFFER, U. (2000b), S. 3ff.; WEBER, J./SCHÄFFER, U. (2000c), S. 71ff.; WEBER, J./SCHÄFFER, U. (2000e), S. 149ff.

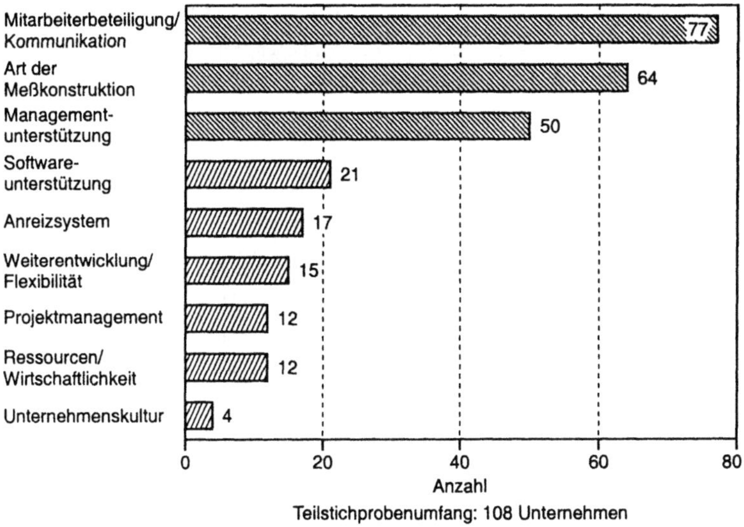

Abb. 103: Erfolgsfaktoren eines Performance Measurement-Systems

Insgesamt erwiesen sich damit vier der acht Erfolgsfaktoren des Einführungsprozesses nach WEBER und SCHÄFFER als wichtige Umsetzungsvoraussetzungen, wobei die Bedeutungsunterschiede zwischen einzelnen Erfolgsfaktoren teilweise erheblich sind. Andere erfolgskritische Umsetzungsvoraussetzungen beziehen sich auf verschiedene Aspekte der Qualität der Meßkonstruktion, der Verankerung des Performance Measurement-Systems im Unternehmen und dessen Weiterentwicklung.

Performance Measurement-Systeme sind kein Produkt von der Stange,[788] sondern an die spezifischen Unternehmensgegebenheiten anzupassen. Bei der *Entwicklung* eines Konzepts können Unternehmen dabei bei Bedarf auf die externe Unterstützung einer Vielzahl von Anbietern im Beratungs- und Dienstleistungsmarkt zurückgreifen.

Die meisten der antwortenden Unternehmen setzen, wie Abb. 104 zeigt, dennoch auf Eigenentwicklungen. Ein knappes Viertel kauft Erfahrungen zu, indem ein Standardprodukt genutzt wird, paßt dieses aber an Unternehmensspezifika an. Reine Standardprodukte spielen demgegenüber eine sehr untergeordnete Rolle. Bei etwa 6 % der Unternehmen zeigte sich eine sonstige Entwicklungsquelle, wobei dies im wesentlichen Vorgaben des Mutterunternehmens bzw. konzerneinheitliche Systeme sind.

Möglicherweise ist die Entscheidung über Eigenentwicklung oder Fremdbezug eines Performance Measurement-Systems von der Unternehmensgröße abhängig. Bei einer Studie unter 40 US-amerikanischen Kreditinstituten aus dem Jahr 1996 nutzten kleinere Institute bevorzugt angepaßte Standardprodukte zum Performance Measurement (ca. 68 %), während in

[788] Vgl. FRIEDAG, H. R./SCHMIDT, W. (1999), S. 222ff.

Großbanken häufig Eigenentwicklungen zum Einsatz kamen (45 %).[789] Eine Ursache dafür könnte im Ressourceneinsatz für Eigenentwicklungen liegen, den nur große Unternehmen mit entsprechenden Economies of Scale bewältigen können.

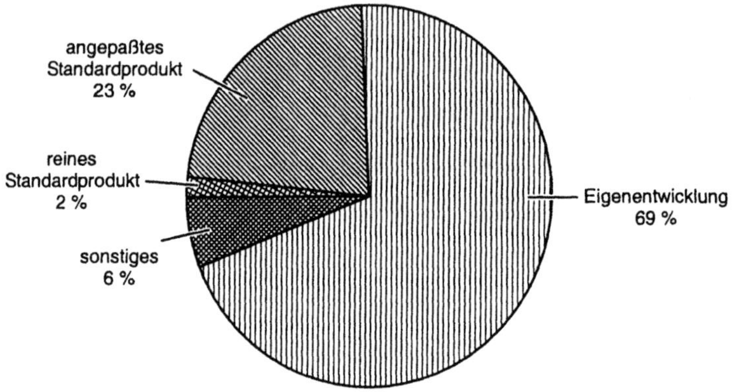

Abb. 104: Entwicklung eines Performance Measurement-Systems

6.6 Zusammenfassung

Im diesem Kapitel wurde postuliert, daß der Umfang der durch das Performance Measurement-System abgedeckten Ebenen der Leistungserstellung die Verankerung eines Performance Measurement-Systems beeinflußt. Daneben wirkt sich auch die Intensität und Art der Nutzung der durch das Performance Measurement-System bereitgestellten Informationen auf die Verankerung im Unternehmen aus. Dabei sind einerseits motivationale und andererseits informationale Aspekte der Informationsnutzung separat zu betrachten. Darüber hinaus wurden die Partizipation von Mitarbeitern am Entwicklungsprozeß eines Performance Measurement-Systems, die Unterstützung des Performance Measurement-Systems durch geeignete Software und Charakteristika des Einführungsprozesses untersucht. Insgesamt 13 Thesen, die in Kapitel 8 auf ihren Wahrheitsgehalt untersucht werden, fassen die wesentlichen Aussagen des Kapitels 6 zusammen.

789 Vgl. Coit, C. I./Karr, J. (1997), S. 28.

7 Weiterentwicklung

„Der permanente Wandel wird zur Konstante."

MICHAEL HAMMER, JAMES CHAMPY[790]

Nachdem in den letzten beiden Kapiteln zwei der drei Elemente eines Performance Measurement-Systems diskutiert wurden, soll nun mit der Weiterentwicklung das verbleibende untersucht werden.

Performance Measurement-Systeme, so wurde bereits im Zuge der Begriffsbestimmung festgestellt,[791] beinhalten Elemente organisationalen Lernens. Die stetige Weiterentwicklung des Lenkungssystems der Unternehmensperformance ist damit eine elementare Komponente eines Performance Measurement-Systems und wird durch den Steuerungsprozeß (Feedforward) realisiert. Im Schrifttum wird die kontinuierliche Fortentwicklung eines Performance Measurement-Systems als ein wesentliches Kriterium für dessen erfolgreichen Einsatz angesehen.[792] Schließlich scheint auch die Unternehmenspraxis von der Notwendigkeit überzeugt, das eigene Performance Measurement-System zu verbessern.[793]

Organisationales Lernen kann in verschiedenen *Lernsystemen* stattfinden:[794]

- Ein-Mann-Institution,
- mythologisches Lernsystem,
- Informationskultur,
- partizipative Lernsysteme,
- formale Managementsysteme,
- bürokratische Lernsysteme.

Während bei Ein-Mann-Lernsystemen eine Person („graue Eminenz") im Mittelpunkt des Lernprozesses steht und mythologische Lernsysteme Wissen in Form von Geschichten oder Organisationsmythen speichern, nutzt die Informationskultur sog. informelle Kommunika-

---

790 HAMMER, M./CHAMPY, J. (1994), S. 36. Ähnlich auch DOLAN, P./SCHREIBER, K. I. (1997a), S. 62; PARNELL, C. (1996), S. 62.

791 Die Begriffsbestimmung findet sich in Abschnitt 2.1 ab S. 3.

792 Vgl. MASKELL, B. H. (1991), S. 28; MASKELL, B. H. (1989a), S. 33; MASKELL, B. H. (1989b), S. 32; MASKELL, B. H. (1992), S. 46f.; KRAVCHUK, R. S./SCHACK, R. W. (1996), S. 357; ECCLES, R. G./PYBURN, P. J. (1992), S. 44; MORRISSEY, E./HUDSON, G. (1997), S. 49; MÜLLER-STEWENS, G. (1998), S. 42.

793 Mehr als 50 % der 324 Entscheidungsträger in Unternehmen einer US-amerikanischen Erhebung waren von der Notwendigkeit von Verbesserungen des Performance Measurement-Systems überzeugt. Vgl. SWENSON, D. W./FLESHER, D. L. (1996), S. 49. 68 % der Unternehmen einer unbekannten US-amerikanischen Stichprobe sind ebenfalls dieser Ansicht. Vgl. o. V. (1995b), S. 16. Auf ähnlich schlecht dokumentierter Datengrundlage wollen 80 % von großen US-amerikanischen Unternehmen ihr Performance Measurement-System verändern. Vgl. BIRCHARD, B. (1995), S. 43. In einer empirischen Untersuchung mit wiederum nicht dokumentierter Grundgesamtheit und Stichprobe haben 63 % der befragten Unternehmen ihr Performance Measurement-System innerhalb der letzten fünf Jahre vor dem Befragungszeitraum verändert. Vgl. o. V. (1993b), S. 22.

794 Vgl. SHRIVASTAVA, P. (1983), S. 20ff.

tionskanäle als Lernsystem. Alle diese Lernsysteme sind – ebenso wie partizipative Lernsysteme, in denen ad hoc gebildete Gruppen von Mitarbeitern lernen – für die Realisierung der Weiterentwicklung eines Performance Measurement-Systems nicht geeignet, da sie zu personenspezifisch sind. Bürokratische Lernsysteme sind demgegenüber mit ihren sehr streng zu befolgenden situationsabhängigen Regeln und Vorschriften zu starr und unflexibel, um effektives organisationales Lernen in Unternehmen realisieren zu können. Formale Managementsysteme, bei denen Wissen in Form von strukturierten Abläufen generiert wird, erscheinen damit als beste Lösung, das organisationale Lernen in ein Performance Measurement-System einzubinden. Ein Beispiel eines solchen formalen Management-Systems ist der bekannte DEMING-Zyklus, den Abb. 105 zeigt.

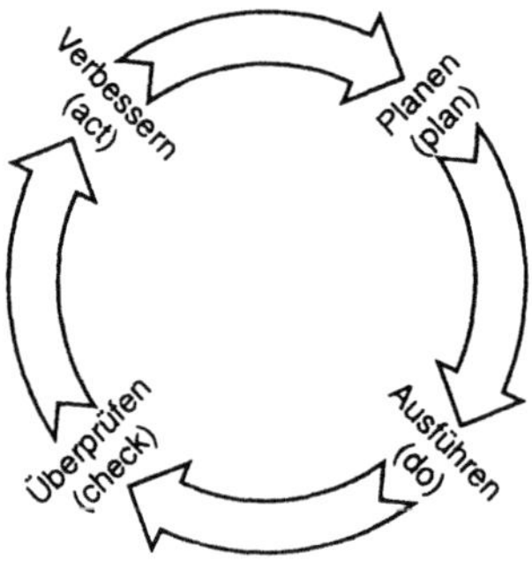

Abb. 105: DEMING-Zyklus[795]

Die Notwendigkeit zur Weiterentwicklung eines Performance Measurement-Systems kann durch unterschiedliche Motive angetrieben werden. Ein *Modifikationsbedarf* kann resultieren aus

- der Veränderung von Kontextvariablen,
- der Weiterentwicklung betriebswirtschaftlichen Know-hows oder
- der Korrektur von in der Vergangenheit realisierten suboptimalen Lösungen,

wobei die Aufzählung nachfolgend durch jeweils ein Beispiel illustriert wird.

Das Auftauchen neuer Technologien – als ein Beispiel für eine *Kontextvariablenänderung* – kann eine Neuausrichtung der Unternehmensstrategie erfordern. An die daraus resultierenden Veränderungen des Informationsbedarfs muß das Performance Measurement-System entsprechend angepaßt werden.[796]

Insbesondere bei der Konkretisierung von Indikatoren sind mit fortschreitender betriebswirtschaftlicher Erfahrung häufig Veränderungen notwendig.[797] So werden in einer Vielzahl von Unternehmen momentan mannigfaltige Anstrengungen zur Verbesserung der Güte von Indi-

[795] Modifiziert nach WOLTER, O. (2000), S. 10. DEMING selbst bezieht sich auf SHEWHART, W. A. (1986), S. 45 und verwendet dementsprechend die Bezeichnung SHEWHART Cycle. Vgl. DEMING, W. E. (1992), S. 88.
[796] Vgl. MCMANN, P./ORLANDO, J. M. (1998), S. 13.
[797] Vgl. LIKIERMAN, A. (1993), S. 18.

katoren zur Messung Immaterieller Ressourcen unternommen. Mit der Umsetzung der *Forschungsergebnisse* gehen beachtliche Anpassungen der entsprechenden Indikatoren einher.

Insbesondere in der Aufbauphase eines Performance Measurement-Systems wird häufig dafür plädiert, eine schnelle Erstimplementierung anzustreben, die erst im Laufe der Zeit vervollkommnet wird.[798] Damit ist bei diesem „quick and dirty"-Vorgehen bereits in der Anfangsphase eines Performance Measurement-Systems erheblicher zukünftiger Modifikationsbedarf programmiert.

Ein ähnliches Konzept vertreten WAGGONER, NEELY und KENNERLEY, die vier generische Kategorien von Kräften unterscheiden, die die Ausgestaltung und Veränderung eines Performance Measurement-Systems beeinflussen:[799]

1. *Internal Influences*, wie Machtverhältnisse und Interessen von innerbetrieblichen Koalitionen,
2. *External Influences*, wie Marktveränderungen und Fortentwicklung der Informationstechnologie,
3. *Process Issues*, wie die Art der Implementierung des Performance Measurement-Systems und die Handhabung von Willensbildungsprozessen sowie
4. *Transformational Issues*, wie die Unterstützung durch die Unternehmensleitung und die Auswirkungen auf die Organisationskultur.

Somit ist zu konstatieren, daß einerseits diverse Komponenten eines Performance Measurement-Systems weiterzuentwickeln sind. Andererseits können diese Verbesserungen an einem Performance Measurement-System nur durchgeführt werden, wenn der Review-Prozeß regelmäßig durchlaufen wird. Dementsprechend sollen im folgenden sowohl inhaltliche als auch temporale Aspekte der Weiterentwicklung eines Performance Measurement-Systems betrachtet werden.

7.1 Inhaltliche Komponente

Für eine ganzheitliche Weiterentwicklung eines Performance Measurement-Systems erscheint es wenig erfolgversprechend, nur einige ausgewählte Komponenten einer kritischen Prüfung zu unterziehen. Vielmehr sollte für jede Komponente untersucht werden, ob sie für die Lenkung der Performance im Performance Measurement-Prozeß adäquat ist oder besser geeignete Optionen verfügbar sind. Der auch als Diagnostic Review bezeichnete Beurteilungs- und Verbesserungsprozeß sollte Meßobjekte, Indikatoren sowie deren Zielstellungen und gegebenenfalls auch die Unternehmensstrategie einschließen.[800] Teilweise werden im Schrifttum im

---

[798] Vgl. WEBER, J./SCHÄFFER, U. (2000b), S. 4; RUSSELL, J. C. (1996), S. 41; LEVINE, H. Z. (1996), S. 74.

[799] Vgl. WAGGONER, D. B./NEELY, A. D./KENNERLEY, M. P. (1999), S. 58f.

[800] Vgl. ECKEL, L./FISHER, K./RUSSELL, G. (1992), S. 17; SANTORI, P. R./ANDERSON, A. D. (1987), S. 147; HENDRICKS, J. A./DEFREITAS, D. G./WALKER, D. K. (1996), S. 24; ATKINSON, A. A./WATERHOUSE, J. H./ WELLS, R. B. (1997), S. 35; TARR, J. D. (1996), S. 83; KAPLAN, R. S./NORTON, D. P. (1996e), S. 18ff.; VOKURKA, R./FLIEDNER, G. (1995), S. 39.

Zusammenhang mit der Weiterentwicklung zu einseitig ausschließlich Indikatoren als schnellebigstes Element eines Performance Measurement-Systems angesprochen.[801]

Für die untersuchten Unternehmen kann – wie Abb. 106 zeigt – konstatiert werden, daß alle wesentlichen Komponenten eines Performance Measurement-Systems im Adaptionsprozeß umfassend berücksichtigt werden.

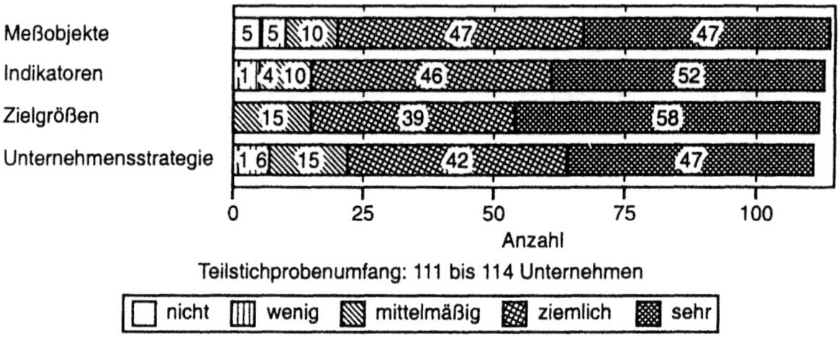

Abb. 106: Anpassung von Komponenten eines Performance Measurement-Systems

LINGLE und SCHIEMANN[802] fanden darüber hinaus Unterschiede hinsichtlich der Anpassung zwischen Indikatoren unterschiedlicher Meßobjekte (vgl. Abb. 107). Erstaunlicherweise wurden Indikatoren für Financial Performance und Operating Efficiency im Zuge des Adaptionsprozesses von besonders vielen Unternehmen modifiziert, während die Indikatoren für „weichere" Meßobjekte, wie Innovation/Change und Community/Environment wesentlich seltener verbessert wurden. Zu erwarten wäre eher, daß die subjektiveren Indikatoren „weicherer" Meßobjekte, die eine geringere Indikatorgüte aufweisen und für die deshalb der Verbesserungsbedarf größer ist, stärker in den Adaptionsprozeß eingebunden werden.

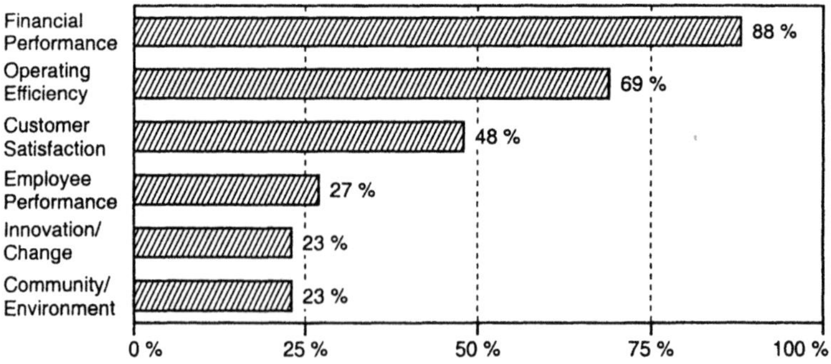

Abb. 107: Anpassung von Indikatoren (LINGLE/SCHIEMANN-Studie)[803]

[801] Vgl. z. B. MASKELL, B. H. (1994), S. 8; MCMANN, P./ORLANDO, J. M. (1998), S. 17; VITALE, M. R./ MAVRINAC, S. C. (1995), S. 46; PAGELL, M. u. a. (1996), S. 30; SIESFELD, G. A. (1998), S. 15.

[802] Vgl. LINGLE, J. H./SCHIEMANN, W. A. (1996), S. 57f. und Abschnitt 4.4 ab S. 79.

[803] Vgl. ähnlich LINGLE, J. H./SCHIEMANN, W. A. (1996), S. 58.

Über die Ursachen dieses Phänomens liegen keine Erkenntnisse vor. Möglicherweise sind Anpassungen von Indikatoren, über die bereits umfangreiche Erfahrungen vorliegen, leichter durchzuführen als dies bei den erst in der jüngeren Vergangenheit aufgekommenen Indikatoren für „moderne" Meßobjekte der Fall ist. Die Unternehmen in der Stichprobe von LINGLE und SCHIEMANN konzentrierten ihren Adaptionsprozeß dann nicht auf die Indikatoren mit dem größten Verbesserungsbedarf und -potential, sondern auf die leichter weiterentwickelbaren.

7.2 Temporale Komponente

Erst durch eine periodische Evaluierung kann die notwendige Weiterentwicklung der verschiedenen Komponenten eines Performance Measurement-Systems verstetigt werden. In der Literatur finden sich allerdings nur wenige Hinweise, wie häufig dabei „periodisch" ist.[804] WEBER schlägt eine jährliche Begutachtung und Adaption vor.[805] KAPLAN ist ähnlicher Ansicht und fordert, daß der Review-Prozeß mindestens einmal im Jahr durchlaufen wird,[806] während andere Autoren demgegenüber für eine kontinuierliche Weiterentwicklung plädieren.[807]

Einerseits ist zu erwarten, daß die Komponenten eines Performance Measurement-Systems den Anforderungen besser entsprechen, wenn der Reviewprozeß häufiger durchlaufen wird. Andererseits benötigen die Mitarbeiter eines Unternehmens eine bestimmte Zeit, sich auf die Optimierung neuer Indikatoren einzustellen. Da jede Durchführung des Diagnostic Review selbst auch einen erheblichen Zeitraum in Anspruch nehmen kann,[808] dürfte eine zu häufige Wiederholung der Evaluierung kontraproduktiv sein.

Bei den untersuchten Unternehmen erfolgt die Anpassung überwiegend nicht in einem festen zeitlichen Rahmen, sondern orientiert sich daran, ob Veränderungen als notwendig empfunden werden. Auch im Schrifttum wird diese Vorgehensweise empfohlen.[809] Sofern der Weiterentwicklungsbedarf korrekt und zeitnah wahrgenommen werden kann, ergibt sich aus der bedarfgesteuerten Durchführung des Review-Prozesses eine sinnvolle Wiederholungsfrequenz.

Sofern von den untersuchten Unternehmen feste Zeiten eingehalten werden, sind diese meist an den jährlichen Planungszyklen ausgerichtet. Mit „sonst." sind Unternehmen bezeichnet,

---

804 Eine „periodische" Weiterentwicklung fordern z. B. HENDRICKS, J. A./DEFREITAS, D. G./WALKER, D. K. (1996), S. 24; VITALE, M. R./MAVRINAC, S. C. (1995), S. 46; SELLENHEIM, M. R. (1991), S. 53; PAGELL, M. u. a. (1996), S. 30.

805 Vgl. WEBER, J. (1998), S. 187.

806 Vgl. KAPLAN, R. S. (1994a), S. 48.

807 Vgl. MCMANN, P./ORLANDO, J. M. (1998), S. 17; ECKEL, L./FISHER, K./RUSSELL, G. (1992), S. 17; MCMANN, P./NANNI, A. J. (1994), S. 56; TARR, J. D. (1996), S. 83.

808 Für Industrieunternehmen veranschlagt eine Unternehmensberatung vier bis acht Wochen. Vgl. SANTORI, P. R./ANDERSON, A. D. (1987), S. 147.

809 Vgl. ATKINSON, A. A./WATERHOUSE, J. H./WELLS, R. B. (1997), S. 34.

die noch keine Erfahrungen hinsichtlich der Häufigkeit von Modifikationen haben oder die auf Konzernvorgaben angewiesen sind (Abb. 108).

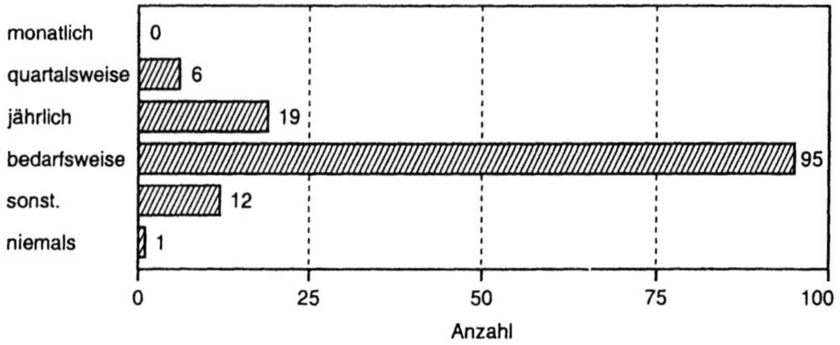

Teilstichprobenumfang: 119 Unternehmen

Abb. 108: Anpassungsintervalle des Performance Measurement-Systems

Einige Autoren vertreten die Ansicht, daß die Ursache dafür, daß Unternehmen nicht alle relevanten Meßobjekte in ihrem Performance Measurement-System betrachten (= Fokussierungslücke), zu großen Teilen in der mangelhaften Weiterentwicklung des Performance Measurement-Systems zu suchen ist.[810] Wird der Anpassungsdruck aus veränderten Umfeldbedingungen ignoriert – so wird argumentiert – können die über mehrere Jahre eingesetzten Indikatoren nicht mehr sämtliche relevanten Meßobjekte erfassen. Diese Befürchtung dürfte allerdings angesichts der vorgefundenen Anpassungsintervalle zumindest bei den untersuchten Unternehmen die Größe der Fokussierungslücke nicht entscheidend beeinflussen.

Für die Formulierung einer These ist die Unabhängigkeit von Anpassungsintervall und Fokussierungslücke aber nicht hinreichend argumentativ unterlegt. Erst vor dem Hintergrund der deskriptiven empirischen Ergebnisse mit der starken Orientierung der Unternehmen auf eine bedarfsweise Anpassung erscheint die Unabhängigkeit plausibel.[811] Mit Korrelationsanalysen konnten bei Teilstichprobenumfängen zwischen 101 und 113 Unternehmen keine signifikanten Korrelationen gefunden werden.

7.3 Zusammenfassung

Im Zuge des Kapitels 7 wurde die Weiterentwicklung eines Performance Measurement-Systems analysiert, wobei sowohl auf inhaltliche als auch auf zeitliche Aspekte der Verbesserung eines Performance Measurement-Systems eingegangen wurde. Im kürzesten der drei Kapitel, die sich mit den Elementen eines Performance Measurement-Systems auseinandersetzen, konnten keine empirisch zu validierenden Thesen aufgestellt werden, da die getroffenen Aussagen nicht die erforderliche sehr starke sachlogische Fundierung erreichten.

[810] Vgl. MISKIN, A. (1995), S. 22.

[811] Auf dieser Basis kann daher keine ausschließlich sachlogisch fundierte These formuliert werden. Vgl. zur Diskussion der wissenschaftswissenschaftlichen Grundlagen Abschnitt 8.5.2.1 ab S. 255.

8 Empirische Untersuchung

„Fragen sind nie indiskret. Antworten bisweilen."

OSCAR WILDE[812]

Um realwissenschaftlichen Ansprüchen gerecht zu werden, sind die in den vorangegangenen Kapiteln aufgestellten Thesen kritisch mit der Realität zu konfrontieren. Dabei sind das Forschungsdesign zu entwickeln (Abschnitt 8.1), die Untersuchungsobjekte abzugrenzen (8.2) und die Art und Weise der Datensammlung zu bestimmen (8.3). Nach einem Überblick über deskriptive Eigenschaften der gewonnenen Merkmale (8.4) wird in Abschnitt 8.5 die Untersuchung der Thesen in Angriff genommen. In Abschnitt 8.6 soll abschließend versucht werden, ein Maß für die globale Güte eines Performance Measurement-Systems zu generieren.

8.1 Forschungsdesign

Bei der Entwicklung des Forschungsdesigns muß geklärt werden, „wann, wo, wie und wie oft"[813] Daten über Untersuchungsobjekte gewonnen werden sollen, wobei diese Daten nur experimentell gewonnen werden können.[814]

Die Auswahl der in Frage kommenden Experimente kann für diese Studie wesentlich eingeschränkt werden. Es sind nur Sozialexperimente[815] und keine Naturexperimente möglich. Da die Studie im universitären Rahmen angesiedelt ist, kommen nur wissenschaftliche Experimente und keine Praxisexperimente in Betracht. Es ist ein Pionier- und kein Wiederholungsexperiment zu realisieren, und es muß sich um ein Real- und kein Gedankenexperiment handeln.[816] Neben dieser Einordnung tragen das Ausmaß der Aktivität und der Kontrolliertheit des Experiments entscheidend zur Typisierung bei. Die aus der Kombination beider Eigenschaften resultierenden Unterformen von Experimenten sind in Abb. 109 dargestellt.

Kontrolliertheit / Aktivität	Kontrolliertes Experiment	Unkontrolliertes Experiment
Aktives Experiment	Laborexperiment	Feldexperiment
Passives Experiment	–	Ex-post-facto-Experiment

Abb. 109: Aktivität und Kontrolliertheit von Experimenten[817]

812 WILDE, O. (1975), S. 166.
813 SCHNELL, R./HILL, P. B./ESSER, E. (1999), S. 203.
814 Als Experiment wird in diesem Zusammenhang jede Möglichkeit verstanden, die aufgestellten Hypothesen zu prüfen.
815 Der Begriff des Sozialexperiments wird in Äquivalenz zu POPPER verwendet, der jede Form der Veränderung eines sozialen Systems mit dem Ziel des Wissenszuwachses als Sozialexperiment bezeichnet. Vgl. POPPER, K. R. (1969), S. 66ff.
816 Vgl. zu diesen Eigenschaften von Experimenten CHMIELEWICZ, K. (1994), S. 111f.
817 Vgl. CHMIELEWICZ, K. (1994), S. 113.

Bei *aktiven Experimenten* variiert der Untersuchende einzelne oder mehrere aus den zu prüfenden Hypothesen abgeleitete Parameter und beobachtet die resultierende Reaktion[818] des Untersuchungsobjekts auf diese Veränderungen. Im Gegensatz dazu werden bei *passiven Experimenten* spontan auftretende Variationen der Untersuchungsobjekte beobachtet.

Während die Aktivität auf die Variation von *ausgewählten* Parametern abstellt, thematisiert die *Kontrolliertheit* die übrigen, nicht ausgewählten Parameter. Bei kontrollierten Experimenten sind alle Parameter durch den Untersuchenden beeinflußbar, so daß die Parameter, die nicht gezielt variiert werden, konstant gehalten werden können. Unkontrollierte Experimente gestatten keine Einflußnahme des Untersuchenden auf die nicht gezielt zu variierenden Parameter.

Aktive und kontrollierte Experimente sind *Laborexperimente*. Im Rahmen der wirtschaftswissenschaftlichen Forschung werden sie z. B. bei spieltheoretischen und evolutorischen Fragestellungen eingesetzt. Die Bewertung von Neuproduktideen in Testmärkten[819] ist ein Beispiel für *Feldexperimente*, das im Marketing als Teildisziplin der Wirtschaftswissenschaften Anwendung findet.

Labor- und Feldexperimente[820] werden auch als echte Experimente bezeichnet. Sie erweisen sich in Sozialwissenschaften häufig als problematisch, weil aufgrund ethischer und moralischer Normen oder faktischer Gegebenheiten die Beeinflußbarkeit von Parametern eingeschränkt ist. Feldexperimente sind außerdem aufgrund ökonomischer Restriktionen im wirtschaftswissenschaftlichen Bereich selten anzutreffen.[821] Insgesamt weisen aktive Experimente – zumindest bis zur Gegenwart – nur eine sehr geringe Bedeutung für die wirtschaftswissenschaftliche Forschung auf.

Passive unkontrollierte Experimente werden als *Ex-post-facto-Experimente*[822] bezeichnet. Teilweise wird auch von Ex-post-facto-Anordnungen gesprochen,[823] weil keine gezielten Parametervariationen möglich sind, was der umgangssprachlichen Verwendung des Begriffes Experiment widerspricht. Diese Form des Experiments ist im wirtschaftswissenschaftlichen Bereich sehr verbreitet und entspricht dem bekannten Survey-Design.

Die einfachste Form des Ex-post-facto-Experiments ist die *Querschnittuntersuchung*, bei der die relevanten Merkmale für alle Untersuchungsobjekte zu einem bestimmten Zeitpunkt beobachtet werden. Solche Cross-Sectional-Studien eignen sich zur Erfassung des Momentan-

---

818 Es stellt in diesem Zusammenhang auch eine Reaktion dar, wenn sich das Untersuchungsobjekt nicht verändert, also „nichts" passiert. Die Reaktion ist dann die Konstanz des Untersuchungsobjekts.

819 Vgl. MEFFERT, H. (1992), S. 235ff.

820 Vgl. zu Labor- und Feldexperimenten SCHEUCH, E. K. (1967), S. 212; NAGEL, E. (1979), S. 456f.; KAPLAN, A. (1964), S. 165ff.

821 Das „New Jersey Negative Income Tax Experiment", in dem man 4.800 Familien ein Mindesteinkommen garantierte und u. a. die Auswirkungen auf das Arbeitsverhalten über sechs Jahre analysierte, kostete mehrere 10 Mio. US-$. Vgl. FEICK, J. (1980), S. 396ff.; HUNT, M. (1991), S. 265ff.

822 Vgl. SCHEUCH, E. K. (1967), S. 212; NAGEL, E. (1979), S. 457ff.; SIEBEL, W. (1965), S. 57ff.

823 Vgl. SCHNELL, R./HILL, P. B./ESSER, E. (1999), S. 220.

zustandes ebenso wie zur Analyse von Zusammenhängen. Die Überprüfung der Kausalität von Beziehungen ist aber nicht möglich.

Zur Überprüfung kausaler Zusammenhänge ist es notwendig, Entwicklungstendenzen zu erkennen, also Merkmale, die Ursachen erfassen, zeitlich vor Merkmalen für Wirkungen zu beobachten. Problematisch ist bei dieser Variante des Ex-post-facto-Experiments die Bestimmung des zeitlichen Abstands zwischen Ursache und Wirkung. Deshalb wird die Datenerhebung häufig in sog. Erhebungswellen zu mehreren Zeitpunkten durchgeführt. Man unterscheidet drei Formen:[824]

- *Paneldesign* (mehrfache Erhebung gleicher Merkmale bei denselben Untersuchungsobjekten),
- *Trenddesign* (mehrfache Erhebung gleicher Merkmale bei unterschiedlichen Untersuchungsobjekten, die aber jeweils hinsichtlich bestimmter Merkmalsausprägungen gleich sind),
- *Kohortendesign* (zeitgleiche Erhebung gleicher Merkmale bei Untersuchungsobjekten, die sich hinsichtlich bestimmter Merkmalsausprägungen unterscheiden (z. B. Geburtsjahrgang); meist für soziologische Fragestellungen eingesetzt).

Diese auch unter dem Begriff *Längsschnittuntersuchungen* subsumierten Designs sind durch einen wesentlich größeren zeitlichen und finanziellen Aufwand gekennzeichnet als Querschnittuntersuchungen.

Grundsätzlich erscheint auch die Kombination passiver kontrollierter Experimente denkbar. Dabei können die für die Hypothesenprüfung erforderlichen Parameter nicht durch den Untersuchenden variiert werden, während die übrigen Parameter diese Eigenschaft aufweisen. Diese Konstellation ist für eine Hypothesenprüfung prinzipiell geeignet: unter Konstanz der nicht relevanten Parameter können spontane Variationen der interessierenden Parameter beobachtet werden. In der Realität ist dieses Design aber bedeutungslos.

Für die Prüfung der Hypothesen scheiden in dieser Arbeit die aktiven Experimente aus, da es bestenfalls als sehr unwahrscheinlich eingeschätzt werden muß, daß Unternehmen gestatten, Parameter ihres Performance Measurement-Systems zu variieren und zu beobachten, welche Reaktionen auftreten. Damit wird auf die verbleibende Möglichkeit des Ex-post-facto-Experiments zurückgegriffen. Aus finanziellen und zeitlichen Gründen kommt ferner keine Längsschnittstudie in Betracht. Die Überprüfung der Hypothesen soll also im Rahmen einer Querschnittuntersuchung erfolgen.

8.2 Auswahlverfahren für Untersuchungsobjekte

Nachdem eine Querschnittstudie im vorigen Abschnitt als geeignetes Forschungsdesign bestimmt wurde, ist nun zu konkretisieren, auf welche Untersuchungsobjekte dieses Design angewendet werden soll.

---

[824] Vgl. SCHNELL, R./HILL, P. B./ESSER, E. (1999), S. 226ff.

8.2.1 Grundlagen

Zunächst ist mit der *Grundgesamtheit* diejenige Gruppe von Objekten zu bestimmen, über die Aussagen gemacht werden sollen. Die Ergebnisse einer Studie können allenfalls für die Grundgesamtheit gelten – Aussagen über Objekte, die nicht zur Grundgesamtheit gehören, sind nicht möglich.[825]

Aufgrund des Fokus der Studie liegt es nahe, sämtliche Unternehmen[826] Deutschlands, die potentiell ein Performance Measurement-System einsetzen können, als Grundgesamtheit zu betrachten. Problematisch ist dabei, daß keine Informationen über *alle* Unternehmen in Deutschland zur Verfügung stehen, da keine für Forschungsarbeiten zugängliche Aufstellung existiert, die sämtliche deutschen Unternehmen umfaßt.

Werden Merkmale für alle Objekte der Grundgesamtheit erhoben, wird dies als *Vollerhebung* bezeichnet. Vorteil der Vollerhebung ist, daß im Ergebnis Informationen über jedes Objekt der Grundgesamtheit bekannt sind. Bei einer *Teilerhebung* werden nur Daten über eine Teilmenge der Grundgesamtheit gesammelt, wobei auf Basis dieses als Stichprobe bezeichneten Teils mit statistischen Mitteln auf Merkmale der Grundgesamtheitsobjekte geschlossen wird.

Aufgrund begrenzter finanzieller Mittel werden die entwickelten Hypothesen auf Basis einer Teilerhebung überprüft. Dazu ist der Teil der Grundgesamtheit zu bestimmen, für den Daten gesammelt werden sollen (Stichprobe). Die aus der Grundgesamtheit entnommene Stichprobe kann durch eine Zufalls-, eine willkürliche oder eine bewußte Auswahl bestimmt werden.

Zufallsstichproben werden durch einen Zufallsprozeß aus der Grundgesamtheit entnommen. Bei der üblichen einfachen Zufallsstichprobe hat jedes Objekt der Grundgesamtheit die gleiche Wahrscheinlichkeit, in der Stichprobe enthalten zu sein.[827] Die zufällige Auswahl wird heute meist mit Computerhilfe durchgeführt, auch wenn die dabei verwendeten Zufallszahlen strenggenommen keine echten Zufallszahlen sind. Um eine für die Grundgesamtheit repräsentative Stichprobe zu erhalten, ist die Zufallsauswahl die Methode der Wahl.

Werden die Stichprobenelemente aufgrund von persönlichen Vorlieben des Untersuchenden aus der Grundgesamtheit entnommen, spricht man von einem *willkürlichen Auswahlverfahren*. Offensichtlich haben nicht mehr alle Objekte der Grundgesamtheit die gleiche Wahrscheinlichkeit, in der Stichprobe enthalten zu sein. Obwohl diese Form der Stichprobenauswahl weit verbreitet ist, genügt sie aufgrund der subjektiven Auswahl nicht den Anforderungen an wissenschaftliche Arbeiten.[828]

---

825 Vgl. SCHNELL, R./HILL, P. B./ESSER, E. (1999), S. 247f.

826 Die Diskussion über den Begriff des Unternehmen soll hier nicht aufgegriffen werden. Vgl. für verschiedene Ansichten z. B. GRIMM-CURTIS, H. (1997), S. 7ff.; RICHTER, R./FURUBOTN, E. G. (1999), S. 70f. Der Einfachheit halber wird hier ein Unternehmen als Betrieb zur Fremdbedarfsdeckung aufgefaßt (vgl. SCHWEITZER, M. (1992), S. 23ff.), wobei die Abgrenzung anhand rechtlicher Kriterien erfolgt.

827 Vgl. für andere Zufallsauswahlen (geschichtete und Klumpenstichproben sowie mehrstufige Auswahlverfahren) SCHNELL, R./HILL, P. B./ESSER, E. (1999), S. 261ff.

828 Vgl. SCHNELL, R./HILL, P. B./ESSER, E. (1999), S. 277f.

Werden die Stichprobenelemente planvoll auf Basis objektiv nachvollziehbarer Kriterien entnommen, spricht man von einer *bewußten Auswahl*. Auch bei bewußter Stichprobenauswahl haben nicht alle Elemente der Grundgesamtheit die gleiche Wahrscheinlichkeit, in der Stichprobe enthalten zu sein.

In dieser Studie kann mangels einer vollständigen Auflistung der Elemente der Grundgesamtheit, die ca. 3 Mio. Unternehmen in Deutschland umfaßt,[829] keine Zufallsauswahl durchgeführt werden. Als besser geeignetes alternatives Auswahlverfahren wird die bewußte Auswahl eingeschätzt, da sie nachvollziehbare Ergebnisse liefert. Damit kann die Stichprobe nicht als repräsentativ i. e. S. gelten. Da der Begriff der Repräsentativität i. w. S. sehr unkritisch verwendet[830] und häufig abgelehnt wird,[831] soll er hier nicht zur Charakterisierung der Stichprobe benutzt werden.

8.2.2 Umsetzung: Die Stichprobe

Als Ersatz für einen vollständigen Überblick über alle deutschen Unternehmen stand eine annähernd vollständige Auflistung von großen und mittelständigen Unternehmen zur Verfügung. Als Kriterium zur Auswahl der Unternehmen, die in die Befragung einbezogen werden sollten, wurde ein Jahresumsatz von mindestens DM 800 Mio. gewählt.[832] Die Auswahl erfolgte im Zuge der Vorbereitung der Erhebung Anfang des Jahres 2000 auf Basis von HOPPENSTEDT-Informationen.[833] Dementsprechend stammten die der Stichprobenauswahl zugrunde liegenden Umsatzzahlen aus dem Jahr 1998. Diese 862 Unternehmen wurden um 80 Unternehmen ergänzt, die bereits an einer empirischen Studie des Lehrstuhls für Betriebliches Rechnungswesen/Controlling der Technischen Universität Dresden zu Markencontrolling, Markenbewertung und Markenmanagement im Jahr 1999 teilnahmen.[834] Kreditinstitute wurden aufgrund ihres besonderen Geschäfts aus der Befragung ausgeschlossen. Für jedes Unternehmen wurde ein Ansprechpartner auf Vorstands-, Geschäftsführer- oder Direktorenebene aus den Bereichen Finanzen oder Controlling/Rechungswesen[835] auf Basis von Recherchen im Internet sowie HOPPENSTEDT- und KOMPASS-Firmendaten[836] ausgewählt.

---

[829] Eigene Schätzung auf Basis der Angaben in STATISTISCHES BUNDESAMT (Hrsg.) (1999), S. 129, die auf der letzten Erhebung 1987 für Deutschland (West) basieren. Im Statistischen Jahrbuch 2000 sind keine neueren Daten verfügbar.

[830] Vgl. den Überblick bei KRUSKAL, W./MOSTELLER, F. (1979a), S. 13ff.; KRUSKAL, W./MOSTELLER, F. (1979b), S. 111ff.; KRUSKAL, W./MOSTELLER, F. (1979c), S. 245ff.; KRUSKAL, W./MOSTELLER, F. (1980), S. 169ff.

[831] Vgl. SCHNELL, R./HILL, P. B./ESSER, E. (1999), S. 284f.

[832] Der Stichprobenumfang, der erreicht werden muß, um statistische Aussagen mit einer bestimmten Sicherheitswahrscheinlichkeit zu erhalten, kann auch rechnerisch ermittelt werden. Vgl. MUSIOL, G./HUNSCHER, M. (1998), S. 215ff. Dieses Verfahren erscheint aber wenig anwendungstauglich, weil notwendige Parameter, wie die Responsequote und der relative Stichprobenfehler im vorhinein nicht bekannt sind.

[833] Vgl. HOPPENSTEDT (Hrsg.) (2000).

[834] Vgl. GÜNTHER, T./KRIEGBAUM, C. (1999); KRIEGBAUM, C. (2001).

[835] Für einige Unternehmen konnte kein solcher Ansprechpartner ausfindig gemacht werden, so daß auf den Vorstandssprecher, Vorsitzenden der Geschäftsführung o. ä. ausgewichen werden mußte.

[836] Vgl. KOMPASS DEUTSCHLAND (Hrsg.) (2000).

Branchenbezeichnung	Anzahl
Landwirtschaft, gewerbliche Jagd	1
Kohlenbergbau, Torfgewinnung	1
Gewinnung von Erdöl und Erdgas, Erbringung von verbundenen Dienstleistungen	3
Bergbau auf Uran- und Thoriumerze	1
Erzbergbau	1
Gewinung von Steinen und Erden, sonstiger Bergbau	2
Ernährungsgewerbe	82
Tabakverarbeitung	6
Textilgewerbe	5
Bekleidungsgewerbe	8
Ledergewerbe	1
Holzgewerbe (ohne Herstellung von Möbeln)	1
Papiergewerbe	12
Verlagsgewerbe, Druckgewerbe, Vervielfältigung von bespielten Ton-, Bild-, Datenträgern	14
Kokerei, Mineralölverarbeitung, Herstellung und Verarbeitung von Spalt- und Brutstoffen	6
Chemische Industrie	68
Herstellung von Gummi- und Kunststoffwaren	20
Glasgewerbe, Keramik, Verarbeitung von Steinen und Erden	11
Metallerzeugung und -bearbeitung	22
Herstellung von Metallerzeugnissen	21
Maschinenbau	64
Herstellung von Büromaschinen, Datenverarbeitungsgeräten und -einrichtungen	7
Herstellung von Geräten der Elektrizitätserzeugung, -verteilung u. ä.	20
Rundfunk, Fernseh- und Nachrichtentechnik	12
Medizin-, Meß-, Steuer- und Regelungstechnik, Optik	13
Herstellung von Kraftwagen und Kraftwagenteilen	24
Sonstiger Fahrzeugbau	7
Herstellung von Möbeln, Schmuck, Musikinstrumenten, Sportgeräten, Spielwaren u. ä.	12
Recycling	3
Energieversorgung	44
Wasserversorgung	2
Baugewerbe	13
Kraftfahrzeughandel; Tankstellen	18
Handelsvermittlung und Großhandel (ohne Handel mit Kraftfahrzeugen)	167
Einzelhandel (ohne Kfz-Handel und Tankstellen)	42
Gastgewerbe	3
Landverkehr; Transport in Rohrfernleitungen	11
Schiffahrt	5
Luftfahrt	5
Hilfs- und Nebentätigkeiten für den Verkehr; Verkehrsvermittlung	26
Nachrichtenübermittlung	8
Mit dem Kredit- und Versicherungsgewerbe verbundene Tätigkeiten	1
Grundstücks- und Wohnungswesen	13
Vermietung beweglicher Sachen ohne Bedienpersonal	9
Datenverarbeitung und Datenbanken	12
Forschung und Entwicklung	2
Erbringung von Dienstleistungen überwiegend für Unternehmen	98
Gesundheits-, Veterinär- und Sozialwesen	2
Abwasser- und Abfallbeseitigung und sonstige Entsorgung	3
Kultur, Sport und Unterhaltung	10
	942

Tab. 7: Branchenzusammensetzung der Stichprobe (detailliert)

Die Stichprobe umfaßt insgesamt 942 Unternehmen, von denen 132 einen Umsatz unter DM 800 Mio. aufweisen. Die Ursachen liegen zum einen in der Aktualisierung der Umsatzdaten mit Erscheinen einer neuen Firmendatenbank nach der primärstatistischen Erhebung (55 Unternehmen).[837] Andererseits weisen einige der Unternehmen, die sich bereits an der vorausgehenden empirischen Untersuchung des Lehrstuhls für Betriebliches Rechnungswesen/Controlling der Technischen Universität Dresden beteiligten, geringere Jahresumsätze auf (77 Unternehmen).

Die Branchenzusammensetzung der Stichprobe ist aus Tab. 7 ersichtlich. Diese Branchenklassifizierung ist für die weitere Arbeit allerdings zu detailliert. Deshalb werden einzelne Branchen zu Gruppen zusammengefaßt (vgl. Tab. 8).[838] Der sprachlichen Einfachheit geschuldet, werden diese Branchengruppen im folgenden ebenfalls als Branchen bezeichnet.

Kürzel	Branchenbezeichnung	Anzahl
1	Land- und Forstwirtschaft	1
2	Bergbau und Gewinnung von Steinen und Erden	8
3	Verarbeitendes Gewerbe	439
4	Energie- und Wasserversorgung	46
5	Baugewerbe	13
6	Handel	227
7	Gastgewerbe	3
8	Verkehr und Nachrichtenübermittlung	55
9	Mit dem Kredit- und Versicherungsgewerbe verbundene Tätigkeiten	1
10	Grundstücks- und Wohnungswesen; Vermietung beweglicher Sachen, Erbringung von Dienstleistungen überwiegend für Unternehmen	134
11	Gesundheits-, Veterinär- und Sozialwesen	2
12	Erbringung von sonstigen öffentlichen und persönlichen Dienstleistungen	13
		942

Tab. 8: Branchenzusammensetzung der Stichprobe

Die Zusammensetzung der Stichprobe hinsichtlich des Umsatzes der Unternehmen zeigen Tab. 9 und Abb. 110. Deutlich ist das typische Bild abnehmender Häufigkeiten größerer Unternehmen zu erkennen.

837 Einige der Unternehmen wiesen also 1999 einen geringeren Umsatz aus als 1998.

838 Dabei wird wiederum der Klassifikation der Hoppenstedt-Firmendatenbank gefolgt. Die jeweils zusammengefaßten Branchen sind in Tab. 7 durch die waagerechten Linien angedeutet.

Klassennr.	Umsatzgrenze [Mio. DM]	Umsatz [Mio. DM]	Häufigkeit	rel. Häufigkeit
1	bis $10^{3,00}$	bis 1.000	293	31,1 %
2	bis $10^{3,25}$	1.000 bis 1.778	280	29,7 %
3	bis $10^{3,50}$	1.778 bis 3.162	169	17,9 %
4	bis $10^{3,75}$	3.162 bis 5.623	99	10,5 %
5	bis $10^{4,00}$	5.623 bis 10.000	49	5,2 %
6	bis $10^{4,25}$	10.000 bis 17.783	26	2,8 %
7	bis $10^{4,50}$	17.783 bis 31.623	16	1,7 %
8	über $10^{4,75}$	über 31.623	10	1,1 %
			942	100,0 %

Tab. 9: Größenzusammensetzung der Stichprobe[839]

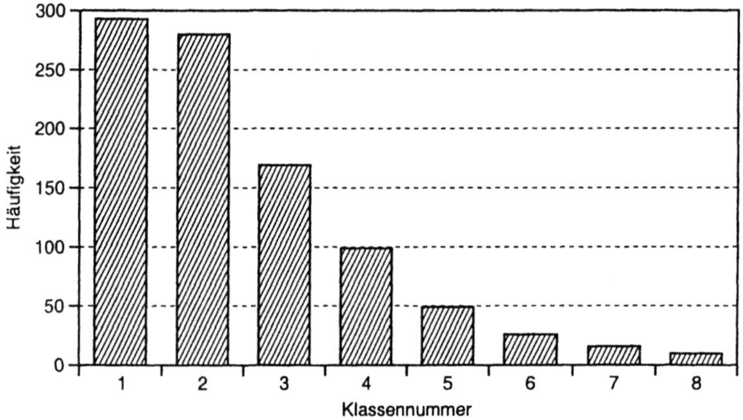

Abb. 110: Größenzusammensetzung der Stichprobe[840]

8.3 Datenerhebungstechniken

In Abschnitt 8.1 wurde das Ex-post-facto-Experiment als zur Hypothesenprüfung geeignetes Forschungsdesign ausgewählt. Die Stichprobe der zu untersuchenden Objekte wurde im Abschnitt 8.2 bestimmt. Diesem Abschnitt ist es nun vorbehalten festzulegen, welche Techniken und Instrumente der Datenerhebung auf diese Stichprobe angewendet werden sollen.

8.3.1 Methoden

Hinsichtlich der Datenquelle können *primär- und sekundärstatistische Verfahren* unterschieden werden.[841] Während bei ersteren die Datenerhebung unmittelbar am Untersuchungsobjekt

[839] Die linke Grenze des Umsatzintervalls ist jeweils offen, während die rechte geschlossen ist. Rundungsdifferenzen in der Summe der Prozentwerte.

[840] Vgl. zur Klassennummer Tab. 9.

erfolgt, wird bei letzteren auf bereits vorhandenes Datenmaterial zurückgegriffen. Einige Informationen (z. B. Jahresumsatz, Branchenzugehörigkeit der Unternehmen) können sekundärstatistisch aus Datenbanken extrahiert werden. Da für die meisten der zur Hypothesenprüfung erforderlichen Merkmale keine geeignete Quelle zur Verfügung steht, ist eine primärstatistische Erhebung aber unumgänglich.

Für die Methoden der primärstatistischen Erhebung soll hier der einfachen Typisierung von SCHNELL, HILL und ESSER[842] gefolgt werden, die die Befragung und die Beobachtung unterscheiden.

Als Standardinstrument zur Erhebung von Fakten, Meinungen und Einstellungen gilt die *Befragung*,[843] wobei mit dem mündlichen Interview, der schriftlichen Befragung und dem Telefoninterview drei Untertypen abgegrenzt werden können.

Da es Ziel der Datenerhebung ist, eine Grundlage für die Überprüfung von Hypothesen zu schaffen, werden nachfolgend explorative bzw. nicht-standardisierte Erhebungen nicht näher betrachtet.[844]

Bei *mündlichen Interviews* besteht ein persönlicher Kontakt zwischen Untersucher und Untersuchungsobjekt. Aufgrund der starken sozialen Interaktion beeinflußt der Untersuchende dabei die Validität und Reliabilität der Antworten.[845] Vorteile liegen in der Möglichkeit, die Auskunftsbereitschaft des Untersuchungsobjekts zu erhöhen und Fragen (insbesondere Verständnisfragen) zu beantworten.[846] Nachteilig ist der frühzeitig fest zu definierende Gesprächszeitpunkt und die insbesondere bei geographisch weiträumig verteilten Untersuchungsobjekten hohen Kosten.

Es gibt sowohl Varianten *schriftlicher Befragungen*, bei denen der Untersucher bei der Datenerhebung anwesend ist, als auch solche, bei denen das nicht der Fall ist. Erstere, bei denen dem Untersuchungsobjekt ein Fragenkatalog vorliegt, sind mündlichen Interviews sehr ähnlich. Letztere auch als Mail Survey bezeichnete sind das übliche Verfahren der schriftlichen Befragung. Wesentliche Vorteile eines Mail Survey liegen in überlegteren Antworten der Untersuchungsobjekte (mehr verfügbare Zeit), glaubhafter Anonymitätszusicherung, der Vermeidung von Einflüssen des Untersuchenden,[847] sowie freierer Zeiteinteilung des Untersuchungsobjekts[848] und vergleichsweise geringen Kosten.[849]

---

841 Vgl. NIESCHLAG, R./DICHTL, E./HÖRSCHGEN, H. (1997), S. 681; BEREKOVEN, L./ECKERT, W./ELLENRIEDER, P. (1996), S. 42, S. 49.
842 Vgl. SCHNELL, R./HILL, P. B./ESSER, E. (1999), S. 297ff.
843 Vgl. KAASE, M./OTT, W./SCHEUCH, E. K. (1983), S. 17.
844 Vgl. dazu z. B. OPPENHEIM, A. N. (1993), S. 65ff.; LAMNEK, S. (1995b), S. 39ff.
845 Vgl. für Hinweise zur Durchführung GUTJAHR, G. (1985), S. 9ff.
846 Vgl. FREY, J. H./OISHI, S. M. (1995), S. 3.
847 Vgl. SCHNELL, R./HILL, P. B./ESSER, E. (1999), S. 336.
848 Vgl. BOURQUE, L. B./FIELDER, E. P. (1995), S. 11.
849 Vgl. OPPENHEIM, A. N. (1993), S. 82.

Telefoninterviews sind mit mündlichen Interviews vergleichbar und erfreuen sich in der letzten Zeit zunehmender Beliebtheit.[850] Einerseits ist die Anonymitätszusicherung glaubhafter, andererseits hat ein Untersuchungsobjekt keine Möglichkeit, die Identität des Untersuchenden zu verifizieren. Sowohl Untersucher als auch Untersuchungsobjekt müssen simultan für die Untersuchung verfügbar sein. Vorteilhafter ist im direkten Vergleich mit dem mündlichen Interview der geringere Kostenaufwand.

Problematisch erweist sich bei allen Befragungsmethoden, daß Unternehmen als Untersuchungsobjekte nicht selbständig aktiv handeln können, also z. B. keine Fragen beantworten können. Daher müssen als Substitut für eine direkte Erhebung auskunftsfähige Mitarbeiter kontaktiert werden.

Als ursprünglichste Datenerhebungstechnik wird die *Beobachtung* angesehen, bei der der Untersucher die erforderlichen Daten über das Untersuchungsobjekt durch Überwachung gewinnt. Die Bereitschaft der Untersuchungsobjekte, an einer solchen Erhebung teilzunehmen, wird entsprechend gering sein. Gleichzeitig sind die Ergebnisse erheblichem subjektivem Einfluß des Untersuchers unterworfen.[851] In der Regel ist räumliche Nähe zwischen Untersucher und Untersuchungsobjekt erforderlich, so daß in Abhängigkeit der geographischen Verteilung der Untersuchungsobjekte teilweise hohe Kosten entstehen.

Da die Stichprobenunternehmen deutschlandweit verteilt sind, scheidet eine Datenerhebung per mündlichem Interview allein schon aufgrund des erforderlichen Ressourceneinsatzes aus. Telefoninterviews erschienen wenig geeignet, da die Zeiteinteilung sehr unflexibel ist und die Identität des Untersuchers schlecht verifiziert werden kann. Letzteres dürfte sich auf die Auskunftsbereitschaft hinsichtlich sensibler Unternehmensinterna negativ auswirken. Beobachtungen sind aufgrund des hohen subjektiven Einflusses des Untersuchers und hoher Kosten ebenfalls ungeeignet. Die primärstatistische Datenerhebung wird zur Abdeckung der umfangreichen Stichprobe deshalb als strukturierte schriftliche Befragung durchgeführt.

8.3.2 Fragebogen und Pretest

Parallel zur zunehmenden Erfahrung mit empirischer Forschung haben sich eine Vielzahl von sog. Kunstwissenschaften herausgebildet, die sich mit dem Entwicklungs- und Nutzungsprozeß von Fragebögen beschäftigen.[852] Die von DILLMAN entwickelte *Total Design Method* für strukturierte Befragungen wird dabei häufig als Klassiker angesehen[853] und ist auch Bezugsrahmen des Fragebogens der primärstatistischen Datenerhebung. Zunächst soll deshalb auf einige konzeptionelle Grundlagen dieser Methode eingegangen werden.

---

850 Vgl. LYBERG, L./KASPRZYK, D. (1991), S. 237 und die bei SCHNELL, R./HILL, P. B./ESSER, E. (1999), S. 341 aufgeführten empirischen Ergebnisse. Aufgrund der dortigen sehr mangelhaften Quellenangaben können die Studienergebnisse im Original nicht überprüft werden.

851 Vgl. SCHNELL, R./HILL, P. B./ESSER, E. (1999), S. 358ff.

852 Einen Überblick über ältere empirische Untersuchungen, die den Einfluß verschiedener Fragebogendesigns auf die Responsequote untersuchen, geben KANUK, L./BERENSON, C. (1975), S. 440ff.

853 Vgl. BOURQUE, L. B./FIELDER, E. P. (1995), S. 216.

8.3.2.1 Grundlagen der Total Design Method

Bei der Total Design Method wird der Prozeß des Fragebogenausfüllens durch ein Untersuchungsobjekt als soziale Interaktion („Social Exchange")[854] angesehen. Die Handlungen des Untersuchungsobjekts werden dabei durch den vom Untersuchungsobjekt erwarteten Wert des Handlungsergebnisses, den Kosten für die Durchführung der Handlung und das Vertrauen über die tatsächliche Realisierung des Wertes bestimmt. Es ist dabei von untergeordneter Bedeutung, ob der erwartete Wert dem Untersuchungsobjekt direkt oder indirekt zufließt.[855]

Die Quantität und Qualität der Antworten einer strukturierten Befragung können optimiert werden, indem die drei Bestimmungsgründe der Handlungen des Untersuchungsobjekts wie folgt beeinflußt werden:[856]

1. Nutzen generieren:
   - showing positive regard,
   - giving verbal appreciation,
   - using a consulting approach,
   - supporting his or her values,
   - offering intangible rewards,
   - making the questionnaire interesting,
2. Kosten für das Untersuchungsobjekt reduzieren:
   - making the task appear brief,
   - reducing the physical and mental effort that is required,
   - eliminating chances for embarrassment,
   - eliminating any implication of subordination,
   - eliminating any direct monetary cost,
3. Vertrauen schaffen:
   - providing a token of appreciation in advance,
   - identifying with a known organization that has legitimacy,
   - building on other exchange relationships.

In auf Basis der Total Design Method durchgeführten empirischen Studien werden beachtliche Rücklaufquoten erreicht. Die durchschnittliche Rücklaufquote von 48 Erhebungen betrug 74 %, wobei in jedem Fall mehr als 50 % erreicht wurden.[857]

8.3.2.2 Richtlinien zum Fragebogenentwurf

Aus der Total Design Method als Kunstwissenschaft können sowohl Handlungsanweisungen für telefonische als auch schriftliche Befragungen abgeleitet werden. Der für diese Studie als

---

[854] Vgl. DILLMAN, D. A. (1978), S. 12.

[855] DILLMAN führte häufig Umfragen zur Einstellung von Bevölkerungsgruppen zu verschiedenen Themen durch, deren Ergebnisse nur für die öffentliche Verwaltung, aber nicht direkt für einzelne Untersuchungsobjekte von Wert sind. Vgl. DILLMAN, D. A. (1978), S. 22ff. Wird bei der Befragung darauf hingewiesen, geht auch dieser indirekte soziale Wert in das Entscheidungskalkül des Untersuchungsobjekts ein.

[856] Vgl. DILLMAN, D. A. (1978), S. 18.

[857] Vgl. DILLMAN, D. A. (1978), S. 21ff.

geeignet erkannten Datenerhebungstechnik folgend, wird hier nur auf den Zweig für strukturierte schriftliche Befragungen eingegangen.[858]

Die Empfehlungen zum für die Fragebögen verwendeten Papierformat (6⅛" x 8¼") können nicht für den deutschsprachigen Raum übernommen werden.[859] Statt dessen wird das in Deutschland sehr verbreitete A4 Format verwendet. Besondere Anforderungen werden an die physische Qualität des Fragebogens, also insbesondere Schriftbild und Papierqualität gestellt. Auch hier werden die Empfehlungen von DILLMAN modifiziert, um der technischen Weiterentwicklung der letzten Jahre Rechnung tragen zu können. Dementsprechend wurde nicht auf Kopien zurückgegriffen, sondern jedes Exemplar des Fragebogens auf holzfreiem, weißen Papier mit einem Flächengewicht von 80 g/m^2 mit Hilfe eines Laserdruckers erstellt und maschinell geheftet.

Die Vorder- und Rückseite des Fragebogens enthalten keine Fragen. Diese Seiten werden von den Untersuchungsobjekten zuerst wahrgenommen und können zur Erhöhung der Mitwirkungsbereitschaft genutzt werden.

DILLMAN postuliert drei inhaltliche Kriterien zur *Anordnung der Fragen*:[860]

1. Häufig wird empfohlen, einen Fragebogen mit einfachen Fragen zu beginnen. Die Aufmerksamkeit richtet sich somit zuerst auf allgemeine Fragen nach Unternehmensgröße, Branche u. ä.[861] Besser geeignet erscheint es, zu Anfang Fragen anzuordnen, die die Zielstellung der Erhebung verdeutlichen und damit auf Basis des Konzepts der sozialen Interaktion die Nutzengenerierung der Studie unterstreichen. Die Fragen sollten somit entsprechend der (vermutlich) durch die Untersuchungsobjekte wahrgenommenen Relevanz hinsichtlich des Themas angeordnet werden.
2. Als zweites Ordnungskriterium wird Ähnlichkeit herangezogen, so daß inhaltlich zusammengehörende Fragen und Fragegruppen direkt aufeinander folgen. Gleichermaßen sollen Fragen mit gleichen Antwortskalen zusammengefaßt werden.
3. Schließlich sollte ein „roter Faden" in der Reihung der Fragen erkennbar sein, damit Untersuchungsobjekte möglichst die hinter einer Frage stehende Intention erkennen können.

Diese drei Kriterien stehen in keiner hierarchischen Ordnung, sondern gleichgewichtet nebeneinander. Die Kunst (der Kunstwissenschaft) besteht darin, allen simultan gerecht zu werden.

Für die umfangreichen Hinweise zur formalen Gestaltung des *Layouts* von Fragen und Antwortoptionen soll hier auf die Ausführungen von DILLMAN verwiesen werden.[862]

Besondere Aufmerksamkeit gilt dem Deckblatt des Fragebogens.[863] Diese vom Untersuchungsobjekt zuerst wahrgenommene Seite beinhaltet den Titel der Untersuchung, eine gra-

---

858 Vgl. für telefonische DILLMAN, D. A. (1978), S. 200ff.

859 Die Empfehlung wird sowohl von den in den USA verwendeten Druckmaschinen als auch US-amerikanischen Posttarifen getragen. Vgl. DILLMAN, D. A. (1978), S. 121f.

860 Vgl. DILLMAN, D. A. (1978), S. 123ff.

861 Vgl. OPPENHEIM, A. N. (1993), S. 108f.

862 Vgl. DILLMAN, D. A. (1978), S. 133ff.

phische Darstellung, die Interesse an der Untersuchung wecken soll und als Diskriminierungsmerkmal von anderen empirischen Erhebungen eingesetzt wird sowie Hinweise zum Ausfüllen des Fragebogens und Sponsoreninformationen. Um die Handhabung des Fragebogens für die angesprochenen Unternehmen zu erleichtern, wurde die Rücksendeadresse passend für gängige Fensterumschläge mit in das Deckblatt integriert.

Auf der Fragebogenrückseite sollte ausreichend Platz für Kommentare zum Untersuchungsgegenstand und zur Untersuchung vorgesehen werden. Die obligatorische Danksagung für die Unterstützung der Studie rundet die Rückseite ab.[864] Da den Untersuchungsobjekten als zusätzlicher Anreiz, an der Studie teilzunehmen, angeboten wurde, einen Auswertungsbericht zu erhalten, wurde auf der letzten Fragebogenseite um eine Korrespondenzadresse gebeten.

8.3.2.3 Pretest

Ein häufig vernachlässigter, dennoch für den Prozeß der Fragebogenentwicklung sehr wichtiger Teil sind Pretests.[865] Mit einem Pretest wird der Fragebogen samt der enthaltenen Fragen evaluiert, indem geprüft wird, ob[866]

- mit allen Fragen Merkmale so erfaßt werden, wie dies geplant ist,
- die Untersuchungsobjekte alle Begriffe verstehen und einheitlich interpretieren,
- die Antwortoptionen geschlossener Fragen vollständige sind,
- der Fragebogen einen positiven Eindruck hinterläßt, der zur Beantwortung motiviert,
- alle Fragen vollständig beantwortet oder einige ausgelassen werden,
- Verzerrungen im Antwortverhalten bestehen.

Bislang gibt es nur wenige Studien zum Erfolg verschiedener *qualitativer und quantitativer Pretest-Techniken*, so daß eine Standardisierung bislang nicht erfolgen konnte. In der empirischen Forschung haben sich die qualitativen Verfahren *Frame or Reference Probing*, *Paraphrasing* und *Think-Aloud-Interviews* bewährt.[867] Ersteres basiert auf der Reflektion der Antwort des Untersuchungsobjekts, wobei herausgefunden werden soll, wie diese Antwort zustande kam („Woran dachten Sie bei …?"). Beim Paraphrasing sollen die Untersuchungsobjekte die Fragen mit eigenen Worten wiederholen. Bei Anwendung der Think-Aloud-Interviewtechnik schließlich werden die Interviewpartner gebeten, Gedanken, die sie während des Verstehens der Frage, der Suche nach einer Antwort und deren Formulierung haben, zu äußern.[868] Quantitativ orientierte Verfahren basieren beispielsweise auf der Analyse der Zeitdauer, die für die Beantwortung einer Frage benötigt wird. Insgesamt erscheint die Think-Aloud-Methode insbesondere vor dem Hintergrund des vermutlich hohen Bildungsniveaus der Ansprechpartner in den Unternehmen als geeignetstes Pretest-Verfahren.

---

863 Vgl. DILLMAN, D. A. (1978), S. 150ff.
864 Vgl. DILLMAN, D. A. (1978), S. 153ff.
865 Vgl. FINK, A./KOSECOFF, J. (1985), S. 48.
866 Vgl. DILLMAN, D. A. (1978), S. 156.
867 Vgl. SCHNELL, R./HILL, P. B./ESSER, E. (1999), S. 325f.
868 Vgl. FOWLER, F. J. (1995), S. 112. Einen detaillierten Überblick über die Think-Aloud-Methode geben VAN SOMEREN, M. W./BARNARD, Y. F./SANDBERG, J. A. C. (1994), S. 29ff.

Nach etwa 15 Entwürfen, die in kontinuierlicher Verbesserung in einem vorläufigen Fragebogen mündeten, ist dieser in einem umfangreichen Pretest evaluiert und weiter vervollkommnet worden. Diese Interviews in führenden deutschen Unternehmen, einer Unternehmensberatung und in wissenschaftlichen Einrichtungen im gesamten Bundesgebiet basierten auf der Think-Aloud-Interviewtechnik. Dabei konnten vielfältige Hinweise für die Gestaltung und Optimierung des Fragebogens erlangt werden. Auf Basis der gewonnenen Erfahrungen kann das aufwendige Pretest-Verfahren nur weiterempfohlen werden. Der erhebliche zeitliche und finanzielle Aufwand hat sich gelohnt, was letztlich in der erfreulichen Antwortquote seinen Niederschlag findet. Der für die Datenerhebung verwendete endgültige Fragebogen ist im Anhang ab S. 335 dargestellt.

8.3.2.4 Durchführung der Befragung

Mit dem Fragebogen sollte ein Begleitschreiben versandt werden, das auf die Nützlichkeit und Relevanz der Untersuchung hinweist, die Bedeutung des einzelnen Untersuchungsobjekts für den Erfolg der Studie unterstreicht und die Vertraulichkeit der gegebenen Antworten garantiert.[869] Eine altruistische Argumentation ist dabei zu vermeiden, da der Nutzen fraglich ist und dies den Einsatz von Erinnerungsschreiben wesentlich erschwert.[870] Vielmehr wird der Untersucher als Mittler zwischen einem Problem, das auch das Untersuchungsobjekt tangiert, und dessen Lösung positioniert. Das Untersuchungsobjekt liefert dabei Informationen, die notwendig zur Lösung des Problems beitragen. DILLMAN beschreibt dieses Verhältnis mit den Worten „If you do something for me, I'll do something for you."[871] Darüber hinaus wird empfohlen, schon im Begleitschreiben weitere Nachfaßaktionen anzukündigen, falls der Fragebogen nicht zurückgesandt wird.[872] In jedem Fall sollte den Untersuchungsobjekten die Möglichkeit offeriert werden, Rückfragen zu stellen. Gegebenenfalls kann auch der Versand eines Auswertungsberichts angeboten werden.[873]

Die Hinweise zur physischen Erstellung des Begleitschreibens[874] wurden wie schon bei der Fragebogenerstellung den aktuellen technischen Gegebenheiten (Serienbrief) angepaßt. Gleichzeitig konnten die Begleitschreiben so auf einfache Weise personalisiert werden. Von besonderer Bedeutung für die Personalisierung ist die eigenhändige Unterschrift der Unterzeichner. DILLMAN empfiehlt, dem Fragebogen und dem Begleitschreiben einen frankierten und adressierten Rückumschlag beizulegen.[875]

Nach gegebener Zeit sollten Erinnerungsschreiben an die Untersuchungsobjekte verschickt werden, um den möglicherweise vergessenen Fragebogen wieder ins Gedächtnis zu rufen. Dabei wird ein dreistufiges Vorgehen mit einer Postkarte nach einer Woche, einem Ersatzfra-

---

869 Vgl. detailliert DILLMAN, D. A. (1978), S. 165ff.
870 Vgl. DILLMAN, D. A. (1978), S. 162.
871 DILLMAN, D. A. (1978), S. 162.
872 Vgl. DILLMAN, D. A. (1978), S. 164.
873 Vgl. DILLMAN, D. A. (1978), S. 171f.
874 Vgl. DILLMAN, D. A. (1978), S. 172ff.
875 Vgl. DILLMAN, D. A. (1978), S. 178f.

gebogen samt neuem Begleitschreiben nach drei Wochen und einem weiteren Ersatzfragebogen mit Begleitschreiben nach sieben Wochen empfohlen.[876]

Die Begleitschreiben wurden mit Hilfe eines Laserdruckers auf holzfreiem, weißem Papier mit einem Flächengewicht von 80 g/m^2 hergestellt und handsigniert. Ende Juli 2000 wurden die Stichprobenunternehmen angeschrieben[877] und erhielten das Begleitschreiben samt Fragebogen im C4-Umschlag. Gleichzeitig wurde das Angebot unterbreitet, allen Teilnehmern der Studie im Anschluß einen schriftlichen Auswertungsbericht zuzusenden.[878] Auf eine Ankündigung von Nachfaßaktionen wurde dabei wegen des unterschwellig drohenden Charakters verzichtet. Frankierte Rückumschläge wurden aufgrund der erheblichen Kosten ebenfalls nicht eingesetzt. Da die Untersuchungsobjekte große deutsche Unternehmen sind, kann davon ausgegangen werden, daß die Portokosten für die Zurücksendung des Fragebogens keinen Hinderungsgrund für die Teilnahme an der Untersuchung darstellen. Mitte September 2000 wurden alle 746 Unternehmen, die bis dato nicht reagierten, nochmals angeschrieben[879] und der Versand eines Ersatzfragebogens angeboten. Nach dem Erinnerungsschreiben antworteten weitere 138 Unternehmen.

Während des Befragungszeitraumes konnten die Unternehmen Rückfragen sowohl telefonisch als auch per e-mail stellen. Von beiden Möglichkeiten wurde reger Gebrauch gemacht. Zusätzlich wurde die Befragung von einer Internet-Präsentation begleitet, die detaillierte Erläuterungen zu den einzelnen Fragen des Fragebogens enthielt. Außerdem wurden dort Hintergründe der Untersuchung dargelegt und der Fragebogen zum Download angeboten; insgesamt wurden Zugriffe von ca. 240 Unternehmen registriert.

8.3.3 Responseverhalten

Alles in allem antworteten 335 Unternehmen, so daß die Antwortquote 35,6 % beträgt. Davon sagten 154 ihre Teilnahme aus verschiedenen Gründen, meist aufgrund begrenzter personeller Kapazitäten, ab. Damit standen 181 auswertbare Antworten zur Verfügung, was einer Rücklaufquote von 19,2 % entspricht. Im Vergleich mit anderen einschlägigen empirischen Untersuchungen im deutschsprachigen Raum[880] ist das Interesse der Unternehmen an der Untersuchung damit als überaus erfreulich zu werten.

8.3.3.1 Poeinfluß auf das Responseverhalten

Nachfolgend soll geprüft werden, ob sich die Branchenzugehörigkeit auf die Antwortfreudigkeit der Unternehmen auswirkt. Dazu zeigt Tab. 10 die eingegangenen auswertbaren Antworten und Absagen in Abhängigkeit der Branchenzugehörigkeit.

876 Vgl. DILLMAN, D. A. (1978), S. 180ff.
877 Die Teilnehmer des Pretests wurden im Rahmen des Mailings nicht berücksichtigt.
878 Der Auswertungsbericht ist inzwischen veröffentlicht. Vgl. GÜNTHER, T./GRÜNING, M. (2000). Der Versand an die Studienteilnehmer erfolgte im Dezember 2000. Vgl. ähnlich GÜNTHER, T./GRÜNING, M. (2002), S. 5ff.
879 Auf weitere Erinnerungsschreiben wurde verzichtet, da der Anteil der Absagen im Verhältnis zu den auswertbaren Antworten bereits nach dem ersten Nachfassen stark zunahm.
880 Vgl. für einen Überblick über empirische Studien Kapitel 4.

Kürzel[881]	Stichprobenhäufigkeit		absolute Antworthäufigkeit			relative Antworthäufigkeit		
	absolut	relativ	auswertbar	Absagen	gesamt	auswertbar	Absagen	gesamt
1	1	0,1 %	–	–	–	–	–	–
2	8	0,9 %	–	6	6	–	75,0 %	75,0 %
3	439	46,6 %	92	70	162	21,0 %	15,9 %	36,9 %
4	46	4,9 %	21	4	25	45,7 %	8,7 %	54,3 %
5	13	1,4 %	2	4	6	15,4 %	30,8 %	46,2 %
6	227	24,1 %	25	32	57	11,1 %	14,1 %	25,1 %
7	3	0,3 %	–	2	2	–	66,7 %	66,7 %
8	55	5,8 %	13	9	22	23,6 %	16,4 %	40,0 %
9	1	0,1 %	–	–	–	–	–	–
10	134	14,2 %	24	21	45	17,9 %	15,7 %	33,6 %
11	2	0,2 %	1	–	1	50,0 %	–	50,0 %
12	13	1,4 %	3	4	7	23,1 %	30,8 %	53,8 %
	942	100,0 %	181	152	333	19,2 %	16,1 %	35,4 %

Tab. 10: Branchenzugehörigkeit und Responseverhalten[882]

Die Visualisierung der Branchenabhängigkeit des Responseverhaltens in Abb. 111 zeigt ein uneinheitliches Bild. Wegen teilweise sehr kleiner Teilstichproben (kleinster Umfang: Eins) ist die Aussagekraft einer deskriptiven Analyse aber eingeschränkt.

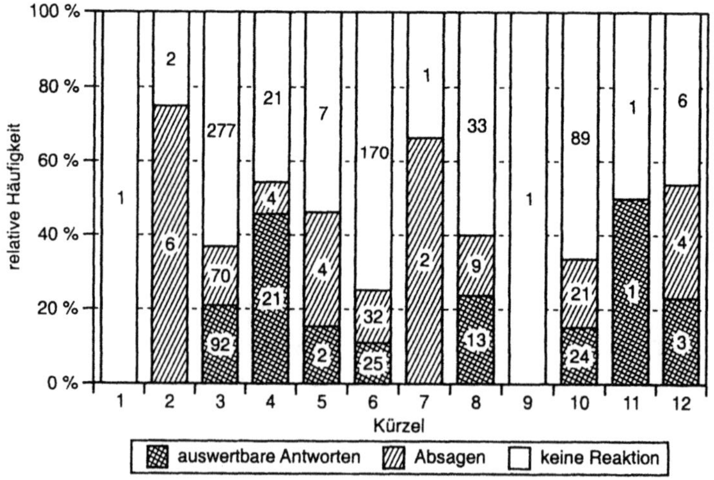

Abb. 111: Brancheneinfluß auf das Responseverhalten[883]

881 Vgl. zum Kürzel Tab. 8 auf S. 221.
882 Zwei der antwortenden Unternehmen konnten nicht zugeordnet werden.
883 Vgl. zum Kürzel Tab. 8 auf S. 221.

Zur Untersuchung der Branchenabhängigkeit des Responseverhaltens auf Basis der in Tab. 10 dargestellten Häufigkeitstabelle kann keine Kontingenzanalyse durchgeführt werden, weil die Felder nicht hinreichend besetzt sind. Deshalb werden die Branchen, wie in Abb. 112 dargestellt, zusammengefaßt.

Branche	Kürzel	Branche (aggregiert)	Kürzel'
Land- und Forstwirtschaft	1	Primärer Sektor	1
Bergbau und Gewinnung von Steinen und Erden	2		
Baugewerbe	5		
Verarbeitendes Gewerbe	3	Verarbeitendes Gewerbe	2
Energie- und Wasserversorgung	4	Energie- und Wasserversorgung	3
Handel	6	Handel	4
Verkehr und Nachrichtenübermittlung	8	Verkehr und Nachrichtenübermittlung	5
Grundstücks- und Wohnungswesen; Vermietung beweglicher Sachen, Erbringung von Dienstleistungen überwiegend für Unternehmen	10	Grundstücks- und Wohnungswesen; Vermietung beweglicher Sachen, Erbringung von Dienstleistungen überwiegend für Unternehmen	6
Gastgewerbe	7	sonstige Dienstleistungen	7
Mit dem Kredit- und Versicherungsgewerbe verbundene Tätigkeiten	9		
Gesundheits-, Veterinär- und Sozialwesen	11		
Erbringung von sonstigen öffentlichen und persönlichen Dienstleistungen	12		

Abb. 112: Schema zur Branchenaggregation

Wird eine Kreuztabelle auf Basis der neuen Branchenklassifizierung aus Abb. 112 erstellt, weisen alle Zellen eine erwartete Häufigkeit von mindestens Eins auf und vier Zellen (= 19 %) haben erwartete Häufigkeiten von unter fünf. Damit kann eine Kontingenzanalyse durchgeführt werden, und es ergibt sich ein Cramérs V von 0,167 mit $\alpha = 0{,}000 < 0{,}05$. Das Antwortverhalten ist also, wenn auch nicht stark, so doch signifikant branchenabhängig.

Unternehmen der Energie- und Wasserversorgung beteiligten sich besonders häufig an der Studie und lieferten auch überdurchschnittlich häufig auswertbare Antworten, während Unternehmen des Baugewerbes sich ebenfalls überdurchschnittlich beteiligten, aber weniger auswertbare Antworten darunter waren als im Durchschnitt. Gleiches gilt für Unternehmen, die sonstige öffentliche und private Dienstleistungen erbringen; sie antworteten zwar zu über 50 %, sagten aber ihre Teilnahme an der Studie überdurchschnittlich häufig ab. Handelsunternehmen beteiligten sich insgesamt verhältnismäßig selten an der Untersuchung.

8.3.3.2 Einfluß der Unternehmensgröße auf das Responseverhalten

In diesem Abschnitt soll untersucht werden, ob das Responseverhalten der Unternehmen durch ihre Größe beeinflußt wird. Dazu sind in Tab. 11 die Häufigkeiten für auswertbare Antworten und Absagen in Abhängigkeit der Umsatzklasse aufgeführt.

Klassen-nummer	Stichprobenhäufigkeit		absolute Antworthäufigkeit			relative Antworthäufigkeit		
	absolut	relativ	auswertbar	Absagen	gesamt	auswertbar	Absagen	gesamt
1	293	31,1 %	56	45	101	19,1 %	15,4 %	34,5 %
2	280	29,7 %	56	38	94	20,0 %	13,6 %	33,6 %
3	169	17,9 %	26	35	61	15,4 %	20,7 %	36,1 %
4	99	10,5 %	18	13	31	18,2 %	13,1 %	31,3 %
5	49	5,2 %	11	8	19	22,4 %	16,3 %	38,8 %
6	26	2,8 %	5	8	13	19,2 %	30,8 %	50,0 %
7	16	1,7 %	4	4	8	25,0 %	25,0 %	50,0 %
8	10	1,1 %	5	1	6	50,0 %	10,0 %	60,0 %
	942	100,0 %	181	152	333	19,2 %	16,1 %	35,4 %

Tab. 11: Unternehmensgröße und Responseverhalten[884]

In Abb. 113 sind die Antwort- und Rücklaufquote in Abhängigkeit von der anhand des Jahresumsatzes operationalisierten Unternehmensgröße graphisch veranschaulicht. Deskriptiv zeigt sich eine steigende Antwortbereitschaft mit zunehmender Unternehmensgröße.

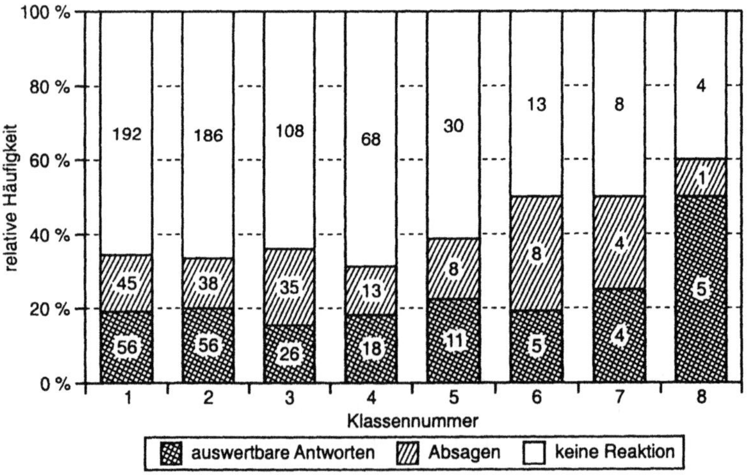

Abb. 113: Größeneinfluß auf das Responseverhalten[885]

---

[884] Zwei der antwortenden Unternehmen konnten nicht zugeordnet werden. Vgl. zur Klassennummer Tab. 9 auf S. 222.

Eine Untersuchung der Abhängigkeit von Antwortverhalten und Umsatzklasse auf Basis von Tab. 11 mit Hilfe der Kontingenzanalyse ergibt mit einem Cramérs V von 0,098 und $\alpha = 0{,}196 > 0{,}05$ keinen signifikanten Einfluß der Unternehmensgröße auf das Antwortverhalten. Andererseits offenbart eine Varianzanalyse[886] des Umsatzes und Antwortverhaltens mit einem Levene-Wert von $L = 10{,}814$ und $\alpha = 0{,}000 < 0{,}05$ signifikante Unterschiede in der Varianz des Umsatzes zwischen nicht antwortenden Unternehmen und solchen, die auswertbare Antworten oder Absagen zurücksandten. Der Vollständigkeit halber sei das Ergebnis des F-Tests informatorisch ergänzt: $F = 3{,}599$ und $\alpha = 0{,}028 < 0{,}05$.[887]

Insgesamt kann somit nicht sicher festgestellt werden, ob die Unternehmensgröße einen signifikanten Einfluß auf das Antwortverhalten hat.

8.3.3.3 Datenerhebungsfehler

Jede Datenerhebung ist fehlerbehaftet. Der Datenerhebungsfehler gibt an, wie groß die Abweichung zwischen der Grundgesamtheit und der auswertbaren Stichprobe als Abbild der Grundgesamtheit ist. Der Datenerhebungsfehler kann in einen Meß- und einen Stichprobenfehler zerlegt werden.[888]

Meßfehler entstehen durch fehlerhafte Beobachtung, wobei Interviewer-, Meßmethoden- und Befragtenfehler unterschieden werden können. Da im Rahmen dieser Untersuchung die strukturierte schriftliche Befragung als einzige Datenerhebungsmethode in Betracht kam, kann ein Interviewerfehler[889] ausgeschlossen werden. Durch die Optimierung des Fragebogens im Rahmen des Pretest wurde der Meßmethodenfehler bereits im Vorfeld minimiert. Auf eine Quantifizierung des Meßmethodenfehlers[890] muß hier verzichtet werden, da die erforderliche Mehrfacherhebung mit verschiedenen Fragebogendesigns (Frageformulierung, Antwortskalen, Layout) zu aufwendig ist. Befragtenfehler[891] resultieren aus unterschiedlichen Motiven und unterschiedlichen kognitiven Fähigkeiten der Untersuchungsobjekte zur Beantwortung der Fragen. Da entsprechende Daten (z. B. Alter des Befragten) nicht zur Verfügung stehen und auch nicht beschaffbar sind, kann der Befragtenfehler nicht genauer analysiert werden. Insgesamt dürfte die Gruppe der den Fragebogen beantwortenden Personen aber sowohl hinsichtlich Alter als auch Vorbildung verhältnismäßig homogen sein. Über die Motive der Teilnehmer, an der Befragung teilzunehmen, kann allerdings nur spekuliert werden.

---

[885] Vgl. zur Klassennummer Tab. 9 auf S. 222.
[886] Vgl. zur Methodik Abschnitt 8.5.2.4 ab S. 261.
[887] Die Voraussetzungen zur Durchführung des F-Tests sind wegen der Varianzunterschiede nicht gegeben.
[888] Vgl. KÖLTRINGER, R. (1993), S. 2. GROVES, R. M. (1989), S. 11 und ALWIN, D. F. (1991), S. 6 unterscheiden einen Error of Nonobservation (= Stichprobenfehler) und einen Observational Error (= Meßfehler). Letzterer nutzte in früheren Beiträgen hingegen die Bezeichnungen Sample Bias (= Stichprobenfehler) und Response Bias (= Meßfehler). Vgl. ALWIN, D. F. (1977), S. 133ff.
[889] Vgl. detailliert KÖLTRINGER, R. (1993), S. 5ff. und GROVES, R. M. (1989), S. 357ff.
[890] Vgl. detailliert KÖLTRINGER, R. (1993), S. 49ff. und GROVES, R. M. (1989), S. 449ff.
[891] Vgl. detailliert KÖLTRINGER, R. (1993), S. 78ff. und GROVES, R. M. (1989), S. 407ff.

Der *Stichprobenfehler* wird dadurch verursacht, daß nicht für alle Elemente der Grundgesamtheit, sondern nur für die Stichprobe Aussagen gemacht werden können. Er beinhaltet Sampling Error (statistischer Zufallsfehler), Noncoverage Error (Nichterfassungsfehler) und Nonresponse Error (Ausfallfehler).

Eine Bestimmung des *Sampling Error*[892] ist wie schon die Analyse des Meßmethodenfehlers aufgrund der erforderlichen Mehrfachbefragung (diesmal aber mit jeweils anderer Stichprobe) von vornherein zu verwerfen. Der *Noncoverage Error*[893] kann mangels eines vollständigen Überblicks über alle deutschen Unternehmen, aus denen dann eine Zufallsstichprobe gezogen werden könnte, ebenfalls nicht bestimmt werden. Im folgenden soll auf den Nonresponse Error, der angesichts zunehmender Ablehnung, an Umfragen teilzunehmen, von existentieller Bedeutung für die empirische Forschung ist, näher eingegangen werden.

Ein *Nonresponse Error* entsteht aus der Kombination von zwei Ursachen. Zum einen wird die Stichprobe nicht vollständig ausgeschöpft, d. h. einige Unternehmen antworten nicht. Unterscheiden sich gleichzeitig die antwortenden und die nicht antwortenden Unternehmen hinsichtlich der untersuchten Merkmale, tritt ein Nonresponse Error auf. Ein Nonresponse Error entsteht also nur bei Vorliegen beider Ursachen. Häufig werden ein Unit bzw. Complete Nonresponse und ein Item bzw. Partial Nonresponse unterschieden. Ersteres bezeichnet den Ausfall eines ganzen Untersuchungsobjekts, hier also eines Unternehmens, letzteres das Ausbleiben einer einzelnen Antwort, also das Übergehen einzelner Fragen des Fragebogens.[894]

Zur Behandlung des *Item Nonresponse* werden verschiedene Verfahren vorgeschlagen.[895] Beispielsweise kann ein fehlendes Merkmal durch die Merkmalsausprägung eines hinsichtlich der anderen Merkmale möglichst ähnlichen Falles (= Unternehmen) ersetzt werden. Denkbar ist auch die Substitution durch den Mittelwert aller Fälle. In dieser Studie wird eine andere Form der Behandlung von sog. Missing Values gewählt: Ein entsprechender Fall wird aus der jeweiligen Analyse ausgeschlossen, wenn nicht alle erforderlichen Merkmalsausprägungen zur Verfügung stehen. Die dieser Vorgehensweise zugrunde liegende Annahme, daß zwischen der Merkmalsausprägung und dem Nonresponse kein Zusammenhang besteht, erscheint angesichts der Art der erfaßten Merkmale angemessen.[896]

Zur Erfassung des Item Nonresponse schlagen BERDIE und ANDERSON[897] partielle Antwortquoten für einzelne Merkmale als Quotient der Anzahl von Antworten für dieses Merkmal und Stichprobenumfang vor:

$$\text{partielle Antwortquote} = \frac{\text{Anzahl der Antworten für Merkmal i}}{\text{Stichprobenumfang}}.$$

---

892 Vgl. detailliert KÖLTRINGER, R. (1993), S. 97ff.
893 Vgl. detailliert KÖLTRINGER, R. (1993), S. 110ff.
894 Vgl. FRITZ, W. (1992), S. 98; FERBER, R. (1966), S. 399.
895 Vgl. MADOW, W. G./OLKIN, I./RUBIN, D. B. (Hrsg.) (1983), S. 93ff.; RUBIN, D. B. (1987), S. 7ff. und S. 154ff.
896 Verzerrungen aufgrund sozial erwünschter Antworten spielen keine Rolle.
897 Vgl. BERDIE, D. R./ANDERSON, J. F. (1976), S. 73.

Aufgrund der Konzeption des Fragebogens sollten viele Fragen nur von bestimmten Unternehmen beantwortet werden.[898] Bei Nutzung der partiellen Antwortquote würde der Item Nonresponse somit stark überschätzt, da oft nicht alle Unternehmen der Stichprobe über ein Merkmal Auskunft geben sollten. Daher wird eine modifizierte potentielle Antwortquote

$$\text{modifizierte partielle Antwortquote} = \frac{\text{Anzahl der Antworten für Merkmal i}}{\text{Anzahl potentieller Antworten für Merkmal i}}$$

entwickelt, in deren Nenner der Stichprobenumfang mit der Einsatzhäufigkeit von Performance Measurement-Systemen gewichtet wird. Als Näherung für die Einsatzhäufigkeit wird die in der Stichprobe vorgefundene verwendet. Da 61 der 181 Unternehmen mit auswertbaren Antworten kein Performance Measurement-System einsetzen, ist für die Fragen 3 bis 23 der Gewichtungsfaktor 0,6630 und es gilt auf Basis des Stichprobenumfangs von 942:

$$\text{modifizierte partielle Antwortquote} = \frac{\text{Anzahl der Antworten für Merkmal i}}{624{,}5}.$$

Für Frage 2, die ausschließlich von den Unternehmen, die kein Performance Measurement-System einsetzen, beantwortet werden sollte, ist demnach:

$$\text{modifizierte partielle Antwortquote} = \frac{\text{Anzahl der Antworten für Merkmal i}}{317{,}5}.$$

Bei der ersten Frage des Fragebogens, die von allen Unternehmen beantwortet werden sollte, ist die modifizierte partielle Antwortquote mit der partiellen Antwortquote identisch. In Tab. 12 bis Tab. 15 sind die modifizierten partiellen Antwortquoten für die einzelnen Merkmale aufgeführt. Die mittlere modifizierte partielle Antwortquote ist 18,5 % und liegt nur geringfügig unter der Rücklaufquote von 19,2 %. Ferner spielen mögliche Verzerrungen infolge sozial erwünschter Antworten[899] aufgrund der Art der erfaßten Merkmale keine Rolle.

Somit ist davon auszugehen, daß die Stichprobe hinsichtlich des Item Nonresponse unproblematisch ist und die auswertbare Stichprobe die Stichprobe gleichmäßig ausschöpft.

In dieser Studie soll deshalb der Nonresponse Error analysiert werden, indem die zweite Komponente des Nonresponse Error, also die Unterschiede zwischen antwortenden und nicht antwortenden Unternehmen mit Hilfe einer Trendanalyse untersucht werden.[900] Dabei wird unterstellt, daß die Unternehmen, die spät antworten (Late Responder), den Unternehmen, die die Antwort verweigern, ähnlicher sind als diejenigen, die frühzeitig antworten (Early Responder). Finden sich nun Unterschiede zwischen Early und Late Respondern, deutet dies auf einen Nonresponse Error hin. Gleichzeitig wird damit der *Unit Nonresponse* als alleinige Quelle des Nonresponse Error angesehen.

---

[898] Frage 2 nur von Unternehmen, die kein Performance Measurement-System einsetzen, und die Fragen 3 bis 23 nur von Unternehmen, die ein Performance Measurement-System einsetzen, sich in der Implementierungsphase befinden oder Performance Measurement-Systeme auf Anwendungstauglichkeit untersuchen.

[899] Vgl. z. B. GOVE, W. R. (1982), S. 169ff.

[900] Vgl. zu einer äquivalenten Vorgehensweise JORISSEN, A./LAVEREN, E./VANSTRAELEN, A. (2000), S. 4 und CLARKE, P. J. (1997b), S. 12.

Das zeitliche Antwortverhalten, operationalisiert am Eingangsstempel des Posteingangs der Technischen Universität Dresden, ist in Abb. 114 dargestellt. Deutlich zu erkennen sind die zwei Verteilungsgipfel kurz nach der ersten und zweiten Kontaktaufnahme. Im Ergebnis des Erinnerungsschreibens gingen wesentlich mehr Absagen (92 Stück) als verwertbare Antworten (47 Stück) ein. Da nicht die Antwortquote maximiert, sondern die Anzahl der verwertbaren Antworten (= Rücklaufquote) vor dem Hintergrund der begrenzten finanziellen Mittel optimiert werden sollte, wurde auf weitere Erinnerungsschreiben verzichtet.

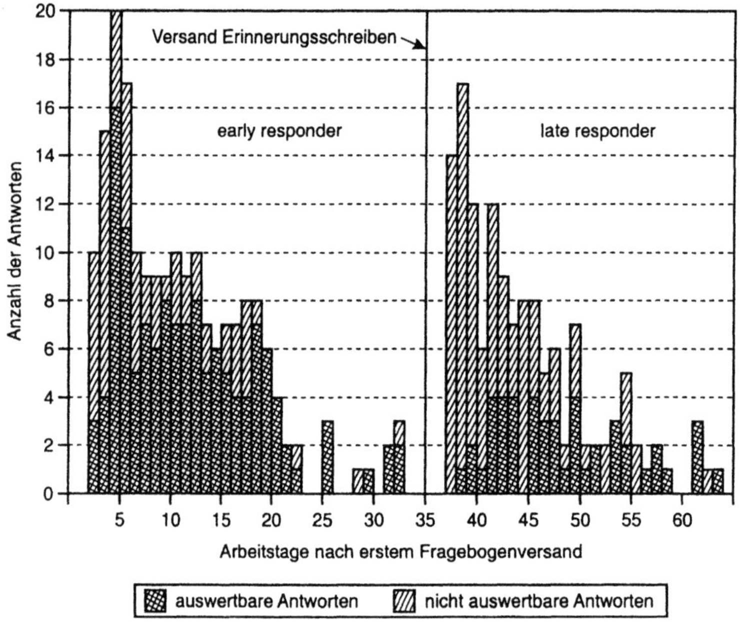

Abb. 114: Zeitliches Responseverhalten

Die antwortenden Unternehmen werden in zwei Gruppen eingeteilt, wobei alle, die vor dem Erinnerungsschreiben antworteten, als *Early Responder* angesehen werden und danach antwortende Unternehmen dementsprechend als *Late Responder* zu betrachten sind.

Mit Varianzanalysen wird untersucht, ob sich für einzelne Merkmale Mittelwertunterschiede zwischen Early und Late Responder zeigen. Mit Hilfe des Levene-Tests kann zunächst geprüft werden, ob sich Early und Late Responder hinsichtlich ihrer Varianz unterscheiden. Da ein F-Test nur durchgeführt werden kann, wenn beide Teilstichproben gleiche Varianzen aufweisen, sind im gegenteiligen Fall die entsprechenden Ergebnisse in Tab. 12 bis Tab. 15 nur informatorisch angegeben und kursiv dargestellt. Signifikante Unterschiede sind jeweils fett hervorgehoben.

Für nominal skalierte Merkmale[901] ist eine Varianzanalyse nicht möglich. Dann soll mit Hilfe einer Kontingenzanalyse untersucht werden, ob Unterschiede zwischen Early und Late Respondern existieren, wobei die nominale Skala dieser Merkmale zwei Ausprägungen (ja/nein) aufweist. Teilweise ist auch keine Kontingenzanalyse möglich, weil überhaupt nur eine Ausprägung besetzt ist. Diese Fälle sind unproblematisch zu handhaben, da keine Unterschiede zwischen Early und Late Respondern auftreten, es also auch keine Hinweise auf einen Nonresponse Error gibt. Die Ergebnisse der Kontingenzanalyse zeigen Tab. 16 bis Tab. 18.[902]

Merkmal	modifizierte partielle Antwortquote	Early Responder			Late Responder			L-Test		F-Test	
		N	Mittelwert	Standardabweichung	N	Mittelwert	Standardabweichung	L	Signifikanz	F	Signifikanz
1 Einsatz	0,190	132			47						
2 Nichtanwendungsgründe	0,183	42			16						
3 Grundmodelle	0,197	92			31						
4 Softwareunterstützung	0,186	90	3,66	1,33	26	3,31	1,49	1,766	0,186	1,313	0,254
5 Entwicklung	0,181	86			27						
Unternehmenshierarchie											
6 Obere Grenze	0,191	88	1,02	0,15	31	1,00	0,00	2,972	0,087	0,709	0,402
6 Untere Grenze	0,191	88	3,24	0,71	31	3,24	0,69	0,122	0,728	0,000	0,987
Intensität der Betrachtung											
7-1 Materielle Ressourcen	0,184	84	3,98	1,05	31	3,74	1,37	**6,495**	0,012	*0,949*	*0,332*
7-2 Finanzielle Ressourcen	0,186	85	4,14	1,08	31	4,29	0,94	0,065	0,799	0,498	0,482
7-3 immaterielle Vermögensgegenst.	0,181	83	2,49	1,07	30	2,83	1,05	0,194	0,660	2,219	0,139
7-4 Fähigkeiten	0,184	85	2,92	1,27	30	2,80	1,35	0,796	0,374	0,183	0,669
7-5 direkt wertschöpfende Prozesse	0,186	85	4,01	1,09	31	3,96	1,39	**5,719**	0,018	*0,096*	*0,757*
7-6 unterstützende Prozesse	0,183	84	3,31	1,15	30	3,40	1,28	0,552	0,459	0,129	0,720
7-7 Wettbewerber	0,183	84	3,70	1,18	30	3,67	1,12	0,133	0,716	0,014	0,905
7-8 Kunden	0,184	85	3,77	1,18	30	3,98	1,16	0,094	0,760	0,722	0,397
7-9 Lieferanten	0,181	83	3,02	1,16	30	3,05	1,22	0,528	0,469	0,011	0,918
7-10 Ersatzprodukte	0,173	81	2,28	1,02	27	2,31	1,12	0,448	0,505	0,018	0,894
7-11 sonstiges Umfeld	0,178	83	2,75	1,19	28	3,16	1,27	0,108	0,743	2,453	0,120

Tab. 12: Nonresponse Error: Modifizierte partielle Antwortquote und Varianzanalyse (I)

901 Vgl. zur Skalierung von Merkmalen Abschnitt 8.4.1 ab S. 244.

902 Da teilweise mehr als 20 % aller Zellen erwartete Häufigkeiten von unter 5 aufweisen, wurde ein exakter Test auf Signifikanz durchgeführt.

Merkmal	modifizierte partielle Antwortquote	Early Responder			Late Responder			L-Test		F-Test	
		N	Mittelwert	Standardabweichung	*N*	Mittelwert	Standardabweichung	*L*	Signifikanz	*F*	Signifikanz
Ökonomische Ermittelbarkeit											
8-1 Materielle Ressourcen	0,191	88	4,25	0,87	31	4,23	0,96	0,508	0,477	0,017	0,897
8-2 Finanzielle Ressourcen	0,189	88	4,59	0,69	30	4,70	0,47	2,714	0,102	0,649	0,422
8-3 immaterielle Vermögensgegenst.	0,187	86	2,73	1,01	31	3,16	1,21	2,286	0,133	3,676	0,058
8-4 Fähigkeiten	0,187	87	2,82	1,04	30	3,03	1,10	0,172	0,679	0,946	0,333
8-5 direkt wertschöpfende Prozesse	0,189	87	3,91	1,10	31	3,84	1,07	0,001	0,971	0,093	0,761
8-6 unterstützende Prozesse	0,187	87	3,24	1,08	30	3,43	1,01	0,230	0,632	0,731	0,394
8-7 Wettbewerber	0,187	87	3,70	0,88	30	3,90	0,92	0,037	0,848	1,169	0,282
8-8 Kunden	0,186	86	3,76	1,03	30	4,00	0,87	2,979	0,087	1,351	0,247
8-9 Lieferanten	0,186	86	3,37	1,12	30	3,60	1,04	0,140	0,709	0,959	0,329
8-10 Ersatzprodukte	0,170	81	2,58	1,11	25	2,72	1,21	0,330	0,567	0,292	0,590
8-11 sonstiges Umfeld	0,171	79	2,78	1,01	28	3,32	1,09	0,450	0,504	**5,608**	0,020
Einbezug Strategischer Größen											
9-1 Kostengrößen	0,191	88	4,33	0,85	31	4,55	0,72	1,045	0,309	1,624	0,205
9-2 Erlös- und Ertragsgrößen	0,189	87	4,69	0,62	31	4,87	0,43	**7,963**	0,006	*2,287*	*0,133*
9-3 Zeit- und Flexibilitätsgrößen	0,187	87	3,74	1,13	30	3,37	1,22	0,133	0,716	2,299	0,132
9-4 Interne Qualitätsgrößen	0,187	87	3,81	1,13	30	3,30	1,34	3,367	0,069	**4,033**	0,047
9-5 Externe Qualitätsgrößen	0,189	88	3,47	1,26	30	3,27	1,48	1,707	0,194	0,511	0,476
Information und Einbindung											
10-1 Information über Hintergründe	0,189	87	4,38	0,63	31	4,32	0,70	0,481	0,489	0,173	0,678
10-2 Beteiligung an Konzeption	0,189	87	3,68	0,96	31	3,42	1,12	1,970	0,163	1,524	0,220
Reliabilität der Indikatoren											
11-1 Materielle Ressourcen	0,187	88	4,25	0,76	29	4,45	0,74	0,199	0,657	1,502	0,223
11-2 Finanzielle Ressourcen	0,191	89	4,45	0,69	30	4,63	0,56	1,640	0,203	1,741	0,190
11-3 Immaterielle Ressourcen	0,189	88	2,98	0,98	30	3,17	1,02	0,309	0,579	0,816	0,368
11-4 Prozesse	0,186	86	3,60	0,80	30	3,63	1,10	**7,664**	0,007	*0,034*	*0,855*
11-5 Umfeld	0,184	85	2,88	0,97	30	3,30	1,06	1,974	0,163	**3,933**	0,050
Anpassungshäufigkeit											
18 Anpassungshäufigkeit	0,191	89	3,85	0,63	30	3,67	0,61	0,903	0,344	2,011	0,159
Umsetzungsvoraussetzungen											
23 Umsetzungsvoraussetzungen	0,173	80			28						

Tab. 13: Nonresponse Error: Modifizierte partielle Antwortquote und Varianzanalyse (II)

Merkmal	modifizierte partielle Antwortquote	Early Responder			Late Responder			L-Test		F-Test	
		N	Mittelwert	Standardabweichung	N	Mittelwert	Standardabweichung	L	Signifikanz	F	Signifikanz
Validität der Indikatoren											
12-1 Materielle Ressourcen	0,189	89	4,11	0,76	29	4,21	0,82	1,802	0,182	0,326	0,569
12-2 Finanzielle Ressourcen	0,191	89	4,39	0,70	30	4,60	0,56	1,177	0,280	2,140	0,146
12-3 Immaterielle Ressourcen	0,189	88	3,03	1,06	30	3,23	0,90	0,502	0,480	0,857	0,357
12-4 Prozesse	0,184	86	3,55	0,90	29	3,62	0,98	0,650	0,422	0,140	0,709
12-5 Umfeld	0,184	86	2,95	0,97	29	3,28	0,96	0,872	0,353	2,412	0,123
Finanzielle und nicht-finanzielle Indikatoren											
13-1 Materielle Ressourcen	0,189	89	2,25	0,80	29	2,17	0,93	0,036	0,849	0,176	0,676
13-2 Finanzielle Ressourcen	0,191	89	1,39	0,67	30	1,50	0,86	1,021	0,314	0,492	0,484
13-3 Immaterielle Ressourcen	0,184	85	3,26	1,00	30	3,07	1,05	0,340	0,561	0,796	0,374
13-4 Prozesse	0,184	86	3,24	0,81	29	3,14	0,64	**4,013**	0,048	*0,411*	*0,523*
13-5 Umfeld	0,181	84	3,60	0,79	29	3,52	0,69	0,773	0,381	0,222	0,638
Zeithorizont der Indikatoren											
14-1 Materielle Ressourcen	0,181	85	3,05	0,99	28	3,13	0,78	0,949	0,332	0,166	0,685
14-2 Finanzielle Ressourcen	0,184	86	3,11	0,78	29	3,09	0,97	1,222	0,271	0,012	0,913
14-3 Immaterielle Ressourcen	0,173	79	2,61	1,06	29	2,90	1,02	0,355	0,552	1,613	0,207
14-4 Prozesse	0,170	79	2,80	0,83	27	2,84	0,80	0,248	0,620	0,052	0,820
14-5 Umfeld	0,167	76	2,50	0,96	28	2,63	0,83	1,840	0,178	0,384	0,537
Subjektive und objektive Indikatoren											
15-1 Materielle Ressourcen	0,189	89	4,45	0,64	29	4,55	0,51	1,935	0,167	0,615	0,435
15-2 Finanzielle Ressourcen	0,191	89	4,62	0,51	30	4,67	0,48	1,087	0,299	0,210	0,648
15-3 Immaterielle Ressourcen	0,184	85	3,29	1,00	30	3,37	0,93	0,973	0,326	0,121	0,728
15-4 Prozesse	0,183	85	3,66	0,85	29	3,72	0,80	0,157	0,692	0,131	0,718
15-5 Umfeld	0,179	83	3,13	0,95	29	3,12	0,92	1,139	0,288	0,003	0,954
Häufigkeit der Berichterstattung											
16-1 Materielle Ressourcen	0,191	90	2,38	0,86	29	2,53	0,69	1,517	0,221	0,759	0,385
16-2 Finanzielle Ressourcen	0,192	90	2,16	0,76	30	2,33	0,72	0,653	0,421	1,240	0,268
16-3 Immaterielle Ressourcen	0,186	86	3,63	1,03	30	3,30	1,06	0,035	0,853	2,258	0,136
16-4 Prozesse	0,181	85	3,12	1,26	28	3,12	1,28	0,040	0,841	0,001	0,973
16-5 Umfeld	0,178	83	3,85	1,13	28	3,66	1,13	0,197	0,658	0,589	0,444

Tab. 14: Nonresponse Error: Modifizierte partielle Antwortquote und Varianzanalyse (III)

Merkmal	modifizierte partielle Antwortquote	Early Responder			Late Responder			L-Test		F-Test	
		N	Mittelwert	Standard-abweichung	*N*	Mittelwert	Standard-abweichung	*L*	Signifikanz	*F*	Signifikanz
Grundlage für Leistungsanreize											
17-1 Materielle Ressourcen	0,183	85	3,35	1,32	29	3,34	1,34	0,030	0,863	0,001	0,977
17-2 Finanzielle Ressourcen	0,183	84	3,85	1,12	30	3,97	1,13	0,137	0,712	0,257	0,613
17-3 Immaterielle Ressourcen	0,178	81	2,63	1,19	30	2,37	0,76	**10,24**	0,002	*1,271*	*0,262*
17-4 Prozesse	0,176	81	3,03	1,10	29	2,86	1,03	0,000	0,991	0,523	0,471
17-5 Umfeld	0,173	79	2,11	1,01	29	2,38	1,01	0,033	0,857	1,456	0,230
Weiterentwicklung											
19-1 Teilbereiche	0,183	84	4,06	1,05	30	4,23	1,01	0,105	0,747	0,623	0,432
19-2 Indikatoren	0,181	84	4,24	0,86	29	4,38	0,78	0,072	0,789	0,611	0,436
19-3 Zielgrößen	0,179	83	4,35	0,74	29	4,48	0,63	1,703	0,195	0,749	0,389
19-4 Strategie	0,178	82	4,05	0,93	29	4,45	0,88	0,152	0,697	**4,189**	0,043
Bedeutung für langfristigen Unternehmenserfolg											
20-1 Materielle Ressourcen	0,195	91	4,23	0,84	31	3,90	1,04	2,582	0,111	3,073	0,082
20-2 Finanzielle Ressourcen	0,194	90	4,50	0,71	31	4,48	0,85	0,594	0,442	0,011	0,917
20-3 immaterielle Vermögensgegen.	0,192	89	3,78	1,05	31	3,81	1,01	0,091	0,763	0,021	0,886
20-4 Fähigkeiten	0,191	89	4,53	0,62	30	4,50	0,73	1,663	0,200	0,042	0,839
20-5 direkt wertschöpfende Prozesse	0,191	88	4,50	0,66	31	4,58	0,67	0,000	1,000	0,338	0,562
20-6 unterstützende Prozesse	0,191	88	4,01	0,86	31	3,96	0,71	0,456	0,501	0,064	0,801
Aussagen zum Unternehmensumfeld											
21-1 Preis- und Kostenwettbewerb	0,179	84	4,67	0,73	31	4,87	0,34	**8,949**	0,003	*2,218*	*0,139*
21-2 Qualitätswettbewerb	0,184	85	3,71	1,07	30	3,77	0,90	1,118	0,293	0,078	0,781
21-3 Zeit- und Flexibilitätswettbewerb	0,181	83	3,66	0,95	30	4,10	0,88	0,424	0,516	**4,811**	0,030
21-4 Kunden	0,186	85	4,01	0,93	31	3,68	1,19	3,008	0,086	2,501	0,117
21-5 Lieferanten	0,184	85	2,93	0,94	30	2,77	1,01	1,017	0,315	0,645	0,424
21-6 Substitutionsprodukte	0,186	86	2,47	1,09	30	2,80	1,00	0,346	0,558	2,184	0,142
21-7 sonstiges Umfeld	0,186	85	3,21	1,17	31	3,74	1,09	0,956	0,330	**4,849**	0,030
Zufriedenheit											
22-1 Unternehmensteilbereiche	0,189	87	3,85	0,83	31	4,03	0,91	0,150	0,700	1,042	0,310
22-2 Umfeldbereiche	0,188	86	3,41	1,01	31	3,48	1,12	0,664	0,417	0,124	0,725
22-3 Zeitnähe	0,189	87	3,95	0,66	31	3,84	0,90	**5,607**	0,020	*0,569*	*0,452*
22-4 Zukunftsbezug	0,186	86	3,45	0,82	30	3,43	0,86	0,083	0,773	0,013	0,909

Tab. 15: Nonresponse Error: Modifizierte partielle Antwortquote und Varianzanalyse (IV)

Merkmal	Cramérs V	Signifikanz
Einsatz eines Performance Measurement-Systems		
1-1 bislang nicht thematisiert	0,004	1,000
1-2 auf Anwendungstauglichkeit untersucht	0,018	0,825
1-3 gerade eingeführt	0,035	0,664
1-4 bereits praktisch angewendet	0,061	0,484
Gründe für Nichtanwendung		
2-1 nicht erforderlich	0,001	1,000
2-2 keine geeigneten Methoden	0,031	1,000
2-3 Implementierung zu kompliziert	0,008	1,000
2-4 Anwendung zu teuer	0,089	0,351
2-5 sonstige	0,036	0,650
Grundmodell Balanced Scorecard		
3-1 Modell bekannt	0,042	0,601
3-1 Konzeptstudien	0,059	0,519
3-1 Implementierung	0,018	1,000
3-1 Gesamtmodell umgesetzt	0,095	0,303
3-1 Teilmodell umgesetzt	0,027	0,813
Grundmodell Quantum Performance		
3-2 Modell bekannt	0,060	0,480
3-2 Konzeptstudien	keine „ja"-Ausprägung	
3-2 Implementierung	keine „ja"-Ausprägung	
3-2 Gesamtmodell umgesetzt	keine „ja"-Ausprägung	
3-2 Teilmodell umgesetzt	keine „ja"-Ausprägung	
Grundmodell Performance Pyramid		
3-3 Modell bekannt	0,030	0,766
3-3 Konzeptstudien	keine „ja"-Ausprägung	
3-3 Implementierung	0,044	1,000
3-3 Gesamtmodell umgesetzt	0,126	0,260
3-3 Teilmodell umgesetzt	0,063	0,613

Tab. 16: Nonresponse Error: Kontingenzanalyse (I)

Merkmal	Cramérs V	Signifikanz
Grundmodell RoI		
3-4 Modell bekannt	0,029	0,736
3-4 Konzeptstudien	0,063	0,613
3-4 Implementierung	0,077	0,569
3-4 Gesamtmodell umgesetzt	0,077	0,378
3-4 Teilmodell umgesetzt	0,114	0,161
Grundmodell ZVEI		
3-5 Modell bekannt	0,052	0,586
3-5 Konzeptstudien	keine „ja"-Ausprägung	
3-5 Implementierung	keine „ja"-Ausprägung	
3-5 Gesamtmodell umgesetzt	0,126	0,260
3-5 Teilmodell umgesetzt	0,031	1,000
Grundmodell wertorientierte Systeme		
3-6 Modell bekannt	0,089	0,298
3-6 Konzeptstudien	0,008	1,000
3-6 Implementierung	0,057	0,525
3-6 Gesamtmodell umgesetzt	0,077	0,569
3-6 Teilmodell umgesetzt	0,008	1,000
Grundmodell eigenes Konzept		
3-7 Modell bekannt	0,060	0,467
3-7 Konzeptstudien	0,022	1,000
3-7 Implementierung	0,020	0,793
3-7 Gesamtmodell umgesetzt	0,085	0,355
3-7 Teilmodell umgesetzt	0,057	0,682
Grundmodell sonstiges		
3-8 Modell bekannt	0,096	0,241
3-8 Konzeptstudien	keine „ja"-Ausprägung	
3-8 Implementierung	0,044	1,000
3-8 Gesamtmodell umgesetzt	0,101	0,342
3-8 Teilmodell umgesetzt	0,058	1,000

Tab. 17: Nonresponse Error: Kontingenzanalyse (II)

Merkmal	Cramérs V	Signifikanz
Entwicklung des Performance Measurement-Systems		
5-1 Eigene Entwicklung	0,039	0,615
5-2 Standardprodukt mit Anpassungen	0,036	0,650
5-3 Standardprodukt	0,058	1,000
5-4 sonstiges	0,053	0,679
Umsetzungsvoraussetzungen		
23-1 IT-Unterstützung	0,022	0,793
23-2 Managementunterstützung	0,051	0,499
23-3 Art der Meßkonstruktion	0,043	0,600
23-4 Anreizsystem	0,068	0,387
23-5 Unternehmenskultur	0,168	0,054
23-6 Einführungsprozeß	0,006	1,000
23-7 Anpassung/Flexibilität	0,132	0,120
23-8 Ressourcen/Wirtschaftlichkeit	0,045	0,734

Tab. 18: Nonresponse Error: Kontingenzanalyse (III)

Bei acht der 88 untersuchten metrisch skalierten Merkmale sind signifikante Unterschiede in der Varianz zwischen beiden Teilstichproben festzustellen. Für sechs der 88 Merkmale werden signifikante Mittelwertunterschiede ermittelt. Bei den 61 untersuchten nominal skalierten Merkmalen konnte kein signifikanter Unterschied zwischen Early und Late Respondern gefunden werden.

Auch hinsichtlich der Unternehmensgröße konnten keine signifikanten Unterschiede im Antwortverhalten festgestellt werden, wie eine Varianzanalyse zeigt. Der Mittelwert des Umsatzes der 134 Early Responder beträgt 4.776 Mio. DM, der der 47 Late Responder 4.058 Mio DM. Die Standardabweichungen sind 13.361 Mio DM bzw. 6.916 Mio DM. Die Levene-Statistik zeigt mit $L = 0{,}919$ bei $\alpha = 0{,}339 > 0{,}05$ keine signifikanten Unterschiede der Varianz. Der F-Test mit $F = 0{,}124$ und $\alpha = 0{,}726 > 0{,}05$ weist nicht auf signifikante Mittelwertunterschiede hin.

Eine Kontingenzanalyse auf Unterschiede in der Branchenverteilung von Early und Late Respondern lieferte ein Cramérs V von 0,210 mit $\alpha = 0{,}330 > 0{,}05$. Damit ergibt sich kein Hinweis auf einen Nonresponse Error hinsichtlich der Branche.

Insgesamt kann damit eingeschätzt werden, daß die Stichprobe nicht oder nur geringgradig durch einen Nonresponse Error negativ beeinflußt wird, so daß auf den Einsatz von Korrekturverfahren zur Verringerung des Nonresponse Error[903] verzichtet werden kann.

[903] Vgl. für einige Verfahren SCHNELL, R. (1997), S. 245ff.

8.4 Eigenschaften der gewonnenen Merkmale

Nachdem im letzten Abschnitt die Stichprobe und ihre Eigenschaften im Mittelpunkt standen, sollen nun die Merkmale, die durch die Erhebung erfaßt wurden, näher untersucht werden. Dabei ist auf die Skalierung, deskriptive sowie Verteilungseigenschaften der Merkmale einzugehen.

8.4.1 Skalierung der Merkmale

Voraussetzung für eine empirische Erhebung von Merkmalen ist eine geeignete Skalierung – erst durch die Skalierung werden Merkmalen Merkmalsausprägungen zugeordnet. Man unterscheidet nominale, ordinale (rangskalierte) und intervallskalierte (metrische) Skalen,[904] die alle in diskreter Form auftreten können, wohingegen nur metrische Skalen stetig sein können.

Nominalskalen, wie z. B. die Farben rot, grün und blau, bilden ein Merkmal mit *n* (im Beispiel drei) Ausprägungen ab, wobei keine sinnvolle Reihenfolge der Ausprägungen existiert.[905] Bei Verwendung einer Nominalskala muß lediglich entscheidbar sein, ob ein Untersuchungsobjekt gleich oder verschieden hinsichtlich einer Merkmalsausprägung ist[906] – ob es also rot oder grün oder blau ist. Häufig wird zur Vereinfachung statistischer Auswertungen eine Nominalskala so kodiert, daß jeder Ausprägung eine Zahl zugeordnet wird, also z. B. „rot" = 1, „grün" = 2, usw. Diese umkodierte Skala ist aber nach wie vor nominal.

Größere Anforderungen stellen *Ordinalskalen*. Neben der Unterscheidbarkeit müssen die Ausprägungen auch in eine sinnvolle Reihenfolge gebracht werden können (Rangmöglichkeit). Eine ordinale Skala mit den Ausprägungen „geeignet", „etwas geeignet", „kaum geeignet" und „nicht geeignet" kann beispielsweise verwendet werden, um die Eignung von Untersuchungsobjekten für einen bestimmten Zweck zu erfassen. Im Unterschied zu einer nominalen Skala können die vier Ausprägungen hinsichtlich der Zweckerfüllung in eine sinnvolle Reihenfolge gebracht werden. Trotz der durchgeführten Umkodierung durch Zuordnung einer Zahl zu jeder der Ausprägungen bleibt die Skala ordinal.

Bei der in obigem Beispiel betrachteten ordinalen Skala kann keine Aussage darüber getroffen werden, *wieviel* besser ein Untersuchungsobjekt seinen Zweck erfüllt. Mit Hilfe von *Intervallskalen*, die auch als metrische Skalen bezeichnet werden, ist dies möglich. Im naturwissenschaftlichen und technischen Bereich werden häufig quasi natürlich existierende Intervallskalen, wie z. B. Länge, Temperatur u. a. verwendet. Für sozialwissenschaftliche Anwen-

---

904 Vgl. BAMBERG, G./BAUR, F. (1998), S. 6f.; HARTUNG, J./ELPELT, B. (1999), S. 19; HARTUNG, J./ELPELT, B./ KLÖSENER, K.-H. (1995), S. 16f. Andere Autoren unterscheiden vier Typen und spalten die letztgenannte in metrische und Intervallskalen auf. Vgl. SCHNELL, R./HILL, P. B./ESSER, E. (1999), S. 138; MEFFERT, H. (1998), S. 141ff.

905 Im Beispiel wird unterstellt, daß die Farben nicht anhand eines sinnvollen Kriteriums so sortiert werden können, daß die Farben in eine Reihenfolge mit zunehmender Erfüllung des Kriteriums gebracht werden. Konstellationen wie Sortierung nach Helligkeit der Farben oder nach Rot- bzw. Blau-Anteil werden also für das Merkmal als nicht sinnvoll erachtet. Ein eingängiges Beispiel für ein nominal skaliertes Merkmal ist die Farbe eines Automobils.

906 Vgl. SCHNELL, R./HILL, P. B./ESSER, E. (1999), S. 136.

dungen müssen Intervallskalen meist konstruiert werden. Da viele leistungsfähige statistische Verfahren zur Datenauswertung intervallskalierte Daten voraussetzen, sollten – sofern möglich – entsprechende Skalen zur Erfassung von Merkmalen eingesetzt werden.[907] Bei stetigen metrischen Skalen, die im sozialwissenschaftlichen Bereich eine untergeordnete Rolle spielen, liegt zwischen zwei beliebigen Ausprägungen stets eine Zwischenausprägung.

ROHRMANN führte zwischen 1966 und 1977 mehrere Untersuchungen zur *empirischen Validierung von Intervallskalen* durch.[908] Dabei wurden Skalen mit mehreren Ausprägungen (z. B. „nie“, „selten“, „gelegentlich“, „oft“, „immer“) entwickelt, deren Abstände intersubjektiv als gleich wahrgenommen werden. Diese Skalen sind daher nicht ordinal, sondern intervallskaliert. Die Intervallskalierung bezieht sich ausschließlich auf den deutschen Sprachraum und kann nicht durch einfache Übersetzung auf andere Sprachen übertragen werden. Im Ergebnis seiner Untersuchungen schlägt ROHRMANN Intervallskalen zur Erfassung von Häufigkeiten („nie“ bis „oft“), Intensitäten („nicht“ bis „sehr“) und zur Bewertung von Aussagen („stimmt nicht“ bis „stimmt sehr“) mit jeweils fünf Ausprägungen vor,[909] die aber, da die Rohdaten der Studie publiziert sind, an eigene Anforderungen angepaßt werden können.[910]

Einen anderen Ansatz wählt WESTERMANN,[911] der nachträglich überprüft, ob eine in einer Untersuchung verwendete Skala intervallskaliert ist. Dieser Ansatz erscheint aufgrund seiner ex post-Ausrichtung für diese Studie weniger geeignet und wird daher nicht weiter verfolgt.

Die wichtigen Charakteristika der betrachteten Skalentypen faßt Abb. 115 zusammen.

Eigenschaft / Skalentyp	Identität	Ränge	Abstände
Nominalskala	✓		
Ordinalskala	✓	✓	
Intervallskala	✓	✓	✓

Abb. 115: Eigenschaften von Skalentypen[912]

Für die eigene Untersuchung wird auf empirisch normierte Intervallskalentypen zurückgegriffen. Die von ROHRMANN vorgeschlagenen Skalen zur Intensitäts- und Häufigkeitsmessung wurden unverändert übernommen, die Skala zur Bewertung von Aussagen dagegen leicht modifiziert. Zum einen wurde „stimmt ...“ durch „trifft ... zu“ ersetzt, um mögliche negative Assoziationen der Zielgruppe, etwas falsch gemacht zu haben, zu vermeiden. Zum anderen wurde aus sprachstilistischen Gründen „ziemlich“ durch „annähernd“ ersetzt.[913]

---

907 Vgl. BAMBERG, G./BAUR, F. (1998), S. 7.
908 Vgl. ROHRMANN, B. (1978), S. 222ff.
909 Vgl. ROHRMANN, B. (1978), S. 231.
910 Vgl. ROHRMANN, B. (1978), S. 234ff.
911 Vgl. WESTERMANN, R. (1984), S. 122ff.; WESTERMANN, R. (1985), S. 265ff.
912 In Anlehnung an SCHNELL, R./HILL, P. B./ESSER, E. (1999), S. 138.
913 Diese Modifikationen tangieren nicht die empirische Normierung der Skalen. Der Austausch von „ziemlich“ durch „annähernd“ wird ebenso wie die sprachliche Verbindung von Skalen mit anderen Worten und Wort-

Die Intensitätsskalen wurden in der eigenen Untersuchung für drei Merkmalsgruppen mit jeweils einem Adjektiv kombiniert, um die Formulierung im Fragebogen grammatikalisch zu vervollständigen. Die empirische Normierung wird dadurch nicht eingeschränkt.[914]

Darüber hinaus wurden für zwei Merkmalsgruppen Skalen benutzt, die nicht auf Basis einer empirischen Normierung konstruiert sind. Diesen beiden Typen A und B wird für die weitere Analyse unterstellt, daß die Skalen äquidistant sind und es sich damit um Intervallskalen handelt. Angesicht der Formulierung der Skalen erscheint diese Annahme legitim.

Die für die einzelnen Merkmalsgruppen verwendeten Intervallskalentypen sind in Tab. 20 aufgeführt. Tab. 19 zeigt die verwendeten Intervallskalentypen, deren Antwortskalen und Kodierung.

Typ	Kodierung				
	1	2	3	4	5
Bewertung	„trifft nicht zu"	„trifft wenig zu"	„trifft mittelmäßig zu"	„trifft annähernd zu"	„trifft sehr zu"
Intensität	„nicht"	„wenig"	„mittelmäßig"	„ziemlich"	„sehr"
Häufigkeit	„nie"	„selten"	„gelegentlich"	„oft"	„immer"
A	„allein finanziell"	„mehrheitlich finanziell"	„teils-teils"	„mehrheitlich nicht-finanziell"	„allein nicht-finanziell"
B	„allein subjektiv"	„mehrheitlich subjektiv"	„teils-teils"	„mehrheitlich objektiv"	„allein objektiv"

Tab. 19: Intervallskalentypen

Merkmalsgruppe	Typ	Merkmalsgruppe	Typ
4 Softwareunterstützung	Bewertung	13 Finanzielle und nicht-finanzielle Indikatoren	A
7 Intensität der Betrachtung	Intensität	15 Subjektive und objektive Indikatoren	B
8 Ökonomische Ermittelbarkeit	Häufigkeit	17 Grundlage für Leistungsanreize	Intensität
9 Strategische Größen	Intensität	19 Weiterentwicklung	Bewertung
10 Information und Einbindung	Bewertung	20 Bedeutung für langfristigen Unternehmenserfolg	Intensität
11 Zuverlässigkeit der Indikatoren	Intensität	21 Unternehmensumfeld	Bewertung
12 Gültigkeit der Indikatoren	Intensität	22 Zufriedenheit	Bewertung

Tab. 20: Für Merkmalsgruppen verwendete Intervallskalentypen

gruppen von ROHRMANN selbst auf Basis seiner empirischen Untersuchung ausdrücklich freigestellt. Vgl. ROHRMANN, B. (1978), S. 231.

914 Vgl. ROHRMANN, B. (1978), S. 231.

8.4.2 Deskriptive Parameter der Merkmale

Die gewonnenen Ausprägungen der Merkmale der Stichprobe sollen zunächst anhand statistischer Maßzahlen etwas näher charakterisiert werden. Der Umfang der verwertbaren Antworten unterscheidet sich für einzelne Merkmale teilweise erheblich. Für jedes Merkmal wird deshalb der Stichprobenumfang (N) als wesentliches Charakteristikum angegeben.

Daneben kann eine Stichprobe durch *Lage-*, *Dispersions-* und *Formparameter* beschrieben werden.[915] Während erstere „die Mitte" der Verteilung der Merkmalsausprägungen charakterisieren, geben *Dispersionsparameter* an, wie weit die einzelnen Ausprägungen von „der Mitte" entfernt sind. Der nicht sonderlich operationale Begriff „Mitte" kann dabei, wie noch gezeigt wird, auf unterschiedliche Weise konkretisiert werden. Mit *Formparametern* wird schließlich beschrieben, wie symmetrisch und wie „breit" eine Verteilung ist.

Die nachfolgenden statistischen Kenngrößen sind häufig verwendete *Lageparameter.*

- Der *Modalwert* oder *Modus* gibt die Mitte der Klasse an, die die meisten Ausprägungen der Stichprobe enthält. In der Untersuchung ist das für die intervallskalierten Merkmale der Wert, der am häufigsten angekreuzt wurde.[916]
- Durch den *Medianwert* wird eine Stichprobe in zwei Hälften geteilt. Bei der Hälfte der Fälle ist die Ausprägung eines Merkmals kleiner (oder gleich) dem *Medianwert*; bei der Hälfte der Fälle größer (oder gleich).
- Das auch als *Mittelwert* bezeichnete *Arithmetische Mittel* ist die mit der Fallzahl gewichtete Summe der Merkmalsausprägungen und kann somit als Summe der Ausprägungen eines Merkmals dividiert durch die Anzahl der Fälle errechnet werden.

Zur Charakterisierung der Streuung sind die folgenden *Dispersionsparameter* bestimmt.

- Die *Spannweite* ist die Differenz zwischen der größten und der kleinsten Merkmalsausprägung. Da die Aussagekraft aufgrund der Abhängigkeit von Extremwerten verhältnismäßig gering ist, wird sie hier nicht verwendet. Für die einzelnen Merkmale werden die Maximal- und Minimalausprägungen aber informatorisch angegeben.
- Mit der *Varianz* wird erfaßt, wie gut die einzelnen Ausprägungen mit dem Mittelwert übereinstimmen. Ist die Varianz Null, sind alle Merkmalsausprägungen identisch (und gleich dem Mittelwert); mit steigender Varianz nimmt die Streuung in der Stichprobe zu.
- Dieselben Eigenschaften weist auch die *Standardabweichung* als Quadratwurzel der Varianz auf. Im Unterschied zur *Varianz* stimmt die Dimension (Maßeinheit) der Standardabweichung mit der Dimension des entsprechenden Merkmals überein, so daß sie sinnvoller zu interpretieren ist. Hier wird deshalb die Standardabweichung benutzt. Bei normalverteilten Merkmalen liegen bei knapp 67 % der Fälle die Ausprägungen maximal eine Standardabweichung vom Mittelwert entfernt.

[915] Vgl. JANSSEN, J./LAATZ, W. (1999), S. 173ff.

[916] Existieren mehrere Modi, wird in Übereinstimmung mit der zur statistischen Analyse verwendeten Software (SPSS 8.01) der kleinste angegeben.

Als *Formparameter* kommen zwei Größen zum Einsatz.

- Mit der *Schiefe* kann beschrieben werden, ob der Gipfel einer Verteilung im Vergleich zum Mittelwert mehr zu den niedrigeren oder mehr zu den höheren Ausprägungen verschoben ist. Im ersten Fall spricht man von einer linksgipfligen, linkssteilen oder rechtsschiefen Verteilung. Eine Verschiebung des Verteilungsgipfels zu höheren Ausprägungen wird als rechtsgipflig, rechtssteil oder linksschief bezeichnet. Die Schiefe ist Null, wenn der Gipfel der Verteilung mit dem Mittelwert zusammenfällt. Sie ist für linksgipflige Verteilungen positiv und für rechtsgipflige negativ.
- Anhand der *Kurtosis* kann eine Verteilung als breit- oder schmalgipflig charakterisiert werden. Positive Werte stehen für breitgipflige Verteilungen, negative für schmalgipflige. Ist die Kurtosis Null, entspricht die Breite der Standardnormalverteilung.

Tab. 21 bis Tab. 25 zeigen wichtige Parameter der einzelnen Merkmale. Für die nominal skalierten Merkmale ist nur der jeweilige Teilstichprobenumfang angegeben. Eine inhaltliche Aufarbeitung der deskriptiven Ergebnisse erfolgte bereits in den vorhergehenden Kapiteln.

Merkmal	*N*	Lageparameter			Dispersionsparameter			Formparameter	
		Modus	Median	Mittelwert	min	max	Standardabweichung	Schiefe	Kurtosis
1 Einsatz	179								
2 Nichtanwendungsgründe	58								
3 Grundmodelle	123								
4 Softwareunterstützung	116	4,00	4,00	3,58	1	5	1,37	−0,70	−0,80
5 Entwicklung des Performance Measurement-Systems	113								
Intensität der Betrachtung									
7-1 Materielle Ressourcen	115	5,00	4,00	3,91	1	5	1,14	−0,83	−0,23
7-2 Finanzielle Ressourcen	116	5,00	4,00	4,18	1	5	1,05	−1,34	1,15
7-3 immaterielle Vermögensgegenstände	113	2,00	2,00	2,58	1	5	1,08	0,33	−0,53
7-4 Fähigkeiten	115	2,00	3,00	2,89	1	5	1,29	0,21	−1,13
7-5 direkt wertschöpfende Prozesse	116	5,00	4,00	3,99	1	5	1,17	−1,28	0,90
7-6 unterstützende Prozesse	114	4,00	3,00	3,33	1	5	1,18	−0,32	−0,73
7-7 Wettbewerber	114	4,00	4,00	3,69	1	5	1,16	−0,64	−0,42
7-8 Kunden	115	5,00	4,00	3,83	1	5	1,18	−0,81	−0,22
7-9 Lieferanten	113	4,00	3,00	3,03	1	5	1,17	−0,04	−0,91
7-10 Ersatzprodukte	108	2,00	2,00	2,29	1	5	1,04	0,47	−0,51
7-11 sonstiges Umfeld	111	2,00	3,00	2,85	1	5	1,22	0,19	−1,03

Tab. 21: Wichtige deskriptive Parameter der Stichprobenmerkmale (I)

Merkmal	*N*	Lageparameter			Dispersionsparameter			Formparameter	
		Modus	Median	Mittelwert	min	max	Standardabweichung	Schiefe	Kurtosis
Unternehmenshierarchie									
6 Obere Grenze	119	1,00	1,00	1,02	1	2	0,13	7,61	56,93
6 Untere Grenze	119	3,00	3,00	3,24	2	4	0,70	-0,36	-0,99
Ökonomische Ermittelbarkeit									
8-1 Materielle Ressourcen	119	5,00	4,00	4,24	1	5	0,89	-1,45	2,37
8-2 Finanzielle Ressourcen	118	5,00	5,00	4,62	1	5	0,64	-2,25	7,98
8-3 immaterielle Vermögensgegenstände	117	3,00	3,00	2,85	1	5	1,08	0,06	-0,65
8-4 Fähigkeiten	117	2,00	3,00	2,87	1	5	1,05	0,17	-0,72
8-5 direkt wertschöpfende Prozesse	118	4,00	4,00	3,89	1	5	1,08	-1,00	0,46
8-6 unterstützende Prozesse	117	4,00	3,00	3,29	1	5	1,06	-0,25	-0,53
8-7 Wettbewerber	117	4,00	4,00	3,75	1	5	0,89	-0,66	0,47
8-8 Kunden	116	4,00	4,00	3,82	1	5	0,99	-0,71	0,23
8-9 Lieferanten	116	4,00	3,50	3,43	1	5	1,10	-0,28	-0,64
8-10 Ersatzprodukte	106	2,00	2,50	2,61	1	5	1,13	0,32	-0,65
8-11 sonstiges Umfeld	107	3,00	3,00	2,93	1	5	1,05	-0,10	-0,53
Einbezug Strategischer Größen									
9-1 Kostengrößen	119	5,00	5,00	4,39	1	5	0,82	-1,57	2,73
9-2 Erlös- und Ertragsgrößen	118	5,00	5,00	4,74	2	5	0,58	-2,65	8,11
9-3 Zeit- und Flexibilitätsgrößen	117	4,00	4,00	3,64	1	5	1,16	-0,52	-0,51
9-4 Interne Qualitätsgrößen	117	4,00	4,00	3,68	1	5	1,20	-0,77	-0,34
9-5 Externe Qualitätsgrößen	118	5,00	4,00	3,42	1	5	1,32	-0,28	-1,21
Information und Einbindung									
10-1 Information über Hintergründe	118	5,00	4,00	4,36	3	5	0,65	-0,53	-0,66
10-2 Beteiligung an Konzeption	118	4,00	4,00	3,61	1	5	1,00	-0,33	-0,53
Zuverlässigkeit der Indikatoren									
11-1 Materielle Ressourcen	117	4,00	4,00	4,30	1	5	0,76	-1,65	5,04
11-2 Finanzielle Ressourcen	119	5,00	5,00	4,50	1	5	0,66	-1,68	5,34
11-3 Immaterielle Ressourcen	118	3,00	3,00	3,03	1	5	0,99	-0,16	-0,43
11-4 Prozesse	116	4,00	4,00	3,61	1	5	0,88	-0,76	0,40
11-5 Umfeld	115	3,00	3,00	2,99	1	5	1,00	0,02	-0,51

Tab. 22: Wichtige deskriptive Parameter der Stichprobenmerkmale (II)

Merkmal	N	Lageparameter			Dispersionsparameter			Formparameter	
		Modus	Median	Mittelwert	min	max	Standardabweichung	Schiefe	Kurtosis
Gültigkeit der Indikatoren									
12-1 Materielle Ressourcen	118	4,00	4,00	4,14	1	5	0,77	−1,26	3,40
12-2 Finanzielle Ressourcen	119	5,00	5,00	4,45	1	5	0,67	−1,50	4,54
12-3 Immaterielle Ressourcen	118	3,00	3,00	3,08	1	5	1,02	−0,32	−0,28
12-4 Prozesse	115	4,00	4,00	3,57	1	5	0,92	−0,75	0,65
12-5 Umfeld	115	3,00	3,00	3,03	1	5	0,97	−0,07	−0,48
Finanzielle und nicht-finanzielle Indikatoren									
13-1 Materielle Ressourcen	118	2,00	2,00	2,23	1	5	0,83	0,55	0,40
13-2 Finanzielle Ressourcen	119	1,00	1,00	1,42	1	5	0,72	2,23	6,40
13-3 Immaterielle Ressourcen	115	3,00	3,00	3,21	1	5	1,01	−0,12	−0,49
13-4 Prozesse	115	3,00	3,00	3,22	1	5	0,77	−0,16	−0,22
13-5 Umfeld	113	4,00	4,00	3,58	2	5	0,77	−0,08	−0,31
Zeithorizont der Indikatoren									
14-1 Materielle Ressourcen	113	3,00	3,00	3,07	1	5	0,94	−0,04	0,36
14-2 Finanzielle Ressourcen	115	3,00	3,00	3,11	1	5	0,82	0,34	0,63
14-3 Immaterielle Ressourcen	108	3,00	3,00	2,69	1	5	1,05	0,38	−0,07
14-4 Prozesse	106	3,00	3,00	2,81	1	5	0,82	0,08	0,41
14-5 Umfeld	104	2,00	2,75	2,54	1	5	0,92	0,27	0,09
Subjektive und objektive Indikatoren									
15-1 Materielle Ressourcen	118	5,00	5,00	4,47	2	5	0,61	−0,94	1,08
15-2 Finanzielle Ressourcen	119	5,00	5,00	4,63	3	5	0,50	−0,75	−0,96
15-3 Immaterielle Ressourcen	115	3,00	3,00	3,31	1	5	0,98	−0,09	−0,45
15-4 Prozesse	114	4,00	4,00	3,68	1	5	0,84	−0,25	0,03
15-5 Umfeld	112	3,00	3,00	3,13	1	5	0,94	−0,06	−0,32
Häufigkeit der Berichterstattung									
16-1 Materielle Ressourcen	119	5,00	5,00	4,58	2	6	0,82	−0,90	1,18
16-2 Finanzielle Ressourcen	120	5,00	5,00	4,80	2	6	0,75	−0,69	1,02
16-3 Immaterielle Ressourcen	116	4,00	3,50	3,45	1	6	1,05	−0,21	−0,50
16-4 Prozesse	113	5,00	4,00	3,88	1	6	1,26	−0,19	−1,02
16-5 Umfeld	111	2,00	3,00	3,20	1	6	1,12	0,22	−0,90

Tab. 23: Wichtige deskriptive Parameter der Stichprobenmerkmale (III)

Merkmal	N	Lageparameter			Dispersionsparameter			Formparameter	
		Modus	Median	Mittelwert	min	max	Standardabweichung	Schiefe	Kurtosis
Grundlage für Leistungsanreize									
17-1 Materielle Ressourcen	114	4,00	4,00	3,35	1	5	1,32	−0,37	−0,98
17-2 Finanzielle Ressourcen	114	4,00	4,00	3,88	1	5	1,12	−1,09	0,66
17-3 Immaterielle Ressourcen	111	2,00	3,00	2,56	1	5	1,09	0,23	−0,71
17-4 Prozesse	110	3,00	3,00	2,99	1	5	1,08	−0,20	−0,71
17-5 Umfeld	108	2,00	2,00	2,19	1	5	1,02	0,66	−0,17
Anpassungshäufigkeit									
18 Anpassungshäufigkeit	119	3,00	3,00	3,12	1	5	0,56	0,86	4,51
Weiterentwicklung									
19-1 Teilbereiche	114	4,00	4,00	4,11	1	5	1,03	−1,44	1,89
19-2 Indikatoren	113	5,00	4,00	4,27	1	5	0,84	−1,30	1,96
19-3 Zielgrößen	112	5,00	5,00	4,38	3	5	0,71	−0,72	−0,72
19-4 Strategie	111	5,00	4,00	4,15	1	5	0,92	−1,03	0,71
Bedeutung für langfristigen Unternehmenserfolg									
20-1 Materielle Ressourcen	122	5,00	4,00	4,15	1	5	0,91	−1,04	0,78
20-2 Finanzielle Ressourcen	121	5,00	5,00	4,50	2	5	0,74	−1,60	2,45
20-3 immaterielle Vermögensgegenstände	120	4,00	4,00	3,78	1	5	1,04	−0,51	−0,50
20-4 Fähigkeiten	119	5,00	5,00	4,52	2	5	0,65	−1,21	1,17
20-5 direkt wertschöpfende Prozesse	119	5,00	5,00	4,52	2	5	0,66	−1,42	2,23
20-6 unterstützende Prozesse	119	4,00	4,00	4,00	2	5	0,82	−0,65	0,10
Aussagen zum Unternehmensumfeld									
21-1 Preis- und Kostenwettbewerb	115	5,00	5,00	4,72	1	5	0,66	−3,05	11,23
21-2 Qualitätswettbewerb	115	4,00	4,00	3,72	1	5	1,02	−0,32	−0,80
21-3 Zeit- und Flexibilitätswettbewerb	114	4,00	4,00	3,79	1	5	0,95	−0,43	−0,15
21-4 Kunden	116	4,00	4,00	3,92	1	5	1,01	−0,96	0,93
21-5 Lieferanten	115	3,00	3,00	2,89	1	5	0,95	0,29	−0,37
21-6 Substitutionsprodukte	116	2,00	2,00	2,55	1	5	1,07	0,51	−0,37
21-7 sonstiges Umfeld	116	4,00	3,50	3,35	1	5	1,17	−0,22	−0,94

Tab. 24: Wichtige deskriptive Parameter der Stichprobenmerkmale (IV)

Merkmal	N	Lageparameter			Dispersionsparameter			Formparameter	
		Modus	Median	Mittelwert	min	max	Standardabweichung	Schiefe	Kurtosis
Zufriedenheit									
22-1 Unternehmensteilbereiche	118	4,00	4,00	3,90	1	5	0,85	-0,90	0,94
22-2 Umfeldbereiche	117	4,00	4,00	3,43	1	5	1,04	-0,27	-0,68
22-3 Zeitnähe	118	4,00	4,00	3,92	2	5	0,73	-0,55	0,51
22-4 Zukunftsbezug	116	4,00	4,00	3,45	1	5	0,83	-0,44	-0,16
Umsetzungsvoraussetzungen									
23 Umsetzungsvoraussetzungen	108								

Tab. 25: Wichtige deskriptive Parameter der Stichprobenmerkmale (V)

8.4.3 Verteilungseigenschaften der Merkmale

Für die Untersuchung der Verteilungseigenschaften wird nur auf die wichtigste Verteilung, die Normalverteilung, abgestellt, da einige der parametrischen statistischen Tests normalverteilte Merkmale in der Grundgesamtheit bedingen. Kolmogorov-Smirnov-Tests[917] zeigten für alle intervallskalierten Merkmale signifikante Abweichungen von der Normalverteilung.

Einschränkend ist anzumerken, daß Normalverteilungstests als sehr problematisch angesehen werden. Die Normalverteilung wird um so eher nicht verworfen, je kleiner der Stichprobenumfang ist. Gleichzeitig können auf Basis eines Normalverteilungstests keine Aussagen darüber gemacht werden, wie stark die zu untersuchende Verteilung von der Normalverteilung abweicht.[918] Damit plädieren Normalverteilungstests bei kleinen Stichprobenumfängen im Bereich von etwa fünf Elementen praktisch immer für die Normalverteilung, während bei großen Stichprobenumfängen auch geringe Abweichungen von der Normalverteilung bereits zu einer Ablehnung der Normalverteilungsannahme führen.

8.5 Untersuchung der nicht-aggregierten Thesen

In diesem Abschnitt soll der Wahrheitsgehalt der thesenförmigen Aussagen, die in den Kapiteln 5 bis 7 zur Ausgestaltung eines Performance Measurement-Systems auf Basis theoretischer Überlegungen abgeleitet wurden, untersucht werden. Von besonderer Bedeutung ist dabei, daß sich die Thesen nicht erst aus den empirischen Daten ergeben, sondern unabhängig davon auf konzeptioneller Ebene gehaltvoll erscheinen.[919] Zunächst soll die grundsätzliche Vorgehensweise zur Prüfung des Wahrheitsgehaltes von Aussagen erörtert werden, um an-

917 Vgl. HARTUNG, J./ELPELT, B./KLÖSENER, K.-H. (1995), S. 183ff.
918 Vgl. JANSSEN, J./LAATZ, W. (1999), S. 209.
919 Vgl. BACKHAUS, K. u. a. (1996), S. 84.

schließend einen Überblick über geeignete Methoden zu geben und schließlich die Prüfung des Wahrheitsgehalts an sich vorzunehmen.

8.5.1 Konzeptionelle Grundlagen

Der Wahrheitsgehalt logisch determinierter (sog. L-determinierter) Aussagen kann mit Hilfe rein logischer Mittel geprüft werden, so daß empirische Untersuchungen nicht notwendig sind. Ob die L-determinierte Aussage „$2+2=4$" wahr oder falsch ist, kann daher auf Basis einer logischen Analyse entschieden werden.[920] Demgegenüber ist der Wahrheitsgehalt faktisch determinierter (sog. F-determinierter) Aussagen nicht anhand von logischen Analysen zu bestimmen, so daß die Realität im Sinne einer Kontrollinstanz zu Rate gezogen werden muß.[921] Da es sich bei den Thesen um F-determinierte Aussagen handelt, muß die Ermittlung ihres Wahrheitswertes genauer betrachtet werden.

Obwohl eindeutig festgelegt ist, welchen Wahrheitswert eine F-determinierte Aussage hat, erweist es sich als schwierig, diesen Wahrheitswert festzustellen. Der Wahrheitswert einer Aussage ist ein Prädikat dieser Aussage und damit unabhängig davon, ob er überhaupt betrachtet oder richtig ermittelt wird.[922] Die bis vor einigen Jahren nahezu unisono als wahr angesehene Aussage „Informationen bewegen sich nicht schneller als das Licht fort.", kann dennoch falsch sein, wie neuere Erkenntnisse zeigen.[923] Der Wahrheitswert dieser Aussage ist also möglicherweise „falsch", obwohl in der Vergangenheit sehr häufig „wahre" Wahrheitswerte ermittelt oder angenommen wurden. Offensichtlich ist die korrekte Ermittlung des Wahrheitswertes einer F-determinierten Aussage teilweise nicht trivial.

POPPER schlägt daher die Methode der *Falsifikation* vor, die voraussetzt, daß sich Aussagen durch Falsifizierbarkeit auszeichnen.[924] Eine Aussage ist falsifizierbar, wenn sie mindestens einen denkbaren Sachverhalt ausschließt. Daher ist eine Aussage „Es besteht ein positiver Zusammenhang zwischen x und y." falsifizierbar, weil der Sachverhalt, daß kein oder ein negativer Zusammenhang besteht, ausgeschlossen wird. Bei der Falsifikation wird versucht, die zu untersuchende Aussage zu widerlegen, indem z. B. ein Fall mit negativem Zusammenhang zwischen x und y gesucht wird. CHMIELEWICZ faßt die Idee der Falsifizierung wie folgt prägnant zusammen: „Bei der Falsifizierung wird eine schöne Theorie durch häßliche Tatsachen erschlagen."[925] Gelingt dies, ist der Wahrheitswert der Aussage „falsch", gelingt dies nicht, hat sich die Aussage bewährt, wenngleich keine Aussage über ihren Wahrheitswert möglich ist. Aussagen sind also „nicht verifizierbar; aber sie können sich bewähren."[926]

---

920 Man würde „es heute für abwegig ansehen, [diese Aussage] am Beispiel von Äpfeln, Bleistiften, Büchern, PKW immer wieder empirisch zu testen". CHMIELEWICZ, K. (1994), S. 91.
921 Vgl. POPPER, K. R. (1993), S. 349ff.; POPPER, K. R. (1992), S. 19f.
922 Vgl. KLAUS, G. (1965), S. 167.
923 Vgl. z. B. NIMTZ, G./HEITMANN, W. (1997), S. 81ff.
924 Vgl. POPPER, K. R. (1989), S. 14ff.
925 CHMIELEWICZ, K. (1994), S. 103.
926 POPPER, K. R. (1989), S. 198.

Die empirische Ermittlung des Wahrheitswertes der meisten wirtschaftswissenschaftlichen F-determinierten Aussagen ist problematisch, da diese Aussagen theoretische Konstrukte in Beziehung setzen, die nicht unmittelbar empirisch zu beobachten sind. So sind beispielsweise die Relevanz von Meßobjekten für den langfristigen Unternehmenserfolg und die Intensität von Leistungsanreizen als theoretische Konstrukte nicht unmittelbar zu beobachten. Für eine empirische Untersuchung einer Aussage auf Basis theoretischer Konstrukte müssen beobachtbare Phänomene (= empirische Indikatoren) gefunden werden, die sicher mit diesen Konstrukten in Verbindung gebracht werden können.[927] Dabei ist sowohl das Korrespondenz- als auch das Basissatzproblem zu lösen.

Das *Korrespondenzproblem* zielt auf die Gestaltung der Regeln ab, über die die theoretischen Konstrukte und die empirischen Indikatoren miteinander verbunden sind. In Abb. 116 ist die Übersetzung des theoretisch postulierten Zusammenhangs in eine empirisch zu untersuchende Aussage durch Korrespondenzregeln visualisiert.

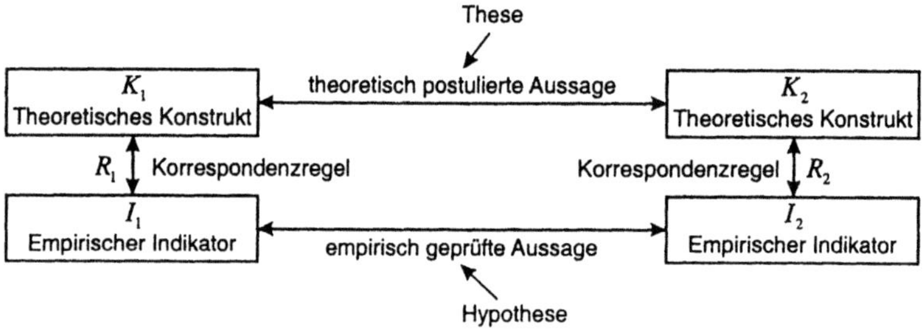

Abb. 116: Korrespondenzproblem[928]

Meist wird das Korrespondenzproblem durch (mehr oder weniger) willkürliche definitorische Gleichsetzung von konkreten empirischen Indikatoren und konkreten theoretischen Konstrukten gelöst. Bei dieser als Operationalismus bezeichneten Vorgehensweise kann das theoretische Konstrukt „Relevanz eines Meßobjekts für den langfristigen Unternehmenserfolg" z. B. durch die Einschätzung der Ansprechpartner der empirischen Studie operationalisiert werden. Problematisch ist dabei, daß empirische Untersuchungen eines theoretischen Zusammenhangs, in denen unterschiedliche Operationalisierungen verwendet werden, nicht vergleichbar sind.

Alternativ können die Korrespondenzregeln auch auf bilateralen Reduktionssätzen basieren, auf die hier nicht näher eingegangen werden soll.[929]

Unter das *Basissatzproblem* fallen alle Schwierigkeiten der korrekten Erfassung der empirischen Indikatoren. So kann die Einschätzung der Relevanz von Meßobjekten fehlerhaft sein,

---

927 Vgl. SCHNELL, R./HILL, P. B./ESSER, E. (1999), S. 70f.

928 Modifiziert nach ROGERS, E. W./WRIGHT, P. M. (1998), S. 314. Ähnlich auch SCHNELL, R./HILL, P. B./ ESSER, E. (1999), S. 72.

929 Vgl. SCHNELL, R./HILL, P. B./ESSER, E. (1999), S. 70ff.

weil beispielsweise die Ansprechpartner ihr Kreuz im Fragebogen an der falschen Stelle gemacht haben oder weil bei der Kodierung der Antworten im Zuge der Datenauswertung Fehler unterliefen. Auf eine detaillierte Erörterung des Basissatzproblems soll hier verzichtet werden, um ein zu weites Abdriften in wissenschaftswissenschaftliche Gefilde zu vermeiden.[930]

Zusammenfassend muß damit für jede der Thesen aus den Kapiteln 5 bis 7 als theoretisch postulierter Aussage eine korrespondierende empirisch zu prüfende Aussage gefunden werden, die als Hypothese bezeichnet wird. Aus didaktischen Gründen werden die Hypothesen im folgenden in dem Abschnitt formuliert, in dem versucht wird, sie zu falsifizieren.

8.5.2 Methodologische Grundlagen

Dieser Abschnitt soll zunächst eine Übersicht über die Untersuchungsmethoden zur Ermittlung der Wahrheitswerte operationalisierter Aussagen (= Hypothesen) geben, verfolgt dabei aber nicht das Ziel, über einen einführenden Überblick hinaus, alle Methoden umfassend und vollständig zu betrachten. Die Untersuchungsmethoden ruhen ausnahmslos auf dem Fundament statistischer Tests, deren Grundprinzip zuerst behandelt wird. Die vier anderen Abschnitte beschäftigen sich mit der Umsetzung des Konzepts statistischer Tests bei Mittelwertvergleichen, Zusammenhangs- und Varianzanalysen sowie der Kausalanalyse.

8.5.2.1 Statistische Tests

Ziel empirischer Untersuchungen ist es, die theoretischen Aussagen einem Falsifizierungsversuch auszusetzen.[931] Da die theoretischen Aussagen – wie alle wirtschaftswissenschaftlichen Gesetze – nicht universell räumlich und zeitlich gültig sind,[932] beziehen sie sich auf bestimmte Untersuchungsobjekte.[933] Die Grundgesamtheit der Untersuchungsobjekte wurde bereits in Abschnitt 8.2 abgegrenzt. Können nun die für den Falsifizierungsversuch benötigten Daten für die Grundgesamtheit, also *alle* Untersuchungsobjekte, ermittelt werden, sind die folgenden Ausführungen zu statistischen Tests gegenstandslos. Im Rahmen statistischer Erhebungen gelingt es aber praktisch nie, Daten für jedes der Untersuchungsobjekte zu sammeln. Zum einen kann bereits im Vorfeld eine Auswahl getroffen werden und Daten werden somit nur für eine Stichprobe der Grundgesamtheit gesammelt. Zum anderen werden im allgemeinen einige der Untersuchungsobjekte aus den unterschiedlichsten Gründen keine Auskünfte geben. Die für die Analyse nutzbaren Untersuchungsobjekte werden auch als auswertbare Stichprobe bezeichnet.

Mit Hilfe von statistischen Tests können, ausgehend von den auswertbaren Stichprobendaten, Aussagen über alle Untersuchungsobjekte (Grundgesamtheit) getroffen werden. Dabei wird untersucht, ob ein bestimmter Effekt nur in der auswertbaren Stichprobe auftritt und damit zufälliger Natur ist oder man annehmen kann, daß er auch in der Grundgesamtheit existiert.

---

[930] Vgl. z. B. die Ausführungen bei POPPER, K. R. (1989), S. 60ff.
[931] Wobei man gewöhnlich inständig hofft, daß dieser mißlingen möge.
[932] Vgl. CHMIELEWICZ, K. (1994), S. 83ff.
[933] Im empirischen Teil dieser Arbeit sind Unternehmen die Untersuchungsobjekte.

Dieses Grundprinzip soll nun nach und nach konkretisiert werden. Dazu wird eine *Nullhypothese* (H_0) über einen in der Grundgesamtheit vermuteten Effekt formuliert. Gleichzeitig kann damit eine *Alternativ- oder Gegenhypothese* (H_1) aufgestellt werden, der die entgegengesetzte Annahme zugrunde liegt. Eine Nullhypothese könnte beispielsweise sein: H_0: „Die mittlere Validität der Indikatoren für Materielle Ressourcen ist kleiner gleich der mittleren Validität der Indikatoren für Immaterielle Ressourcen." Die Alternativhypothese ist dann: H_1: „Die mittlere Validität der Indikatoren für Materielle Ressourcen ist größer als die mittlere Validität der Indikatoren für Immaterielle Ressourcen." Ein statistischer Test prüft nun, ob die Nullhypothese in der Grundgesamtheit gilt oder die Gegenhypothese plausibler ist.

Aus wissenschaftstheoretischer Sicht ist bei der Formulierung von Hypothesen zu beachten, daß diese *sachlogisch* fundiert sind. Die gelegentlich zu beobachtende Vorgehensweise, Stichprobendaten als Inspiration zur Generierung von Hypothesen zu verwenden („Daten ansehen") und diese Hypothese dann anhand der Stichprobendaten auf ihren Wahrheitsgehalt zu untersuchen, ist also nicht zulässig.[934]

Man unterscheidet *einseitige und zweiseitige Hypothesen.*[935] Bei ersteren hat die Kombination von Null- und Alternativhypothese die Form: $H_0: x \leq x_0$ und $H_1: x > x_0$ bzw. $H_0: x \geq x_0$ und $H_1: x < x_0$. Mit einseitigen Hypothesen, zu der auch das obige Beispiel gehört, kann untersucht werden, ob ein Zusammenhang, über dessen Relation Klarheit herrscht, vorliegt. Zweiseitige Hypothesen untersuchen demgegenüber, ob überhaupt ein Zusammenhang besteht, ohne eine Vorstellung von dessen Relation zugrunde zu legen. Dementsprechend haben die Hypothesen die Form: $H_0: x = x_0$ und $H_1: x \neq x_0$.

Statistische Tests können, weil sie nur auf Informationen über einen Teil der Grundgesamtheit beruhen, natürlich nicht immer richtige Aussagen über die Grundgesamtheit liefern.[936] Insofern ist das bei der Erläuterung des Grundprinzips statistischer Tests sehr vage formulierte Kriterium „man kann annehmen" zu konkretisieren.

Bei der Durchführung statistischer Tests können zwei Fehler auftreten:

- Die Nullhypothese H_0 trifft zu, man entscheidet sich aber fälschlicherweise für die Alternativhypothese H_1.
- Die Nullhypothese H_0 trifft nicht zu, man entscheidet sich aber trotzdem für sie.

Den ersten Irrtum nennt man Fehler 1. Art (α-Fehler), den anderen Fehler 2. Art (β-Fehler). Bei statistischen Tests wird ein maximal zulässiges Niveau für den Fehler 1. Art vorgegeben.

---

[934] Vgl. BACKHAUS, K. u. a. (1996), S. 84; BAMBERG, G./BAUR, F. (1998), S. 179.

[935] Vgl. HARTUNG, J./ELPELT, B./KLÖSENER, K.-H. (1995), S. 138f.

[936] Es sei nur an die teilweise sehr fehlerhaften Prognosen der Fernsehanstalten anläßlich der letzten Präsidentschaftswahlen in den USA erinnert. Die Aussagen, wer nächster Präsident wird, basierten in der Wahlnacht auf einer Stichprobe des Voter News Service und mußten mehrmals revidiert werden. Vgl. z. B. o. V. (2000), S. 2.

Es gibt als Relativzahl die maximale Wahrscheinlichkeit dafür an, eine Nullhypothese, die in der Grundgesamtheit gilt, fälschlicherweise abzulehnen. Diese Wahrscheinlichkeit wird auch als *Signifikanzniveau* bezeichnet, wobei gewöhnlich für empirische Untersuchungen 0,01 (Aussagen über die Grundgesamtheit sind hochsignifikant), 0,05 (Aussagen über die Grundgesamtheit sind signifikant) oder 0,1 angesetzt werden.[937]

Wird also bei einem statistischen Test mit Signifikanzniveau 0,05 die Nullhypothese H_0 abgelehnt (und damit die Alternativhypothese H_1 angenommen), kann man sicher sein, daß die Wahrscheinlichkeit, daß die Alternativhypothese H_1 nicht gilt, maximal 5 % beträgt.

Wird eine Nullhypothese H_0 bei einem statistischen Test nicht abgelehnt, kann sie andererseits nicht als bestätigt angesehen werden.[938] Da keine Aussagen über Fehler 2. Art getroffen werden, ist dies „sozusagen eine Stimmenthaltung oder ein Freispruch aus Mangel an Beweisen".[939] In der praktischen Anwendung von statistischen Tests werden deshalb die Annahmen über die Grundgesamtheit, die bestätigt werden sollen, als Alternativhypothese H_1 formuliert und deren Gegenteil als Nullhypothese H_0. Wird dann die Nullhypothese H_0 abgelehnt und die Alternativhypothese H_1 angenommen, ist die Irrtumswahrscheinlichkeit durch das vorgegebene Signifikanzniveau nach oben begrenzt. Bei der Durchführung statistischer Tests ist zu unterscheiden, ob die einseitige (bei einseitigen Hypothesen) oder die zweiseitige Variante (bei zweiseitigen Hypothesen) geeignet ist.

In statistischer Software muß häufig kein Signifikanzniveau explizit vorgegeben werden, sondern es wird ein *kritisches Signifikanzniveau* errechnet. Damit ist die Wahrscheinlichkeit für einen Fehler 1. Art bekannt und man kann entscheiden, ob diese Wahrscheinlichkeit oberhalb oder unterhalb des gewünschten Signifikanzniveaus liegt. Das kritische Signifikanzniveau gibt somit an, wann ein statistischer Test „kippt". Aufgrund der höheren Aussagekraft wird bei statistischen Tests nachfolgend grundsätzlich auf das kritische Signifikanzniveau abgestellt, das in tabellarischen Darstellungen kurz als Signifikanz bezeichnet wird.

Statistische Tests wurden für verschiedene Fragestellungen entwickelt. Mit Mittelwertvergleichen wird der Frage nachgegangen, ob der Mittelwert eines Merkmals signifikant von einem bestimmten Wert verschieden ist oder sich die Mittelwerte zweier Gruppen von Objekten signifikant unterscheiden. Zusammenhangs- und Varianzanalysen wiederum untersuchen, ob zwischen zwei Objektgruppen eine signifikante Beziehung besteht. Mit Kausalanalysen werden Modelle untersucht, die Beziehungen zwischen mehreren Merkmalen erklären.

---

[937] Vgl. BAMBERG, G./BAUR, F. (1998), S. 180.
[938] Vgl. HARTUNG, J./ELPELT, B./KLÖSENER, K.-H. (1995), S. 139.
[939] BAMBERG, G./BAUR, F. (1998), S. 182.

8.5.2.2 Mittelwertvergleiche

Mittelwertvergleiche können anhand der zugrunde liegenden Stichprobe(n) systematisiert werden. Sie basieren entweder auf einer Stichprobe, auf mehreren unabhängigen Stichproben oder auf mehreren abhängigen Stichproben (vgl. Abb. 117).

Bei Betrachtung *einer* Stichprobe wird untersucht, ob der Mittelwert eines Merkmals in der Grundgesamtheit kleiner, gleich oder größer als ein bestimmter Wert (z. B. drei) ist. Werden mehrere *unabhängige* Stichproben betrachtet, wird geprüft, ob der Mittelwert eines Merkmals beim Teil X der Untersuchungsobjekte der Grundgesamtheit kleiner, gleich oder größer ist als beim Teil Y. Basieren Mittelwertvergleiche auf mehreren *abhängigen* Stichproben, so wird untersucht, ob der Mittelwert eines Merkmals A in der Grundgesamtheit kleiner, gleich oder größer als der Mittelwert eines Merkmals B ist.

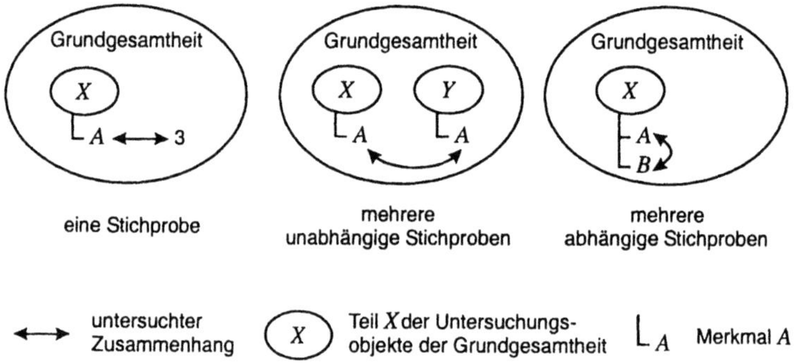

Abb. 117: Varianten von Mittelwertvergleichen

Mittelwertvergleiche sind parametrische Testverfahren, setzen also eine bestimmte Verteilung der Merkmalswerte in der Grundgesamtheit voraus. Werden t-Tests zum Mittelwertvergleich eingesetzt, müssen die Merkmalswerte der Grundgesamtheit normalverteilt sein.[940] Dies wird bei realen Sachverhalten, wie sie in empirischen Untersuchungen betrachtet werden, kaum der Fall sein. T-Tests können aber auch approximativ angewendet werden, wenn die untersuchte Stichprobe mindestens 30 Elemente umfaßt.[941] Somit gestatten t-Tests bei hinreichend großen Stichproben eine unproblematische Analyse von Mittelwerten der Merkmalsausprägungen.

Die Nullhypothese H_0 postuliert bei t-Tests Identität der beiden fraglichen Mittelwerte. Auf die Darstellung der manuellen Durchführung von t-Tests, insbesondere auf die Ermittlung des Testfunktionswertes und Bestimmung des Verwerfungsbereiches wird hier verzichtet.[942] Mit Hilfe statistischer Standardsoftware können heute Mittelwertvergleiche einfach durchgeführt werden. Im Ergebnis der Berechnungen erhält man ein kritisches Signifikanzniveau, anhand dessen entschieden werden muß, ob die Nullhypothese angenommen oder abgelehnt wird.

[940] Vgl. HARTUNG, J./ELPELT, B. (1999), S. 230.
[941] Vgl. BAMBERG, G./BAUR, F. (1998), S. 188.

8.5.2.3 Zusammenhangsanalysen

Mit Zusammenhangsanalysen wird untersucht, ob eine Abhängigkeit von verschiedenen Merkmalen innerhalb einer Stichprobe oder der Grundgesamtheit besteht. Ein Zusammenhang besteht beispielsweise, wenn bei denjenigen Unternehmen, bei denen die Reliabilität der Indikatoren besonders stark ausgeprägt ist, die valideren Indikatoren eingesetzt werden.

Es gibt verschiedene Maßgrößen, um die Stärke des Zusammenhangs[943] und teilweise dessen Richtung zu erfassen.[944] Welche dieser Maßgrößen geeignet sind, hängt von der Skalierung der zu untersuchenden Merkmale ab. Im folgenden wird nur auf die bekanntesten Zusammenhangsmaße eingegangen.[945]

Bei *intervallskalierten Merkmalen* ist der Bravais-Pearson-Korrelationskoeffizient, der auch als Produkt-Moment-Korrelationskoeffizient oder schlicht Korrelationskoeffizient r bezeichnet wird,[946] die richtige Wahl. r kann dabei Werte zwischen -1 und $+1$ annehmen. Ist $r=0$, so besteht keinerlei Zusammenhang zwischen beiden untersuchten Merkmalen. Für $r=+1$ besteht ein vollständig positiver und für $r=-1$ ein vollständig negativer Zusammenhang. Der Korrelationskoeffizient erfaßt dabei ausschließlich Zusammenhänge linearer Natur. Bestehen andere (z. B. exponentielle) Abhängigkeiten zwischen Merkmalen, ist der Bravais-Pearson-Korrelationskoeffizient kein aussagefähiges Kriterium zur Zusammenhangsanalyse.

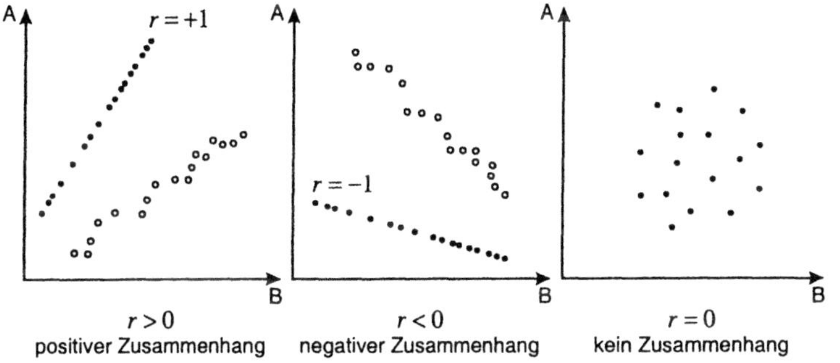

Abb. 118: Korrelationskoeffizienten für verschiedene Zusammenhänge zwischen Merkmalen

Der Betrag des Korrelationskoeffizienten steht dabei *nicht* für die Steigung der Geraden, sondern gibt – wie in Abb. 118 veranschaulicht – die Stärke des Zusammenhangs an. Der Zusammenhang ist um so schwächer, je weiter die einzelnen Ausprägungen von einer fiktiven Geraden abweichen. Die Merkmale der weißen Stichproben in den beiden linken Streuungsdiagrammen weisen also einen schwächeren Zusammenhang auf als die schwarzen, obwohl

[942] Vgl. dazu z. B. BACKHAUS, K. u. a. (1996), S. 27ff.

[943] Mit Stärke des Zusammenhangs ist dabei nicht gemeint, zu wieviel mehr B eine Veränderung von A führt, sondern wie stark die Merkmale von einem unterstellten Zusammenhang abweichen.

[944] Die Richtung des Zusammenhangs sagt aus, ob eine Erhöhung von A zu einer Erhöhung oder Verminderung von B führt, nicht aber, ob A ursächlich für die Veränderung von B (oder umgekehrt) ist.

[945] Vgl. für andere z. B. die Übersicht bei JANSSEN, J./LAATZ, W. (1999), S. 225.

die Steigung der fiktiven Geraden im mittleren Diagramm größer ist. Die Richtung des Zusammenhangs wird durch das Vorzeichen des Korrelationskoeffizienten wiedergegeben.

Die Nullhypothese H_0 fordert bei der Untersuchung der Signifikanz von Korrelationen Unabhängigkeit der Merkmale, also $r = 0$. Auf die Darstellung der manuellen Berechnung wird hier wiederum verzichtet. Anhand der Ausgaben statistischer Standardsoftware kann leicht entschieden werden, ob bei gegebenem Signifikanzniveau die Nullhypothese H_0 zu verwerfen ist und eine signifikante Korrelation vorliegt.

Für *ordinal skalierte Merkmale* bietet sich Spearman's Rangkorrelationskoeffizient an, der eine Anwendung des Bravais-Pearson-Korrelationskoeffizienten auf Rangwerte ist. Der niedrigsten Ausprägung der ordinalen Daten wird dabei die Rangnummer 1, der nächsthöheren die Rangnummer 2 usw. zugeordnet. Daher liegen die Werte des Spearman-Rangkorrelationskoeffizienten ebenfalls zwischen -1 und $+1$ und ihre Interpretation sowie der Test auf Signifikanz verlaufen äquivalent.

Sind *Merkmale nominal* skaliert, so können Kontingenzkoeffizienten zur Zusammenhangsanalyse eingesetzt werden. Der einfachste Vertreter ist dabei der χ^2-Koeffizient (lies: chi), der immer größer als Null ist. Problematisch erweist sich dessen Wachstum über alle Grenzen mit steigendem Umfang der Merkmalsausprägungen. Weist ein nominales Merkmal die Ausprägungen „rot" und „blau" auf und das zweite Merkmale besitzt ebenfalls nur zwei Ausprägungen,[947] so ist der χ^2-Koeffizient maximal Eins. Kommen allerdings mit „gelb", „grün" und „schwarz" weitere Ausprägungen hinzu, können auch χ^2-Koeffizienten über Eins auftreten. Der χ^2-Koeffizient ist damit nur für 2x2-Tabellen geeignet. Ein χ^2-Koeffizient von Null signalisiert, daß keinerlei Zusammenhang zwischen den untersuchten Merkmalen besteht. Je größer der Koeffizient ist, desto stärker ist der Zusammenhang. Da die Ausprägungen nominal skalierter Merkmale nicht in eine Größenreihenfolge gebracht werden können, ist im Gegensatz zum Korrelations- und Rangkorrelationskoeffizienten keine Information über die Richtung des Zusammenhangs verfügbar.

Im Gegensatz dazu ist Pearsons Kontingenzkoeffizient oder kurz Kontingenzkoeffizient auch für Merkmale mit beliebig vielen Ausprägungen stets kleiner als Eins. Das Maximum des Kontingenzkoeffizienten nähert sich mit steigender Anzahl der Merkmalsausprägungen asymptotisch Eins,[948] ist für kleine Merkmalsumfänge also wesentlich kleiner als Eins.[949] Die Interpretation ist äquivalent zum χ^2-Koeffizienten, so daß Null für keinen Zusammenhang und größere Koeffizienten für stärkere Zusammenhänge stehen.

---

946 Vgl. BAMBERG, G./BAUR, F. (1998), S. 36f.

947 Sogenannte 2×2-Tabellen.

948 Vgl. BAMBERG, G./BAUR, F. (1998), S. 40.

949 Bei einer 2×2-Tabelle beträgt der Kontingenzkoeffizient bei vollständigem Zusammenhang zwischen den Merkmalen beispielsweise maximal 0,707.

Das Maß Cramérs V liefert demgegenüber stets Werte zwischen Null und Eins, unabhängig davon, wieviel Ausprägungen die untersuchten Merkmale aufweisen,[950] und ist damit für nominal skalierte Merkmale das Kontingenzmaß der Wahl. Ein Cramérs V von Null signalisiert keinen Zusammenhang zwischen den betrachteten Merkmalen und ein Cramérs V von Eins steht für vollständige Abhängigkeit.

Für alle Kontingenzkoeffizienten kann getestet werden, ob sie signifikant von Null verschieden sind. Damit kann wie schon für metrische und ordinale Daten entschieden werden, ob bei vorgegebenem Signifikanzniveau ein Zusammenhang auch in der Grundgesamtheit existiert. Wird der Signifikanztest der Einfachheit halber in asymptotischer Form durchgeführt,[951] sollten maximal 20 % der Zellen der Kreuztabelle erwartete Häufigkeiten von weniger als Fünf aufweisen[952] und die erwarteten Häufigkeiten aller Zellen größer als Null sein. Für 2×2-Tabellen wird zusätzlich ein Stichprobenumfang von mindestens 60 gefordert.[953] Sind diese Voraussetzungen nicht erfüllt, kann auf einen exakten Signifikanztest ausgewichen werden, der allerdings hinsichtlich des rechnerischen Aufwandes insbesondere für große Kreuztabellen und große Stichproben sehr hohe Anforderungen stellt.[954] Alternativ können Zellen zusammengefaßt werden, um größere erwartete Häufigkeiten zu erzielen.[955]

8.5.2.4 Varianzanalysen

Mit Varianzanalysen kann die Wirkung einer (oder mehrerer) unabhängiger Variablen (= Faktoren) auf eine (oder mehrere) abhängige Variablen untersucht werden. Während die unabhängigen Variablen beliebig skaliert sein können, müssen die abhängigen Variablen eine metrische Skala aufweisen. Im Unterschied zu den vorher betrachteten Zusammenhangsanalysen, die qualitativ aufzeigten, ob Merkmale in Verbindung zueinander stehen, kann dieser Effekt mit einer Varianzanalyse quantifiziert werden. Nachfolgend wird nur auf die einfaktorelle Varianzanalyse mit nur je einer unabhängigen und abhängigen Variable eingegangen,[956] wobei in den Beispielen davon ausgegangen wird, daß der Faktor nominal skaliert ist.

Die Streuung des abhängigen Merkmals y wird dabei in einen durch den Faktor x erklärten (= Abweichung zwischen Gruppen) und einen durch diesen Faktor nicht erklärbaren Anteil (= Abweichung innerhalb der Gruppe) zerlegt. In Abb. 119 sind diese beiden Abweichungen veranschaulicht, wobei für den Faktor x das zeitliche Antwortverhalten als Beispiel dient.

---

950 Vgl. HARTUNG, J./ELPELT, B./KLÖSENER, K.-H. (1995), S. 452.

951 Das ist der Standardalgorithmus statistischer Standardsoftware.

952 Diese Bedingung wird auch als COCHRANE-Postulat bezeichnet. Vgl. COCHRANE, W. G. (1954), S. 420.

953 Vgl. BACKHAUS, K. u. a. (1996), S. 186.

954 JANSSEN und LAATZ empfehlen die Durchführung bei 3×3-Tabellen nur bis zu einem Stichprobenumfang von 30. Vgl. JANSSEN, J./LAATZ, W. (1999), S. 670.

955 Vgl. zu Voraussetzungen zur Zellzusammenfassung LIENERT, G. A. (1978), S. 398. EVERITT ist der Ansicht, daß Zellzusammenfassungen grundsätzlich nicht durchgeführt werden sollten. Vgl. EVERITT, B. S. (1994), S. 39f.

956 Vgl. für multifaktorelle und mehrdimensionale Verfahren BACKHAUS, K. u. a. (1996), S. 66ff.; HARTUNG, J./ELPELT, B./KLÖSENER, K.-H. (1995), S. 614ff.

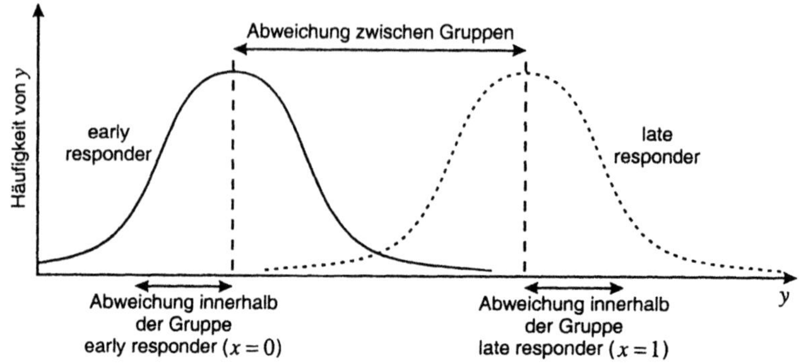

Abb. 119: Varianzanalyse (symbolisch)

Bei der Varianzanalyse geht man davon aus, daß die Abweichung innerhalb der Gruppe für jede Gruppe identisch ist. Im Vorfeld einer Varianzanalyse ist diese Anwendungsvoraussetzung zunächst mit Hilfe eines Levene-Tests[957] zu prüfen. Zweitens soll die Grundgesamtheit, aus der die untersuchte Stichprobe stammt, normalverteilt sein. Äquivalent zu den Mittelwertvergleichen wird die Varianzanalyse bei hinreichend großen Stichproben approximativ angewendet, da die Varianzanalyse als sehr robustes Verfahren gilt.[958]

Leistet die erklärte Abweichung einen erheblichen Beitrag zur Gesamtabweichung, so hat der Faktor einen wesentlichen Einfluß auf das abhängige Merkmal. Da die erklärte und die nicht erklärte Abweichung sich gerade zur Gesamtabweichung addieren, kann alternativ geprüft werden, ob die erklärte Abweichung im Vergleich zur nicht erklärten Abweichung groß ist. Meist wird dazu ein F-Test auf Basis des Quotienten von erklärter und nicht erklärter Abweichung verwendet. Die Nullhypothese geht dabei davon aus, daß der Faktor keinen Einfluß auf das abhängige Merkmal hat. Auf die manuelle Durchführung des F-Tests soll hier nicht näher eingegangen werden,[959] da mit Hilfe statistischer Standardsoftware das kritische Signifikanzniveau leicht ermittelbar ist, anhand dessen entschieden werden kann, ob die Nullhypothese gilt oder zu verwerfen ist.

8.5.2.5 Kausalanalyse

Das Verfahren der Kausalanalyse gilt heute als eines der leistungsfähigsten multivariaten Analyseverfahren.[960] Teilweise werden auch Bezeichnungen wie Kovarianzstrukturanalyse, Structural Equation Modeling (SEM) oder Strukturgleichungsmethodologie verwendet,[961] die nicht auf den etwas problematischen Kausalitätsbegriff Bezug nehmen.[962] Da sich aber insbesondere in der wirtschaftswissenschaftlichen Literatur – und hier hauptsächlich in der Marke-

[957] Vgl. JANSSEN, J./LAATZ, W. (1999), S. 203f.
[958] Vgl. BACKHAUS, K. u. a. (1996), S. 85.
[959] Vgl. dazu HARTUNG, J./ELPELT, B./KLÖSENER, K.-H. (1995), S. 611ff.
[960] Vgl. HOMBURG, C. (1992), S. 499.
[961] Vgl. HOMBURG, C./HILDEBRANDT, L. (1998), S. 17.
[962] Vgl. HILLMER, M. (1993), S. 31ff.; STEGMÜLLER, W. (1974), S. 428ff.; STEGMÜLLER, W. (1960), S. 171ff.

tingforschung[963] – der Begriff Kausalanalyse (bzw. Causal Modeling) durchgesetzt hat, wird er auch hier verwendet.

Basis der Kausalanalyse ist ein Kausalmodell. Zur Verdeutlichung wird nachfolgend der in These 24 postulierte Zusammenhang als Beispiel herangezogen, der auch in Abb. 91 auf Seite 181 graphisch dargestellt ist. Im Rahmen dieser Arbeit wird das Linear Structural Relations-Verfahren (*LISREL-Verfahren*) verwendet, das lineare Zusammenhänge zwischen einzelnen Variablen unterstellt.[964] Dieses Verfahren ist das im Rahmen der Kausalanalyse am weitesten verbreitete, so daß häufig die Kausalanalyse und das LISREL-Verfahren gleichgesetzt werden.[965]

Die Konstrukte Relevanz, Meßkosten, Indikatorgüte und Betrachtung des Beispiels werden als *latente Variablen* bezeichnet, die nicht unmittelbar beobachtet werden können. Ein theoretisch fundierter, vermuteter Zusammenhang ist im allgemeinen auf Ebene latenter Variablen formuliert. Durch sog. *Meßvariablen* können latente Variablen im Rahmen einer empirischen Erhebung gemessen werden, wobei jede latente Variable sowohl durch eine als auch durch mehrere Meßvariable(n) simultan erfaßt werden kann, so daß kausalanalytische Verfahren dimensionsreduzierende Eigenschaften aufweisen.[966] Im gewählten Beispiel kommen zur Messung der Indikatorgüte zwei Meßvariablen zum Einsatz, während alle anderen latenten Variablen jeweils durch eine Meßvariable operationalisiert werden.

Man unterscheidet mit *exogenen latenten Variablen* und *endogenen latenten Variablen* zwei Arten latenter Variablen. Während erstere von anderen latenten Variablen unabhängig sind, hängen letztere von anderen latenten Variablen ab. Dementsprechend sind im Beispiel die meist mit ξ (lies: ksi) bezeichneten exogenen latenten Variablen folgende:

- Relevanz (ξ_1),
- Meßkosten (ξ_2) und
- Indikatorgüte (ξ_3).

Im Beispielkausalmodell ist die Betrachtung (η_1) einzige endogene Variable, die allgemein mit η (lies: eta) bezeichnet werden. Die als linear angesehenen Beziehungen zwischen den endogenen latenten Variablen werden durch β-Faktoren abgebildet, die zwischen exogenen und endogenen latenten Variablen durch γ-Faktoren.[967] Die nicht durch das Kausalmodell erklärten Einflüsse auf endogene latente Variablen erfassen Fehlervariablen ζ (lies: zeta).

---

963 Vgl. den Überblick bei HOMBURG, C./BAUMGARTNER, H. (1995b), S. 1091ff.

964 LISREL wurde als Kombination von Faktoren- und Regressionsanalyse Anfang der 70er Jahre des letzten Jahrhunderts an der Universität Uppsala entwickelt. Vgl. BÜHL, A./ZÖFEL, P. (1996), S. 283. Vgl. für eine umfangreiche formale Darstellung dieses Verfahrens z. B. LONG, J. S. (1983).

965 Vgl. HOMBURG, C./SÜTTERLIN, S. (1990), S. 181.

966 Vgl. SCHEFCZYK, M. (1998), S. 315.

967 Das auf dem Beispiel von These 24 basierende Kausalmodell beinhaltet keine Beziehungen zwischen endogenen latenten Variablen (β -Faktoren), weil nur eine endogene latente Variable existiert. Solche Abhängigkeiten treten bei anderen Problemstellungen aber häufig auf und lassen sich wie dargestellt auch in einem Kausalmodell abbilden.

Die Messung der latenten Variablen durch Meßvariablen wird als fehlerbehaftet angesehen, wobei der Meßfehler durch eine (additive) Fehlervariable ausgedrückt wird, und zwar δ (lies: delta) für die Meßvariablen der exogenen latenten Variablen und ε (lies: epsilon) für die Meßvariablen der endogenen latenten Variablen. Eine unterschiedliche Skalierung von latenten und Meßvariablen kann durch einen Faktor λ (lies: lambda) modelliert werden.

Das resultierende *vollständige Kausalmodell* zeigt Abb. 120, wobei latente Variablen als Ellipsen und Meßvariablen als Quadrate dargestellt sind. Als *Strukturmodell* bezeichnet man die Abhängigkeiten zwischen latenten Variablen, also den mittleren Teil in Abb. 120. Mit einem *Faktormodell* wird die Messung der latenten Variablen erfaßt, wobei exogener und endogener Teil separat betrachtet werden. Somit ist das exogene Faktormodell (also Meßmodell der exogenen latenten Variablen) der linke Teil in Abb. 120 und das endogene Faktormodell der rechte. Ein vollständiges Kausalmodell besteht damit aus einem Strukturmodell sowie je einem exogenen und endogenen Faktormodell.[968]

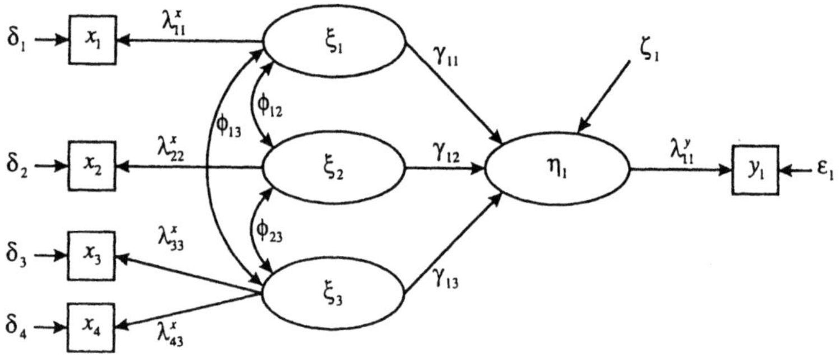

Abb. 120: Vollständiges Kausalmodell[969]

Eine Kausalanalyse kann sowohl aus *konfirmatorischer* als auch *exploratorischer* Motivation heraus erfolgen. Konfirmatorisch bedeutet, daß aufgrund theoretisch fundierter Überlegungen ein vollständiges Kausalmodell formuliert wird und die Parameter des Modells auf Basis einer erhobenen Stichprobe geschätzt[970] werden. Im Zuge dieser Schätzung zeigt sich, wie gut das postulierte Kausalmodell die in der Stichprobe vorgefundenen Zusammenhänge reproduziert. Je nachdem, ob die Wiedergabe der Stichprobenzusammenhänge gut oder schlecht gelingt, ist das Kausalmodell anzunehmen oder abzulehnen. Im Grunde funktioniert die konfirmatorische Anwendung der Kausalanalyse damit ähnlich wie ein Test auf Signifikanz von Korrelationen und versucht die Frage zu beantworten, ob das Kausalmodell zur Realität der Stichprobe paßt.

968 Vgl. BYRNE, B. M. (1998), S. 10ff.

969 Die Kovarianzen ϕ_{11}, ϕ_{22}, ϕ_{33} der exogenen latenten Variablen mit sich selbst (also die Varianzen der exogenen latenten Variablen) sind, den Gepflogenheiten der Literatur folgend, nicht in der graphischen Darstellung enthalten. Ebenso werden die Varianzen der Fehler- und Meßfehlervariablen nicht dargestellt.

970 Der Begriff der Schätzung wird hier nicht im Sinne von Überschlagen („über den Daumen Peilen"), sondern als Synonym für Approximation verstanden. Im Rahmen statistischer Verfahren wird die Bestimmung von unbekannten Parametern häufig als schätzen bezeichnet. Vgl. z. B. BAMBERG, G./BAUR, F. (1998), S. 147ff.

Im Gegensatz zur konfirmatorischen Anwendung wird im Rahmen eines exploratorischen Einsatzes der Kausalanalyse versucht, ein Kausalmodell zu konstruieren, das die Beziehungen in der Stichprobe möglichst gut wiedergibt. Bei einer exploratorischen Analyse spielen theoretische Gesichtspunkte also eine untergeordnete Rolle. Diese Verwendung ist somit mit Data Mining oder Number Crunching vergleichbar.[971]

Im Rahmen dieser Arbeit wird die Kausalanalyse ausschließlich in konfirmatorischer Weise zum Hypothesentest eingesetzt. Für das als Beispiel betrachtete Kausalmodell sind dabei folgende Parameter aus Stichprobendaten zu schätzen:

- die Parameter des Strukturgleichungsmodells: γ_{11}, γ_{12}, γ_{13},
- die Faktorladungen: λ^y_{11}, λ^x_{11}, λ^x_{22}, λ^x_{33}, λ^x_{43},
- die Varianzen/Kovarianzen der exogenen latenten Variablen: ϕ_{11}, ϕ_{22}, ϕ_{33}, ϕ_{12}, ϕ_{13}, ϕ_{23} (lies: phi),
- die Varianz der Fehlervariablen (ζ_1) des Strukturgleichungsmodells: ψ_1 (lies: psi) und
- die Varianzen der Meßfehlervariablen (ε) bzw. (δ): θ^ε_{11}, θ^δ_{11}, θ^δ_{22}, θ^δ_{33}, θ^δ_{44} (lies: theta),

insgesamt also 20.

Ein Modell ist *identifiziert*, wenn es genau eine Lösung für dieses Schätzproblem gibt. Gleichzeitig ist eine Parameterschätzung nur für identifizierte Modelle sinnvoll, weil anderenfalls die Analyseergebnisse nicht mehr interpretierbar sind.[972] Die Bestimmung der Modellidentifikation ist nach heutigem Kenntnisstand kein triviales Problem.[973] Eine notwendige Bedingung für die Existenz genau einer Lösung ist $s \leq ½ \cdot m \cdot (m+1)$, wobei s die Anzahl der zu schätzenden Parameter und m die Anzahl der Meßvariablen ist. Da im Beispiel insgesamt nur vier exogene Meßvariablen (x-Variable) und eine endogene Meßvariable (y-Variable) verfügbar sind, ist dieses Modell wegen $20 > ½ \cdot 5 \cdot 6$ nicht identifiziert. Um ein identifiziertes Modell zu erhalten, müssen mindestens fünf Parameter vorbelegt werden, indem ihnen ein Wert auf Basis inhaltlicher Überlegungen zugewiesen wird.[974]

Im Schrifttum werden noch weitere notwendige Bedingungen für Identifikation diskutiert. Diese werden hier insofern berücksichtigt, als sie von der verwendeten Software (LISREL 8.30) unterstützt werden; eine manuelle Prüfung der Identifikation kann aufgrund des unvertretbaren Aufwandes nicht durchgeführt werden. Insgesamt besteht nach wie vor die latente Gefahr, mit nicht identifizierten Modellen zu arbeiten, da bislang noch kein hinreichendes Kriterium für Identifikation bekannt ist.[975]

---

[971] Vgl. für einen Überblick über exploratorische Anwendungen z. B. HOMBURG, C. (1989), S. 44ff.; HOMBURG, C./DOBRATZ, A. (1991), S. 213ff.

[972] Vgl. FÖRSTER, F. u. a. (1984), S. 353f.

[973] Vgl. JÖRESKOG, K. G./SÖRBOM, D. (1989), S. 76.

[974] Vgl. HOMBURG, C. (1992), S. 500; HOMBURG, C./DOBRATZ, A. (1991), S. 233; BAGOZZI, R. P. (1980), S. 73f. und FORNELL, C. (1983), S. 444f. Die Vorbelegung für das Beispiel-Kausalmodell erfolgt im Rahmen der Thesenevaluation in Abschnitt 8.5.3 ab S. 284.

[975] Vgl. für eine intensive, formale Diskussion des Identifikationsproblems JAGODZINSKI, W. (1986), S. 84ff.

Nachdem nun ein (vermutlich) identifiziertes Modell vorliegt, sind die zu bestimmenden Parameter aus einer Stichprobe zu schätzen. In der Regel können aufgrund der Komplexität des Schätzproblems keine deterministischen Algorithmen angewendet werden; vielmehr bedarf es iterativer Verfahren. Hierzu kommen sowohl Kleinste-Quadrate-Schätzmethoden[976] als auch der Maximum-Likelihood-Ansatz (ML) in Betracht. Während die Generalized-Least-Squares-(GLS) ebenso wie die ML-Methode multivariat normalverteilte Variablen voraussetzen, liegt dem Unweighted-Least-Squares-Ansatz (ULS) keine Verteilungsannahme zugrunde.[977] Obwohl die Verteilungsvoraussetzungen der ML-Methode als praktisch nie erfüllt angesehen werden müssen, ist sie das in empirischen Untersuchungen am häufigsten verwendete Verfahren.[978] In dieser Arbeit sollen daher beide – der ULS-Ansatz aufgrund wenig restriktiver Annahmen und die ML-Methode der besseren Vergleichbarkeit wegen – genutzt werden.

Die Güte des durch die geschätzten Parameter spezifizierten Kausalmodells kann anhand von *Anpassungsmaßen* bewertet werden. Die Güte ist dabei der im Rahmen der konfirmatorischen Analyse beschriebene Fit zwischen Kausalmodell und zu erklärenden Beziehungen in der Stichprobe. Häufig wird dazu die χ^2-Anpassungsstatistik verwendet,[979] die allerdings restriktive Anwendungsvoraussetzungen, wie lineare Beziehungen zwischen Variablen, multivariate Normalverteilung und Homoskedastizität der Fehlerterme hat, auf deren Verletzung sie sehr sensitiv reagiert.[980] Im übrigen liefert die „normale" χ^2-Anpassungsstatistik keine sinnvolle Aussage, vielmehr ist der χ^2-Wert durch die Anzahl der Freiheitsgrade zu dividieren.[981] Ist der Quotient kleiner als 2,5 deutet dies auf eine akzeptable Modellanpassung.[982] Trotz der oben beschriebenen Einschränkungen ist die χ^2-Anpassungsstatistik das am häufigsten verwendete Anpassungsmaß,[983] so daß schon aus Gründen der Vergleichbarkeit hier nicht darauf verzichtet werden kann.

Alternativ kommen als Anpassungsmaße der Adjusted Goodness-of-Fit Index (AGFI) sowie der Root Mean Squared Error of Approximation (RMSEA) in Betracht.[984] Ersterer ist eine Weiterentwicklung des Goodness-of-Fit Indexes und gilt als geeignetes[985] und verbreitetes[986] Anpassungsmaß. Je passabler das Modell, desto größer der Wert, wobei das Maximum bei Eins liegt. Gewöhnlich wird ein AGFI von größer 0,9 als akzeptabel angesehen. Der RMSEA

[976] Zum Verständnis der folgenden Ausführungen mag die englische Übersetzung „Least-Squares" beitragen.
[977] Vgl. HOMBURG, C./SÜTTERLIN, S. (1990), S. 186ff. Andere Methoden sind z. B. Two-Stage Least-Squares, Generally Wheighted Least-Squares und Diagonally Weighted Least-Squares. Vgl. SPSS (1993), S. 86 und JÖRESKOG, K. G./SÖRBOM, D. (1993), S. 116.
[978] Vgl. BACKHAUS, K./BÜSCHKEN, J. (1998), S. 166.
[979] Vgl. BACKHAUS, K./BÜSCHKEN, J. (1998), S. 166.
[980] Vgl. HILDEBRANDT, L./BUZZEL, R. (1998), S. 224.
[981] Vgl. BAUMGARTNER, H./HOMBURG, C. (1996), S. 152.
[982] Vgl. HOMBURG, C./BAUMGARTNER, H. (1995a), S. 168. Andere Autoren sehen keinen Konsens hinsichtlich der kritischen Höhe des Wertes. Vgl. BOLLEN, K. A. (1989), S. 278.
[983] Vgl. BACKHAUS, K./BÜSCHKEN, J. (1998), S. 166; BAUMGARTNER, H./HOMBURG, C. (1996), S. 150; FRITZ, W. (1992), S. 125.
[984] Vgl. BAUMGARTNER, H./HOMBURG, C. (1996), S. 149ff.
[985] Vgl. HOMBURG, C./BAUMGARTNER, H. (1995a), S. 165ff.

ist konzeptionell unterschiedlich und basiert auf der Messung der Noncentrality.[987] Werte von unter 0,08 weisen auf eine annehmbare, Werte unter 0,05 auf eine gute Modellanpassung hin. Mit diesen drei Anpassungsmaßen steht eine gute Mischung zur Verfügung, die eine effektive Beurteilung der Kausalmodelle ermöglicht.[988]

Die Berechnungen zur Kausalanalyse wurden mit LISREL 8.30 durchgeführt.[989] In der Metastudie von BACKHAUS und BÜSCHKEN erwies sich dieses Programm mit 81 % aller untersuchten empirischen Forschungsarbeiten als das mit großem Abstand am häufigsten eingesetzte,[990] so daß es als der allgemein akzeptierte Standard anzusehen ist.

Schließlich kann für einzelne Parameter des Strukturgleichungsmodells bestimmt werden, ob diese mit einem bestimmten Signifikanzniveau von Null verschieden sind. Auf diese Weise können die Teile des Kausalmodells herausgefiltert werden, die für die Reproduktion der Beziehungen in der Stichprobe besonders wichtig sind.

8.5.3 Falsifizierungsversuche

In diesem Abschnitt werden die Thesen entsprechend der Reihenfolge ihrer Formulierung in den Kapiteln 5 bis 7 mit Hilfe in der Erhebung gewonnener Merkmale operationalisiert. Darauf aufbauend wird versucht, diese operationalen Hypothesen zu falsifizieren. Einer These wird abschließend der Wahrheitswert ihrer Operationalisierung zugewiesen.

These 1: Für alle Meßobjekte besteht eine positive Fokussierungslücke.

Die Fokussierungslücke stellt – wie schon in Abschnitt 5.1.6 erläutert – auf die Differenz zwischen Relevanz für den langfristigen Unternehmenserfolg und Betrachtungsintensität im Performance Measurement-System ab. Die Operationalisierung erfolgt dementsprechend anhand der Einschätzung der Relevanz und Betrachtungsintensität von Meßobjekttypen durch die Untersuchungsobjekte. Dem statistischen Test der These liegen somit folgende Null- und Alternativhypothese zugrunde:

H_0^1: Der Mittelwert der Differenz von Relevanz und Betrachtungsintensität eines Meßobjekttyps ist nicht größer als Null.

H_1^1: Der Mittelwert der Differenz von Relevanz und Betrachtungsintensität eines Meßobjekttyps ist größer als Null.

Anhand eines t-Tests auf Mittelwertunterschiede mit einer Stichprobe soll die Hypothesenkombination untersucht werden. Die entsprechenden Testwerte zeigt Tab. 26.

986 Vgl. BACKHAUS, K./BÜSCHKEN, J. (1998), S. 166; BAUMGARTNER, H./HOMBURG, C. (1996), S. 150.

987 Vgl. BENTLER, P. M. (1990), S. 238ff.; MCDONALD, R. P./MARSH, H. W. (1990), S. 248ff.; STEIGER, J. H. (1990), S. 177ff.; BROWNE, M. W./CUDECK, R. (1993), S. 136ff.

988 Vgl. HOMBURG, C./HILDEBRANDT, L. (1998), S. 24.

989 Die Darstellung von Kausalmodellen erfolgt dabei in Matrizenform. Vgl. für einen kurzgefaßten Überblick zur Syntax z. B. JACCARD, J./WAN, C. K. (1996), S. 8ff.; NAKATH, J./LINDHORST, H. (1999), S. 51ff.

990 Untersucht wurden empirische Arbeiten zum Investitionsgütermarketing der Jahre 1980 bis 1996. Neben LISREL wurden PLS (14 %) und EQS (5 %) genutzt. Vgl. BACKHAUS, K./BÜSCHKEN, J. (1998), S. 149ff., insbesondere S. 165.

Meßobjekttyp	Mittelwert	N	t-Wert	dF	Signifikanz
Materielle Ressourcen (20-1 – 7-1)	0,2281	114	**2,324**	113	0,022
Finanzielle Ressourcen (20-2 – 7-2)	0,3261	115	**3,528**	114	0,001
Immaterielle Ressourcen (20-3 & 20-4 – 7-3 & 7-4)	1,4450	109	**14,936**	108	0,000
Prozesse (20-5 & 20-6 – 7-5 & 7-6)	0,6150	113	**6,104**	112	0,000
Unternehmensumfeld (21-1 bis 21-7 – 7-7 bis 7-11)	0,2146	96	**2,411**	95	0,018

Tab. 26: These 1: Testwerte

Die Nullhypothese H_0^1 wird für alle Meßobjekttypen signifikant abgelehnt, so daß die Alternativhypothese H_1^1 gilt. Für Finanzielle und Immaterielle Ressourcen sowie Prozesse wird H_0^1 sogar hochsignifikant verworfen. These 1 kann damit als bewährt angesehen werden.

These 2: Die zur Messung der „klassischen“ Meßobjekte eingesetzten Indikatoren sind im Mittel valider als die zur Operationalisierung von „modernen“ Meßobjekten genutzten.

Die These wird anhand der durch die Untersuchungsobjekte eingeschätzten Validität von Indikatoren operationalisiert und beruht damit auf folgender Null- und Alternativhypothese:

H_0^2: Die mittlere Validität der zur Messung „klassischer“ Meßobjekte genutzten Indikatoren ist kleiner gleich der mittleren Validität der Indikatoren für „moderne“ Meßobjekte.

H_1^2: Die mittlere Validität der zur Messung „klassischer“ Meßobjekte genutzten Indikatoren ist größer als die mittlere Validität der Indikatoren für „moderne“ Meßobjekte.

Mittels t-Tests auf Mittelwertunterschiede soll die Hypothesenkombination untersucht werden. Die Validitätsmerkmale der fünf Meßobjekttypen sind alle einem gemeinsamen Teil der Grundgesamtheit (den Unternehmen mit auswertbaren Antworten) zuzuordnen. Es kann also nicht ausgeschlossen werden, daß einige Unternehmen insgesamt zu valideren, andere zu weniger validen Indikatoren tendieren. Dementsprechend ist die Testvariante für mehrere abhängige Stichproben durchzuführen. Der Test lieferte die in Tab. 27 enthaltenen Testwerte.

		Immaterielle Ressourcen (12-3)	Prozesse (12-4)	Umfeld (12-5)
Materielle Ressourcen (12-1)	t-Wert	**11,103**	**6,789**	**10,808**
	dF	115	112	112
	Signifikanz	0,000	0,000	0,000
Finanzielle Ressourcen (12-2)	t-Wert	**14,062**	**10,470**	**14,540**
	dF	117	13	114
	Signifikanz	0,000	0,000	0,000

Tab. 27: These 2: Testwerte

Somit wird die Nullhypothese H_0^2 hochsignifikant abgelehnt und die Alternativhypothese H_1^2 gilt. Damit kann These 2 als bewährt angesehen werden.

These 3: Die zur Messung der „klassischen" Meßobjekte eingesetzten Indikatoren sind im Mittel von größerer Reliabilität als die zur Operationalisierung der „modernen" Meßobjekte genutzten.

Unter Bezug auf die Reliabilitätseinschätzung der Untersuchungsobjekte kann diese These mit folgender Hypothesenkombination operationalisiert werden:

H_0^3: Die mittlere Reliabilität der zur Messung „klassischer" Meßobjekte genutzten Indikatoren ist kleiner gleich der mittleren Reliabilität der Indikatoren „moderner" Meßobjekte.

H_1^3: Die mittlere Reliabilität der zur Messung „klassischer" Meßobjekte genutzten Indikatoren ist größer als die mittlere Reliabilität der Indikatoren „moderner" Meßobjekte.

Wie schon bei der vorigen These soll die Hypothesenkombination anhand von t-Tests mit mehreren abhängigen Stichproben untersucht werden. Tab. 28 zeigt die Testergebnisse.

		Immaterielle Ressourcen (11-3)	Prozesse (11-4)	Umfeld (11-5)
Materielle Ressourcen (11-1)	t-Wert	**13,234**	**7,708**	**12,592**
	dF	114	113	111
	Signifikanz	0,000	0,000	0,000
Finanzielle Ressourcen (11-2)	t-Wert	**15,435**	**10,389**	**15,359**
	dF	117	114	114
	Signifikanz	0,000	0,000	0,000

Tab. 28: These 3: Testwerte

Die Nullhypothese H_0^3 wird hochsignifikant abgelehnt, so daß sich These 3 bewährte.

These 4: Die Validität und die Reliabilität sind Güteeigenschaften von Indikatoren, die eng miteinander in Verbindung stehen.

Auf Basis der Validitäts- und Reliabilitätseinschätzung von Indikatoren durch die Untersuchungsobjekte wird folgende Hypothesenkombination formuliert:

H_0^4: Die Validität und Reliabilität der Indikatoren zur Messung einzelner Meßobjekte sind jeweils nicht positiv miteinander korreliert.

H_1^4: Die Validität und Reliabilität der Indikatoren zur Messung einzelner Meßobjekte sind jeweils positiv miteinander korreliert.

Da sowohl die Validität als auch die Reliabilität metrisch skalierte Merkmale sind, wird im Rahmen der Korrelationsanalyse der Bravais-Pearson-Korrelationskoeffizient r als Zusammenhangsmaß benutzt. Die Testergebnisse sind in Tab. 29 enthalten.

Meßobjekttyp	N	r	Signifikanz
Materielle Ressourcen (12-1 vs. 11-1)	117	**0,702**	0,000
Finanzielle Ressourcen (12-2 vs. 11-2)	119	**0,794**	0,000
Immaterielle Ressourcen (12-3 vs. 11-3)	118	**0,803**	0,000
Prozesse (12-4 vs. 11-4)	115	**0,816**	0,000
Umfeld (12-5 vs. 11-5)	114	**0,848**	0,000

Tab. 29: These 4: Testwerte

Somit wird die Nullhypothese H_0^4 hochsignifikant verworfen und These 4 gilt als bewährt.

These 5: Zur Operationalisierung „klassischer" Meßobjekte stehen Indikatoren zur Verfügung, die ökonomischer ermittelbar sind als die Indikatoren „moderner" Meßobjekte.

Auf Basis der Einschätzung der ökonomischen Ermittelbarkeit einzelner Meßobjekte durch die Untersuchungsobjekte wird diese These mit folgendem Hypothesenpaar abgebildet:

H_0^5: Der Mittelwert der ökonomischen Ermittelbarkeit ist für Indikatoren „klassischer" Meßobjekte kleiner gleich dem Mittelwert für Indikatoren „moderner" Meßobjekte.

H_1^5: Der Mittelwert der ökonomischen Ermittelbarkeit ist für Indikatoren „klassischer" Meßobjekte größer als für Indikatoren „moderner" Meßobjekte.

Zur Operationalisierung der ökonomischen Ermittelbarkeit der Indikatoren für „moderne" Meßobjekttypen wird die, in der Datenerhebung detaillierter erfaßte, ökonomische Ermittelbarkeit für Indikatoren dieser Meßobjekte aggregiert.[991] Die Testergebnisse der Hypothesenuntersuchung auf Basis von t-Tests mit mehreren abhängigen Stichproben zeigt Tab. 30.

		Immaterielle Ressourcen (8-3 & 8-4)	Prozesse (8-5 & 8-6)	Umfeld (8-7 bis 8-11)
Materielle Ressourcen (8-1)	t-Wert	**13,987**	**5,961**	**10,064**
	dF	114	115	100
	Signifikanz	0,000	0,000	0,000
Finanzielle Ressourcen (8-2)	t-Wert	**19,953**	**10,917**	**16,878**
	dF	113	114	99
	Signifikanz	0,000	0,000	0,000

Tab. 30: These 5: Testwerte

[991] Die ökonomische Ermittelbarkeit der Indikatoren für Prozesse wird durch die ökonomische Ermittelbarkeit der Indikatoren für direkt wertschöpfende (8-5) und unterstützende Prozesse (8-6) bestimmt. Da eventuelle Gewichtungsfaktoren für die Aggregation nicht sinnvoll zu bestimmen sind, wird entsprechend der LAPLACE-Regel eine ungewichtete Addition vorgenommen. Vgl. z. B. SALIGER, E. (1998), S. 86f.; SIEBEN, G./SCHILDBACH, T. (1990), S. 54f.; BAMBERG, G./COENENBERG, A. G. (1996), S. 110.

Da die Nullhypothese H_0^5 hochsignifikant verworfen wird und damit die Alternativhypothese H_1^5 angenommen wird, ist These 5 als bewährt zu betrachten.

These 6: Indikatoren sind um so valider, je ökonomischer ermittelbar sie sind.

Die Operationalisierung der These 6 stützt sich auf die Einschätzungen der Validität und aggregierten ökonomischen Ermittelbarkeit, die bereits bei der Validierung der vorangegangenen Thesen genutzt wurden:

H_0^6: Die Validität und ökonomische Ermittelbarkeit der Indikatoren zur Messung einzelner Meßobjekte sind jeweils nicht positiv miteinander korreliert.

H_1^6: Die Validität und ökonomische Ermittelbarkeit der Indikatoren zur Messung einzelner Meßobjekte sind jeweils positiv miteinander korreliert.

Zur Untersuchung der Hypothesenkombination werden Korrelationsanalysen genutzt. Die entsprechenden statistischen Testwerte sind in Tab. 31 dargestellt.

Meßobjekttyp	*N*	*r*	Signifikanz
Materielle Ressourcen (12-1 vs. 8-1)	117	**0,418**	0,000
Finanzielle Ressourcen (12-2 vs. 8-2)	117	**0,577**	0,000
Immaterielle Ressourcen (12-3 vs. 8-3 & 8-4)	113	**0,525**	0,000
Prozesse (12-4 vs. 8-5 & 8-6)	112	**0,574**	0,000
Umfeld (12-5 vs. 8-7 bis 8-11)	99	**0,596**	0,000

Tab. 31: These 6: Testwerte

Die Nullhypothese H_0^6 wird hochsignifikant verworfen, so daß These 6 als bewährt anzusehen ist.

These 7: Die Reliabilität von Indikatoren ist um so größer, je ökonomischer ermittelbar sie sind.

In Analogie zu These 6 beruht die Operationalisierung von These 7 auf den schon in den bisher untersuchten Thesen genutzten Einschätzungen der Untersuchungsobjekte hinsichtlich Reliabilität und ökonomischer Ermittelbarkeit von Indikatoren. Es wird folgende Hypothesenkombination verwendet:

H_0^7: Die Reliabilität und ökonomische Ermittelbarkeit der Indikatoren zur Messung einzelner Meßobjekte sind jeweils nicht positiv miteinander korreliert.

H_1^7: Die Reliabilität und ökonomische Ermittelbarkeit der Indikatoren zur Messung einzelner Meßobjekte sind jeweils positiv miteinander korreliert.

Auf Basis von Korrelationsanalysen wird das Hypothesenpaar mit den in Tab. 32 aufgeführten Ergebnissen untersucht.

Meßobjekttyp	N	r	Signifikanz
Materielle Ressourcen (11-1 vs. 8-1)	116	**0,562**	0,000
Finanzielle Ressourcen (11-2 vs. 8-2)	117	**0,512**	0,000
Immaterielle Ressourcen (11-3 vs. 8-3 & 8-4)	113	**0,583**	0,000
Prozesse (11-4 vs. 8-5 & 8-6)	113	**0,587**	0,000
Umfeld (11-5 vs. 8-7 bis 8-11)	100	**0,570**	0,000

Tab. 32: These 7: Testwerte

These 7 ist als bewährt anzusehen, da die Nullhypothese H_0^7 hochsignifikant verworfen wird.

These 8: Objektive Indikatoren werden subjektiven Indikatoren bei der Nutzung in Performance Measurement-Systemen vorgezogen.

Für die Operationalisierung wird auf die Einschätzung des Grades der Subjektivität und Objektivität der Indikatoren einzelner Meßobjekte durch die Untersuchungsobjekte zurückgegriffen. Da diese Einschätzung auf einer Intervallskala mit den Randwerten „allein subjektiv" (1) und „allein objektiv" (5) mit einer mittleren Ausprägung „teils-teils" (3) erfaßt wurde, muß der Mittelwert der Einschätzung größer als 3 sein, damit obige These gültig ist. Somit wird das folgende Hypothesenpaar verwendet:

H_0^8: Der Mittelwert der Einschätzung der Subjektivität/Objektivität der Indikatoren ist kleiner oder gleich drei.

H_1^8: Der Mittelwert der Einschätzung der Subjektivität/Objektivität der Indikatoren ist größer als drei.

Die Untersuchung der Hypothesenkombination erfolgt mit t-Tests bei einer Stichprobe. Die resultierenden statistischen Testwerte zeigt Tab. 33.

Meßobjekttyp	Mittelwert	N	t-Wert	dF	Signifikanz
Materielle Ressourcen (15-1)	4,4746	118	**26,293**	117	0,000
Finanzielle Ressourcen (15-2)	4,6303	119	**35,429**	118	0,000
Immaterielle Ressourcen (15-3)	3,3130	115	**3,437**	114	0,001
Prozesse (15-4)	3,6754	114	**8,626**	113	0,000
Umfeld (15-5)	3,1295	112	1,463	111	0,146

Tab. 33: These 8: Testwerte

Mit Ausnahme des Unternehmensumfeldes wird H_0^8 hochsignifikant zurückgewiesen. Die Wahrscheinlichkeit, daß die Nullhypothese nicht abgelehnt wird, obwohl sie falsch ist, liegt für die Indikatoren des Unternehmensumfeldes bei 14,6 %. Im wesentlichen kann H_1^8 damit als bestätigt angesehen werden. Für die Operationalisierung des Unternehmensumfeldes werden unter Umständen objektive und subjektive Indikatoren gleichberechtigt verwendet. Formuliert man die untersuchte These in „Subjektive Indikatoren werden objektiven Indikatoren nicht vorgezogen." um, so gilt sie (bei geringerem Aussagegehalt) uneingeschränkt. Insgesamt ist daher davon auszugehen, daß sich die These im wesentlichen bewährt hat.

These 9: Zur Messung der „klassischen" Meßobjekte werden objektivere Indikatoren eingesetzt als zur Operationalisierung von „modernen" Meßobjekten.

Die Operationalisierung erfolgt wie bei der vorherigen These, so daß die Hypothesenkombination lautet:

H_0^9: Der Mittelwert der Objektivitätseinschätzung ist für Indikatoren „klassischer" Meßobjekte kleiner gleich dem Mittelwert für Indikatoren „moderner" Meßobjekte.

H_1^9: Der Mittelwert der Objektivitätseinschätzung ist für Indikatoren „klassischer" Meßobjekte größer als der Mittelwert für Indikatoren „moderner" Meßobjekte.

Die Untersuchung der Hypothesenkombination basiert auf t-Tests bei mehreren abhängigen Stichproben, wobei jeder „klassische" Meßobjekttyp gegen jeden „modernen" Meßobjekttyp getestet wird. Die Testergebnisse sind in Tab. 34 enthalten.

		Immaterielle Ressourcen (15-3)	Prozesse (15-4)	Umfeld (15-5)
Materielle Ressourcen (15-1)	t-Wert	**12,205**	**9,599**	**13,647**
	dF	112	111	109
	Signifikanz	0,000	0,000	0,000
Finanzielle Ressourcen (15-2)	t-Wert	**13,797**	**12,410**	**15,612**
	dF	114	112	111
	Signifikanz	0,000	0,000	0,000

Tab. 34: These 9: Testwerte

Da die Nullhypothese H_0^9 jeweils hochsignifikant verworfen wird, hat sich These 9 bewährt.

These 10: Je objektiver ein Indikator ist, desto valider ist er.

Für die Operationalisierung der Konstrukte Objektivität und Validität wird auf die Erläuterungen im Zusammenhang mit obigen Thesen verwiesen. Das entsprechende Hypothesenpaar lautet dementsprechend:

H_0^{10}: Die Validitätseinschätzung eines Indikators ist nicht positiv mit seiner Objektivitätseinschätzung korreliert.

H_1^{10}: Die Validitätseinschätzung eines Indikators ist positiv mit seiner Objektivitätseinschätzung korreliert.

Die Untersuchung erfolgt auf Basis von Korrelationsanalysen, deren Testwerte Tab. 35 zeigt.

Meßobjekttyp	N	r	Signifikanz
Materielle Ressourcen (12-1 vs. 15-1)	117	**0,246**	0,004
Finanzielle Ressourcen (12-2 vs. 15-2)	118	**0,221**	0,008
Immaterielle Ressourcen (12-3 vs. 15-3)	115	**0,356**	0,000
Prozesse (12-4 vs. 15-4)	112	**0,435**	0,000
Umfeld (12-5 vs. 15-5)	111	**0,332**	0,000

Tab. 35: These 10: Testwerte

Die Nullhypothese H_0^{10} wird hochsignifikant abgelehnt, so daß sich These 10 bewährte.

These 11: Je objektiver ein Indikator ist, desto größer ist seine Reliabilität.

Wie schon bei These 10 erfolgt die Operationalisierung unter Rückgriff auf Erläuterungen im Zusammenhang mit anderen Thesen. Die Hypothesenkombination ist:

H_0^{11}: Die Reliabilitätseinschätzung eines Indikators ist nicht positiv mit seiner Objektivitätseinschätzung korreliert.

H_1^{11}: Die Reliabilitätseinschätzung eines Indikators ist positiv mit seiner Objektivitätseinschätzung korreliert.

Die Korrelationsanalyse liefert die in Tab. 36 aufgeführten Testwerte.

Meßobjekttyp	N	r	Signifikanz
Materielle Ressourcen (11-1 vs. 15-1)	116	**0,307**	0,000
Finanzielle Ressourcen (11-2 vs. 15-2)	118	**0,205**	0,013
Immaterielle Ressourcen (11-3 vs. 15-3)	115	**0,422**	0,000
Prozesse (11-4 vs. 15-4)	113	**0,468**	0,000
Umfeld (11-5 vs. 15-5)	111	**0,359**	0,000

Tab. 36: These 11: Testwerte

Die Nullhypothese H_0^{11} wird signifikant (mit Ausnahme der Finanziellen Ressourcen sogar hochsignifikant) abgelehnt. Damit ist These 11 als bewährt anzusehen.

These 12: Je ökonomischer Indikatoren zu ermitteln sind, desto objektiver sind sie.

Das Hypothesenpaar wird wiederum unter Rückgriff auf die Erläuterungen zur Operationalisierung bei vorangegangenen Thesen gebildet.

H_0^{12}: Die Bewertung der ökonomischen Ermittelbarkeit von Indikatoren und deren Objektivitätseinschätzung sind nicht positiv miteinander korreliert.

H_1^{12}: Die Bewertung der ökonomische Ermittelbarkeit von Indikatoren und deren Objektivitätseinschätzung sind positiv miteinander korreliert.

Tab. 37 zeigt die statistischen Testwerte, die die Korrelationsanalysen lieferten.

Meßobjekttyp	N	r	Signifikanz
Materielle Ressourcen (8-1 vs. 15-1)	116	**0,329**	0,000
Finanzielle Ressourcen (8-2 vs. 15-2)	116	**0,169**	0,034
Immaterielle Ressourcen (8-3 & 8-4 vs. 15-3)	110	**0,383**	0,000
Prozesse (8-5 & 8-6 vs. 15-4)	112	**0,361**	0,000
Umfeld (8-7 bis 8-11 vs. 15-5)	97	**0,260**	0,005

Tab. 37: These 12: Testwerte

Die Nullhypothese H_0^{12} wird signifikant abgelehnt und die Alternativhypothese H_1^{12} gilt. Mit Ausnahme der Finanziellen Ressourcen wird H_1^{12} auch hochsignifikant als gültig angesehen. Damit kann These 12 als bewährt betrachtet werden.

These 13: Zur Messung „klassischer“ Meßobjekte werden zeitnahe Indikatoren verwendet, während zur Operationalisierung von „modernen“ Meßobjekten nachlaufende Indikatoren zum Einsatz kommen.

Anhand der Einschätzung, die die Ansprechpartner in den untersuchten Unternehmen hinsichtlich des Zeithorizonts von Indikatoren abgaben, kann diese These operationalisiert werden. Die verwendete Skala wird als intervallskaliert betrachtet und ist durch die Randwerte „lange nachlaufend“ (1) und „lange vorlaufend“ (5) sowie die mittlere Ausprägung „zeitnah“ (3) gekennzeichnet.

Die These hat eine mehrteilige Struktur, so daß auf zwei Teilaspekte einzugehen ist. Das erste Postulat zeitnaher Indikatoren für „klassische“ Meßobjekte und nachlaufender für „moderne“ kann durch folgende Hypothesenkombination erfaßt werden:

H_0^{13a}: Der Mittelwert der Einschätzung der Zeitnähe von Indikatoren ist für „klassische“ Meßobjekte verschieden von „zeitnah“ (3) und für „moderne“ Meßobjekte nicht nachlaufend (größer gleich 3).

H_1^{13a}: Der Mittelwert der Einschätzung der Zeitnähe von Indikatoren ist für „klassische“ Meßobjekte „zeitnah“ (3) und für „moderne“ Meßobjekte nachlaufend (kleiner als 3).

Gleichzeitig impliziert die These aufgrund der Gegenüberstellung „klassischer“ und „moderner“ Meßobjekte, daß die Indikatoren beider sich hinsichtlich ihrer Zeitnähe unterscheiden. Dementsprechend wird für diesen zweiten Aspekt ein weiteres Hypothesenpaar formuliert:

H_0^{13b}: Indikatoren „klassischer“ Meßobjekte werden im Mittel als nicht vorlaufender als die der „modernen“ Meßobjekte eingeschätzt.

H_1^{13b}: Indikatoren „klassischer“ Meßobjekte werden im Mittel als vorlaufender als die der „modernen“ Meßobjekte eingeschätzt.

Zur Untersuchung des ersten Hypothesenpaares kann ein t-Test bei einer Stichprobe auf Mittelwertunterschiede der Zeitnähe der Indikatoren zu „zeitnah" (3) durchgeführt werden. Dabei wurden die in Tab. 38 dargestellten statistischen Testwerte ermittelt.[992]

Meßobjekttyp	Mittelwert	*N*	t-Wert	*dF*	Signifikanz
Materielle Ressourcen (14-1)	3,0678	113	0,765	112	0,446
Finanzielle Ressourcen (14-2)	3,1065	115	1,387	114	0,168
Immaterielle Ressourcen (14-3)	2,6914	108	**−3,059**	107	0,001
Prozesse (14-4)	2,8082	106	**−2,401**	105	0,009
Unternehmensumfeld (14-5)	2,5385	104	**−5,110**	103	0,000

Tab. 38: These 13: Testwerte I

Für „moderne" Meßobjekte wird H_0^{13a} hochsignifikant verworfen. Problematischer ist die Interpretation des t-Tests für „klassische" Meßobjekte. Die Form der Hypothese ist ungewöhnlich. Meist zielen statistische Tests darauf ab, signifikante *Unterschiede* zu finden, während hier eine signifikante *Identität* gezeigt werden soll. Entscheidungsrelevant ist damit die Differenz von 1 und dem im t-Test ermittelten Signifikanzwert. Formal wird H_0^{13a} für „klassische" Meßobjekte also nicht verworfen, da die Signifikanzwerte zwar hoch sind, aber nicht 0,95 erreichen. Die Signifikanzwerte liegen in einem Unschärfebereich, so daß nicht entscheidbar ist, ob die Null- oder Alternativhypothese signifikant gültig ist.

Andererseits ist die zu untersuchende These nicht so zu verstehen, daß der mittlere Zeithorizont von Indikatoren „klassischer" Meßobjekte genau 3 sein soll. Als zeitnah gelten auch Indikatoren, die nur sehr kurz vor- oder nachlaufend sind. Da der mittlere Zeithorizont nicht signifikant von 3 abweicht, der reale Mittelwert also nicht weit von 3 entfernt liegt, kann H_0^{13a} für „klassische" Meßobjekte zwar nicht verworfen werden, dennoch wird die These durch die statistischen Tests der ersten Hypothesenkombination gestützt.

		Immaterielle Ressourcen (14-4)	Prozesse (14-4)	Umfeld (14-5)
Materielle Ressourcen (14-1)	t-Wert	**3,698**	**2,648**	**4,466**
	dF	105	103	100
	Signifikanz	0,000	0,009	0,000
Finanzielle Ressourcen (14-2)	t-Wert	**3,353**	**2,471**	**4,779**
	dF	107	104	103
	Signifikanz	0,001	0,015	0,000

Tab. 39: These 13: Testwerte II

992 Für „klassische" Meßobjekte wurden, der Hypothesenstruktur folgend, zweiseitige, für „moderne" einseitige

Für die Untersuchung der zweiten Hypothesenkombination H_0^{13b} und H_1^{13b} kommen t-Tests mit mehreren abhängigen Stichproben zum Einsatz. Dabei wurden die in Tab. 39 angegebenen statistischen Testwerte ermittelt. H_0^{13b} wird signifikant (mit einer Ausnahme sogar hochsignifikant) abgelehnt.

Zusammenfassend kann damit These 13 als bewährt eingeschätzt werden.

These 14: Je nachlaufender die eingesetzten Indikatoren sind, desto geringer ist ihre Validität.

Hinsichtlich der Operationalisierung der These kann auf die Ausführungen im Zusammenhang mit den vorangegangenen Thesen zurückgegriffen werden. Dementsprechend wird folgendes Hypothesenpaar eingesetzt:

H_0^{14}: Zwischen der Einschätzung der Validität und des Zeithorizonts von Indikatoren besteht kein positiver Zusammenhang.

H_1^{14}: Zwischen der Einschätzung der Validität und des Zeithorizonts von Indikatoren besteht ein positiver Zusammenhang.

Die Korrelationsanalysen lieferten die in Tab. 40 erfaßten statistischen Testwerte.

Meßobjekttyp	*N*	*r*	Signifikanz
Materielle Ressourcen (12-1 vs. 14-1)	113	**0,245**	0,004
Finanzielle Ressourcen (12-2 vs. 14-2)	115	**0,205**	0,014
Immaterielle Ressourcen (12-3 vs. 14-3)	108	**0,228**	0,009
Prozesse (12-4 vs. 14-4)	105	**0,439**	0,000
Umfeld (12-5 vs. 14-5)	103	**0,298**	0,001

Tab. 40: These 14: Testwerte

Damit wird H_0^{14} signifikant abgelehnt und H_1^{14} gilt. Mit einer Ausnahme ist die Ablehnung von H_0^{14} sogar hochsignifikant. Insgesamt hat sich These 14 damit bewährt.

These 15: Je nachlaufender die eingesetzten Indikatoren sind, desto geringer ist ihre Reliabilität.

Die Operationalisierung der Konstrukte erfolgt in Übereinstimmung mit den Ausführungen der bisher untersuchten Thesen. Somit lautet die Hypothesenkombination:

H_0^{15}: Zwischen der Einschätzung der Reliabilität und des Zeithorizonts von Indikatoren besteht kein positiver Zusammenhang.

H_1^{15}: Zwischen der Einschätzung der Reliabilität und des Zeithorizonts von Indikatoren besteht ein positiver Zusammenhang.

Tests durchgeführt.

Die statistischen Testwerte der Untersuchung mit Korrelationsanalysen zeigt Tab. 41.

Meßobjekttyp	N	r	Signifikanz
Materielle Ressourcen (11-1 vs. 14-1)	112	**0,183**	0,027
Finanzielle Ressourcen (11-2 vs. 14-2)	115	**0,172**	0,033
Immaterielle Ressourcen (11-3 vs. 14-3)	108	**0,198**	0,020
Prozesse (11-4 vs. 14-4)	106	**0,440**	0,000
Umfeld (11-5 vs. 14-5)	103	**0,309**	0,001

Tab. 41: These 15: Testwerte

Die Nullhypothese H_0^{15} wird für alle Meßobjekttypen signifikant abgelehnt. Für Prozesse und das Unternehmensumfeld gilt H_1^{15} sogar hochsignifikant. These 15 ist damit als bewährt anzusehen.

These 16: Je nachlaufender Indikatoren sind, desto schlechter ist ihre ökonomische Ermittelbarkeit.

Die These wird unter Bezugnahme auf die Operationalisierungen der bisherigen Thesen durch die folgende Hypothesenkombination wiedergegeben:

H_0^{16}: Zwischen der Einschätzung der ökonomischen Ermittelbarkeit und des Zeithorizonts von Indikatoren besteht kein positiver Zusammenhang.

H_1^{16}: Zwischen der Einschätzung der ökonomischen Ermittelbarkeit und des Zeithorizonts von Indikatoren besteht ein positiver Zusammenhang.

Anhand von Korrelationsanalysen wird die Hypothesenkombination untersucht, woraus die in Tab. 42 dargestellten statistischen Testwerte resultieren.

Meßobjekttyp	N	r	Signifikanz
Materielle Ressourcen (8-1 vs. 14-1)	112	0,046	0,317
Finanzielle Ressourcen (8-2 vs. 14-2)	113	0,081	0,197
Immaterielle Ressourcen (8-3 & 8-4 vs. 14-3)	103	**0,266**	0,003
Prozesse (8-5 & 8-6 vs. 14-4)	104	**0,347**	0,000
Umfeld (8-7 bis 8-11 vs. 14-5)	89	0,171	0,055

Tab. 42: These 16: Testwerte

Für Immaterielle Ressourcen und Prozesse wird die Nullhypothese H_0^{16} hochsignifikant verworfen. Der kritische Signifikanzwert für das Unternehmensumfeld liegt nur sehr geringfügig über dem 5 %-Niveau, so daß die Nullhypothese mit einer Irrtumswahrscheinlichkeit von 5,5 % wohl ebenfalls abzulehnen ist. Für „klassische" Meßobjekte kann die Nullhypothese nicht verworfen werden, so daß die These sich für „klassische" Meßobjekte nicht bewährt hat.

Auf Basis der Testergebnisse ist deshalb davon auszugehen, daß nur für „moderne" Meßobjekte ein positiver Zusammenhang zwischen der ökonomischen Ermittelbarkeit und dem Zeithorizont von Indikatoren besteht.

These 17: Je nachlaufender ein Indikator ist, desto weniger objektiv ist er.

Die Operationalisierung der These lehnt sich an die bisherigen Ausführungen an und erfolgt anhand folgender Hypothesenkombination:

H_0^{17}: Zwischen der Einschätzung der Objektivität und des Zeithorizonts von Indikatoren besteht kein positiver Zusammenhang.

H_1^{17}: Zwischen der Einschätzung der Objektivität und des Zeithorizonts von Indikatoren besteht ein positiver Zusammenhang.

Die Korrelationsanalysen lieferten die in Tab. 43 aufgeführten statistischen Testwerte.

Meßobjekttyp	*N*	*r*	Signifikanz
Materielle Ressourcen (14-1 vs. 15-1)	112	−0,032	0,386
Finanzielle Ressourcen (14-2 vs. 15-2)	114	−0,028	0,383
Immaterielle Ressourcen (14-3 vs. 15-3)	107	**0,207**	0,016
Prozesse (14-4 vs. 15-4)	105	**0,262**	0,004
Umfeld (14-5 vs. 15-5)	103	**0,202**	0,020

Tab. 43: These 17: Testwerte

Für den Bereich „moderner" Meßobjekte wird die Nullhypothese H_0^{17} signifikant verworfen, wobei dies für Prozesse sogar hochsignifikant geschieht. Für „klassische" Meßobjekte ist die Nullhypothese beizubehalten. Dementsprechend kann These 17 nur für „moderne" Meßobjekte als bewährt angesehen werden.

These 18: Zur Messung „klassischer" Meßobjekte werden überwiegend finanzielle Indikatoren eingesetzt, während zur Operationalisierung „moderner" Meßobjekte vornehmlich nicht-finanzielle Indikatoren genutzt werden.

Zur Operationalisierung wird auf die Einschätzung des Ausprägungsgrades finanzieller bzw. nicht-finanzieller Indikatoreigenschaften durch die Ansprechpartner in den untersuchten Unternehmen zurückgegriffen. Die verwendete Skala wird als intervallskaliert betrachtet und ist durch die Randwerte „allein finanziell" (1) und „allein nicht-finanziell" (5) sowie die mittlere Ausprägung „teils-teils" (3) gekennzeichnet.
Diese These weist eine ähnliche Struktur wie These 13 auf, so daß dementsprechend wieder zwei Aspekte separat untersucht werden sollen. Das erste Postulat finanzieller Indikatoren für „klassische" Meßobjekte und nicht-finanzieller für „moderne" kann durch die folgende Hypothesenkombination erfaßt werden.

H_0^{18a}: Im Mittel werden Indikatoren für „klassische" Meßobjekte nicht als finanziell (kleiner gleich 3) und für „moderne" Meßobjekte nicht als nicht-finanziell (größer gleich 3) eingeschätzt.

H_1^{18a}: Im Mittel werden Indikatoren für „klassische" Meßobjekte als finanziell (größer 3) und für „moderne" Meßobjekte als nicht-finanziell (kleiner 3) eingeschätzt.

Gleichzeitig impliziert die These aufgrund der Gegenüberstellung „klassischer" und „moderner" Meßobjekte, daß die Indikatoren beider sich hinsichtlich ihrer finanziellen Ausrichtung unterscheiden. Dementsprechend wird ein weiteres Hypothesenpaar formuliert:

H_0^{18b}: Indikatoren „klassischer" Meßobjekte werden im Mittel nicht als finanzieller orientiert eingeschätzt als die der „modernen" Meßobjekte.

H_1^{18b}: Indikatoren „klassischer" Meßobjekte werden im Mittel als finanzieller orientiert eingeschätzt als die der „modernen" Meßobjekte.

Das erste Hypothesenpaar wird mit t-Tests auf Mittelwertunterschiede zu „teils-teils" (3) untersucht, deren Ergebnisse Tab. 44 zeigt.

Meßobjekttyp	Mittelwert	N	t-Wert	dF	Signifikanz
Materielle Ressourcen (13-1)	2,2288	118	**−10,079**	117	0,000
Finanzielle Ressourcen (13-2)	1,4202	119	**−23,971**	118	0,000
Immaterielle Ressourcen (13-3)	3,2087	115	**2,209**	114	0,015
Prozesse (13-4)	3,2174	115	**3,028**	114	0,002
Umfeld (13-5)	3,5752	113	**7,989**	112	0,000

Tab. 44: These 18: Testwerte I

Die Nullhypothese H_0^{18a} wird signifikant (größtenteils sogar hochsignifikant) verworfen.

Für die Untersuchung der zweiten Hypothesenkombination H_0^{18b} und H_1^{18b} werden t-Tests mit mehreren abhängigen Stichproben genutzt. Die resultierenden Testwerte zeigt Tab. 45.

		Immaterielle Ressourcen (13-3)	Prozesse (13-4)	Umfeld (13-5)
Materielle Ressourcen (13-1)	t-Wert	**8,580**	**10,504**	**12,353**
	dF	112	112	110
	Signifikanz	0,000	0,000	0,000
Finanzielle Ressourcen (13-2)	t-Wert	**15,893**	**18,900**	**20,594**
	dF	114	113	112
	Signifikanz	0,000	0,000	0,000

Tab. 45: These 18: Testwerte II

Die Nullhypothese H_0^{18b} wird somit hochsignifikant abgelehnt. Insgesamt ist damit auf Basis der Untersuchung beider Hypothesenkombinationen These 18 als bewährt anzusehen.

These 19: Die Validität eines Indikators ist unabhängig von seiner finanziellen Ausrichtung.

Die Operationalisierung erfolgt wie schon bei der Untersuchung der vorangegangenen Thesen, so daß folgendes Hypothesenpaar verwendet wird:

H_0^{19}: Zwischen der Einschätzung der Validität und der finanziellen Ausrichtung von Indikatoren besteht ein Zusammenhang.

H_1^{19}: Zwischen der Einschätzung der Validität und der finanziellen Ausrichtung von Indikatoren besteht kein Zusammenhang.

Die Korrelationsanalysen lieferten die in Tab. 46 aufgeführten Testwerte.

Meßobjekttyp	*N*	*r*	Signifikanz
Materielle Ressourcen (12-1 vs. 13-1)	117	0,094	0,313
Finanzielle Ressourcen (12-2 vs. 13-2)	118	−0,089	0,340
Immaterielle Ressourcen (12-3 vs. 13-3)	115	−0,152	0,104
Prozesse (12-4 vs. 13-4)	112	−0,027	0,780
Umfeld (12-5 vs. 13-5)	111	**−0,256**	0,007

Tab. 46: These 19: Testwerte

Für das Unternehmensumfeld ist die Nullhypothese H_0^{19} beizubehalten. Aufgrund der Struktur der Hypothesenkombination ist die Wahrscheinlichkeit für eine irrtümliche Beibehaltung der Nullhypothese etwa 0,7 %, so daß mit großer Sicherheit ausgeschlossen werden kann, daß die Alternativhypothese H_1^{19} für Indikatoren des Unternehmensumfelds gilt. Bei den anderen vier Teilbereichen ist eine klare Entscheidung für Null- oder Alternativhypothese auf Basis der Stichprobendaten nicht möglich. Insofern kann auch keine sichere Aussage hinsichtlich der Gültigkeit der zu bewertenden These getroffen werden. Die Testergebnisse deuten darauf hin, daß die These sich für einige Meßobjekte (insbesondere Immaterielle Ressourcen) bei größeren Stichproben tendenziell nicht bewähren würde.

These 20: Die Reliabilität eines Indikators ist unabhängig von seiner finanziellen Ausrichtung.

Für die Operationalisierung wird wiederum auf die Ausführungen zu den bisher untersuchten Thesen verwiesen. Es wird folgende Hypothesenkombination verwendet:

H_0^{20}: Die Einschätzung der Reliabilität und der finanziellen Ausrichtung von Indikatoren sind voneinander abhängig.

H_1^{20}: Die Einschätzung der Reliabilität und der finanziellen Ausrichtung von Indikatoren sind voneinander unabhängig.

In Tab. 47 sind die Testwerte der Korrelationsanalysen dargestellt.

Meßobjekttyp	*N*	*r*	Signifikanz
Materielle Ressourcen (11-1 vs. 13-1)	116	−0,094	0,316
Finanzielle Ressourcen (11-2 vs. 13-2)	118	−0,082	0,379
Immaterielle Ressourcen (11-3 vs. 13-3)	115	**−0,196**	0,035
Prozesse (11-4 vs. 13-4)	113	0,025	0,793
Umfeld (11-5 vs. 13-5)	111	−0,171	0,072

Tab. 47: These 20: Testwerte

Die Ergebnisse zeigen sich als mit den Resultaten der Tests zur unmittelbar vorhergehenden These 19 strukturell identisch. Wiederum wird für einen Teilbereich die Nullhypothese mit geringer Irrtumswahrscheinlichkeit beibehalten, während für alle anderen Teilbereiche eine Entscheidung zwischen Null- und Alternativhypothese auf Basis der vorliegenden Stichprobe nicht möglich ist. Insgesamt ist These 20 bei einer Tendenz zur Verwerfung der These damit als auf Basis der Stichprobe nicht entscheidbar zu klassifizieren.

These 21: Die Objektivität/Subjektivität eines Indikators ist unabhängig von seiner finanziellen Ausrichtung.

Die Untersuchung wird mit folgendem Hypothesenpaar unternommen, wobei zur Operationalisierung auf die Ausführungen zu den bisher untersuchten Thesen verwiesen wird:

H_0^{21}: Zwischen der Einschätzung der Objektivität und der finanziellen Ausrichtung von Indikatoren besteht ein Zusammenhang.

H_1^{21}: Zwischen der Einschätzung der Objektivität und der finanziellen Ausrichtung von Indikatoren besteht kein Zusammenhang.

Die Testwerte der Korrelationsanalysen zeigt Tab. 48.

Meßobjekttyp	*N*	*r*	Signifikanz
Materielle Ressourcen (13-1 vs. 15-1)	117	−0,151	0,105
Finanzielle Ressourcen (13-2 vs. 15-2)	118	−0,112	0,229
Immaterielle Ressourcen (13-3 vs. 15-3)	114	**−0,201**	0,032
Prozesse (13-4 vs. 15-4)	113	0,112	0,237
Umfeld (13-5 vs. 15-5)	111	−0,185	0,053

Tab. 48: These 21: Testwerte

Für Immaterielle Ressourcen ist die Nullhypothese mit sehr geringer Irrtumswahrscheinlichkeit beizubehalten. Für das Unternehmensumfeld gilt ähnliches, auch wenn die Irrtumswahrscheinlichkeit hier 5 % geringfügig überschreitet. Wie schon bei den Thesen 19 und 20 kann auf Basis der Stichprobe für die anderen Teilbereich keine hinreichend sichere Entscheidung zwischen Null- und Alternativhypothese getroffen werden, so daß die These insgesamt nicht bewertet werden kann. Aufgrund der Testergebnisse dürfte aber eine Tendenz zur Verwerfung von These 21 bestehen.

These 22: Die ökonomische Ermittelbarkeit eines Indikators ist unabhängig von seiner finanziellen Ausrichtung.

Die Operationalisierung der ökonomischen Ermittelbarkeit und finanziellen Ausrichtung erfolgt äquivalent zu den bisher untersuchten Thesen. Das Hypothesenpaar hat damit die Form:

H_0^{22}: Zwischen der Einschätzung der ökonomischen Ermittelbarkeit und der finanziellen Ausrichtung von Indikatoren besteht ein Zusammenhang.

H_1^{22}: Zwischen der Einschätzung der ökonomischen Ermittelbarkeit und der finanziellen Ausrichtung von Indikatoren besteht kein Zusammenhang.

Die Testergebnisse der Korrelationsanalysen sind in Tab. 49 zusammengefaßt.

Meßobjekttyp	*N*	*r*	Signifikanz
Materielle Ressourcen (8-1 vs. 13-1)	116	0,061	0,515
Finanzielle Ressourcen (8-2 vs. 13-2)	116	0,003	0,973
Immaterielle Ressourcen (8-3 & 8-4 vs. 13-3)	110	−0,086	0,373
Prozesse (8-5 & 8-6 vs. 13-4)	112	0,017	0,862
Umfeld (8-7 bis 8-11 vs. 13-5)	97	−0,056	0,588

Tab. 49: These 22: Testwerte

Für Finanzielle Ressourcen wird H_0^{22} signifikant abgelehnt. Für die anderen Teilbereiche ist eine hinreichend sichere Entscheidung auf Basis der Stichprobe nicht möglich. Im Unterschied zu den Thesen 19 bis 21 könnten die hohen Signifikanzwerte der Tests darauf hindeuten, daß eine Ausweitung der Stichprobe mit einer Tendenz zur Bewährung der These einhergeht.

These 23: Der Zeithorizont eines Indikators ist unabhängig von seiner finanziellen Ausrichtung.

Zur Operationalisierung wird auf die Ausführungen zu den vorangegangenen Thesen verwiesen und folgende Hypothesenkombination genutzt:

H_0^{23}: Die Einschätzung des Zeithorizonts und der finanziellen Ausrichtung von Indikatoren sind voneinander abhängig.

H_1^{23}: Die Einschätzung des Zeithorizonts und der finanziellen Ausrichtung von Indikatoren sind voneinander unabhängig.

Die durchgeführten Korrelationsanalysen ergaben die in Tab. 50 aufgeführten Testwerte.

Meßobjekttyp	N	r	Signifikanz
Materielle Ressourcen (13-1 vs. 14-1)	113	0,074	0,439
Finanzielle Ressourcen (13-2 vs. 14-2)	115	0,042	0,654
Immaterielle Ressourcen (13-3 vs. 14-3)	108	−0,083	0,395
Prozesse (13-4 vs. 14-4)	106	0,043	0,664
Umfeld (13-5 vs. 14-5)	104	0,011	0,910

Tab. 50: These 23: Testwerte

Damit kann für alle Teilbereiche auf Basis der verfügbaren Stichprobe keine hinreichend sichere Entscheidung zwischen der Null- und der Alternativhypothese getroffen werden. Da die Signifikanzwerte vergleichsweise hoch sind, könnte bei einer größeren Stichprobe eine Tendenz zur Bewährung der These bestehen.

These 24: Zwischen der Intensität der Betrachtung eines Meßobjekts in einem Performance Measurement-System und dessen Relevanz für den langfristigen Unternehmenserfolg sowie der Güte der Operationalisierung besteht jeweils ein positiver Zusammenhang, während zwischen der Betrachtung und den Operationalisierungskosten ein negativer Zusammenhang besteht.

Die These soll unter Nutzung des kausalanalytischen Modells, das in Abschnitt 8.5.2.5 als Beispiel betrachtet wurde, untersucht werden. Die dem Modell zugrunde liegende Struktur kann mit folgenden drei Alternativhypothesen H_1^{24a}, H_1^{24b}, H_1^{24c} zusammengefaßt werden:

H_1^{24a}: Eine große Relevanz von Meßobjekten führt zu einer intensiveren Betrachtung dieser Meßobjekte in einem Performance Measurement-System $(\gamma_{11} > 0)$.

H_1^{24b}: Geringe Meßkosten für Indikatoren von Meßobjekten führen zu einer intensiveren Betrachtung dieser Meßobjekte in einem Performance Measurement-System $(\gamma_{12} < 0)$.

H_1^{24c}: Eine hohe Güte der Indikatoren für Meßobjekte führt zu einer intensiveren Betrachtung dieser Meßobjekte in einem Performance Measurement-System $(\gamma_{13} > 0)$.

Die entsprechenden Nullhypothesen lauten:

H_0^{24a}: $y_{11} \leq 0$,

H_0^{24b}: $y_{12} \geq 0$ und

H_0^{24c}: $y_{13} \leq 0$.

Zur Überprüfung der Hypothesen ist als erstes das bereits in Abschnitt 8.5.2.5 als illustrierendes Beispiel herangezogene Kausalmodell in ein identifiziertes Modell umzuwandeln. Dazu sind mindestens fünf der zu bestimmenden Parameter vorzubelegen. Zunächst wird die Skalierung der latenten Variablen mit der Skalierung einer der jeweiligen Meßvariablen gleichgesetzt,[993] so daß gilt $\lambda_{11}^{y}=1$, $\lambda_{11}^{x}=1$, $\lambda_{22}^{x}=1$, $\lambda_{33}^{x}=1$. Weiterhin wird in Anlehnung an BAGOZZI angenommen, daß eine latente Variable, der nur eine Meßvariable zugeordnet ist, durch diese Meßvariable fehlerfrei gemessen wird,[994] so daß $\theta_{11}^{y}=0$, $\theta_{11}^{x}=0$, $\theta_{22}^{x}=0$.

Das in Abb. 121 dargestellte resultierende Kausalmodell weist damit genau einen Freiheitsgrad auf und erfüllt somit die hinreichende Bedingung für Modellidentifikation.

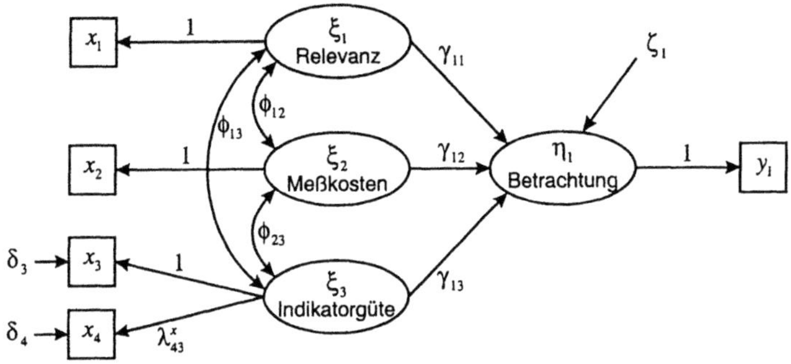

Abb. 121: These 24: Kausalmodell

Ausgehend von der in Abschnitt 5.1 entwickelten Systematisierung sollen Materielle Ressourcen, Finanzielle Ressourcen, Immaterielle Ressourcen, Prozesse und das Unternehmensumfeld jeweils in einem separaten Kausalmodell betrachtet werden.

Im Zuge der Kausalanalyse ist nun zu prüfen, inwieweit die sich im Kausalmodell manifestierende Modellvorstellung den realen – oder, genauer gesagt, den in der Stichprobe vorgefundenen – Sachverhalten entspricht.

Sämtliche Rohdaten wurden vor der Parameterschätzung standardisiert.[995] Während die verwendete statistische Software die Messung als Abweichung vom Mittelwert voraussetzt,[996] wurde die Standardabweichung aus „ästhetischen" Gründen vereinheitlicht.

Die *Anpassungsmaße* für die Kausalmodelle der jeweils fünf Meßobjektteilbereiche zeigen Tab. 51 und Tab. 52. Die in Tab. 52 enthaltenen χ^2-Werte sollten aufgrund ihrer Anwendungsvoraussetzungen im Rahmen der ULS-Methode nicht ermittelt werden. Um Vergleiche mit der ML-Methode zu ermöglichen, werden sie jedoch informatorisch angegeben.

---

[993] Vgl. HOMBURG, C. (1992), S. 500; HOMBURG, C./DOBRATZ, A. (1991), S. 233.

[994] Vgl. HOMBURG, C./DOBRATZ, A. (1991), S. 233; BAGOZZI, R. P. (1980), S. 73f. Diese Annahme wird in der Literatur aber nicht einhellig begrüßt. Vgl. FORNELL, C. (1983), S. 444f.

[995] Standardisierte Daten weisen einen Mittelwert von Null und eine Standardabweichung von Eins auf. Eine Stichprobe kann leicht standardisiert werden, indem von jedem Stichprobenwert der Mittelwert der Stichprobe subtrahiert und das Ergebnis durch die Standardabweichung dividiert wird.

[996] Vgl. HOMBURG, C./HILDEBRANDT, L. (1998), S. 20.

Meßobjekttyp	N	dF	χ^2	$\frac{\chi^2}{dF}$	AGFI	RMSEA
Materielle Ressourcen	110	2	0,5453	0,2726	0,9850	0,0000
Finanzielle Ressourcen	114	2	1,7217	0,8608	0,9546	0,0000
Immaterielle Ressourcen	104	2	4,5776	2,2888	0,8690	0,1119
Prozesse	108	2	0,6232	0,3116	0,9826	0,0000
Unternehmensumfeld	88	2	0,3880	0,1940	0,9866	0,0000

Tab. 51: These 24: Anpassungsmaße (ML-Methode)

Meßobjekttyp	N	dF	χ^2	$\frac{\chi^2}{dF}$	AGFI	RMSEA
Materielle Ressourcen	110	2	*0,5467*	*0,2734*	0,9887	0,0000
Finanzielle Ressourcen	114	2	*1,7280*	*0,8640*	0,9966	0,0000
Immaterielle Ressourcen	104	2	*4,5901*	*2,2950*	0,9924	0,1121
Prozesse	108	2	*0,6232*	*0,3116*	0,9991	0,0000
Unternehmensumfeld	88	2	*0,3881*	*0,1940*	0,9994	0,0000

Tab. 52: These 24: Anpassungsmaße (ULS-Methode)

Die Werte der χ^2-Anpassungsstatistik liegen deutlich unter 2,5. Bei den Modellen für Materielle und Finanzielle Ressourcen sowie Prozesse und das Unternehmensumfeld ist der AGFI stets größer als 0,9 und der RMSEA liegt unter 0,05. Zusammengenommen deutet dies auf eine gute Modellanpassung hin. Das Modell für Immaterielle Ressourcen weist für beide Schätzmethoden einen RMSEA deutlich über dem kritischen Wert auf. Bei der ML-Schätzung ist der AGFI darüber hinaus geringfügig kleiner als 0,9. Einige Anpassungsmaße deuten damit auf eine gute, andere auf eine unzureichende Modellanpassung, so daß die Ergebnisse der Parameterschätzung für Immaterielle Ressourcen besonders vorsichtig zu interpretieren sind. Insgesamt kann davon ausgegangen werden, daß die Grundstruktur der Kausalmodelle die in der Stichprobe vorgefundenen Strukturen abbilden kann.

Weil die Güte der Parameterschätzung und die geschätzten Parameter nach der ML- und der ULS-Methode nur sehr geringfügig differieren, wird nur die ML-Schätzung weiter verfolgt, da formal nur für diese Signifikanztests der geschätzten Parameter möglich sind.[997]

Von besonderem Interesse für die inhaltliche Auswertung der Kausalanalyse sind die Parameter des Strukturgleichungsmodells $(\gamma_{11}, \gamma_{12}, \gamma_{13})$, die abbilden, welchen Erklärungsbeitrag die exogenen latenten Variablen Relevanz (ξ_1), Meßkosten (ξ_2) und Indikatorgüte (ξ_3) für die abhängige latente Variable Betrachtung (η_1) leisten. Tab. 53 zeigt die entsprechenden Daten. Das Signifikanzniveau ist mit der verwendeten Kausalanalysesoftware nicht ermittelbar und manuell aus den t-Werten und Freiheitsgraden dF zu bestimmen. Dazu kann eine tabellierte t-Verteilung oder ein Tabellenkalkulationsprogramm verwendet werden, das eine Funktion für die t-Verteilung beinhaltet.[998] Auch auf Basis der Dichtefunktion der t-Verteilung

$$f_{t_{dF}}(x)=\frac{\int_0^\infty e^{-y}\cdot y^{\left(\frac{dF+1}{2}-1\right)}\cdot dy}{\left(\int_0^\infty e^{-y}\cdot y^{\left(\frac{dF}{2}-1\right)}\cdot dy\right)\cdot\sqrt{\pi\cdot dF}}\cdot\left(1+\frac{x^2}{dF}\right)^{-\frac{dF+1}{2}}$$

kann das Signifikanzniveau berechnet werden. Die Anzahl der Freiheitsgrade dF ergibt sich als Differenz des Stichprobenumfangs N und der Anzahl der abhängigen Variablen vermindert um Eins,[999] bei genau einer abhängigen Variable wie hier also zu $dF = N - 2$.

Meßobjekttyp	N	dF	Parameter	Wert	t-Wert	Signifikanz
Materielle Ressourcen	110	108	γ_{11} (Relevanz)	**0,2327**	2,3061	0,012
			γ_{12} (Meßkosten)	0,1809	1,5596	0,061
			γ_{13} (Indikatorgüte)	**0,6643**	3,8152	0,000
Finanzielle Ressourcen	114	112	γ_{11} (Relevanz)	**0,3197**	3,4349	0,000
			γ_{12} (Meßkosten)	-0,0270	0,2765	0,391
			γ_{13} (Indikatorgüte)	**0,2921**	2,1374	0,017
Immaterielle Ressourcen	104	102	γ_{11} (Relevanz)	**0,1818**	2,7782	0,003
			γ_{12} (Meßkosten)	**-0,5461**	6,5941	0,000
			γ_{13} (Indikatorgüte)	**0,2425**	2,5520	0,006
Prozesse	108	106	γ_{11} (Relevanz)	0,0712	0,9914	0,162
			γ_{12} (Meßkosten)	**-0,5567**	6,4360	0,000
			γ_{13} (Indikatorgüte)	**0,2421**	2,3792	0,010
Unternehmens-umfeld	88	86	γ_{11} (Relevanz)	**0,1537**	1,7766	0,040
			γ_{12} (Meßkosten)	**-0,7172**	7,3032	0,000
			γ_{13} (Indikatorgüte)	-0,0921	0,7481	0,228

Tab. 53: These 24: Testwerte

Für das Kausalmodell Immaterieller Ressourcen sind alle Parameter des Strukturgleichungsmodells signifikant verschieden von Null. Für die anderen vier Modelle sind jeweils zwei der drei Parameter signifikant von Null verschieden. Damit spielen die drei exogenen latenten

[997] Vgl. für ein äquivalentes Vorgehen z. B. HILDEBRANDT, L./BUZZELL, R. (1998), S. 226ff.

[998] In Microsoft Excel steht die Funktion *tvert()* zu Verfügung.

Variablen in Abhängigkeit des jeweiligen Meßobjektteilbereichs eine unterschiedlich große Rolle zur Erklärung der endogenen latenten Variable.

Die Vorzeichen der signifikanten Strukturgleichungsparameter entsprechen den postulierten Zusammenhängen. Dabei ist zu beachten, daß mit steigenden Meßkosten eine geringere Betrachtungsintensität erwartet wird, so daß y_{12} nicht positiv sein sollte.

Insgesamt sind die Nullhypothesen H_0^{24a}, H_0^{24b}, H_0^{24c} für die Mehrheit der Kausalmodelle zu verwerfen, so daß das den fünf Kausalmodellen zugrunde liegende Modell tragfähig scheint. Allerdings leisten nicht für jeden Meßobjektgrundtyp sämtliche Einflußgrößen einen Beitrag zur Erklärung der Betrachtungsintensität. So scheint die Betrachtungsintensität Finanzieller Ressourcen unabhängig von der ökonomischen Ermittelbarkeit ihrer Indikatoren zu sein. Andererseits werden Prozesse möglicherweise ohne Rücksicht auf ihre Relevanz in einem Performance Measurement-System betrachtet, während die Güte der Indikatoren des Unternehmensumfelds keinen Einfluß auf ihre Betrachtungsintensität hat. Alles in allem stützen die Analyseergebnisse damit die postulierte Modellvorstellung, so daß These 24 als bewährt anzusehen ist.

These 25: Die intensiver für Leistungsanreize genutzten Indikatoren sind weniger nachlaufend.

Die Operationalisierung der Intensität, mit der Indikatoren für Leistungsanreize genutzt werden, erfolgt auf Basis der entsprechenden Selbsteinschätzung der Unternehmen. Der Zeitbezug wird unter Rückgriff auf die Erläuterungen zur Operationalisierung bei vorangegangenen Thesen erfaßt. Für den statistischen Test wird damit das folgende Hypothesenpaar verwendet:

H_0^{25}: Die Intensität der Verwendung von Indikatoren als Anreizbemessungsgrundlage und ihre Zeitnähe sind nicht positiv miteinander korreliert.

H_1^{25}: Die Intensität der Verwendung von Indikatoren als Anreizbemessungsgrundlage und ihre Zeitnähe sind positiv miteinander korreliert.

Die Untersuchung der Hypothesen erfolgt auf Basis einer Korrelationsanalyse, wobei die in Tab. 54 aufgeführten statistischen Testwerte ermittelt wurden.

Meßobjekttyp	N	r	Signifikanz
Materielle Ressourcen (17-1 vs. 14-1)	108	0,056	0,282
Finanzielle Ressourcen (17-2 vs. 14-2)	109	0,055	0,285
Immaterielle Ressourcen (17-3 vs. 14-3)	102	0,148	0,069
Prozesse (17-4 vs. 14-4)	101	**0,371**	0,000
Umfeld (17-5 vs. 14-5)	99	**0,167**	0,049

Tab. 54: These 25: Testwerte

[999] Vgl. BACKHAUS, K. u. a. (1996), S. 27ff.

Die Nullhypothese H_0^{25} wird nur für Prozesse und das Unternehmensumfeld verworfen, wobei die Alternativhypothese H_1^{25} für Prozesse hochsignifikant gilt, während sie für das Unternehmensumfeld nur sehr knapp als gültig bewertet werden kann. Für Materielle, Finanzielle sowie Immaterielle Ressourcen ist die Nullhypothese beizubehalten. Dementsprechend kann These 25 nur für Prozesse und das Unternehmensumfeld als bewährt angesehen werden.

These 26: Die intensiver für Leistungsanreize genutzten Indikatoren sind valider.

Das Hypothesenpaar wird wiederum unter Rückgriff auf die Operationalisierungen vorangegangener Thesen gebildet:

H_0^{26}: Die Intensität der Verwendung von Indikatoren als Anreizbemessungsgrundlage und ihre Validität sind nicht positiv miteinander korreliert.

H_1^{26}: Die Intensität der Verwendung von Indikatoren als Anreizbemessungsgrundlage und ihre Validität sind positiv miteinander korreliert.

Die statistischen Testwerte der Korrelationsanalysen zeigt Tab. 55.

Meßobjekttyp	*N*	*r*	Signifikanz
Materielle Ressourcen (17-1 vs. 12-1)	112	**0,168**	0,038
Finanzielle Ressourcen (17-2 vs. 12-2)	112	**0,185**	0,025
Immaterielle Ressourcen (17-3 vs. 12-3)	110	**0,437**	0,000
Prozesse (17-4 vs. 12-4)	107	**0,274**	0,002
Umfeld (17-5 vs. 12-5)	105	**0,292**	0,001

Tab. 55: These 26: Testwerte

Damit wird H_0^{26} signifikant abgelehnt und die Alternativhypothese H_1^{26} gilt, so daß These 26 als bewährt anzusehen ist.

These 27: Die intensiver für Leistungsanreize genutzten Indikatoren sind von höherer Reliabilität.

Die Operationalisierung der These lehnt sich an die bisherigen Ausführungen an und erfolgt anhand folgender Hypothesenkombination:

H_0^{27}: Die Intensität der Verwendung von Indikatoren als Anreizbemessungsgrundlage und ihre Reliabilität sind nicht positiv miteinander korreliert.

H_1^{27}: Die Intensität der Verwendung von Indikatoren als Anreizbemessungsgrundlage und ihre Reliabilität sind positiv miteinander korreliert.

Die Korrelationsanalysen lieferten die in Tab. 56 aufgeführten statistischen Testwerte.

Meßobjekttyp	N	r	Signifikanz
Materielle Ressourcen (17-1 vs. 11-1)	111	**0,269**	0,002
Finanzielle Ressourcen (17-2 vs. 11-2)	112	0,110	0,123
Immaterielle Ressourcen (17-3 vs. 11-3)	110	**0,344**	0,000
Prozesse (17-4 vs. 11-4)	108	**0,315**	0,000
Umfeld (17-5 vs. 11-5)	105	**0,273**	0,002

Tab. 56: These 27: Testwerte

Mit einer Ausnahme wird die Nullhypothese hochsignifikant verworfen. Nur für Finanzielle Ressourcen kann die Alternativhypothese nicht als gültig angesehen werden. Insgesamt hat sich These 27 damit mit Ausnahme Finanzieller Ressourcen bewährt.

These 28: Die intensiver für Leistungsanreize genutzten Indikatoren sind objektiver.

Die Operationalisierung der Konstrukte der Leistungsanreizintensität und Objektivität wird äquivalent zu den bisher untersuchten Thesen vorgenommen. Das Hypothesenpaar hat damit die folgende Form:

H_0^{28}: Zwischen der Einschätzung der Objektivität eines Indikators und der Intensität seiner Verwendung als Anreizbemessungsgrundlage besteht kein positiver Zusammenhang.

H_1^{28}: Zwischen der Einschätzung der Objektivität eines Indikators und der Intensität seiner Verwendung als Anreizbemessungsgrundlage besteht ein positiver Zusammenhang.

Aus den Korrelationsanalysen resultieren die in Tab. 57 aufgeführten statistischen Testwerte.

Meßobjekttyp	N	r	Signifikanz
Materielle Ressourcen (17-1 vs. 15-1)	112	0,117	0,110
Finanzielle Ressourcen (17-2 vs. 15-2)	112	0,014	0,442
Immaterielle Ressourcen (17-3 vs. 15-3)	108	0,118	0,112
Prozesse (17-4 vs. 15-4)	107	**0,205**	0,017
Umfeld (17-5 vs. 15-5)	105	0,138	0,079

Tab. 57: These 28: Testwerte

Mit Ausnahme der Indikatoren für Prozesse kann die Nullhypothese H_0^{28} nicht verworfen werden. Somit kann These 28 nur für Prozesse als bewährt angesehen werden.

These 29: Indikatoren relevanterer Meßobjekte werden intensiver für Leistungsanreize genutzt.

Die These wird unter Bezugnahme auf die Operationalisierung der vorangegangenen Thesen durch das folgende Hypothesenpaar wiedergegeben.

H_0^{29}: Die Relevanz von Meßobjekten und die Intensität der Nutzung ihrer Indikatoren als Anreizbemessungsgrundlage sind nicht positiv miteinander korreliert.

H_1^{29}: Die Relevanz von Meßobjekten und die Intensität der Nutzung ihrer Indikatoren als Anreizbemessungsgrundlage sind positiv miteinander korreliert.

Die durchgeführten Korrelationsanalysen lieferten die in Tab. 58 gezeigten Testergebnisse.

Meßobjekttyp	*N*	*r*	Signifikanz
Materielle Ressourcen (17-1 vs. 21-1)	113	**0,501**	0,000
Finanzielle Ressourcen (17-2 vs. 20-2)	113	**0,377**	0,000
Immaterielle Ressourcen (17-3 vs. 20-3 & 20-4)	110	**0,453**	0,000
Prozesse (17-4 vs. 20-5 & 20-6)	108	**0,413**	0,000
Umfeld (17-5 vs. 21-1 bis 21-7)	100	**0,334**	0,000

Tab. 58: These 29: Testwerte

Für alle Meßobjekttypen wird die Nullhypothese hochsignifikant abgelehnt, so daß These 29 als bewährt angesehen werden kann.

These 30: Indikatoren, die ökonomischer ermittelbar sind, werden intensiver für Leistungsanreize genutzt.

Die Operationalisierung erfolgt wie bei den vorangegangenen Thesen, so daß das folgende Hypothesenpaar verwendet wird:

H_0^{30}: Die Intensität der Verwendung von Indikatoren als Anreizbemessungsgrundlage und ihre ökonomische Ermittelbarkeit sind nicht positiv miteinander korreliert.

H_1^{30}: Die Intensität der Verwendung von Indikatoren als Anreizbemessungsgrundlage und ihre ökonomische Ermittelbarkeit sind positiv miteinander korreliert.

Aus den Korrelationsanalysen resultieren die in Tab. 59 aufgeführten statistischen Testwerte.

Meßobjekttyp	*N*	*r*	Signifikanz
Materielle Ressourcen (17-1 vs. 8-1)	113	**0,402**	0,000
Finanzielle Ressourcen (17-2 vs. 8-2)	112	**0,207**	0,014
Immaterielle Ressourcen (17-3 vs. 8-3 & 8-4)	108	**0,408**	0,000
Prozesse (17-4 vs. 8-5 & 8-6)	107	**0,334**	0,000
Umfeld (17-5 vs. 8-7 bis 8-11)	92	**0,234**	0,012

Tab. 59: These 30: Testwerte

Die Nullhypothese wird signifikant abgelehnt, wobei die Alternativhypothese für Materielle und Immaterielle Ressourcen sowie Prozesse sogar hochsignifikant gilt. Damit ist These 30 als bewährt anzusehen.

These 31: Die Berichtshäufigkeit der Indikatoren zur Messung „klassischer“ Meßobjekte ist auf Unternehmensebene im Mittel größer als die der Indikatoren zur Operationalisierung „moderner“ Meßobjekte.

Zur Operationalisierung der Berichtshäufigkeit wird auf die Angaben der Untersuchungsobjekte zurückgegriffen, wie häufig Meßwerte an die Unternehmensleitung kommuniziert werden. Die Skala wird dabei durch Zuordnung von Zahlenwerten metrisch umskaliert, wobei die zugeordneten Zahlenwerte mit steigender Berichtshäufigkeit von 1 für „niemals“ bis 6 für „wöchentlich“ ansteigen. Damit liegt der Thesenprüfung folgendes Hypothesenpaar zugrunde:

H_0^{31}: Der Mittelwert der Berichtshäufigkeit der zur Messung „klassischer“ Meßobjekte verwendeten Indikatoren ist kleiner oder gleich dem Mittelwert der Berichtshäufigkeit der Indikatoren für „moderne“ Meßobjekte.

H_1^{31}: Der Mittelwert der Berichtshäufigkeit der zur Messung „klassischer“ Meßobjekte verwendeten Indikatoren ist größer als der Mittelwert der Berichtshäufigkeit der Indikatoren für „moderne“ Meßobjekte.

Die Testergebnisse des zur Hypothesenvalidierung eingesetzten t-Tests zeigt Tab. 60.

		Immaterielle Ressourcen (16-3)	Prozesse (16-4)	Umfeld (16-5)
Materielle Ressourcen (16-1)	t-Wert	**10,450**	**6,025**	**11,621**
	dF	113	110	108
	Signifikanz	0,000	0,000	0,000
Finanzielle Ressourcen (16-2)	t-Wert	**12,204**	**7,543**	**14,652**
	dF	115	111	110
	Signifikanz	0,000	0,000	0,000

Tab. 60: These 31: Testwerte

Die Nullhypothese H_0^{31} wird hochsignifikant verworfen, so daß These 31 als bewährt zu betrachten ist.

These 32: Die Indikatoren, die häufiger berichtet werden, sind von höherer Validität.

Die Operationalisierung erfolgt äquivalent zu bereits untersuchten Thesen, so daß folgende Hypothesenkombination verwendet wird:

H_0^{32}: Die Berichtshäufigkeit und die Validität von Indikatoren korrelieren nicht positiv.

H_1^{32}: Die Berichtshäufigkeit und die Validität von Indikatoren korrelieren positiv.

Die Ergebnisse der Korrelationsanalysen zur Untersuchung der Hypothesen zeigt Tab. 61.

Meßobjekttyp	N	r	Signifikanz
Materielle Ressourcen (12-1 vs. 16-1)	118	0,095	0,153
Finanzielle Ressourcen (12-2 vs. 16-2)	119	−0,085	0,179
Immaterielle Ressourcen (12-3 vs. 16-3)	116	**0,412**	0,000
Prozesse (12-4 vs. 16-4)	111	**0,320**	0,000
Umfeld (12-5 vs. 16-5)	109	**0,180**	0,031

Tab. 61: These 32: Testwerte

Für „moderne" Meßobjekte wird die Nullhypothese H_0^{32} signifikant verworfen, wobei die Alternativhypothese H_1^{32} für Immaterielle Ressourcen und Prozesse sogar hochsignifikant gültig ist. Für „klassische" Meßobjekte wird die Nullhypothese beibehalten. Insofern ist davon auszugehen, daß sich These 32 nur für „moderne" Meßobjekte bewährt hat.

These 33: Die Indikatoren, die häufiger berichtet werden, sind von höherer Reliabilität.

Die These wird unter Bezugnahme auf die Operationalisierungen der bisher untersuchten Thesen durch folgendes Hypothesenpaar operationalisiert:

H_0^{33}: Die Berichtshäufigkeit und die Reliabilität von Indikatoren korrelieren nicht positiv.

H_1^{33}: Die Berichtshäufigkeit und die Reliabilität von Indikatoren korrelieren positiv.

Aus den Korrelationsanalysen resultierten die in Tab. 62 dargestellten statistischen Testwerte.

Meßobjekttyp	N	r	Signifikanz
Materielle Ressourcen (11-1 vs. 16-1)	117	0,133	0,076
Finanzielle Ressourcen (11-2 vs. 16-2)	119	−0,015	0,437
Immaterielle Ressourcen (11-3 vs. 16-3)	116	**0,442**	0,000
Prozesse (11-4 vs. 16-4)	112	**0,371**	0,000
Umfeld (11-5 vs. 16-5)	109	**0,205**	0,016

Tab. 62: These 33: Testwerte

Wie schon bei der Untersuchung von These 33 wird die Nullhypothese für „moderne" Meßobjekte signifikant verworfen, wobei für Immaterielle Ressourcen und Prozesse die Alternativhypothese sogar hochsignifikant gültig ist. Für „klassische" Meßobjekte wird die Nullhypothese beibehalten, so daß These 33 nur für „moderne" Meßobjekte als bewährt gilt.

These 34: Die häufiger berichteten Indikatoren sind objektiver.

Unter Rückgriff auf die Operationalisierung bisher untersuchter Thesen wird für die Analyse die folgende Hypothesenkombination genutzt.

H_0^{34}: Die Berichtshäufigkeit von Indikatoren ist nicht positiv mit ihrer Objektivitätseinschätzung korreliert.

H_1^{34}: Die Berichtshäufigkeit von Indikatoren ist positiv mit ihrer Objektivitätseinschätzung korreliert.

Die durchgeführten t-Tests lieferten die in Tab. 63 aufgeführten Ergebnisse.

Meßobjekttyp	*N*	*r*	Signifikanz
Materielle Ressourcen (15-1 vs. 16-1)	118	**0,195**	0,017
Finanzielle Ressourcen (15-2 vs. 16-2)	119	0,039	0,338
Immaterielle Ressourcen (15-3 vs. 16-3)	114	**0,462**	0,000
Prozesse (15-4 vs. 16-4)	111	**0,468**	0,000
Umfeld (15-5 vs. 16-5)	109	**0,368**	0,000

Tab. 63: These 34: Testwerte

Mit Ausnahme der Finanziellen Ressourcen wird H_0^{34} signifikant abgelehnt, wobei dies für Immaterielle Ressourcen, Prozesse und das Unternehmensumfeld sogar hochsignifikant erfolgt. Damit kann These 34 außer für Finanzielle Ressourcen als bewährt angesehen werden.

These 35: Die Berichtshäufigkeit von Indikatoren ist um so größer, je ökonomischer sie ermittelbar sind.

Die Operationalisierung erfolgt unter Rückgriff auf die Ausführungen zu den bereits untersuchten Thesen, so daß folgende Hypothesenkombination genutzt wird:

H_0^{35}: Die Berichtshäufigkeit und die ökonomische Ermittelbarkeit von Indikatoren sind nicht positiv miteinander korreliert.

H_1^{35}: Die Berichtshäufigkeit und die ökonomische Ermittelbarkeit von Indikatoren sind positiv miteinander korreliert.

Anhand von Korrelationsanalysen soll die Hypothesenkombination untersucht werden. Die resultierenden Testwerte zeigt Tab. 64.

Meßobjekttyp	*N*	*r*	Signifikanz
Materielle Ressourcen (11-1 vs. 16-1)	117	**0,199**	0,016
Finanzielle Ressourcen (11-2 vs. 16-2)	117	−0,027	0,388
Immaterielle Ressourcen (11-3 vs. 16-3)	111	**0,278**	0,002
Prozesse (11-4 vs. 16-4)	110	**0,217**	0,011
Umfeld (11-5 vs. 16-5)	96	**0,228**	0,013

Tab. 64: These 35: Testwerte

Mit Ausnahme der Finanziellen Ressourcen wird die Nullhypothese H_0^{35} signifikant verworfen. Für Immaterielle Ressourcen ist die Alternativhypothese H_1^{35} sogar hochsignifikant gültig. Außer für Finanzielle Ressourcen kann These 35 damit als bewährt angesehen werden.

These 36: Die Berichtshäufigkeit von Indikatoren ist um so größer, je relevanter die zugrunde liegenden Meßobjekte für den langfristigen Unternehmenserfolg sind.

Für die Operationalisierung wird auf Ausführungen zu bereits untersuchten Thesen zurückgegriffen und folgende Hypothesenkombination genutzt:

H_0^{36}: Die Relevanz von Meßobjekten und die Berichtshäufigkeit ihrer Indikatoren sind nicht positiv miteinander korreliert.

H_1^{36}: Die Relevanz von Meßobjekten und die Berichtshäufigkeit ihrer Indikatoren sind positiv miteinander korreliert.

Die t-Tests lieferten die in Tab. 65 dargestellten Testergebnisse.

Meßobjekttyp	*N*	*r*	Signifikanz
Materielle Ressourcen (20-1 vs. 16-1)	118	0,088	0,171
Finanzielle Ressourcen (20-2 vs. 16-2)	119	-0,073	0,215
Immaterielle Ressourcen (20-3 & 20-4 vs. 16-3)	114	**0,183**	0,026
Prozesse (20-5 & 20-6 vs. 16-4)	111	**0,162**	0,044
Umfeld (21-1 bis 21-7 vs. 16-5)	102	**0,195**	0,025

Tab. 65: These 36: Testwerte

Für „moderne" Meßobjekte wird die Nullhypothese H_0^{36} signifikant verworfen, während für „klassische" Meßobjekte die Nullhypothese beibehalten wird. Damit kann These 36 für „moderne" Meßobjekte als bewährt angesehen werden.

These 37: Je häufiger Indikatoren für Meßobjekte berichtet werden, desto intensiver werden sie auch für Leistungsanreize genutzt.

Die Operationalisierung erfolgt wie bei den vorangegangenen Thesen, so daß folgendes Hypothesenpaar zum Einsatz kommt:

H_0^{37}: Die Berichtshäufigkeit von Indikatoren und die Intensität ihrer Nutzung für Leistungsanreize sind nicht positiv miteinander korreliert.

H_1^{37}: Die Berichtshäufigkeit von Indikatoren und die Intensität ihrer Nutzung für Leistungsanreize sind positiv miteinander korreliert.

Die t-Tests lieferten die in Tab. 66 aufgeführten statistischen Testwerte.

Meßobjekttyp	N	r	Signifikanz
Materielle Ressourcen (17-1 vs. 16-1)	113	**0,249**	0,001
Finanzielle Ressourcen (17-2 vs. 16-2)	113	0,146	0,061
Immaterielle Ressourcen (17-3 vs. 16-3)	109	**0,328**	0,000
Prozesse (17-4 vs. 16-4)	107	**0,326**	0,000
Umfeld (17-5 vs. 16-5)	105	**0,180**	0,033

Tab. 66: These 37: Testwerte

Von Finanziellen Ressourcen abgesehen, wird die Nullhypothese H_0^{37} signifikant verworfen, wobei die Alternativhypothese für Materielle und Immaterielle Ressourcen sowie Prozesse sogar hochsignifikant gilt. Damit hat sich These 37 außer für Finanzielle Ressourcen bewährt.

Die Ergebnisse der Untersuchung der nicht-aggregierten Thesen fassen Tab. 67 und Tab. 68 zusammen.

These	Kurzbeschreibung	inhaltliche Ableitung auf S.	Falsifizierung auf S.	Ergebnis der Validierung
1	Fokussierungslücke	116	267	bewährt
2	Validität	137	268	bewährt
3	Reliabilität	138	269	bewährt
4	Validität vs. Reliabilität	139	269	bewährt
5	Ökonomische Ermittelbarkeit	141	270	bewährt
6	Validität vs. ökonomische Ermittelbarkeit	141	271	bewährt
7	Reliabilität vs. ökonomische Ermittelbarkeit	141	271	bewährt
8	Objektivität 1	143	272	im wesentlichen bewährt
9	Objektivität 2	144	273	bewährt
10	Objektivität vs. Validität	144	273	bewährt
11	Objektivität vs. Reliabilität	144	274	bewährt
12	Objektivität vs. ökonomische Ermittelbarkeit	144	274	bewährt
13	Zeithorizont	147	275	bewährt
14	Zeithorizont vs. Validität	148	277	bewährt
15	Zeithorizont vs. Reliabilität	148	277	bewährt
16	Zeithorizont vs. ökonomische Ermittelbarkeit	148	278	nur für „moderne" Meßobjekte bewährt
17	Zeithorizont vs. Objektivität	148	279	nur für „moderne" Meßobjekte bewährt
18	Finanzielle Ausrichtung	150	279	bewährt

Tab. 67: Überblick über die Ergebnisse der Thesenuntersuchung (I)

These	Kurzbeschreibung	inhaltliche Ableitung auf S.	Falsifizierung auf S.	Ergebnis der Validierung
19	Validität vs. finanzielle Ausrichtung	151	281	nicht zu entscheiden
20	Reliabilität vs. finanzielle Ausrichtung	151	281	nicht zu entscheiden
21	Objektivität vs. finanzielle Ausrichtung	151	282	nicht zu entscheiden
22	Ökonomische Ermittelbarkeit vs. finanzielle Ausrichtung	151	283	nicht zu entscheiden
23	Zeithorizont vs. finanzielle Ausrichtung	152	283	nicht zu entscheiden
24	Auswahl von Meßobjekten	181	284	im wesentlichen bewährt
25	Leistungsanreize vs. Zeitbezug	188	288	nur für Prozesse und Umfeld bewährt
26	Leistungsanreize vs. Validität	188	289	bewährt
27	Leistungsanreize vs. Reliabilität	188	289	bewährt außer für Finanzielle Ressourcen
28	Leistungsanreize vs. Objektivität	189	290	nur für Prozesse bewährt
29	Leistungsanreize vs. Relevanz	189	290	bewährt
30	Leistungsanreize vs. ökonomische Ermittelbarkeit	189	291	bewährt
31	Berichtshäufigkeit	197	292	bewährt
32	Berichtshäufigkeit vs. Validität	199	292	nur für „moderne" Meßobjekte bewährt
33	Berichtshäufigkeit vs. Reliabilität	199	293	nur für „moderne" Meßobjekte bewährt
34	Berichtshäufigkeit vs. Objektivität	199	293	bewährt außer für Finanzielle Ressourcen
35	Berichtshäufigkeit vs. ökonomische Ermittelbarkeit	199	294	bewährt außer für Finanzielle Ressourcen
36	Berichtshäufigkeit vs. Relevanz	200	295	nur für „moderne" Meßobjekte bewährt
37	Berichtshäufigkeit vs. Leistungsanreize	201	295	bewährt außer für Finanzielle Ressourcen

Tab. 68: Überblick über die Ergebnisse der Thesenuntersuchung (II)

In der Zusammenfassung der Thesenuntersuchung ist zu konstatieren, daß sich die Thesen zur Qualität der Meßkonstruktion überwiegend bewährten, wenngleich das Ergebnis des Falsifikationsversuchs bei fünf davon auf Basis der verfügbaren Stichprobe nicht sicher bestimmt werden konnte. Die Ursache dafür liegt in der ungewöhnlichen Konstruktion dieser Thesen begründet, die *keinen* Zusammenhang zwischen der finanziellen Ausrichtung und anderen Indikatoreigenschaften postulieren.

Bei den Thesen zur Verankerung eines Performance Measurement-Systems im Unternehmen konnten die postulierten Zusammenhänge häufig für Finanzielle Ressourcen nicht nachvollzogen werden. Die Gründe für die Sonderrolle der Finanziellen Ressourcen bei der Berichterstattung sind möglicherweise historischer Natur – Finanzielle Ressourcen bestreiten das klassische Reporting praktisch exklusiv. Andererseits sind Finanzielle Ressourcen für die Existenz (Liquidität) und weitere Entwicklung eines Unternehmens (Gewinngrößen) von überragender Bedeutung. Dementsprechend wäre denkbar, daß ihre Indikatoren unabhängig von Güte, Objektivität und ökonomischer Ermittelbarkeit unter allen Umständen, also quasi „um jeden Preis" in die Berichterstattung aufgenommen werden.

8.6 Aggregationen

Nachfolgend wird versucht, die Vielzahl der erfaßten Merkmale mit statistischen Mitteln zusammenzufassen, wobei sich die geschaffene Ordnung an der Qualität der Meßkonstruktion, der Verankerung eines Performance Measurement-Systems im Unternehmen und dessen Weiterentwicklung orientiert.

Schließlich soll auf Basis der drei Elemente eines Performance Measurement-Systems ein Kriterium zur ganzheitlichen objektiven Gütebewertung dieses Systems geschaffen werden. Einen ersten Abriß über die Aggregation der in der empirischen Erhebung erfaßten Merkmale gibt Abb. 122.

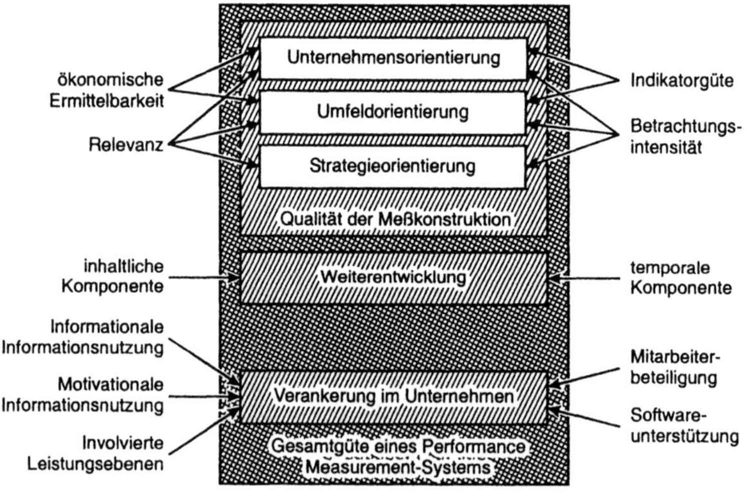

Abb. 122: Merkmalsaggregation – Grundprinzip

Zur Aggregation von Merkmalen wird die Faktorenanalyse verwendet, über die zunächst ein kurzer Überblick gegeben wird.

8.6.1 Methodologische Grundlagen – Faktorenanalyse

Mit Hilfe der Faktorenanalyse können mehrere Merkmale auf gemeinsame Einflußgrößen (Faktoren) zurückgeführt werden, wobei sinnvollerweise die Anzahl der Faktoren kleiner als die der untersuchten Merkmale ist. Deshalb ordnet man die Faktorenanalyse auch den dimensionsreduzierenden Verfahren zu.[1000] Die Multidimensionale Skalierung (MDS), die ebenfalls ein dimensionsreduzierendes Verfahren ist, wurde für die Fragestellungen dieser Arbeit als wenig geeignet eingeschätzt, weil ihre Voraussetzungen problematisch erscheinen. Zum einen läßt sich die Anzahl der erklärenden Einflußgrößen nicht sinnvoll auf zwei begrenzen und andererseits können nicht für alle Objekte sinnvolle Abstandsmaße ermittelt werden.[1001]

Wie gut das Ergebnis einer Faktorenanalyse ist – also, ob die extrahierten Faktoren als gemeinsame Einflußgrößen angesehen werden können – hängt von der Qualität der verwendeten Merkmale ab. Diese Qualität wird zum einen durch eine inhaltliche Komponente bestimmt, so daß ausschließlich relevante Merkmale ausgewählt und als ähnlich erachtete Kriterien im vorhinein zusammengefaßt werden sollen.[1002]

Die formale Dimension der Qualität der genutzten Merkmale zum anderen zeigt sich anhand der Korrelation dieser Merkmale. Mit der Faktorenanalyse werden alle hoch korrelierten Merkmale einem Faktor zugeordnet, während alle Merkmale, die wenig oder nicht korreliert sind, unterschiedlichen Faktoren zugeordnet werden.

Es gibt Konstellationen, bei denen nicht klar entschieden werden kann, welche Merkmale welchen Faktoren zuzuordnen sind. Korrelieren beispielsweise alle Merkmale bis auf eines hoch, während dieses Merkmal nur mit einigen der anderen Merkmalen hoch korreliert, ist es schwierig, Faktoren zu extrahieren. Daher wurden Kriterien entwickelt, um die Eignung der Rohdaten für eine Faktorenanalyse zu bestimmen, von denen das bedeutendste der Kaiser-Meyer-Olkin-Wert (KMO-Wert) ist.[1003] Auf die Darstellung der manuellen Berechnungen zur Faktorenanalyse wird wie schon bei statistischen Tests verzichtet, da dafür diverse statistische Standardsoftware zur Verfügung steht.[1004] Die Eignung der Rohdaten kann anhand des Kaiser-Meyer-Olkin-Kriteriums, wie in Abb. 123 dargestellt, bewertet werden.

KMO-Werte von über 0,8 sind erstrebenswert,[1005] andererseits wird auch in statistischen Standardwerken eine Faktorenanalyse noch bei einem KMO von 0,576 angewendet.[1006]

[1000] Vgl. SCHNELL, R./HILL, P. B./ESSER, E. (1999), S. 429.
[1001] Vgl. für eine umfassende Einführung in die MDS z. B. BACKHAUS, K. u. a. (1996), S. 431ff.
[1002] Vgl. BACKHAUS, K. u. a. (1996), S. 199.
[1003] Vgl. für einige hier nicht betrachtete Kriterien JANSSEN, J./LAATZ, W. (1999), S. 467ff. und BACKHAUS, K. u. a. (1996), S. 202ff.
[1004] Für eine formale Beschreibung der Faktorenanalyse vgl. HARTUNG, J./ELPELT, B. (1999), S. 505ff.
[1005] Vgl. KAISER, H. F. (1970), S. 405.
[1006] Vgl. BACKHAUS, K. u. a. (1996), S. 206ff.

KMO-Wert	Bewertung	Umschreibung
über 0,9	marvelous	erstaunlich
0,8 bis unter 0,9	meritorious	verdienstvoll
0,7 bis unter 0,8	middling	ziemlich gut
0,6 bis unter 0,7	mediocre	mittelmäßig
0,5 bis unter 0,6	miserable	kläglich
unter 0,5	unacceptable	untragbar

Abb. 123: Bewertung des Kaiser-Meyer-Olkin-Wertes[1007]

Für die eigentliche Extraktion der Faktoren wird hier die *Hauptkomponentenanalyse*[1008] eingesetzt, da das Ziel der Analyse „in der möglichst umfassenden Reproduktion der Datenstruktur durch möglichst wenige Faktoren“ [1009] liegt, die dieses Verfahren bestmöglich forciert. Daneben gibt es eine Reihe anderer Verfahren, wie z. B. die Maximum-Likelihood-Methode[1010] oder die Hauptachsenanalyse.[1011]

Die Extraktionsverfahren erfordern es, die *Anzahl der zu extrahierenden Faktoren* vorzugeben. Gleichzeitig existiert keine eindeutige Vorschrift, anhand derer bestimmt werden könnte, wieviel Faktoren extrahiert werden sollen. Es gibt allerdings einige Entscheidungshilfen, von denen in dieser Arbeit das Kaiser-Kriterium eingesetzt wird. Dieses Kriterium fordert, so viele Faktoren zu extrahieren, wie Faktoren mit Eigenwerten[1012] größer als Eins auftreten. Dahinter steckt die Idee, nur diejenigen Faktoren zu extrahieren, die mehr Varianz erklären als eine standardisierte Einheitsvariable. Da der Eigenwert eines Faktors den Varianzbeitrag des Faktors hinsichtlich der Merkmale beschreibt, sind dies gerade die Faktoren mit Eigenwerten größer als Eins.[1013] Andere Entscheidungshilfen beziehen sich auf graphische Interpretationen der Eigenwerte[1014] oder die erklärte Gesamtvarianz.[1015]

Nach Anwendung des Extraktionsverfahrens bei gegebener Anzahl der Faktoren erhält man eine Faktorladungsmatrix (vgl. Abb. 124). Die Werte der Faktorladungen liegen betragsmäßig zwischen Null und Eins, wobei man häufig bei Faktorladungen über 0,4[1016] von hohen Faktorladungen spricht. Im folgenden werden kleinere Faktorladungen zur Veranschaulichung in

---

[1007] Der KMO-Wert wird auch als Index of Factorial Simplicity (IFS) oder Measure of Sampling Adequacy (MSA) bezeichnet. Vgl. KAISER, H. F./RICE, J. (1974), S. 112f.; BACKHAUS, K. u. a. (1996), S. 206. Die Bewertung entspricht KAISER, H. F./RICE, J. (1974), S. 112, die Umschreibung BACKHAUS, K. u. a. (1996), S. 206.

[1008] Vgl. zur formalen Vorgehensweise HARTUNG, J./ELPELT, B. (1999), S. 527ff.

[1009] BACKHAUS, K. u. a. (1996), S. 223.

[1010] Vgl. HARTUNG, J./ELPELT, B. (1999), S. 519ff.

[1011] Die Hauptachsenanalyse ist rechentechnisch identisch mit der Hauptkomponentenanalyse, unterscheidet sich von dieser aber in ihrem theoretischen Modell. Vgl. BACKHAUS, K. u. a. (1996), S. 222ff.

[1012] Vgl. zur formalen Ermittlung von Eigenwerten HARTUNG, J./ELPELT, B. (1999), S. 58f.

[1013] Vgl. BACKHAUS, K. u. a. (1996), S. 226f.

[1014] Vgl. BACKHAUS, K. u. a. (1996), S. 227.

[1015] Vgl. BAMBERG, G./BAUR, F. (1998), S. 237.

[1016] Vgl. BÜHL, A./ZÖFEL, P. (1999), S. 415f.

Faktorladungsmatrizen kursiv dargestellt.[1017] Die Faktorladungsmatrix muß letztlich inhaltlich interpretiert werden, indem die Frage beantwortet wird „Wie lassen sich die auf einen Faktor hoch ladenden Variablen durch einen Sammelbegriff (Komponente) zusammenfassen?“[1018]

Merkmal	Faktor F_1	Faktor F_2
A	0,7	0,6
B	0,6	0,7
C	0,7	-0,6
D	0,8	-0,6
E	0,6	-0,7

Abb. 124: Beispiel einer Faktorladungsmatrix

Problematisch erweist sich dabei häufig die Interpretation von Mehrfachstrukturen, bei denen einzelne Merkmale hoch auf mehrere Faktoren laden. Abb. 124 zeigt eine Mehrfachstruktur für alle Merkmale. Ist es aus inhaltlicher Sicht nicht sinnvoll, Merkmale mehreren Faktoren zuzuordnen, kann möglicherweise eine Faktorrotation die Interpretation vereinfachen, wie dies anhand des Beispiels in Abb. 125 dargestellt ist. Ziel der Rotation ist es, möglichst eine Einfachstruktur der Faktorladungen zu erreichen, so daß jedes Merkmal nur auf einen Faktor hoch lädt. Man kann nachweisen, daß die Aussagekraft einer Faktoranalyse durch eine Rotation der Faktoren nicht verändert wird.[1019]

Im Zuge einer *Faktorrotation* werden die Koordinatenachsen um den Ursprung des Koordinatensystems gedreht. Bei orthogonalen Rotationen kommt für jede Achse der gleiche Drehwinkel zur Anwendung; es wird also das Koordinatensystem insgesamt rotiert. Demgegenüber kann bei schiefwinkligen Rotationen für jeden Faktor ein anderer Drehwinkel angewendet werden. Letzteres hat den Vorteil, daß Einfachstrukturen der Faktorladungen leichter erreichbar sind,[1020] gleichzeitig aber die Unabhängigkeit der Faktoren aufgegeben wird.[1021] Dies ist aus methodischen Gründen nicht wünschenswert, so daß in dieser Arbeit ausschließlich orthogonale Rotationen angewendet werden, wobei zur Bestimmung des Drehwinkels auf die Varimax-Methode[1022] zurückgegriffen wird.

Abb. 126 zeigt die orthogonal rotierten Faktorladungen des Beispiels aus Abb. 124. Die rotierte Faktorladungsmatrix ist als Einfachstruktur wesentlich leichter zu interpretieren. Die Merkmale A und B laden hoch auf F_2' und die Merkmale C, D und E hoch auf F_1'.

[1017] Vgl. für ein äquivalentes Vorgehen BÜHL, A./ZÖFEL, P. (1999), S. 415f.
[1018] BACKHAUS, K. u. a. (1996), S. 223.
[1019] Vgl. BACKHAUS, K. u. a. (1996), S. 229.
[1020] Vgl. HARTUNG, J./ELPELT, B. (1999) S. 547f.
[1021] Vgl. BACKHAUS, K. u. a. (1996), S. 230.
[1022] Vgl. für eine Darstellung der manuellen Durchführung HARTUNG, J./ELPELT, B. (1999), S. 551ff.

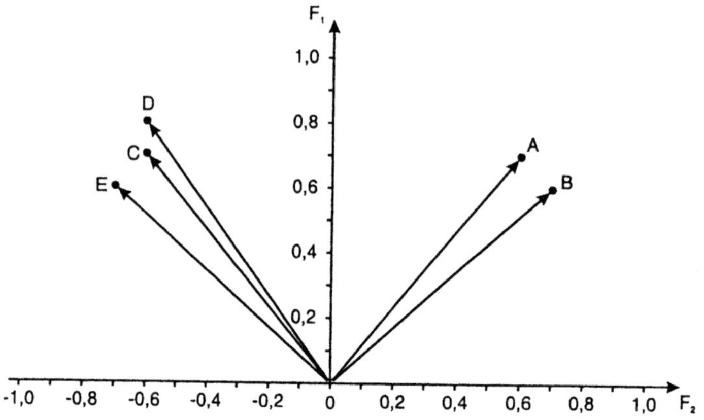

nicht-rotierte Faktorladungen

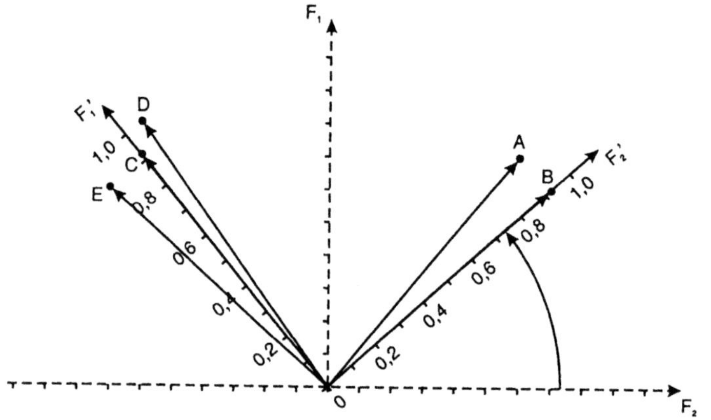

orthogonal rotierte Faktorladungen

Abb. 125: Beispiel einer orthogonalen Faktorrotation

Merkmal	Faktor F_1'	Faktor F_2'
A	*0,141*	0,911
B	*0,000*	0,922
C	0,922	*0,000*
D	0,998	*0,065*
E	0,911	*-0,141*

Abb. 126: Beispiel einer orthogonal rotierten Faktorladungsmatrix[1023]

[1023] Der Drehwinkel wurde geschätzt. Da das Beispiel fiktiv ist und ihm keine Stichprobe zugrunde liegt, kann die Varimax-Methode, die auch Informationen über die Extraktionsmethode benötigt, nicht genutzt werden.

Schließlich muß noch bestimmt werden, welche Ausprägung die Faktoren für welche Stichprobenelemente annehmen (*Faktorwerte*). Häufig werden die Faktorwerte als Abweichung von Null dargestellt, wobei ein positiver (negativer) Faktorwert für eine überdurchschnittliche (unterdurchschnittliche) Ausprägung des Faktors bei diesem Stichprobenelement steht. Häufig werden die Faktorwerte mit Hilfe eines Näherungsverfahrens bestimmt, wobei Regressionsanalysen am weitesten verbreitet sind.[1024] Demgegenüber führt die aufwendigere Berechnung der Faktorwerte auf Basis des ANDERSON-RUBIN-Verfahrens konzeptionell zu unkorrelierten Faktorwerten,[1025] so daß im folgenden dieses Verfahren genutzt wird. In praktischen Anwendungen sind die Faktorwerte aber methodenübergreifend annähernd identisch.

8.6.2 Qualität der Meßkonstruktion

Die Qualität der Meßkonstruktion eines Performance Measurement-Systems kann anhand der Fokussierungslücke charakterisiert werden, die den Unterschied zwischen dem „Meßbedarf" (Relevanz) und dem, was tatsächlich gemessen wird (Betrachtungsintensität), erfaßt.[1026] Die Qualität der Meßkonstruktion ist dabei um so höher, je geringer die Differenz zwischen Relevanz und Betrachtungsintensität ist.

Auf den ersten Blick vernachlässigt diese Vorgehensweise viele der in Kapitel 5 betrachteten Merkmale. Insbesondere wurde in Abschnitt 5.5 ein Modell entwickelt, das die Differenz zwischen Relevanz und Betrachtungsintensität für einzelne Meßobjekte auf die Güte und ökonomische Ermittelbarkeit der entsprechenden Indikatoren zurückführt. Da aber diese Merkmale durch die betriebswirtschaftliche Erfahrung getrieben werden, also mit fortschreitender Entwicklung ökonomischer ermittelbare Indikatoren von höherer Güte zu erwarten sind, wird sich die Fokussierungslücke mit zunehmender betriebswirtschaftlicher Erfahrung verkleinern. Dementsprechend darf eine Größe, die die Qualität der Meßkonstruktion abbilden soll, keine dieser nur temporären Einflußgrößen enthalten. Die Meßkonstruktion des Performance Measurement-Systems von Unternehmen A, das aufgrund seiner umfangreichen betriebswirtschaftlichen Erfahrungen die Fokussierungslücke reduzieren konnte, hat eine höhere Qualität als das System mit großer Fokussierungslücke von Unternehmen B. Unternehmen B hat sich dabei aber nicht ungeschickter verhalten als Unternehmen A. Vielmehr stehen Unternehmen B aufgrund geringerer betriebswirtschaftlicher Erfahrung mit einigen Meßobjekten nur weniger ökonomisch ermittelbare Indikatoren mit geringerer Güte zur Verfügung.

Die Fokussierungslücke der einzelnen Meßobjekte ist über alle Meßobjekte zu aggregieren, um eine Repräsentation für die globale Qualität der Meßkonstruktion eines Performance Measurement-Systems zu erhalten. In Anlehnung an die Systematisierung in Abschnitt 5.1 sollen für die Betrachtung der Qualität der Meßkonstruktion drei Aspekte unterschieden werden, die anhand der wie folgt zugeordneten Items näher charakterisiert werden.

[1024] Vgl. für andere, hier nicht genannte Verfahren HARTUNG, J./ELPELT, B. (1999), S. 570ff.
[1025] Vgl. JANSSEN, J./LAATZ, W. (1999), S. 459.
[1026] Vgl. zur Fokussierungslücke Abschnitt 5.1.6 ab S. 115.

1. Orientierung auf das Unternehmensgeschehen:
   - Materielle Ressourcen,
   - Finanzielle Ressourcen,
   - immaterielle Vermögensgegenstände,
   - Fähigkeiten,
   - direkt wertschöpfende Prozesse,
   - unterstützende Prozesse.
2. Orientierung auf das Unternehmensumfeld:
   - Wettbewerber,
   - Kunden,
   - Lieferanten,
   - Ersatzprodukte,
   - sonstiges Unternehmensumfeld.

Darüber hinaus wird ein dritter Aspekt, der die Strategiekompatibilität erfaßt, betrachtet. Die Operationalisierung erfolgt in Anlehnung an die Systematisierung in Abschnitt 5.2 als Differenz zwischen der Bedeutung einer Wettbewerbsherausforderung und der Betrachtung korrespondierender strategischer Ergebnisgrößen im Performance Measurement-System auf Basis der folgenden Items:

3. Orientierung auf die Unternehmensstrategie:
   - Preis- und Kostenkomponente,
   - Qualitätskomponente,
   - Zeit- und Flexibilitätskomponente.

Die Aggregation zur Qualität der Meßkonstruktion erfolgt dabei zweistufig. Zunächst wird für jeden der drei Aspekte die Fokussierungs- bzw. strategische Lücke bestimmt, indem versucht wird, die jeweiligen Lücken der zugeordneten Items zu aggregieren. Anschließend ist zu prüfen, ob sich die Faktoren der drei Aspekte zur Qualität der Meßkonstruktion verdichten lassen. Als Untersuchungsmittel kommt dabei die Faktorenanalyse zur Anwendung.[1027]

8.6.2.1 Orientierung auf das Unternehmensgeschehen

Die Aggregation der Fokussierungslücken der Meßobjekte zum Unternehmensgeschehen erfolgt auf Basis einer Teilstichprobe mit 106 Elementen, wobei der KMO-Wert 0,614 beträgt. Das Kaiser-Kriterium empfiehlt die Extraktion von zwei Faktoren. In Tab. 69 sind die rotierten Faktorladungen dargestellt.

[1027] Alternativ könnte auch mittels Clusteranalyse versucht werden, Unternehmen, deren Performance Measurement-System eine hohe Orientierung auf das Unternehmensgeschehen, das Unternehmensumfeld und die Unternehmensstrategie aufweist, von denen mit geringerer Orientierung zu separieren.

Item	Faktor 1	Faktor 2
Materielle Ressourcen (20-1 – 7-1)	*-0,021*	0,676
Finanzielle Ressourcen (20-2 – 7-2)	*0,066*	0,800
immaterielle Vermögensgegenstände (20-3 – 7-3)	0,554	*0,344*
Fähigkeiten (20-4 – 7-4)	0,745	*0,219*
direkt wertschöpfende Prozesse (20-5 – 7-5)	0,815	*-0,142*
unterstützende Prozesse (20-6 – 7-6)	0,846	*-0,108*

Tab. 69: Rotierte Faktorladungen zur Orientierung auf das Unternehmensgeschehen

Folgende Items laden somit hoch auf Faktor 1:
- Fokussierungslücke immaterieller Vermögensgegenstände,
- Fokussierungslücke (immaterieller) Fähigkeiten,
- Fokussierungslücke direkt wertschöpfender Prozesse,
- Fokussierungslücke unterstützender Prozesse,

während folgende Items hoch auf Faktor 2 laden:
- Fokussierungslücke Materieller Ressourcen,
- Fokussierungslücke Finanzieller Ressourcen.

Die beiden Faktoren werden unter Rückgriff auf die Unterscheidung „klassischer“ und „moderner“ Meßobjekte in Abschnitt 5.1.3 wie folgt bezeichnet:

Faktor 1: Orientierung des Performance Measurement-Systems auf „moderne“ Meßobjekte,

Faktor 2: Orientierung des Performance Measurement-Systems auf „klassische“ Meßobjekte.

8.6.2.2 Orientierung auf das Unternehmensumfeld

Um die Fokussierungslücken der Meßobjekte für das Unternehmensumfeld zu aggregieren, steht eine Teilstichprobe mit 96 Elementen zur Verfügung. Der KMO-Wert ist 0,685 und das Kaiser-Kriterium schlägt vor, einen Faktor zu extrahieren. Dementsprechend kann die Lösung nicht rotiert werden. Die entsprechenden Faktorladungen sind in Tab. 70 dargestellt.

Item	Faktor
Wettbewerber (21-1 & 21-2 & 21-3 – 7-7)	0,631
Kunden (21-4 – 7-8)	0,719
Lieferanten (21-5 – 7-9)	0,755
Substitutionsprodukte (21-6 – 7-10)	0,590
sonstiges Unternehmensumfeld (21-7 – 7-11)	0,661

Tab. 70: (Rotierte) Faktorladungen zur Orientierung auf das Unternehmensumfeld

Alle Items laden hoch auf diesen Faktor, der somit als Umfeldorientierung des Performance Measurement-Systems bezeichnet werden kann.

8.6.2.3 Strategieorientierung

Um die Strategieorientierung des Performance Measurement-Systems zu operationalisieren, liegt eine Teilstichprobe mit 110 Elementen und einem KMO-Wert von 0,485 vor. Die Stichprobeneignung ist damit „untragbar". Andererseits scheint jedoch keine Einigung darüber zu bestehen, ob damit auf eine Faktorenanalyse zu verzichten ist. Zum einen sieht KAISER einen Wert von über 0,8 als wünschenswert an,[1028] andererseits wendet BACKHAUS in seinem Standardwerk die Faktorenanalyse auch bei einem Wert von 0,576 an.[1029] Hier soll deshalb dennoch eine Faktorenanalyse durchgeführt werden, wobei die Ergebnisse mit besonderer Vorsicht zu interpretieren sind. Das Kaiser-Kriterium legt nahe, einen Faktor zu extrahieren; die entsprechenden Faktorladungen zeigt Tab. 71.

Item	Faktor
Kosten (21-1 – 9-1 & 9-2)	*0,245*
Qualität (21-2 – 9-4 & 9-5)	0,878
Zeit und Flexibilität (21-3 – 9-3)	0,847

Tab. 71: (Rotierte) Faktorladungen zur Strategieorientierung

Die Qualität sowie die Zeit und Flexibilität laden hoch auf den gemeinsamen Faktor. Die Kostenkomponente weist demgegenüber nur eine geringe Faktorladung auf. Da die Standardabweichung des Kosten-Items wesentlich geringer (0,8) als die der anderen beiden Items ist (1,3 bzw. 1,4), kann die Kostenkomponente (als verhältnismäßig konstante Größe) keinen wesentlichen Beitrag zur Erklärung des Faktors leisten. Formal könnte die Kostenkomponente damit aus dem Faktor entfernt werden. Da es aber nicht sinnvoll erscheint, eine der drei strategischen Stoßrichtungen zu ignorieren und die Faktorwerte durch das Kosten-Item nur gering beeinflußt werden, wird sie aus inhaltlichen Überlegungen bei der Faktorbildung berücksichtigt. Insgesamt wird der extrahierte Faktor somit als Strategieorientierung interpretiert.

8.6.2.4 Zusammenführung zur Qualität der Meßkonstruktion

Nachdem für die drei Aspekte der Orientierung auf das Unternehmensgeschehen, das Unternehmensumfeld sowie die Unternehmensstrategie Faktoren generiert wurden, soll nun versucht werden, diese zu einem Maß für die Qualität der Meßkonstruktion zu aggregieren.

Als Ausgangsbasis dienen dabei die ermittelten Faktorwerte, wobei eine Stichprobe mit 92 Elementen und einem KMO-Wert von 0,655 zur Verfügung steht. Entsprechend der Empfehlung des Kaiser-Kriteriums wird ein Faktor extrahiert, wobei sich die in Tab. 72 gezeigten Faktorladungen ergeben.

[1028] Vgl. KAISER, H. F (1970), S. 405.

[1029] Vgl. BACKHAUS, K. u. a. (1996), S. 206ff.

Item	Faktor
Orientierung auf „klassische" Meßobjekte	*0,373*
Orientierung auf „moderne" Meßobjekte	0,696
Umfeldorientierung	0,787
Strategieorientierung	0,733

Tab. 72: (Rotierte) Faktorladungen zur Qualität der Meßkonstruktion

Mit Ausnahme der Orientierung auf „klassische" Meßobjekte laden alle Aspekte hoch auf den gemeinsamen Faktor. Über die Gründe für die vergleichsweise geringe Faktorladung kann nur spekuliert werden. Möglicherweise werden die „klassischen" Meßobjekte bereits zu einem wesentlich höheren Grad entsprechend ihrer Relevanz in Performance Measurement-Systemen berücksichtigt. Dem widerspricht allerdings unter Umständen die hohe Faktorladung der Strategieorientierung, für die ebenfalls nur geringe Unterschiede zwischen Relevanz und Betrachtungsintensität zu konstatieren sind.[1030] Aus inhaltlichen Gründen ist die Orientierung auf „klassische" Meßobjekte zur Faktorkonstituierung unverzichtbar. Da die fragliche Faktorladung zugleich nur geringfügig unterhalb der Grenze von 0,4 liegt, wird der extrahierte Faktor als Maß für die Qualität der Meßkonstruktion betrachtet.

Item	Qualität der Meßkonstruktion
Materielle Ressourcen (20-1 – 7-1)	0,08461838
Finanzielle Ressourcen (20-2 – 7-2)	0,12073914
immaterielle Vermögensgegenstände (20-3 – 7-3)	0,13461874
Fähigkeiten (20-4 – 7-4)	0,12488128
direkt wertschöpfende Prozesse (20-5 – 7-5)	0,09780115
unterstützende Prozesse (20-6 – 7-6)	0,11298336
Wettbewerber (21-1 & 21-2 & 21-3 – 7-7)	0,10042568
Kunden (21-4 – 7-8)	0,08915816
Lieferanten (21-5 – 7-9)	0,12312680
Substitutionsprodukte (21-6 – 7-10)	0,08723491
sonstiges Unternehmensumfeld (21-7 – 7-11)	0,10340678
Kosten (21-1 – 9-1 & 9-2)	0,07766489
Qualität (21-2 – 9-4 & 9-5)	0,17239533
Zeit und Flexibilität (21-3 – 9-3)	0,15500053
Konstante	-0,74380514

Tab. 73: Koeffizienten zur Qualität der Meßkonstruktion eines Performance Measurement-Systems

[1030] Vgl. Abb. 69 auf S. 125.

Ein abschließender Hinweis richtet sich auf die Skalierung der zur Qualität der Meßkonstruktion generierten Faktoren. Kleinere Faktorwerte stehen für eine größere Unternehmens- bzw. Umfeld- bzw. Strategieorientierung et vice versa. Auch die Qualität der Meßkonstruktion verhält sich umgekehrt proportional zu den Faktorwerten des entsprechenden Faktors.

Die Qualität der Meßkonstruktion eines konkreten Performance Measurement-Systems kann mit Hilfe der Koeffizienten aus Tab. 73 ermittelt werden. Dazu ist die Summe der mit dem jeweiligen Koeffizienten multiplizierten Merkmalsausprägungen zu bilden und die Konstante zu addieren. Für eine durchschnittliche Qualität der Meßkonstruktion ergibt sich ein Wert von Null. Bessere Qualität führt zu größeren, schlechtere zu kleineren Werten.

8.6.3 Verankerung im Unternehmen

Hinsichtlich der Verankerung eines Performance Measurement-Systems im Unternehmen werden die in Kapitel 6 diskutierten Elemente Leistungsanreize, Berichtshäufigkeit, partizipative Entwicklung, Leistungsebenen und Softwareunterstützung berücksichtigt. In den folgenden Abschnitten werden zunächst die ersten drei aggregiert, da sie sich aufgrund der Konzeption des Fragebogens aus mehreren Items zusammensetzen.

8.6.3.1 Leistungsanreize

Um ein Maß zu generieren, das erfassen kann, inwieweit Indikatoren des Performance Measurement-Systems als Grundlage für Leistungsanreize verwendet werden, steht eine Stichprobe mit 107 Elementen zur Verfügung. Der KMO-Wert ist 0,738 und das Kaiser-Kriterium legt die Extraktion eines Faktors nahe. Die erhaltenen Faktorladungen zeigt Tab. 74.

Item	Faktor
Materielle Ressourcen (17-1)	0,704
Finanzielle Ressourcen (17-2)	0,648
Immaterielle Ressourcen (17-3)	0,745
Prozesse (17-4)	0,752
Unternehmensumfeld (17-5)	0,680

Tab. 74: (Rotierte) Faktorladungen zur Verwendung als Leistungsanreizgrundlage

Alle Items laden hoch auf diesen Faktor, der somit als Maß für die Intensität der Verknüpfung von Performance Measurement-Systemen mit Anreizsystemen interpretiert werden kann.

8.6.3.2 Berichtshäufigkeit

Die Generierung eines Maßes für die Häufigkeit der Berichterstattung von Meßwerten an die Unternehmensführung basiert auf einer Stichprobe mit 109 Elementen mit einem KMO-Wert von 0,637. Das Kaiser-Kriterium empfiehlt die Extraktion von zwei Faktoren. Da die Eigenwerte, auf denen die Empfehlung des Kaiser-Kriteriums basiert, 2,4 und 1,1 betragen und damit der zweite Eigenwert nur sehr knapp über 1,0 liegt, erscheint es sinnvoller, nur einen

Faktor zu extrahieren. Wie in Tab. 75 dargestellt, laden alle Items hoch auf diesen Faktor. Die Faktorladungen sind inhaltlich als Berichtshäufigkeit sinnvoll zu interpretieren.

Item	Faktor
Materielle Ressourcen (16-1)	0,560
Finanzielle Ressourcen (16-2)	0,528
Immaterielle Ressourcen (16-3)	0,734
Prozesse (16-4)	0,776
Unternehmensumfeld (16-5)	0,822

Tab. 75: (Rotierte) Faktorladungen zur Berichtshäufigkeit

8.6.3.3 Partizipative Entwicklung

Der Grad der partizipativen Entwicklung eines Performance Measurement-Systems wird aus der Intensität, mit der die das System nutzenden Personen über dessen Intention und Hintergründe informiert sind und ihre Beteiligung an der Entwicklung des Systems aggregiert. Die Stichprobe umfaßt 118 Elemente und der KMO-Wert beträgt 0,5. Das Kaiser-Kriterium rät zur Extraktion eines Faktors, wobei sich die in Tab. 76 gezeigten Faktorladungen ergeben.

Item	Faktor
Information über Hintergründe (10-1)	0,861
Beteiligung an Konzeption (10-2)	0,861

Tab. 76: (Rotierte) Faktorladungen zur partizipativen Entwicklung

Da beide Items hoch auf den Faktor laden, wird er als partizipative Entwicklung bezeichnet.

8.6.3.4 Zusammenführung zur Verankerung im Unternehmen

Neben den drei in den vorangegangenen Abschnitten generierten Größen determinieren die Verbreitung über Hierarchiestufen und die Softwareunterstützung, wie stark ein Performance Measurement-System in einem Unternehmen verankert ist. Daher soll mit Hilfe einer Faktorenanalyse aus diesen Items ein Maß für die Verankerung im Unternehmen aggregiert werden.

Item	Faktor
Leistungsanreize	0,731
Berichtshäufigkeit	0,590
Partizipative Entwicklung	0,707
Verbreitung über Hierarchiestufen (6)	0,622
Softwareunterstützung (4)	0,555

Tab. 77: (Rotierte) Faktorladungen zur Verankerung im Unternehmen

Die Stichprobe umfaßt dabei 97 Elemente bei einem KMO-Wert von 0,714. Das Kaiser-Kriterium legt die Extraktion von einem Faktor nahe, was zu den in Tab. 77 dargestellten Faktorladungen führt. Alle Items laden betragsmäßig hoch auf den gemeinsamen Faktor. Damit ist der Faktor eine gute Repräsentation für die Verankerung von Performance Measurement-Systemen in Unternehmen.

Mit Hilfe der in Tab. 78 aufgeführten Koeffizienten kann für ein Performance Measurement-System die Intensität seiner Verankerung im Unternehmen ermittelt werden. Wie schon bei der Qualität der Meßkonstruktion sind dazu die einzelnen Merkmalsausprägungen unter Berücksichtigung der Konstante gewichtet zu addieren. Ein Performance Measurement-System, das mit durchschnittlicher Intensität im Unternehmen verankert ist, wird dabei mit Null bewertet, eine bessere Verankerung wird durch größere, eine schlechtere durch kleinere Zahlen abgebildet.

Item	Verankerung im Unternehmen
Leistungsanreize Materielle Ressourcen (17-1)	0,07798380
Leistungsanreize Finanzielle Ressourcen (17-2)	0,08316603
Leistungsanreize Immaterielle Ressourcen (17-3)	0,09648478
Leistungsanreize Prozesse (17-4)	0,10059598
Leistungsanreize Unternehmensumfeld (17-5)	0,09499876
Berichtshäufigkeit Materielle Ressourcen (16-1)	0,08144000
Berichtshäufigkeit Finanzielle Ressourcen (16-2)	0,08636270
Berichtshäufigkeit Immaterielle Ressourcen (16-3)	0,08164902
Berichtshäufigkeit Prozesse (16-4)	0,07222015
Berichtshäufigkeit Unternehmensumfeld (16-5)	0,08538910
Information über Hintergründe (10-1)	0,29562550
Beteiligung an Konzeption (10-2)	0,19108824
Verbreitung über Hierarchiestufen (6)	0,41929988
Softwareunterstützung (4)	0,20447257
Konstante	−6,63948520

Tab. 78: Koeffizienten zur Intensität der Verankerung eines Performance Measurement-Systems im Unternehmen

8.6.4 Weiterentwicklung von Performance Measurement-Systemen

In diesem Abschnitt soll versucht werden, die inhaltliche und temporale Komponente der Weiterentwicklung von Performance Measurement-Systemen zu verdichten. Dabei werden sowohl die Anpassungshäufigkeit als auch die Intensität, mit der Meßobjekte, Indikatoren, Zielgrößen und die Unternehmensstrategie in den Weiterentwicklungsprozeß eingebunden sind, berücksichtigt.

Auf Basis einer Stichprobe von 110 Elementen mit einem KMO-Wert von 0,598 wird eine Faktorenanalyse oben genannter Merkmale zur Weiterentwicklung eines Performance Measurement-Systems durchgeführt. Das Kaiser-Kriterium schlägt die Extraktion von zwei Faktoren vor. Allerdings können diese Faktoren nicht sinnvoll inhaltlich interpretiert werden. Wie schon bei der Untersuchung der Berichtshäufigkeit beträgt der für diese Empfehlung ausschlaggebende Eigenwert 1,1. Dementsprechend wird versucht, nur einen Faktor zu extrahieren, wobei sich die in Tab. 79 dargestellten Faktorladungen ergeben. Alle Items laden hoch auf diesen Faktor, der damit eine gute Repräsentation für die Weiterentwicklung eines Performance Measurement-Systems darstellt und entsprechend benannt wird.

Item	Faktor
Anpassungshäufigkeit (18)	0,418
Weiterentwicklung Meßobjekte (19-1)	0,584
Weiterentwicklung Indikatoren (19-2)	0,748
Weiterentwicklung Zielgrößen (19-3)	0,695
Weiterentwicklung Unternehmensstrategie (19-4)	0,636

Tab. 79: (Rotierte) Faktorladungen zur Weiterentwicklung

Die Intensität der Weiterentwicklung eines konkreten Performance Measurement-Systems kann mit Hilfe der Koeffizienten in Tab. 80 durch gewichtete Addition ermittelt werden. Einem Performance Measurement-System mit durchschnittlicher Weiterentwicklungsintensität wird dabei die Zahl Null zugeordnet; größere Zahlen stehen für eine größere, kleinere für eine geringere Weiterentwicklungsintensität.

Item	Weiterentwicklung
Anpassungshäufigkeit (18)	0,38797147
Weiterentwicklung Meßobjekte (19-1)	0,28392354
Weiterentwicklung Indikatoren (19-2)	0,45122095
Weiterentwicklung Zielgrößen (19-3)	0,49426522
Weiterentwicklung Unternehmensstrategie (19-4)	0,35341673
Konstante	-7,94381829

Tab. 80: Koeffizienten zur Weiterentwicklungsintensität eines Performance Measurement-Systems

8.6.5 Gesamtgüte eines Performance Measurement-Systems

Als letzter Schritt zu einem globalen Gütekriterium für Performance Measurement-Systeme verbleibt die Aggregation der Qualität der Meßkonstruktion, der Verankerung im Unternehmen und der Weiterentwicklung. Wiederum wird dabei auf eine Faktorenanalyse zurückgegriffen, wobei die Stichprobe 76 Elemente umfaßt. Der KMO-Wert ist 0,584 und das Kaiser-Kriterium zielt auf die Extraktion eines Faktors. Die ermittelten Faktorladungen zeigt Tab. 81.

Item	Faktor
Qualität der Meßkonstruktion	−0,610
Verankerung im Unternehmen	0,774
Weiterentwicklung	0,820

Tab. 81: (Rotierte) Faktorladungen zur Gesamtgüte von Performance Measurement-Systemen

Alle Items laden hoch auf einen Faktor, der dementsprechend Gesamtgüte von Performance Measurement-Systemen genannt wird. Das negative Vorzeichen der Ladung der Qualität der Meßkonstruktion resultiert aus der Skalierung der entsprechenden Merkmale.

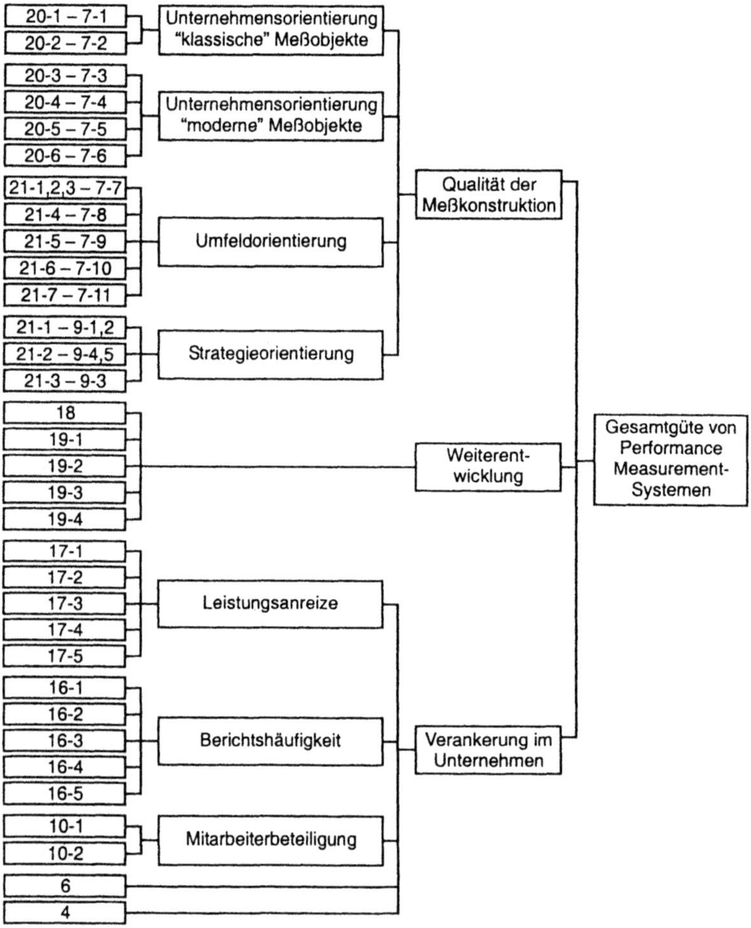

Abb. 127: Aggregation zur Gesamtgüte von Performance Measurement-Systemen

Item	Gesamtgüte
Lücke Materielle Ressourcen (20-1 – 7-1)	-0,036016795
Lücke Finanzielle Ressourcen (20-2 – 7-2)	-0,051391160
Lücke immaterielle Vermögensgegenstände (20-3 – 7-3)	-0,057298846
Lücke Fähigkeiten (20-4 – 7-4)	-0,053154213
Lücke direkt wertschöpfende Prozesse (20-5 – 7-5)	-0,041627880
Lücke unterstützende Prozesse (20-6 – 7-6)	-0,048090008
Lücke Wettbewerber (21-1 & 21-2 & 21-3 – 7-7)	-0,042744982
Lücke Kunden (21-4 – 7-8)	-0,037949096
Lücke Lieferanten (21-5 – 7-9)	-0,052407438
Lücke Substitutionsprodukte (21-6 – 7-10)	-0,037130487
Lücke sonstiges Unternehmensumfeld (21-7 – 7-11)	-0,044013851
Lücke Kosten (21-1 – 9-1 & 9-2)	-0,033057125
Lücke Qualität (21-2 – 9-4 & 9-5)	-0,073377995
Lücke Zeit und Flexibilität (21-3 – 9-3)	-0,065974107
Leistungsanreize Materielle Ressourcen (17-1)	0,191653825
Leistungsanreize Finanzielle Ressourcen (17-2)	0,140255241
Leistungsanreize Immaterielle Ressourcen (17-3)	0,222898403
Leistungsanreize Prozesse (17-4)	0,244161819
Leistungsanreize Unternehmensumfeld (17-5)	0,174584145
Berichtshäufigkeit Materielle Ressourcen (16-1)	0,037028564
Berichtshäufigkeit Finanzielle Ressourcen (16-2)	0,039489206
Berichtshäufigkeit Immaterielle Ressourcen (16-3)	0,045813268
Berichtshäufigkeit Prozesse (16-4)	0,047765362
Berichtshäufigkeit Unternehmensumfeld (16-5)	0,045107671
Information über Hintergründe (10-1)	0,038669650
Beteiligung an Konzeption (10-2)	0,041007065
Verbreitung über Hierarchiestufen (6)	0,038768897
Softwareunterstützung (4)	0,034291846
Anpassungshäufigkeit (18)	0,040544776
Weiterentwicklung Meßobjekte (19-1)	0,140370015
Weiterentwicklung Indikatoren (19-2)	0,090733239
Weiterentwicklung Zielgrößen (19-3)	0,199093550
Weiterentwicklung Unternehmensstrategie (19-4)	0,097088439
Konstante	-6,781889680

Tab. 82: Koeffizienten zur Ermittlung der Gesamtgüte von Performance Measurement-Systemen

Abb. 127 verdeutlicht abschließend, welche Merkmale auf welchem Weg zur Aggregation eines Maßes für die Gesamtgüte von Performance Measurement-Systemen beitragen.

Den an der Untersuchung teilnehmenden Unternehmen wurde Anonymität zugesichert. Es werden daher keine unternehmensbezogenen Analysen durchgeführt und insbesondere kein Ranking der Güte der von diesen Unternehmen eingesetzten Performance Measurement-Systeme erstellt, sondern in Tab. 82 lediglich die Koeffizienten aufgelistet, wie stark einzelne Items in die Gesamtgütebewertung eingehen.

Auf Basis der in Tab. 82 aufgeführten Koeffizienten kann für jedes Unternehmen die Gesamtgüte eines konkreten Performance Measurement-Systems ermittelt werden. Für ein Performance Measurement-System durchschnittlicher Gesamtgüte ist die gewichtete Summe der Merkmalsausprägungen Null, für bessere Systeme größer und für schlechtere kleiner.

Es zeigt sich, daß die Intensität der motivationalen Informationsnutzung als Teil der Verankerung eines Performance Measurement-Systems im Unternehmen einen besonders großen Einfluß auf die Gesamtgüte eines Performance Measurement-Systems hat. Von großer Bedeutung sind außerdem die Weiterentwicklung des Performance Measurement-Systems, während Eigenschaften zur Qualität der Meßkonstruktion nur einen geringen Beitrag zur Gesamtgüte eines Performance Measurement-Systems leisten.

8.6.6 Einflußgrößen auf die Aggregationen

Abschließend soll noch ein möglicher Einfluß anderer Merkmale auf die Aggregationen untersucht werden. Da keine inhaltlich unterlegten Thesen formuliert werden können, haben die Ergebnisse der folgenden statistischen Analysen ausschließlich informatorischen Wert. Neben den bereits im Zuge der Untersuchung des Responseverhaltens[1031] betrachteten Einflußgrößen Branchenzugehörigkeit und Unternehmensgröße soll zusätzlich auch ein möglicher Einfluß des Grundmodells des Performance Measurement-Systems untersucht werden.

Für die Analyse von Zusammenhängen der jeweils intervallskalierten Faktoren und dem Jahresumsatz als Maß für die *Unternehmensgröße* werden Korrelationsanalysen durchgeführt. Die Nullhypothese geht dabei davon aus, daß die Faktoren von der Unternehmensgröße unabhängig sind. In Tab. 83 sind die entsprechenden statistischen Testwerte zusammengefaßt.

	N	*r*	Signifikanz
Qualität der Meßkonstruktion	92	0,192	0,066
Verankerung im Unternehmen	97	0,024	0,816
Weiterentwicklung	110	0,022	0,819
Gesamtgüte eines Performance Measurement-Systems	76	−0,072	0,535

Tab. 83: Einfluß der Unternehmensgröße auf Aggregationen

[1031] Vgl. Abschnitt 8.3.3 ab S. 229.

Es zeigte sich kein signifikanter Einfluß der Unternehmensgröße auf die Faktoren, wobei das kritische Signifikanzniveau bei der Qualität der Meßkonstruktion nur knapp über 5 % liegt.

Der Einfluß der *Branche* als nominale Größe auf die Aggregationen wird mit Hilfe einer Varianzanalyse untersucht. Die entsprechenden Testwerte zeigt Tab. 84.

	L-Test		F-Test	
	L	Signi-fikanz	*F*	Signi-fikanz
Qualität der Meßkonstruktion	0,905	0,482	**3,830**	0,004
Verankerung im Unternehmen	0,686	0,604	0,834	0,529
Weiterentwicklung	0,750	0,588	0,545	0,741
Gesamtgüte eines Performance Measurement-Systems	1,429	0,233	1,192	0,322

Tab. 84: Brancheneinfluß auf Aggregationen

Ein signifikanter Brancheneinfluß zeigt sich nur für die Qualität der Meßkonstruktion, wobei das Performance Measurement-System der Unternehmen des Baugewerbes eine besonders hohe Qualität der Meßkonstruktion aufweist, während sie bei den Unternehmen der Energie- und Wasserversorgung im Mittel besonders gering ist.

Abschließend soll noch untersucht werden, ob bestimmte Grundmodelle eines Performance Measurement-Systems hinsichtlich der Qualität der Meßkonstruktion, der Verankerung des Systems im Unternehmen und dessen Weiterentwicklung sowie der Gesamtgüte des Performance Measurement-Systems besonders erfolgversprechend sind. Die statistische Untersuchung erfolgt dabei mit Hilfe von Varianzanalysen, wobei für die Balanced Scorecard die in Tab. 85 aufgeführten Testwerte resultieren.

	L-Test		F-Test	
	L	Signi-fikanz	*F*	Signi-fikanz
Qualität der Meßkonstruktion	0,026	0,873	2,648	0,107
Verankerung im Unternehmen	2,671	0,106	**5,345**	0,023
Weiterentwicklung	0,524	0,471	**5,795**	0,018
Gesamtgüte eines Performance Measurement-Systems	0,006	0,937	**7,176**	0,009

Tab. 85: Einfluß der Nutzung einer Balanced Scorecard auf Aggregationen

Mit Ausnahme der Qualität der Meßkonstruktion zeigen sich in der Stichprobe signifikante Unterschiede in den aggregierten Faktoren zwischen Unternehmen, die eine Balanced Scorecard einsetzen und denen, die ein anderes Grundmodell bevorzugen. Die Ausprägung der Faktoren ist dabei für Balanced Scorecard-Anwender jeweils besser.

Für Unternehmen, die ein Return on Investment-Schema einsetzen, konnten im Vergleich mit denen, die kein solches System nutzen, keine signifikant besseren bzw. schlechteren mittleren Ausprägungen der vier untersuchten Faktoren festgestellt werden (vgl. Tab. 86).

	L-Test		F-Test	
	L	Signi-fikanz	*F*	Signi-fikanz
Qualität der Meßkonstruktion	2,481	0,119	0,001	0,969
Verankerung im Unternehmen	1,603	0,209	0,155	0,695
Weiterentwicklung	0,561	0,456	0,087	0,769
Gesamtgüte eines Performance Measurement-Systems	0,323	0,572	0,171	0,681

Tab. 86: Einfluß der Nutzung des Return on Investment-Schemas auf Aggregationen

Wie schon beim Return on Investment-Schema konnte auch keine signifikante Verbesserung bzw. Verschlechterung der aggregierten Faktoren durch den Einsatz wertorientierter Performance Measurement-Ansätze gefunden werden (vgl. Tab. 87). Auch für selbstentwickelte Konzepte kann kein signifikanter Einfluß auf die Aggregationen bestätigt werden, wie die Testwerte in Tab. 88 zeigen.

	L-Test		F-Test	
	L	Signi-fikanz	*F*	Signi-fikanz
Qualität der Meßkonstruktion	0,058	0,810	0,010	0,921
Verankerung im Unternehmen	0,006	0,937	0,044	0,835
Weiterentwicklung	0,015	0,903	0,004	0,947
Gesamtgüte eines Performance Measurement-Systems	0,635	0,428	0,005	0,943

Tab. 87: Einfluß der Nutzung wertorientierter Performance Measurement-Ansätze auf Aggregationen

	L-Test		F-Test	
	L	Signi-fikanz	*F*	Signi-fikanz
Qualität der Meßkonstruktion	0,862	0,356	0,006	0,941
Verankerung im Unternehmen	0,025	0,875	1,289	0,259
Weiterentwicklung	0,003	0,960	1,524	0,220
Gesamtgüte eines Performance Measurement-Systems	0,957	0,331	2,108	0,151

Tab. 88: Einfluß der Nutzung selbstentwickelter Konzepte auf Aggregationen

Für die hier nicht untersuchten Grundkonzeptionen (z. B. Quantum Performance Measurement und Performance Pyramid) stehen Daten von zu wenigen Unternehmen zur Verfügung, so daß keine sinnvolle Varianzanalyse durchgeführt werden kann.

Zusammenfassend kann festgestellt werden, daß Performance Measurement-Systeme, die auf einer Balanced Scorecard aufbauen, durch eine bessere Verankerung des Performance Measurement-Systems im Unternehmen sowie eine intensivere Weiterentwicklung des Systems und damit durch eine höhere Gesamtgüte des Performance Measurement-Systems gekennzeichnet sind. Alle anderen Grundkonzeptionen wirken sich demgegenüber weder positiv noch negativ auf die aggregierten Faktoren aus. Auch wenn diese Analyse aufgrund nicht hinreichend sachlogisch fundierter Thesen nur informatorische Aussagekraft hat, stützen die empirischen Ergebnisse die teilweise euphorischen Berichte über erfolgreiche Implementierungen einer Balanced Scorecard.[1032]

8.6.7 Auswirkungen des Performance Measurement-Systems

Im folgenden soll versucht werden, die empirisch ermittelte Gesamtgüte eines Performance Measurement-Systems anderen Benchmarks gegenüberzustellen. Zunächst wird die subjektive Zufriedenheit als Benchmark zur Evaluierung der Gesamtgüte verwendet (Abschnitte 8.6.7.1 und 8.6.7.2). Die Analyse von Zusammenhängen mit anderen externen Größen, insbesondere mit dem finanziellen Unternehmenserfolg wird in Abschnitt 8.6.7.3 diskutiert.

8.6.7.1 Maß für die subjektive Zufriedenheit

In der Befragung wurden die Ansprechpartner gebeten, eine Einschätzung des Performance Measurement-Systems ihres Unternehmens vorzunehmen. Dabei wurden für mehrere Items Zufriedenheitswerte auf einer Intervallskala erfaßt. Auf dieser Basis soll ein Index für die subjektive Zufriedenheit mit Performance Measurement-Systemen generiert werden. Die Stichprobe umfaßt dabei 116 Elemente und ist durch einen KMO-Wert von 0,752 gekennzeichnet. Das Kaiser-Kriterium schlägt vor, einen Faktor zu extrahieren, was zu den in Tab. 89 gezeigten Faktorladungen führt.

Item	Faktor
Zufriedenheit Unternehmensorientierung (22-1)	0,768
Zufriedenheit Umfeldorientierung (22-2)	0,775
Zufriedenheit Zeitnähe (22-3)	0,769
Zufriedenheit Informationen über künftige Entwicklung (22-4)	0,787

Tab. 89: (Rotierte) Faktorladungen zur subjektiven Zufriedenheit

Da alle Items hoch auf den gemeinsamen Faktor laden, kann dieser als subjektive Zufriedenheit bezeichnet werden.

[1032] Vgl. Fußnote 148 auf S. 33.

8.6.7.2 Determinanten der subjektiven Zufriedenheit

Es ist zu vermuten, daß die subjektive Zufriedenheit mit einem Performance Measurement-System wesentlich durch die Ausgestaltung des Systems beeinflußt wird. Daher kann nachstehende These formuliert werden, die anschließend einem Falsifizierungsversuch unterzogen wird.

These 38: Unternehmen haben ein gutes Gespür für die Güte ihres Performance Measurement-Systems.

Zur Überprüfung der These soll zum einen eine Korrelationsanalyse der generierten Faktoren durchgeführt werden, andererseits soll versucht werden, die Mehrzahl der in der empirischen Erhebung erfaßten Merkmale in ein Kausalmodell zu integrieren.

Die Operationalisierung der These zur Durchführung der *Korrelationsanalyse* erfolgt auf Basis der in den vorangegangenen Abschnitten generierten Faktoren. Dabei wird für die objektive Güte eines Performance Measurement-Systems der Faktor *Gesamtgüte eines Performance Measurement-Systems* und für die subjektive Qualitätsbewertung der Faktor *subjektive Zufriedenheit* genutzt. Damit wird die These durch das folgende Hypothesenpaar wiedergegeben:

H_0^{38}: Zwischen der Einschätzung der subjektiven Zufriedenheit mit einem Performance Measurement-System und der objektivierten Gesamtgüte besteht kein positiver Zusammenhang.

H_1^{38}: Zwischen der Einschätzung der subjektiven Zufriedenheit mit einem Performance Measurement-System und der objektivierten Gesamtgüte besteht ein positiver Zusammenhang.

Die Korrelationsanalyse ergab einen Korrelationskoeffizienten von $r = 0{,}500$ bei einem Signifikanzniveau von $\alpha = 0{,}000$, so daß die Nullhypothese hochsignifikant verworfen wird und These 38 als bewährt anzusehen ist.

Im Rahmen der *Kausalanalyse* soll versucht werden, einen Zusammenhang zwischen den einzelnen Merkmalen, die verschiedene Aspekte der objektiven Güte eines Performance Measurement-Systems beschreiben, und den einzelnen Aspekten der subjektiven Gütebewertung herzustellen.

Dabei wird untersucht, ob die drei in Abschnitt 2.2.2 entwickelten und in den Kapiteln 5 bis 7 vertieften Themenkomplexe der Qualität der Meßkonstruktion, Weiterentwicklung und Verankerung im Unternehmen, die die objektive Güte eines Performance Measurement-Systems erfassen, geeignet sind, die subjektive Zufriedenheit mit einem Performance Measurement-System zu erklären. Es wird vermutet, daß die subjektive Zufriedenheit sowohl durch eine hohe Qualität der Meßkonstruktion als auch eine intensive Verankerung des Performance Measurement-Systems im Unternehmen positiv beeinflußt wird. Die Intensität, mit der ein Performance Measurement-System weiterentwickelt wird, wirkt sich positiv auf die Qualität der Meßkonstruktion und die Verankerung im Unternehmen aus, hat aber keinen direkten Einfluß auf die subjektive Zufriedenheit. Schließlich fördert eine hohe Qualität der Meßkonstruktion die Verankerung eines Performance Measurement-Systems im Unternehmen. Insgesamt werden somit die in Abb. 128 gezeigten Zusammenhänge postuliert.

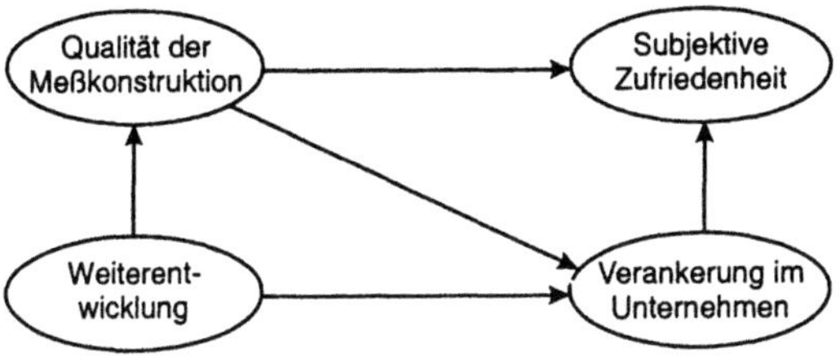

Abb. 128: These 38: Unterstellter Zusammenhang zur Gütebewertung

Die latenten Variablen für die drei Themenkomplexe werden dabei durch die in den Kapiteln 5 bis 7 diskutierten Merkmale gemessen. Als Meßvariablen für die subjektive Zufriedenheit werden die entsprechenden Einschätzungen der Ansprechpartner in den untersuchten Unternehmen verwendet. Für die Validierung dieses vorläufigen Kausalmodells steht eine Stichprobe mit Daten von 75 Unternehmen zur Verfügung, wobei 79 Modellparameter zu schätzen sind. Damit ist das Modell unterdeterminiert, so daß es mehrere Parametervektoren geben kann, die Lösung des Schätzproblems sind. Um ein determiniertes Problem zu erhalten, muß die Anzahl der zu schätzenden Parameter reduziert werden. Da das Strukturmodell bereits aus nur vier latenten Variablen besteht und keine Parameter (außer je einem bereits fixierten Skalierungsparameter für die latenten Variablen) aufgrund inhaltlicher Überlegungen vorbelegt werden können, ist die Anzahl der Meßvariablen zu verringern, indem die beiden Variablen, die in der vorläufigen Schätzung des vollständigen Kausalmodells die geringsten Faktorladungen aufweisen, aus dem Modell entfernt werden. Dies sind die Fokussierungslücke auf Preis- und Kostenwettbewerb (21-1 – 9-1 & 9-2) mit einer vorläufigen Ladung von 0,12 und die Berichtshäufigkeit von Informationen über Finanzielle Ressourcen an die Unternehmensführung (16-2) mit einer vorläufigen Faktorladung von –0,14. Damit reduziert sich die Anzahl der zu schätzenden Parameter auf 75. Die Skalierung der latenten Variablen soll, wie schon bei den anderen untersuchten Kausalmodellen, der Skalierung einer ihrer Meßvariablen entsprechen, so daß gilt $\lambda_{11}^{x}=1$, $\lambda_{11}^{y}=1$, $\lambda_{92}^{y}=1$ und $\lambda_{183}^{y}=1$. Das resultierende vollständige Kausalmodell zeigt Abb. 129.

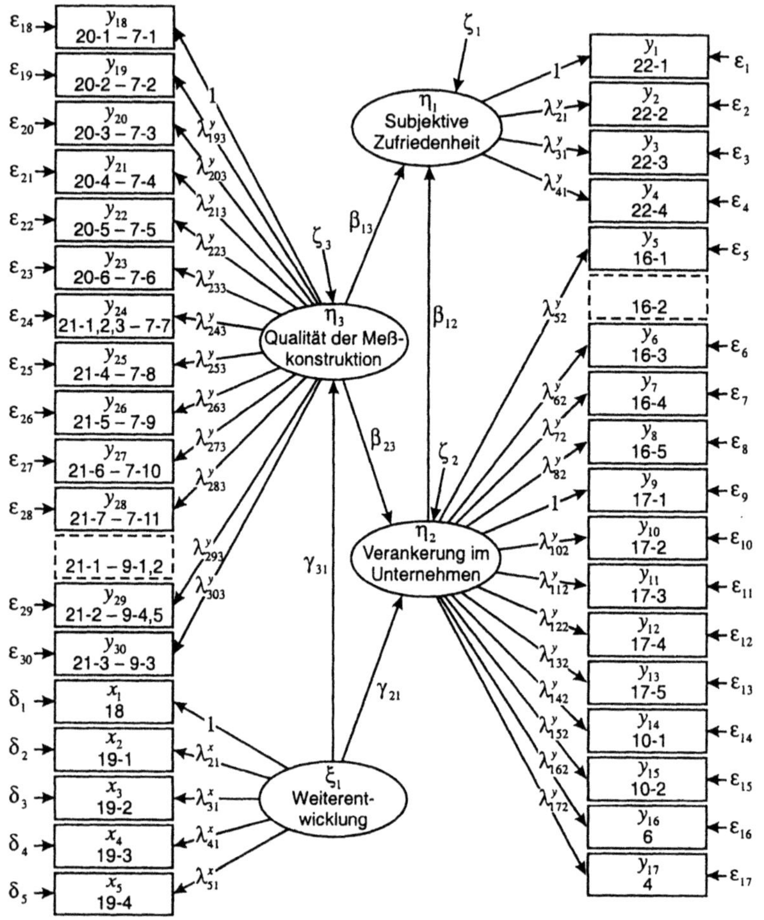

Abb. 129: These 38: Kausalmodell[1033]

Die folgenden Alternativhypothesen geben die Struktur des Kausalmodells wieder:

H_1^{38a}: Eine hohe Qualität der Meßkonstruktion wirkt sich positiv auf die subjektive Zufriedenheit mit einem Performance Measurement-System aus $(\beta_{13} < 0)$.[1034]

H_1^{38b}: Eine hohe Qualität der Meßkonstruktion fördert die Verankerung des Performance Measurement-Systems im Unternehmen $(\beta_{23} < 0)$.

[1033] In der graphischen Darstellung von Kausalmodellen werden meist alle endogenen Variablen rechts und alle exogenen links angeordnet. Aus Platzgründen wurden in der Abbildung auch einige endogene links angeordnet.

[1034] Die Qualität der Meßkonstruktion wird anhand der Fokussierungs*lücke* operationalisiert, so daß eine hohe Meßkonstruktionsqualität zu kleinen Zahlenwerten führt. Dementsprechend wird ein positiver Zusammenhang mit anderen latenten Variablen durch einen negativen Parameterwert wiedergegeben.

H_1^{38c}: Eine bessere Verankerung im Unternehmen führt zu einer gesteigerten subjektiven Zufriedenheit mit einem Performance Measurement-System $(\beta_{12} > 0)$.

H_1^{38d}: Eine intensive Weiterentwicklung eines Performance Measurement-Systems verbessert die Verankerung des Systems im Unternehmen $(\gamma_{21} > 0)$.

H_1^{38e}: Eine intensive Weiterentwicklung eines Performance Measurement-Systems verbessert die Qualität der Meßkonstruktion $(\gamma_{31} < 0)$.

Die entsprechenden Nullhypothesen sind:

$H_0^{38a}: \beta_{13} \geq 0$,

$H_0^{38b}: \beta_{23} \geq 0$,

$H_0^{38c}: \beta_{12} \leq 0$,

$H_0^{38d}: \gamma_{21} \leq 0$ und

$H_0^{38e}: \gamma_{31} \geq 0$.

Die Anpassungsmaße der Parameterschätzung zeigt Tab. 90. Die Werte der χ^2-Anpassungsstatistik sind höher als bei den bisher untersuchten Kausalmodellen, liegen aber unterhalb der kritischen Grenze von 2,5 und deuten so auf eine annehmbare Modellanpassung. Die Werte des AGFI liegen deutlich unterhalb von 0,95 und legen es nahe, das Modell zu verwerfen. Der RMSEA liegt im Bereich des kritischen Wertes von 0,08 und liefert keinen eindeutigen Hinweis für die Modellanpassung. Insgesamt bildet das Kausalmodell damit die in der Stichprobe vorgefundenen Beziehungen nur eingeschränkt ab.

	N	dF	χ^2	$\frac{\chi^2}{dF}$	AGFI	RMSEA
ML-Methode	75	555	929,45	1,6747	0,5257	0,0955
ULS-Methode	75	555	*828,47*	*1,4927*	0,7563	0,0816

Tab. 90: These 38: Anpassungsmaße

Die Ergebnisse der Parameterschätzung nach ML-Methode (Tab. 91) unterscheiden sich teilweise erheblich von den mit der ULS-Methode gewonnenen (Tab. 92). Die Parameter β_{13} und β_{23} sind unabhängig von der Schätzmethode nicht signifikant, so daß ein Einfluß der Qualität der Meßkonstruktion auf die subjektive Zufriedenheit mit einem Performance Measurement-System zu verwerfen ist.[1035] Gleichzeitig ist kein Einfluß der Weiterentwicklungsintensität auf die Qualität der Meßkonstruktion nachvollziehbar. Andererseits hat die

[1035] Die negativen Vorzeichen der geschätzten Parameterwerte β_{23} stehen für einen *positiven* Zusammenhang zwischen Meßkonstruktionsqualität und Zufriedenheit, da die Qualität der Meßkonstruktion an der Fokussierungs*lücke* festgemacht wird.

Weiterentwicklung eines Performance Measurement-Systems einen signifikanten positiven Einfluß auf dessen Verankerung im Unternehmen, die sich wiederum förderlich auf die empfundene subjektive Zufriedenheit auswirkt.

Parameter	N	dF	Wert	t-Wert	Signifikanz
β_{13} (Meßkonstruktion → Zufriedenheit)	75	73	-1,5360	1,2668	0,105
β_{23} (Meßkonstruktion → Verankerung)	75	73	-0,3138	0,9335	0,177
β_{12} (Verankerung → Zufriedenheit)	75	73	**1,2243**	2,2388	0,014
γ_{21} (Weiterentwicklung → Verankerung)	75	73	**0,4832**	2,0369	0,023
γ_{31} (Weiterentwicklung → Meßkonstruktion)	75	73	-0,0637	0,8329	0,204

Tab. 91: These 38: Testwerte (ML-Methode)

Parameter	N	dF	Wert	t-Wert	Signifikanz
β_{13} (Meßkonstruktion → Zufriedenheit)	75	73	-4,9992	*0,8718*	*0,193*
β_{23} (Meßkonstruktion → Verankerung)	75	73	-0,6370	*0,7377*	*0,232*
β_{12} (Verankerung → Zufriedenheit)	75	73	**1,4614**	*4,1376*	*0,000*
γ_{21} (Weiterentwicklung → Verankerung)	75	73	**0,3543**	*3,7104*	*0,000*
γ_{31} (Weiterentwicklung → Meßkonstruktion)	75	73	-0,0404	*0,8816*	*0,190*

Tab. 92: These 38: Testwerte (ULS-Methode)

Insgesamt muß konstatiert werden, daß der Versuch, einen Zusammenhang zwischen der Mehrheit der in der empirischen Erhebung erfaßten Merkmale, die auch in den Kapiteln 5 bis 7 diskutiert wurden, nicht sonderlich erfolgreich verlief. Die globalen Anpassungsmaße deuten auf eine nicht gerade überragende Qualität des Kausalmodells hin. Insofern sind die folgenden Analyseergebnisse nur von eingeschränkter Aussagekraft:

1. Die Qualität der Meßkonstruktion hat keinen wesentlichen Einfluß auf die empfundene subjektive Zufriedenheit mit einem Performance Measurement-System.
2. Die subjektive Zufriedenheit wird wesentlich durch die Verankerung eines Performance Measurement-Systems im Unternehmen gefördert, die wiederum durch dessen Weiterentwicklungsintensität positiv beeinflußt wird.

8.6.7.3 Erfolgswirkungen

Nachdem die Gesamtgüte eines Performance Measurement-Systems der subjektiven Zufriedenheit gegenübergestellt worden ist und sich dabei ein Zusammenhang zwischen beiden Größen zeigte, könnten in ähnlicher Weise Erfolgswirkungen des Performance Measurement geprüft werden. Dazu wären Zusammenhänge zwischen der objektiven Gütebewertung und einer hochaggregierten Größe zur Abbildung des Unternehmenserfolgs, wie periodisierten Überschüssen (z. B. Gewinn oder Eigenkapitalrendite) oder wertorientierten Größen (z. B.

EVA), zu untersuchen.[1036] Aufgrund der nachfolgend erläuterten Probleme soll dieser Weg hier nicht beschritten werden.

Es liegen die Mitte des Jahres 2000 erhobenen Gütemerkmale der Performance Measurement-Systeme von 76 Unternehmen vollständig vor. Mit geringen Einschränkungen sind für diese Unternehmen Jahresabschlüsse aus dem Jahr 2000 verfügbar. Eine durch Zusammenhangsanalysen auf dieser Datenbasis möglicherweise empirisch belegte Korrelation ist aber nicht sinnvoll zu interpretieren.

Einerseits ist es möglich, daß sich tatsächlich die Ausgestaltung eines Performance Measurement-Systems positiv auf den finanziellen Unternehmenserfolg auswirkt. Diese Interpretation unterstellt, daß sich der finanzielle Erfolg eines Performance Measurement-Systems bereits im Jahresabschluß von 2000 niederschlug, die Erfolgswirkungen sich also unmittelbar, ohne zeitliche Verzögerung entfalteten. Andererseits ist es angesichts der momentanen Popularität insbesondere der Balanced Scorecard denkbar, daß die finanziellen Aufwendungen für den Aufbau eines umfangreichen Performance Measurement-Systems nur von den ohnehin finanziell gut situierten Unternehmen getragen werden können.

Das Interpretationsproblem kann nur durch eine Längsschnittstudie gelöst werden, bei denen Merkmale zu mehreren Zeitpunkten erhoben werden. Geht man von einer Wirkung des Performance Measurement-Systems auf den Unternehmenserfolg aus, sind auf Basis der im Jahr 2000 erhobenen Merkmale zum Performance Measurement-System für die Folgejahre geeignete Erfolgsgrößen zu sammeln. Berücksichtigt man eine vermutlich existierende zeitliche Verzögerung der Erfolgswirkung eines Performance Measurement-Systems, sind zusätzlich Erfolgsdaten für die Jahre 2001, 2002 und 2003 notwendig, die frühestens im Jahr 2004 vorliegen.[1037]

Vor dem Hintergrund der begrenzten Projektdauer und knapper finanzieller Projektmittel müssen daher Untersuchungen von Erfolgswirkungen des Performance Measurement einer zusätzlichen Studie unter Rückgriff auf die hier gesammelte Datenbasis vorbehalten bleiben.

[1036] Im Ergebnis ihrer Untersuchung von Erfolgsmaßen für empirische Studien plädieren MURPHY, TRAILER und HILL für die simultane Verwendung mehrerer Erfolgsgrößen, um die mehrdimensionale Natur der Unternehmensperformance zu berücksichtigen und z. B. Informationen über Marktanteile und das Unternehmenswachstum zu integrieren. Vgl. MURPHY, G. B./TRAILER, J. W./HILL, R. C. (1996), S. 15ff.

[1037] FAWCETT und COOPER suggerieren, eine Längsschnittuntersuchung zur Erfolgswirkung von Performance Measurement-Systemen mit Datenerhebung in den Jahren 1989 und 1994 durchgeführt zu haben. Bei genauerer Betrachtung wird die Erfolgswirkung aber ausschließlich auf Basis der Daten von 1994 untersucht, so daß die Studie Querschnittdesign aufweist. Vgl. FAWCETT, S. E./COOPER, M. B. (1998), S. 341ff.

9 Zusammenfassung

„Ein Wissen, das wohlgeformt ist, haftet besser in unserem Gedächtnis."

LUCIUS ANNAEUS SENECA[1038]

In der Rückschau auf die Arbeit werden zum einen die Ergebnisse der konzeptionellen Aufarbeitung von Performance Measurement-Systemen bis einschließlich des Kapitels 7 gebündelt. Zum anderen sollen die Resultate der empirischen Analyse und ihre Implikationen zusammenfassend diskutiert werden. Ferner wird auf einige Einschränkungen der eigenen empirischen Studie eingegangen und es werden entsprechende Lösungsmöglichkeiten vorgeschlagen. Das Management Summary schließlich gibt eine Zusammenfassung für besonders eilige Leser.

9.1 Ergebnisse der konzeptionellen Untersuchung

Im Rahmen der Diskussion in Kapitel 2 wurden zunächst konzeptionelle Grundlagen des Performance Measurement spezifiziert. Es wurde festgestellt, daß mit einem Performance Measurement-System die mehrdimensionale, durch wechselseitige Interdependenzen gekennzeichnete Unternehmensperformance gemessen und gezielt gelenkt werden soll. Dabei sind sowohl die operativen als auch die strategischen Aspekte der Unternehmensperformance zu berücksichtigen. Ein Performance Measurement-System fußt dazu auf einem kybernetischen Regelkreis zur Steuerung und Regelung der Unternehmensperformance und beinhaltet Elemente organisationalen Lernens. Als wesentliche Elemente zur Bewertung der Güte des Performance Measurement-Systems eines konkreten Unternehmens wurden

- die Qualität der zugrunde liegenden Meßkonstruktion,
- die Verankerung im Unternehmen, also wie gut das System gelebt wird, sowie
- die Weiterentwicklung des Performance Measurement-Systems

identifiziert. Die detaillierte Analyse dieser Eigenschaften erfolgte jeweils in einem eigenen Kapitel (5, 6 und 7), auf deren Ergebnisse später separat eingegangen wird.

Zunächst widmete sich Kapitel 3 unabhängig von der Beurteilung der Performance Measurement-Systeme einzelner Unternehmen der Eignung verschiedener *Grundkonzeptionen* zum Performance Measurement, wie der Balanced Scorecard und der Performance Pyramid. Dabei wurden sechs Bewertungskriterien zur Untersuchung einer Auswahl der im Schrifttum als zum Performance Measurement geeignet postulierten Konzepte verwendet:

1. Das Unternehmensgeschehen soll in einem Performance Measurement-System ganzheitlich abgebildet werden. Dazu ist eine ausgewogene Berücksichtigung unterschiedlicher Aspekte der mehrdimensionalen Unternehmensperformance erforderlich.

[1038] SENECA, L. A. (1942), S. 136.

2. Durch eine geeignete Verknüpfung der Indikatoren ist die Verbindung der operativen mit der strategischen Ebene der Unternehmensperformance sicherzustellen.
3. Die Lenkung der Unternehmensperformance kann einerseits durch nachträgliche Korrektur von Abweichungen (Regelung) erfolgen, andererseits sind Abweichungen von der Zielstellung zu antizipieren und ihnen entgegenzuwirken (Steuerung).
4. In einem Performance Measurement-System können unterschiedliche Leistungsebenen eines Unternehmens integriert sein. Häufig wird dabei auf die organisationale, die Prozeß- sowie die Mitarbeiterebene abgestellt.
5. Der Umfang eines Performance Measurement-Systems wird auch dadurch determiniert, inwieweit die teilweise kongruenten, teilweise divergierenden Interessen verschiedener Stakeholdergruppen integriert werden können.
6. Schließlich kann die Verbreitung und Akzeptanz von Performance Measurement-Ansätzen als ein Indiz für die objektivierte Bewertung von Performance Measurement-Konzepten durch die Unternehmenspraxis angesehen werden.

Die Untersuchung der Performance Measurement-Konzepte zeigt ein heterogenes Bild hinsichtlich des Erfüllungsgrades der Kriterien. Dabei zeichnen sich einige Modelle (z. B. Balanced Scorecard, Quantum Performance Measurement) durch eine umfassende Erfassung der Unternehmensperformance aus, andere wiederum beschränken sich auf einige Performancedimensionen (z. B. Performance Pyramid, EFQM), wieder andere auf eine Dimension (z. B. Return on Investment-Schema, wertorientierte Ansätze). Ähnlich stark differiert das Bild hinsichtlich der Steuerungs- und Regelungskomponente. Während die Regelung bei der Performance Pyramid besonders innovativ realisiert ist und sich die Balanced Scorecard sowie das Quantum Performance Measurement hinsichtlich der Steuerungsaspekte hervortun, thematisieren die übrigen untersuchten Konzepte diese beiden Aspekte von Performance Measurement-Systemen nur sehr unzureichend.

Insgesamt ist zu konstatieren, daß die einzelnen Ansätze zum Performance Measurement für einige Problemsituationen gut, für andere weniger oder nicht geeignet sind. Welcher Ansatz in einer konkreten Entscheidungssituation präferiert wird, hängt daher von vielen unternehmensindividuellen Sachverhalten ab. Die in Kapitel 3 vorgestellte Gegenüberstellung versteht sich somit als eine Unterstützung bei der Alternativenauswahl.

Bereits eine Vielzahl von Arbeiten beschäftigte sich auf empirischer Ebene mit Performance Measurement-Systemen, die in einer Auswahl in Kapitel 4 vorgestellt wurden. Wie schon bei der Diskussion der Ansätze zum Performance Measurement ist das sich bietende Bild ambivalent. Die Stuttgarter Studie nähert sich dem Phänomen Performance Measurement inhaltlich umfangreich, während sich die anderen mehr oder weniger stark auf ausgewählte Aspekte des Performance Measurement konzentrieren. Dabei deckt aber auch die profunde Stuttgarter Studie nicht alle für die Bewertung der Güte eines Performance Measurement-Systems wichtigen Eigenschaften ab, wobei insbesondere Charakteristika zur Verankerung des Performance Measurement-Systems im Unternehmen und seiner Weiterentwicklung weniger intensiv betrachtet werden. Andererseits kann auch aus den Facetten aller Erhebungen kein vollständiges Bild zur umfassenden Bewertung gewonnen werden. Schließlich erscheinen alle untersuchten Studien in methodischer Hinsicht suboptimal. Starke Bedenken bestehen hinsichtlich der Mehrzahl der Erhebungen, die das deskriptive Niveau nicht verlassen. Bezüglich der beiden darüber hinausgehenden Untersuchungen (Stuttgarter Studie, NEELY u. a.) bestehen demgegenüber nur marginale methodische Einwände.

Mit der hier vorgestellten Studie wird diese Lücke geschlossen, indem sowohl für die Qualität der Meßkonstruktion als auch die Verankerung des Performance Measurement-Systems im Unternehmen und seine Weiterentwicklung – also für alle drei Elemente zur Bewertung der Güte eines Performance Measurement-Systems – empirische Daten ausgewertet werden.

Im fünften Kapitel wurden verschiedene Aspekte, die die Art und Weise der Messung im Rahmen eines Performance Measurement-Systems betreffen, konzeptionell untersucht. Es wurde festgestellt, daß mit Materiellen, Finanziellen und Immateriellen Ressourcen sowie Prozessen und dem Unternehmensumfeld fünf Meßobjekttypen unterschieden werden können, wobei die ersten beiden „klassische" Meßobjekte sind, die in der Praxis und im Schrifttum schon seit längerer Zeit diskutiert werden, während die anderen drei „moderne" Meßobjekte sind, für die noch nicht so umfangreiche betriebswirtschaftliche Erfahrungen vorliegen. Die Operationalisierung der Meßobjekte als reale Sachverhalte erfolgt mit Hilfe von Indikatoren, die durch Eigenschaften zu ihrer Güte (Validität und Reliabilität), zu ihrer ökonomischen Ermittelbarkeit, ihrer Objektivität/Subjektivität, ihres Zeithorizonts sowie ihrer finanziellen/nicht-finanziellen Ausrichtung charakterisiert werden können. Die in der Praxis anzutreffende Fokussierungslücke entsteht, da Meßobjekte nicht entsprechend ihrer Relevanz für den langfristigen Unternehmenserfolg in einem Performance Measurement-System betrachtet werden. Sie kann auf Agencytheoretischer Basis durch Eigenschaften der Operationalisierung dieser Meßobjekte erklärt werden.

Inwieweit ein Performance Measurement-System gelebt wird, also wie stark seine Verankerung im Unternehmen ist, wird unter anderem durch die in das Performance Measurement involvierten Leistungsebenen eines Unternehmens bestimmt. Daneben ist die Art und Weise relevant, wie die in den Indikatoren eines Performance Measurement-Systems enthaltenen Informationen im Unternehmen genutzt werden. Einerseits ist dabei eine motivationale Informationsnutzung, bei der Mitarbeiter zu bestimmten Handlungsweisen veranlaßt werden, denkbar. Andererseits spielen auch informationale Aspekte der Informationsnutzung im Rahmen eines Performance Measurement-Systems eine wichtige Rolle. Des weiteren sind Eigenschaften zur Entwicklung und zum laufenden Betrieb eines Performance Measurement-Systems für den Grad seiner Verankerung im Unternehmen von Bedeutung.

Neben den zwei zeitpunktbezogenen Elementen zur Güte eines Performance Measurement-Systems werden die dynamischen Aspekte durch das Element der Weiterentwicklung abgedeckt. Dabei ist in inhaltlicher Hinsicht zu betrachten, welche Komponenten eines Performance Measurement-Systems (Meßobjekte, Indikatoren, Zielgrößen, Strategie) verbessert werden. Die temporale Charakteristik der Weiterentwicklung erfaßt demgegenüber, mit welcher Repetierhäufigkeit der Weiterentwicklungsprozeß durchlaufen wird.

Im Rahmen der drei konzeptionellen Kapitel zur Bewertung der Güte eines Performance Measurement-Systems wurden eine Vielzahl von Thesen sachlogisch aufgestellt, die in einer empirischen Untersuchung auf Basis von 181 deutschen Unternehmen auf ihren Wahrheitsgehalt untersucht wurden.

9.2 Ergebnisse der empirischen Untersuchung

Im Rückblick auf die eigene empirische Untersuchung werden die Qualität der Meßkonstruktion, die Verankerung des Performance Measurement-Systems im Unternehmen und seine Weiterentwicklung zunächst separat betrachtet. Anschließend wird die Verbindung der drei Elemente zur Gesamtgüte eines Performance Measurement-Systems diskutiert.

Die empirische Untersuchung belegte die Annahme, daß zwei verschiedene Typen von Meßobjekten existieren, deren Operationalisierung sich hinsichtlich vielfältiger Eigenschaften unterscheidet. Die Indikatoren „klassischer" Meßobjekte Materieller und Finanzieller Ressourcen sind dabei

- von größerer Validität (These 2),
- von größerer Reliabilität (These 3),
- ökonomischer ermittelbar (These 5),
- objektiver (These 9),
- weniger zeitlich nachlaufend (These 13),
- finanzieller ausgerichtet (These 18)

als die „moderner" Meßobjekte von Immateriellen Ressourcen, Prozessen und dem Unternehmensumfeld.

In der praktischen Anwendung von Performance Measurement-Systemen offenbaren sich somit momentan starke Unterschiede zwischen den den klassischen Rechnungssystemen verhafteten Materiellen und Finanziellen Ressourcen einerseits und den in den letzten Jahr(zehnt)en stärker in den Mittelpunkt gerückten Immateriellen Ressourcen, Prozessen und dem Unternehmensumfeld andererseits.

Ergebnis 1: Die Operationalisierung „klassischer" Meßobjekte erfolgt im Unterschied zu „modernen" Meßobjekten mit Indikatoren, die aus konzeptioneller Sicht für Performance Measurement-Systeme besser geeignet sind.

Neben diesen teilweise starken Differenzen in der Operationalisierung der Meßobjekte auf der anwendungsorientierten Ebene sind auch auf fundamentaler Ebene Unterschiede festzustellen, wobei „klassische" Meßobjekte wesentlich intensiver in Performance Measurement-Systemen betrachtet werden als „moderne" Meßobjekte.

Die auf anwendungsorientierter Ebene in mehreren Thesen postulierten Abhängigkeiten bei der Operationalisierung von Meßobjekten, wie sie Abb. 130 darstellt, konnten überwiegend bestätigt werden.

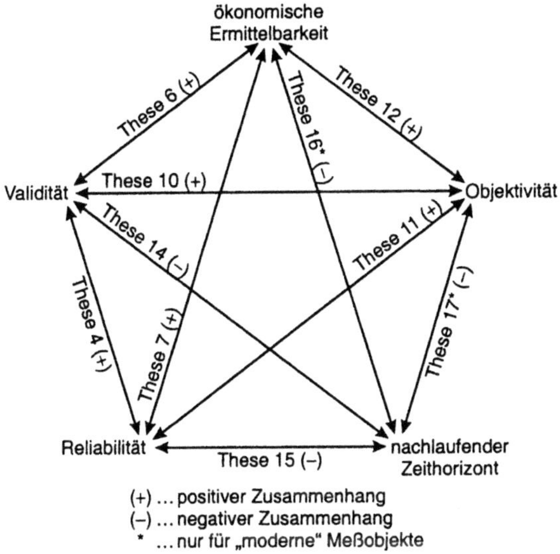

Abb. 130: Bewährte Zusammenhänge zwischen ausgewählten Indikatoreigenschaften

Die bewährten Zusammenhänge weisen dabei darauf hin, daß die aus konzeptioneller Sicht empfehlenswerteren Ausprägungen der Indikatoreigenschaften jeweils zusammenfallen. Somit ist insgesamt davon auszugehen, daß diese Indikatoreigenschaften verschiedene Facetten einer umfassenden Indikatorqualität beschreiben. Es wurden also (statistisch) nur zwei Gruppen von Indikatoren vorgefunden. Zum einen solche, die hinsichtlich aller ihrer Eigenschaften konzeptionell empfehlenswert sind, zum anderen solche, bei denen alle Indikatoreigenschaften wenig vorteilhafte Ausprägungen aufweisen. Kurz gesagt sind Indikatoren entweder hinsichtlich aller ihrer Eigenschaften „gut" oder hinsichtlich aller Eigenschaften „schlecht".

Ergebnis 2: Die durch betriebswirtschaftliche Erfahrung beeinflußten Indikatoreigenschaften stehen in einer engen, wechselseitigen Beziehung.

In der Praxis ist häufig zu beobachten, daß Meßobjekte, die für den langfristigen Unternehmenserfolg von Relevanz sind, nicht ausreichend im Performance Measurement-System berücksichtigt werden. Auf modellgestützter Basis konnte diese als Fokussierungslücke bezeichnete Differenz der Relevanz von Meßobjekten und ihrer Betrachtung in einem Performance Measurement-System durch die Operationalisierung der Meßobjekte mittels Indikatoren erklärt werden. Die empirische Untersuchung bestätigte, daß eine höhere Validität und Reliabilität ebenso wie eine bessere ökonomische Ermittelbarkeit der Indikatoren zu einer geringeren Fokussierungslücke der zugrunde liegenden Meßobjekte führen. Der Weg zu einem am langfristigen Unternehmenserfolg ausgerichteten Performance Measurement-System führt daher über die Verbesserung der Operationalisierung der Meßobjekte durch Indikatoren.

Ergebnis 3: Die Fokussierungslücke von Meßobjekten resultiert aus unzureichender Güte und ökonomischer Ermittelbarkeit ihrer Indikatoren.

Die Thesen zur Untersuchung der Verankerung eines Performance Measurement-Systems im Unternehmen konnten teilweise nur eingeschränkt bewährt werden. Zur motivationalen Informationsnutzung zeigte sich, daß mit Ausnahme von Indikatoren für Prozesse und das Unternehmensumfeld nicht notwendigerweise zeitnähere Indikatoren verstärkt als Bemessungsgrundlage in Anreizsystemen verwendet werden. Gleichzeitig kann mit Ausnahme von Indikatoren für Prozesse nicht davon ausgegangen werden, daß objektivere Indikatoren für Belohnungszwecke bevorzugt werden. Demgegenüber zeigte sich ein positiver Zusammenhang zwischen der Validität und Reliabilität von Indikatoren (außer Finanzielle Ressourcen) sowie ihrer ökonomischen Ermittelbarkeit einerseits und der Nutzung von Indikatoren als Bemessungsgrundlage in Anreizsystemen andererseits. Damit kann festgestellt werden, daß Indikatoren höherer Güte und ökonomischer ermittelbare Indikatoren bevorzugt in Anreizsystemen eingesetzt werden. Schließlich werden Indikatoren relevanter Meßobjekte verstärkt als Anreizbemessungsgrundlage genutzt. Abb. 131 faßt diese Zusammenhänge zusammen.

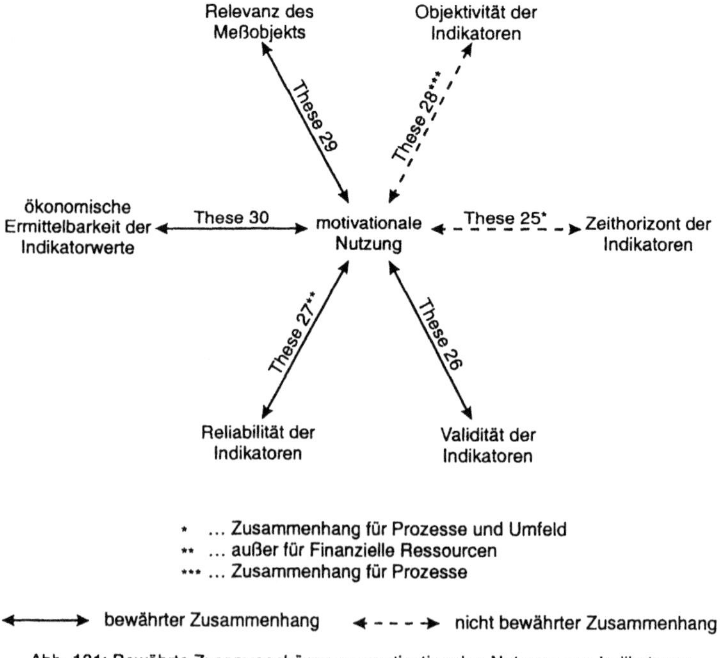

Abb. 131: Bewährte Zusammenhänge zur motivationalen Nutzung von Indikatoren

Ergebnis 4: In Anreizsystemen werden ökonomisch ermittelbare Indikatoren relevanter Meßobjekte mit hoher Indikatorgüte verwendet, während die Objektivität und der Zeitbezug von Indikatoren keinen großen Einfluß auf den Einsatz eines Indikators als Anreizbemessungsgrundlage hat.

Als Resümee der untersuchten Thesen zur informationalen Komponente der Informationsnutzung ist zunächst lapidar zu konstatieren, daß sich die Berichterstattung von Indikatoren „klassischer" Meßobjekte von der „moderner" unterscheidet. Während die Indikatoren relevanter Meßobjekte, die sich durch eine hohe Indikatorgüte auszeichnen sowie objektiver und ökonomischer ermittelbar sind, bei „modernen" Meßobjekten verstärkt in das Reporting einbezogen werden, können diese Zusammenhänge für „klassische" Meßobjekte überwiegend nicht nachvollzogen werden. Möglicherweise werden Indikatoren „klassischer" Meßobjekte, deren Erfassung und Kommunikation das Reporting bereits seit Jahrzehnten dominiert, unter allen Umständen an die Unternehmensleitung berichtet. Gleichzeitig spielen Finanzielle Ressourcen für die Existenz eines Unternehmens eine überragende Rolle, so daß die entsprechenden Indikatoren ohne Rücksicht auf ihre Güte, Objektivität oder ökonomische Ermittelbarkeit in das Reporting einbezogen werden. Abb. 132 zeigt den Grad der Bewährung der Thesen zur informationalen Informationsnutzung und verdeutlicht die unterschiedliche Nutzung der Indikatoren „klassischer" und „moderner" Meßobjekte.

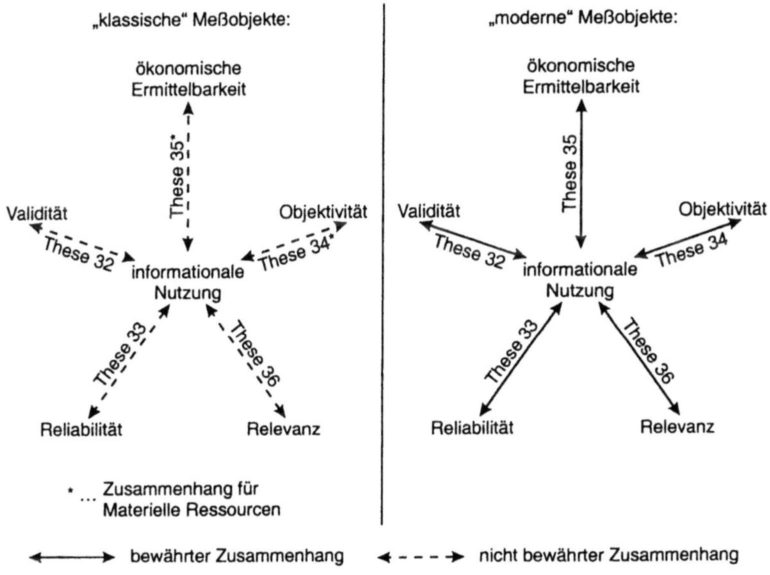

Abb. 132: Bewährte Zusammenhänge zur informationalen Informationsnutzung

Ergebnis 5: Das Reporting von Indikatoren „klassischer" und „moderner" Meßobjekte unterscheidet sich. Für „moderne" Meßobjekte werden überwiegend die konzeptionell besseren Indikatoren verstärkt berichtet.

Auf Basis der Qualität der Meßkonstruktion eines Performance Measurement-Systems, seiner Verankerung im Unternehmen und der Weiterentwicklung als den drei Elementen zur Bewertung der Güte eines Performance Measurement-Systems wurde auf empirischem Weg je eine Meßgröße konstruiert, mit deren Hilfe Performance Measurement-Systeme hinsichtlich des entsprechenden Elements bewertet werden können. Auf Basis dieser drei Meßgrößen wurde in einem zweiten Schritt empirisch eine Meßgröße zur Beurteilung der Gesamtgüte eines Performance Measurement-Systems gewonnen. Damit können Unternehmen selbständig die Qualität der Meßkonstruktion, die Verankerung im Unternehmen, die Weiterentwicklung und die Gesamtgüte ihres Performance Measurement-Systems im Vergleich zu den Systemen vieler anderer Unternehmen bewerten.

Ergebnis 6: Die Gesamtgüte eines konkreten Performance Measurement-Systems kann ebenso wie die Qualität seiner Meßkonstruktion, seine Verankerung im Unternehmen und seine Weiterentwicklung anhand einer jeweils eindimensionalen Meßgröße beurteilt werden.

Von den drei Elementen haben die Verankerung eines Performance Measurement-Systems im Unternehmen und seine Weiterentwicklung einen großen Einfluß auf die Gesamtgüte, während die Qualität der Meßkonstruktion keine nennenswerte Rolle spielt. Von besonderer Bedeutung sind dabei die Nutzung von Indikatoren als Grundlage für die Gewährung von Belohnungen sowie die inhaltliche Ausgestaltung der Weiterentwicklung des Performance Measurement-Systems.

9.3 Weiterer Forschungsbedarf

Auf Basis der verfügbaren Stichprobe konnte der Wahrheitsgehalt einiger Thesen, die die Unabhängigkeit einzelner Merkmale postulieren, nicht abschließend bewertet werden. Die Thesen 19 bis 23, die behaupten, daß die finanzielle Ausrichtung eines Indikators keinen Einfluß auf andere Indikatoreigenschaften hat, können auf Basis der verfügbaren empirischen Daten weder als bewährt noch verworfen angesehen werden. Für erfolgreiche (oder erfolglose) Falsifikationsversuche sind damit weitere Untersuchungen notwendig.

Wesentliche Einschränkungen der Aussagekraft der Studienergebnisse resultieren darüber hinaus aus dem Querschnittdesign der empirischen Untersuchung. So konnten nur wechselseitige Abhängigkeiten (Korrelationen) zwischen verschiedenen Merkmalen untersucht werden, so daß keine Aussagen über kausale Zusammenhänge möglich sind. Außerdem können die Erstimplementierung und Weiterentwicklung von Performance Measurement-Systemen als zeitraumbezogene Phänomene in einer Querschnittstudie nur unzureichend erfaßt werden. Diese Unzulänglichkeiten sind nur durch umfangreiche empirische Untersuchungen mit

Längsschnittdesign zu beseitigen. Problematisch ist dabei zum einen, daß für Längsschnittuntersuchungen aufgrund der wiederholten Datenerhebung ein wesentlich größerer Ressourceneinsatz erforderlich ist. Gleichzeitig wird die Umsetzung einer solcher Längsschnittstudie einen wesentlich längeren Zeitraum in Anspruch nehmen.

Möglicherweise könnten beide Einschränkungen auch bereits mit Hilfe einer Aktualisierung der empirisch gewonnenen Merkmale in einer weiteren Querschnittstudie in drei bis fünf Jahren gemildert oder beseitigt werden.

9.4 Management Summary

Performance Measurement-Systeme haben sich heute in der deutschen Unternehmenspraxis einen festen Platz an der Schnittstelle von strategischer Unternehmensführung und Controlling erkämpft. Das Verbreitungsmuster ist dabei situativ geprägt, so daß ein erheblicher Anteil der Unternehmen mangels Notwendigkeit zum jetzigen Zeitpunkt ohne Performance Measurement-Systeme auskommt. Die praktischen Anwendungen werden im wesentlichen durch eigene Arbeiten der Unternehmen auf Basis des von KAPLAN und NORTON entwickelten Ansatzes der Balanced Scorecard getragen. Zur Auswahl eines für ein konkretes Unternehmen geeigneten Performance Measurement-Ansatzes wird in diesem Buch eine Kriterienliste zur Verfügung gestellt.

Beim Einsatz von Performance Measurement-Systemen sind nach wie vor erhebliche Unterschiede in der Operationalisierung „klassischer" Meßobjekte (im wesentlichen aus der Kostenrechnung und Finanzbuchhaltung) und „moderner" Meßobjekte (Immaterielle Ressourcen, Prozesse, Umfeld) zu verzeichnen. Zum einen werden „klassische" Meßobjekte nach wie vor verstärkt zur Performancemessung eingesetzt, zum anderen sind ihre Meßgrößen besser hinsichtlich der Abbildungsqualität, Objektivität, wirtschaftlichen Meßbarkeit und zeitnahen Ermittlung.

Die „modernen" Meßobjekte (insbesondere Immaterielle Ressourcen und Prozesse) sind für den langfristigen Unternehmenserfolg von hoher Relevanz, die Intensität ihrer Betrachtung im Performance Measurement-System bleibt jedoch weit dahinter zurück. In einer modellgestützten Analyse zeigte sich, daß die Ursache dieser Fokussierungslücke in der eingeschränkten Operationalisierbarkeit der „modernen" Meßobjekte zu suchen ist. Hier besteht großer Handlungsbedarf bei der weiteren Ausgestaltung von Systemen zur Performancemessung, indem geeignete Indikatoren entwickelt werden, die diese „weichen" Sachverhalte trennscharf messen.

Im allgemeinen erreichen Performance Measurement-Systeme die operative Ebene nur unzureichend, so daß nicht von einer wirklichen Übersetzung der Unternehmensstrategie in operative Größen gesprochen werden kann. Nicht überraschend ist, daß Unternehmen, die starkem Kostenwettbewerb ausgesetzt sind, verstärkt nach Kostengrößen steuern. Äquivalentes gilt für den Qualitäts- oder Zeitwettbewerb. Die eingesetzten Performance Measurement-Systeme erfassen somit die Ergebnisse der Realisierung einer Unternehmensstrategie gut. Problematisch ist andererseits, daß aufgrund der Fokussierungslücke die Bestimmungsgründe für den langfristigen Unternehmenserfolg (also die Umsetzung der Strategie) nur eingeschränkt abgebildet werden können. Somit sollte das Hauptaugenmerk bei der zumindest jährlichen Aktualisierung und Weiterentwicklung eines Performance Measurement-Systems darauf gelegt werden, die strategisch wichtigen Bereiche abzudecken.

Schwachpunkte in der Umsetzung liegen außerdem in einer wenig kooperativen Entwicklung von Performance Measurement-Systemen und noch steigerbarer Ankopplung an Vorsysteme durch Verknüpfung mit modernen Informationstechnologien.

Zumindest in näherer Zukunft ist davon auszugehen, daß sich Performance Measurement-Systeme noch weiter in der deutschen Unternehmenslandschaft verbreiten werden. Von besonderer Bedeutung für die weitere Entwicklung ganzheitlicher Ansätze sind dabei im wesentlichen die drei in diesem Buch intensiv diskutierten Fragen „Was soll wie im Performance Measurement-System gemessen werden?", „Wie können Mitarbeiter davon überzeugt werden, ein Performance Measurement-System aktiv zu nutzen?" und „Auf welche Weise ist ein Performance Measurement-System an permanent neue Herausforderungen anzupassen?"

Um den aktuellen Stand des eigenen Unternehmens bestimmen zu können, wird in diesem Buch ein umfangreiches System zur Bewertung der Güte eines Performance Measurement-Systems zur Verfügung gestellt, mit dem die Güte ganzheitlich erfaßt und dabei konkrete Schwachstellen aufgedeckt werden können.

Anhang: Fragebogen

TECHNISCHE UNIVERSITÄT DRESDEN
Fakultät Wirtschaftswissenschaften
Prof. Dr. Thomas Günther
Lehrstuhl für Betriebswirtschaftslehre
insbesondere Betriebliches Rechnungswesen / Controlling

Technische Universität Dresden
Lehrstuhl für Betriebliches
Rechnungswesen / Controlling

01062 Dresden

Performance Measurement-Systeme im praktischen Einsatz

Bitte beantworten Sie möglichst alle Fragen. Wenn Sie zu einzelnen Fragen Anmerkungen machen oder Ihre Antworten erklären möchten, können Sie dazu den Rand oder auch ein Extrablatt verwenden. Zusätzliche Unterlagen sind herzlich willkommen, weil sie uns helfen, Ihr Performance Measurement-System bestmöglich zu verstehen.

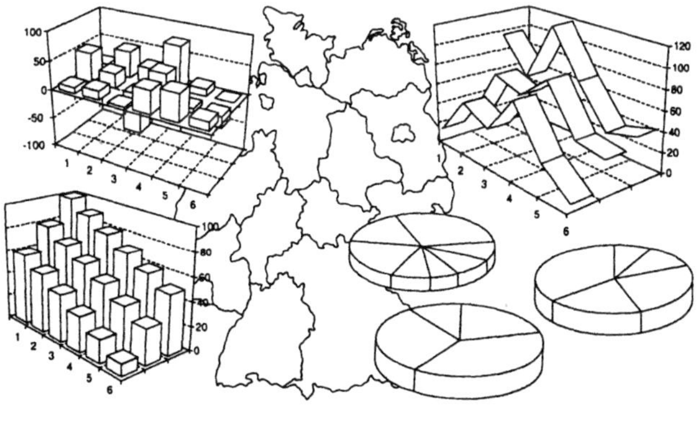

Mit freundlicher Unterstützung der
Arthur Andersen Stiftung im Stifterverband für die Deutsche Wissenschaft
und der Graduiertenförderung des Freistaates Sachsen.

Abb. 133: Fragebogen, Deckblatt

Performance Measurement-Systeme im praktischen Einsatz 1

1. Einsatz eines Performance Measurement-Systems

Ein Performance Measurement-System wird in unserem Hause...		
... derzeit nicht thematisiert.	☐	Bitte nur Frage 2 beantworten.
... derzeit auf Anwendungstauglichkeit untersucht.	☐	Bitte weiter bei Frage 3.
... gerade eingeführt.	☐	
... bereits praktisch angewendet.	☐	

2. Gründe für Nichtanwendung

Warum beschäftigt sich Ihr Unternehmen nicht mit Performance Measurement-Ansätzen?

Ein Einsatz ist für unser Unternehmen nicht erforderlich.	☐
Es gibt keine geeigneten Methoden/Modelle.	☐
Die Implementierung ist zu kompliziert.	☐
Eine Anwendung ist zu teuer.	☐
✍ ______	☐

3. Grundmodelle

Welche der folgenden Modelle sind Ihnen bekannt? In welchem Stadium befindet sich gegebenenfalls deren Einführung in Ihrem Unternehmen? (Mehrfachantworten möglich)

	Modell ist bekannt	derzeit Konzeptstudien u. ä.	Implementierung im Gange	Umsetzung des Gesamtmodells	Umsetzung von Teilen des Modells
Balanced Scorecard (nach KAPLAN/NORTON)	☐	☐	☐	☐	☐
Quantum Performance (nach Arthur Andersen Consulting)	☐	☐	☐	☐	☐
Performance Pyramide (nach LYNCH/CROSS)	☐	☐	☐	☐	☐
Return on Investment-/DuPont-Schema	☐	☐	☐	☐	☐
ZVEI-Schema	☐	☐	☐	☐	☐
Shareholder-Value-Netzwerk (nach RAPPAPORT)	☐	☐	☐	☐	☐
eigene Entwicklung	☐	☐	☐	☐	☐
✍ ______	☐	☐	☐	☐	☐

4. Softwareunterstützung

Bitte beurteilen Sie die nachfolgende Aussage zur Softwareunterstützung und ergänzen Sie ggf. Informationen über die in Ihrem Hause eingesetzten Softwareprodukte.

	trifft nicht zu --	trifft wenig zu -	trifft mittelmäßig zu o	trifft annähernd zu +	trifft sehr zu ++
In unserem Haus wird Software zur Unterstützung des Performance Measurement-Systems eingesetzt.	☐	☐	☐	☐	☐

Welche Softwareprodukte setzen Sie ggf. dafür ein (z. B. Markenname/Hersteller, auch Eigenentwicklungen)?

✍ ______

______

performance@mailbox.tu-dresden.de http://www.tu-dresden.de/wiwi/performance Tel.: (0351) 463 5274

Abb. 134: Fragebogen, Seite 1

5. Entwicklung des Performance Measurement-Systems

Welchen Ursprung hat das in Ihrem Unternehmen verwendete Performance Measurement-System?

Primär eigene Entwicklung unseres Hauses.	☐
Gekauftes Standardprodukt mit unternehmensindividuellen Anpassungen.	☐
Gekauftes Standardprodukt, das ohne größere Modifikationen übernommen werden konnte.	☐
✍ ______________________	☐

6. Unternehmenshierarchie

Welche Bereiche der Unternehmenshierarchie partizipieren in Ihrem Hause am Performance Measurement-System? Bitte schraffieren Sie den zutreffenden Bereich der Pyramide.

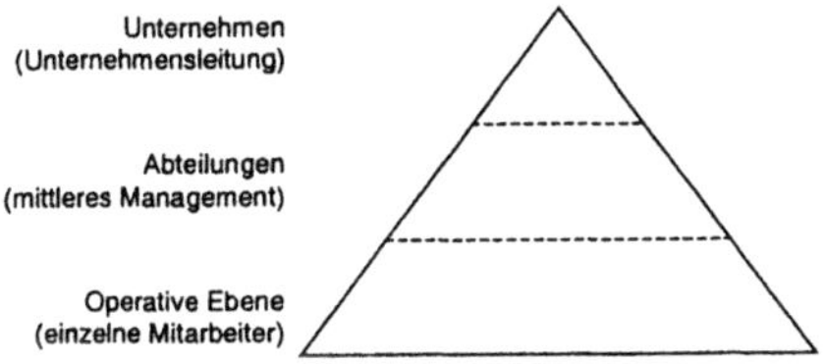

Bitte betrachten Sie bei den folgenden Fragen jeweils das Performance Measurement-Systems auf der **oberesten hierarchischen Ebene** (i. d. R. Unternehmensebene).

7. Intensität der Betrachtung

Wie intensiv werden die regelmäßig in Ihrem Performance Measurement-System betrachteten Teilbereiche berücksichtigt?

	nicht --	wenig -	mittelmäßig o	ziemlich +	sehr ++
Materielle Ressourcen (wie z. B. Maschinen, Gebäude, Vorräte)	☐	☐	☐	☐	☐
Finanzielle Ressourcen (wie z. B. liquide Mittel, Finanzanlagen, Aktien und andere Wertpapiere, Forderungen, Verbindlichkeiten)	☐	☐	☐	☐	☐
Immaterielle Ressourcen					
Immaterielle Vermögensgegenstände (wie z. B. Patente, Copyrights, Marken, Reputation, Beziehungsnetzwerke)	☐	☐	☐	☐	☐
Fähigkeiten (wie z. B. Mitarbeiter-Know-how oder Unternehmenskultur)	☐	☐	☐	☐	☐
Prozesse					
Direkt wertschöpfende Prozesse	☐	☐	☐	☐	☐
Unterstützende Prozesse	☐	☐	☐	☐	☐
Umfeld					
Wettbewerber	☐	☐	☐	☐	☐
Kunden	☐	☐	☐	☐	☐
Lieferanten	☐	☐	☐	☐	☐
Ersatzprodukte	☐	☐	☐	☐	☐
sonstiges Unternehmensumfeld (z. B. Kreditgeber, Analysten, Öffentlichkeit, Ökologie, Staat, Mitarbeiter, Anteilseigner)	☐	☐	☐	☐	☐

performance@mailbox.tu-dresden.de http://www.tu-dresden.de/wiwi/performance Tel.: (0351) 463 5274

Abb. 135: Fragebogen, Seite 2

8. Meßbarkeit Gibt es für die folgenden Teilbereiche zur Steuerung Ihres Unternehmens geeignete Indikatoren, die mit vertretbaren Kosten ermittelt werden können?	nie --	selten -	gele-gent-lich o	oft +	immer ++
Materielle Ressourcen (wie z. B. Maschinen, Gebäude, Vorräte)	☐	☐	☐	☐	☐
Finanzielle Ressourcen (wie z. B. liquide Mittel, Finanzanlagen, Aktien und andere Wertpapiere, Forderungen, Verbindlichkeiten)	☐	☐	☐	☐	☐
Immaterielle Ressourcen					
Immaterielle Vermögensgegenstände (wie z. B. Patente, Copyrights, Marken, Reputation, Beziehungsnetzwerke)	☐	☐	☐	☐	☐
Fähigkeiten (wie z. B. Mitarbeiter-Know-how oder Unternehmenskultur)	☐	☐	☐	☐	☐
Prozesse					
Direkt wertschöpfende Prozesse	☐	☐	☐	☐	☐
Unterstützende Prozesse	☐	☐	☐	☐	☐
Umfeld					
Wettbewerber	☐	☐	☐	☐	☐
Kunden	☐	☐	☐	☐	☐
Lieferanten	☐	☐	☐	☐	☐
Ersatzprodukte	☐	☐	☐	☐	☐
sonstiges Unternehmensumfeld (z. B. Kreditgeber, Analysten Öffentlichkeit, Ökologie, Staat, Mitarbeiter, Anteilseigner)	☐	☐	☐	☐	☐

9. Strategische Größen Inwieweit werden die folgenden strategischen Größen im Performance Measurement-System Ihres Unternehmens berücksichtigt?	nicht --	wenig -	mittel-mäßig o	ziem-lich +	sehr ++
Kostengrößen (z. B. Lagerhaltungskosten)	☐	☐	☐	☐	☐
Erlös- und Ertragsgrößen (z. B. Umsatzwachstum)	☐	☐	☐	☐	☐
Zeit- und Flexibilitätsgrößen (z. B. Durchlauf-, Lieferzeiten)	☐	☐	☐	☐	☐
Interne Qualitätsgrößen (z. B. Ausschußquote)	☐	☐	☐	☐	☐
Externe Qualitätsgrößen (Qualität/Nutzen aus Kundensicht)	☐	☐	☐	☐	☐

10. Information und Einbindung Bitte beurteilen Sie die folgenden Aussagen!	trifft nicht zu --	trifft wenig zu -	trifft mittel-mäßig zu o	trifft annä-hernd zu +	trifft sehr zu ++
Die das Performance Measurement-System nutzenden Personen...					
... sind über die Intention einzelner Indikatoren und Hintergründe des Performance Measurement-Systems informiert.	☐	☐	☐	☐	☐
... waren intensiv an dessen Konzeption beteiligt.	☐	☐	☐	☐	☐

performance@mailbox.tu-dresden.de http://www.tu-dresden.de/wiwi/performance Tel.: (0351) 463 5274

Abb. 136: Fragebogen, Seite 3

In der Realität sind Sachverhalte häufig nicht direkt meßbar. Dann bedient man sich sog. Indikatoren oder Kennzahlen, um trotzdem (quasi als „Stellvertreter") Meßergebnisse über den Sachverhalt zu gewinnen.

11. Zuverlässigkeit der Indikatoren

Die Zuverlässigkeit (sog. „Reliability") eines Indikators gibt an, ob der Indikator bei einer wiederholten Messung das gleiche Ergebnis liefern würde. Wie schätzen Sie die Indikatoren Ihres Hauses für die nachfolgenden Teilbereiche (*auf Unternehmensebene*) diesbezüglich ein?

	nicht zuverlässig	wenig zuverlässig	mittelmäßig zuverlässig	ziemlich zuverlässig	sehr zuverlässig
	--	-	o	+	++
Materielle Ressourcen	☐	☐	☐	☐	☐
Finanzielle Ressourcen	☐	☐	☐	☐	☐
Immaterielle Ressourcen	☐	☐	☐	☐	☐
Prozesse	☐	☐	☐	☐	☐
Umfeld	☐	☐	☐	☐	☐

12. Gültigkeit der Indikatoren

Die Gültigkeit (sog. „Validity") eines Indikators gibt an, ob der Indikator tatsächlich das mißt, was er messen sollte. Wie schätzen Sie die Indikatoren Ihres Hauses für die nachfolgenden Teilbereiche (*auf Unternehmensebene*) diesbezüglich ein?

	nicht gültig	wenig gültig	mittelmäßig gültig	ziemlich gültig	sehr gültig
	--	-	o	+	++
Materielle Ressourcen	☐	☐	☐	☐	☐
Finanzielle Ressourcen	☐	☐	☐	☐	☐
Immaterielle Ressourcen	☐	☐	☐	☐	☐
Prozesse	☐	☐	☐	☐	☐
Umfeld	☐	☐	☐	☐	☐

13. Finanzielle und nicht-finanzielle Indikatoren

Sind die (*auf Unternehmensebene*) genutzten Indikatoren überwiegend finanzieller (in Euro/DM gemessen) oder nicht-finanzieller Natur (andere Einheit z. B. Tage, Stück)?

	allein finanziell	mehrheitlich finanziell	teils-teils	mehrheitlich nicht-finanziell	allein nicht-finanziell
Materielle Ressourcen	☐	☐	☐	☐	☐
Finanzielle Ressourcen	☐	☐	☐	☐	☐
Immaterielle Ressourcen	☐	☐	☐	☐	☐
Prozesse	☐	☐	☐	☐	☐
Umfeld	☐	☐	☐	☐	☐

performance@mailbox.tu-dresden.de http://www.tu-dresden.de/wiwi/performance Tel.: (0351) 463 5274

Abb. 137: Fragebogen, Seite 4

Performance Measurement-Systeme im praktischen Einsatz 5

14. Zeithorizont der Indikatoren Sind die (*auf Unternehmensebene*) verwendeten Indikatoren bzgl. der realen Ereignisse zeitlich vor- und/oder nachlaufend? Wie stark sind die Indikatoren vor- oder nachlaufend? (Mehrfachantworten möglich)	lange nach-lau-fend (über 6 Monate)	kurz nach-lau-fend (bis 6 Monate)	zeit-nah	kurz vorlau-fend (bis 6 Monate)	lange vorlau-fend (über 6 Monate)
Materielle Ressourcen	☐	☐	☐	☐	☐
Finanzielle Ressourcen	☐	☐	☐	☐	☐
Immaterielle Ressourcen	☐	☐	☐	☐	☐
Prozesse	☐	☐	☐	☐	☐
Umfeld	☐	☐	☐	☐	☐

15. Subjektive und objektive Indikatoren Sind die Meßwerte der Indikatoren (*auf Unternehmensebene*) eher objektiv (Wert ist personenunabhängig) oder subjektiv (Wert hängt zum Teil von messender Person ab) ermittelbar?	allein sub-jektiv	mehr-heitlich sub-jektiv	teils-teils	mehr-heitlich ob-jektiv	allein ob-jektiv
Materielle Ressourcen	☐	☐	☐	☐	☐
Finanzielle Ressourcen	☐	☐	☐	☐	☐
Immaterielle Ressourcen	☐	☐	☐	☐	☐
Prozesse	☐	☐	☐	☐	☐
Umfeld	☐	☐	☐	☐	☐

16. Häufigkeit der Berichterstattung Wie häufig werden die wichtigsten Meßwerte in den einzelnen Teilbereichen an die Unternehmensführung kommuniziert? (Mehrfachantworten als Spannweite möglich)	jede Wo-che	mo-nat-lich	quar-tals-weise	jähr-lich	nie-mals	bei Be-darf
Materielle Ressourcen	☐	☐	☐	☐	☐	☐
Finanzielle Ressourcen	☐	☐	☐	☐	☐	☐
Immaterielle Ressourcen	☐	☐	☐	☐	☐	☐
Prozesse	☐	☐	☐	☐	☐	☐
Umfeld	☐	☐	☐	☐	☐	☐

17. Grundlage für Leistungsanreize Wie intensiv werden die Indikatoren nachfolgender Teilbereiche als Grundlage zur Festsetzung von Leistungsanreizen (z. B. variables Gehalt, Aufstieg, Statussymbole u. ä.) genutzt?	nicht --	wenig -	mittel-mäßig o	ziem-lich +	sehr ++
Materielle Ressourcen	☐	☐	☐	☐	☐
Finanzielle Ressourcen	☐	☐	☐	☐	☐
Immaterielle Ressourcen	☐	☐	☐	☐	☐
Prozesse	☐	☐	☐	☐	☐
Umfeld	☐	☐	☐	☐	☐

performance@mailbox.tu-dresden.de http://www.tu-dresden.de/wiwi/performance Tel.: (0351) 463 5274

Abb. 138: Fragebogen, Seite 5

18. Anpassungshäufigkeit

Wie häufig wird das Performance Measurement-System durchschnittlich kritisch bewertet und erforderlichenfalls verändert?

Die Anpassung des Performance Measurement-Systems erfolgt ...	
... niemals.	☐
... monatlich.	☐
... quartalsweise.	☐
... ohne feste zeitliche Vorgabe, jedoch falls ein Grund dafür vorliegt.	☐
✍ ________________	☐

19. Weiterentwicklung des Performance Measurement-Systems

Inwieweit treffen die folgenden Aussagen Ihres Hauses zu?

	trifft nicht zu --	trifft wenig zu -	trifft mittelmäßig zu o	trifft annähernd zu +	trifft sehr zu ++
Im Zuge der Weiterentwicklung und Veränderung unseres Performance Measurement-Systems wird kritisch untersucht (und gegebenenfalls angepaßt) ...					
... welche **Teilbereiche des Unternehmens** (Ressourcen, Prozesse) **und seines Umfelds** betrachtet werden sollen.	☐	☐	☐	☐	☐
... ob die angewendeten **Indikatoren** zur Messung der relevanten Teilbereiche geeignet sind.	☐	☐	☐	☐	☐
... welche **Zielgrößen** für die Indikatoren erreicht werden sollen.	☐	☐	☐	☐	☐
... ob die zugrundeliegende **Unternehmensstrategie** den Wettbewerbsanforderungen genügt.	☐	☐	☐	☐	☐

20. Bedeutung für langfristigen Unternehmenserfolg

Wie bedeutend sind die nachfolgend aufgeführten Teilbereiche Ihres Unternehmens für dessen langfristigen Erfolg?

	nicht bedeutend --	wenig bedeutend -	mittelmäßig bedeutend o	ziemlich bedeutend +	sehr bedeutend ++
Materielle Ressourcen	☐	☐	☐	☐	☐
Finanzielle Ressourcen	☐	☐	☐	☐	☐
Immaterielle Ressourcen					
Immaterielle Vermögensgegenstände	☐	☐	☐	☐	☐
Fähigkeiten	☐	☐	☐	☐	☐
Prozesse					
Direkt wertschöpfende Prozesse	☐	☐	☐	☐	☐
Unterstützende Prozesse	☐	☐	☐	☐	☐

Abb. 139: Fragebogen, Seite 6

21. Aussagen zum Unternehmensumfeld

Bitte bewerten Sie für die folgenden Aussagen, ob sie für das Umfeld Ihres Unternehmens zutreffen!

	trifft nicht zu --	trifft wenig zu -	trifft mittelmäßig zu o	trifft annähernd zu +	trifft sehr zu ++
Unsere **Wettbewerber** verstärken die Konkurrenz durch					
Preis- und Kostenwettbewerb.	☐	☐	☐	☐	☐
Qualitätswettbewerb.	☐	☐	☐	☐	☐
Zeit- und Flexibilitätswettbewerb.	☐	☐	☐	☐	☐
Unsere **Kunden** haben uns gegenüber eine starke Verhandlungsposition.	☐	☐	☐	☐	☐
Unsere **Lieferanten** haben uns gegenüber eine starke Verhandlungsposition.	☐	☐	☐	☐	☐
Unser Gewinnpotential wird in Zukunft durch **Substitutionsprodukte** geschmälert werden.	☐	☐	☐	☐	☐
Das **sonstige Unternehmensumfeld** (z. B. Kreditgeber, Analysten, Öffentlichkeit, Ökologie, Staat, Mitarbeiter, Anteilseigner) beeinflußt unsere Wettbewerbsposition stark.	☐	☐	☐	☐	☐

22. Zufriedenheit

Bitte beurteilen Sie spontan die folgenden Aussagen!

	trifft nicht zu --	trifft wenig zu -	trifft mittelmäßig zu o	trifft annähernd zu +	trifft sehr zu ++
Ich denke, daß im Performance Measurement-System meines Unternehmens ...					
... alle wichtigen Teilbereiche des Unternehmens beleuchtet werden.	☐	☐	☐	☐	☐
... alle wichtigen Bereiche des Unternehmensumfeldes betrachtet werden.	☐	☐	☐	☐	☐
... die relevanten Informationen zeitnah zur Verfügung stehen, um richtig steuern zu können.	☐	☐	☐	☐	☐
... genügend Informationen über die zukünftige Entwicklung von Unternehmen und Umfeld verfügbar sind.	☐	☐	☐	☐	☐

23. Umsetzungsvorausetzungen

Bitte nennen Sie die fünf wichtigsten Voraussetzungen, die Ihrer Meinung nach für die Implementierung eines Performance Measurement-Systems erfolgskritisch sind!

1. ✍ ____________________
2. ✍ ____________________
3. ✍ ____________________
4. ✍ ____________________
5. ✍ ____________________

Abb. 140: Fragebogen, Seite 7

8 Performance Measurement-Systeme im praktischen Einsatz

Kommentar

Für weitere Informationen, die uns helfen, Ihr Performance Measurement-System besser zu verstehen, sind wir sehr dankbar. An dieser Stelle (oder auch separat) können Sie gerne weitere Gedanken zu Ihrem Performance Measurement-System und zur Untersuchung äußern.

✍ ______________________________

____

____

____

____

____

____

____

____

____

____

Gern senden wir Ihnen bei Interesse einen Auswertungsbericht mit den Ergebnissen der Befragung zu. Außerdem möchten wir mit interessierten Unternehmen in Kontakt treten, um uns in einem persönlichen Gespräch über die in diesem Fragebogen nicht erfaßbaren Möglichkeiten, Grenzen und Probleme des Performance Measurement auszutauschen.

	ja	nein
Bitte schicken Sie mir einen Auswertungsbericht zu.	☐	☐
Ich bin gern zu einem persönlichen Gespräch bereit.	☐	☐

Bitte geben Sie eine Kontaktmöglichkeit an. Sie können auch gern Ihre Visitenkarte befestigen.

☐ Frau ☐ Herr

Name: ______________________________

Unternehmen: ______________________________

Telefon: ______________________________

e-mail: ______________________________

Postanschrift: ______________________________

____

____

Herzlichen Dank für Ihre Bemühungen und Ihre freundliche Unterstützung.

Abb. 141: Fragebogen, Seite 8

Literaturverzeichnis

AAKER, D. A. (1995): *Developing Business Strategies*. 4. Aufl. New York : Wiley, 1995. – ISBN 0-471-11814-1

AAKER, D. A./JACOBSON, R. (1994): The Financial Information Content of Perceived Quality. In: *Journal of Marketing Research* 31(1994), Nr. 2, S. 191-201. – ISSN 0022-2437

ABERNATHY, W. (1997): Balanced Scorecards Make Teamwork a Reality. In: *The Journal for Quality and Participation* 20(1997), Nr. 5, S. 58-59. – ISSN 1040-9602

ABERNETHY, M. A./LILLIS, A. M. (1995): The Impact of Manufacturing Flexibility on Management Control System Design. In: *Accounting, Organizations and Society* 20(1995), Nr. 4, S. 241-255. – ISSN 0361-3682

ACHLEITNER, P. M. (1985): *Sozio-politische Strategien multinationaler Unternehmungen : Ein Ansatz gezielten Umweltmanagements*. Bern : Haupt, 1985. – ISBN 3-258-03490-7

ACKERMANN, K.-F. (1986): Mitarbeiterbefragung als Instrument partizipativer Entlohnungspolitik. In: *Betriebswirtschaftliche Forschung und Praxis* 38(1986), Nr. 1, S. 28-42. – ISSN 0340-5370

ACKERMANN, K.-F./REBER, G. (Hrsg.) (1981): *Personalwirtschaft : Motivationale und kognitive Grundlagen*. Stuttgart : Poeschel, 1981. – ISBN 3-7910-0279-1

AEBERHARD, K. (1996): *Strategische Analyse : Empfehlungen zum Vorgehen und zu sinnvollen Methodenkombinationen*. Bern : Haupt, 1996. – ISBN 3-906756-80-7

AHN, H./DICKMEIS, P. (2000): Einführung der Balanced Scorecard bei der ABB Industrie AG – Projektergebnisse und Erfahrungen. In: *Kostenrechnungs-Praxis* 44(2000), Sonderheft Nr. 2, S. 17-23. – ISSN 0023-4265

ALBERS, W. u. a. (Hrsg.) (1977): *Handwörterbuch der Wirtschaftswissenschaften (HdWW), Band 7 : Sozialismus bis Technischer Fortschritt*. Stuttgart : Fischer, 1977. – ISBN 3-525-03149-1

ALCHIAN, A. A. (1965): Some Economics of Property Rights. In: *Il Politico* 30(1965), S. 816-829.

ALWIN, D. F. (1977): Making Errors in Surveys : An Overview. In: *Sociological Methods & Research* 6(1977), Nr. 2, S. 131-150. – ISSN 0049-1241

ALWIN, D. F. (1991): Research on Survey Quality. In: *Sociological Methods & Research* 20(1991), Nr. 1, S. 3-29. – ISSN 0049-1241

AMIT, R./SCHOEMAKER, P. J. H. (1993): Strategic Assets and Organizational Rent. In: *Strategic Management Journal* 14(1993), S. 33-46. – ISSN 0143-2095

ANDERSON, E. W./FORNELL, C./LEHMANN, D. R. (1994): Customer Satisfaction, Market Share, and Profitability: Findings from Sweden. In: *Journal of Marketing* 58(1994), Nr. 3, S. 53-66. – ISSN 0022-2429

ANSOFF, H. I. (1966): *Managementstrategie*. München : Moderne Industrie, 1966.

ANSOFF, H. I. (1988): *The New Corporate Strategy*. New York : Wiley, 1988. – ISBN 0-471-62950-2

ANSWERTHINK (2000): Book of Numbers for Planning and Performance Measurement. Hudson : AnswerThink, 2000.

ANTHONY, R. N./GOVINDARAJAN, V. (1998): *Management Control Systems*. 9. Aufl. Boston : Irwin McGraw-Hill, 1998. – ISBN 0-256-16878-4

ARELLANO, J. (2000): *Differentiating Among Non-Financial Performance Measures Depending on the Reliability and Relevance of the Information they Provide: An Empirical and Exploratory Approach*. Working Paper. Pamplona : University of Navarra, 2000.

ARGYRIS, C. (1991): Teaching Smart People How to Learn. In: *Harvard Business Review* 69(1991), Nr. 3, S. 99-109. – ISSN 0017-8012

ARGYRIS, C. (1994): Good Communication That Blocks Learning. In: *Harvard Business Review* 72(1994), Nr. 4, S. 77-85. – ISSN 0017-8012

ARGYRIS, C./SCHÖN, D. A. (1996): *Organizational Learning II : Theory, Method, and Practice*. Reading : Addison-Wesley, 1996. – ISBN 0-201-62983-6

ARRINGTON, B./GAUTAM, K./MCCABE, W. J. (1995): Continually Improving Governance. In: *Hospital & Health Services Administration* 40(1995), Nr. 1, S. 95-110. – ISSN 8750-3735

ARROW, K. J. (1985): *The Economics of Agency*. In: PRATT, J. W./ZECKHAUSER, R. J. (Hrsg.) (1985), S. 37-51.

ARVAI, E. S. (1985): Strategic Measurement : The New Challenge for Management Accounting. In: *Financial & Accounting Systems* 1(1985), Nr. 3, S. 54-56. – ISSN 1053-2579

ASHTON, C. (1995): *Pay, Performance and Career Development : A New Study into Global Best Practice in Linking Employee Performance to Corporate Change Objectives*. London : Business Intelligence, 1995. – ISBN 1-898-085-20-X

ASHTON, C. (1997): *Strategic Performance Measurement : Transforming Corporate Performance by Measuring and Managing the Drivers of Business Success*. London : Business Intelligence, 1997. – ISBN 1-898-085-25-0

ATKINSON, A. (1998): Strategic Performance Measurement and Incentive Compensation. In: *European Management Journal* 16(1998), Nr. 5, S. 552-561. – ISSN 0263-2373

ATKINSON, A. A./WATERHOUSE, J. H./WELLS, R. B. (1997): A Stakeholder Approach to Strategic Performance Measurement. In: *Sloan Management Review* 38(1997), Nr. 3, S. 25-37. – ISSN 0019-848X

AUSTIN, R. D. (1996): *Measuring and Managing Performance in Organizations*. New York : Dorset House, 1996. – ISBN 0-932633-36-6

AXSON, D. A. J. (1999): The Fastest Route to Right Answers : Refining Approaches for Better Decision-Making through Performance Reporting. In: *Strategy & Leadership* 27(1999), Nr. 3, S. 6-10. – ISSN 0094-064X

AZZONE, G./BERTELÈ, U./RANGONE, A. (1995): Measuring Resources for Supporting Resource-Based Competition. In: *Management Decision* 33(1995), Nr. 9, S. 57-62. – ISSN 0025-1747

BACKHAUS, K. u. a. (1996): *Multivariate Analysemethoden : Eine anwendungsorientierte Einführung*. 8. Aufl. Berlin : Springer, 1996. – ISBN 3-540-60917-2

BACKHAUS, K./BÜSCHKEN, J. (1998): *Einsatz der Kausalanalyse in der empirischen Forschung zum Investitionsgütermarketing*. In: HILDEBRANDT, L./HOMBURG, C. (Hrsg.) (1998), S. 149-168.

BADDELEY, A. (1994): The Magical Number Seven: Still Magic After All These Years? In: *Psychological Review* 101(1994), Nr. 2, S. 353-356. – ISSN 0033-295X

BAETGE, J. (1977): *Systemtheorie*. In: ALBERS, W. u. a. (Hrsg.) (1977), S. 510-534.

BAGOZZI, R. P. (1980): Performance and Satisfaction in an Industrial Sales Force: An Examination of Their Antecedents and Simultaneity. In: *Journal of Marketing* 44(1980), Nr. 2, S. 65-77. – ISSN 0022-2429

BAILEY, J. A. (1996): Measuring Your Mission. In: *Management Accounting* 78(1996), Nr. 6, S. 44-46. – ISSN 0025-1690

BAIMAN, S. (1990): Agency Research in Managerial Accounting: A Second Look. In: *Accounting, Organizations and Society* 15(1990), Nr. 4, S. 341-371. – ISSN 0361-3682

BAIMAN, S./RAJAN, M. V. (1995): The Informational Advantages of Discretionary Bonus Schemes. In: *The Accounting Review* 70(1995), Nr. 4, S. 557-579. – ISSN 0001-4826

BAKER, G./GIBBONS, R./MURPHY, K. M. (1994): Subjective Performance Measures in Optimal Incentive Contracts. In: *Quarterly Journal of Economics* 109(1994), Nr. 4, S. 1125-1156. – ISSN 0033-5533

BALKCOM, J. E./ITTNER, C. D./LARCKER, D. F. (1997): Strategic Performance Measurement: Lessons Learned and Future Directions. In: *Journal of Strategic Performance Measurement* 1(1997), Nr. 2, S. 22-32. – ISSN 1092-3950

BALL, C./DUNN, P. (1997): Performance Measurement in Public Civil Works Agencies. In: *Engineering Management Journal* 9(1997), Nr. 4, S. 19-23. – ISSN 1042-9247

BALLANTINE, J./BRIGNALL, S./MODELL, S. (1998): Performance Measurement and Management in Public Health Services: A Comparison of U.K. and Swedish Practice. In: *Management Accounting Research* 9(1998), Nr. 9, S. 71-94. – ISSN 1044-5005

BAMBERG, G./BAUR, F. (1998): *Statistik*. 10. Aufl. München : Oldenbourg, 1998. – ISBN 3-486-24748-

BAMBERG, G./COENENBERG, A. G. (1996): *Betriebswirtschaftliche Entscheidungslehre.* 9. Aufl. München : Vahlen, 1996. – ISBN 3-8006-2076-6

BANKER, R. D./POTTER, G./SCHROEDER, R. G. (1993): Reporting Manufacturing Performance Measures to Workers: An Empirical Study. In: *Journal of Management Accounting Research* 5(1993), Nr. Fall, S. 33-55. – ISSN 1049-2127

BARNEA, A./HAUGEN, R. A./SENBET, L. W. (1985): *Agency Problems and Financial Contracting.* Englewood Cliffs : Prentice Hall, 1985. – ISBN 0-13-018854-9

BARNEY, J. (1991): Firm Resources and Sustained Competitive Advantage. In: *Journal of Management* 17(1991), Nr. 1, S. 99-120. – ISSN 0149-2063

BARTOL, K. M./HAGMANN, L. L. (1992): Team-Based Pay Plans: A Key to Effective Teamwork. In: *Compensation & Benefits Review* 24(1992), Nr. 6, S. 24-29. – ISSN 0886-3687

BASSI, L. J./VAN BUREN, M. E. (1998): The 1998 ASTD State of the Industry Report. In: *Training & Development* 52(1998), Nr. 1, S. 1-23. – ISSN 1055-9760

BAUER, T. (2000): IT-Implementierung der Balanced Scorecard – Anforderungen und Tools. In: *Kostenrechnungs-Praxis* 44(2000), Sonderheft Nr. 2, S. 71-76. – ISSN 0023-4265

BAUM, H.-G./COENENBERG, A. G./GÜNTHER, T. (1999): *Strategisches Controlling.* 2. Aufl. Stuttgart : Schäffer-Poeschel, 1999. – ISBN 3-7910-1304-1

BAUMGARTNER, H./HOMBURG, C. (1996): Applications of Structural Equation Modeling in Marketing and Consumer Research: A Review. In: *International Journal of Research in Marketing* 13(1996), Nr. 2, S. 139-161. – ISSN 0167-8116

BEA, F. X. (1992): *Entscheidungen des Unternehmens.* In: BEA, F. X./DICHTL, E./SCHWEITZER, M. (Hrsg.) (1992), S. 309-424.

BEA, F. X./DICHTL, E./SCHWEITZER, M. (Hrsg.) (1992): *Allgemeine Betriebswirtschaftslehre. Band 1: Grundlagen.* 6. Aufl. Stuttgart : Fischer, 1992. – ISBN 3-8252-1081-2

BEA, F. X./HAAS, J. (1997): *Strategisches Management.* 2. Aufl. Stuttgart : Lucius & Lucius, 1997. – ISBN 3-8252-1458-3

BECKER, B./GERHART, B. (1996): The Impact of Human Resource Management on Organizational Performance: Progress and Prospects. In: *Academy of Management Journal* 39(1996), Nr. 4, S. 779-801. – ISSN 0001-4273

BECKER, F. G. (1990): *Anreizsysteme für Führungskräfte: Möglichkeiten zur strategisch-orientierten Steuerung des Managements.* Stuttgart : Poeschel, 1990. – ISBN 3-7910-0506-5

BECKER, F. G. (1998): *Grundlagen betrieblicher Leistungsbeurteilungen : Leistungsverständnis und -prinzip, Beurteilungsproblematik und Verfahrensprobleme.* 3. Aufl. Stuttgart : Schäffer-Poeschel, 1998. – ISBN 3-7910-1128-6

BECKHAM, J. D. (1996): Hearing the Tidal Wave. In: *The Healthcare Forum Journal* 39(1996), Nr. 2, S. 68-78. – ISSN 0899-9287

BEHN, B. K./RILEY, R. A. (1999): Using Nonfinancial Information to Predict Financial Performance: The Case of the U.S. Airline Industry. In: *Journal of Accounting, Auditing & Finance* 14(1999), Nr. 1, S. 29-56. – ISSN 0148-558X

BEISCHEL, M. E./SMITH, K. R. (1991): Linking the Shop Floor to the Top Floor. In: *Management Accounting* 73(1991), Nr. 4, S. 25-29. – ISSN 0025-1690

BELTON, V./CROWE, D. (1996): Data Envelopment Analysis: A Tool for Management Accountants? In: BERRY, B./OTLEY, D. (Hrsg.) (1996), S. 47-62.

BENTLER, P. M. (1990): Comparative Fit Indexes in Structural Models. In: *Psychological Bulletin* 107(1990), Nr. 2, S. 238-246. – ISSN 0033-2909

BENTLEY, T. J. (1996): *Bridging the Performance Gap.* Aldershot : Gower, 1996. – ISBN 0-566-07760-4

BENTO, R. F./FERREIRA, L. D. (1992): *Incentive Pay and Organizational Culture.* In: BRUNS, W. J. (Hrsg.) (1992), S. 157-180.

BERDIE, D. R./ANDERSON, J. F. (1976): Mail Questionnaire Response Rates: Updating Outmoded Thinking. In: *Journal of Marketing* 40(1976), Nr. 1, S. 71-80. – ISSN 0022-2429

BEREKOVEN, L./ECKERT, W./ELLENRIEDER, P. (1996): *Marktforschung : Methodische Grundlagen und praktische Anwendung.* 7. Aufl. Wiesbaden : Gabler, 1996. – ISBN 3-409-36988-0

BERENS, W./KARLOWITSCH, M./MERTENS, M. (2000): Die Balanced Scorecard als Controllinginstrument in Non-Profit-Organisationen. In: *Controlling* 12(2000), Nr. 1, S. 23-28. – ISSN 0935-0381

Berger, R./Hirschbach, O. (1993): *„Time-Cost-Quality Leadership"*. In: Seghezzi, H. D./Hansen, J. R. (Hrsg.) (1993), S. 129-147

Bernheim, B. D./Whinston, M. D. (1986): Common Agency. In: *Econometrica* 54(1986), Nr. 4, S. 923-942. – ISSN 0012-9682

Berry, B./Otley, D. (Hrsg.) (1996): *Performance Measurement and Control : Research and Practice*. London : CIMA, 1996. – ISBN 1-874784-50-7

Berthel, J. (1992): *Informationsbedarf*. In: Frese, E. (Hrsg.) (1992), Sp. 872-886.

Beste, T. (1944): Was ist Leistung in der Betriebswirtschaftslehre? In: *Zeitschrift für handelswissenschaftliche Forschung* 38(1944), Nr. 1, S. 1-18.

Bestmann, U. (Hrsg.) (1997): *Kompendium der Betriebswirtschaftslehre*. 9. Aufl. München : Oldenbourg, 1997. – ISBN 3-486-24188-5

Beutler, E. (Hrsg.) (1966): *Goethes Gespräche*. 2. Aufl. Zürich : Artemis, 1966.

Bhargava, M./Dubelaar, C./Ramaswami, S. (1994): Reconciling Diverse Measures of Performance : A Conceptual Framework and Test of a Methodology. In: *Journal of Business Research* 31(1994), S. 235-246. – ISSN 0148-2963

Bhimani, A. (1993): Performance Measures in UK Manufacturing Companies: The State of Play. In: *Management Accounting* 71(1993), Nr. 11, S. 20-22. – ISSN 0025-1682

Bhimani, A. (1994): Monitoring Performance Measures in UK Manufacturing Companies. In: *Management Accounting* 72(1994), Nr. 1, S. 34-36, 54. – ISSN 0025-1682

Bidlingmaier, J. (1968): *Zielkonflikte und Zielkompromisse im unternehmerischen Entscheidungsprozeß*. Wiesbaden : Gabler, 1968.

Biel, A. (1998): Wertorientierte Unternehmenssteuerung. In: *Controller-Magazin* 23(1998), Nr. 4, S. 257-263. – ISSN 0939-0359

Biemer, P. P. u. a. (Hrsg.) (1991): *Measurement Errors in Surveys*. New York : Wiley, 1991. – ISBN 0-471-53405-6

Binnersley, M. (1996): Do You Measure Up? In: *Management Accounting* 74(1996), Nr. 10, S. 32-34. – ISSN 0025-1682

Birchard, B. (1995): Making it Count. In: *CFO* 11(1995), Nr. 10, S. 42-51. – ISSN 8756-7113

Birchard, B. (1996a): Cigna P&C: A Balanced Scorecard. In: *CFO* 12(1996), Nr. 10, S. 30-34. – ISSN 8756-7113

Birchard, B. (1996b): Where Performance Measures Fail. In: *CFO* 12(1996), Nr. 10, S. 36. – ISSN 8756-7113

Birchard, B. (1996c): Closing the Strategy Gap. In: *CFO* 12(1996), Nr. 10, S. 26-30. – ISSN 8756-7113

Bircher, B. (1976): *Langfristige Unternehmungsplanung : Konzepte, Erkenntnisse und Modelle auf systemtheoretischer Grundlage*. Bern : Haupt, 1976. – ISBN 3-258-02468-5

Bischoff, J. (1995): *Das Shareholder Value-Konzept : Darstellung – Probleme – Handlungsmöglichkeiten*. Wiesbaden : DUV, 1995. – ISBN 3-8244-6025-4

Bititci, U. S. (1995): Modelling of Performance Measurement Systems in Manufacturing Enterprises. In: *International Journal of Production Economics* 42(1995), Nr. 2, S. 137-147. – ISSN 0925-5273

Bititci, U. S./Carrie, A. S./McDevitt, L. (1997): Integrated Performance Measurement Systems: A Development Guide. In: *International Journal of Operations & Production Management* 17(1997), Nr. 5, S. 522-534. – ISSN 0144-3577

Bititci, U. S./Turner, T./Begemann, C. (2000): Dynamics of Performance Measurement Systems. In: *International Journal of Operations & Production Management* 20(2000), Nr. 5-6, S. 692-704. – ISSN 0144-3577

Bittlestone, R. (1994): Just How Well are We Doing? In: *Director* 47(1994), Nr. 12, S. 44-47. – ISSN 0012-3242

Blankenburg, D. A. (1999): *Evaluation von Performance Measurement-Systemen : Eine empirische Analyse*. Regensburg : Transfer, 1999. – ISBN 3-86016-094-X

Bleicher, K. (1992): *Strategische Anreizsysteme : Flexible Vergütungssysteme für Führungskräfte*. Stuttgart : Schäffer-Poeschel, 1992. – ISBN 3-8202-0826-7

Blenkinsop, S. A./Burns, N. (1992): Performance Measurement Revisited. In: *International Journal of Operations & Production Management* 12(1992), Nr. 10, S. 16-25. – ISSN 0144-3577

BLOCHER, E./MOFFIE, R. P./ZMUD, R. W. (1986): Report Format and Task Complexity: Interaction in Risk Judgments. In: *Accounting, Organizations and Society* 11(1986), Nr. 6, S. 457-470. – ISSN 0361-3682

BLUM, U. (2000): *Volkswirtschaftslehre : Studienhandbuch*. 3. Aufl. München : Oldenbourg, 2000. – ISBN 3-486-25354-9

BODMER, C./VÖLKER, R. (2000): Erfolgsfaktoren bei der Implementierung einer Balanced Scorecard : Ergebnisse einer internationalen Studie. In: *Controlling* 12(2000), Nr. 10, S. 477-484. – ISSN 0935-0381

BOGAERT, I./MARTENS, R./VAN CAUWENBERGH, A. (1995): *Strategy as a Situational Puzzle: The Fit of Components*. In: HAMEL, G./HEENE, A. (Hrsg.) (1995), S. 57-74.

BOLLEN, K. A. (1989): *Structural Equations with Latent Variables*. New York : Wiley, 1989. – ISBN 0-471-01171-1

BOLLEN, K. A./LONG, J. S. (Hrsg.) (1993): *Testing Structural Equation Models*. Newbury Park : Sage, 1993. – ISBN 0-8039-4507-8

BOMMER, W. H. u. a. (1995): On the Interchangeability of Objective and Subjective Measures of Employee Performance : A Meta-Analysis. In: *Personnel Psychology* 48(1995), Nr. 3, S. 587-605. – ISSN 0031-5826

BONSACK, R. A. (1989): Cost Management and Performance Measurement Systems. In: *Financial & Accounting Systems* 5(1989), Nr. 1, S. 50-53. – ISSN 1053-2579

BONTIS, N. u. a. (1999): The Knowledge Toolbox : A Review of the Tools Available to Measure and Manage Intangible Resources. In: *European Management Journal* 17(1999), Nr. 4, S. 391-401. – ISSN 0263-2373

BOOTH, R. (1996): Accountants Do It by Proxy. In: *Management Accounting* 74(1996), Nr. 5, S. 48. – ISSN 0025-1682

BOOTH, R. (1997): Performance Management: Making it Happen. In: *Management Accounting* 75(1997), Nr. 10, S. 28-30. – ISSN 0025-1682

BOOTH, R. (1998): Programme Management Measures for Programmes of Action. In: *Management Accounting* 76(1998), Nr. 7, S. 26-28. – ISSN 0025-1682

BÖRKIRCHER, H. (2001): Balanced Scorecard : So klappt die Umsetzung in der Praxis. In: *medical economics* 3(2001), Nr. 1, S. 62-63. – ISSN 1439-2372

BOTTA, V. (1996): *Kennzahlensysteme*. In: SCHULTE, C. (Hrsg.) (1996), S. 409-416.

BOTTA, V. (1997): *Kennzahlensysteme als Führungsinstrumente : Planung, Steuerung und Kontrolle der Rentabilität im Unternehmen*. 5. Aufl. Berlin : Schmidt, 1997. – ISBN 3-503-04033-1

BOUCKAERT, G. (1993): Measurement and Meaningful Management. In: *Public Productivity & Management Review* 17(1993), Nr. 1, S. 31-43. – ISSN 1044-8039

BOULDING, K. E. (1958): *Principles of Economic Policy*. Englewood Cliffs : Prentice-Hall, 1958.

BOUNCKEN, R. B. (2000): Dem Kern des Erfolgs auf der Spur? State of the Art zur Identifikation von Kernkompetenzen. In: *Zeitschrift für Betriebswirtschaft* 70(2000), Nr. 7/8, S. 865-885. – ISSN 0044-2372

BOURNE, M. u. a. (2000): Designing, Implementing and Updating Performance Measurement Systems. In: *International Journal of Operations & Production Management* 20(2000), Nr. 7, S. 754-771. – ISSN 0144-3577

BOURQUE, L. B./FIELDER, E. P. (1995): *How to Conduct Self-Administered and Mail Surveys*. Thousand Oaks : Sage, 1995. – ISBN 0-8039-7168-0

BRACHE, A. P./RUMMLER, G. A. (1997): Managing an Organization as a System. In: *Training* 34(1997), Nr. 2, S. 68-74. – ISSN 0095-5892

BRAMSEMANN, R. (1993): *Handbuch Controlling : Methoden und Techniken*. 3. Aufl. München : Hanser, 1993. – ISBN 3-446-17413-3

BRANCATO, C. K. (1997): Implementing Strategic-Performance Measures. In: *Across the Board* 34(1997), Nr. 5, S. 55. – ISSN 0147-1554

BREDRUP, H. (1995a): *Performance Measurement*. In: ROLSTADÅS, A. (Hrsg.) (1995), S. 169-190.

BREDRUP, H. (1995b): *Background for Performance Management*. In: ROLSTADÅS, A. (Hrsg.) (1995), S. 61-87.

BREID, V. (1995): Aussagefähigkeit agencytheoretischer Ansätze im Hinblick auf die Verhaltenssteuerung von Entscheidungsträgern. In: *Schmalenbachs Zeitschrift für Betriebswirtschaftliche Forschung* 47(1995), Nr. 9, S. 821-854. – ISSN 0036-6196

BREUER, W. (1995): *Linearität in Anreizverträgen bei groben Informationsstrukturen*. Wiesbaden : Gabler, 1995. – ISBN 3-409-13080-2

BRIGNALL, T. J. u. a. (1991): Performance Measurement in Service Businesses. In: *Management Accounting* 69(1991), Nr. 11, S. 34-36. – ISSN 0025-1682

BRINKER, B. J. (1994): Vital Signs : Book Review. In: *Journal of Cost Management* 7(1994), Nr. 4, S. 58-60. – ISSN 0899-5141

BRINKER, B. J. (Hrsg.) (1995): *Handbook of Cost Management : 1995 Edition*. New York : Warren, Gorham & Lamont, 1995. – ISBN 0-7913-1761-7

BRONSTEIN, I. N. u. a. (1999): *Taschenbuch der Mathematik*. 4. Aufl. Frankfurt/Main : Deutsch, 1999. – ISBN 3-8171-2004-4

BROWN, K. K. (1995): Strategic Performance Measurements. In: *The CPA Journal* 65(1995), Nr. 10, S. 65. – ISSN 0732-8435

BROWN, M. G. (1990): You Get What You Measure : Engineering a Performance Measurement System. In: *Performance and Instruction* 29(1990), Nr. 5, S. 11-16. – ISSN 0884-1985

BROWN, M. G. (1994): Is Your Measurement System Well Balanced? In: *The Journal for Quality and Participation* 17(1994), Nr. 6, S. 6-11. – ISSN 1040-9602

BROWN, M. G./SVENSON, R. A. (1988): Measuring R&D Productivity. In: *Research Technology Management* 31(1988), Nr. 4, S. 11-15. – ISSN 0895-6308

BROWN, M./LAVERICK, S. (1994): Measuring Corporate Performance. In: *Long Range Planning* 27(1994), Nr. 4, S. 89-98. – ISSN 0024-6301

BROWNE, M. W./CUDECK, R. (1993): *Alternative Ways of Assessing Model Fit*. In: BOLLEN, K. A./LONG, J. S. (Hrsg.) (1993), S. 136-162.

BRUHN, M. (1998): *Balanced Scorecard: Ein ganzheitliches Konzept der Wertorientierten Unternehmensführung*? In: BRUHN, M. u. a. (Hrsg.) (1998), S. 145-167.

BRUHN, M. u. a. (Hrsg.) (1998): *Wertorientierte Unternehmensführung : Perspektiven und Handlungsfelder für die Wertsteigerung von Unternehmen*. Wiesbaden : Gabler, 1998. – ISBN 3-409-18761-8

BRUHN, M./MEFFERT, H. (Hrsg.) (1998): *Handbuch Dienstleistungsmanagement : Von der strategischen Konzeption zur praktischen Umsetzung*. Wiesbaden : Gabler, 1998. – ISBN 3 409 135 93 6

BRUNNER, J./SPRICH, O. (1998): Performance Management und Balanced Scorecard. In: *ioManagement* 67(1998), Nr. 6, S. 30-36. – ISSN 0019-9281

BRUNS, W. J. (Hrsg.) (1992): *Performance Measurement, Evaluation and Incentives*. Boston : HBS Press, 1992. – ISBN 0-87584-350-6

BÜHL, A./ZÖFEL, P. (1996): *Professionelle Datenanalyse mit SPSS für Windows : Darstellung der Programmsyntax und Beschreibung der Module Categories, CHAID, Exakte Tests, LISREL, Tables und Trends*. München : Addison-Wesley, 1996. – ISBN 3-89319-861-X

BÜHL, A./ZÖFEL, P. (1999): *SPSS Version 8 : Einführung in die moderne Datenanalyse unter Windows*. 5. Aufl. München : Addison-Wesley, 1999. – ISBN 3-8273-1432-1

BÜHNER, R. (1996): *Mitarbeiter mit Kennzahlen führen : Der Quantensprung zu mehr Leistung*. Landsberg/Lech : Moderne Industrie, 1996. – ISBN 3-478-35420-X

BÜHNER, R. (Hrsg.) (1989): *Führungsorganisation und Technologiemanagement : Festschrift für Friedrich Hoffmann zum 65. Geburtstag*. Berlin : Duncker & Humblot, 1989. – ISBN 3-428-06811-4

BÜHNER, R./SULZBACH, K. (Hrsg.) (1999): *Wertorientierte Steuerungs- und Führungssysteme : Shareholder Value in der Praxis*. Stuttgart : Schäffer-Poeschel, 1999. – ISBN 3-7919-1467-6

BULL, R. (1993): A Window on Performance Management. In: *Management Accounting* 71(1993), Nr. 4, S. 28-30. – ISSN 0025-1682

BUSSE VON COLBE, W. (1997): Was ist und was bedeutet Shareholder Value aus betriebswirtschaftlicher Sicht? In: *Zeitschrift für Unternehmens- und Gesellschaftsrecht* 26(1997), Nr. 2, S. 271-290. – ISSN 0340-2479

Busse von Colbe, W./Laßman, G. (1988): *Betriebswirtschaftstheorie. Band 1 : Grundlagen, Produktions- und Kostentheorie*. 4. Aufl. Berlin : Springer, 1988. – ISBN 3-540-50235-1

Butler, A./Letza, S. R./Neale, B. (1997): Linking the Balanced Scorecard to Strategy. In: *Long Range Planning* 30(1997), Nr. 2, S. 242-253. – ISSN 0024-6301

Buzzell, R. D./Gale, B. T. (1987): *The PIMS Principles : Linking Strategy to Performance*. New York : Free Press, 1987. – ISBN 0-02-904430-8

Buzzell, R. D./Gale, B. T. (1989): *Das PIMS-Programm : Strategien und Unternehmenserfolg*. Wiesbaden : Gabler, 1989. – ISBN 3-409-13343-7

Byrne, B. M. (1998): *Structural Equation Modeling with LISREL, PRELIS and SIMPLIS: Basic Concepts, Applications, and Programming*. Mahwah : Erlbaum, 1998. – ISBN 0-8058-2924-5

Caldwell, B./McGee, M. K. (1997): Morgan Alliance on Target. In: *Informationweek* o. Jg.(1997), Nr. 641, S. 102-105. – ISSN 8750-6874

Campbell, A. (1997): Keeping the Engine Humming. In: *Ivey Business Quarterly* 61(1997), Nr. 4, S. 40-46. – ISSN 0007-6996

Campi, J. P. (1997): *Das Paradigma bei der Leistungsmessung durchbrechen*. In: Christopher, W. F./Thor, C. G. (Hrsg.) (1997), S. 501-512.

Carroll, A. B. (1979): A Three-Dimensional Conceptual Model of Corporate Performance. In: *The Academy of Management Review* 4(1979), Nr. 4, S. 497-505. – ISSN 0363-7425

Cates, D. C. (1997): Performance Measurement: Welcome to the Revolution. In: *Banking Strategies* 73(1997), Nr. 3, S. 51-56. – ISSN 1091-6385

Chang, R. Y./De Young, P. (1996): *Measuring Organizational Improvement Impact : A Practical Guide to Successfully Linking Organizational Improvement Measures*. London : Kogan Page, 1996. – ISBN 0-7494-2012-X

Charnes, A./Cooper, W. W./Rhodes, E. (1978): Measuring the Efficiency of Decision Making Units. In: *European Journal of Operational Research* 2(1978), S. 429-444. – ISSN 0377-2217

Chase, W. G. (Hrsg.) (1973): *Visual Information Processing*. New York : Academic Press, 1973. – ISBN 0-12-170150-6

Chase, W. G./Simon, H. A. (1973): *The Mind's Eye in Chess*. In: Chase, W. G. (Hrsg.) (1973), S. 215-281.

Chattopadhyay, S./Heffley, D. (1994): Are For-Profit Nursing Homes More Efficient? Data Envelopment Analysis With a Case-Mix Constraint. In: *Eastern Economic Journal* 20(1994), Nr. 2, S. 171-186. – ISSN 0094-5056

Chen, S./Dodd, J. L. (1997): Economic Value Added (EVA): An Empirical Examination of a New Corporate Performance Measure. In: *Journal of Managerial Issues* 9(1997), Nr. 3, S. 318-333. – ISSN 1045-3695

Chenhall, R. H./Langfield-Smith, K. (1998): Adoption and Benefits of Management Accounting Practices: An Australian Study. In: *Management Accounting Research* 9(1998), Nr. 1, S. 1-19. – ISSN 1044-5005

Chewning, E. G./Harrell, A. M. (1990): The Effect of Information Load on Decision Makers' Cue Utilization Levels and Decision Quality in a Financial Distress Decision Task. In: *Accounting, Organizations and Society* 15(1990), Nr. 6, S. 527-542. – ISSN 0361-3682

Chmielewicz, K. (1994): *Forschungskonzeptionen der Wirtschaftswissenschaft*. 3. Aufl. Stuttgart : Schäffer-Poeschel, 1994. – ISBN 3-7910-9197-2

Chow, C. W. u. a. (1998): The Balanced Scorecard: A Potent Tool for Energizing and Focusing Healthcare Organization Management. In: *Journal of Healthcare Management* 43(1998), Nr. 3, S. 263-280. – ISSN 1096-9012

Chow, C. W./Haddad, K. M./Williamson, J. E. (1997): Applying the Balanced Scorecard to Small Companies. In: *Management Accounting* 79(1997), Nr. 2, S. 21-27. – ISSN 0025-1690

Christopher, W. F./Thor, C. G. (Hrsg.) (1997): *Das große Handbuch für den Produktionsleiter*. Landsberg/Lech : Moderne Industrie, 1997. – ISBN 3-478-91680-1

CIMA (Hrsg.) (1995): *Performance Measurement in the Manufacturing Sector*. London : CIMA, 1995. – ISBN 1-874784-07-8

CLARKE, P. J. (1997a): The Balanced Scorecard. In: *Accountancy Ireland* 29(1997), Nr. 3, S. 25-26. – ISSN 0001-4699

CLARKE, P. J. (1997b): *The Balanced Scorecard.* Working Paper. Dublin : University College Dublin, 1997.

CLINTON, B. D./HSU, K.-C. (1997): JIT and the Balanced Scorecard : Linking Manufacturing Control to Management Control. In: *Management Accounting* 79(1997), Nr. 3, S. 18-24. – ISSN 0025-1690

COASE, R. H. (1937): The Nature of the Firm. In: *Economica* 4(1937), S. 386-405. Reprint in COASE, R. H. (1988), S. 33-55.

COASE, R. H. (1988): *The Firm, the Market, and the Law.* Chicago : University of Chicago Press, 1988. – ISBN 0-226-11101-6

COATES, J. B. u. a. (1992): Multinational Companies Performance Measurement Systems: International Perspectives. In: *Management Accounting Research* 3(1992), Nr. 2, S. 133-150. – ISSN 1044-5005

COATES, J./DAVIS, T./STACEY, R. (1995): Performance Measurement Systems, Incentive Reward Schemes and Short-Termism in Multinational Companies: A Note. In: *Management Accounting Research* 6(1995), Nr. 2, S. 125-135. – ISSN 1044-5005

COATS, J. u. a. (1991): Objectives, Missions and Performance Measures in Multinationals. In: *European Management Journal* 9(1991), Nr. 4, S. 444-453. – ISSN 0263-2373

COCHRAN, W. G. (1954): Some Methods for Strenghtening the Common χ^2 Tests. In: *Biometrics* 10(1954), S. 417-451. – ISSN 0099-4987

COENENBERG, A. G. (1997): *Jahresabschluß und Jahresabschlußanalyse : Grundfragen der Bilanzierung nach betriebswirtschaftlichen, handelsrechtlichen, steuerrechtlichen und internationalen Grundsätzen.* 16. Aufl. Landsberg/Lech : Moderne Industrie, 1997. – ISBN 3-478-39158-X

COENENBERG, A. G. (1999): *Kostenrechnung und Kostenanalyse.* 4. Aufl. Landsberg/Lech : Moderne Industrie, 1999. – ISBN 3-478-39394-9

COENENBERG, A. G./BAUM, H.-G. (1987): *Strategisches Controlling : Grundfragen der strategischen Planung und Kontrolle.* Stuttgart : Schäffer-Poeschel, 1987. – ISBN 3-8208-0368-0

COFF, R. W. (1997): Human Assets and Management Dilemmas: Coping With Hazards on the Road to Resource-Based Theory. In: *The Academy of Management Review* 22(1997), Nr. 2, S. 374-402. – ISSN 0363-7425

COIT, C. I./KARR, J. (1996): Performance Measurement: Miles Traveled, Miles to Go. In: *Banking Strategies* 72(1996), Nr. 5, S. 68-70. – ISSN 1091-6385

COIT, C. I./KARR, J. (1997): Performance Measurement in the Banking Industry : Results of a BAI Survey. In: *Bank Accounting & Finance* 11(1997), Nr. 3, S. 23-30. – ISSN 0894-3958

COLLINS, J. C./PORRAS, J. I. (1996): Building Your Company's Vision. In: *Harvard Business Review* 74(1996), Nr. 5, S. 65-77. – ISSN 0017-8012

CONSTANTINIDES, K./SHANK, J. K. (1994): Matching Accounting to Strategy: One Mill's Experience. In: *Management Accounting* 76(1994), Nr. 3, S. 32-36. – ISSN 0025-1690

COOPER, R./KAPLAN, R. S. (1988): Measure Costs Right: Make the Right Decicions. In: *Harvard Business Review* 66(1988), Nr. 5, S. 96-103. – ISSN 0017-8012

CORRIGAN, J. (1998): Performance Measurement: Knowing the Dynamics. In: *Australian CPA* 68(1998), Nr. 9, S. 30-31. – ISSN 0004-8631

CORSTEN, H./GÖTZELMANN, F. (1989): Ökologische Aspekte des betrieblichen Leistungsprozesses. In: *Das Wirtschaftsstudium* 18(1989), Nr. 6, S. 350-355. – ISSN 0340-3084

CORSTEN, H./REIß, M. (Hrsg.) (1995): *Handbuch Unternehmensführung : Konzepte – Instrumente – Schnittstellen.* Wiesbaden : Gabler, 1995. – ISBN 3-409-19974-8

COSTELLO, S. J. (1994): *Effective Performance Management.* Burr Ridge : Business One Irwin, 1994. – ISBN 1-55623-867-3

CRAWFORD, K. M. (1988): *An Analysis of Performance Measurement Systems in Selected Just-in-Time Operations.* Dissertation. Athens : University of Georgia, 1988.

CRAWFORD, K. M./COX, J. F. (1990): Designing Performance Measurement Systems for Just-In-Time Operations. In: *International Journal of Production Research* 28(1990), Nr. 11, S. 2025-2036. – ISSN 0020-7543

CREELMAN, J. (1998): *Building and Implementing a Balanced Scorecard : International Best Practice in Strategy Implementation.* London : Business Intelligence, 1998. – ISBN 1-898085-40-4

CROSS, K. F. (1988): Wang Scores ‚EPIC' Success with Circuit Board Assembly Redesign. In: *Industrial Engineering* 20(1988), Nr. 1, S. 52-56. – ISSN 0019-8234

CROSS, K. F./LYNCH, R. L. (1988): The „SMART" Way to Define and Sustain Success. In: *National Productivity Review* 8(1988/89), Nr. 1, S. 23-33. – ISSN 0277-8556

CROSS, K. F./LYNCH, R. L. (1989): Accounting for Competitive Performance. In: *Journal of Cost Management for the Manufacturing Industry* 5(1989), Nr. Spring, S. 20-28. – ISSN 0899-5141

CUBBIN, J. (1992): *The Use of Data Envelope Analysis in Measuring and Diagnosing Bank and Building Society Branch Performance.* In: EZZAMEL, M./HEATHFIELD, D. (Hrsg.) (1992), S. 87-112.

CZERANOWSKY, G./STRUTZ, H. (1970): *Ergebnisse einer empirischen Untersuchung über Unternehmensziele.* In: JACOB, H. (Hrsg.) (1970), S. 121-124

DANIEL, K. u. a. (1997): Measuring Mutual Fund Performance with Characteristic-Based Benchmarks. In: *The Journal of Finance* 52(1997), Nr. 3, S. 1035-1058. – ISSN 0022-1082

DANIELS, R. C./BURNS, N. D. (1997): A Framework for Proactive Performance Measurement System Introduction. In: *International Journal of Operations & Production Management* 17(1997), Nr. 1, S. 100-116. – ISSN 0144-3577

DAS, L. (1994): Performance Measurement Takes Centre Stage at Johnson Space Centre. In: *Industrial Engineering* 26(1994), Nr. 3, S. 24-28. – ISSN 0019-8234

DAVEY, J./SHEPHERD, D. (1992): BT's Wheel of Fortune. In: *Personnel Management* 24(1992), Nr. 1, S. 40-43. – ISSN 0031-5761

DAVIS, P. R. (Hrsg.) (1970): *Performance Under Sub-optimal Conditions.* London : Taylor & Francis, 1970. – ISBN 0-85066-044-0

DAVIS, T. R. V. (1996): Developing an Employee Balanced Scorecard: Linking Frontline Performance to Corporate Objectives. In: *Management Decision* 34(1996), Nr. 4, S. 14-18. – ISSN 0025-1747

DE CONSTANTIN, J. (1998): Persuasive Leadership: Looking Beyond the Numbers. In: *Australian CPA* 68(1998), Nr. 5, S. 51-52. – ISSN 0004-8631

DE HAAS, M./KLEINGELD, A. (1999): Multilevel Design of Performance Measurement Systems: Enhancing Strategic Dialogue Throughout the Organisation. In: *Management Accounting Research* 10(1999), Nr. 1, S. 233-261. – ISSN 1044-5005

DE TONI, A./NASSIMBENI, G./TONCHIA, S. (1997): An Integrated Production Performance Measurement System. In: *Industrial Management & Data Systems* 97(1997), Nr. 5, S. 180-186. – ISSN 0263-5577

DECKER, R. O. A. (1994): *Eine Prinzipal-Agenten-theoretische Betrachtung von Eigner-Manager-Konflikten in der Kommanditgesellschaft auf Aktien und in der Aktiengesellschaft.* Bergisch Gladbach : Josef Eul, 1994. ISBN 3-89012-384-8

DEMING, W. E. (1992): *Out of the Crisis.* Cambridge (MA) : MIT, 1992. – ISBN 0-911379-01-0

DEMPSEY, S. J. u. a. (1997): The Use of Strategic Performance Variables as Leading Indicators in Financial Analysts' Forecasts. In: *Journal of Financial Statement Analysis* 2(1997), Nr. 4, S. 61-79. – ISSN 1085-3464

DEMSKI, J. S./SAPPINGTON, D. (1984): Optimal Incentive Contracts with Multiple Agents. In: *Journal of Economic Theory* 33(1984), S. 152-171.

DEMSKI, J. S./SAPPINGTON, D. E. M. (1999): Summarization with Errors: A Perspective on Empirical Investigation of Agency Relationships. In: *Management Accounting Research* 10(1999), Nr. 1, S. 21-37. – ISSN 1044-5005

DENK, R. (1995): *Erfolgssteuerung und Frühaufklärung durch integrierte und simulationsfähige Kennzahlensysteme.* In: SEICHT, G. (Hrsg.) (1995), S. 201-221.

DESS, G. G./DAVIS, P. S. (1984): Porter's (1980) Generic Strategies as Determinants of Strategic Group Membership and Organizational Performance. In: *Academy of Management Journal* 27(1984), Nr. 3, S. 467-488. – ISSN 0001-4273

DESS, G. G./ROBINSON, R. B. (1984): Measuring Organizational Performance in the Absence of Objective Measures: The Case of the Privately-Held Firm and Conglomerate Business Unit. In: *Strategic Management Journal* 5(1984), Nr. 3, S. 265-273. – ISSN 0143-2095

DETHLEFS, L. (1997): *Kennzahlencontrolling in Kleinen und Mittleren Unternehmen (KMU).* Frankfurt/Main : Lang, 1997. – ISBN 3-631-31608-9

DICKEY, J. D. (1998): Creating a Customer Satisfaction Measurement System. In: *Industrial Management* 40(1998), Nr. 2, S. 8-11. – ISSN 0019-8471

DIETL, H. (1995): Institutionelle Koordination spezialisierungsbedingter wirtschaftlicher Abhängigkeiten. In: *Zeitschrift für Betriebswirtschaft* 65(1995), Nr. 6, S. 569-585. – ISSN 0044-2372

DIJKSTRA, W./VAN DER ZOUWEN, J. (Hrsg.) (1982): *Response Behaviour in the Survey-Interview.* London : Academic Press, 1982. – ISBN 0-12-216260-9

DILLER, H. (1975): *Produkt-Management und Marketing-Informationssysteme : Tätigkeitsbild und Informationsbedarf des Produkt-Managers als Determinanten der Ausgestaltung von Marketing-Informationssystemen.* Berlin : Duncker & Humblot, 1975. – ISBN 3-428-03462-7

DILLMAN, D. A. (1978): *Mail and Telephone Surveys : The Total Design Method.* New York : Wiley, 1978. – ISBN 0-471-21555-4

DINKELBACH, W. (1982): *Entscheidungsmodelle.* Berlin : de Gruyter, 1982. – ISBN 3-11-008931-9

DINTER, H.-J. (1999): *Führung mit ROI-Kennzahlen und Shareholder Value.* In: MAYER, E./ LIESSMANN, K./FREIDANK, C.-C. (Hrsg.) (1999), S. 255-292

DIXON, J. R./NANNI, A. J./VOLLMANN, T. E. (1990): *The New Performance Challenge : Measuring Operations for World-Class Competition.* Burr Ridge : Irwin, 1990. – ISBN 1-55623-301-9

DODD, J. L./JOHNS, J. (1999): EVA Reconsidered. In: *Business and Economic Review* 45(1999), Nr. 3, S. 13-18. – ISSN 0007-6465

DOLAN, P./SCHREIBER, K. I. (1997a): The ABC of ABC. In: *Supply House Times* 40(1997), Nr. 3, S. 62-67. – ISSN 0039-5935

DOLAN, P./SCHREIBER, K. I. (1997b): Moving From Pilot to Mainstream. In: *Supply House Times* 40(1997), Nr. 7, S. 77-79. – ISSN 0039-5935

DRESNER, M./XU, K. (1995): Customer Service, Customer Satisfaction, and Corporate Performance in the Service Sector. In: *Journal of Business Logistics* 16(1995), Nr. 1, S. 23-40. – ISSN 0735-3766

DRISCOLL, M./BARR, S. (1995): Are They Worth It? In: *CFO* 11(1995), Nr. 11, S. 36-39. – ISSN 8756-7113

DRTINA, R. (1999): No Joke–Performance Measures Can Deliver. In: *Strategic Finance* 81(1999), Nr. 2, S. 46-50. – ISSN 0025-1690

DRUCKER, P. F. (1974): *Management : Tasks, Responsibilities, Practices.* New York : Harper & Row, 1974. – ISBN 0-06-011092-9

DRUKARCZYK, J. (1993): *Theorie und Politik der Finanzierung.* 2. Aufl. München : Vahlen, 1993. – ISBN 3-8006-1573-8

DRYSDALE, L. (1996): Lawless in Chicago. In: *Management Accounting* 74(1996), Nr. 9, S. 56-57. – ISSN 0025-1682

DUCLAUX, D. (1995): You Are What You Pay. In: *American Bankers Association. ABA Banking Journal* 87(1995), Nr. 5, S. 70-72. – ISSN 0194-5947

DUFFY, M. N. (1999): Vendors Strive to Keep Up With Demanding Market. In: *Wall Street & Technology* 17(1999), Nr. First Quarter, S. 22-24. – ISSN 0738-4343

DUMOND, E. J. (1991): Performance Measurement and Decision Making in a Purchasing Environment. In: *International Journal of Purchasing and Materials* 27(1991), Nr. 2, S. 21-31. – ISSN 1055-6001

DUNST, K. H. (1983): *Portfolio Management : Konzeption für die strategische Unternehmensplanung.* Berlin : de Gruyter, 1983. – ISBN 3-11-008876-2

DUSCH, M./MÖLLER, M. (1997): Praktische Anwendungen der Balanced Scorecard : Ein neuer Ansatz zur Fabriksteuerung in der Philips Bildröhrenfabrik Aachen. In: *Controlling* 9(1997), Nr. 2, S. 116-121. – ISSN 0935-0381

DYCKE, A./SCHULTE, C. (1991): Industriekostenkurve. In: *Die Betriebswirtschaft* 51(1991), Nr. 3, S. 380-382. – ISSN 0342-7064

EBERHARDT, S. (1998): *Wertorientierte Unternehmensführung : Der modifizierte Stakeholder-Value-Ansatz.* Wiesbaden : DUV, 1998. – ISBN 3-8244-6705-4

ECCLES, P. (1993): Planning for Improved Performance. In: *Management Accounting* 71(1993), Nr. 1, S. 53-54. – ISSN 0025-1682

ECCLES, R. G. (1991a): The Performance Measurement Manifesto. In: *Harvard Business Review* 69(1991), Nr. 1, S. 131-137. – ISSN 0017-8012

ECCLES, R. G. (1991b): Wider das Primat der Zahlen – die neuen Steuerungsgrößen. In: *Harvardmanager* 13(1991), Nr. 4, S. 14-22. – ISSN 0174-335X

ECCLES, R. G./PYBURN, P. J. (1992): Creating a Comprehensive System to Measure Performance. In: *Management Accounting* 74(1992), Nr. 4, S. 41-44. – ISSN 0025-1690

ECKEL, L./FISHER, K./RUSSELL, G. (1992): Environmental Performance Measurement. In: *CMA magazine* 66(1992), Nr. 2, S. 16-23. – ISSN 0831-3881

ECKERMANN, J. P. (1948): *Gespräche mit Goethe in den letzten Jahren seines Lebens.* Zürich : Artemis, 1948.

EFQM (2000): *European Foundation for Quality Management.* Brüssel : EFQM, 2000.

EGGER, A./GRÜN, O./MOSER, R. (Hrsg.) (1999): *Managementinstrumente und -konzepte : Entstehung, Verbreitung und Bedeutung für die Betriebswirtschaft.* Stuttgart : Schäffer-Poeschel, 1999. – ISBN 3-7910-1342-4

EHRBAR, A. (1998): *EVA : Economic Value Added : Der Schlüssel zur wertsteigernden Unternehmensführung.* Wiesbaden : Gabler, 1998. – ISBN 3-409-11451-3

EICHEN, S. P./SWINFORD, D. N. (1997): Performance Measurement and Incentive Compensation. In: *Journal of Strategic Performance Measurement* 1(1997), Nr. 3, S. 28-33. – ISSN 1092-3950

EISENHARDT, K. M. (1989): Agency Theory: An Assessment and Review. In: *The Academy of Management Review* 14(1989), Nr. 1, S. 57-74. – ISSN 0363-7425

ELSCHEN, R. (1991): Gegenstand und Anwendungsmöglichkeiten der Agency-Theorie. In: *Schmalenbachs Zeitschrift für Betriebswirtschaftliche Forschung* 43(1991), Nr. 11, S. 1002-1012. – ISSN 0036-6196

EPSTEIN, M. J. (1996): *Measuring Corporate Environmental Performance : Best Practices for Costing and Managing an Effective Environmental Strategy.* Chicago : Irwin, 1996. – ISBN 0-7863-0230-5

EPSTEIN, M. J./MANZONI, J.-F. (1997a): The Balanced Scorecard and Tableau de Bord : Translating Strategy Into Action. In: *Management Accounting* 79(1997), Nr. 2, S. 28-36. – ISSN 0025-1690

EPSTEIN, M. J./MANZONI, J.-F. (1997b): *The Balanced Scorecard and Tableau de Bord: A Global Perspective on Translating Strategy into Action.* Working Paper. Fontainebleau : INSEAD, 1997.

EPSTEIN, M. J./MANZONI, J.-F. (1998): Implementing Corporate Strategy : From Tableaux de Bord to Balanced Scorecards. In: *European Management Journal* 16(1998), Nr. 2, S. 190-203. – ISSN 0263-2373

ERGOMETRICS (2001): *Ergometrics : Balanced Scorecard.* http://www.ergometrics.com/Balscore.html, Stand: 16. Mai 2001.

ERLEI, M./LESCHKE, M./SAUERLAND, D. (1999): *Neue Institutionenökonomik.* Stuttgart : Schäffer-Poeschel, 1999. – ISBN 3-7910-1287-8

ERNST, R./ROSS, D. N. (1993): The Delta Force Approach to Balancing Long-Run Performance. In: *Business Horizons* 36(1993), Nr. 3, S. 4-10. – ISSN 0007-6813

ESCHENBACH, R./KUNESCH, H. (1996): *Strategische Konzepte : Management-Ansätze von Ansoff bis Ulrich.* 3. Aufl. Stuttgart : Schäffer-Poeschel, 1996. – ISBN 3-7910-1093-X

EUSKE, K. J./LEBAS, M. J./MCNAIR, C. J. (1993): Performance Management in an International Setting. In: *Management Accounting Research* 4(1993), Nr. 4, S. 275-299. – ISSN 1044-5005

EVANS, H. u. a. (1996): Who Needs Performance Management? In: *Management Accounting* 74(1996), Nr. 11, S. 20-25. – ISSN 0025-1682

EVANS, H./ASHWORTH, G. (1996): Survey Conclusion: Wake Up to the Competition! In: *Management Accounting* 74(1996), Nr. 5, S. 16-18. – ISSN 0025-1682

EVERITT, B. S. (1994): *The Analysis of Contingency Tables*. 2. Aufl. London : Chapman & Hall, 1994. – ISBN 0-412-39850-8

EZZAMEL, M. (1994): *Business Unit & Divisional Performance Measurement*. 2. Aufl. London : Academic Press, 1994. – ISBN 0-12-245670-X

EZZAMEL, M./HEATHFIELD, D. (Hrsg.) (1992): *Perspectives on Financial Control*. London : Chapman & Hall, 1992. – ISBN 0-412-40980-1

FAWCETT, S. E./COOPER, M. B. (1998): Logistics Performance Measurement and Customer Success. In: *Industrial Marketing Management* 27(1998), Nr. 4, S. 341-357. – ISSN 0019-8501

FEICK, J. (1980): Wirkungsforschung in den USA : Das „New Jersey Income Maintenance Experiment". In: *Soziale Welt* 31(1980), Nr. 3, S. 396-412. – ISSN 0038-6073

FELL, M. (1994): *Kreditwürdigkeitsprüfung mittelständischer Unternehmen : Entwicklung eines neuen Ansatzes auf Basis von Erfolgsfaktoren*. Wiesbaden : DUV, 1994. – ISBN 3-8244-6014-9

FELTHAM, G. A./XIE, J. (1994): Performance Measure Congruity and Diversity in Multi-Task Principal/Agent Relations. In: *The Accounting Review* 69(1994), Nr. 3, S. 429-453. – ISSN 0001-4826

FERBER, R. (1966): Item Nonresponse in a Consumer Survey. In: *Public Opinion Quarterly* 30(1966), Nr. 3, S. 399-415. – ISSN 0033-362X

FERTIG, H. (1977): *Modelltheorie der Messung*. Berlin : Duncker & Humblot, 1977. – ISBN 3-428-03790-1

FEURER, R./CHAHARBAGHI, K. (1995): Strategy Development: Past, Present and Future. In: *Management Decision* 33(1995), Nr. 6, S. 11-21. – ISSN 0025-1747

FIKSEL, J. (1995): ISO 14000 and Beyond – Understanding E-Performance. In: *Environment Today* 6(1995), Nr. 10, S. 27-28. – ISSN 1054-7517

FINK, A./KOSECOFF, J. (1985): *How to Conduct Surveys : A Step-by-Step Guide*. Newbury Park : Sage, 1985. – ISBN 0-8039-2456-9

FINK, C. A./GRUNDLER, C. (1998): Strategieimplementierung im turbulenten Umfeld : Steuerung der Firma fischerwerke mit der Balanced Scorecard. In: *Controlling* 10(1998), Nr. 4, S. 226-235. – ISSN 0935-0381

FISCHER, T. M. (1993): *Kostenmanagement strategischer Erfolgsfaktoren : Instrumente zur operativen Steuerung der strategischen Schlüsselfaktoren Qualität, Flexibilität und Schnelligkeit*. München : Vahlen, 1993. – ISBN 3-8006-1721-8

FISCHER, T. M. (2000): Erfolgspotentiale und Erfolgsfaktoren im Strategischen Management. In: WELGE, M. K./AL-LAHAM, A./KAJÜTER, P. (Hrsg.) (2000), S. 71-94.

FISHER, J. (1992): Use of Nonfinancial Performance Measures. In: *Journal of Cost Management* 6(1992), Nr. 1, S. 31-38. – ISSN 0899-5141

FISHER, L. (1998): Thou Shalt Not Fail. In: *Accountancy* 122(1998), Nr. 1261, S. 48. – ISSN 0001-4664

FITZ-ENZ, J. (1997): Measuring Team Effectiveness. In: *HR Focus* 74(1997), Nr. 8, S. 3. – ISSN 0031-5702

FITZGERALD, L. u. a. (1994): *Performance Measurement in Service Businesses*. London : CIMA, 1994. – ISBN 0-948036-78-8

FITZGERALD, L./MOON, P. (1996): *Performance Measurement in Service Industries: Making it Work*. London : CIMA, 1996. – ISBN 1-874784-52-3

FITZPATRICK, E. W. (1993): Information Management. In: *Journal of the American Society of CLU & ChFC* 47(1993), Nr. 1, S. 34-35. – ISSN 1052-2875

FLEISCHHAUER, D. (1998): Königsdisziplin der Unternehmenssteuerung : Studie zu Performance Measurement. In: *Managementberater* 2(1998), Nr. 11, S. 10-12. – ISSN 1433-9862

FORNELL, C. (1983): Issues in the Application of Covariance Structure Analysis: A Comment. In: *Journal of Consumer Research* 9(1983), S. 443-448. – ISSN 0093-5301

FORSON, A. (1997): Performance Measurement 2000: The Growth of Real-Time Reporting. In: *Journal of Strategic Performance Measurement* 1(1997), Nr. 6, S. 22-29. – ISSN 1092-3950

FÖRSTER, F. u. a. (1984): Der LISREL-Ansatz der Kausalanalyse und seine Bedeutung für die Marketing-Forschung. In: *Zeitschrift für Betriebswirtschaft* 54(1984), Nr. 4, S. 346-367. – ISSN 0044-2372

FOWLER, C. (1996): TQM in NZ: What Impact? In: *Australian Accountant* 66(1996), Nr. 11, S. 53-54. – ISSN 0004-8631

FOWLER, F. J. (1995): *Improving Survey Questions : Design and Evaluation.* Thousand Oaks : Sage, 1995. – ISBN 0-8039-4582-5

FRANKE, R./GOTTA, A./BÖCKMANN, D. (2000): Neue Entwicklungslinien im Berichtswesen des deutschen Mittelstandes : Grundlegende Ergebnisse einer Repräsentativerhebung an der Fachhochschule Düsseldorf. In: *Controlling* 12(2000), Nr. 12, S. 577-583. – ISSN 0935-0381

FREEMAN, R. E. (1984): *Strategic Management : A Stakeholder Approach.* Boston : Pitman, 1984. – ISBN 0-273-01913-9

FREERICKS, W. (1976): *Bilanzierungsfähigkeit und Bilanzierungspflicht in Handels- und Steuerbilanz.* Köln : Heymann 1976.

FREI, H. (1998): *Mit Qualitätscontrolling auf dem Weg zum European Quality Award (EQA).* In: SCHEER, A.-W. (Hrsg.) (1998), S. 373-385.

FREIDANK, C.-C. u. a. (Hrsg.) (1997): *Kostenmanagement : Neuere Konzepte und Anwendungen.* Berlin : Springer, 1997. – ISBN 3-540-62958-0

FRESE, E. (Hrsg.) (1992): *Handwörterbuch der Organisation.* 3. Aufl. Stuttgart : Poeschel, 1992. – ISBN 3-7910-8027-X

FREY, J. H./OISHI, S. M. (1995): *How to Conduct Interviews by Telephone and in Person.* Thousand Oaks : Sage, 1995. – ISBN 0-8039-5719-X

FRIEDAG, H. R. (1998): Die Balanced Scorecard : Alter Wein in neuen Schläuchen? In: *Controller-Magazin* 23(1998), Nr. 4, S. 291-294. – ISSN 0939-0359

FRIEDAG, H. R./SCHMIDT, W. (1999): *Balanced Scorecard : Mehr als ein Kennzahlensystem.* Freiburg : Haufe, 1999. – ISBN 3-448-04061-4

FRIGO, M. L./KRUMWIEDE, K. R. (1998a): 1998 CMG Survey on Performance Measurement : Performance Measures are a ‚Changin'. In: *Cost Management Update* o. Jg.(1998), Nr. 86, S. 1-3. – ISSN 8756-5676

FRIGO, M. L./KRUMWIEDE, K. R. (1998b): 1998 CMG Survey on Performance Measurement : Tips on Implementing the Balanced Scorecard Approach. In: *Cost Management Update* o. Jg.(1998), Nr. 87, S. 1-3. – ISSN 8756-5676

FRIGO, M. L./KRUMWIEDE, K. R. (1999a): 1998 CMG Survey on Performance Measurement : Companies Continue Quest for Improvement. In: *Cost Management Update* o. Jg.(1999), Nr. 94, S. 1-4. – ISSN 8756-5676

FRIGO, M. L./KRUMWIEDE, K. R. (1999b): Balanced Scorecards: A Rising Trend in Strategic Performance Measurement. In: *Journal of Strategic Performance Measurement* 3(1999), Nr. 1, S. 42-48. – ISSN 1092-3950

FRITSCH, M. (1995): Performance Management – der Mensch als Erfolgsfaktor. In: *Marktforschung & Management* 39(1995), Nr. 2, S. 48-54. – ISSN 0933-7105

FRITZ, W. (1990): Marketing – ein Schlüsselfaktor des Unternehmenserfolges? : Eine kritische Analyse vor dem Hintergrund der empirischen Erfolgsfaktorenforschung. In: *Marketing ZFP* 12(1990), Nr. 2, S. 91-110. – ISSN 0344-1369

FRITZ, W. (1992): *Marktorientierte Unternehmensführung und Unternehmenserfolg : Grundlagen und Ergebnisse einer empirischen Untersuchung.* Stuttgart : Schäffer-Poeschel, 1992. – ISBN 3-7910-0665-7

FRY, T. D. (1992): Manufacturing Performance and Cost Accounting. In: *Production and Inventory Management Journal* 33(1992), Nr. 3, S. 30-35. – ISSN 0897-8336

FUNKE, T./ROSEMANN, S. (2000): Ein Referenzmodell für die Implementierung einer Balanced Scorecard. In: *Kostenrechnungs-Praxis* 44(2000), Sonderheft Nr. 2, S. 87-97. – ISSN 0023-4265

FURUBOTN, E. G./PEJOVICH, S. (1972): Property Rights and Economic Theory : A Survey of Recent Literature. In: *Journal of Economic Literature* 10(1972), Nr. 4, S. 1137-1162. – ISBN 0022-0515

GÄFGEN, G. (1963): *Theorie der wirtschaftlichen Entscheidung : Untersuchungen zur Logik und ökonomischen Bedeutung des rationalen Handelns.* 2. Aufl. Tübingen : Mohr, 1963.

GAISER, B./KAUFMANN, L. (1997): Strategische Ziele in konkreten Kennzahlen darstellen. In: *Blick durch die Wirtschaft* 40(1997), Nr. 184, S. 3. – ISSN 0406-4224

GALBRAITH, C./SCHENDEL, D. (1983): An Empirical Analysis of Strategy Types. In: *Strategic Management Journal* 4(1983), Nr. 2, S. 153-173. – ISSN 0143-2095

GÄLWEILER, A. (1990): *Strategische Unternehmensführung.* 2. Aufl. Frankfurt/Main : Campus, 1990. – ISBN 3-593-33755-X

GANAPATHY, B. K./GOH, C.-H. (1997): A Hierarchical System of Performance Measures for Concurrent Engineering. In: *Concurrent Engineering* 5(1997), Nr. 2, S. 137-143. – ISSN 1063-293X

GARVIN, D. A. (1991): How the Baldrige Award Really Works. In: *Harvard Business Review* 69(1991), Nr. 6, S. 80-93. – ISSN 0017-8012

GATIAN, A. W./GILBERT, K. C. (1996): The Central European Need for Management Training and Advisory Services. In: *Multinational Business Review* 4(1996), Nr. 1, S. 69-76.

GEANURACOS, J./MEIKLEJOHN, I. (1993): *Performance Measurement : The New Agenda.* London : Business Intelligence, 1993. – ISBN 1 898 085 03 X

GEORGES, P. M. (2000): The Management Cockpit – the Human Interface for Management Software: Reviewing 50 User Sites over 10 Years of Experience. In: *Wirtschaftsinformatik* 42(2000), Nr. 2, S. 131-136. – ISSN 0937-6429

GERBERICH, C. W. (1999): Die Balanced Scorecard im Technischen Service : Ein Instrument zur Strategieumsetzung. In: *Eco : Managementwissen für Führungskräfte* 1(1999), Nr. 4, S. 14-17. – ISSN 0932-3961

GESCHKA, H./HAMMER, R. (1997): *Die Szenario-Technik in der strategischen Unternehmensplanung.* In: HAHN, D./TAYLOR, B. (Hrsg.) (1997), S. 464-489.

GHALAYINI, A. M./NOBLE, J. S./CROWE, T. J. (1997): An Integrated Dynamic Performance Measurement System for Improving Manufacturing Competitiveness. In: *International Journal of Production Economics* 48(1997), Nr. 3, S. 207-225. – ISSN 0925-5273

GILBERT, X./STREBEL, P. (1987): Strategies to Outpace the Competition. In: *The Journal of Business Strategy* 8(1987), Nr. 1, S. 28-36. – ISSN 0275-6668

GIUNIPERO, L. C./BREWER, D. J. (1993): Performance Based Evaluation Systems Under Total Quality Management. In: *International Journal of Purchasing and Materials* 29(1993), Nr. 1, S. 35-41. – ISSN 1055-6001

GLASER, M. (1991): Tailoring Performance Measurement to Fit the Organization: From Generic to Germane. In: *Public Productivity & Management Review* 14(1991), Nr. 3, S. 303-319. – ISSN 1044-8039

GLASER, M. (1993): Reconciliation of Total Quality Management and Traditional Performance Improvement Tools. In: *Public Productivity & Management Review* 16(1993), Nr. 4, S. 379-386. – ISSN 1044-8039

GLEICH, R. (1997a): Balanced Scorecard. In: *Die Betriebswirtschaft* 57(1997), Nr. 3, S. 432-435. – ISSN 0342-7064

GLEICH, R. (1997b): Performance Measurement. In: *Controlling* 9(1997), Nr. 5, S. 364-366. – ISSN 0935-0381

GLEICH, R. (1997c): Performance Measurement. In: *Die Betriebswirtschaft* 57(1997), Nr. 1, S. 114-117. – ISSN 0342-7064

GLEICH, R. (1997d): *Performance Measurement im Controlling.* In: GLEICH, R./SEIDENSCHWARZ, W. (Hrsg.) (1997), S. 343-365.

GLEICH, R. (1999): *Das System des Performance Measurement : Theoretische Grundkonzepte, Entwicklungs- und Anwendungsstand.* Habilitationsschrift. Stuttgart : Universität Stuttgart, 1999.[1039]

[1039] Erschien in geringfügig abweichender Paginierung im Jahr 2001 im Vahlen-Verlag.

GLEICH, R./HAINDL, M. (1996): Performance Measurement im Controlling am Beispiel eines Unternehmens der chemischen Industrie. In: *Controlling* 8(1996), Nr. 4, S. 262-271. – ISSN 0935-0381

GLEICH, R./SEIDENSCHWARZ, W. (Hrsg.) (1997): *Die Kunst des Controlling*. München : Vahlen, 1997. – ISBN 3-8006-2166-5

GLOBERSON, S. (1985): Issues in Developing a Performance Criteria System for an Organization. In: *International Journal of Production Research* 23(1985), Nr. 4, S. 639-646. – ISSN 0020-7543

GÖBEL, R. (1986): *Wissensspeicher Physik*. 9. Aufl. Berlin : Volk und Wissen, 1986. – ISBN 3-06-021708-4

GOETHE, J. W. (1962): *Die Wahlverwandschaften. Novellen. Maximen und Reflexionen*. 2. Aufl. Zürich : Artemis, 1962.

GOLL, I./SAMBHARYA, R. B. (1995): Corporate Ideology, Diversification and Firm Performance. In: *Organization Studies* 16(1995), Nr. 5, S. 823-846. – ISSN 0170-8406

GOMEZ, P. (1993): *Wertmanagement : Vernetzte Strategien für Unternehmen im Wandel*. Düsseldorf : Econ, 1993. – ISBN 3-430-13296-7

GOODERHAM, G. (1998): Communicating Corporate Goals and Trade-Offs. In: *CMA magazine* 72(1998), Nr. 1, S. 6. – ISSN 0831-3881

GOODHUE, D. L. (1995): Understanding User Evaluations of Information Systems. In: *Management Science* 41(1995), Nr. 12, S. 1827-1844. – ISSN 0025-1909

GOODMAN, E. A. (1989): Venture Capital Funds: Evaluating and Measuring Investment Performance. In: *Pension Management* 25(1989), Nr. 7, S. 35-36. – ISSN 1078-9766

GOVE, W. R. (1982): *Systematic Response Bias and Characteristics of the Respondent*. In: DIJKSTRA, W./VAN DER ZOUWEN, J. (Hrsg.) (1982), S. 167-187.

GRABATIN, G. (1981): *Effizienz von Organisationen*. Berlin : de Gruyter, 1981. – ISBN 3-11-008432-5

GRADY, M. W. (1991): Performance Measurement : Implementing Strategy. In: *Management Accounting* 72(1991), Nr. 12, S. 49-53. – ISSN 0025-1690

GRANT, J. L. (1996): Foundations of EVA for Investment Managers. In: *The Journal of Portfolio Management* 23(1996), Nr. 1, S. 41-48. – ISSN 0095-4918

GREEN, G. (1871): *Mathematical Papers*. London : Macmillan, 1871.

GREENBERG, J./LIEBMAN, M. (1990): Incentives: The Missing Link in Strategic Performance. In: *The Journal of Business Strategy* 11(1990), Nr. 4, S. 8-11. – ISSN 0275-6668

GREENE, A. H./FLENTOW, P. (1990): Managing Performance: Maximizing the Benefit of Activity-Based Costing. In: *Journal of Cost Management for the Manufacturing Industry* 4(1990), Nr. 2, S. 51-59. – ISSN 0899-5141

GREGORY, M. J. (1993): Integrated Performance Measurement: A Review of Current Practice and Emerging Trends. In: *International Journal of Production Economics* 30-31(1993), S. 281-296. – ISSN 0925-5273

GRIFEL, S. S. (1993): Performance Measurement and Budgetary Decision Making. In: *Public Productivity & Management Review* 16(1993), Nr. 4, S. 403-407. – ISSN 1044-8039

GRIFEL, S. S. (1994): Organizational Culture : Its Importance in Performance Measurement. In: *PM. Public Management* 76(1994), Nr. 9, S. 19-20. – ISSN 0033-3611

GRIMM-CURTIS, H. (1997): *Betriebswirtschaftlicher Gesamtprozeß und konstitutiver Rahmen*. In: BESTMANN, U. (Hrsg.) (1997), S. 5-71.

GROCHLA, E./WITTMAN, W. (1976): *Handwörterbuch der Betriebswirtschaft, Band 3*, 4. Aufl. Stuttgart : Poeschel, 1976. – ISBN 3-7910-8005-9

GROLL, K.-H. (2000): *Das Kennzahlensystem zur Bilanzanalyse : Ergebniskennzahlen – Aktienkennzahlen – Risikokennzahlen*. München : Hanser, 2000. – ISBN 3-446-21276-0

GROOTHUIS, U. (1999): Nach allen Seiten. In: *Wirtschaftswoche* 53(1999), Nr. 42, S. 234-240. – ISSN 0042-8582

GROSSMAN, W./HOSKISSON, R. E. (1998): CEO Pay at the Crossroads of Wall Street and Main: Toward the Strategic Design of Executive Compensation. In: *The Academy of Management Executive* 12(1998), Nr. 1, S. 43-57. – ISSN 1079-5545

GROTHE, M./GENTSCH, P. (2000): *Business Intelligence : Aus Informationen Wettbewerbsvorteile gewinnen*. München : Addison-Wesley, 2000. – ISBN 3-8273-1591-3

GROVER, V. u. a. (1995): The Implementation of Business Process Reengineering. In: *Journal of Management Information Systems* 12(1995), Nr. 1, S. 109-144. – ISSN 0742-1222

GROVES, R. M. (1989): *Survey Errors and Survey Costs*. New York : Wiley, 1989. – ISBN 0-471-61171-9

GULDIN, A. (1997): *Kundenorientierte Unternehmenssteuerung durch die Balanced Scorecard*. In: HORVÁTH, P. (Hrsg). (1997), S. 289-302.

GÜNTHER, E. (1994): Ökologieorientiertes Controlling : Konzeption eines Systems zur ökologieorientierten Steuerung und empirische Validierung. München : Vahlen, 1994. – ISBN 3-8006-1825-7

GÜNTHER, T. (1991): *Erfolg durch strategisches Controlling? : Eine empirische Studie zum Stand des strategischen Controlling in deutschen Unternehmen und dessen Beitrag zu Unternehmenserfolg und -risiko*. München : Vahlen, 1991. – ISBN 3-8006-1543-6

GÜNTHER, T. (1997): *Unternehmenswertorientiertes Controlling*. München : Vahlen, 1997. – ISBN 3-8006-2106-1

GÜNTHER, T. (1998): Investor-Relations – Kommunikationspolitik als Beitrag zur Unternehmenswertsteigerung. In: *Marktforschung & Management* 42(1998), Nr. 3, S. 85-91. – ISSN 0933-7105

GÜNTHER, T. (1999): State-of-the-Art des Wertsteigerungsmanagements. In: *Controlling* 11(1999), Nr. 8/9, S. 361-370. – ISSN 0935-0381

GÜNTHER, T./GRÜNING, M. (2000): Performance Measurement-Systeme im praktischen Einsatz : deskriptiver Auswertungsbericht. In: *Dresdner Beiträge zur Betriebswirtschaftslehre* Nr. 44/00. – ISSN 0945-4810

GÜNTHER, T./GRÜNING, M. (2001): Performance Measurement-Systeme – ein Konzeptvergleich. In: *Zeitschrift für Planung* 12(2001), Nr. 3, S. 283-306. – ISSN 0936-8787

GÜNTHER, T./GRÜNING, M. (2002): Performance Measurement-Systeme im praktischen Einsatz. In: *Controlling* 14(2002), Nr. 1, S. 5-13. – ISSN 0935-0381

GÜNTHER, T./KRIEGBAUM, C. (1999): Markenmanagement – State of the Art : Auswertungsbericht. In: *Dresdner Beiträge zur Betriebswirtschaftslehre* Nr. 33/99. – ISSN 0945-4810

GÜNTHER, T./LANDROCK, B./MUCHE, T. (2000a): Gewinn- versus unternehmenswertbasierte Performancemaße. Eine empirische Untersuchung auf Basis der Korrelation von Kapitalmarktrenditen. Teil I: Grundlagen und Design der Studie. In: *Controlling* 12(2000), Nr. 2, S. 69-76. – ISSN 0935-0381

GÜNTHER, T./LANDROCK, B./MUCHE, T. (2000b): Gewinn- versus unternehmenswertbasierte Performancemaße. Eine empirische Untersuchung auf Basis der Korrelation von Kapitalmarktrenditen. Teil II: Datenaufbereitung, Ergebnis und Schlussfolgerungen. In: *Controlling* 12(2000), Nr. 3, S. 129-134. – ISSN 0935-0381

GÜNTHER, T./OTTERBEIN, S. (1996): Die Gestaltung der Investor Relations am Beispiel führender deutscher Aktiengesellschaften. In: *Zeitschrift für Betriebswirtschaft* 66(1996), Nr. 4, S. 389-417. – ISSN 0044-2372

GUPTA, N./SHAW, J. D. (1998): Let the Evidence Speak: Financial Incentives are Effective!! In: *Compensation & Benefits Review* 30(1998), Nr. 2, S. 26-31. – ISSN 0886-3687

GUTENBERG, E. (1958): *Einführung in die Betriebswirtschaftslehre*. Wiesbaden : Gabler, 1958.

GUTENBERG, E. (1983): *Grundlagen der Betriebswirtschaftslehre. Band 1: Die Produktion*. 24. Aufl. Berlin : Springer, 1983. – ISBN 3-540-05694-7

GUTHOF, P. (1995): *Strategische Anreizsysteme : Gestaltungsoptionen im Rahmen der Unternehmungsentwicklung*. Wiesbaden : DUV, 1995. – ISBN 3-8244-6153-6

GUTJAHR, G. (1985): *Psychologie des Interviews : In Praxis und Theorie*. Heidelberg : Sauer, 1985. – ISBN 3-7938-7727-2

HACKER, M. E./BROTHERTON, P. A. (1998): Designing and Installing Effective Performance Measurement Systems. In: *IIE Solutions* 30(1998), Nr. 8, S. 18-23. – ISSN 0019-8234

HACKETT, T. J./MCDERMOTT, D. G. (1999): Seven Steps to Successful Performance-Based Rewards. In: *HR Focus* 76(1999), Nr. 9, S. 11-12. – ISSN 0031-5702

HAHN, D. (1975): *Systemanalyse – Charakterisierungsmerkmale eines Planungs- und Kontrollsystems/Plan- und Berichtswesens*. In: WILD, J. (Hrsg.) (1975), S. 78-103.

HAHN, D. (1989): *Unternehmungsanalyse*. In: SZYPERSKI, N. (1989), Sp. 2074-2088.

HAHN, D./GRÄB, U. (1989): *Erfolgsfaktoren und Wachstumsstrategien erfolgreicher mittelständischer Unternehmungen in der Bundesrepublik Deutschland und Großbritannien – Ergebnisbericht einer empirischen Studie.* In: BÜHNER, R. (Hrsg.) (1989), S. 211-230.

HAHN, D./HINTZE, M. (1998): *Konzepte wertorientierter Unternehmensführung.* In: HANDLBAUER, G. u. a. (Hrsg.) (1998), S. 59-92.

HAHN, D./KAUFMANN, L. (Hrsg.) (1999): *Handbuch Industrielles Beschaffungsmanagement : Internationale Konzepte – Innovative Instrumente – Aktuelle Praxisbeispiele.* Wiesbaden : Gabler, 1999. – ISBN 3-409-12253-2

HAHN, D./TAYLOR, B. (Hrsg.) (1997): *Strategische Unternehmensplanung – Strategische Unternehmensführung : Stand und Entwicklungstendenzen.* 7. Aufl. Heidelberg : Physica, 1997. – ISBN 3-7908-0934-9

HAHN, D./WILLERS, H. G. (1997): *Unternehmensplanung und Führungskräftevergütung.* In: HAHN, D./TAYLOR, B. (Hrsg.) (1997), S. 668-677.

HALL, R. (1992): The Strategic Analysis of Intangible Resources. In: *Strategic Management Journal* 13(1992), Nr. 2, S. 135-144. – ISSN 0143-2095

HALL, R. (1993): A Framework Linking Intangible Resources and Capabilities to Sustainable Competitive Advantage. In: *Strategic Management Journal* 14(1993), Nr. 9, S. 607-618. – ISSN 0143-2095

HALL, R. (1995): *A Framework for Identifying the Intangible Sources of Sustainable Competitive Advantage.* In: HAMEL, G./HEENE, A. (Hrsg.) (1995), S. 149-169.

HALL, R. W. (1987): *Attaining Manufacturing Excellence : Just-in-Time, Total Quality, Total People Involvement.* Homewood : Dow Jones-Irwin, 1987. – ISBN 0-87094-925-X

HALL, W. K. (1980): Survival Strategies in a Hostile Environment. In: *Harvard Business Review* 58(1980), Nr. 5, S. 75-85. – ISSN 0017-8012

HAMEL, G./HEENE, A. (Hrsg.) (1995): *Competence-Based Competition.* Chichester : Wiley, 1995. – ISBN 0-471-94397-5

HAMMER, M./CHAMPY, J. (1993): *Reengineering the Corporation : A Manifesto for Business Revolution.* New York : HarperBusiness, 1994. – ISBN 0-88730-640-3

HAMMER, M./CHAMPY, J. (1994): *Business Reengineering : Die Radikalkur für das Unternehmen.* 4. Aufl. Frankfurt/Main : Campus, 1994. – ISBN 3-593-35017-3

HAMMER, R. M. (1992): *Unternehmungsplanung : Lehrbuch der Planung und strategischen Unternehmensführung.* 5. Aufl. München : Oldenbourg, 1992. – ISBN 3-486-22352-6

HAMSON, N. (1997): To Measure or Not to Measure? In: *The Journal for Quality and Participation* 20(1997), Nr. 5, S. 38-45. – ISSN 1040-9602

HANDLBAUER, G. u. a. (Hrsg.) (1998): *Perspektiven im Strategischen Management.* Berlin : de Gruyter, 1998. – ISBN 3-11-016145-1

HANF, C.-H. (1991): *Entscheidungslehre : Einführung in Informationsbeschaffung, Planung und Entscheidung unter Unsicherheit.* München : Oldenbourg, 1991. – ISBN 3-486-21965-0

HARRIS, M./HOLMSTROM, B. (1982): A Theory of Wage Dynamics. In: *Review of Economic Studies* 49(1982), S. 315-333.

HARRISON-WOLFF, A. (1997): Lop-Sides Scorecard. In: *Accountancy* 120(1997), Nr. 1250, S. 5. – ISSN 0001-4664

HARTUNG, J./ELPELT, B. (1999): *Multivariate Statistik.* 6. Aufl. München : Oldenbourg, 1999. – ISBN 3-486-25287-9

HARTUNG, J./ELPELT, B./KLÖSENER, K.-H. (1995): *Statistik : Lehr- und Handbuch der angewandten Statistik.* 10. Aufl. München : Oldenbourg, 1995. – ISBN 3-486-22387-4

HARTUNG, W./STRATMANN, J. (1997): Vital Signs. In: *Controller-Magazin* 22(1997), Nr. 2, S. 61-65. – ISSN 0939-0359

HATRY, H./GERHART, C./MARSHALL, M. (1994): Eleven Ways to Make Performance Measurement More Useful to Public Managers. In: *PM. Public Management* 76(1994), Nr. 9, S. 15-18. – ISSN 0033-3611

HAUSCHILDT, J. (1970): Bilanzanalyse mit Kennzahlensystemen. In: *Harzburger Hefte* 13(1970), Nr. 1, S. 28-38.

HAUSCHILDT, J. (1973): Die Struktur von Zielen in Entscheidungsprozessen – Bericht aus einem empirischen Forschungsprojekt. In: *Schmalenbachs Zeitschrift für Betriebswirtschaftliche Forschung* 25(1973), Nr. 11, S. 709-738. – ISSN 0036-6196

Hauser, J./Katz, G. (1998): Metrics: You Are What You Measure! In: *European Management Journal* 16(1998), Nr. 5, S. 517-528. – ISSN 0263-2373

Hazell, M./Morrow, M. (1992): Performance Measurement and Benchmarking. In: *Management Accounting* 70(1992), Nr. 12, S. 44-45. – ISSN 0025-1682

Heberer, M. (1998): Erfolgsfaktoren der Krankenhausführung. In: *Der Chirurg* 69(1998), Nr. 12, S. 1305-1312. – ISSN 0009-4722

Heimes, S. (1995): Measuring Performance. In: *Incentive* 169(1995), Nr. 5, S. 72 & S. 78. – ISSN 1042-5195

Heinen, E. (1976): *Grundlagen betriebswirtschaftlicher Entscheidungen : Das Zielsystem der Unternehmung*. 3. Aufl. Wiesbaden : Gabler, 1976. – ISBN 3-409-32288-4

Heinen, E. (1991): *Industriebetriebslehre : Entscheidungen im Industriebetrieb*. 9. Aufl. Wiesbaden : Gabler, 1991. – ISBN 3-409-33152-2

Heisenberg, W. (1955): *Das Naturbild der heutigen Physik*. Hamburg : Rowohlt, 1955.

Heisenberg, W. (1958): *Physikalische Prinzipien der Quantentheorie*. Mannheim : Bibliographisches Institut, 1958.

Hemmer, T. (1996): On the Design and Choice of „Modern" Management Accounting Measures. In: *Journal of Management Accounting Research* 8(1996), S. 87-116. – ISSN 1049-2127

Hemmer, T. (1998): Performance Measurement Systems, Incentives, and the Optimal Allocation of Responsibilities. In: *Journal of Accounting and Economics* 25(1998), Nr. 3, S. 321-347. – ISSN 0165-4101

Henderson, B. D. (1984): *Die Erfahrungskurve in der Unternehmensstrategie*. 2. Aufl. Frankfurt/Main : Campus, 1984. – ISBN 3-593-32086-X

Hendricks, J. A. (1994): Performance Measures for a JIT Manufacturer: The Role of the IE. In: *IIE Solutions* 26(1994), Nr. 1, S. 26-29. – ISSN 1085-1259

Hendricks, J. A./Defreitas, D. G./Walker, D. K. (1996): Changing Performance Measures at Caterpillar. In: *Management Accounting* 78(1996), Nr. 6, S. 18-24. – ISSN 0025-1690

Heneman, R. L./Thomas, A. L. (1997): The Limited, Inc.: Using Strategic Performance Management to Drive Brand Leadership. In: *Compensation & Benefits Review* 29(1997), Nr. 6, S. 33-40. – ISSN 0886-3687

Hepworth, P. (1998): Weighting It Up – A Literature Review for the Balanced Scorecard. In: *Journal of Management Development* 17(1998), Nr. 8, S. 559-563. – ISSN 0262-1711

Herdman, D. (1993): Not Another Priority! In: *Management Accounting* 71(1993), Nr. 3, S. 8. – ISSN 0025-1682

Herzberg, F./Mausner, B./Snyderman, B. B. (1993): *The Motivation to Work*. New Brunswick : Transaction, 1993. – ISBN 1-56000-634-X

Heskett, J. L. u. a. (1994): Putting the Service Profit Chain to Work. In: *Harvard Business Review* 72(1994), Nr. 2, S. 164-174. – ISSN 0017-8012

Hildebrandt, L. (1998): *Kausalanalytische Validierung in der Marketingforschung*. In: Hildebrandt, L./Homburg, C. (Hrsg.) (1998), S. 85-110.

Hildebrandt, L./Buzzell, R. (1998): *Ein Kausalmodell zu den Bestimmungsgründen der Profitabilität*. In: Hildebrandt, L./Homburg, C. (Hrsg.) (1998), S. 209-235.

Hildebrandt, L./Homburg, C. (Hrsg.) (1998): *Die Kausalanalyse : Instrument der empirischen betriebswirtschaftlichen Forschung*. Stuttgart : Schäffer-Poeschel, 1998. – ISBN 3-7910-1210-X

Hillmer, M. (1993): *Kausalanalyse makroökonomischer Zusammenhänge mit latenten Variablen : Mit einer empirischen Untersuchung des Transmissionsmechanismus monetärer Impulse*. Heidelberg : Physica, 1993. – ISBN 3-7908-0703-6

Hinterhuber, H. H. (1995): *Management von Wachstums- und Schrumpfungsprozessen*. In: Corsten, H./Reiß, M. (Hrsg.) (1995), S. 817-827.

Hoch, D. J./Langenbach, W./Meier-Reinhold, H. (2000): Implementierung von Balanced Scorecards im Spannungsfeld von unternehmerischen Zielsetzungen und Voraussetzungen. In: *Betriebswirtschaftliche Forschung und Praxis* 52(2000), Nr. 1, S. 56-66. – ISSN 0340-5370

Hoffecker, J./Goldenberg, C. (1994): Using the Balanced Scorecard to Develop Companywide Performance Measures. In: *Journal of Cost Management* 8(1994), Nr. 3, S. 5-17. – ISSN 0899-5141

Hoffmann, F. (1980): *Führungsorganisation. Band I : Stand der Forschung und Konzeption.* Tübingen : Mohr, 1980. – ISBN 3-16-342012-5

Hoffmann, F. (1986): Kritische Erfolgsfaktoren – Erfahrungen in großen und mittelständischen Unternehmungen. In: *Schmalenbachs Zeitschrift für Betriebswirtschaftliche Forschung* 38(1986), Nr. 10, S. 831-843. – ISSN 0036-6196

Hoffmann, O. (1999): *Performance Management : Systeme und Implementierungsansätze.* Bern : Haupt, 1999. – ISBN 3-258-06105-X

Hoffmann, O. (2000): Balanced Scorecard-basiertes Controlling in einem Internet-Start-up. In: *Kostenrechnungs-Praxis* 44(2000), Sonderheft Nr. 2, S. 25-32. – ISSN 0023-4265

Hofrichter, D. A. (1999): Secrets of the Rich and Famous. In: *The Journal of Business Strategy* 20(1999), Nr. 4, S. 22-26. – ISSN 0275-6668

Hojnacki, T. S./Conger, K./Stragapede, L. (1999): Gaining Access to Performance Data with an Intranet Scorecard. In: *Journal of Strategic Performance Measurement* 3(1999), Nr. 1, S. 30-34. – ISSN 1092-3950

Holloway, J./Lewis, J./Mallory, G. (Hrsg.) (1995): *Performance Measurement and Evaluation.* London : Sage, 1995. – ISBN 0-8039-7959-2

Holmstrom, B./Milgrom, P. (1991): Multitask Principal-Agent Analyses: Incentive Contracts, Asset Ownership, and Job Design. In: *Journal of Law, Economics, and Organizations* 7(1991), Nr. Spring, S. 24-52. – ISSN 8756-6222

Holmstrom, B./Milgrom, P. (1994): The Firm as an Incentive System. In: *The American Economic Review* 4(1994), Nr. 84, S. 972-991. – ISSN 0002-8282

Homburg, C. (1989): *Exploratorische Ansätze der Kausalanalyse als Instrument der Marketingplanung.* Frankfurt/Main : Lang, 1989. – ISBN 3-631-41838-8

Homburg, C. (1992): Die Kausalanalyse : Eine Einführung. In: *Wirtschaftswissenschaftliches Studium* 21(1992), Nr. 10, S. 499-508. – ISSN 0340-1650

Homburg, C. u. a. (2000): Management Accounting Follows Strategy? – Zur Strategieabhängigkeit der Kostenrechnung. In: *Zeitschrift für Planung* 11(2000), Nr. 3, S. 307-328. – ISSN 0936-8787

Homburg, C./Baumgartner, H. (1995a): Beurteilung von Kausalmodellen : Bestandsaufnahme und Anwendungsempfehlungen. In: *Marketing ZFP* 17(1995), Nr. 3, S. 162-176. – ISSN 0344-1369

Homburg, C./Baumgartner, H. (1995b): Die Kausalanalyse als Instrument der Marketingforschung. In: *Zeitschrift für Betriebswirtschaft* 65(1995), Nr. 10, S. 1091-1108. – ISSN 0044-2372

Homburg, C./Dobratz, A. (1991): Iterative Modellselektion in der Kausalanalyse. In: *Schmalenbachs Zeitschrift für Betriebswirtschaftliche Forschung* 43(1991), Nr. 3, S. 213-237. – ISSN 0036-6196

Homburg, C./Hildebrandt, L. (1998): *Die Kausalanalyse: Bestandsaufnahme, Entwicklungsrichtungen, Problemfelder.* In: Hildebrandt, L./Homburg, C. (Hrsg.) (1998), S. 15-43.

Homburg, C./Sütterlin, S. (1990): Kausalmodelle in der Marketingforschung : EQS als Alternative zu LISREL? In: *Marketing ZFP* 12(1990), Nr. 3, S. 181-192. – ISSN 0344-1369

Hope, J./Fraser, R. (1997): Beyond Budgeting… : Breaking Through the Barrier to ‚The Third Wave'. In: *Management Accounting* 75(1997), Nr. 11, S. 20-23. – ISSN 0025-1682

Hope, T./Hope, J. (1995): *Transforming the Bottom Line : Managing Performance with Real Numbers.* Boston : HBS Press, 1995. – ISBN 0-87584-746-3

Hoppenstedt (Hrsg.) (2000): *Handbuch der Großunternehmen.* Darmstadt : Hoppenstedt, 2000. – ISBN 3-8203-0540-8

Horngren, C. T./Foster, G./Datar, S. M. (1994): *Cost Accounting : A Managerial Emphasis.* 8. Aufl. Englewood Cliffs : Prentice-Hall, 1994. – ISBN 0-13-184763-5

Hornung, K./Mayer, J. H. (1999): Erfolgsfaktoren-basierte Balanced Scorecards zur Unterstützung einer wertorientierten Unternehmensführung. In: *Controlling* 11(1999), Nr. 8/9, S. 389-398. – ISSN 0935-0381

HORSTMANN, W. (1999): Der Balanced Scorecard-Ansatz als Instrument der Umsetzung von Unternehmensstrategien. In: *Controlling* 11(1999), Nr. 4/5, S. 193-199. – ISSN 0935-0381

HORVÁTH & PARTNER (Hrsg.) (2000): *Balanced Scorecard umsetzen.* Stuttgart : Schäffer-Poeschel, 2000. – ISBN 3-7910-1509-5

HORVÁTH, P. (1971): *Betriebliche Entscheidungen als Teil eines Lernprozesses.* Meisenheim am Glan : Hain, 1971.

HORVÁTH, P. (1998a): *Controlling.* 7. Aufl. München : Vahlen, 1998. – ISBN 3-8006-2336-6

HORVÁTH, P. (1998b): *Mit Balanced Scorecard Strategien erfolgreich umsetzen.* In: SCHEER, A.-W. (Hrsg.) (1998), S. 433-445.

HORVÁTH, P. (2000): Umsetzungserfahrungen mit der Balanced Scorecard : Echtes Lernen erfordert mehr als die Beschreibung einzelner Success Stories. In: *Kostenrechnungs-Praxis* 44(2000), Sonderheft Nr. 2, S. 125-127. – ISSN 0023-4265

HORVÁTH, P. (Hrsg.) (1997): *Das neue Steuerungssystem des Controllers : Von Balanced Scorecard bis US-GAAP.* Stuttgart : Schäffer-Poeschel, 1997. – ISBN 3-7910-1223-1

HORVÁTH, P. (Hrsg.) (1998): *Innovative Controlling-Tools und Konzepte von Spitzenunternehmen.* Stuttgart : Schäffer-Poeschel, 1998. – ISBN 3-7910-1353-X

HORVÁTH, P. u. a. (1999): *Neue Instrumente in der deutschen Unternehmenspraxis : Bericht über die Stuttgarter Studie.* In: EGGER, A./GRÜN, O./MOSER, R. (Hrsg.) (1999), S. 289-328.

HORVÁTH, P./GAISER, B. (2000): Implementierungserfahrung mit der Balanced Scorecard im deutschen Sprachraum – Anstöße zur konzeptionellen Weiterentwicklung. In: *Betriebswirtschaftliche Forschung und Praxis* 52(2000), Nr. 1, S. 17-35. – ISSN 0340-5370

HORVÁTH, P./GLEICH, R. (1998a): *Komplexitätskostenmanagement mit Prozeß-Benchmarking und Performance Measurement.* In: VEREIN DEUTSCHER INGENIEURE (Hrsg.) (1998), S. 175-195.

HORVÁTH, P./GLEICH, R. (1998b): Die Balanced Scorecard in der produzierenden Industrie. In: *Zeitschrift für wirtschaftlichen Fabrikbetrieb* 93(1998), Nr. 11, S. 562-568. – ISSN 0932-0482

HORVÁTH, P./GLEICH, R./VOGGENREITER, D. (1996): *Controlling umsetzen : Fallstudien, Lösungen und Basiswissen.* Stuttgart : Schäffer-Poeschel, 1996. – ISBN 3-7910-0973-7

HORVÁTH, P./KAUFMANN, L. (1998): Balanced Scorecard – ein Werkzeug zur Umsetzung von Strategien. In: *Harvard Business manager* 20(1998), Nr. 5, S. 39-48. – ISSN 0174-335X

HORVÁTH, P./MICHEL, U. (1999): *Wie die Balanced Scorecard ein wirkungsvolles Wertmanagement unterstützt.* In: ZAHN, E./FOSCHIANI, S. (Hrsg.) (1999), S. 23-43.

HOSTETTLER, S. (1997): *Economic Value Added (EVA) : Darstellung und Anwendung auf Schweizer Aktiengesellschaften.* Bern : Haupt, 1997. – ISBN 3-258-05588-2

HOWARD, L. W./MILLER, J. L. (1993): Fair Pay for Fair Play: Estimating Pay Equity in Professional Baseball with Data Envelopment Analysis. In: *Academy of Management Journal* 36(1993), Nr. 4, S. 882-894. – ISSN 0001-4273

HRIBAR, P./LINDSAY, R. M./LOUSTEL, A. R. (1997): Weyerhaeuser's Integrated Performance Measurement. In: *Journal of Cost Management* 11(1997), Nr. 3, S. 36-40. – ISSN 0899-5141

HRISAK, D. (1996): The Controller as Business Strategist. In: *Management Accounting* 78(1996), Nr. 6, S. 48-49. – ISSN 0025-1690

HRONEC, S. M. (1993): *Vital Signs : Using Quality, Time, and Cost Performance Measurements to Chart Your Company's Future.* New York : Amacon, 1993. – ISBN 0-8144-5073-3

HRONEC, S. M. (1996): *Vital Signs : Indikatoren für die Optimierung der Leistungsfähigkeit Ihres Unternehmens.* Stuttgart : Schäffer-Poeschel, 1996. – ISBN 3-7910-1045-X

HUMMELL, H, J./ZIEGLER, R. (1976): *Korrelation und Kausalität. Band 1.* Stuttgart : Enke, 1976. – ISBN 3-432-88841-4

HUNGENBERG, H. (2000): *Strategisches Management in Unternehmen : Ziele – Prozesse – Verfahren.* Wiesbaden : Gabler, 2000. – ISBN 3-409-13063-2

HUNT, M. (1991): *Die Praxis der Sozialforschung : Reportagen aus dem Alltag einer Wissenschaft.* Frankfurt/Main : Campus, 1991. – ISBN3-593-34278-2

HURLEY, R. F./LAITAMÄKI, J. M. (1995): Total Quality Research: Integrating Markets and the Organization. In: *California Management Review* 38(1995), Nr. 1, S. 59-78. – ISSN 0008-1256

HUSSEY, D. (1999): *Strategy and Planning : A Manager's Guide.* Chichester : Wiley, 1999. – ISBN 0-471-98718-2

HYER, R. M. (1993): Executive Compensation in the International Arena: Back to the Basics. In: *Compensation & Benefits Review* 25(1993), Nr. 2, S. 49-54. – ISSN 0886-3687

INNES, J. (1996): *Activity Performance Measures and Tableaux de Bord.* In: LAPSLEY, I./ MITCHELL, F. (Hrsg.) (1996), S. 87-94

ISELIN, E. R. (1988): The Effects of Information Load and Information Diversity on Decision Quality in a Structured Decision Task. In: *Accounting, Organizations and Society* 13(1988), Nr. 2, S. 147-164. – ISSN 0361-3682

ISELIN, E. R. (1993): The Effects of the Information and Data Properties of Financial Ratios and Statements on Managerial Decision Quality. In: *Journal of Business Finance & Accounting* 20(1993), Nr. 2, S. 249-266. – ISSN 0306-686X

ITAMI, H./ROEHL, T. W. (1987): *Mobilizing Invisible Assets.* Cambridge MA : Harvard University Press, 1987. – ISBN 0-674-57770-1

ITTNER, C. D./LARCKER, D. F. (1997): Quality Strategy, Strategic Control Systems, and Organizational Performance. In: *Accounting, Organizations and Society* 22(1997), Nr. 3/4, S. 293-314. – ISSN 0361-3682

ITTNER, C. D./LARCKER, D. F. (1998a): Innovations in Performance Measurement: Trends and Research Implications. In: *Journal of Management Accounting Research* 10(1998), S. 205-238. – ISSN 1049-2127

ITTNER, C. D./LARCKER, D. F. (1998b): Are Non-Financial Measures Leading Indicators of Financial Performance? An Analysis of Customer Satisfaction. In: *Journal of Accounting Research* 36(1998), Supplement, S. 1-35. – ISSN 0021-8456

ITTNER, C. D./LARCKER, D. F./MEYER, M. W. (1997): *Performance, Compensation, and The Balanced Scorecard.* Working Paper. Philadelphia : University of Pennsylvania, 1997.

ITTNER, C. D./LARCKER, D. F./RAJAN, M. V. (1997): The Choice of Performance Measures in Annual Bonus Contracts. In: *The Accounting Review* 72(1997), Nr. 2, S. 231-255. – ISSN 0001-4826

JACCARD, J./WAN, C. K. (1996): *LISREL Approaches to Interaction Effects in Multiple Regression.* Thousand Oaks : Sage, 1996. – ISBN 0-8039-7179-6

JACKSON, N. (1998): Corporate Agility '97. In: *Management Services* 42(1998), Nr. 2, S. 20-23. – ISSN 0307-6768

JACOB, H. (Hrsg.) (1970): *Zielprogramm und Entscheidungsprozeß in der Unternehmung.* Wiesbaden : Gabler, 1970. – ISBN 3-409-79111-6

JACOBSON, R. (1987): The Validity of ROI as a Measure of Business Performance. In: *The American Economic Review* 77(1987), Nr. 3, S. 470-478. – ISSN 0002-8282

JAGDEV, H./BRADLEY, P./MOLLOY, O. (1997): A QFD Based Performance Measurement Tool. In: *Computers in Industry* 33(1997), Nr. 2/3, S. 357-366. – ISSN 0166-3615

JÄGER, E. L. (1876): *Lucas Paccioli*[1040] *und Simon Stevin, nebst einigen jüngeren Schriftstellern über Buchhaltung : Skizzen zur Geschichte der kaufmännischen, staatlichen und landwirtschaftlichen Buchführung.* Stuttgart : Kroener, 1876.

JAGODZINSKI, W. (1986): *Pfadmodelle mit latenten Variablen: Eine Einführung in das allgemeine Modell LISREL.* In: VAN KOOLWIJK, J./WIEKEN-MAYSER, M. (Hrsg.) (1986), S. 77-121.

JAMMER, M. (1965): Die Entwicklung des Modellbegriffs in den physikalischen Wissenschaften. In: *Studium Generale* 18(1965), Nr. 3, S. 166-173. – ISSN 0039-4149

JANSSEN, J./LAATZ, W. (1999): *Statistische Datenanalyse mit SPSS für Windows : Eine anwendungsorientierte Einführung in das Basissystem Version 8 und das Modul Exakte Tests.* 3. Aufl. Berlin : Springer, 1999. – ISBN 3-540-65531-X

JENSEN, M. C. (1983): Organization, Theory and Methodology. In: *The Accounting Review* 58(1983), Nr. 2, S. 319-339. – ISSN 0001-4826

[1040] Abweichende Schreibweise.

Jetter, W. (2000): *Performance Management : Zielvereinbarungen, Mitarbeitergespräche, leistungsabhängige Entlohnungssysteme.* Stuttgart : Schäffer-Poeschel, 2000. – ISBN 3-7910-1336-X

Johnson, G./Scholes, K. (1993): *Exploring Corporate Strategy.* 3. Aufl. New York : Prentice Hall, 1993. – ISBN 0-13-296849-5

Johnson, H. T. (1975): Management Accounting in an Early Integrated Industrial – E. I. duPont de Nemours Powder Company, 1903-1912. In: *Business History Review* 49(1975), Nr. 2, S. 184-204. – ISSN 0007-6805

Johnson, H. T./Kaplan, R. S. (1991): *Relevance Lost : The Rise and Fall of Management Accounting.* Boston : HBS Press, 1991. – ISBN 0-87584-254-2

Johnson, W. H. A. (1999): An Integrative Taxonomy of Intellectual Capital: Measuring the Stock and Flow of Intellectual Capital Components in the Firm. In: *International Journal of Technology Management* 18(1999), Nr. 5-8, S. 562-575. – ISSN 0267-5730

Jones, C. R./Hampton, D. J. W. (1995) : Excellence in NZ Local Government. In: *Management Services* 39(1995), Nr. 7, S. 22-25. – ISSN 0307-6768

Jones, S. D. u. a. (1993): Work Group Performance Measurement and Feedback: An Integrated Comprehensive System for a Manufacturing Department. In: *Group & Organization Management* 18(1993), Nr. 3, S. 269-291. – ISSN 1059-6011

Jöreskog, K. G./Sörbom, D. (1989): *LISREL 7 : A Guide to the Program and Applications.* 2. Aufl. Chicago : SPSS, 1989. – ISBN 0-518469-94-5

Jöreskog, K. G./Sörbom, D. (1993): *LISREL 8: Structural Equation Modeling with the SIMPLIS Command Language.* Hillsdale : Erlbaum, 1993. – ISBN 0-8058-1441-8

Jorissen, A./Laveren, E./Vanstraelen, A. (2000): *The Relationsship Between the Use of Planning and Control Methods and Company Performance: An Empirical Investigation with Clusteranalysis.* Working Paper. Antwerpen : UFSIA – University of Antwerp, 2000.

Juras, P. E./Brooks, C. A. (1993): Supporting Operational Decision Making. In: *The Health Care Supervisor* 12(1993), Nr. 2, S. 25-31. – ISSN 0731-3381

Jürgens, V. (1998): *Ressourcenorientierte Leistungsgestaltung.* Schesslitz : Rosch, 1998.

Kaase, M./Ott, W./Scheuch, E. K. (1983): *Empirische Sozialforschung in der modernen Gesellschaft.* Frankfurt/Main : Campus, 1983. – ISBN 3-593-33297-3

Kah, A. (1994): *Profitcenter-Steuerung : Ein Beitrag zur theoretischen Fundierung des Controlling anhand des Principal-agent-Ansatzes.* Stuttgart : Schäffer-Poeschel, 1994. – ISBN 3-7910-0777-7

Kah, A./Lüssow, H./Müller, M. (2000): Die Balanced Scorecard als betriebswirtschaftliches Instrument der Deutschen Marine. In: *Kostenrechnungs-Praxis* 44(2000), Sonderheft Nr. 2, S. 43-51. – ISSN 0023-4265

Kahn, S. (1996): Money Talks... In: *Global Finance* 10(1996), Nr. 12, S. 50-58. – ISSN 0896-4181

Kaiser, H. F. (1970): A Second Generation Littly Jiffy. In: *Psychometrika* 35(1970), Nr. 4, S. 401-415. – ISSN 0033-3123

Kaiser, H. F./Rice, J. (1974): Little Jiffy, Mark IV. In: *Educational and Psychological Measurement* 34(1974), S. 111-117. – ISSN 0013-1644

Kamensky, J. M. (1993): Program Performance Measures: Designing a System to Manage for Results. In: *Public Productivity & Management Review* 16(1993), Nr. 4, S. 395-402. – ISSN 1044-8039

Kanuk, L./Berenson, C. (1975): Mail Surveys and Response Rates : A Literature Review. In: *Journal of Marketing Research* 12(1975), Nr. 4, S. 440-453. – ISSN 0022-2437

Kaplan, A. (1964): *The Conduct of Inquiry : Methodology for Behavioral Science.* San Francisco : Chandler, 1964.

Kaplan, A. D. H./Dirlam, J. B./Lanzillotti, R. F. (1958): *Pricing in Big Business : A Case Approach.* Washington : Brookings Institution, 1958.

Kaplan, R. S. (1983): Measuring Manufacturing Performance: A New Challenge for Managerial Accounting Research. In: *The Accounting Review* 58(1983), Nr. 4, S. 686-705. – ISSN 0001-4826

Kaplan, R. S. (1990a): Analog Devices: The Half-Life System. *Harvard Business School Case* 9-190-061.

Kaplan, R. S. (1990b): *Introduction.* In: Kaplan, R. S. (Hrsg.) (1990), S. 1-12.

Kaplan, R. S. (1994a): Devising a Balanced Scorecard Matched to Business Strategy. In: *Planning Review* 22(1994), Nr. 5, S. 15-48. – ISSN 0094-064X

Kaplan, R. S. (1994b): Management Accounting (1984-1994): Development of New Practice and Theory. In: *Management Accounting Research* 5(1994), Nr. 3/4, S. 247-260. – ISSN 1044-5005

Kaplan, R. S. (1995): Das neue Rollenverständnis für den Controller. In: *Controlling* 7(1995), Nr. 2, S. 60-70. – ISSN 0935-0381

Kaplan, R. S. (Hrsg.) (1990): *Measures for Manufacturing Excellence*. Boston : HBS Press, 1990. – ISBN 0-87584-229-1

Kaplan, R. S./Atkinson, A. A. (1998): *Advanced Management Accounting*. 3. Aufl. Upper Saddle River : Prentice Hall, 1998. – ISBN 0-13-080220-4

Kaplan, R. S./Cooper, R. (1998): *Cost&Effect : Using Integrated Cost Systems to Drive Profitability and Performance*. Boston : HBS Press, 1998. – ISBN 0-87584-788-9

Kaplan, R. S./Norton, D. P. (1992a): The Balanced Scorecard – Measures That Drive Performance. In: *Harvard Business Review* 70(1992), Nr. 1, S. 71-79. – ISSN 0017-8012

Kaplan, R. S./Norton, D. P. (1992b): In Search of Excellence – der Maßstab muß neu definiert werden. In: *Harvardmanager* 14(1992), Nr. 4, S. 37-46. – ISSN 0174-335X

Kaplan, R. S./Norton, D. P. (1993): Putting the Balanced Scorecard to Work. In: *Harvard Business Review* 71(1993), Nr. 5, S. 134-142. – ISSN 0017-8012

Kaplan, R. S./Norton, D. P. (1996a): The Balanced Scorecard is More Than Just a New Measurement System. In: *Harvard Business Review* 74(1996), Nr. 3, S. 3-4. – ISSN 0017-8012

Kaplan, R. S./Norton, D. P. (1996b): *The Balanced Scorecard : Translating Strategy into Action*. Boston : HBS Press, 1996. – ISBN 0-87584-651-3

Kaplan, R. S./Norton, D. P. (1996c): Linking the Balanced Scorecard to Strategy. In: *California Management Review* 39(1996), Nr. 1, S. 53-79. – ISSN 0008-1256

Kaplan, R. S./Norton, D. P. (1996d): Using the Balanced Scorecard as a Strategic Management System. In: *Harvard Business Review* 74(1996), Nr. 1, S. 75-85. – ISSN 0017-8012

Kaplan, R. S./Norton, D. P. (1996e): Strategic Learning & the Balanced Scorecard. In: *Strategy & Leadership* 24(1996), Nr. 5, S. 18-24. – ISSN 1087-8572

Kaplan, R. S./Norton, D. P. (1997a): *Balanced Scorecard : Strategien erfolgreich umsetzen*. Stuttgart : Schäffer-Poeschel, 1997. – ISBN 3-7910-1203-7

Kaplan, R. S./Norton, D. P. (1997b): Why Does Business Need a Balanced Scorecard? In: *Journal of Strategic Performance Measurement* 1(1997), Nr. 1, S. 5-11. – ISSN 1092-3950

Kaplan, R. S./Norton, D. P. (1997c): Why Does Business Need a Balanced Scorecard? (Part 2). In: *Journal of Strategic Performance Measurement* 1(1997), Nr. 3, S. 5-10. – ISSN 1092-3950

Kaplan, R. S./Norton, D. P. (1997d): *Strategieumsetzung mit Hilfe der Balanced Scorecard*. In: Gleich, R./Seidenschwarz, W. (Hrsg.) (1997), S. 313-342.

Kaplan, R. S./Norton, D. P. (1997e): Why Does Business Need a Balanced Scorecard? In: *Journal of Cost Management* 11(1997), Nr. 3, S. 5-10. – ISSN 0899-5141

Kaplan, R. S./Norton, D. P. (2000): Having Trouble with Your Strategy? Then Map It. In: *Harvard Business Review* 78(2000), Nr. 5, S. 167-176. – ISSN 0017-8012

Kaplan, S. E. (1988): An Examination of the Effect of Presentation Format on Auditors' Expected Value Judgments. In: *Accounting Horizons* 2(1988), Nr. 3, S. 90-95. – ISSN 0888-7993

Karmann, A. (1992): Principal-Agent-Modelle und Risikoallokation : Einige Grundprinzipien. In: *Wirtschaftswissenschaftliches Studium* 21(1992), Nr. 11, S. 557-562. – ISSN 0340-1650

Kaufmann, L. (1997): ZP-Stichwort: Balanced Scorecard. In: *Zeitschrift für Planung* 8(1997), Nr. 4, S. 421-428. – ISSN 0936-8787

Keegan, D. P./Eiler, R. G. (1994): Let's Reengineer Cost Accounting. In: *Management Accounting* 76(1994), Nr. 2, S. 26-31. – ISSN 0025-1690

Keegan, D. P./Eiler, R. G./Jones, C. R. (1989): Are Your Performance Measures Obsolete? In: *Management Accounting* 70(1989), Nr. 12, S. 45-50. – ISSN 0025-1690

Keegan, D. P./Pesci, S. W. (1994): Why not Reengineer the Management Process Itself? In: *Journal of Cost Management* 8(1994), Nr. 2, S. 63-70. – ISSN 0899-5141

Kelsey, R. M./Znameroski, S. G. (1997): Strengthening the Link of Compensation to Strategic Performance Measurement. In: *Journal of Strategic Performance Measurement* 1(1997), Nr. 5, S. 5-12. – ISSN 1092-3950

Kerr, S. (1999): Organizational Rewards: Practical, Cost-Neutral Alternatives That You May Know, But Don't Practice. In: *Organizational Dynamics* 28(1999), Nr. 1, S. 61-70. – ISSN 0090-2616

Kerssens-van Drongelen, I. C./Bilderbeek, J. (1999): R&D Performance Measurement: More than Choosing a Set of Metrics. In: *R & D Management* 29(1999), Nr. 1, S. 35-46. – ISSN 0033-6807

Kerssens-van Drongelen, I. C./Cook, A. (1997): Design Principles for the Development of Measurement Systems for Research and Development Processes. In: *R & D Management* 27(1997), Nr. 4, S. 345-357. – ISSN 0033-6807

Kiefer, A. W./Novack, R. A. (1999): An Empirical Analysis of Warehouse Measurement Systems in the Context of Supply Chain Implementation. In: *Transportation Journal* 38(1999), Nr. 3, S. 18-27. – ISSN 0041-1612

Kienbaum, G. (1989): *Umfeldanalyse.* In: Szyperski, N. (1989), Sp. 2033-2044.

Kieser, A. (1996): Moden & Mythen des Organisierens. In: *Die Betriebswirtschaft* 56(1996), Nr. 1, S. 21-39. – ISSN 0342-7064

Kieser, A. (2000): Die Balanced Scorecard als Managementmode. In: *Kostenrechnungs-Praxis* 44(2000), Sonderheft Nr. 2, S. 123-124. – ISSN 0023-4265

Kim, G./Park, C. S./Yoon, K. P. (1997): Identifying Investment Opportunities for Advanced Manufacturing Systems with Comparative-Integrated Performance Measurement. In: *International Journal of Production Economics* 50(1997), Nr. 1, S. 23-33. – ISSN 0925-5273

King, N. (1981): *Analyse und Beurteilung der Dual-Faktoren-Theorie der Arbeitszufriedenheit.* In: Ackermann, K.-F./Reber, G. (Hrsg.) (1981), S. 127-151.

Kirsch, W. u. a. (1975): *Planung und Organisation in Unternehmen : Bericht aus einem empirischen Forschungsprojekt.* Working Paper. München : Ludwig-Maximilians-Universität München, 1975.

Kirsch, W./Esser, W.-M./Gabele, E. (1979): *Das Management des geplanten Wandels von Organisationen.* Stuttgart : Poeschel, 1979. – ISBN 3-7910-0241-4

Klaus, G. (1965): *Spezielle Erkenntnistheorie : Prinzipien der wissenschaftlichen Theoriebildung.* Berlin : Deutscher Verlag der Wissenschaften, 1965.

Kleine, A. (1996): *Entscheidungstheoretische Aspekte der Principal-Agent-Theorie.* Heidelberg : Physica, 1996. – ISBN 3-7908-0897-0

Klingebiel, N. (1997): Performance Measurement-Systeme. In: *Das Wirtschaftsstudium* 26(1997), Nr. 7, S. 655-663. – ISSN 0340-3084

Klingebiel, N. (1998): Performance Management – Performance Measurement. In: *Zeitschrift für Planung* 9(1998), Nr. 1, S. 1-15. – ISSN 0936-8787

Klingebiel, N. (1999): *Performance Measurement : Grundlagen – Ansätze – Fallstudien.* Wiesbaden : Gabler, 1999. – ISBN 3-409-12300-8

Klingenberg, C. (2000): Die Bedeutung der Balanced Scorecard für die Strategiebildung der Deutschen Lufthansa AG. In: *Betriebswirtschaftliche Forschung und Praxis* 52(2000), Nr. 1, S. 67-71. – ISSN 0340-5370

Knight, D. J. (1999): Performance Measures for Increasing Intellectual Capital. In: *Strategy & Leadership* 27(1999), Nr. 2, S. 22-25. – ISSN 0094-064X

Kofman, C. (1997): Vital Signs. In: *Banking Strategies* 73(1997), Nr. 4, S. 40-45. – ISSN 1091-6385

Költringer, R. (1993): *Gültigkeit von Umfragedaten.* Wien : Böhlau, 1993. – ISBN 3-205-98114-6

Kompass Deutschland (Hrsg.) (2000): *Jahrbuch der Deutschen Wirtschaft.* Freiburg : Kompass, 2000. – CD-ROM-Ausgabe.

König, R. (Hrsg.) (1967): *Soziologie.* Frankfurt/Main : Fischer, 1967.

Krahe, A. (1999): Balanced Scorecard : Baustein zu einem prozeßorientierten Controlling? In: *Controller-Magazin* 24(1999), Nr. 2, S. 116-122. – ISSN 0939-0359

Kravchuk, R. S./Schack, R. W. (1996): Designing Effective Performance-Measurement Systems under the Government Performance and Results Act of 1993. In: *Public Administration Review* 56(1996), Nr. 4, S. 348-358. – ISSN 0033-3352

Kreikebaum, H. (1997): *Strategische Unternehmensplanung*. 6. Aufl. Stuttgart : Kohlhammer, 1997. – ISBN 3-17-014282-8

Kreilkamp, E. (1987): *Strategisches Marketing und Management*. Berlin : de Gruyter, 1987. – ISBN 3-11-009952-7

Kriegbaum, C. (2001): *Markencontrolling : Bewertung und Steuerung von Marken als immaterielle Vermögenswerte im Rahmen eines unternehmenswertorientierten Controlling*. München : Vahlen, 2001. – ISBN 3-8006-2670-5

Kroeber-Riel, W. (1992): *Konsumentenverhalten*. 5. Aufl. München : Vahlen, 1992. – ISBN 3-8006-1656-4

Krüger, W. (1988): Die Erklärung von Unternehmenserfolg: Theoretischer Ansatz und empirische Ergebnisse. In: *Die Betriebswirtschaft* 48(1988), Nr. 1, S. 27-43. – ISSN 0342-7064

Krüger, W./Homp, C. (1997): *Kernkompetenzmanagement : Steigerung von Flexibilität und Schlagkraft im Wettbewerb*. Wiesbaden : Gabler, 1997. – ISBN 3-409-13022-5

Krüger, W./Schwarz, G. (1997): Strategische Stimmigkeit von Erfolgsfaktoren und Erfolgspotentialen. In: Hahn, D./Taylor, B. (Hrsg.) (1997), S. 75-104.

Kruskal, W./Mosteller, F. (1979a): Representative Sampling, I: Non-scientific Literature. In: *International Statistical Review* 47(1979), Nr. 1, S. 13-24. – ISSN 0306-7734

Kruskal, W./Mosteller, F. (1979b): Representative Sampling, II: Scientific Literature, Excluding Statistics. In: *International Statistical Review* 47(1979), Nr. 2, S. 111-127. – ISSN 0306-7734

Kruskal, W./Mosteller, F. (1979c): Representative Sampling, III: The Current Statistical Literature. In: *International Statistical Review* 47(1979), Nr. 3, S. 245-265. – ISSN 0306-7734

Kruskal, W./Mosteller, F. (1980): Representative Sampling, IV: The History of the Concept in Statistics, 1895-1939. In: *International Statistical Review* 48(1980), Nr. 2, S. 169-195. – ISSN 0306-7734

Kruzner, D./Trollinger, R. (1996): Performance Management Vital in Implementing New Strategies. In: *Oil & Gas Journal* 94(1996), Nr. 46, S. 66-72. – ISSN 0030-1388

Krystek, U./Slosarek, T. (2000): Das Konzept der Balanced Scorecard und seine Umsetzung – Eine Sammelrezension. In: *Kostenrechnungs-Praxis* 44(2000), Sonderheft Nr. 2, S. 117-122. – ISSN 0023-4265

Kubicek, H./Thom, N. (1976): *Betriebliches Umsystem*. In: Grochla, E./Wittman, W. (1976), Sp. 3977-4017.

Kumar, K./Subramanian, R./Yauger, C. (1997): Pure Versus Hybrid: Performance Implications of Porter's Generic Strategies. In: *Health Care Management Review* 22(1997), Nr. 4, S. 47-60. – ISSN 0361-6274

Kunz, G. (2000): Kundenorientierte Steuerung des Personalbereichs mit der Balanced Scorecard. In: *Kostenrechnungs-Praxis* 44(2000), Sonderheft Nr. 2, S. 61-69. – ISSN 0023-4265

Küpper, H.-U. (1997): *Controlling : Konzeption, Aufgaben und Instrumente*. 2. Aufl. Stuttgart : Schäffer-Poeschel, 1997. – ISBN 3-7910-1217-7

Kurbel, K. (1992): *Entwicklung und Einsatz von Expertensystemen : Eine anwendungsorientierte Einführung in wissensbasierte Systeme*. 2. Aufl. Berlin : Springer, 1992. – ISBN 3-540-55237-5

Kurtzman, J. (1997): Is Your Company of Course? Now You can Find Out Why. In: *Fortune* 135(1997), Nr. 3, S. 128-130. – ISSN 0015-8259

Kurzrock, E. (Hrsg.) (1972): *Systemtheorie*. Berlin : Colloquium, 1972. – ISBN 3-7678-0317-8

Lachnit, L. (1976): Zur Weiterentwicklung betriebswirtschaftlicher Kennzahlensysteme. In: *Schmalenbachs Zeitschrift für Betriebswirtschaftliche Forschung* 28(1976), Nr. 4, S. 216-230. – ISSN 0036-6196

Lamnek, S. (1995a): *Qualitative Sozialforschung. Band 1: Methodologie*. 3. Aufl. Weinheim : Beltz, 1995. – ISBN 3-621-27176-7

LAMNEK, S. (1995b): *Qualitative Sozialforschung. Band 2 : Methoden und Techniken.* 3. Aufl. Weinheim : Beltz, 1995. – ISBN 3-621-27177-5

LANDY, F./ZEDECK, S./CLEVELAND, J. (Hrsg.) (1983): *Performance Measurement and Theory.* Hillsdale : Erlbaum, 1983. – ISBN 0-89859-246-1

LANGE, B. (1982): Bestimmung strategischer Erfolgsfaktoren und Grenzen ihrer empirischen Fundierung. In: *Die Unternehmung* 36(1982), Nr. 1, S. 27-41. – ISSN 0042-059X

LAPSLEY, I./MITCHELL, F. (Hrsg.) (1996): *Accounting and Performance Measurement : Issues in the Private and Public Sectors.* London : Chapman, 1996. – ISBN 1-85396-324-0

LAUX, H. (1990): *Risiko, Anreiz und Kontrolle : Principal-Agent-Theorie, Einführung und Verbindung mit dem Delegationswert-Konzept.* Heidelberg : Springer, 1990. – ISBN 3-540-52242-5

LAUX, H. (1991): Die Irrelevanz von erfolgsorientierten Anreizsystemen bei bestimmten Kapitalmarktbedingungen: Der Mehrperiodenfall. In: *Zeitschrift für Betriebswirtschaft* 61(1991), Nr. 4, S. 477-488. – ISSN 0044-2372

LAUX, H. (1992): *Anreizsysteme, ökonomische Dimension.* In: FRESE, E. (Hrsg.) (1992), Sp. 111-122.

LAUX, H./LIERMANN, F. (1993): *Grundlagen der Organisation : Die Steuerung von Entscheidungen als Grundproblem der Betriebswirtschaftslehre.* 3. Aufl. Berlin : Springer, 1993. – ISBN 3-540-56319-9

LAUX, H./SCHENK-MATHES, H. Y. (1992): *Lineare und nichtlineare Anreizsysteme : Ein Vergleich möglicher Konsequenzen.* Heidelberg : Physica, 1992. – ISBN 3-7908-0596-3

LEBAS, M. (1994): Managerial Accounting in France : Overview of Past Tradition and Current Practice. In: *European Accounting Review* 3(1994), Nr. 3, S. 471-487. – ISSN 0963-8180

LEE, H./KWAK, W./HAN, I. (1995): Developing a Business Performance Evaluation System: An Analytic Hierarchical Model. In: *The Engineering Economist* 40(1995), Nr. 4, S. 343-357. – ISSN 0013-791X

LEIBFRIED, K. H. J./MCNAIR, C. J. (1993): *Benchmarking : Von der Konkurrenz lernen, die Konkurrenz überholen.* Freiburg i. Br. : Hauffe, 1993. – ISBN 3-448-02861-4

LEMAK, D. J. u. a. (1996): The ABCs of Customer-Centered Performance Measures. In: *S.A.M. Advanced Management Journal* 61(1996), Nr. 2, S. 4-21. – ISSN 0749-7075

LEVINE, H. Z. (1996): Performance Management Strategy. In: *Compensation & Benefits Review* 28(1996), Nr. 6, S. 73-74. – ISSN 0886-3687

LEWIS, C./MCFADYEN, K. (1993): World Class Finance. In: *Management Accounting* 71(1993), Nr. 8, S. 14-15. – ISSN 0025-1682

LIEBL, F. (1996): *Strategische Frühaufklärung : Trends – Issues – Stakeholders.* München : Oldenbourg, 1996. – ISBN 3-486-23418-8

LIENERT, G. A. (1978): *Verteilungsfreie Methoden in der Biostatistik. Band II.* 2. Aufl. Meisenheim : Meisenheim, 1978. – ISBN 3-445-11547-8

LIKIERMAN, A. (1993): Performance Indicators: 20 Early Lessons From Managerial Use. In: *Public Money & Management* 13(1993), Nr. 4, S. 15-22. – ISSN 0954-0962

LINGLE, J. H./SCHIEMANN, W. A. (1994): Is Data Scatter Subverting Your Strategy? In: *Management Review* 83(1994), Nr. 5, S. 53-58. – ISSN 0025-1895

LINGLE, J. H./SCHIEMANN, W. A. (1996): From Balanced Scorecard to Strategic Gauges: Is Measurement Worth It? In: *Management Review* 85(1996), Nr. 3, S. 56-61. – ISSN 0025-1895

LINK, A. (1998): *Controlling unter Einbeziehung nicht monetärer Kennzahlen und Reporting mittels Cockpit-Charts.* In: HORVÁTH, P. (Hrsg.) (1998), S. 185-194.

LIPE, M. G./SALTERIO, S. (1998): *The Balanced Scorecard: Judgmental Effects of Information Organization and Diversity.* Working Paper. Norman : University of Oklahoma, 1998.

LITWIN, M. S. (1995): *How to Measure Survey Reliability and Validity.* Thousand Oaks : Sage, 1995. – ISBN 0-8039-7388-8

LOCKAMY, A. (1993): How to Compete in Your Industry. In: *Production and Inventory Management Journal* 34(1993), Nr. 1, S. 1-5. – ISSN 0897-8336

LOCKAMY, A. (1994): A Delivery Performance Measurement System Framework for Improved Customer Responsiveness. In: *Production and Inventory Management Journal* 35(1994), Nr. 2, S. 17-21. – ISSN 0897-8336

LOCKAMY, A. (1998): Quality-focused Performance Measurement Systems: A Normative Model. In: *International Journal of Operations & Production Management* 18(1998), Nr. 8, S. 740-766. – ISSN 0144-3577

LOCKAMY, A./COX, J. F. (1994): *Reengineering Performance Measurement : How to Align Systems to Improve Processes, Products, and Profits.* Burr Ridge : Irwin, 1994. – ISBN 1-55623-916-5

LOCKAMY, A./COX, J. F. (1995): An Empirical Study of Division and Plant Performance Measurement Systems in Selected World Class Manufacturing Firms: Linkages for Competitive Advantage. In: *International Journal of Production Research* 33(1995), Nr. 1, S. 221-236. – ISSN 0020-7543

LONG, J. S. (1983): *Covariance Structure Models : An Introduction to LISREL.* Newbury Park : Sage, 1983. – ISBN 0-8039-2045-8

LOW, J./SIESFELD, T. (1998): Measures that Matter: Wall Street Considers Non-Financial Performance More than You Think. In: *Strategy & Leadership* 26(1998), Nr. 2, S. 24-30. – ISSN 1087-8572

LÜDER, K. (1981): *Kritische Anmerkungen zur Steuerung divisional organisierter Unternehmen mit Hilfe des Return-on-Investment-Konzepts.* In: STEINMANN, H. (Hrsg.) (1981), S. 400-409.

LYBERG, L./KASPRZYK, D. (1991): *Data Collection Methods and Measurement Error: An Overview.* In: BIEMER, P. P. u. a. (Hrsg.) (1991), S. 237-257.

LYNCH, R. L./CROSS, K. F. (1995a): *Measure Up! How to Measure Corporate Performance.* 2. Aufl. Cambridge MA : Blackwell, 1995. – ISBN 1-55786-718-6

LYNCH, R. L./CROSS, K. F. (1995b): *Performance Measurement Systems.* In: BRINKER, B. J. (Hrsg.) (1995), S. E3-1-E3-20.

LYNCH, T. D./DAY, S. E. (1996): Public Sector Performance Measurement. In: *Public Administration Quarterly* 19(1996), Nr. 4, S. 404-419. – ISSN 0734-9149

MACGREGOR, J. N. (1987): Short-Term Memory Capacity: Limitation or Optimization. In: *Psychological Review* 94(1987), Nr. 1, S. 107-108. – ISSN 0033-295X

MACSTRAVIC, S. (1999): A Really Balanced Scorecard. In: *Health Forum Journal* 42(1999), Nr. 3, S. 64-67. – ISSN 0899-9287

MADOW, W. G./OLKIN, I./RUBIN, D. B. (Hrsg.) (1983): *Incomplete Data in Sample Surveys. Band 2 : Theory and Bibliographies.* New York : Academic Press, 1983. – ISBN 0-12-363902-6

MAG, W. (1976): Mehrfachziele, Zielbeziehungen und Zielkonfliktlösungen. In: *Wirtschaftswissenschaftliches Studium* 5(1976), Nr. 2, S. 49-55. – ISSN 0340-1650

MAISEL, L. S. (1992): Performance Measurement: The Balanced Scorecard Approach. In: *Journal of Cost Management* 6(1992), Nr. 2, S. 47-52. – ISSN 0899-5141

MALBURG, C. (1997): Surviving Explosive Growth. In: *Journal of Accountancy* 184(1997), Nr. 6, S. 67-72. – ISSN 0021-8448

MALMI, T. (2000): *Balanced Scorecard in Finnish Companies: Some Empirical Evidence.* Working Paper. Helsinki : Helsinki School of Economics and Business Administration, 2000.

MALTZ, A. B./ELLRAM, L. M. (1997): Total Cost of Relationship and Analytical Framework for the Logistics Outsourcing Decision. In: *Journal of Business Logistics* 18(1997), Nr. 1, S. 45-66. – ISSN 0735-3766

MANN, R. (1989): *Praxis strategisches Controlling mit Checklists und Arbeitsformularen : Von der strategischen Planung zur ganzheitlichen Unternehmensführung.* 5. Aufl. Landsberg/Lech : Moderne Industrie, 1989. – ISBN 3-478-33935-5

MANZELLA, J. C. (1999): Measuring Safety Performance to Achieve Long-Term Improvement. In: *Professional Safety* 44(1999), Nr. 9, S. 33-36. – ISSN 0099-0027

MARR, R./SCHUH, S. (1984): *Systemtheorie.* In: O. V. (Hrsg.) (1984), S. 982-988.

MARSHALL, C./PRUSAK, L./SHPILBERG, D. (1996): Financial Risk and the Need for Superior Knowledge Management. In: *California Management Review* 38(1996), Nr. 3, S. 77-101. – ISSN 0008-1256

MARTIN, R. (1997): Do We Practise Quality Principles in the Performance Measurement of Critical Success Factors? In: *Total Quality Management* 8(1997), Nr. 6, S. 429-444. – ISSN 0954-4127

Martinsons, M./Davison, R./Tse, D. (1999): The Balanced Scorecard : A Foundation for The Strategic Management Of Information Systems. In: *Decision Support Systems* 25(1999), Nr. 1, S. 71-88. – ISSN 0178-1216

Maschmeyer, V. (1998): Management by Balanced Scorecard – alter Wein in neuen Schläuchen? In: *Personalführung* 31(1998), Nr. 5, S. 74-80. – ISSN 0723-3868

Maskell, B. H. (1989a): Performance Measurement For World Class Manufacturing. In: *Management Accounting* 67(1989), Nr. 5, S. 32-33. – ISSN 0025-1682

Maskell, B. H. (1989b): Performance Measurement For World Class Manufacturing 2. In: *Management Accounting* 67(1989), Nr. 6, S. 32-33. – ISSN 0025-1682

Maskell, B. H. (1989c): Performance Measurement for World Class Manufacturing – 3. In: *Management Accounting* 67(1989), Nr. 7, S. 48-50. – ISSN 0025-1682

Maskell, B. H. (1991): *Performance Measurement for World Class Manufacturing : A Model for American Companies*. Cambridge MA : Productivity, 1991. – ISBN 0-915299-99-2

Maskell, B. H. (1992): Performance Measurement for World Class Manufacturing. In: *Corporate Controller* 4(1992), Nr. 3, S. 44-48. – ISSN 0899-0174

Maskell, B. H. (1994): *New Performance Measures*. Portland : Productivity Press, 1994. – ISBN 1-56327-062-5

Maskell, B. H. (1997): Implementing Performance Measurements : Practical Implementation of New Performance Measurements in Manufacturing Companies. In: *Journal of Strategic Performance Measurement* 1(1997), Nr. 3, S. 35-40. – ISSN 1092-3950

Maskell, B. H./Gooderham, G. (1998): Information Systems that Support Performance Management. In: *Journal of Strategic Performance Measurement* 2(1998), Nr. 1, S. 35-40. – ISSN 1092-3950

Matheis, M./Schalch, O. (1999): Balanced Scorecard und Economic Value Added. In: *ioManagement* 68(1999), Nr. 4, S. 37-43. – ISSN 0019-9281

Mauthe, K. D. (1984): *Strategische Analyse : Darstellung und kritische Würdigung bestehender Ansätze zur Strategischen Unternehmens- und Umweltanalyse*. Hersching : Kirsch, 1984. – ISBN 3-88232-036-2

Mayer, E./Liessmann, K./Freidank, C.-C. (Hrsg.) (1999): *Controlling-Konzepte : Werkzeuge und Strategien für die Zukunft*. 4. Aufl. Wiesbaden : Gabler, 1999. – ISBN 3-409-43004-0

McChesney, H. (1996): Change Your Performance Measurements or There May Be No Future. In: *Hospital Materiel Management Quarterly* 18(1996), Nr. 2, S. 86-90. – ISSN 0192-2262

McCrory, F. V./Gerstberger, P. G. (1992): The New Math of Performance Measurement. In: *Journal of Business Strategy* 13(1992), Nr. 2, S. 33-38. – ISSN 1055-9760

McCunn, P. (1998): The Balanced Scorecard ... the Eleventh Commandment. In: *Management Accounting* 76(1998), Nr. 11, S. 34-36. – ISSN 0025-1682

McDonald, R. P./Marsh, H. W. (1990): Choosing a Multivariate Model: Noncentrality and Goodness of Fit. In: *Psychological Bulletin* 107(1990), Nr. 2, S. 247-255. – ISSN 0033-2909

McDonell, E. D./Rubin, M. J. (1991): A Scorecard for Branch Performance. In: *Financial Managers' Statement* 13(1991), Nr. 3, S. 46-49, 56. – ISSN 0887-4808

McGregor, D. (1960): *The Human Side of Enterprise*. New York : McGraw-Hill, 1960. – ISBN 0-07-045098-6

McKenzie, F. C./Shilling, M. D. (1998): Ensuring Effective Incentive Design and Implementation : Avoiding Performance Measurement Traps. In: *Compensation & Benefits Review* 30(1998), Nr. 4, S. 57-65. – ISSN 0886-3687

McKinnon, S. M./Bruns, W. J. (1992): *The Information Mosaic*. Boston : HBS Press, 1992. – ISBN 0-87584-317-4

McKinnon, S. M./Bruns, W. J. (1993): What Production Managers Really Want to Know ... Management Accountants Are Failing to Tell Them. In: *Management Accounting* 74(1993), Nr. 7, S. 29-35. – ISSN 0025-1690

McMann, P./Nanni, A. J. (1994): Is Your Company Really Measuring Performance? In: *Management Accounting* 76(1994), Nr. 5, S. 55-58. – ISSN 0025-1690

McMann, P./Orlando, J. M. (1998): You May Need New Performance Measures When.... In: *Journal of Strategic Performance Measurement* 2(1997), Nr. 1, S. 12-17. – ISSN 1092-3950

McNair, C. J./Lynch, R. L./Cross, K. F. (1990): Do Financial and Nonfinancial Performance Measures Have to Agree? In: *Management Accounting* 72(1990), Nr. 5, S. 28-36. – ISSN 0025-1690

McNair, C. J./Mosconi, W. (1987): Measuring Performance in an Advanced Manufacturing Environment. In: *Management Accounting* 69(1987), Nr. 1, S. 28-31. – ISSN 0025-1690

McNair, C. J./Mosconi, W./Norris, T. (1988): *Meeting the Technology Challenge: Cost Accounting in a JIT Environment.* Montvale : NAA, 1988. – ISBN 0-86641-165-8

McNair, C. J./Mosconi, W./Norris, T. (1989): *Beyond the Bottom Line : Measuring World Class Performance.* Homewood : Dow Jones-Irwin, 1989. – ISBN 1-55623-194-6

McNerney, D. J. (1996): The Link to Customer Satisfaction. In: *HR Focus* 73(1996), Nr. 9, S. 1-6. – ISSN 1059-6038

McWilliams, B. (1996): The Measure of Success. In: *Across the Board* 33(1996), Nr. 2, S. 16-20. – ISSN 0147-1554

Meadows, B. u. a. (1994): Performance Measurement at ED TEL. In: *CMA magazine* 68(1994), Nr. 6, S. 17-20. – ISSN 0831-3881

Medori, D./Stepple, D. (2000): A Framework for Auditing and Enhancing Performance Measurement Systems. In: *International Journal of Operations & Production Management* 20(2000), Nr. 5-6, S. 520-533. – ISSN 0144-3577

Meffert, H. (1992): *Marketingforschung und Käuferverhalten.* 2. Aufl. Wiesbaden : Gabler, 1992. – ISBN 3-409-23606-6

Meffert, H. (1998): *Marketing : Grundlagen marktorientierter Unternehmensführung : Konzepte – Instrumente – Praxisbeispiele.* 8. Aufl. Wiesbaden : Gabler, 1998. – ISBN 3-409-69015-8

Merchant, K. A. (1982): The Control Function of Management. In: *Sloan Management Review* 23(1982), Nr. 4, S. 43-55. – ISSN 0019-848X

Mévellec, P. (1995): The French Approach to ABC. In: *Australian Accountant* 65(1995), Nr. 3, S. 10-20. – ISSN 0004-8631

Meyer, C. (1994a): How the Right Measures Help Teams Excel. In: *Harvard Business Review* 72(1994), Nr. 3, S. 95-103. – ISSN 0017-8012

Meyer, C. (1994b): *Betriebswirtschaftliche Kennzahlen und Kennzahlen-Systeme.* Stuttgart : Schäffer-Poeschel, 1994. – ISBN 3-7910-9198-0

Meyer, J.-A. (1996): *Visualisierung im Management.* Wiesbaden : DUV, 1996. – ISBN 3-8244-0323-4

Meyer, M. W. (1998): *Finding Performance: The New Discipline in Management.* In: Neely, A. D./Waggoner, D. B. (Hrsg.) (1998), S. XIV-XXI.

Michalisin, M. D./Smith, R. D./Kline, D. M. (1997): In Search of Strategic Assets. In: *International Journal of Organizational Analysis* 5(1997), Nr. 4, S. 360-387. – ISSN 1055-3185

Michel, U. (1997): *Strategien zur Wertsteigerung erfolgreich umsetzen – Wie die Balanced Scorecard ein wirkungsvolles Shareholder Value Management unterstützt.* In: Horváth, P. (Hrsg.) (1997), S. 273-287.

Milgrom, P./Roberts, J. (1992): *Economics, Organization and Management.* Englewood Cliffs : Prentice Hall, 1992. – ISBN 0-13-224650-3

Miller, D./Friesen, P. H. (1978): Archetypes of Strategy Formulation. In: *Management Science* 24(1978), Nr. 9, S. 921-933. – ISSN 0025-1909

Miller, G. A. (1956): The Magical Number Seven, Plus or Minus Two: Some Limits on Our Capacity for Processing Information. In: *The Psychological Review* 63(1956), Nr. 2, S. 81-97. – ISSN 0033-295X

Miller, J. A. (1992): The New Activity Performance Measures. In: *CMA magazine* 66(1992), Nr. 3, S. 34. – ISSN 0831-3881

Mintzberg, H. (1987): Crafting Strategy. In: *Harvard Business Review* 65(1987), Nr. 4, S. 66-75. – ISSN 0017-8012

MINTZBERG, H. (1991a): *Five Ps for Strategy*. In: MINTZBERG, H./QUINN, J. B. (Hrsg.) (1991), S. 12-19.

MINTZBERG, H. (1991b): *Generic Strategies*. In: MINTZBERG, H./QUINN, J. B. (Hrsg.) (1991), S. 70-82.

MINTZBERG, H. (1994): *The Rise and Fall of Strategic Planning : Reconceiving Roles for Planning, Plans, Planners*. New York : Free Press, 1994. – ISBN 0-02-921605-2

MINTZBERG, H./QUINN, J. B. (Hrsg.) (1991): *The Strategy Process : Concepts, Contexts, Cases*. 2. Aufl. Englewood Cliffs : Prentice-Hall, 1991. – ISBN 0-13-851916-1

MISKIN, A. (1995): Performance Management. In: *Management Accounting* 73(1995), Nr. 10, S. 22. – ISSN 0025-1682

MISSROON, A. M. (1998): Automating the Balanced Scorecard Methodology. In: *Midrange Systems* 11(1998), Nr. 17, S. 44. – ISSN 1041-8237

MITCHELL, A. (1995): Missing Measures. In: *Management Today* o. Jg.(1995), Nr. 11, S. 76-80. – ISSN 0025-1925

MOOD, A. M./GRAYBILL, F. A./BOES, D. C. (1974): *Introduction to the Theory of Statistics*. 3. Aufl. New York : McGraw-Hill, 1974. – ISBN 0-07-042864-6

MOOKHERJEE, D. (1984): Optimal Incentive Schemes with Many Agents. In: *Review of Economic Studies* 51(1984), S. 433-446.

MOON, P./FITZGERALD, L. (1996): Delivering the Goods at TNT: The Role of the Performance Measurement System. In: *Management Accounting Research* 7(1996), Nr. 4, S. 431-457. – ISSN 1044-5005

MOORAJ, S./OYON, D./HOSTETTLER, D. (1999): The Balanced Scorecard: A Necessary Good or Unnecessary Evil? In: *European Management Journal* 17(1999), Nr. 5, S. 481-491. – ISSN 0263-2373

MOORE, G. P./HAGENDORF, G. D. (1994): Using Measurements to Evaluate Improvement Efforts. In: *Transactions of AACE International* o. Jg.(1994), S. QM.2.1-QM.2.6. – ISSN 0065-7158

MORGAN, M. W. (1998): Improving Business Performance: Are You Measuring Up? In: *Manage* 49(1998), Nr. 2, S. 10-12. – ISSN 0025-1623

MORIARITY, S. (1979): Communicating Financial Information Through Multidimensional Graphics. In: *Journal of Accounting Research* 17(1979), Nr. 1, S. 205-224. – ISSN 0021-8456

MORRISSEY, E./HUDSON, G. (1997): A Smarter Way to Run a Business. In: *Journal of Accountancy* 183(1997), Nr. 1, S. 48-50. – ISSN 0021-8448

MOSS, M. (Hrsg.) (1973): *The Measurement of Economic and Social Performance*. New York : National Bureau of Economic Research, 1973. – ISBN 0-87014-259-3

MÜLLER, A. (1996): *Grundzüge eines ganzheitlichen Controllings*. München : Oldenbourg, 1996. – ISBN 3-486-23377-7

MÜLLER-DAHL, F. P. (1979): *Betriebswirtschaftliche Probleme der handels- und steuerrechtlichen Bilanzierungsfähigkeit*. Berlin : Duncker & Humblot, 1979. – ISBN 3-428-04421-5.

MÜLLER-STEWENS, G. (1998): *Performance Measurement im Lichte eines Stakeholderansatzes*. In: REINECKE, S./TOMCZAK, T./DITTRICH, S. (Hrsg.) (1998), S. 34-43.

MURDOCH, A. (1997): The Performance Pyramid. In: *Accountancy* 119(1997), Nr. 1252, S. 52. – ISSN 0001-4664

MURPHY, G. B./TRAILER, J. W./HILL, R. C. (1996): Measuring Performance in Entrepreneurship Research. In: *Journal of Business Research* 36(1996), Nr. 1, S. 15-23. – ISSN 0148-2963

MUSIOL, G./HUNSCHER, M. (1998): Die Bedeutung des Stichprobenumfangs bei Test-Mailings. In: *Wirtschaftswissenschaftliches Studium* 27(1998), Nr. 4, S. 215-217. – ISSN 0340-1650

MYERSON, R. B. (1982): Optimal Coordination Mechanisms in Generalized Principal-Agent Problems. In: *Journal of Mathematical Economics* 10(1982), S. 67-81.

NAGEL, E. (1979): *The Structure of Science : Problems in the Logic of Scientific Explanation*. 2. Aufl. Indianapolis : Hackett, 1979. – ISBN 0-915144-72-7

NAKATH, J./LINDHORST, H. (1999): *LISREL : Ein Leitfaden zur Theorie und Anwendung*. Working Paper. Magdeburg : Otto-von-Guericke-Universität Magdeburg, 1999.

NANNI, A. J./DIXON, J. R./VOLLMANN, T. E. (1990): Strategic Control and Performance Measurement. In: *Journal of Cost Management for the Manufacturing Industry* 4(1990), Nr. 2, S. 33-42. – ISSN 0899-5141

NANNI, A. J./DIXON, J. R./VOLLMANN, T. E. (1992): Integrated Performance Measurement: Management Accounting to Support the New Manufacturing Realities. In: *Journal of Management Accounting Research* 4(1992), Nr. Fall, S. 1-19. – ISSN 1049-2127

NARVER, J. C./SLATER, S. F. (1990): The Effect of Market Orientation on Business Profitability. In: *The Journal of Marketing* 54(1990), Nr. 4, S. 20-35. – ISSN 0022-2429

NEELY, A. D. (1998): *Measuring Business Performance*. London : Economist, 1998. – ISBN 1-86197-055-2

NEELY, A. D./WAGGONER, D. B. (Hrsg.) (1998): *Performance Measurement : Theory and Practice*. Cambridge : Centre for Business Performance, 1998. – ISBN 0-95337761-09.

NEELY, A. u. a. (1994): Realizing Strategy through Measurement. In: *International Journal of Operations & Production Management* 14(1994), Nr. 3, S. 140-152. – ISSN 0144-3577

NEELY, A. u. a. (1996): Performance Measurement System Design: Should Process Based Approaches be Adopted? In: *International Journal of Production Economics* 46-47(1996), Nr. 1-3, S. 423-431. – ISSN 0925-5273

NEELY, A./GREGORY, M./PLATTS, K. (1995): Performance Measurement System Design : A Literature Review and Research Agenda. In: *International Journal of Operations & Production Management* 15(1995), Nr. 4, S. 80-116. – ISSN 0144-3577

NEWING, R. (1994): Benefits of a Balanced Scorecard. In: *Accountancy* 114(1994), Nr. 1215, S. 52-53. – ISSN 0001-4664

NEWTON, P. (1997): Communicating Key Measures Throughout an Organization. In: *Journal of Strategic Performance Measurement* 1(1997), Nr. 1, S. 34-38. – ISSN 1092-3950

NICHOLS, K. L. (1997): The Crucial Edge of Reinvention: A Primer on Scoping and Measuring for Organizational Change. In: *Public Administration Quarterly* 20(1997), Nr. 4, S. 405-418. – ISSN 0734-9149

NIEDERMAYR, R. (1994): *Entwicklungsstand des Controlling : System, Kontext und Effizienz*. Wiesbaden : DUV, 1994. – ISBN 3-8244-0218-1

NIESCHLAG, R./DICHTL, E./HÖRSCHGEN, H. (1997): *Marketing*. 18. Aufl. Berlin : Duncker & Humblot, 1997. – ISBN 3-428-08785-2

NIMTZ, G./HEITMANN, W. (1997): Superluminal Photonic Tunneling and Quantum Electronics. In: *Progress in Quantum Electronics*. 21(1997), Nr. 2, S. 81-108. – ISSN 0079-6727

NIXON, B. (1998): Research and Development Performance Measurement: A Case Study. In: *Management Accounting Research* 9(1998), Nr. 3, S. 329-355. – ISSN 1044-5005

NOCI, G. (1995): Accounting and Non-Accounting Measures of Quality-Based Performances in Small Firms. In: *International Journal of Operations & Production Management* 15(1995), Nr. 7, S. 78-105. – ISSN 0144-3577

NORIEGA, J. (1997): Kansas City is FOCUSed. In: *PM. Public Management* 79(1997), Nr. 8, S. 6. – ISSN 0033-3611

NØRREKLIT, H. (2000): The Balance on the Balanced Scorecard – A Critical Analysis of Some of its Assumptions. In: *Management Accounting Research* 11(2000), Nr. 1, S. 65-88. – ISSN 1044-5005

NORTON, D. P./CONTRADA, M. G./LOFRUMENTO, T. (1997): Case Study: How Chase Manhattan Bank Uses the Balanced Scorecard. In: *Bank Accounting and Finance* 11(1997), Nr. 1, S. 3-12. – ISSN 0894-3958

NORTON, D. P./KAPPLER, F. (2000): Balanced Scorecard Best Practice : Trends and Research Implications. In: *Controlling* 12(2000), Nr. 1, S. 15-22. – ISSN 0935-0381

NYHAN, R. C./MARLOWE, H. A. (1995): Performance Measurement in the Public Sector: Challenges and Opportunities. In: *Public Productivity & Management Review* 18(1995), Nr. 4, S. 333-348. – ISSN 1044-8039

O. V. (1991): Analysis Solves Performance Measurement Dilemma. In: *Bank Marketing* 23(1991), Nr. 10, S. 40. – ISSN 0888-3194

O. V. (1993a): Conference Report. In: *Management Accounting* 71(1993), Nr. 6, S. 9-10. – ISSN 0025-1682

o. V. (1993b): Performance Measurement Changes with the Times. In: *Purchasing* 114(1993), Nr. 4, S. 22-23. – ISSN 0033-4448

o. V. (1993c): Measuring and Rewarding Performance. In: *International Journal of Retail & Distribution Management* 21(1993), Nr. Winter, S. XI-XII. – ISSN 0959-0552

o. V. (1995a): Management Control Symposium Packs Them In. In: *Management Accounting* 73(1995), Nr. 8, S. 18-19. – ISSN 0025-1682

o. V. (1995b): Financial Re-engineering Gains Favour. In: *CA magazine* 128(1995), Nr. 2, S. 16. – ISSN 0317-6878

o. V. (1996): Balancing the ‚Score' in Executive Pay. In: *HR Focus* 73(1996), Nr. 6, S. 17. – ISSN 1059-6038

o. V. (1997a): ‚The Business of Adding Value'. In: *Management Services* 41(1997), Nr. 8, S. 28-31. – ISSN 0307-6768

o. V. (1997b): The Problem With Hampel. In: *Management Today* o. Jg.(1997), Nr. 9, S. 3. – ISSN 0025-1925

o. V. (1997c): New Assurance Service: Business Performance Measures. In: *Journal of Accountancy* 184(1997), Nr. 1, S. 61. – ISSN 0021-8448

o. V. (1997d): Developing Comprehensive Performance Indicators. In: *CMA magazine* 71(1997), Nr. 2, S. 39. – ISSN 0831-3881

o. V. (2000): Die Wahlnacht als Zitterpartie. In: *Die Welt* 45(2000), Nr. 262 (9. 11. 2000), S. 2. – ISSN 0173-8437

o. V. (2001a): Kabinett verlängert Briefmonopol bis 2007. In: *Die Welt* 46(2001), Nr. 75 (29. 3. 2001), S. 13. – ISSN 0173-8437

o. V. (2001b): *Tableaux de Bord de Gestion.* http://enap.uquebec.ca/tbord/liens.htm. Stand: 16. Mai 2001.

o. V. (Hrsg.) (1984): *Management-Enzyklopädie : Das Managementwissen unserer Zeit, Band 8.* Landsberg/Lech : Moderne Industrie, 1984. – ISBN 3-478-53280-9

O'Hanlon, J./Peasnell, K. (1998): Wall Street's Contribution to Management Accounting: The Stern Stewart EVA Financial Management System. In: *Management Accounting Research* 9(1998), Nr. 4, S. 421-444. – ISSN 1044-5005

Ochsner, R. C. (1994): Strategic Compensation : Agency Theory and Performance Measurement. In: *Compensation & Benefits Management* 10(1994), Nr. 4, S. 83-87. – ISSN 0748-061X

Oehler, K. (2000): Gestaltungsoptionen bei der DV-gestützten Umsetzung einer Balanced Scorecard. In: *Kostenrechnungs-Praxis* 44(2000), Sonderheft Nr. 2, S. 77-85. – ISSN 0023-4265

Olve, N.-G./Roy, J./Wetter, M. (1999): *Performance Driver : A Practical Guide to Using the Balanced Scorecard.* Chichester : Wiley, 1999. – ISBN 0-471-98623-2

Oppenheim, A. N. (1993): *Questionaire Design, Interviewing and Attitude Measurement.* 2. Aufl. London : Pinter, 1993. – ISBN 1-85567-044-5

Ortega y Gasset, J. (1950): *Über die Liebe.* Stuttgart : Deutsche Verlagsanstalt, 1950.

Osterloh, M./Frost, J. (1996): *Prozeßmanagement als Kernkompetenz : Wie Sie Business Reengineering strategisch nutzen können.* Wiesbaden : Gabler, 1996. – ISBN 3-409-13788-2

Osterloh, M./Wübker, S. (1999): *Wettbewerbsfähiger durch Prozeß- und Wissensmanagement : Mit Chancengleichheit auf Erfolgskurs.* Wiesbaden : Gabler, 1999. – ISBN 3-409-18981-5

Otley, D. (1997): Better Performance Management. In: *Management Accounting* 75(1997), Nr. 1, S. 44. – ISSN 0025-1682

Otley, D. (1999): Performance Management: A Framework for Management Control Systems Research. In: *Management Accounting Research* 10(1999), Nr. 4, S. 363-382. – ISSN 1044-5005

Owen, A. (1997): A Measure of their Worth. In: *CMA magazine* 71(1997), Nr. 6, S. 12-15. – ISSN 0831-3881

Pacioli, L. (1523): *Summa de Arithmetica, Geometria, Proportioni et Proportionalità.* Toscolano, 1523.

Pagell, M. u. a. (1996): Motivating the Purchasing Professional. In: *International Journal of Purchasing and Materials* 32(1996), Nr. 3, S. 27-34. – ISSN 1055-6001

Palmer, A. J. (1993): Performance Measurement in Local Government. In: *Public Money & Management* 13(1993), Nr. 4, S. 31-36. – ISSN 0954-0962

Papageorgiou, M. (1996): *Optimierung : Statische, dynamische, stochastische Verfahren für die Anwendung.* 2. Aufl. München : Oldenbourg, 1996. – ISBN 3-486-23775-6

Parnell, C. (1996): Making MIS More Effective. In: *Apparel Industry Magazine* 57(1996), Nr. 10, S. 62. – ISSN 0192-1878

Partridge, M./Perren, L. (1997): Winning Ways With a Balanced Scorecard. In: *Accountancy* 120(1997), Nr. 1248, S. 50-51. – ISSN 0001-4664

Pascale, R. T. (1990): *Managing on the Edge : How Successful Companies Use Conflict to Stay Ahead.* London : Penguin, 1990. – ISBN 0-14-014569-9

Pätzold, K. (1967): *Untersuchungen über den Nachweis der Katecholamine im Urin.* Dissertation. Dresden : Medizinische Akademie, 1967.

Paulson, S. L. (1996): Considering the Human Factor. In: *American Gas* 78(1996), Nr. 9, S. 30-33. – ISSN 1043-0652

Pearce, J. A./Robinson, R. B. (1988): *Strategic Management : Strategy Formulation and Implementation.* 3. Aufl. Homewood, 1988. – ISBN 0-256-06236-6

Pellens, B./Crasselt, N./Tomaszewski, C. (1998): *Marktwertorientiertes Controlling in Dienstleistungsunternehmen.* In: Bruhn, M./Meffert, H. (Hrsg.) (1998), S. 892-912.

Penndorf, B. (1933): *Luca Pacioli : Abhandlung über die Buchhaltung 1494.* Stuttgart : Poeschel, 1933.

Perera, S./Harrison, G./Poole, M. (1997): Customer-Focused Manufacturing Strategy and the Use of Operations-Based Non-Financial Performance Measures: A Research Note. In: *Accounting, Organizations and Society* 22(1997), Nr. 6, S. 557-572. – ISSN 0361-3682

Perlitz, M. (1998): *Performance Measurement.* Vortrag auf dem IV. Mannheimer Unternehmerforum. Mannheim, 29. Oktober 1998.

Perlitz, M. (1999): Unternehmen durch „Performance Measurement" erfolgreich machen. In: *Gablers Magazin* 13(1999), Nr. 2, S. 6-10. – ISSN 0932-3961

Perridon, L./Steiner, M. (1999): *Finanzwirtschaft der Unternehmung.* 10. Aufl. München : Vahlen, 1999. – ISBN 3-8006-2412-5

Peters, T. J./Waterman, R. H. (1993): *Auf der Suche nach Spitzenleistungen : Was man von den bestgeführten US-Unternehmen lernen kann.* 4. Aufl. München : mgv, 1993. – ISBN 3-478-81101-5

Pfaff, D./Bärtl, O. (1997): *Shareholder-Value – Eine geeignete Größe für die Beurteilung von Managern?* In: Freidank, C.-C. u. a. (Hrsg.) (1997), S. 79-94.

Pfaff, D./Kunz, A./Pfeiffer, T. (2000): Balanced Scorecard als Bemessungsgrundlage finanzieller Anreizsysteme – Eine theorie- und empiriegeleitete Analyse der resultierenden Grundprobleme. In: *Betriebswirtschaftliche Forschung und Praxis* 52(2000), Nr. 1, S. 36-55. – ISSN 0340-5370

Picot, A./Dietl, H./Franck, E. (1997): *Organisation : Eine ökonomische Perspektive.* Stuttgart : Schäffer-Poeschel, 1997. – ISBN 3-7910-1214-2

Popper, K. R. (1969): *Das Elend des Historizismus.* 2. Aufl. Tübingen : Mohr, 1969.

Popper, K. R. (1989): *Logik der Forschung.* 9. Aufl. Tübingen : Mohr (Siebeck), 1989. – ISBN 3-16-345484-4

Popper, K. R. (1992): *Die offene Gesellschaft und ihre Feinde. Band 2 : Falsche Propheten: Hegel, Marx und die Folgen.* 7. Aufl. Tübingen : Mohr, 1992. – ISBN 3-16-145952-0

Popper, K. R. (1993): *Objektive Erkenntnis : Ein evolutionärer Entwurf.* Hamburg : Hoffmann und Campe, 1993. – ISBN 3-455-10306-5

Porter, M. E. (1999a): *Wettbewerbsvorteile : Spitzenleistungen erreichen und behaupten.* 5. Aufl. Frankfurt/Main : Campus, 1999. – ISBN 3-593-36178-7

Porter, M. E. (1999b): *Wettbewerbsstrategie : Methoden zur Analyse von Branchen und Konkurrenten.* 10. Aufl. Frankfurt/Main : Campus, 1999. – ISBN 3-593-36177-9

Post, J. E./Lawrence, A. T./Weber, J. (1999): *Business and Society : Corporate Strategy, Public Policy, Ethics.* 9. Aufl. Boston : McGraw-Hill, 1999. – ISBN 0-07-292447-0

Prahalad, C. K./Hamel, G. (1990): The Core Competence of the Corporation. In: *Harvard Business Review* 68(1990), Nr. 3, S. 79-91. – ISSN 0017-8012

Pratt, J. W./Zeckhauser, R. J (Hrsg.) (1985): *Principals and Agents: The Structure of Business.* Boston : HBS Press, 1985. – ISBN 0-87584-256-9

PRENDERGAST, C. (1999): The Provision of Incentives in Firms. In: *Journal of Economic Literature* 27(1999), Nr. 1, S. 7-63. – ISSN 0022-0515

PRENDERGAST, C./TOPEL, R. (1993): Discretion and Bias in Performance Evaluation. In: *European Economic Review* 37(1993), Nr. 2, S. 355-365. – ISSN 0014-2921

PROBST, G. J. B./GOMEZ, P. (1993a): *Die Methodik des vernetzten Denkens zur Lösung komplexer Probleme*. In: PROBST, G. J. B./GOMEZ, P. (Hrsg.) (1993), S. 3-20.

PROBST, G. J. B./GOMEZ, P. (1993b): *Vernetztes Denken für die Strategische Führung eines Zeitschriftenverlages*. In: PROBST, G. J. B./GOMEZ, P. (Hrsg.) (1993), S. 23-39.

PROBST, G. J. B./GOMEZ, P. (Hrsg.) (1993): *Vernetztes Denken : Ganzheitliches Führen in der Praxis*. 2. Aufl. Wiesbaden : Gabler, 1993. – ISBN 3-409-23357-1

PROCTOR, M. D./CANADA, J. R. (1992): Past and Present Methods of Manufacturing Investment Evaluation: A Review of the Empirical and Theoretical Literature. In: *The Engineering Economist* 38(1992), Nr. 1, S. 45-58. – ISSN 0013-791X

PROVOST, L./LEDDICK, S. (1993): How to Take Multiple Measures to Get a Complete Picture of Organizational Performance. In: *National Productivity Review* 12(1993), Nr. 4, S. 477-490. – ISSN 0277-8556

PÜMPIN, C. (1992): *Strategische Erfolgspositionen : Methodik der dynamischen strategischen Unternehmensführung*. Bern : Haupt, 1992. – ISBN 3-258-04267-5

QUINN, J. B. (1980): *Strategies for Change : Logical Incrementalism*. Homewood : Irwin, 1980. – ISBN 0-87094-220-4

RAAUM, R. B. (1992): Measuring and Reporting Performance in Government. In: *The Government Accountants Journal* 41(1992), Nr. 3, S. 19-25. – ISSN 0883-1483

RAMANATHAN, K. V./SCHAFFER, D. S. (1995): How am I Doing? In: *Journal of Accountancy* 179(1995), Nr. 5, S. 79-82. – ISSN 0021-8448

RAPPAPORT, A. (1983): Corporate Performance Standards and Shareholder Value. In: *The Journal of Business Strategy* 3(1983), Nr. 4, S. 28-38. – ISSN 0275-6668

RAPPAPORT, A. (1999): *Shareholder Value : Ein Handbuch für Manager und Investoren*. 2. Aufl. Stuttgart : Schäffer-Poeschel, 1999. – ISBN 3-7910-1374-2

RASCHE, C. (1994): *Wettbewerbsvorteile durch Kernkompetenzen : Ein ressourcenorientierter Ansatz*. Wiesbaden : Gabler, 1994. – ISBN 3-8244-6018-1

RASTER, M. (1995): *Shareholder-Value-Management : Ermittlung und Steigerung des Unternehmenswertes*. Wiesbaden : DUV, 1995. – ISBN 3-8244-6184-6

REICHLING, P. (1996): Performance: Glück oder Können? In: *Wirtschaftswissenschaftliches Studium* 25(1996), Nr. 6, S. 286-291. – ISSN 0340-1650

REICHMANN, T. (1995): *Controlling mit Kennzahlen und Managementberichten : Grundlagen einer systemgestützten Controlling-Konzeption*. 4. Aufl. München : Vahlen, 1995. – ISBN 3-8006-1918-0

REICHMANN, T. (1997): *Controlling : Concepts of Management Control, Controllership, and Ratios*. Berlin : Springer, 1997. – ISBN 3-540-62722-7

REICHMANN, T./LACHNIT, L. (1976): Planung, Steuerung und Kontrolle mit Hilfe von Kennzahlen. In: *Schmalenbachs Zeitschrift für Betriebswirtschaftliche Forschung* 28(1976), Nr. 10-11, S. 705-723. – ISSN 0036-6196

REINECKE, S./TOMCZAK, T./DITTRICH, S. (Hrsg.) (1998): *Marketingcontrolling*. St. Gallen : Thexis, 1998. – ISBN 3-908545-37-4

RICCIARDI, P. (1996): Simplify Your Approach to Performance Measurement. In: *HRMagazine* 41(1996), Nr. 3, S. 98-106. – ISSN 1047-3149

RICHTER, R./FURUBOTN, E. G. (1999): *Neue Institutionenökonomik : Eine Einführung und kritische Würdigung*. 2. Aufl. Tübingen : Mohr, 1999. – ISBN3-16-147078-8

RIMAR, S./GARSTKA, S. J. (1997): The Balanced Scorecard: A Strategic Management System for an Academic Anesthesiology Department. In: *Anesthesiology* 87(1997), Nr. 3A, ASA Abstracts A1016. – ISSN 0003-3022

RINNE, H. (1995): *Taschenbuch der Statistik*. Thun : Deutsch, 1995. – ISBN 3-8171-1421-4

ROBERTS, A. (1995): Management Accounting in France. In: *Management Accounting* 73(1995), Nr. 3, S. 44-46. – ISSN 0025-1682

ROBERTS, R. G. (1993): Getting a Payoff: Questions Every Compensation Committee Should Ask. In: *Public Utilities Fortnightly* 131(1993), Nr. 1, S. 31-38. – ISSN 1078-5892

ROCKART, J. F. (1979): Chief Executives Define Their Own Data Needs. In: *Harvard Business Review* 57(1979), Nr. 2, S. 81-93. – ISSN 0017-8012

ROEST, P. (1997): The Golden Rules for Implementing the Balanced Business Scorecard. In: *Information Management & Computer Security* 5(1997), Nr. 5, S. 163-165. – ISSN 0968-5227

ROETHLISBERGER, F. J. (1954): *Betriebsführung und Arbeitsmoral.* Köln : Westdeutscher Verlag, 1954.

ROGERS, E. W./WRIGHT, P. M. (1998): Measuring Organizational Performance in Strategic Human Resource Mangement: Problems, Prospects, and Performance Information Markets. In: *Human Resource Management Review* 8(1998), Nr. 3, S. 311-331. – ISSN 1053-4822

ROHRMANN, B. (1978): Empirische Studien zur Entwicklung von Antwortskalen für die sozialwissenschaftliche Forschung. In: *Zeitschrift für Sozialpsychologie* 9(1978), Nr. 3, S. 222-245. – ISSN 0044-3514

ROLPH, P. (1999): The Balanced Scorecard : Get Smart and Get Control. In: *Chief Executive* (1999), Nr. 146, S. 52-55. – ISSN 0160-4724

ROLSTADÅS, A. (Hrsg.) (1995): *Performance Management : A Business Process Benchmarking Approach.* London : Chapman & Hall, 1995. – ISBN 0-412-60560-0

ROSS, S. A. (1973): The Economic Theory of Agency: The Principal's Problem. In: *The American Economic Review* 63(1973), Nr. 2, S. 134-139.[1041] – ISSN 0002-8282

ROURKE, R. E. (1981): Performance Measurement: First and Last Step in Innovation. In: *Hospital Materiel Management Quarterly* 3(1981), Nr. 1, S. 1-7. – ISSN 0192-2262

ROUSEK, O. (1995): *Integrative Anreizsysteme : Eine modelltheoretische Untersuchung im Rahmen des Principal-Agent-Modells.* Dissertation. Frankfurt/Main : Johann Wolfgang Goethe-Universität, 1995.

RUBIN, D. B. (1987): *Multiple Imputation for Nonresponse in Surveys.* New York : Wiley, 1987. – ISBN 0-471-08705-X

RUCCI, A. J./KIRN, S. P./QUINN, R. T. (1998): The Employee-Customer-Profit Chain at Sears. In: *Harvard Business Review* 76(1998), Nr. 1, S. 82-97. – ISSN 0017-8012

RUMMLER, G. A./BRACHE, A. P. (1995): *Improving Performance : How to Manage the White Space on the Organization Chart.* 2. Aufl. San Francisco : Jossey-Bass, 1995. – ISBN 0-7879-0090-7

RUSSELL, J. C. (1996): Driving Change Trough Performance Measurement. In: *Strategy & Leadership* 24(1996), Nr. 2, S. 40-41. – ISSN 1087-8572

SALIGER, E. (1998): *Betriebswirtschaftliche Entscheidungstheorie : Einführung in die Logik individueller und kollektiver Entscheidungen.* 4. Aufl. München : Oldenbourg, 1998. – ISBN 3-786-24817-0

SANTIAGO, J. M. (1999): Use of the Balanced Scorecard to Improve the Quality of Behavioral Health Care. In: *Psychatric Services* 50(1999), Nr. 12, S. 1571-1576. – ISSN 1075-2730

SANTORI, P. R./ANDERSON, A. D. (1987): Manufacturing Performance in the 1990s: Measuring for Excellence. In: *Journal of Accountancy* 164(1987), Nr. 5, S. 141-147. – ISSN 0021-8448

SCHEER, A.-W. (Hrsg.) (1998): *Neue Märkte, neue Medien, neue Methoden – Roadmap zur agilen Organisation : 19. Saarbrücker Arbeitstagung für Industrie, Dienstleistung und Verwaltung 5.-7. Oktober 1998 Universität des Saarlandes, Saarbrücken.* Heidelberg : Physica, 1998. – ISBN 3-7908-1163-7

SCHEFCZYK, M. (1994): *Kritische Erfolgsfaktoren in schrumpfenden Branchen dargestellt am Beispiel der Gießerei-Industrie.* Stuttgart : M & P, 1994. – ISBN 3-476-46033-9

SCHEFCZYK, M. (1995): *Operational Performance of Airlines: an Extension of Traditional Measurement Paradigms.* In: HOLLOWAY, J./LEWIS, J./MALLORY, G. (Hrsg.) (1995), S. 307-330.

[1041] Heft Nr. 2 ist als Sonderheft unter dem Titel *Papers and Proceedings* erschienen und weicht in der Paginierung vom im übrigen fortlaufend numerierten Jahrgang ab.

SCHEFCZYK, M. (1996): Data Envelopment Analysis : Eine Methode zur Effizienz- und Erfolgsschätzung von Unternehmen und öffentlichen Organisationen. In: *Die Betriebswirtschaft* 56(1996), Nr. 2, S. 167-183. – ISSN 0342-7064

SCHEFCZYK, M. (1998): *Erfolgsstrategien deutscher Venture Capital-Gesellschaften*. Stuttgart : Schäffer-Poeschel, 1998. – ISBN 3-7910-1275-4

SCHEFCZYK, M./GERPOTT, T. J. (1994): Operativer und finanzieller Erfolg von Luftfahrtunternehmen : Eine empirische Analyse von Ausprägungen, Zusammenhängen und Bestimmungsgrößen ausgewählter Erfolgsmaße von 20 großen Fluglinien. In: *Zeitschrift für Betriebswirtschaft* 64(1994), Nr. 8, S. 933-957. – ISSN 0044-2372

SCHEFCZYK, M./GERPOTT, T. J. (1995): Ein produktionswirtschaftlicher Benchmarking-Ansatz: Data Envelopment Analysis. In: *Journal für Betriebswirtschaft* 45(1995), Nr. 5-6, S. 335-346. – ISSN 0344-9327

SCHEFCZYK, M./GERPOTT, T. J. (1996): Unternehmenserfolgssicherung in einem schrumpfenden Markt : Eine empirische Analyse deutscher Gießereien unter Anwendung der Data Envelopment Analysis. In: *Zeitschrift für Planung* 7(1996), S. 211-232. – ISSN 0936-8787

SCHEFCZYK, M./GERPOTT, T. J. (1998): Determinants of Corporate Efficiency in a Declining Industry – An Empirical Analysis of German Foundries. In: *Management International Review* 38(1998), Nr. 4, S. 321-344. – ISSN 0025-181X

SCHEUCH, E. K. (1967): *Methoden*. In: KÖNIG, R. (Hrsg.) (1967), S. 194-224.

SCHICK, A. G./GORDON, L. A./HAKA, S. (1990): Information Overload: A Temporal Approach. In: *Accounting, Organizations and Society* 15(1990), Nr. 3, S. 199-220. – ISSN 0361-3682

SCHIEMANN, W. A. (1998): Metrics Matters : The New Measurement-Managed Organization. In: *Journal of Strategic Performance Measurement* 2(1998), Nr. 2, S. 46-47. – ISSN 1092-3950

SCHIEMANN, W. A. (1999): Measurement in the Next Millenium. In: *Journal of Strategic Performance Measurement* 3(1999), Sonderausgabe Januar, S. 12-15. – ISSN 1092-3950

SCHIEMANN, W. A./LINGLE, J. H. (2000): *Strategieziele erreichen: Erfolgsfaktoren identifizieren und messen*. München : Hanser, 2000. – ISBN 3-446-21434-8

SCHIFF, A. D./HOFFMANN, L. R. (1996): An Exploration of the Use of Financial and Nonfinancial Measures of Performance in a Service Organization. In: *Behavioral Research in Accounting* 8(1996), S. 134-153. – ISSN 1050-4753

SCHILLER, F. (1951): *Wilhelm Tell*. Freilassing : Freytag, 1951.

SCHINDERA, F./HÖHNER, M.-A. (2000): Die Umsetzung der BSC in Excel mit Datenbankanbindung bei den fischerwerken. In: *Controlling* 12(2000), Nr. 1, S. 37-44. – ISSN 0935-0381

SCHMIDT, H.-J./GLEICH, R. (2000): Prozessorientiertes Performance Measurement : Umsetzungserfahrungen im Babcock-Konzern. In: *Controlling* 12(2000), Nr. 6, S. 305-311. – ISSN 0935-0381

SCHMIDT, U./THEILEN, B. (1995): Prinzipal- und Agententheorie. In: *Wirtschaftswissenschaftliches Studium* 24(1995), Nr. 9, S. 483-486. – ISSN 0340-1650

SCHNEIDER, D. (1987): *Allgemeine Betriebswirtschaftslehre*. 3. Aufl. München : Oldenbourg, 1987. – ISBN 3-486-20377-0

SCHNEIDERMAN, A. M. (1988): Setting Quality Goals. In: *Quality Progress* 21(1988), Nr. 4, S. 51-57. – ISSN 0033-524X

SCHNEIDERMAN, A. M. (1998): Measurement, the Bridge Between the Hard and Soft Sides. In: *Journal of Strategic Performance Measurement* 2(1998), Nr. 2, S. 14-21. – ISSN 1092-3950

SCHNEIDERMAN, A. M. (1999): Why Balanced Scorecards Fail. In: *Journal of Strategic Performance Measurement* 3(1999), Sonderausgabe Januar, S. 6-11. – ISSN 1092-3950

SCHNELL, R. (1997): *Nonresponse in Bevölkerungsumfragen : Ausmaß, Entwicklung und Ursachen*. Opladen : Leske + Buderich, 1997. – ISBN 3-8100-1817-1

SCHNELL, R./HILL, P. B./ESSER, E. (1999): *Methoden der empirischen Sozialforschung*. 6. Aufl. München : Oldenbourg, 1999. – ISBN 3-486-25043-4

SCHOLZ, C. (1987): *Strategisches Management : Ein integrativer Ansatz*. Berlin : de Gruyter, 1987. – ISBN 3-11-010863-1

SCHOLZ, C. (1999): *Entwicklungs- und Vergütungskonzepte für das Beschaffungsmanagement.* In: HAHN, D./KAUFMANN, L. (Hrsg.) (1999), S. 775-794.

SCHONBERGER, R. J. (1988): *Produktion auf Weltniveau : Wettbewerbsvorteile durch integrierte Fertigung.* Frankfurt/Main : Campus, 1988. – ISBN 3-593-33933-1

SCHONBERGER, R. J. (1996): Backing Off From the Bottom Line. In: *Executive Excellence* 13(1996), Nr. 5, S. 16-17. – ISSN 8756-2308

SCHOTT, G. (1991): *Kennzahlen : Instrument der Unternehmensführung.* 6. Aufl. Wiesbaden : Forkel, 1991. – ISBN 3-7719-7305-8

SCHREUDER, H. (1995): Strategic Monitoring at a Chemical Company. In: *Long Range Planning* 28(1995), Nr. 6, S. 69-77. – ISSN 0024-6301

SCHÜLER, A. (1998): *Performance-Messung und Eigentümerorientierung.* Frankfurt/Main : Lang, 1998. – ISBN 3-631-33341-2

SCHULER, R. S./FULKERSON, J. R./DOWLING, P. J. (1991): Strategic Performance Measurement and Management in Multinational Corporations. In: *Human Resource Management* 30(1991), Nr. 3, S. 365-392. – ISSN 0090-4848

SCHULTE, C. (Hrsg.) (1996): *Lexikon des Controlling.* Wien : Oldenbourg, 1996. – ISBN 3-486-22978-8

SCHULZ, T. M. (1995): *Ökologieorientierte Berichterstattung von Unternehmen : Ökologieorientierte Berichterstattung in Geschäfts- und Umweltberichten unter Berücksichtigung der Informationsbedürfnisse der Stakeholder, untersucht in der europäischen Chemieindustrie.* Bern : Haupt, 1995. – ISBN 3-258-05221-2

SCHWARTZ, S. (1997): Transcending Financial Measures. In: *Insurance & Technology* 22(1997), Nr. 4, S. 52. – ISSN 1054-0733

SCHWEITZER, M. (1992): *Gegenstand der Betriebswirtschaftslehre.* In: BEA, F. X./DICHTL, E./SCHWEITZER, M. (Hrsg.) (1992), S. 17-56.

SCHWEIZER, U. (1999): *Vertragstheorie.* Tübingen : Mohr, 1999. – ISBN 3-16-146683-7

SCOTT, T. W./TIESSEN, P. (1999): Performance Measurement and Managerial Teams. In: *Accounting, Organizations and Society* 24(1999), Nr. 3, S. 263-285. – ISSN 0361-3682

SEGHEZZI, H. D./HANSEN, J. R. (Hrsg.) (1993): *Qualitätsstrategien : Anforderungen an das Management der Zunkunft.* München : Hanser, 1993. – ISBN 3-446-17224-6

SEICHT, G. (Hrsg.) (1995): *Jahrbuch für Controlling und Rechnungswesen.* Wien : Orac, 1995. – ISBN 3-7007-0575-1

SELLENHEIM, M. R. (1991): Performance Measurement. In: *Management Accounting* 73(1991), Nr. 3, S. 50-53. – ISSN 0025-1690

SENECA, L. A. (1942): *Mächtiger als das Schicksal.* 3. Aufl. Leipzig : Dieterich, 1942.

SHANE, B. (1997): Improved Performance Measurement: A Prerequisite for Better Service Delivery. In: *Optimum : The Journal of Public Sector Management* 27(1997), Nr. 4, S. 1-5. – ISSN 0475-1906

SHANK, J. K./GOVINDARAJAN, V. (1995): *Vorsprung durch strategisches Kostenmanagement.* Landsberg/Lech : Moderne Industrie, 1996. – ISBN 3-478-34690-8

SHARMAN, P. (1992): Benchmarking: Opportunity for Accountants. In: *CMA magazine* 66(1992), Nr. 6, S. 16-18. – ISSN 0831-3881

SHARMAN, P. (1994): A Stake in the Business. In: *CMA magazine* 68(1994), Nr. 8, S. 17-19. – ISSN 0831-3881

SHARMAN, P. (1995): How to Implement Performance Measurement in Your Organization. In: *CMA magazine* 69(1995), Nr. 4, S. 33-37. – ISSN 0831-3881

SHARMAN, P./KAVAN, C. B. (1999): Software is not the Solution: Software Selection's Effect on Implementing the Balanced Scorecard. In: *Journal of Strategic Performance Measurement* 3(1999), Nr. 1, S. 7-15. – ISSN 1092-3950

SHAW, D. G. u. a. (Hrsg.) (1995): *Performance Measurement, Management, and Appraisal Sourcebook.* Amherst : Human Resource Development Press, 1995. – ISBN 0-87425-265-2

SHAW, D. G./SCHNEIER, C. E. (1995): *The State of Performance Management: Selected Statistics.* In: SHAW, D. G. u. a. (Hrsg.) (1995), S. 20-21.

SHEPHERD, C. D./HELMS, M. M. (1995): TQM Measures: Reliability and Validity Issues. In: *Industrial Management* 37(1995), Nr. 4, S. 16-21. – ISSN 0702-7060

Sheridan, T. (1996): How Financial Managers are Responding to the New Pressures. In: *Management Accounting* 74(1996), Nr. 5, S. 46-47. – ISSN 0025-1682
Shewhart, W. A. (1986): *Statistical Method from the Viewpoint of Quality Control*. New York : Dover, 1986. – ISBN 0-486-65232-7
Shrivastava, P. (1983): A Typology of Organizational Learning Systems. In: *Journal of Management Studies* 20(1983), Nr. 1, S. 7-28. – ISSN 0022-2380
Siebel, W. (1965): *Die Logik des Experiments in den Sozialwissenschaften*. Berlin : Duncker & Humblot, 1965.
Sieben, G./Schildbach, T. (1990): *Betriebswirtschaftliche Entscheidungstheorie*. 3. Aufl. Düsseldorf : Werner, 1990. – ISBN 3-8041-3151-4
Sieger, J. M. (1992): Manage Your Numbers to Match Your Strategy. In: *Management Review* 81(1992), Nr. 2, S. 46-48. – ISSN 0025-1895
Siegwart, H. (1998): *Kennzahlen für die Unternehmensführung*. 5. Aufl. Bern : Haupt, 1998. – ISBN 3-258-05720-6
Siems, T. F. (1992): Quantifying Management's Role in Bank Survival. In: *Economic Review of the Federal Reserve Bank of Dallas* o. Jg.(1992), S. 29-41. – ISSN 0732-1414
Siesfeld, G. A. (1998): Measuring Learning and Knowledge. In: *Journal of Strategic Performance Measurement* 2(1998), Nr. 3, S. 11-17. – ISSN 1092-3950
Silk, S. (1998): Automating the Balanced Scorecard. In: *Management Accounting* 79(1998), Nr. 11, S. 38-44. – ISSN 0025-1690
Simons, R. (1995): *Levers of Control : How Managers Use Innovative Control Systems to Drive Strategic Renewal*. Boston : HBS, 1995. – ISBN 0-87584-559-2
Simons, R./Dávila, A./Kaplan, R. S. (2000): *Performance Measurement & Control Systems for Implementing Strategy : Text & Cases*. Upper Saddle River : Prentice Hall, 2000. – ISBN 0-13-234006-2
Sinclair, D./Zairi, M. (1995): Performance Measurement as an Obstacle to TQM. In: *The TQM Magazine* 7(1995), Nr. 2, S. 42-45. – ISSN 0954-478X
Singleton-Green, B. (1993): If It Matters, Measure It! In: *Accountancy* 111(1993), Nr. 1197, S. 52-53. – ISSN 0001-4664
Sink, D. S./Smith, G. L. (1999): Reclaiming Process Measurement. In: *IIE Solutions* 31(1999), Nr. 2, S. 41-46. – ISSN 0019-8234
Sinzig, W. (2000): Strategische Unternehmensführung mit SAP SEM. In: *Wirtschaftsinformatik* 42(2000), Nr. 2, S. 147-155. – ISSN 0937-6429
Skinner, W. (1969): Manufacturing – Missing Link in Corporate Strategy. In: *Harvard Business Review* 47(1969), Nr. 3, S. 136-145. – ISSN 0017-8012
Skyrme, D. J./Amidon, D. M. (1998): New Measures of Success. In: *Journal of Business Strategy* 19(1998), Nr. 1, S. 20-24. – ISSN 0275-6668
Slater, K. (1991): Performance Measurement in the Finance Function. In: *Management Accounting* 69(1991), Nr. 5, S. 32-34. – ISSN 0025-1682
Smith, M. (1990): The Rise and Rise of the NFI. In: *Management Accounting* 68(1990), Nr. 5, S. 24-26. – ISSN 0025-1682
Smith, M. (1998): Measuring Organisational Effectiveness. In: *Management Accounting* 76(1998), Nr. 9, S. 34-36. – ISSN 0025-1682
Solomons, D. (1965): *Divisional Performance : Measurement and Control*. Homewood : Irwin, 1965.
Son, Y. K. (1990): A Performance Measurement Method which Remedies the „Productivity Paradox“. In: *Production and Inventory Management Journal* 31(1990), Nr. 2, S. 38-43. – ISSN 0897-8336
Sorger, G. (2000): *Entscheidungstheorie bei Unsicherheit : Grundlagen und Anwendungen*. Stuttgart : Lucius & Lucius, 2000. – ISBN 3-8552-2120-2
Speckbacher, G./Bischof, J. (2000): Die Balanced Scorecard als innovatives Managementsystem. In: *Die Betriebswirtschaft* 60(2000), Nr. 6, S. 795-810. – ISSN 0342-7064
Spence, M./Zeckhauser, R. (1971): Insurance, Information, and Individual Action. In: *The American Economic Review* 61(1971), Nr. 1, S. 380-387. – ISSN 0002-8282
SPSS (1993): *SPSS LISREL 7 and PRELIS*. Chicago : SPSS, 1993. – ISBN 0-13-112384-X
Staehle, W. H. (1969): *Kennzahlen und Kennzahlensysteme : als Mittel der Organisation und Führung von Unternehmen*. Wiesbaden : Gabler, 1969.

Staehle, W. H. (1992): *Umweltschutz und Theorie der Unternehmung*. In: Steger, U. (Hrsg.) (1992), S. 67-82.

Staehle, W. H. (1999): *Management : Eine verhaltenswissenschaftliche Perspektive*. 8. Aufl. München : Vahlen, 1999. – ISBN 3-8006-2344-7

Stainer, A./Heap, J. (1996): Performance Measurement – A Management Services Perspective. In: *Management Services* 40(1996), Nr. 7, S. 10-12. – ISSN 0307-6768

Stata, R. (1989): Organizational Learning – The Key to Management Innovation. In: *Sloan Management Review* 30(1989), Nr. 3, S. 63-74. – ISSN 0019-848X

Statistisches Bundesamt (Hrsg.) (1999): *Statistisches Jahrbuch 1999 für die Bundesrepublik Deutschland*. Stuttgart : Metzler-Poeschel, 1999. – ISBN 3-8246-0600-3

Stedman, C. (1995): No Fire Under Candle to Move on Distributed Systems Management. In: *Computerworld* 29(1995), Nr. 14, S. 72. – ISSN 0010-4841

Steger, U. (Hrsg.) (1992): *Handbuch des Umweltmanagements*. München : Beck, 1992. – ISBN 3-406-35083-6

Stegmüller, W. (1960): *Das Problem der Kausalität*. In: Topitsch, E. (Hrsg.) (1960), S. 171-190.

Stegmüller, W. (1974): *Wissenschaftliche Erklärung und Begründung*. Berlin : Springer, 1974. – ISBN 3-540-06595-4

Steiger, J. H. (1990): Structural Model Evaluation and Modification: An Interval Estimation Approach. In: *Multivariate Behavioral Research* 25(1990), Nr. 2, S. 173-180. – ISSN 0027-3171

Steinbach, R. F. (1997): *Integratives Qualitäts-, Zeit- und Kostenmanagement : Entwicklung und Implementierung eines ganzheitlichen Management-Konzepts*. Frankfurt/Main : Lang, 1997. – ISBN 3-631-31168-0

Steinmann, H. (Hrsg.) (1981): *Planung und Kontrolle : Probleme der strategischen Unternehmensführung*. München : Vahlen, 1981. – ISBN 3-8006-0813-8

Stenzel, C./Stenzel, J. (1998): The Language for Change: An Interview with Robert Kaplan and David Norton. In: *Journal of Strategic Performance Measurement* 2(1998), Nr. 2, S. 26-35. – ISSN 1092-3950

Stephens, A./Proffitt, D. (1991): Performance Measurement When Return Distributions are Nonsymmetric. In: *Quarterly Journal of Business and Economics* 30(1991), Nr. 4, S. 23-41. – ISSN 0747-5535

Stephens, K. R./Bartunek, R. R. (1997): What is Economic Value Added? A Practitioner's View. In: *Business Credit* 99(1997), Nr. 4, S. 39-42. – ISSN 0897-0181

Stewart, G. B. (1991): *The Quest for Value : The EVA Management Guide*. New York : HarperBusiness, 1991. – ISBN 0-88730-418-4

Stivers, B. P. u. a. (1996): *Managing Intangible Assets: A Study of U.S. and Canadian Firms*. Working Paper. Kennesaw : Coles School of Business, 1996.

Stivers, B. P. u. a. (1997): Harnessing Corporate IQ. In: *CA magazine* 130(1997), Nr. 3, S. 26-29. – ISSN 0317-6878

Stivers, B. P. u. a. (1998): How Nonfinancial Performance Measures Are Used. In: *Management Accounting* 79(1998), Nr. 8, S. 44-49. – ISSN 0025-1690

Stivers, B. P./Joyce, T. (1999): Perceived Importance of Nonfinancial Performance Measures: A Classification of U.S. and Canadian Firms. In: *Journal of Strategic Performance Measurement* 3(1999), Nr. 1, S. 35-41. – ISSN 1092-3950

Štoff, V. A. (1969): *Modellierung und Philosophie*. Berlin : Akademie-Verlag, 1969.

Stoffel, K. (1995): *Controllership im internationalen Vergleich*. Wiesbaden : DUV, 1995. – ISBN 3-8244-6189-7

Streib, G. D./Poister, T. H. (1999): Assessing the Validity, Legitimacy, and Functionality of Performance Measurement Systems in Municipal Governments. In: *American Review of Public Administration* 29(1999), Nr. 2, S. 107-123. – ISSN 0275-0740

Strenger, E. W. (1997): The Data Game. In: *Trustee* 50(1997), Nr. 4, S. 6-28. – ISSN 0041-3674

Suwignjo, P./Bititci, U. S./Carrie, A. S. (2000): Quantitative Models for Performance Measurement System. In: *International Journal of Production Economics* 64(2000), Nr. 1-3, S. 231-241. – ISSN 0925-5273

SWANSON, R. A. (1994): *Analysis for Improving Performance : Tools for Diagnosting Organizations & Documenting Workplace Expertise.* San Francisco : Berrett-Koehler, 1994. – ISBN 1-881052-48-6

SWANSON, R. A. (1995): Human Resource Development: Performance is the Key. In: *Human Resource Development Quarterly* 6(1995), Nr. 2, S. 207-213. – ISSN 1044-8004

SWENSON, D. W./FLESHER, D. L. (1996): Are You Satisfied with Your Cost Management System? In: *Management Accounting* 77(1996), Nr. 9, S. 49-53. – ISSN 0025-1690

SYFERT, P. (1998): Charlotte Adapts the ‚Balanced Scorecard'. In: *The American City & County* 113(1998), Nr. 11, S. 32. – ISSN 0149-337X

SYPSOMOS, M. G. (1997): Beyond Project Controls–The Quality Improvement Approach. In: *Transactions of AACE International* o. Jg.(1997), S. PC.01.1-PC.01.7. – ISSN 1074-7397

SZYPERSKI, N. (1989): *Handwörterbuch der Planung, Band 9.* Stuttgart : Poeschel, 1989. – ISBN 3-7910-8020-2

TALLEY, W. K. (1994): Performance Indicators and Port Performance Evaluation. In: *The Logistics and Transportation Review* 30(1994), Nr. 4, S. 339-352. – ISSN 0047-4991

TARR, J. D. (1995): Developing Performance Measurement Systems that Support Continuous Improvement. In: *Hospital Materiel Management Quarterly* 17(1995), Nr. 2, S. 59-67. – ISSN 0192-2262

TARR, J. D. (1996): Performance Measurements for a Continuous Improvement Strategy. In: *Hospital Materiel Management Quarterly* 18(1996), Nr. 2, S. 77-85. – ISSN 0192-2262

TATIKONDA, L. U./TATIKONDA, R. J. (1998): We Need Dynamic Performance Measures. In: *Management Accounting* 80(1998), Nr. 3, S. 49-53. – ISSN 0025-1690

TAYLOR, L./CONVEY, S. (1993): Making Performance Measures Meaningful to the Performers. In: *The Canadian Manager* 18(1993), Nr. 3, S. 22-24.

TEBBUTT, D. (1995): Wired for Success. In: *Director* 48(1995), Nr. 10, S. 65-80. – ISSN 0012-3242

TENNER, A. R. (1991): Quality Management Beyond Manufacturing. In: *Research Technology Management* 34(1991), Nr. 5, S. 27-32. – ISSN 0895-6308

THOMAS, B. W./OLSON, M. H. (1988): Gain Sharing: The Design Guarantees Success. In: *Personnel Journal* 67(1988), Nr. 5, S. 72-79. – ISSN 0031-5745

THOMAS, R. R. (1994): *Evaluating Efficiency and Performance within the Multistore Multi-Market Retail Organization: An Integration of DEA and the Balanced Scorecard.* Dissertation. Arlington : University of Texas, 1994.

THOMMEN, J.-P. (1991): *Allgemeine Betriebswirtschaftslehre : Umfassende Einführung aus managementorientierter Sicht.* Wiesbaden : Gabler, 1991. – ISBN 3-409-13016-0

THOMSON, W. (1884): *Lectures on Molecular Dynamics and the Wave-Theory of Light.* Baltimore : Hopkins University, 1884.

THOMSON, W. (1999): The Young Person's Guide to Writing Economic Theory. In: *Journal of Economic Literature* 27(1999), Nr. 1, S. 157-183. – ISSN 0022-0515

THOR, C. G. (1994): *The Measures of Success : Creating a High Performing Organization.* Essex Junction : Oliver Wight, 1994. – ISBN 0-939246-64-3

THORNBURG, L. (1991): Performance Measures That Work. In: *HRMagazine* 36(1991), Nr. 5, S. 35-38. – ISSN 1047-3149

TIETZEL, M. (1981): Die Ökonomie der Property Rights: Ein Überblick. In *Zeitschrift für Wirtschaftspolitik* 30(1981), S. 207-243. – ISSN 0721-3808

TONGE, R. (1996): Lessons for the Public Sector? In: *Certified Accountant* 88(1996), Nr. 3, S. 50-51. – ISSN 0306-2406

TONGE, R. C. (1996): Considered Using a Balanced Scorecard? In: *Chartered Secretary* 1(1996), Nr. 5, S. 18-19. – ISSN 1363-5905

TONGE, R./CALLAGHAN, C. (1997): Using the Balanced Scorecard in the Public Sector. In: *Chartered Secretary* 2(1997), Nr. 10, S. 18-19. – ISSN 1363-5905

TÖPFER, A. (1996): *Prozeßkettenanalyse und -optimierung : State of the Art, Ansatzpunkte und Anforderungen.* In: TÖPFER, A. (Hrsg.) (1996), S. 23-51.

TÖPFER, A. (1999): BSC: Markterfolg durch einfach meßbare Werttreiber. In: *DB forum* o. Jg.(1999), Nr. 2, S. 20-21.

TÖPFER, A. (2000): *Der Einsatz der Balanced Score Card im Handel.* In: TROMMSDORFF, V. (Hrsg.) (2000), S. 13-33.

TÖPFER, A. (Hrsg.) (1996): *Geschäftsprozesse: Analysiert & optimiert*. Neuwied : Luchterhand, 1996. – ISBN 3-472-02753-3

TÖPFER, A./MEHDORN, H. (1994): *Total Quality Management : Anforderungen und Umsetzung im Unternehmen*. 4. Aufl. Neuwied : Luchterhand, 1994. – ISBN 3-472-02043-1

TOPITSCH, E. (Hrsg.) (1960): *Probleme der Wissenschaftstheorie : Festschrift für Victor Kraft*. Wien : Springer, 1960.

TOWERS PERRIN (1996): Inside „The Balanced Scorecard". In: *CompScan Report* o. Jg. (1996), Nr. 1, S. 1-4.

TROMMSDORFF, V. (Hrsg.) (2000): *Verhalten im Handel und gegenüber dem Handel*. Wiesbaden : Gabler, 2000. – ISBN 3-409-11616-8

TSANG, A. H. C./JARDINE, A. K. S./KOLODNY, H. (1999): Measuring Maintenance Performance: a Holistic Approach. In: *International Journal of Operations & Production Management* 19(1999), Nr. 7, S. 691-715. – ISSN 0144-3577

TURNEY, P. B. B. (1992): Activity-Based Management. In: *Management Accounting* 73(1992), Nr. 7, S. 20-25. – ISSN 0025-1690

TUTTLE, T. C. (1991): Strategic Performance Measurement. In: *Public Power* (1991), Nr. July-August, S. 16-19. – ISSN 0033-3549

ULRICH, H. (1970): *Die Unternehmung als produktives soziales System : Grundlagen der allgemeinen Unternehmungslehre*. 2. Aufl. Bern : Haupt, 1970.

ULRICH, H. (1984): *Management*. Bern : Haupt, 1984. – ISBN 3-258-03446-X

ULRICH, H./PROBST, G. J. B. (1995): *Anleitung zum ganzheitlichen Denken und Handeln : Ein Brevier für Führungskräfte*. 4. Aufl. Bern : Haupt, 1995. – ISBN 3-258-05182-8

VAN DE VLIET, A. (1997): The New Balancing Act. In: *Management Today* o. Jg.(1997), Nr. 7, S. 78-80. – ISSN 0025-1925

VAN KOOLWIJK, J./WIEKEN-MAYSER, M. (Hrsg.) (1986): *Techniken der empirischen Sozialforschung, Band 8 : Kausalanalyse*. München : Oldenbourg, 1986. – ISBN 3-486-44931-1

VAN SOMEREN, M. W./BARNARD, Y. F./SANDBERG, J. A. C. (1994): *The Think Aloud Method : A Practical Guide to Modelling Cognitive Processes*. London : Academic Press, 1994. – ISBN 0-12-714270-3

VEREIN DEUTSCHER INGENIEURE (Hrsg.) (1998): *Effektive Entwicklung und Auftragsabwicklung variantenreicher Produkte : Allgemeiner Maschinenbau, Anlagenbau, Fahrzeugtechnik (VDI Berichte 1434)*. Düsseldorf : VDI, 1998. – ISBN 3-18-091434-3

VITALE, M. R./MAVRINAC, S. C. (1995): How Effective Is Your Performance Measurement System? In: *Management Accounting* 77(1995), Nr. 2, S. 43-47. – ISSN 0025-1690

VITALE, M./MAVRINAC, S. C./HAUSER, M. (1994a): New Process/Financial Scorecard: A Strategic Performance Measurement System. In: *Planning Review* 22(1994), Nr. 4, S. 12-16, 44. – ISSN 0094-064X

VITALE, M./MAVRINAC, S. C./HAUSER, M. (1994b): DHC: The Chemical Division's Balanced Scorecard. In: *Planning Review* 22(1994), Nr. 4, S. 17-45. – ISSN 0094-064X

VOKURKA, R./FLIEDNER, G. (1995): Measuring Operating Performance: A Specific Case Study. In: *Production and Inventory Management Journal* 36(1995), Nr. 1, S. 38-43. – ISSN 0897-8336

VOLLMUTH, H. J. (1998): *Unternehmenssteuerung mit Kennzahlen : Konzeptionen, Techniken und Instrumente für kleinere und mittlere Unternehmen*. München : Vahlen, 1998. – ISBN 3-8006-2376-5

VON BERTALANFFY, L. (1972): *Vorläufer und Begründer der Systemtheorie*. In: KURZROCK, R. (Hrsg.) (1972), S. 17-28.

VOYER, P. (1999): *Tableau de Bord de Gestion et Indicateurs de Performance*. 2. Aufl. Sainte-Foy : Presses de l'Université du Québec, 1999. – ISBN 2-7605-0991-5

WACHTEL, T. L./HARTFORD, C. E./HUGHES, J. A. (1999): Building a Balanced Scorecard for a Burn Center. In: *Burns* 25(1999), Nr. 5, S. 431-437. – ISSN 0305-4179

WADDOCK, S. A./GRAVES, S. B. (1997): Quality of Management and Quality of Stakeholder Relations : Are They Synonymous? In: *Business and Society* 36(1997), Nr. 3, S. 250-278. – ISSN 0007-6503

WAGENHOFER, A. (1996): Anreizsysteme in Agency-Modellen mit mehreren Aktionen. In: *Die Betriebswirtschaft* 56(1996), Nr. 2, S. 155-165. – ISSN 0342-7064

WAGGONER, D. B./NEELY, A. D./KENNERLEY, M. P. (1999): The Forces that Shape Organisational Performance Measurement Systems: An Interdisciplinary Review. In: *International Journal of Production Economics* 60-61(1999), Nr. 1-3, S. 53-60. – ISSN 0925-5273

WAH, L. (1999): Survey on Manufacturing. In: *Management Review* 88(1999), Nr. 8, S. 18-21. – ISSN 0025-1895

WALL, F. (2001): Ursache-Wirkungsbeziehungen als ein zentraler Bestandteil der Balanced Scorecard. In: *Controlling* 13(2001), Nr. 2, S. 65-74. – ISSN 0935-0381

WALTER, I. S. (1992): Pay Executives for Their Real Performance. In: *Journal of Compensation and Benefits* 7(1992), Nr. 7, S. 5-9. – ISSN 0893-780X

WATERHOUSE, J. H. (1999): Measuring Up. In: *CA magazine* 132(1999), Nr. 2, S. 41-48. – ISSN 0317-6878

WATSON, G. H. (1992): *The Benchmarking Workbook : Adapting Best Practices for Performance Improvement. Portland :* Productivity Press, 1992. – ISBN 1-56327-033-1

WATSON, G. H. (1993): How Process Benchmarking Supports Corporate Strategy. In: *Planning Review* 21(1993), Nr. 1, S. 12-15. – ISSN 0094-064X

WEBER, J. (1991): *Logistik-Controlling*. 2. Aufl. Stuttgart : Schäffer-Poeschel, 1991. – ISBN 3-7910-0609-6

WEBER, J. (1994): Kostenrechnung zwischen Verhaltens- und Entscheidungsorientierung. In: *Kostenrechnungs-Praxis* 38(1994), Nr. 2, S. 99-104. – ISSN 0023-4265

WEBER, J. (1998): Macht der Zahlen. In: *managermagazin* 28(1998), Nr. 12, S. 184-187. – ISSN 0341-4418

WEBER, J. (1999): *Einführung in das Controlling*. 8. Aufl. Stuttgart : Schäffer-Poeschel, 1999. – ISBN 3-7910-9222-7

WEBER, J. (2000): Balanced Scorecard – Management-Innovation oder alter Wein in neuen Schläuchen? In: *Kostenrechnungs-Praxis* 44(2000), Sonderheft Nr. 2, S. 5-15. – ISSN 0023-4265

WEBER, J./SCHÄFFER, U. (1998a): *Balanced Scorecard*. Working Paper. Koblenz : WHU Koblenz, 1998.

WEBER, J./SCHÄFFER, U. (1998b): Balanced Scorecard – Gedanken zur Einordnung des Konzepts in das bisherige Controlling-Instrumentarium. In: *Zeitschrift für Planung* 9(1998), Nr. 4, S. 341-365. – ISSN 0936-8787

WEBER, J./SCHÄFFER, U. (2000a): Entwicklung von Kennzahlensystemen. In: *Betriebswirtschaftliche Forschung und Praxis* 52(2000), Nr. 1, S. 1-16. – ISSN 0340-5370

WEBER, J./SCHÄFFER, U. (2000b): Einführung der Balanced Scorecard : 8 Erfolgsfaktoren. In: *Controller-Magazin* 25(2000), Nr. 1, S. 3-7. – ISSN 0939-0359

WEBER, J./SCHÄFFER, U. (2000c): *Balanced Scorecard & Controlling : Implementierung – Nutzen für Manager und Controller – Erfahrungen in deutschen Unternehmen*. 2. Aufl. Wiesbaden : Gabler, 2000. – ISBN 3-409-21518-2

WEBER, J./SCHÄFFER, U. (2000d): Balanced Scorecard für den Controllerbereich. In: *Kostenrechnungs-Praxis* 44(2000), Sonderheft Nr. 2, S. 53-60. – ISSN 0023-4265

WEBER, J./SCHÄFFER, U. (2000e): *Fokus-Studie: Balanced Scorecard erfolgreich einführen.* In: GROTHE, M./GENTSCH, P. (2000), S. 147-157.

WEDMAN, J./GRAHAM, S. W. (1998): Introducing the Concept of Performance Support Using the Performance Pyramid. In: *The Journal of Continuing Higher Education* 46(1998), Nr. 3, S. 8-20. – ISSN 0737-7363

WEFERS, M. (2000): Strategische Unternehmensführung mit der IV-gestützten Balanced Scorecard. In: *Wirtschaftsinformatik* 42(2000), Nr. 2, S. 123-130. – ISSN 0937-6429

WELGE, M. K./AL-LAHAM, A. (1992): *Planung : Prozesse – Strategien – Maßnahmen.* Wiesbaden : Gabler, 1992. – ISBN 3-409-13866-8

WELGE, M. K./AL-LAHAM, A. (1999): *Strategisches Management : Grundlagen – Prozesse – Implementierung*. Wiesbaden : Gabler, 1999. – ISBN 3-409-23866-2

WELGE, M. K./AL-LAHAM, A./KAJÜTER, P. (Hrsg.) (2000): *Praxis des Strategischen Managements : Konzepte – Erfahrungen – Perspektiven.* Wiesbaden : Gabler, 2000. – ISBN 3-409-12309-1

Wenger, E./Terberger, E. (1988): Die Beziehung zwischen Agent und Principal als Baustein einer ökonomischen Theorie der Organisation. In: *Wirtschaftswissenschaftliches Studium* 17(1988), Nr. 10, S. 506-514. – ISSN 0340-1650

Werner, B. M./Souder, W. E. (1997): Measuring R&D Performance – U.S. and German Practices. In: *Research Technology Management* 40(1997), Nr. 3, S. 28-32. – ISSN 0895-6308

Westermann, R. (1984): Zur empirischen Überprüfung des Skalenniveaus von individuellen Einschätzungen und Ratings. In: *Zeitschrift für Psychologie* 192(1984), Nr. 2, S. 122-133. – ISSN 0233-2353

Westermann, R. (1985): Empirical Tests of Scale Type for Individual Ratings. In: *Applied Psychological Measurement* 9(1985), Nr. 3, S. 265-274. – ISSN 0146-6216

Westra, D./Srikanth, M. L./Kane, M. (1996): Measuring Operational Performance in a Throughput World. In: *Management Accounting* 77(1996), Nr. 10, S. 41-47. – ISSN 0025-1690

Wetzel, D. (2001): Die wichtigsten Vermögenswerte sind immer öfter immateriell. In: *Die Welt* 46(2001), Nr. 24, S. 15. – ISSN 0173-8437

Whiting, E. (1986): *A Guide to Business Performance Measurements*. London : MacMillan, 1986. – ISBN 0-333-37416-9

Wholey, J. S./Hatry, H. P. (1992): The Case for Performance Monitoring. In: *Public Administration Review* 52(1992), Nr. 6, S. 604-610. – ISSN 0033-3352

Wiersma, E. (2000): *Non-Financial Performance Measurement: An Empirical Analysis of a Change in an Performance Measurement-System*. Working Paper. Amsterdam : Vrije Universiteit Amsterdam, Department of Accounting, 2000.

Wild, J. (Hrsg.) (1975): *Unternehmungsplanung*. Reinbek : Rowohlt, 1975. – ISBN 3-499-21027-4

Wilde, O. (1975): *Sämtliche Dramen*. Leipzig : Insel, 1975.

Williams, J. R. (1992): How Sustainable Is Your Competitive Advantage? In: *California Management Review* 34(1992), Nr. 3, S. 29-51. – ISSN 0008-1256

Williamson, O. E. (1975): *Markets and Hierarchies: Analysis and Antitrust Implications : A Study in the Economics of Internal Organization*. New York : Free Press, 1975. – ISBN 0-02-935360-2

Williamson, O. E. (1996): *Transaktionskostenökonomik*. 2. Aufl. Hamburg : Lit, 1996. – ISBN 3-89473-950-9

Willis, A. (1994): For Good Measure. In: *CA magazine* 127(1994), Nr. 10, S. 16-27. – ISSN 0317-6878

Willyerd, K. A. (1997): Balancing Your Evaluation Act. In: *Training* 34(1997), Nr. 3, S. 52-58. – ISSN 0095-5892

Wilson, G. (1999): A Better Place to Live. In: *Management Services* 43(1999), Nr. 2, S. 20-22. – ISSN 0307-6768

Wines, L. (1996): Compensation Plans that Support Strategy. In: *Journal of Business Strategy* 17(1996), Nr. 4, S. 17-20. – ISSN 0275-6668

Winstanley, M. (1997): What Drives Customer Satisfaction in Commercial Banking? In: *Commercial Lending Review* 12(1997), Nr. 3, S. 36-42. – ISSN 0886-8204

Wise, R. I. (1997): The Balanced Scorecard Approach to Strategy Management. In: *Public Manager* 26(1997), Nr. 3, S. 47-50. – ISSN 1061-7639

Wisner, J. D./Fawcett, S. E. (1991): Linking Firm Strategy to Operating Decisions Through Performance Measurement. In: *Production and Inventory Management Journal* 32(1991), Nr. 3, S. 5-11. – ISSN 0897-8336

Wittich, M. (1999): Balanced Scorecard : Projekterfahrungen und Erfolgsfaktoren für einen optimierten Einsatz im wertorientierten Controlling. In: *Controller-Magazin* 24(1999), Nr. 6, S. 434-440. – ISSN 0939-0359

Wittmann, E. (1999): *Umsetzung wertorientierter Strategien mit Scorecards*. In: Bühner, R./Sulzbach, K. (Hrsg.) (1999), S. 165-180.

Wöhe, G. (1990): *Einführung in die Allgemeine Betriebswirtschaftslehre*. 17. Aufl. München : Vahlen, 1990. – ISBN 3-8006-1472-3

Wolter, O. (2000): *TQM Scorecard : Die Balanced Scorecard in TQM-geführten Unternehmen umsetzen*. München, Hanser, 2000. – ISBN 3-446-21280-9

Wunder, T./Baur, M. (2000): Die Balanced Scorecard unternehmensweit einführen : Der BSC Roll-out an einem Beispiel aus der Energiewirtschaft. In: *Controlling* 12(2000), Nr. 11, S. 549-555. – ISSN 0935-0381

Wurl, H.-J./Mayer, J. H. (2000): Gestaltungskonzept für Erfolgsfaktoren-basierte Balanced Scorecards. In: *Zeitschrift für Planung* 11(2000), Nr. 1, S. 1-22. – ISSN 0936-8787

Xenakis, J. J. (1998): Who's Keeping Score? In: *CFO* 14(1998), Nr. 8, S. 22. – ISSN 8756-7113

Young, D. (1998): Score It a Hit. In: *CIO* 12(1998), Nr. 4, S. 26-33. – ISSN 0894-9301

Young, S. M. (1992): A Framework for Successful Adoption and Performance of Japanese Manufacturing Practices in the United States. In: *The Academy of Management Review* 17(1992), Nr. 4, S. 677-700. – ISSN 0363-7425

Zahn, E. (1995): *Kompetenzbasierte Strategien.* In: Corsten, H./Reiß, M. (Hrsg.) (1995), S. 355-369.

Zahn, E./Foschiani, S. (Hrsg.) (1999): *Maßgeschneiderte Strategien : Der Weg zur Alleinstellung im Wettbewerb.* Stuttgart : Schäffer-Poeschel, 1999. – ISBN 3-7910-1463-3

Zairi, M./Letza, S. (1994): Performance Measurement: A Challenge for Total Quality and the Accounting Professions. In: *Asia Pacific Journal of Quality Management* 3(1994), Nr. 2, S. 26-41. – ISSN 0965-3570

Zigon, J. (1994): Oil Company Learns to Measure Work-Team Performance. In: *Personnel Journal* 73(1994), Nr. 11, S. 46-48. – ISSN 0031-5745

Zigon, J. (1997): Team Performance Measurement: A Process for Creating Team Performance Standards. In: *Compensation & Benefits Review* 29(1997), Nr. 1, S. 38-47. – ISSN 0886-3687

Zimmermann, E. (1972): *Das Experiment in den Sozialwissenschaften.* Stuttgart : Teubner, 1972. – ISBN 3-519-00037-7

Zimmermann, G./Jöhnk, T. (2000): Erfahrungen der Unternehmenspraxis mit der Balanced Scorecard : Ein empirisches Schlaglicht. In: *Controlling* 12(2000), Nr. 6, S. 601-606. – ISSN 0935-0381

Zschocke, D. (1995): *Modellbildung in der Ökonomie : Modell – Information – Sprache.* München : Vahlen, 1995. – ISBN 3-8006-1962-8

Zuba, R. (1998): *Messung und Modellierung von Kundenzufriedenheit : Replikation und Erweiterung des Modells des American Customer Satisfaction Index im österreichischen Lebensmittelhandel.* Wien : Service, 1998. – ISBN 3-85428-390-3

Stichwortverzeichnis

A

B

C

D

E

F

G

H

T

U

V

W

Z

GPSR Compliance

The European Union's (EU) General Product Safety Regulation (GPSR) is a set of rules that requires consumer products to be safe and our obligations to ensure this.

If you have any concerns about our products, you can contact us on ProductSafety@springernature.com

In case Publisher is established outside the EU, the EU authorized representative is:

Springer Nature Customer Service Center GmbH
Europaplatz 3
69115 Heidelberg, Germany

Batch number: 10815964

Printed by Printforce, the Netherlands